한국외국어대학교 법학연구소
소비자법센터 총서 1

약관규제법 시행 30주년과 법적 과제

이병준 編

세창출판사

2장_ 생명보험 재해사망 자살면책 특약관련 판례의 조명

3장_ 최근 약관규제법의 동향

차 례

1장_ 약관규제법 시행 30주년의 회고와 전망

논의된 바는 대법원 판결에도 의미 있는 영향을 미친 것으로 알고 있습니다. 이 세미나를 기획하여 주신 김은경 교수님과 당시 좋은 발표를 해 주신 서종희 교수님께 다시 한 번 감사의 인사를 전합니다.

총서의 세 번째 장은 약관규제법의 현재를 알아보기 위하여 약관과 관련된 판례, 심결례 및 분쟁조정사례 등을 살펴본 세미나의 결과물을 수록하고 있습니다. 이때 좋은 발표를 통하여 글을 작성해 주신 이원석 판사님, 민혜영 과장님 그리고 김건호 변호사님께도 깊은 감사의 말씀을 드립니다.

한국외국어대학교 법학연구소 소비자법센터는 소비자법의 지속적인 발전을 위하여 이론과 실무를 연결하는 가교역할을 계속할 것이며 한국소비자원, 소비자단체, 사업자단체 등과 연계하여 세미나를 지속할 것입니다. 그리고 이러한 연구성과물들을 한곳에 모아 계속해서 총서를 발간할 예정입니다. 이번 총서가 나오는 데에 많은 역할을 하여 주신 제2대 센터장이신 안수현 교수님, 법학연구소의 책임연구원 심우영 박사와 황원재 박사에게 감사를 드립니다. 끝으로 총서의 출판에 여러 가지로 도움을 주시고 신경을 써 주신 세창출판사의 이방원 사장님과 임길남 상무님께도 특별히 감사의 인사를 드립니다.

2018년 12월 28일

한국외국어대학교 법학연구소 소비자법센터 제1대 센터장
현 법학연구소장
이병준

한국외국어대학교 법학연구소 소비자법센터는 2016년에 개원을 한 후 약관규제법 30주년을 기념하여 첫 총서를 발간하게 되었습니다. 이 총서에 수록된 약관규제법에 관한 주옥 같은 논문들은 사실 소비자법센터에서 개최한 세미나에서 발표되고 논의된 연구결과물들입니다.

소비자법센터는 첫 번째로 약관규제법 30주년을 기념하여 약관규제법의 과거를 돌아보고, 현재를 진단하며, 미래를 논하는 세미나를 기획하였습니다. 이 세미나는 특히 약관규제법의 입법작업에 깊이 관여하신 이은영 교수님의 정년을 기념하는 행사와 그 때를 같이하였기 때문에 그 의미가 남다르다 할 수 있습니다. 당일 약관규제법과 관련하여 주된 연구자라고 할 수 있는 윤진수, 김동훈, 최병규, 김진우, 서희석, 신영수 교수님 등이 사회자, 발표자 및 토론자로 참석하시어 의미 있는 발제와 토론이 이루어졌습니다. 특히 일본 국민생활센터 이사장이신 마츠모토 츠네오 교수님께서는 일본의 최근 민법개정에서 약관 관련 규정도입에 관한 내용을 소개해 주서서 매우 뜻깊은 자리가 되었습니다. 그리고 당시 공정거래위원회 약관심사과 과장이셨던 민혜영 과장님도 자리를 함께하시면서 좋은 발표를 하여 주서서 이론과 실무를 연결하는 중요한 역할을 해 주셨습니다. 이 세미나를 기획하여 주신 센터의 김진우 교수님과 박희호 교수님의 노고에 감사를 드립니다.

총서의 두 번째 장은 개원 세미나에서 다룬 주제로 생명보험 약관과 관련한 대법원 사건이며 재해사망 특약과 관련된 내용입니다. 이 세미나에서 당시 아직 대법원에 계류 중인 사건이 논의되었으며, 기존 학계의 입장과 달리 보험계약자의 입장에서 발표가 이어졌고, 세미나에서

1장

약관규제법 시행 30주년의
회고와 전망

약관규제법에 관한 입법평가*

이병준**

I. 들어가며

「약관의 규제에 관한 법률」(이하 '약관규제법')은 1986년 12월 31일 법률 제3922호로 공포되어 2016년까지 총 15차례 개정되었다. 약관규제법은 제정 당시에 상당히 선진적인 입법을 도입하여 간결하면서 쉬운 용어로 입법이 이루어져서 우수한 입법사례에 해당하는 것으로 평가된다. 약관 규제법의 개정은 그 목적이 주로 공정거래위원회를 통한 약관의 행정적 심사제도 완성 및 강화에 있었고 부분적으로 표준약관제도의 정착과 강화에도 있었다. 그에 반하여 사법적 내용의 개정은 제정된 당시의 모습을 그대로 유지한 채 부분적으로는 제3조 제1항에서 작성의무를 도입하는 것에만 그쳤다.[1] 약관규제법의 실체법적 내용은 그대로 현실적인 규

---

* 이 논문은 2017년 5월 26일 입법평가 연합학술회의에서 발제한 글을 수정·보완하여 입법평가연구 제11호에 수록된 것입니다.

** 한국외국어대학교 법학전문대학원 교수.

1_ 2011년 약관규제법 개정 이전에는 사업자로 하여금 작성·명시·교부·설명 의무를 부여하면서 대통령령으로 정하는 약관에 대하여는 명시·교부의무를 면제하고 있었고(동법 제3조 제2항), 여객운송업, 통신업, 전기·가스 및 수도사업자는 약관의 명시·교부 의무가 면제되었다(동법 시행령 제2조). 그러나 2011년 법 개정(법률 제

범력을 가지고 공정거래위원회 심결례를 통한 추상적 내용통제, 법원의 판례를 통한 구체적 내용통제에서 기준으로 작용하는 데 큰 문제가 없는 것으로 평가되고 있다.[2]

그렇지만 약관규제법의 시행 후 세부적인 내용과 관련하여 다양한 개정의견이 제시되었다. 약관규제법에서 개정될 사항으로 문제되고 있는 중요한 쟁점을 보면 크게 4가지가 있다. 첫째, 약관규제법의 실체적 규정 내용 중에서 의외조항의 위치와 관련된 내용이 있다. 현재 내용통제 단계에 있는 규정을 소극적 편입요건으로 옮겨서 규정하는 것이 타당하다는 시각이 있다. 그런데 이 논의는 최근의 법개정을 통하여 도입된 작성의무 및 유럽연합에서 도입한 투명성 원칙과 연관 지어서 논의해야 할 것이다.[3] 둘째, 약관규제법의 적용범위와 관련하여 사업자에 대하여 사용되는 약관의 경우에 약관규제법을 완화할 필요가 있다는 지적이 있다.[4] 비교법적으로 약관규제법의 제정에 큰 영향을 미쳤던 독일 약관규

10474호)을 통해 약관 명시·교부의무 면제 대상에서 우편업 및 공중전화 서비스 제공 통신업 외의 통신업을 제외하려고 하였다. 즉, 우편업의 경우 정형화된 거래이자 신속성 확보가 중요하기 때문에 면제대상에 새로 포함하였고, 전기통신업의 경우 이동전화서비스 및 인터넷서비스 등 신종통신업 등장에 따라 약관에 관한 이용자 피해가 증가함에 따라 공중전화 서비스 제공 통신업 외의 통신업을 면제대상에서 제외하였다. 이 과정에서 기존에 업종별 거래여건의 변화 등에 탄력적으로 대처하기 위해 시행령에서 규정하고 있던 것을 법으로 상향조정하여 규정하게 되었다[약관의 규제에 관한 법률 일부개정법률안(유원일의원 대표발의) 검토보고서, 2009.11, 3-7면].

2_ 약관의 추상적 내용통제와 구체적 내용통제에 관하여 자세한 것은 이은영, "약관에 대한 추상적 내용통제", 「외법논집」 제41권 제1호, 2017; 이병준, "약관의 추상적 내용통제와 구체적 내용통제의 관계─약관의 추상적 내용통제에서 확정된 약관의 무효를 개인의 개별적인 소송에서 주장할 수 있는가?", 「재산법연구」 제29권 제2호, 2012 참조.

3_ 이와 관련한 논문으로 장경환, "약관의 규제에 관한 법률─제6조(일반원칙)에 관한 몇 가지 고찰", 「상사법연구」 제8집, 1990, 381면 이하; 이병준, "약관규제법의 민법편입", 「소비자법과 민법(이은영 편)」, 세창출판사, 2010, 201면.

4_ 장경환, "'상인에 대한 약관'의 규제에 관한 독일약관법규정의 고찰과 우리 약관규제법의 개정문제", 「경희법학」 제43권 제3호, 2008, 402면 이하; 김진우, "B2B거래에서의 면책조항에 관한 비교법적 고찰", 「선진상사법률연구」 제80호, 2017.151면 이하; 서종희, "B2B 거래에서의 약관규제법의 개정방향", 「외법논집」 제41권 제3호, 2017, 83면 이하 참조.

제 관련 규정에서 사업자에 대하여 부분적으로 약관 관련 규정을 적용하지 않는 예외규정을 두고 있기 때문이다. 그리고 이와 함께 약관규제법의 적용범위를 규정하고 있는 제30조도 전면적으로 재검토할 필요가 있을 것이다. 셋째, 표준약관의 규정 정비와 관련된 개정 수요가 있다.[5] 현재 표준약관 규정은 표준약관의 보급 및 이를 통한 고객보호 차원에서 그 효력이 강화되는 방향으로 개정되었다. 그런데 표준약관이 자율적인 규제수단이라는 측면을 감안하여 이와 배치되는 내용은 완화 내지 삭제해야 한다는 견해들이 주장되고 있다. 넷째, 2012년도의 법개정을 통하여 도입된 약관분쟁조정제도와 관련된 개정 수요가 있다. 이는 이론적인 문제라기보다는 분쟁조정위원회가 실제적으로 활성화되지 못하고 있어 이 제도의 타당성과 함께 조정 대상·절차 규정 등을 정비할 필요성이 제기되고 있다.

이 논문은 이와 관련하여 지면의 부족 등으로 전체적인 내용을 검토하지 못한다.[6] 따라서 다음과 같은 점으로 제한하여 약관규제법의 입법평가를 해 보려고 한다. 첫째, 전체적인 약관의 사법적 내용통제 관련 규정을 검토하고 현재 판례에서 문제되고 있는 쟁점들을 살펴봄으로써 관련 규정내용의 입법평가를 하려고 한다. 이와 함께 앞에서 제시하였던 의외조항 및 작성의무 관련 규정의 위치에 대한 논의도 함께 이루어질 것이다(II). 둘째, 약관규제법의 현행 적용범위와 관련하여 적용제외 분야를 규정하고 있는 제30조 제1항의 입법평가를 하고자 한다(III). 셋째, 표준약관 규정도 살펴보려고 한다. 이때 현재 제시된 개정안의 내용도 함께 고려하고 한다(IV).

5_ 이와 관련한 논문으로 신영수, "표준약관제도에 관한 경쟁법적 고찰", 「경제법연구」 제7권 1호, 2008, 70면 이하.

6_ 전체 논의는 약관규제법 시행 30주년 기념행사로 열린 한국외국어대학교 법학연구소 학술대회에서 전체적으로 논의되었다. 자세한 내용은 한국외국어대학교 법학연구소, "약관규제법 시행 30주년의 회고와 입법적 과제", 2017.6.19. 세미나 자료집 참조.

II. 약관의 사법적 내용통제 규정에 관한 입법평가

1. 약관의 사법적 내용통제 규정

약관의 사법적 내용통제는 기본적으로 3단계를 통하여 이루어지도록 약관규제법에 의하여 설계되었다. 약관의 편입통제, 해석 및 내용통제이다. 이러한 통제방식은 현재 공정거래위원회 심결례, 법원의 판례 및 각종 분쟁조정위원회의 결정례 등을 통하여 그 타당성이 검증되었으며 이와 관련한 큰 개정의견은 없는 것으로 보인다.

약관의 실체법적 규정 내용의 변화는 편입단계에서 작성의무를 도입한 것에만 있다. 약관의 작성의무는 2007년도의 법 개정을 통하여 신설된 책무이다. 그 당시 개정이유를 살펴보면 "대부분 약관이 한자 및 전문용어를 많이 사용하고 있어, 고객이 약관의 내용을 이해하기 어려우므로, 사업자로 하여금 고객이 약관의 내용을 쉽게 알 수 있도록 한글 및 표준화·체계화된 용어를 사용하고, 약관의 내용 중 중요내용을 부호·문자·색채 등으로 명확하게 표시하여 약관을 작성하도록 하려는 것"이라고 한다.[7] 그 후 2011년도 개정 때 사업자로 하여금 약관의 중요내용을 굵고 큰 문자로 표시하도록 하는 규정내용이 추가되어 현재의 형태로 조문이 완성되었다.[8] 이 규정을 위반한 경우에 관하여 법률효과가 명시적으로 규정되어 있지 않아서 이를 단지 훈시 내지 선언적 규정으로 보는 견해[9]가 많다. 그런데 작성의무의 목적은 기본적으로 명문의 규정

7_ 법률 제8632호, 2007.8.3. 일부개정.

8_ 법률 제10474호, 2011.3.29. 일부개정.

9_ 송덕수, 「민법강의(제9판)」, 박영사, 2016, 1271면; 이춘원, "외국어로 된 약관의 규제에 대한 소고", 「성균관법학」 제21권 제3호, 2009, 297면. 특히 이호영, 「소비자 보호법(제3판)」, 홍문사, 2015, 140면에서는 "법상 동 의무를 이행하였는지 여부를 판단할 수 있는 아무런 기준이 제시되지 않았을 뿐만 아니라 동 의무를 이행하지 않았음이 명백한 경우에도 법상 이에 대한 아무런 시정 또는 제재의 수단이 마련되지 않아서 사실

으로 밝히고 있듯이 "고객이 약관의 내용을 쉽게 알 수 있도록" 함에 있다. 최근에 이러한 목적을 독일 및 유럽연합에서 인정하고 있는 투명성의 원칙을 실현한 것으로 보고 본 조항의 의미를 새롭게 재조명하는 입장이 늘어나고 있다.[10] 현재 명시적 규정을 통하여 편입을 부정하는 법률효과를 부여하고 있지 않으므로 약관의 편입 자체를 부정할 수는 없지만,[11] 간접적으로 불공정성 판단에서 이를 고려할 수 있다고 생각된다.[12]

2. 약관의 사법적 내용통제에 관한 규정의 입법평가

현재 편입통제, 해석 및 내용통제에 의한 3단계에 기한 약관의 불공정성 통제방식에 대하여 이를 부정하는 견해는 없으므로 전체적인 통제방식의 체계에 대한 비판은 없다. 따라서 이하에서는 구체적인 단계별 쟁점을 통한 입법평가를 하려고 한다.

1) 편입통제단계

약관은 계약법적 성질을 갖는 것이므로 약관이 계약의 내용으로 편입이 되기 위해서는 고객의 편입에 대한 동의가 필요하다. 현재 우리 약관규제법은 제3조에서 작성의무, 명시 및 교부의무 그리고 설명의무만을 규정하고 있고, 고객의 동의를 편입의 요건으로 설정하고 있지 않다. 하지만 약관규제법이 제정되기 이전부터 우리 판례는 계약설에 입각하여

상 선언적 규정에 지나지 않는다"고 한다.

10_ 이병준, "의외조항 내지 기습조항의 법률적 취급", 「민사법학」 제73호, 2015, 251면. 동일하게 투명성 원칙을 받아들인 것으로 보는 견해로 성준호, "DCFR의 불공정조항 규정에 관한 고찰", 「외법논집」 제36권 제3호, 2012, 22면.

11_ 하지만 이러한 견해로 성준호, 「외법논집」 제36권 제3호, 22면.

12_ 이병준, 「민사법학」 제73호, 251면. 이와 유사하게 투명성 원칙 위반이 있는 경우 약관은 계약에 편입되지만, 불공정성을 시사하는 것으로 취급할 수 있다는 견해로 김진우, "금융거래에서의 약관에 대한 사법적 통제", 「민사판례연구」 제37권, 2015, 1094면 각주 28.

약관의 편입을 위하여 고객의 동의가 필요한 것으로 보고 있고,[13] 약관의 개정과 관련하여서도 공정거래위원회에서 마련한 표준약관에서는 원칙적으로 동의가 있는 경우에만 개정약관이 적용되는 것으로 해석[14]을 하고 있다. 따라서 현재 이와 관련한 실무에서의 혼란은 존재하지 않는다고 할 수 있으나, 법률상 명시적 조문이 없다 보니 동의를 얻지 않고 개정절차를 취하려는 사업자들이 많이 있어서 이를 도입할지 여부를 고려할 필요가 있어 보이기도 한다.[15]

현재 약관규제법의 보호대상을 고객으로 하고 있어서 소비자와 사업자 모두 고객의 범주에 포함되기는 하지만, 편입통제를 통하여 보호를 받아야 하는 당사자는 소비자로 한정해야 한다는 견해가 있다.[16] 즉 편입통제는 계약당사자 사이의 정보의 불균형을 시정하고 형평을 제고함에 그 목적이 있으나, 사업자 사이의 계약에서는 협상력과 정보력에 차이가 존재하지 않으므로 이러한 보호가 필요하지 않다는 것이다. 따라서 독일민법 제310조 제1항을 본받아서 명시 및 설명의무를 사업자 간 거래에서는 이를 면제해 주어야 한다는 것이다. 하지만 현재 표준계약서가 제정되어 있는 하도급거래, 가맹사업거래 등에서 이와 같은 협상력 내지 정보력의 대등성이 사업자 사이에 항상 확보되어 있는지에 관하여는 의문이 있다. 따라서 반드시 사업자 사이의 거래에서 모든 경우

13_ 판례는 "보통보험약관을 포함한 이른바 일반거래약관이 계약의 내용으로 되어 계약당사자에게 구속력을 갖게 되는 근거는 그 자체가 법규범 또는 법규범적 성질을 갖기 때문은 아니며, 계약당사자가 이를 계약의 내용으로 하기로 하는 명시적 또는 묵시적 합의를 하였기 때문"이라고 보아 계약설을 취하고 있다(대법원 1986.10.14. 선고 84다카122 판결).

14_ 온라인게임 표준약관(제10069호) 제4조(약관의 명시와 개정) ⑥ 회사가 약관을 개정할 경우에는 개정약관 공지 후 개정약관의 적용에 대한 회원의 동의 여부를 확인합니다. 개정약관 공지시 회원이 동의 또는 거부의 의사표시를 하지 않으면 승낙한 것으로 간주하겠다는 내용도 함께 공지한 경우에는 회원이 약관 시행일까지 거부의사를 표시하지 않는다면 개정약관에 동의한 것으로 간주할 수 있습니다.

15_ 동의를 편입요건으로 도입할 필요가 있다는 견해로 김대규, "약관편입통제 조항의 기능성연구―소비자보호의 관점에서", 「비교사법」 제11권 제1호, 2004, 272면.

16_ 김대규, 「비교사법」 제11권 제1호, 2004, 262면.

에 이러한 면책이 타당한지에 관하여 심도 있는 연구가 필요하다고 생각된다.

또한 앞에서 살펴본 바와 같이 작성의무의 위치 및 그 위반에 대한 법률효과가 부재하고 있는 것이 문제되고 있으나, 이는 의외조항 및 투명성 원칙 도입문제와 관련하여 뒤에서 자세히 논해 보려고 한다.

2) 해석단계

약관규제법은 약관과 개별약정을 구분하고 해석의 결과 약관과 개별약정이 충돌하는 경우에 개별약정을 우선하는 제4조와 약관의 독특한 해석원리를 규정하고 있는 제5조를 두고 있다. 이처럼 약관과 개별약정을 구분하는 한편 개별약정에 대하여 계약의 일반적 해석원리가 적용되도록 명문의 규정을 두지 않고 약관에 대하여만 독특한 해석원칙인 객관적 해석원칙의 파생원칙으로서 획일적 해석 원칙과 고객보호를 위한 불명확조항의 경우 고객에게 유리한 해석 원칙을 두는 규정은 입법적으로 타당한 것으로 대부분 평가되고 있다.

최근에 약관의 획일적 해석이 고객의 구체적 사정과 주관적 의사를 반영할 기회를 제공하지 않는 것에 대하여 비판적인 견해가 주장되고 있다.[17] 하지만 이러한 견해는 약관규제법의 특수한 원리를 무시하는 견해로 타당하지 않다. 약관규제법은 앞에서도 설명한 것처럼 개별약정과 약관을 분리하여 해석할 것을 내정하고 있고 고객의 구체적 사정과 주관적 의사를 모두 개별약정에서 반영하도록 하고 있는 것이다.[18] 판례도 보험약관 관련 판례에서 보험모집인이 고객에게 약관의 내용을 잘못 설명한 사안에서 이러한 구체적 사정을 반영하여 개별약정으로 인정하고 있다.[19]

17_ 김진우, "약관의 해석에 관한 일고찰─객관적 해석과 작성자 불이익의 원칙의 유럽법과의 비교를 통한 검토", 「재산법연구」 제28권 제3호, 2011, 185면 이하.

18_ 이에 관하여 자세한 것은 이병준, "약관의 객관적·통일적 해석원칙과 계약체결시의 구체적 사정", 「계약과 책임」(하경효 교수 정년기념논문집), 박영사, 2017, 213면 이하 참조.

다만 판례가 아직도 해석단계에서 수정해석을 통하여 '숨은 내용통제'를 하고 있는 것[20]이 비판의 대상이 되고 있으나,[21] 이는 법개정이 필요한 것이 아니라 법원에서 약관규제법의 체계에 따른 열린 판단을 해야하는 것이므로 판례 입장의 변경이 있으면 충분하고 약관규제법의 개정사유는 아닌 것이다.

3) 내용통제단계

약관의 내용통제는 제6조에 의한 일반조항과 제7조 내지 제14조의 구체적 내용통제조항을 통하여 이루어진다. 일반조항과 구체적 내용통제조항의 기준은 일반과 특별의 관계에 있지만, 판례 및 공정거래위원회는 일반조항과 구체적 내용통제조항을 함께 인용하는 경우가 있다. 이러한 내용통제에 관한 규정은 입법상 문제점이 크게 없는 것으로 보인다.

약관규제법은 내용통제 대상을 한정하는 규정을 가지고 있지 않으나, 계약법 내에서의 내재적 한계 내지 우리 법제가 기초하고 있는 대원칙에 의하여 내용통제가 일정한 한계를 가질 수 있다. 독일의 경우 "법규정과 다르게 규정하거나 보충하는 규정만을 내용통제의 대상으로 한다"고 규정하고 있다(독일 민법 제307조 제3항). 이러한 명문의 규정에도 불구하고 규정내용이 명확하지 않아서 독일에서 학설이 대립하고 있는 상황이어서 약관규제법을 입법할 당시 독일의 이러한 규정 존재 사실을 알고 있었고 그 도입여부도 검토하였으나, 해당 규정이 내용통제의 범위를 명확히 하고 있지 않다는 비판을 고려하여 도입하지 않았다고 한

19_ 대법원 1985.11.26. 선고 84다카2543 판결.

20_ 대법원 1991.12.24. 선고 90다카23899 전원합의체 판결; 대법원 1998.4.28. 선고 97다11898 판결.

21_ 판례의 수정해석론에 관한 학설은 심하게 대립하고 있다. 관련 문헌으로 김동훈, "약관의 면책조항과 수정해석", 「판례월보」 제342호, 1999, 22-23면; 양창수, "자동차보험약관의 무면허운전면책조항에 대한 내용통제", 「민법연구」 제4권, 박영사, 2007, 345-347면; 최봉경, "효력유지적 축소에 관한 소고", 「민사재판의 제문제」 제21권, 사법발전재단, 2012, 183면 이하 참조.

다.[22] 그러나 현재 우리 다수설은 독일의 논의를 받아들여서 (1) 급부와 반대급부에 관한 합의내용과 (2) 선언적 규정은 내용통제 대상이 되지 않는다는 입장을 취하고 있다.[23] 현재 실무에서 선언적 규정이 문제되는 일은 거의 없으나, 반대급부를 정한 약관규정과 관련하여 약관규제법의 적용을 잘못 주장하고 법원에서도 이를 판단한 사례가 있어[24] 규정의 명확성을 위하여 이러한 적용제외 규정을 두는 것이 타당해 보인다.

3. 의외조항의 법률적 취급과 투명성 원칙의 도입여부

1) 의외조항의 법률적 취급에 관한 문제

현재 약관규제법 제6조(일반조항)에서 "고객이 계약의 거래형태 등 관련된 모든 사정에 비추어 예상하기 어려운 조항"을 불공정성을 추정하

22_ 이은영, 「약관규제법」, 박영사, 1994, 50면; 소비자문제를 연구하는 시민의 모임, 「약관규제의 입법」, 1986, 193면.

23_ 이은영, "약관법과 민법의 관계－계약내용통제 및 일부무효와 관련하여", 「외법논집」 제34권 제4호, 2010, 194-195면; 최병규, "약관내용에 대한 사법적 통제의 한계", 「경제법연구」 제12권 제1호, 2013, 194면; 김진우, "불공정조항의 내용통제에 관한 몇 가지 법적 문제점", 「외법논집」 제36권 제1호, 2012, 158면.

24_ 최근에 피해를 입은 개인들을 모아서 전기료누진제에 따른 전기료가 부당하다고 하면서 해당 전기료를 부당이득을 이유로 반환하는 소송에서 원고인 소비자가 패소하는 첫 판결이 나왔다(서울중앙지방법원 2016.10.6. 선고 2014가단5221992 판결). 해당 판결에서 원고들은 소비자에게 적용되는 전기료누진제는 약관규제법 제6조에 따라 신의성실의 원칙을 위반하여 공정성을 잃은 약관으로서 무효이므로, 피고인 한국전력은 실제로 납부한 전기요금과 전기사용량을 토대로 1단계 누진요금을 기준으로 산정한 전기요금의 차액을 부당이득으로 지급할 의무가 있다고 주장하였다. 서울지방법원에서는 실질적 불공정성 판단에 있어서 "주택용 전기요금 약관상의 전기요금 산정이 전기요금 산정기준 등 고시에 따른 산정기준을 명백히 위반하였다거나 사회·산업 정책적 요인을 감안한 적정투자보수율 등의 수인한도를 일탈하였다고 볼 수 있는지 구체적으로 판단할 수 없다는 등의 이유로 그 불공정성이 충분히 입증되었다고 보기 어렵다"고 판단하였다. 하지만 이 사건에서 문제되고 있는 전기료누진제는 반대급부와 직접적으로 관련되는 것이므로, 이는 약관의 형식으로 규정되어 있더라도 불공정성 심사대상에서 아예 제외되기 때문에 원고 측에서 접근 방법을 잘못 잡은 것이다(이에 관하여 자세한 것은 이병준, "전기료누진제와 일방적 급부결정권 행사의 정당성", 「월간 소비자」 2016/10 참조).

는 하나의 사유로서 보는 입법을 취하고 있다. 이러한 입법방식에 대하여 1) 의외조항을 독일민법처럼 편입통제의 문제로 취급할 것을 제안하는 입장,[25] 2) 현행 규정대로 내용통제의 문제로 보는 입장,[26] 3) 편입통제문제로도 내용통제문제로도 모두 다룰 수 있다는 입장[27]으로 학설상 견해가 나뉘고 있다. 이와 관련하여 구체적으로 제3조 이하에 "고객이 계약의 거래형태 등 제반사정에 비추어 예상하기 어려운 약관조항은 이를 사업자가 계약의 내용으로 주장할 수 없다"라는 개정안이 신설되어야 함이 주장되기도 하였다.[28]

한편 약관의 편입여부는 계약 중에서 주된 급부의무에 관한 규정이든 부수적 의무에 관한 규정이든 상관없이 문제되지만, 불공정성 여부는 부수적 의무에 관한 내용과 연관되어 있고,[29] 이와 관련하여 의외성을 소극적 편입요건으로 고려하고 있는 독일민법상으로는 부수적 의무에 관한 규정은 물론이고 주된 급부의무에 관한 규정에서도 고려할 수 있음을 참고할 수 있다. 이와 관련하여 의외성 판단은 부수적 주의의무뿐만 아니라 주된 급부의무에도 필요하다는 측면에서, 1) 독일민법과 같이 소극적 편입요건으로 규정을 변경하거나, 2) 불공정판단척도로 규정하되 해당 사유를 부수적 의무를 넘어 주된 급부의무까지 심사할 수 있는 항목을 예외적으로 확대하는 규정을 두자는 개정안이 주장되었다.[30]

25_ 장경환, 「상사법연구」 제8집, 1990, 381면 이하; 이기수·유진희, 「경제법(제10판)」, 법문사, 2013, 496면; 이병준, "약관규제법의 민법편입", 「소비자법과 민법(이은영 편)」, 세창출판사, 2010, 201면.

26_ 이은영, 「약관규제법」, 박영사, 1994, 189-190면; 최근에 견해를 수정하여 의외조항의 문제를 내용통제의 문제로 취급하는 문헌으로 김진우, 「민사판례연구」 제37권, 2015, 1147면.

27_ 김진우, "불공정조항의 내용통제에 관한 몇 가지 법적 문제점—유럽 및 독일계약법과의 비교를 중심으로", 「외법논집」 제36권 제1호, 2012, 164면; 윤진수, "한국법상 약관규제법에 의한 소비자 보호", 「민사법학」 제62호, 2013, 320면.

28_ 장경환, 「상사법연구」 제8집, 1990, 383-384면.

29_ 이는 물론 학설상 원칙으로 받아들여지고 있고 명문의 규정이 존재하는 것은 아니나, 명문의 규정이 없는 상태에서는 혼란이 존재할 수 있음을 부정할 수 없다.

30_ 이병준, 「민사법학」 제73호, 2015, 244면.

2) 투명성원칙이 반영된 규정과 의외조항에 관한 규정의 중첩 문제

우리 약관규제법은 투명성 원칙을 위반한 경우 그에 따른 법률효과를 명시적으로 규정하지 않음을 이미 살펴보았다(약관규제법 제3조 제1항). 투명성원칙 위반 효과에 관한 명문규정의 부재에 따라 사실상 투명성 원칙을 위반한 경우 이를 불공정성 판단을 할 때 주장할 수 있는 하나의 요소로 기능하게 될 수밖에 없는데, 불공정성 판단과 관련하여서는 이미 의외조항이 추정규정으로서 존재하고 있으므로, 내용통제 단계에서 그 역할이 중복되는 문제가 있다.

투명성 원칙과 의외조항에 적절한 역할 분배를 하여 이를 입법에 반영할 필요성이 존재하므로, 1) 독일민법처럼 의외성 조항을 편입통제단계에 두고 투명성 원칙 조항을 내용통제단계에 두는 방안, 2) 투명성 원칙조항을 현행법 형태로 둔다면 의외조항을 삭제하는 방안이 고려될 수 있다.[31]

III. 약관규제법의 적용범위 규정에 관한 입법평가

약관규제법의 적용범위는 크게 보면 편입단계만을 면제해 주는 규정, 내용통제단계에서 구체적 내용통제조항을 배제하는 규정 및 약관규제법 전체를 배제하는 규정을 통해 규율되고 있다. 즉 편입단계에서는 명시의무를 여객운송업, 전기·가스 및 수도사업, 우편업, 공중전화 서비스 제공 통신업 등에 대하여 면제하여 주고 있다(제3조 제3항 단서). 또한 내용통제와 관련하여서는 국제적으로 통용되는 약관이나 그 밖에 특별한 사정이 있는 약관으로서 대통령령으로 정하는 경우에는 제7조부터 제14조까지의 규정을 적용하는 것을 조항별·업종별로 제한할 수 있다(제15조). 이에 따라 국제적으로 통용되는 운송업, 국제적으로 통용되는

31_ 이병준, 「민사법학」 제73호, 2015, 255면.

금융업 및 보험업, 「무역보험법」에 따른 무역보험에 대하여는 구체적인 내용통제규정이 아닌, 일반적 내용통제규정을 통하여 불공정성을 판단하도록 규정하고 있다. 이하에서는 약관규제법 전체를 배제하는 적용제외 규정에 관하여만 구체적으로 살펴보려고 한다.

1. 약관규제법 적용범위에 관한 규정의 변천과정

약관규제법의 적용범위를 규정하고 있는 제30조는 제정당시부터 존재하였다. 개정은 단 한 차례 이루어져 1992년도 개정 때 "사업자와 사업자 간의 거래에 이용되는 약관으로서 독점규제 및 공정거래에 관한 법률의 적용을 받는 약관에 대하여는 제17조 내지 제29조의 규정을 적용하지 아니한다"는 제2항의 규정이 삭제되었다. 그 밖에는 규정 내용은 변함없이 그대로 유지되고 있다.

2. 약관규제법 제30조 제1항의 적용제외 규정의 입법평가

약관규제법 제30조 제1항은 "약관이 「상법」 제3편, 「근로기준법」 또는 그 밖에 대통령령으로 정하는 비영리사업의 분야에 속하는 계약에 관한 것일 경우에는 이 법을 적용하지 아니한다"라고 규정하고 있다. 이러한 거래분야에 대하여 약관규제법이 적용되지 않는 적용제외규정을 두고 있는 것은 해당 거래분야에서 이미 공정성 보장을 위한 특수한 규정들이 많이 존재하여 충분한 보호가 이루어지고 있으며, 거래의 성질상 약관규제법이 적용되는 것이 적당하지 않은 경우가 있기 때문이다.[32] 본 규정은 이러한 취지에서 3개의 분야를 제한적으로 열거하고 있다. 즉, 상법 제3편인 회사법 분야, 근로기준법 그리고 대통령령으로 정하는 비영리사업분야이다.

32_ 손지열/「민법주해[XII]」, 박영사, 429면.

1) 상법 제3편 회사법 분야의 적용제외

법문상으로 보면 상법 제3편 회사법 분야에 속하는 계약에 해당하면 이 법이 적용되지 않는다고 규정하고 있다. 하지만 이 규정을 통하여 회사법이 적용되는 모든 계약에서 사용되는 약관에 대하여 약관규제법을 통한 보호를 배제해야 하는지는 의문이다.

우리 학설은 '회사법 분야의 약관'으로 이해하여 이러한 분야에 대하여는 예외 없이 적용영역에서 배제되는 것으로 이해하고 있는 것으로 보인다.[33] 즉 회사의 설립, 주식의 모집, 회사의 운영, 신주청약, 사채모집 등에 관한 계약에서 약관으로 볼 수 있는 규정을 통하여 계약을 체결하는 경우 이는 단체법적 영역에 해당하는 계약이고 회사의 자율성이 강조되므로 약관규제법을 통한 내용통제가 적절하지 않다고 한다. 즉 약관규제법의 규정은 주로 채권법적 교환계약을 예상해서 마련된 것이므로 대체로 이익단체계약 또는 합동행위에는 약관규제법을 통한 보호가 적합하지 않기 때문이라고 한다. 특히 단체의 정관과 같이 당사자가 단체의 구성원으로서 그 내용을 변경할 수 있는 가능성이 열려 있는 경우에는 일방적으로 제시되는 약관의 성질과 이러한 단체의 정관은 그 성질을 달리하는 것이므로 약관규제법에 기한 내용통제가 불필요한 것이라고 볼 수 있다. 이러한 단체 내지 법인에서 사용하는 정관에는 그 법적 성질을 어떻게 보느냐와 상관없이 약관규제법을 적용해서는 안 되는 것으로 이해하고 있다. 그러나 일찍부터 문헌에서 회사법 영역의 계약이라고 하더라도 주식양도 거래약관처럼 개인적 거래의 성격이 강한 경우에는 약관규제법이 적용될 필요가 있다는 견해가 주장되었다.[34]

독일에서도 기본적으로 민법상 조합,[35] 합명회사, 합자회사, 유한회사, 주식회사, 주식합자회사, 협동조합, 사단,[36] 파트너십회사,[37] 선박조

---

[33]_ 장경환, "우리나라 약관규제법의 의의와 성과", 「경희법학」 제41권 제2호, 260면 이하.

[34]_ 손지열/「민법주해[XII]」, 박영사, 430면.

[35]_ Vgl. BGH ZIP 2009, 1008 Rn. 6.

[36]_ BGHZ 105, 306 = NJW 1989, 1724.

[37]_ H. Schmidt, Stille Gesellschaft und AGB-Gesetz, ZHR 159(1995), 734.

합, 또는 유럽경제이익단체[38]의 설립에 관계되는 계약, 정관은 회사법 영역에 해당하는 계약으로서 약관규정이 적용될 수 없다고 한다. 이처럼 서로 인적 관계가 있거나 거래상 관계가 있는 자들 사이에 개별적으로 합의된 계약조건에 근거하고 있고, 여러 법률의 강행규정을 통해 부당한 규정을 담는 위험이 존재하지 않는 경우에 대하여는 법원의 내용통제에 대한 필요가 존재하지 않는 것으로 보고 있다. 그러나 독일에서도 회사나 사단 설립 후 참가를 위해 대중에 공개를 한 경우에는 설립자로부터 추후의 참가자들에게 부당하게 권리가 제한되는 경우가 존재하고, 약관규제법상 규정 적용이 배제되지 않는 계약들도 존재하는 것으로 보고 있다.[39] 즉 단체법의 경우에는 단체법적 원리에 의하여 정관 등이 만들어지고 다수결의 원리에 따라 정관이 작성되므로 모든 구성원들이 해당 내용에 자신의 의견을 반영할 수 있는 방법이 있어서 일방적으로 내용이 제안되는 것이 아니라는 측면에서 약관규제법이 적용될 필요가 없을 것이다. 하지만 경우에 따라서는 형식적으로 단체법이 적용되는 정관 등이 있더라도 해당 구체적인 거래실정상 구성원들의 의결권이 사실상 행사되지 않거나 배제되어 있는 때에는 약관규제법이 적용될 수 있는 경우가 있다. 이러한 측면에서 본 규정과 관련하여 약관규제법의 적용이 필요하지 않은 영역을 명확히 특정 하는 것이 필요한 것으로 보인다. 다시 말하면 본 규정에서 단순히 '상법 제3편에 해당하는 계약'이라고 하는 표현은 너무 광범위하며 약관규제법에 의한 보호필요성이 없는 계약유형으로 적절한 한계를 설정할 필요성이 있다고 평가된다.

2) 근로기준법 분야의 적용제외

법문상으로는 근로기준법이 적용되는 분야의 계약에 관하여 약관규제법의 적용이 배제된다. 우리 학설은 이를 노동법 분야로 확대하여 이해하고 있고, 이러한 노동법 분야에서는 노동자가 이미 이러한 법률을

38_ Bamberger/Roth/Becker, Rn. 28; Erman/Roloff, Rn. 27.

39_ 이에 대하여 MüKo/Basedow BGB, § 310 Rn. 86-92.

통하여 두터운 보호를 받을 뿐만 아니라, 단체협약의 체결을 통하여 자신의 이익을 관철할 수 있으므로 약관규제법에 의하여 특별히 노동자를 더 보호할 이유가 없다고 본다.[40]

독일에서도 노동법 영역에서의 계약이 약관규제법의 적용범위에서 배제되어 있었다(독일 구약관규제법 제23조 제1항). 노동법 영역에서 근로자는 약한 계약당사자로서 부당한 계약조건으로부터 각종 강행규정 및 노동3권에 기한 집단적 방법에 의한 근로조건의 형성을 통하여 충분한 보호를 받을 수 있는 것으로 보았기 때문이다.[41] 그런데 독일법에서는 이 분야와 관련하여 입법의 변화가 있었다.[42] 즉 적용제외가 되는 분야를 단체협약, 사업장협정 등으로 제한하였다. 이러한 영역에는 기본적으로 앞에서 살펴본 바와 같이 단체교섭에 의한 집단적 방식으로 근로조건이 정해지고, 계약의 편입 없이도 당연히 근로계약에 적용되며 강행적 법률규정에 의하여 근로계약의 내용이 형성되고 있다는 측면을 반영하여 약관규제법의 적용을 배제한 것이다. 그러나 그 밖의 근로계약에 대하여는 약관규제법이 적용되는 것으로 개정이 일어났다. 왜냐하면 근로계약에 대하여는 강행규정 및 단체협약을 통한 근로자보호가 있더라도 약관규제법에 의한 내용통제가 긍정적 기능을 할 수 있다고 생각하였기 때문이다. 즉, 사용자가 일방적으로 작성하고 제시한 근로조건에 대한 사법적 통제가 필요한 경우가 존재하고 법원마다 약관규제법의 적용여부에 대하여 다르게 판단하였기 때문에 법적 안전성을 기할 필요가 있었다. 약관규제법에 관한 규정을 근로계약에 적용하되 노동법상 인정되는 특수성을 고려해야 한다는 일정한 제한을 두고 있다.

40_ 이은영, 「약관규제법」, 박영사, 1994, 745면; 장경환, 「경희법학」 제41권 제2호, 261면.

41_ BT-Drs. 7/3919 S. 41.

42_ 이에 관하여 박종희, "보통거래약관법의 민법에의 통합", 「독일 채권법의 현대화(김형배 외 5인 공저)」, 2002, 159면 이하; 박지순, "일반 사법상 근로자보호제도에 관한 연구(Ⅰ)–독일민법전(BGB)의 고용계약과 근로계약", 한국노총 중앙연구원, 2004, 63면 이하; 한인상, "독일민법상 보통거래약관에 대한 내용통제와 근로계약의 형성", 「광운비교법학」 제5호, 2004, 381면 이하 참조.

약관규제법에서 형식적으로 모든 근로계약에 대하여 약관규제법이 적용이 안 되는 것으로 규정하고 있다 보니, 대법원에서 약관규제법에 의한 보호가 필요한 계약에 대하여 약관규제법의 적용을 부정한 판례사안이 있다. 즉 신용카드회사와 신용카드 연체관리를 위하여 이른바 채권관리사 사이에 위임계약서를 작성하고 채권관리사들이 신용카드 연체회원관리, 연체대금회수 및 이에 부수한 용역을 제공하고 이에 대하여 수수료를 지급하는 내용의 위임계약이 체결된 사안에서 채권관리사가 퇴사한 후 자신들이 근로기준법상 근로자에 해당하므로 퇴직금을 지급받아야 한다고 주장하였다. 그런데 위 위임계약서 제11조(관할법원)에는 "갑과 을 간의 본 계약과 관련한 분쟁이 발생할 경우 관할법원은 갑의 소재지를 관할하는 법원으로 한다"는 규정이 있었다. 퇴직금의 지급을 구하는 소를 광주지방법원에 제기한 후 본 관할법원 조항에 근거하여 서울중앙지방법원으로 이송하는 결정이 내려지자, 약관규제법 제14조의 적용을 주장하여 해당 규정은 "고객에 대하여 부당하게 불리한 재판관할의 합의조항"에 해당하여 무효라고 주장하였다. 이에 대하여 대법원에서는 자신들이 회사에 소속되었던 근로자라고 주장하면서 근로기준법에 의한 퇴직금을 구하고 있는 이상 이는 본 사건의 계약이 근로기준법상의 근로계약임을 전제로 하는 것이므로 만약 이러한 주장이 인정될 경우에는 본 사건의 계약에 대하여 약관규제법이 적용될 수 없다고 보았다. 즉 "사업자가 다수의 상대방과 사이에 일정한 형식에 의하여 미리 마련한 계약서에 따라 체결한 계약이 근로기준법상의 근로계약에 해당될 경우에는 사업자의 소재지를 관할하는 법원을 관할법원으로 하는 내용의 재판관할 합의조항을 약관규제법에 의하여 무효라고 판단할 수 없다"고 판시하였다.[43] 하지만 본 사안에서 드러나듯이 관할법원 조항처럼 근로기준법상 강행규정의 대상이 되지 않거나 단체협약의 대상이 되지도 않는 조항이 근로계약에 존재하는 것이다. 이러한 조항이 다수의 근로자

43_ 대법원 2010.1.19. 자 2009마1640 결정.

와 계약을 체결하기 위하여 마련한 약관에 있다면 약관규제법에 의한 보호가 필요한 것이다. 따라서 우리 실무에서도 근로계약에 대하여서도 약관규제법에 의한 내용통제가 필요한 사안이 존재한다고 볼 수 있다.

3) 대통령령이 정하는 비영리사업의 분야에 속하는 계약의 적용제외

이 분야에 대한 적용제외는 약관규제법 제정 때부터 있었으나, 그 적용제외 이유가 명확히 나타나 있지 않다. 또한 대통령령으로 해당 사업분야가 위임되어 있으나, 한 번도 제외되는 사업분야가 구체적으로 규정된 적이 없다. 그러다 보니 소송에서 해당 적용제외 규정을 적용을 주장하였으나, 명시적인 배제사업분야가 정해져 있지 않다는 이유로 약관규제법의 적용제외를 인정하지 않았다.[44] 이처럼 특별한 제외 근거를 찾지 못하고 구체적으로 적용될 수 있는 사업영역을 특정하지 못한다고 한다면 소송상 이를 주장하는 혼란을 방지하기 위하여 이 적용제외사유를 삭제하는 것이 타당해 보인다.

IV. 표준약관 관련 규정의 입법평가

1. 표준약관 관련 규정의 도입과 변천과정

표준약관의 규정이 신설된 1992년도 개정[45] 당시에만 해도 표준약관

44_ 대법원에서는 「산업입지 및 개발에 관한 법률」에 따른 공장용지 분양계약에 관한 약관에 대하여 시행령상 비영리사업의 분야에 관하여 규정하지 않고 있다며 동법의 적용이 배제된다고 할 수 없다고 판시하였다(대법원 1996.7.30. 선고 95다16011 판결). 또한 하급심 판결로 토익시험을 주관하는 사업자가 비영리법인임을 이유로 시험 관련 약관에 대한 동법의 적용의 배제를 주장하는 데 대하여 배제되는 비영리사업의 분야에 관하여 규정하고 있지 않으므로 해당 토익시험 계약이 비영리사업의 분야에 속한다고 하더라도 적용이 배제된다고 할 수 없다고 보았다(서울지판 2003.5.2. 선고 2002가합 62628 판결).

45_ 법률 제4515호, 1992.12.8. 일부개정.

규정은 단순하면서도 표준약관과 관련한 규정 내용으로 최소한도의 규정내용을 가지고 있었다. 즉 사업자 및 사업자단체에게 표준약관을 제정할 수 있는 권한을 부여하는 한편, 공정거래위원회에 표준약관 내용을 심사청구할 수 있는 근거규정이 마련되었다(구약관규제법 제19조의2). 표준약관이 거래조건의 담합에 해당할 수 있어 이를 사업자 내지 사업자단체에서 제정할 수 있는 권한을 부여하는 한편, 사업자가 스스로 표준약관을 제정하면서 불공정성 여부에 관하여 의문이 드는 경우에 공정거래위원회의 심사를 청구 할 수 있었으나 의무규정은 아니었다. 따라서 이러한 입법은 표준약관과 관련하여 생각할 수 있는 최소한도의 규정내용으로서 사적자치를 최대한 보장하려는 적합한 입법이라고 평가될 수 있다.

하지만 표준약관에 관한 규정 내용은 2004년도 개정[46]을 통하여 대폭적인 수정을 거치면서 그 내용이 강화된다. 해당 개정 내용을 통하여 소비자단체와 한국소비자보호원이 표준약관의 제정을 공정거래위원회에 요청할 수 있고 이를 바탕으로 공정거래위원회에서 사업자 및 사업자단체에 표준약관을 마련하여 심사청구할 것을 권고할 수 있으며 사업자 또는 사업자단체에서 마련하지 않으면 공정거래위원회에서 직접 표준약관을 제정할 수 있는 근거규정이 신설되었다. 그리고 이렇게 마련한 표준약관을 공시하는 한편, 사업자 및 사업자단체에 그 사용을 권장할 수 있고 이러한 경우에 표준약관과 다른 약관을 사용하는 경우에 그러한 주요내용을 고객이 알기 쉽게 표시할 의무를 부과하였다. 또한 표준약관표지를 정할 수 있는 근거규정을 마련하고 그 사용을 위한 고시를 제정하도록 하였다.[47] 그리고 표준약관표지를 사용하면 표준약관과 다

46_ 법률 제7108호, 2004.1.20. 일부개정.

47_ 고시 제정근거가 법률상 마련되어 있었으나, 한동안 제정이 안 되어 감사원의 지적을 받은 후 제정하기에 이른다(이에 대하여는 이병준/김도년, "약관규제법 관련 최근 동향과 입법과제－단체소송을 통한 약관심사와 표준약관 활성화 방안을 중심으로", 「법조」 통권 제630호, 2009, 155면 참조). 표준약관표지의 사용에 관한 고시는 2009.10. 15. 제정되었는데(공정거래위원회 고시 제2009-63호), 이후 2012.8.20. 일부개정(공

른 내용을 약관으로 사용할 수 없으며, 이를 위반하는 경우에 표준약관의 내용보다 고객에게 더 불리한 약관의 내용은 무효로 하였다. 이를 통하여 현재 표준약관규정의 틀이 완성되었다. 그 후 표준약관 규정은 부분적인 내용의 변화와 문구의 수정이 이루어지기는 하였지만,[48] 근본적인 변화 없이 현재까지 본 규정의 틀이 유지되고 있다.

2. 현행 표준약관규정의 입법평가

이러한 규정 내용의 변화는 크게 보면 3가지로 요약할 수 있다. 첫째, 표준약관의 제정주체를 공정거래위원회로 확대하고 있다. 사적자치의 측면에서 보면 자율규제 수단인 표준약관은 기본적으로 사업자 또는 사업자단체에서 제정하는 것이 맞다. 이러한 측면에서 공정거래위원회에 표준약관을 제정할 수 있는 권한을 부여한 것에 대하여 비판적인 견해

정거래위원회 고시 제2012-37호), 2015.10.23. 일부개정(공정거래위원회 고시 제2015-15호), 2016.10.31. 일부개정(공정거래위원회 고시 제2016-14호)이 이루어졌다. 2016년 이전의 개정들은 고시 제5조에서 재검토기한을 두었기 때문에 그 기간이 도래할 때마다 새로 일부개정을 한 것이지만 내용상 변경은 없었고, 2016년 개정 시에는 제1조에서 "공정거래위원회에서 심사하거나 마련한 표준약관"이라는 용어를 "공정거래위원회가 심사하거나 제정 또는 개정한 표준약관"으로 구체적으로 표현하는 것으로 바꾸었으며, 기존의 표준약관 표지에 공정거래위원회 상징 문양을 사용하던 것을 정부 공통 상징 문양으로 바꾸었다.

48_ 2006년 개정의 경우 '소비자보호법'과 '한국소비자보호원'이 '소비자기본법'과 '한국소비자원'으로 각각 문구의 변화만 있었다(법률 제7988호). 2010년 개정 때에는 단순한 문구수정만 있었으며(법률 제10169호), 2012년 개정의 경우에는 조문번호가 기존의 제19조의2 제19조의3으로 변경되었을 뿐이다(법률 제11325호). 2016년 개정 시에는 제1항에서 '표준이 될 약관을 마련하여'를 '표준이 될 약관의 제정·개정안을 마련하여'로 문구변경을 하였다. 또한 제2항에서도 "약관을 마련할 것"을 "약관을 제정 또는 개정할 것"으로 바꾸었다. 제3항에서는 공정거래위원회가 사업자 및 사업자단체에 대하여 표준이 될 '약관'을 마련하여 심사 청구할 사유로 제1호 및 제2호만 두었으나, "법률의 제정·개정·폐지 등으로 약관을 정비할 필요가 발생한 경우"라는 제3호를 추가하여 '제정·개정안'을 마련하여 심사청구 할 수 있도록 사유의 추가 및 문구변경을 하였다. 제4항과 제5항에서도 "마련"을 "제정 또는 개정"으로 문구변경을 하였다(법률 제14141호).

가 존재할 수 있다.[49] 하지만 현재 민법상 전형계약 관련규정이 매우 적어서 불공정성 통제의 표준이 될 수 있는 임의규정이 상당히 적고, 많은 사업자 내지 사업자단체가 독자적으로 표준약관을 제정할 수 있는 능력이 없거나 여건이 안 되는 현실에 있어서는 규제기관인 공정거래위원회에 표준약관 제정권을 부여한 것은 타당한 입법이라고 생각된다.[50] 현재 공정거래위원회에서 제정한 표준약관 내지 표준계약서는 상당히 많은 업종 내지 거래분야에 존재한다.[51]

49_ 이러한 비판으로 신영수,「경제법연구」제7권 1호 , 2008, 70-72면.

50_ 이에 다른 부처에서도 각종 법률에서 표준약관과 관련하여 제정권한을 부여하는 입법이 많이 존재하는 것이 현실이다. 예컨대 콘텐츠산업 진흥법(법률 제13821호) 제25조에서는 "문화체육관광부장관은 콘텐츠의 합리적 유통 및 공정한 거래를 위하여 공정거래위원회와 방송통신위원회 및 미래창조과학부와의 협의를 거쳐 표준계약서를 마련하고, 콘텐츠사업자에게 이를 사용하도록 권고할 수 있다."고 규정하고 있다. 이러닝(전자학습)산업 발전 및 이러닝 활용 촉진에 관한 법률(법률 제14111호) 제25조에서도 "산업통상자원부장관은 이러닝산업의 공정한 거래질서를 확립하기 위하여 공정거래위원회 위원장과 협의하여 이러닝 이용에 대한 표준약관을 제정하고 공시(公示)를 거쳐 이러닝사업자 등에게 그 시행을 권고할 수 있으며, 이러닝사업자등을 대상으로 이용자 보호 교육의 실시 및 이용자 피해구제를 위한 방안을 마련하여 시행할 수 있다."고 규정하고 있다.

51_ 표준약관의 경우 표준약관 제10001호인 아파트표준공급계약서를 시작으로 표준약관 제10077호인 철도여객운송 표준약관까지 현재까지 총 74개의 표준약관이 마련되어 있다. 또한 표준계약서는 1) 표준하도급계약서, 2) 표준가맹계약서, 3) 표준유통거래계약서, 4) 표준대리점거래계약서가 존재한다. 1) 표준하도급계약서는 다시 디자인업종(제품시각포장디자인, 환경 디자인 분야, 디지털 디자인), 엔지니어링활동업종, 자동차업종, 조선제조임가공업종, 조선업종, 광고업종(전시행사이벤트계약서), 해외건설업, 가구제조업종, 건설자재업종, 정보통신공사업종, 해양플랜트업종, 경비업종, 전자업종, 자기상표부착제품업종, 전기공사업종, 전기업종, 광고업종(방송영상광고제작 분야), 화물운송업종, 조경식재업종, 상용SW공급및구축업종, 상용SW유지보수업종, 정보시스템유지보수업종, 건축물유지관리업종, 건출설계업종, 방송업종, 정보시스템개발구축업종, 화물취급업종, 건설업종, 고무플라스틱제품 제조업종, 의료기기업종, 기계(기타 기계장비)업종, 섬유업종, 소방시설공사업종, 음식료업종, 의약품 등 제조업종, 정밀광학기기업종, 제1차금속업종, 출판인쇄업종, 화학업종을 공정거래위원회 홈페이지를 통해 확인할 수 있다. 2) 표준가맹계약서의 경우 프렌차이즈(도소매업, 외식업, 교육서비스업), 편의점업종에 표준계약서를 마련하고 있고, 3) 표준유통거래계약서는 매장 임대차, 직매입(백화점, 대형마트), 특약매입(대형마트), TV홈쇼핑, 매장 임대차(백화점), 온라인쇼핑몰(직매입거래, 위수탁거래) 표준거래계약서를 두고 있

둘째, 공정거래위원회의 심사를 거친 표준약관은 그 공정성이 어느 정도 담보되므로 이를 사용하는 사업자들은 이러한 표준약관을 사용한다는 이유만으로 공정한 거래질서 확립에 참여한다는 인센티브를 얻게 된다. 따라서 이러한 긍정적인 인센티브를 얻을지 여부는 표준약관이 자율규제수단인 이상 약관을 사용하는 사업자가 자유롭게 선택할 수 있는 것이 원칙이다. 그런데 약관규제법은 한 단계 더 나아가서 표준약관에 일정한 지도형상적 기능 및 강제력을 부여하고 있다.

(1) 표준약관의 내용과 다른 약관을 사용하는 경우에 표시의무를 사업자 및 사업자단체에 부과하고 있다. 즉 공정거래위원회로부터 표준약관의 사용을 권장받은 사업자 및 사업자단체는 표준약관과 다른 약관을 사용하는 경우 사업자는 표준약관과 다르게 정한 주요내용을 알기 쉽게 표시할 의무를 지고, 이를 위반한 경우에는 500만 원 이하의 과태료가 부과된다(제34조 제2항 제3호). 일단 규정 내용과 관련하여 표시의무가 발생하는 사유에 대하여 비판이 있다. 즉 표준약관의 내용과 다른 약관을 사용하는 경우에 주요내용에 대한 표시의무를 부과하는 것은 너무 과하며 고객에게 불리한 내용의 표시의무를 부과해야 한다는 입장이 있다.[52] 그런데 사업자의 입장에서 불공정성에 대한 판단이 용이한 것은 아니므로 단순히 표준약관의 내용과 다른 경우에 표시의무를 부과하는 것이 해당 의무를 부담하는 사업자 입장에서는 오히려 좋을 수 있다. 따라서 현행 규정 내용은 이러한 비판에도 불구하고 그 자체로 타당성을 가지고 있다. 즉 본 규정의 취지는 표준약관과 다른 약관을 사용하는 경우 다른 내용을 가지고 있는 약관규정의 주요내용에 대한 표시의무를 부과함으로써 고객에 대한 정보를 제공하려는 취지를 가지고 있다고 할 수 있다.

그러나 본 규정의 입법취지는 이처럼 타당한 목적을 갖는 것으로 볼

다. 4) 표준대리점거래계약서의 경우 식음료업종 표준대리점거래계약서를 마련하고 있다.

52_ 신영수, 「경제법연구」 제7권 1호, 2008, 72면.

수도 있으나, 다음과 같은 점에 있어서 본 규정이 현실적으로는 타당성을 결여하고 있다고 생각된다. 즉 표준약관이 자율규제수단이라는 점을 감안하면 다른 내용의 약관도 사업자가 충분히 사용할 수 있는 것이다. 본 규정처럼 표준약관과 다른 내용을 가진 약관을 사용하는 사업자에게 표시의무를 부과하면 이러한 표시로 인해 마치 사업자가 불공정한 사업자라는 관념을 소비자에게 불러일으킬 수 있다. 또한 현재 약관규제법 제3조 제1항에서 작성의무의 내용 중 하나로 약관의 중요한 내용을 부호, 색채, 굵고 큰 문자로 명확하게 표시하여 알아보기 쉽게 만들 의무를 부과하고 있어 표준약관과 다른 내용의 규정을 가지고 있는 경우 이러한 표시방법을 어떻게 다르게 하는지도 의문이다. 따라서 본 규정은 실효성이 없는 규정이라고 생각되고 현재 이 규정을 기초로 한 과태료 처분이 없는 것을 보더라도 이러한 사실이 확인될 수 있다.

(2) 또한 표준약관과 다른 내용의 약관을 사용하는 경우에는 공정위에서 고시하는 바에 따른 표준약관표지를 사용할 수 없고 표준약관표지를 사용하는 경우에 표준약관의 내용보다 고객에게 더 불리한 약관의 내용은 무효로 하며 이와 같은 사실에 해당하는 사업자에게는 5천만 원 이하의 과태료가 부과된다(제34조 제1항 제1호). 통상 표준약관표지와 같은 신뢰마크를 제정하면 그 부정사용에 따른 처벌규정을 두는 것은 당연하다. 하지만 표준약관 규정과 관련하여 특이한 것은 더 나아가서 표준약관표지를 사용하는 사업자가 표준약관의 내용보다 고객에게 불리한 내용의 약관규정을 가지고 있는 경우에 이를 사법적으로 무효로 하고 있다는 점이다. 본 규정의 도입 당시에 국회 논의에서 별다른 논의 없이 이러한 규정의 내용이 "사업자가 표준약관표지를 허위로 사용하는 사례를 방지하기 위한 것으로 별다른 문제가 없는" 것으로 보았다.[53] 이러한 규정 내용에 대하여 학설은 매우 비판적인 것으로 보인다. 표준약관규정은 법률의 임의규정처럼 양 당사자의 이익균형점을 대표하는 규

53_ 약관의 규제에 관한 법률 중 개정법률안(정부 제출) 검토보고서, 2003, 8면.

정내용을 담고 있는 경우도 있지만, 권장사항으로서 고객의 이익을 더 고려한 경우도 있기 때문이다. 따라서 표준약관의 내용에 비하여 불리한 내용을 담고 있는 약관규정이라고 당연히 해당 규정내용을 약관규제법상 불공정한 것으로 보고 이를 무효로 할 수는 없는 것이다. 이러한 측면에서 이러한 규정내용을 삭제하거나,[54] 최소한 해당 규정내용이 항상 고객에게 불리하다고 할 수 없으므로 이를 사업자만이 계약의 내용으로 주장할 수 없도록 해야 한다는 견해가 주장되고 있다.[55] 필자는 이 두 견해 중 삭제하자는 주장에 찬성한다.

3. 신고의무의 신설 개정안

1) 개정안의 내용

현재 국회에 상정되어 있는 약관규제법의 개정안 중에서 표준약관과 관련된 개정 내용은 1개(이언주 의원 대표발의 개정안[56])가 있다. 그 내용을 살펴보면 표준약관의 사용을 권장받은 사업자 및 사업자단체가 표준약관과 다른 약관을 사용하는 경우 그 사실 및 주요 내용 등을 공정거래위원회에 신고하도록 하는 의무를 신설하도록 하는 것이다(안 제19조의3 제7항).

앞에서 살펴본 바와 같이 현행법에서 이와 같은 경우 표시의무를 부과하고 있으나, 현실적으로 사업자가 이러한 의무를 이행하지 않아서 표준약관과 다르게 정한 주요내용을 소비자가 알 수 없는 경우가 많고, 그럼에도 불구하고 현재까지 이 규정을 위반하여 단속된 실적은 없는 실정이다. 따라서 개정안과 같이 사업자에게 신고의무를 부과한다면 신고에 부담을 느낀 사업자들이 표준약관을 사용하는 경향이 증가하여 불

54_ 장경환, 「경희법학」 제41권 제2호, 2006, 257면.
55_ 신영수, 「경제법연구」 제7권 1호, 2008, 74-75면.
56_ 약관의 규제에 관한 법률 일부개정법률안(이언주 의원 대표발의) 의안번호 2138, 2016.9.5.

공정한 약관이 거래에 사용되는 것을 사전적으로 예방함으로써 소비자 권익 보호에 기여하는 긍정적인 효과가 있을 것으로 기대된다는 것이 입법의견이다.

현 행	개정안
제19조의3(표준약관) ①~⑥ (생략)	제19조의3(표준약관) ①~⑥ (현행과 같음)
<u>〈신 설〉</u>	⑦ <u>공정거래위원회로부터 표준약관의 사용을 권장받은 사업자 및 사업자단체는 표준약관과 다른 약관을 사용하는 경우 그 사실 및 주요 내용을 대통령령으로 정하는 바에 따라 공정거래위원회에 신고하여야 한다.</u>
<u>⑦</u> ~ <u>⑨</u> (생략)	<u>⑧</u> ~ <u>⑩</u> (현행 제7항부터 제9항까지와 같음)
제34조(과태료) ① 다음 각 호의 어느 하나에 해당하는 자에게는 5천만원 이하의 과태료를 부과한다.	제34조(과태료) ① ---
<u>〈신 설〉</u>	<u>1. 제19조의3 제7항을 위반하여 공정거래위원회에 신고하지 아니한 자</u>
<u>1.</u> · <u>2.</u> (생략)	<u>2.</u> · <u>3.</u> (현행 제1호 및 제2호와 같음)
② · ③ (생략)	② · ③ (현행과 같음)

2) 개정안에 대한 입법평가

개정안은 기본적으로 신고의무를 통하여 간접적으로 표준약관의 사용을 늘릴 수 있을 것으로 기대하고 있다. 그러나 이러한 기대는 잘못된 기대에 불과하다. 왜냐하면 사업자들은 자신의 사업모델을 가지고 있고 표준약관의 내용과 다른 내용을 많이 담을 수밖에 없는 것이 현실이다.

또한 표준약관의 개정이 빈번하게 이루어지는 것도 아니므로 현행법을 제대로 반영하지 못하는 경우도 많고 변화된 거래현실에 적절하게 대응하지 못하는 경우도 있다. 이러한 상황하에서 표준약관을 사업자들이 사용하는 사례가 많이 늘어날 수 있다는 사고는 처음부터 잘못된 것이다. 표준약관은 단지 약관을 제정할 때 지침이 될 수 있는 내용을 제시하고 있을 뿐이다.

또한 검토보고서[57]에도 드러나듯이 신고의무를 부과하게 되면 약관을 사용하는 사업자들은 표준약관의 내용을 사용하지 않는다는 이유만으로 신고의무를 부담하게 된다. 현행법상의 표시의무를 넘어서 신고까지 해야 한다면 큰 부담이 될 것이다. 왜냐하면 약관을 자주 개정할 필요가 있는 사업자들이 개정 때마다 신고를 해야 한다면 이는 큰 부담으로 작용할 것이기 때문이다. 또한 신고업무 처리를 해야 하는 공정거래위원회에도 행정적 부담이 될 것이다. 이처럼 자율적 규제수단인 표준약관의 사용을 강제한다면 사업자들이 표준약관의 제정 및 개정 절차에 참여하는 것에 주저할 것이며, 표준약관 심사청구 자체를 하지 않을 가능성도 존재한다. 이러한 우려는 모두 국회검토보고서에 지적한 우려이고 매우 타당한 지적이라고 생각되어 본 개정안에 대하여는 찬성할 수 없다.

4. 개정의견

표준약관은 대표적인 사업자의 자율규제 수단에 해당한다. 하지만 거래의 현실상 표준약관의 심사권한 및 예외적인 경우에 제정권한을 공정거래위원회에 부여한 것은 타당하다고 생각된다. 하지만 표준약관의 규정 내용을 간접적으로 강제하는 내용은 사적자치의 원칙상 타당하지 않으며 실질적으로도 정당한 결과를 가져오지 못한다. 또한 이러한 규정 내용이 실제적인 규범력을 발휘하지 못하고 있으므로 이러한 내용을 삭

57_ 약관의 규제에 관한 법률 일부 개정법률안 검토보고, 2017, 6면.

제할 필요가 있다고 생각된다. 따라서 표준약관과 관련하여서는 인센티브적인 효력만 남기고 나머지 규정은 대폭적으로 삭제하는 것이 바람직하다고 생각된다.

이에 따라 표시의무를 규정하고 있는 제19조의3 제6항과 무효효과를 규정하고 있는 제9항을 삭제하여야 한다고 생각된다. 그리고 현재 제2항의 내용은 사실상 제3항에 담겨져 있어 중복의 의미가 있으므로 제2항의 내용을 제3항에 포섭하는 내용적 조정을 할 필요가 있어 보인다.

V. 나가며

약관규제법이 시행된 지 30년이 지난 현재 이 법은 약관거래의 공정화에 기여하는 탁월한 입법으로 평가된다. 그 기본구조도 큰 문제가 없는 것으로 평가되고 있다. 다만 세부적인 사항에서 약간의 수정 내지 세밀화가 요구된다.

1. 약관의 편입통제, 해석 및 내용통제의 기본구조는 문제가 없는 것으로 평가된다. 다만 편입단계에서 판례에 의하여 인정되고 있는 동의라는 요건을 명시적으로 규정할 필요가 있는지 여부 및 사업자 간 거래에서 편입단계에 관한 규정내용을 완화해야 할지에 관하여 개정 수요가 있다. 더 나아가 작성의무, 의외조항 및 투명성 원칙을 포괄적으로 고려한 조항의 정리가 어떠한 방향으로 일어날 필요가 있다고 생각된다. 내용통제단계에서 명확화를 위하여 급부와 반대급부에 관한 내용을 내용통제에서 배제하는 명문의 규정을 두는 것을 고려할 필요가 있다고 생각된다.

2. 약관규제법의 적용범위에 관한 제30조는 그 명확화를 할 필요가 있다고 생각된다. 상법상의 규정은 정관 등 고객보호의 필요가 없는 경우로 한정하고, 근로기준법의 경우에는 근로계약으로까지 보호를 확장할 필요가 있으나 여기서도 단체협약 등은 제외하되 약관규제법이 적용

되어 고객의 보호가 필요한 영역을 남겨 놓는 것이 필요하다고 생각된다. 비영리사업 분야에 대한 예외는 적용될 거래영역이 없는 이상 삭제하는 것이 타당해 보인다.

3. 표준약관은 사적 자치를 보장하고 표준약관 사용에 따른 인센티브를 부여하는 한도로 규정 내용을 축소하는 것이 타당하다고 생각된다.

최근 10년간 약관심사의 경향과 특징*

—심결례를 중심으로 한 고찰—

민혜영**

Ⅰ. 들어가며

　1987년 약관규제법이 시행된 이후 약 30년의 기간 동안 약관심사제도 는 몇 차례의 변화를 거치며 자리를 잡았고 심결례도 상당히 축적되었다.

　특히 최근 10년간 공정위의 약관심사와 관련하여 제도·절차적인 측 면 및 내용적인 측면에서 몇 가지 변화를 살펴보면, 우선 제도·절차적 인 측면에서는 2008년부터 시정권고, 시정명령 등 직접적인 행정조치보 다는 사업자가 스스로 약관을 시정하도록 하고 별도의 행정조치 없이 심사절차를 종료하는 방향으로 약관심사의 방향이 바뀐 것을 들 수 있 다. 또한 다양한 분야의 표준약관 제정을 통해 약관 작성의 가이드라인 을 제시하던 방식에서 벗어나 해당 분야의 법령 등 규율이 미비한 분야 에 대해서만 보충적으로 표준약관을 제정하는 쪽으로 정책방향을 변경 하였다.

---

　* 이 논문은 2016년 4월 20일 한국외국어대학교 법학연구소 소비자법센터 개원세미나("소 비자거래에서 약관규제법의 현황과 과제")에서 발제한 글을 수정·보완한 것입니다.
　** 공정거래위원회 전 약관심사과장.

내용적인 측면에서는 소비자의 권리에 대한 사회적 인식이 높아지고, 제도적으로 소비자권리 보장이 강화되면서 약관법상 심사기준도 전반적으로 강화되고 있으며, 새로운 거래분야가 나타나면서 보다 다양한 분야에서 심결례가 축적되고 있다는 점을 들 수 있다.

Ⅱ. 직접적인 시정조치보다는 사업자가 스스로 약관을 시정하도록 유도

불공정한 약관조항을 사용하는 사업자에게는 약관법 제17조의2에 따라 해당 약관조항의 삭제·수정 등 시정에 필요한 조치를 권고하거나(시정권고) 명할 수 있다(시정명령). 2008년까지 공정위는 불공정한 약관조항을 사용하는 사업자에게 우선 시정을 권고하고 이를 이행하지 않을 경우 시정명령을 하는 절차로 약관심사를 진행해 왔다.

그러나 이러한 심사방식을 따를 경우 시정을 권고한 날로부터 일정기간(통상 60일) 이내에 사업자가 약관의 시정안을 제출하여야 하고, 이렇게 제출된 시정안이 약관법상 무효인지 여부를 다시 검토하여야 하므로 심사에 지나치게 많은 시간이 소요된다는 의견이 대두되었다.

특히 1990년대 초반 연간 몇 십 건에 불과하던 사건처리건수가 1990년대 후반 수백 건으로 증가하면서 기존의 방식으로 사건을 처리할 경우 지나치게 많은 사건이 축적될 것이라는 우려가 있었다. 이에 따라 2008년부터는 해당 약관조항이 무효로 판단될 경우 공정위가 사업자와 시정안을 협의하여 사업자가 이를 수락할 경우 별도의 시정조치 없이 심사절차를 종료하는 방식으로 약관심사를 진행하는 것을 원칙으로 하고, 시정안 협의가 잘 진행되지 않을 경우에만 예외적으로 시정권고 등 행정조치를 하는 방향으로 약관심사의 절차를 변경하였다.

2007년에는 공정위가 무효로 판단한 93건의 약관 중 90건에 대해 시정권고를 하고 3건에 대해 시정명령을 하였으나, 2015년에는 공정위가 무효로 판단한 285건의 약관 중 시정안 협의를 통해 심의절차를 종료한 건이 268건에 이르고 17건에 대해서만 시정권고(또는 시정요청)를 한 것으로 나타났다.

이러한 약관심사절차의 변경에는 장단점이 있다. 우선, 시정안 협의 시 공정위가 바람직하다고 생각하는 약관안을 제시할 수 있고 실제로 많은 사업자들이 이에 따르고 있으므로 보다 소비자에게 유리한 약관을 사업자가 사용하도록 유도할 수 있으며, 관련 업계에서 통일적인 약관을 사용하도록 유도하는 데에도 유리하다. 특히 불공정한 약관조항을 삭제하거나 수정하도록 할 수 있을 뿐 약관에 없는 내용을 새롭게 추가하도록 할 수 없는 약관심사의 한계를 이러한 약관심사방식을 통해 극복할 수 있다.

그러나 지나치게 일률적인 내용이 약관이 사용되게 되어 사업자마다 다를 수 있는 거래의 특성이 잘 반영되지 못하고 경쟁이 위축되는 단점도 있다.

III. 개별분야의 규율이 미비한 분야에 대한 보충적인 표준약관 제정

1992년 약관법 개정으로 표준약관제도가 도입된 이래 95년 아파트표준공급계약서 제정을 필두로 현재까지 총 70개의 표준약관이 제정·보급되어 사용되고 있다. 표준약관은 2002년 18건이 제정된 이후로는 연간 평균 3건이 제정되었으며 최근에는 제정 건수가 더 줄어들고 있는데, 그 이유는 표준약관의 수가 늘면서 개정 수요도 함께 증가함에도 불구하고 인력이 보충되지 못하고 있을 뿐 아니라 타 부처 및 사업자단체의 표준약관(계약서) 제정이 늘어났기 때문이다.

사업자단체의 표준약관 제정의 예로 금융분야에서는 금융투자협회, 여신전문금융협회의 표준약관을 들 수 있다. 공정위가 관장하는 전체

표준약관 70개 중 21개가 금융분야 표준약관인데, 이 중 대부분은 금융기관 중에서도 은행과 관련한 표준약관이다. 은행여신거래기본약관, 예금거래기본약관 등 대부분의 금융분야 표준약관이 1996~2002년에 제정되었는데, 이 시기에는 금융분야 감독기관이나 금융분야 사업자단체에서 별도로 표준약관(계약서)을 제정하지 않고 있었다. 이후 2009년 여신전문금융업법 및 자본시장법에 관련 사업자단체가 표준약관을 제정할 수 있는 근거규정이 마련되어 여신전문금융업협회는『여신금융회사 표준 여신거래기본약관』등 총 6개의 표준약관을, 금융투자협회는『매매거래계좌설정약관』등 총 15개의 표준약관을 제정하여 운용하고 있다. 요약하자면, 은행 및 금융분야 전반에 관련된 표준약관은 공정위가 관장하고 있는 반면, 여신전문분야 및 금융투자분야는 해당 협회에서 표준약관을 관장하고 있다고 할 수 있다.

이러한 타 분야 표준약관(계약서)의 증가와 함께 행정인력의 부족 등으로 인해 공정위는 ① 해당분야의 법령·제도 등 규율이 미비하여 약관작성을 위한 가이드라인을 제시할 필요가 있는 경우(예: 상품권분야), ② 사업자단체가 존재하고 사업자단체를 통해 표준약관 보급이 용이한 경우, ③ 사업자 수가 일정 수준 이상인 경우 등 몇 가지 요건을 갖춘 경우에 한해 표준약관을 제정하고 있다.

최근에 제정된 표준약관을 살펴보면, 2013년에 온라인게임 표준약관, 산후조리원 표준약관, 임플란트 시술동의서 표준약관이, 2015년에는 모바일 상품권 등을 포함한 신유형 상품권 표준약관이 제정되었고 올해는 해외구매 표준약관이 제정될 예정이다. 제정된 표준약관 중에서도 더 이상 유지할 필요가 없어 표준약관을 폐지한 사례도 있다. 프랜차이즈 표준약관과 백화점 표준약관의 경우 각각 공정위 가맹거래과와 유통거래과에서 별도의 표준계약서를 제정하였으며 동 표준계약서가 프랜차이즈 표준약관과 백화점 표준약관의 내용을 모두 포함하고 있어 관련법을 담당하고 있는 개별과가 표준계약서를 관장하는 것이 바람직하다는 판단하에 작년에 표준약관을 폐지하였다.

공정위가 약관법에 의해 제·개정하는 표준약관뿐만 아니라 공정위 다른 부서 및 타 부처에서 관장하는 표준약관(계약서)을 모두 점검하여 표준약관 및 표준계약서 관리체계를 재구축할 필요가 있다고 생각된다. 한편, 표준약관은 사업자의 약관작성에 따른 비용을 절감하고 소비자와의 분쟁을 사전에 방지하는 효과가 있는 반면, 사업자의 거래조건을 획일화함으로써 경쟁을 위축시키고, 같은 분야에서도 사업자마다 거래형태 등이 다양화하고 있는 트렌드에 맞지 않는 측면도 있어서 제도 자체를 어떻게 운용할 것인지에 대한 전반적인 검토가 필요하다.

IV. 약관법상 심사기준의 정립 또는 강화

공정위는 약관법상 무효 여부 판단을 위한 기준이 미비한 분야에 대해서는 심사기준을 새롭게 정립하는 한편, 심사기준이 이미 존재하는 분야에 대해서는 소비자권리 보장을 강화하는 방향으로 심사기준을 지속적으로 업데이트하여 왔다.

새로운 거래분야는 소비자피해가 속출함에도 불구하고 이를 예방할 수 있는 규율이 미비한 경우가 많다. 공정위는 이러한 분야에 대해 직권조사를 통해 불공정약관을 시정하고, 필요한 경우 표준약관 제정 등을 통해 거래기준을 마련하여 왔다. 최근 산후조리원에서 산후조리를 하는 것이 일반화되면서 불공정약관으로 인한 소비자피해가 사회적 문제가 되었다. 이에 공정위는 2013년 산후조리원 이용약관에 대한 직권조사를 통해 불공정약관을 시정하는 한편, 「산후조리원 표준약관」을 제정하여 사업자단체를 통해 보급한 바 있다. 또한 전통적인 형태의 종이상품권이 아닌 모바일상품권, 온라인상품권 등을 직접 구매하거나 선물하는 경우가 늘어나면서 사용기간이 지나치게 짧거나 잔돈을 거슬러 주지 않는 등 다양한 형태의 소비자피해가 발생하여 지난해 직권조사를 통해 관련 조항을 시정하고 「신유형 상품권 표준약관」을 제정·보급하였다.

각종 법령의 소비자권리 보장이 강화되면서 약관법상 심사기준이 함께 강화되는 경우도 있는데, 예를 들어 올해 초 공정위가 실시한 '백화점 임대차 약관에 대한 직권조사'에서는 최근 세입자 보호가 강화된「상가건물임대차보호법」및 입점업체의 권익보장이 강화된「대규모유통업법」의 내용을 반영하지 않은 약관조항을 무효로 판단한 바 있다. 또한 작년에 실시한 '개인정보취급방침 등 개인정보보호 관련 이용약관에 대한 직권조사'에서는 개인정보의 수집, 제3자 제공 등과 관련하여 최근 강화된「정보통신망법」및「개인정보보호법」의 관련 규정에 부합하지 않는 약관조항을 무효로 판단하였다.

이외에도 계약해제·해지, 손해배상 등과 관련하여 약관심사 기준으로 많이 이용되는「소비자분쟁해결기준」역시 1985년에 제정된 이래 거래환경의 변화 등을 반영하여 20여회 개정되어 왔으며, 약관심사기준도 이에 따라 강화되어 왔다.

V. 최근 불공정약관심사의 경향과 특징

최근 불공정약관심사의 경향과 특징을 몇 가지로 요약하면 첫째, 인터넷·모바일, 공유경제, 해외구매 등 새로운 거래형태가 대두되면서 이와 관련한 약관심사가 증가하였고, 둘째, 개인정보와 관련한 권리, 지적재산권 등 최근 그 중요성이 부각되고 있는 권리를 침해하는 약관에 대한 시정이 증가하였으며, 셋째, 금융약관과 관련하여 은행법 등 관련법에 금융당국이 공정위에 약관을 통보하는 조항이 신설되면서 금융약관심사 건수가 폭발적으로 증가하였다.

우선, 인터넷·스마트폰 등의 급속한 보급에 따라 이와 관련한 소비자분쟁이 급증하여 약관심사수요도 증가하였다. 2000년부터 지속적으로 온라인게임 사업자의 약관에 대한 직권조사를 통해 불공정약관조항을 시정하여 오고 있으며, 이에 대한 신고사건 처리도 자주 이루어지고 있다.

모바일을 통한 다양한 경제활동이 이루어지면서 구글, 애플 등 해외사업자 및 국내사업자의 앱 마켓 이용약관을 시정하였으며, 모바일상품권 등 소위 '신유형상품권'약관에 대한 시정도 이루어졌다. 해외구매가 급증하면서 2015년 배송대행 및 구매대행 사업자들의 약관을 시정하였으며, 최근에는 공유경제의 대표적인 사업자인 에어비앤비의 숙박비 환불 규정에 대해 시정권고를 한 바 있다.

자동차를 직접 구매하기보다는 장기렌트하거나 리스를 하는 소비자가 늘어남에 따라 이와 관련한 소비자피해도 증가하여 2014년에는 자동차 리스 및 장기렌트 분야 약관에 대한 직권조사를 통해 불공정약관을 시정한 바 있으며, 웨딩플래너를 고용하여 결혼준비를 하는 경우가 많아지면서 일명 '스드메업체'에 대한 약관을 심사하여 불공정조항을 시정하였다.

부동산임대차의 경우 보증금에 정액의 임료를 지급하는 전통적인 임대차의 형태를 벗어나는 새로운 형태의 임대차가 늘어나면서 이에 대한 약관심사가 최근 이루어진 바 있다. 특히 대형쇼핑몰이나 백화점은 정액의 임료보다는 매출액에 연동하는 임료를 설정하고 매출액 상승을 위해 임대인이 거액의 마케팅 비용을 지출하는 등 기존의 임대차방식과는 다르게 임대차계약을 체결하는 추세에 있다. 최근에 공정위가 약관심사자문위원회에 상정하여 심사하였던 「○○몰의 임대차계약서상 불공정약관조항에 대한 건」에서는 월임대료를 "전월 매출액에 수수료율을 곱한 금액"과 "월 최소보장 임대료" 중 많은 금액으로 하는 약관조항이 문제가 되었다. 입찰절차에서 임차인들이 투찰 시 "수수료율"과 "월 최소보장 임대료"를 결정하도록 되어 있어 해당 조항의 약관성 자체도 문제가 되었으며, 유·무효 여부에 대한 논의도 팽팽하게 이루어졌다. 결국 심사청구가 취하되어 이에 대한 판단은 내리지 않고 사건이 종결되었으나, 이러한 새로운 임대차계약방식이 점차 확산되는 추세에 있으므로 이에 대한 심사기준이 필요할 것으로 보인다.

둘째, 최근 새롭게 부각되고 있는 개인정보와 관련한 권리, 지식재산권과 관련한 권리 등을 제한하는 약관조항에 대한 심사가 급증하였다.

개인정보와 관련하여 공정위는 2011년 및 2015년에 포털사업자, 온라인쇼핑몰 등 온라인사업자의「개인정보 취급방침」등 개인정보 관련 약관조항을 검토하여 필수 수집정보 이상의 개인정보를 수집하는 조항, 고지된 목적 이외의 용도로 개인정보를 사용하거나 제3자에게 제공하는 조항, 개인정보 수집 목적이 달성된 이후에도 별다른 사유 없이 해당 정보를 사업자가 계속 보유할 수 있도록 한 조항, 개인정보 유출 등으로 고객에게 피해가 발생한 경우에도 사업자의 책임을 면제하거나 축소하는 조항 등을 시정한 바 있다. 특히 최근 여러 계열사 또는 제휴사들의 사이트를 하나의 아이디로 이용할 수 있는 원아이디(또는 통합아이디) 정책을 많은 회사들이 추진하면서 사이트를 운영하는 사업자가 별개의 사업자임에도 고객의 동의를 받지 않고 개인정보를 사업자 간 공유할 수 있도록 한 약관 조항이 문제가 되어 이를 시정하였다.

지식재산권과 관련하여서는 최근 약관심사청구가 폭발적으로 늘어나고 있고, 분야별로 지재권과 관련한 다양한 직권조사가 이루어진 바 있다. 우선 출판과 관련하여 '구름빵' 작가와 출판사 한솔수북이 체결한 매절계약이 사회적으로 이슈가 되어 공정위는 2014년 한솔수북을 비롯한 20개 출판사가 사용하는「저작권 양도계약서」,「출판권 설정 계약서」등을 검토하였으며, ① 2차적 저작물 작성권을 포함한 저작권 일체를 출판사에게 양도하는 조항, ② 저작물의 2차적 사용과 관련한 처리를 출판사에게 전부 위임하는 조항, ③ 저작권을 양도할 때 출판사의 사전동의를 받도록 한 조항 등을 시정하였다.

공공기관 및 민간기관에서 주최하는 공모전 약관에는 응모 작품에 대한 모든 권리가 주최측에 귀속된다는 조항이 흔하게 발견된다. 공정위는 2014년 31개의 아이디어 공모전 약관을 심사하여 이러한 불공정조항을 시정하였으며, 지속적으로 심사청구되는 공모전 약관에 대해서도 시정을 하고 있다.

최근에는 프로듀스101, K팝스타 등 오디션 프로그램과 관련하여 방송사와 기획사, 연습생 간에 체결되는 프로그램 출연 계약서에서 출연자의 저작권, 저작인접권 등의 권리를 방송사에게 귀속시키고 방송사가 임의로 사용할 수 있도록 하는 조항을 시정하였다.

이 외에도 SNS상 저작물을 사업자가 임의로 이용할 수 있도록 하거나 일방적으로 삭제할 수 있도록 하는 조항으로 인한 소비자피해가 늘어남에 따라 이에 대한 직권조사를 통해 해당 약관조항을 시정할 계획이다.

셋째, 자본시장법과 여신전문금융업법은 2009년, 은행법 및 상호저축은행법은 2010년에 금융당국이 신고 또는 보고받은 금융약관을 공정위에 통보하고 공정위가 이를 심사하여 그 결과를 금융당국에 피드백하는 제도가 신설되었다. 현재 한 해 평균 1500~2500건의 금융약관이 접수되고 있으며, 평균 1000~1500건의 금융약관을 심사하여 금융당국에 시정요청을 하고 있다. 그간 심사인력의 부족으로 2~3년에 한 번씩 분야별로 약관을 심사하여 회신하여 왔으나, 심사기일이 지나치게 길어 심사수요에 제대로 대응하지 못한다는 비판이 있어 왔다. 이에 따라 작년부터는 심사기일을 단축하여 모든 분야에 대해 매년 금융당국에 시정요청을 하는 것을 원칙으로 하고 있다. 그러나 현재의 심사인력으로 심도 있는 약관심사를 하는 것에는 한계가 있으므로 궁극적으로는 심사인력이 대폭 확충되어야 할 것이다. 자본시장법 등에 의한 금융약관의 심사는 공정위가 직접 시정조치를 하는 것이 아니기 때문에 약관법상 무효는 아니더라도 소비자보호를 위해 보다 바람직하다고 판단되는 경우에는 약관 시정을 요청하는 방향으로 심사의견을 작성하여 회신하고 있다.

VI. 약관심사와 관련한 향후 과제

위에서 살펴본 바와 같이 지난 10년간 다양한 분야의 약관을 심사하여 시정하고 표준약관을 제정함으로써 불공정약관으로 인한 소비자피해를 어느 정도 예방할 수 있었으며, 최근 5~6년 동안에는 금융당국과의 통보·회신 절차를 통한 금융약관심사도 어느 정도 자리를 잡았다고 판단된다.

다만, 1987년 약관법 제정 이후 1992년 시정명령제도 및 표준약관제도의 도입, 2001년 시정조치의 재정비, 2012년 사업자 간 약관에 대한 분쟁조정제도의 도입 등 몇 가지 굵직한 변화를 제외하고는 크게 의미 있는 약관심사 관련 제도 개선은 없었다.

공정위가 담당하는 추상적 내용통제에서 사업자 간 약관을 소비자약관과 동일한 방식으로 규율하는 것이 타당한지 여부, 불공정한 약관조항을 사용하는 사업자에게 시정권고를 하도록 하고 시장지배적 사업자에 해당하는 경우 등 일정한 경우에 시정명령 등을 하도록 하고 있는 시정조치 관련 조항을 다시 개정할 필요는 없는지 등 약관법 전반에 걸친 재검토가 필요한 시점이라고 판단된다.

약관규제와 계약법*

서희석**

Ⅰ. 서 론

　본고의 목적은 「약관의 규제에 관한 법률」(이하 "약관규제법"이라 약칭한다)상 약관규제가 계약법상 어떠한 위치에 있는지를 검토하기 위한 것이다. 약관의 법적 성질 내지 구속력의 근거에 관하여는 '계약'으로 해석하는 것이 민법학계의 통설적인 태도이다(계약설).[1] 그럼에도 불구하고 지금까지 약관규제의 문제를 계약법적인 관점에서 정립하고자 하는 시도가 활발히 이루어진 것 같지는 않다. 그 이유는 약관규제법에 대한 연구가 특히 보험약관에 관한 실무에서의 해석론을 둘러싸고 활발히 전개되고 있는 반면 계약법적인 관점에서는 약관규제법의 특별법적인 성격 내

---

　* 이 논문은 2017년 6월 19일 한국외대 법학연구소 학술대회("약관규제법 시행 30주년의 회고와 입법적 과제")에서 발제한 글을 수정·보완하여 외법논집 제41권 제3호에 게재한 것입니다. 이후 이 논문은 졸고, 『소비자계약의 법리』, 부산대학교출판부(2018), 329면 이하에 책의 편제에 맞게 재구성되어 수록되었습니다.

** 부산대학교 법학전문대학원 교수.

1_ 이에 반해 상법학계에서는 약관을 기업이 자주적으로 제정하는 법규로 보는 '자치법설'과 약관이 존재하는 경우에 그 약관에 의하여 계약이 체결된다는 관습이 있기 때문에 약관이 효력을 갖는다는 '상관습설'이 주장되고 있다.

지 행정규제법으로서의 성격이 강조되어 온 측면이 강하였기 때문이 아닐까 추측해본다.

이러한 상황에서 2009년 이래 민법개정작업이 진행되면서 약관규제법[약관의 사법적 통제(규제)에 관한 부분]의 민법전 편입에 관한 논의가 비교적 활발히 전개되었고,[2] 최근에는 민법과 약관규제법의 관계를 정면에서 다룬 논고도 등장하였다.[3] 위 논고에서 저자는 약관법과 민법이 공통의 기본원리하에 규율되고 있다고 하면서, 계약내용통제는 민법의 기본원칙에 어긋나는 제도가 아니며 계약자유와 신의칙에 의한 계약내용통제는 나란히 민법상의 제도로서 자리 잡고 있다고 평가하였다.[4]

본고는 위 논고의 입장에 전적으로 동의하기 때문에 특별히 이에 덧붙일 내용이 없다. 다만 위 논고가 주로 '계약내용통제'에 중점을 두면서 계약자유에 대한 제한으로서의 측면을 강조하고 있음에 착안하여 본고에서는 계약내용통제뿐만 아니라 약관규제를 위한 다른 방법, 즉 '편입통제(편입요건)' 및 '해석원칙'에 대해서도 계약법적인 관점에서 그 의의를 검토해 보고자 한다. 논의전개의 방법은 전체적으로 약관규제의 3가지 방법(편입통제, 해석원칙, 내용통제)을 기준으로 우선 그 의의를 밝히고 이에 대응하는 계약법상의 법리를 추출하여 비교하는 방법으로 진행하지만, 그 대전제로서 약관규제와 계약자유(사적 자치)의 원칙과의 관계에 관한 필자의 사견을 먼저 제시하기로 한다.

2_ 가령, 이병준, "약관규제법의 민법편입", 이은영 편저, 소비자법과 민법, 세창출판사 (2010) 수록; 남궁술, "특별법으로 산재된 소비자법의 단일화 방안: 민법과의 통합인가, 아니면 별도의 소비자법전의 제정인가? 프랑스의 경우를 중심으로", 이은영 편저, 위 책 수록; 이준형, "약관규제법·소비자법의 민법에의 통합문제에 대한 관견(管見): 프랑스의 경험을 소재로", 재산법연구 제26권 제2호(2009), 313면 이하; 서희석, "소비자법의 민법전편입 방안", 법학논총 제31권 제1호(2011), 249면 이하 등.

3_ 이은영, "약관법과 민법의 관계, 계약내용통제 및 일부무효와 관련하여", 외법논집 제34권제4호(2010), 193면 이하.

4_ 이은영, 위 논문, 206면.

II. 약관규제와 계약자유의 원칙

1. 약관규제의 필요성

계약자유의 원칙상 계약의 당사자는 계약내용을 스스로 결정할 수 있는 자유를 갖는다(내용결정의 자유). 따라서 쌍방 당사자가 계약내용에 합의하는 한 당사자는 그 계약내용에 구속되는 것이 원칙이다. 그런데 약관규제법은 우선 약관이 계약내용으로 편입되기 위한 요건을 규정함으로써 일정한 경우에는 약관조항이 계약내용이 되지 않을 수 있음(불편입)을 정하고 있고(제3조),[5] 이어서 계약내용으로 편입되었다 하더라도 신의칙에 반하여 불공정한 약관조항은 무효가 될 수 있음을 규정한다(제6조 이하). 전자가 약관의 '편입통제(규제)', 후자가 약관의 '내용통제(규제)'라 불리는 약관규제의 방법이다. 약관의 내용통제는 약관규제법상으로는 약관의 '불공정성'이 그 기준이 된다는 의미에서 '불공정성통제'라고도 불린다. 이와 같이 약관에 의한 계약에서 약관조항을 사법적인 방법에 의해 통제 혹은 규제한다는 의미에서 이들을 흔히 '약관의 사법적(司法的) 통제(규제)'라고 통칭하여 부르며, 간단히 '약관규제'라고도 한다.[6]

5_ 이하 약관규제법의 조문인용은 특별한 필요가 없는 한 법명을 생략하고 조문번호만으로 한다.

6_ '약관규제'라는 용어는 약관규제법상 이른바 '행정적 규제'만을 의미하는 것이라고 한정적으로 해석하여야 한다는 견해가 있다. 이것은 우리나라에서 '규제'(regulation)라는 용어는 흔히 행정부에 의한 수범자에 대한 명령이나 금지 등과 관련하여 사용되는 용어이기 때문에 이를 민사적인 의미로서 사용하기는 적절하지 않기 때문이라는 인식에 기초해 있다. 그러나 이 견해에 의하면 우리 '약관규제법'은 약관의 행정적 규제에 관한 법률 내지 행정적 규제를 중심으로 한 법률이라고 해석하게 될 터인데, 이것이 과연 입법자의 의사인지는 의문이다. 입법자로서는 약관의 규제로서 애초에는 민사적(사법적) 규제에 중심을 두었고, 그 후 행정적 규제의 방법을 두기로 결정하였는바, 양자를 통틀어 약관의 규제라고 표현한 것이라고 이해되기 때문이다. 또한 필자로서는 민사규범 중 특히 강행적 성격의 규정은 당사자의 행동의 자유를 민사적인 방법으로 구속한다는 점에서 민사적 내지 사법적 규제라는 용어가 성립할 수 있다고 생각한다

그렇다면 약관규제가 필요한 이유(약관규제의 필요성)는 무엇인가? 이것은 약관이란 무엇인가, 즉 약관의 정의(定義)를 살펴보면 스스로 자명해지는 문제라고 생각한다. 그 정의 속에 약관규제가 필요한 이유가 함축적으로 포함되어 있기 때문이다.

우리 약관규제법은 약관을 다음과 같이 정의한다. 즉, "약관이란 그 명칭이나 형태 또는 범위에 상관없이 <u>계약의 한쪽 당사자가</u> 여러 명의 상대방과 계약을 체결하기 위하여 <u>일정한 형식으로 미리 마련한</u> 계약의 내용을 말한다."7(하선은 필자)(제2조 제1호). 이 정의에 따르면 약관은 계약의 한쪽 당사자(약관작성자)가('일방성'), 다수의 계약을 위하여 일정한 형식으로('정형성'), 미리 마련한('사전성') 계약의 내용이다. 다시 말하면 약관이 되기 위해서는 일방성, 정형성, 사전성의 3요소를 갖추어야 한다. 그런데 약관조항이 상대방 당사자와의 교섭 없이 일방적으로 사전에 마련되고 그 내용에 대한 조정·합의 없이도 계약내용이 된다는 것은 일반적인 계약체결의 방식으로서는 보통은 생각하기 어려운 일이다. 계약내용은 당사자 쌍방의 교섭에 의해 마련되거나 적어도 쌍방의 합의에 의해 결정되는 것이기 때문이다.

약관을 이와 같이 이해하는 한 약관에 의한 계약에 대하여는 약관의 계약내용으로의 편입을 제어하고 또한 일단 편입된 약관조항에 대하여도 그 효력을 부정하기 위한 일정한 통제장치가 필요하게 된다. 그렇지 않으면 약관에 의한 계약의 상대방(고객)은 약관의 작성자(사업자)가 사전에 일방적으로 마련한 계약내용에 그대로 구속되기 때문에 내용결정의 자유가 침해될 수 있기 때문이다. 약관규제법이 약관규제의 방법으로서 '편입통제'와 '내용통제'를 두고 있는 것은 이와 같은 이유 때문이다.

한편 약관규제법은 약관의 해석에 관한 일정한 원칙(약관해석의 원칙)을 정한다. 이에 의하면 약관은 신의성실의 원칙에 따라 공정하게 해석

[이상, 서희석, "약관규제 외에 계약조항규제가 필요한가?", 가천법학 제7권 제2호(2014. 6), 158면].

7_ 이것은 독일민법상의 정의와도 대체적으로 같다(제305조 제1항 제1문 참조).

되어야 하고 고객에 따라 다르게 해석되어서는 아니 되며(제5조 제1항), 약관의 뜻이 명백하지 아니한 경우에는 고객에게 유리하게 해석되어야 한다(동 제2항). 전자(1항)를 약관의 '**신의성실의 원칙 · 공정해석의 원칙**', '**객관적 · 통일적 해석의 원칙**'이라 하며, 후자(2항)를 '**고객유리(작성자불리)해석의 원칙**'이라고 한다. 약관의 객관적 · 통일적 해석이 필요한 이유는 다수의 당사자와의 계약체결을 위하여 일정한 형식으로 마련된 계약내용이라는 약관의 '정형성'에 기인하며, 또한 고객유리해석의 원칙이 필요한 이유는 약관은 사전에 상대방의 관여 없이 일방적으로 작성되어 계약내용으로 편입되기 때문에(사전성 · 일방성) 약관의 의미가 불명확한 경우에는 고객에게 유리하게 해석하여 고객의 내용결정의 자유를 보완할 필요가 있기 때문이다. 다만 약관해석의 원칙은 그 자체로 약관을 통제하는 하나의 방법(해석통제)이라기보다는, 약관의 의미를 확정하거나 편입통제나 내용통제의 장면에서 해석의 방향성을 정하고 경우에 따라 무효판단을 이끌어내기 위한 보다 보편적인 원칙이라고 이해할 것이다.[8] 이런 의미에서 약관규제의 방법으로 학설[9]과 판례[10]에 의해 일반적으로 받아들여지고 있는 이른바 "3단계 약관통제론(편입통제 → 해석통제

8_ 내용통제도 구체적인 약관의 해석을 통해 이루어진다. 고객유리해석의 원칙에 따른 약관해석의 결과가 당해 약관조항의 무효라면 이것은 (약관해석을 통한) 내용통제 그 자체로 이해해야 할 것이다.

9_ 권오승, "한국의 약관규제", 경쟁법연구 제8권(2002.2), 571면 이하(불공정성통제를 '효력통제'라고 명명); 이호정, "보통계약약관의 내용통제—독일의 예를 중심으로", 저스티스 제11권 제1호(1973), 101면 이하(다만 '불공정성통제'를 '직접적 통제'라고 명명); 장경환, "약관의 내용통제의 방식과 체계", 경희법학 제30호(1995), 82면 이하 등.

10_ 〈대법원 2008.12.16. 자 2007마1328 결정〉 법원이 약관의 규제에 관한 법률에 근거하여 사업자가 미리 마련한 약관에 대하여 행하는 구체적 내용통제는 개별 계약관계에서 당사자의 권리 · 의무를 확정하기 위한 선결문제로서 약관조항의 효력 유무를 심사하는 것이므로, 법원은 약관에 대한 **단계적 통제과정**, 즉 약관이 사업자와 고객 사이에 체결한 계약에 편입되었는지의 여부를 심사하는 **편입통제**와 편입된 약관의 객관적 의미를 확정하는 **해석통제** 및 이러한 약관의 내용이 고객에게 부당하게 불이익을 주는 불공정한 것인지를 살펴보는 **불공정성통제**의 과정에서, 개별사안에 따른 당사자들의 구체적인 사정을 고려해야 한다(따름: 대법원 2013.2.15. 선고 2011다69053 판결 등).

→ 불공정성통제)"은 이를 그대로 취할 수는 없다고 생각한다(Ⅳ.6에서 후술).

2. 약관의 행정적 규제

이와 같이 약관규제법은 약관규제를 위하여 편입통제와 내용통제의 방법을 사용하며 일정한 약관해석의 원칙을 정하고 있다. 이러한 약관규제의 방법과 약관해석의 원칙은 스스로 사법적 방식에 의해, 즉 약관작성자가 법에서 정한 일정한 요건을 충족하지 못하는 경우에 일정한 사법상의 제재(불편입, 무효 등)를 가함으로써 약관작성자가 스스로 시장에서 그 요건을 충족하도록 동인(인센티브)을 부여하는 것으로서 사법적 내지 민사적 방법에 의한 규제수단이라 할 것이다(민사적 규제). 그런데 이러한 규제의 효과는 행정적인 규제수단을 통해서도 달성할 수 있다. 가령 시장에서 통용되는 일정한 약관을 대상으로 편입요건을 위반한 사업자에 대해 행정기관이 일정한 행정상의 제재(과태료나 시정명령 등)를 가하거나 내용이 불명확하거나 무효로 해석되는 약관에 대해 그 사용을 금지시키는 행정명령을 발하는 것과 같다. 우리 약관규제법은 전술한 '약관의 민사적(사법적) 규제' 외에 이와 같은 의미의 '약관의 행정적 규제'의 권한을 공정거래위원회에 부여하고 있다는 점에 특징이 있다(민사적·행정적 규제 병용형 법제).

약관의 행정적 규제의 필요성은 일방성·사전성·정형성을 그 개념 표지로 하는 약관의 정의(定義)로부터도 도출될 수 있다. 약관의 위와 같은 표지로부터 판단컨대 계약자유라는 미명하에 고객에게 불리한 약관이 사업자에 의해 작성되어 시장에서 통용되는 것을 묵과하는 것은 국가의 책무에 위반하는 것이 된다. 즉 국가는, "시장의 지배와 경제력의 남용을 방지하며, 경제주체 간의 조화를 통한 경제의 민주화를 위하여 경제에 관한 규제와 조정을 할 수 있(고)"(헌법 제119조 제2항), "사업자의 불공정한 거래조건이나 거래방법으로 인하여 소비자가 부당한 피해를 입지 아니하도록 필요한 시책을 수립·실시하여야 한다."(소비자기본법 제12조 제1항). 이와 같이 경제적 규제에 관한 헌법적 근거와 소비자보호를 위한 국가의 책무에 관한 법적 근거로부터 약관의 행정적 규제는 정당화될 수 있다. 그러나 약관의 행정적 규제는, 행정기관이 시장의 모든 영역을 커버할 수 없을 뿐만 아니라 행정규제의 효과인 일정한 행정상의 제재는 약관작성자인 사업자에게만 미치기 때문에 고객보호를 위한 직접적인 규제수단이 될 수 없다는 한계가 있다. 따라서 약관의 민사적 (사법적) 규제를 통한 시장의 자율적 정화(淨化)가 궁극적인 약관규제의 수단이 될 것으로 생각한다. 따라서 아래의 서술에서 약관규제라 함은 당연히 약관의 민사적(사법적) 규제를 전제로 하는 것이다.

3. 사적자치와 약관규제의 정당화 근거

약관규제는 약관에 대한 사법적 통제(무효화 등)를 그 요체로 한다. 그렇다면 약관규제는 계약자유 내지 사적자치의 원칙에 배치되는 것이 아닌가? 다시 말하면 약관규제 혹은 약관의 사법적 통제가 사적자치 내지 계약자유의 원칙상 정당화될 수 있는 것인가, 또 그렇다면 그 근거는 무엇인가?

사적자치 내지 계약자유는 대등한 양 당사자의 합리적 의사결정하에서 의미를 갖는다. 가령 어떤 계약체결에 나아가고자 하는 당사자는 사전에 상대방과 교섭하여 주된 급부와 계약내용을 조율한 후 마련된 계약서에 서명함으로써 계약체결에 이르게 되는 것이 보통이다. 혹은 계약의 특성이나 비즈니스의 수법에 따라서는 주된 급부에 합의하게 되면 일방 당사자가 사전에 마련한 계약서에 따라 계약이 진행되는 경우도 있을 수 있으나 이러한 경우에도 상대방 당사자는 계약서의 내용을 확인하고 상호간에 조정을 거친 후 계약체결에 이르게 된다. 이러한 장면에서 체결된 계약에서 당사자가 합의한 계약내용은 계약법상 특별한 사정(유효요건의 결여 등)이 없는 한 사적자치의 원칙에 따라 구속력이 인정된다.

그러나 약관에 의한 계약에서는 사정은 완전히 달라진다. 당사자가 주된 급부에 합의하였다 하더라도 사전에 일방적으로 작성된 약관조항에 상대방이 관여할 가능성은 대부분의 경우(일부 약관조항에 대해 개별약정이 이루어지지 않는 한) 극히 제한적이기 때문이다. 그러나 약관조항에는 (주된 급부가 제외되어 있다 하더라도) 상대방 당사자가 계약체결에 이를 것인가 말 것인가를 결정하는 데에 있어서 중요한 내용이 포함되어 있을 수 있고(가령 보험약관에서 보상범위에 관한 특약 등) 그러한 약관조항이 포함되어 있음을 계약체결 시점까지 알았다면 상대방 당사자는 계약체결에 이르지 않을 수도 있다. 이와 같이 약관의 사전성 및 일방성을 특성으로 하는 약관조항이 그대로 계약내용으로 편입될 경우 계약상대방은 당해 약관으로 인해 예측하지 못한 손해를 입을 가능성이 생기게 된다. 따라서 약관규제법은 약관이 이와 같은 상태에서 계약내용으로 그대로 편입되는 것을 통제하기 위하여 약관의 명시 및 교부의무를 부여하고(제3조 제2항), 아울러 중요한 내용의 약관조항의 경우 설명의무를 부여하면서(동 제3항), 이들 의무에 위반한 경우 약관작성자가 당해 약관조항을 계약내용으로 주장할 수 없도록 하여 당해 약관의 계약내용으로의 편입을 부정한다(동 제4항). 이와 같이 약관이 계약내용으로 편입되기 위하여는 일정한 편입요건을 충족하여야 하는데, 이것은 약관에 의한 계약의 경우 일반적인 계약체결의 경우와 달리 계약내용의 작성 또는 합의를 위한 **'개별교섭**(individual negotiation)**의 가능성'**[11]이 계약상대방에게 부여되지 않고 있다는 특성을 고려한 결과이다. 이러한 특성은 약관의 일방성과 사전성에 기인하는 것이다. 따라서 약관의 편입통제는 계약편입의 장면에서 약관작성자를 규제함으로써 상대방의 계약내용결정의 자유를 보완하는 의미를 갖는다.[12] 이와 같이 이해한다면 특정 약관조항에 대해

11_ "개별교섭의 가능성"이 EU불공정조항지침(1993) 이래 국제 계약규범에서 약관을 포함한 계약조항의 불공정성을 규제하는 기준이 되고 있다는 점에 대하여는, 서희석, 앞의 논문(각주 6), 153면 이하를 참조.

고객이 사업자와 개별교섭을 거쳐 그 약관조항과 다르게 합의한 경우에 당해 개별약정을 약관에 우선하도록 한 취지(개별약정 우선의 원칙. 제4조)는 계약자유의 원칙상 당연한 것이다. 이 경우에는 상대방에게 당해 약관조항에 관한 계약내용결정의 자유가 확보되어 있다고 볼 수 있기 때문이다.

또한 (편입요건을 충족하거나 계약상대방이 이를 문제 삼지 않았기 때문에) 약관의 계약내용편입이 긍정되는 경우에도 계약상대방은 약관조항의 구체적인 의미를 일일이 알 수 없기 때문에 일정한 약관조항이 자신에게 불리한지 여부를 판단하는 것은 요원한 일이다. 따라서 그러한 경우에 일정한 약관조항의 효력을 통제할 필요가 있는데 그것이 바로 약관의 내용통제이다. 약관규제법은 약관의 내용통제의 기본원칙으로서 신의칙에 반하여 공정을 잃은 약관조항이 무효가 된다는 취지를 규정하면서(제6조 제1항), 아울러 불공정성이 추정되는 경우(동 제2항) 및 개별 구체적으로 약관조항이 불공정한 것으로 간주되어 무효가 되는 경우를 규정한다(제7조~제14조). 이것은 약관작성에 있어서 약관규제법이 정하는 불공정성의 기준에 부합하도록 사업자를 규제함으로써 계약내용결정의 자유(개별교섭의 가능성)에서 배제된 상대방 당사자인 고객의 자기결정의 자유를 회복케 하는 의미가 있다. 이로써 계약내용의 불공정성이 극복되고 계약자유 내지 사적자치가 확보될 수 있게 된다.

계약자유 내지 사적자치는 대등한 양 당사자의 합리적 의사결정하에서 의미를 갖는다. 약관에 의한 계약에서는 보통 **계약내용결정을 위한 개별교섭의 가능성**이 결여되어 있기 때문에 만일 계약자유 내지 사적자치라는 미명하에 이를 방치한다면 상대방 당사자의 계약내용결정의 자유가 침해되는 결과가 되고 따라서 사적자치는 실현될 수 없다. 약관의

12_ 김진우, "약관 내용통제의 정당화사유", 법학연구 제53권 제1호(2012.2), 265면은, 약관의 계약내용에의 편입에는 고객의 동의라고 하는 계약적 기초가 존재하기 때문에 "형식적 자기결정의 자유"는 존재한다고 할 수 있고 따라서 약관의 내용통제의 정당화사유는 "실질적 자기결정의 자유"에서 찾을 수 있다고 한다.

편입통제나 내용통제와 같은 사법적 규제수단은 약관작성자의 상대방의 자기결정의 자유를 보완하거나 회복케 함으로써 사적자치의 실현에 조력한다. 이러한 점에서 **약관규제는 계약자유나 사적자치를 제한하거나 수정하는 원리라기보다는 계약자유나 사적자치를 보완하고 확충하는 원리로 이해되어야 한다.**[13] 애초에 약관에 의한 계약에서는 사적자치가 실현될 수 있는 전제가 결여되어 있기 때문이다.

이와 같이 약관규제는 계약자유 및 사적자치의 원칙을 보완하고 확충하는 원리이기 때문에 그 자체로 계약법의 문제이다. 이하에서는 이를 전제로 약관규제법의 규정순서에 따라 약관의 편입통제, 약관해석의 원칙 및 내용통제에 관하여 이들이 계약법상 어떠한 위치에 있는지를 구체적으로 살펴보기로 한다.

Ⅲ. 약관의 계약내용 편입과 계약의 성립

1. 편입통제의 구조[14]

약관에 의하여 계약을 체결한 경우, 당해 약관이 바로 계약내용으로 편입되는 것은 아니다. 약관규제법은 약관이 계약내용으로 편입되기 위

13_ 백경일, "약관규제법의 규범적 정당성에 관한 고찰", 고려법학 제74호(2014.9), 66면은 독일의 예를 참조하여 약관규제법이 <u>계약자유를 제한</u>하는 내용으로 입법되었다고 한다. 한편, 김진우, "독일 소비자계약법의 동향과 전망―우리 민법학에의 시사점을 덧붙여", 외법논집 제30집(2008.5), 19면 이하는, "사적 자치는 당사자 사이의 실질적 대등성을 전제로 정당화될 수 있고, 개인의 실질적 자기결정의 자유를 담보하기 위하여 일정한 경우에는 <u>사적 자치에 대한 수정과 제한</u>이 따를 수 있다. 그러한 수정과 제한은 대개 편면적 강행규정, 정보제공의무 및 내용통제의 형태로 나타난다."(하선은 필자)고 한다.

14_ 서희석, "공정위의 표준약관 직권제정 및 사용권장과 그 전제로서의 약관조항의 불공정성 판단―추상적 내용통제와 구체적 내용통제의 관계(대법원 2010.10.14. 선고 2008두23184 판결 평석)", 판례연구(부산판례연구회) 제24집(2013), 488-490면을 정리 보완한 것이다.

한 요건으로 약관의 명시 · 교부 및 설명의무를 부과하고 있다. 즉, 사업자는 계약을 체결할 때에는 고객에게 약관의 내용을 계약의 종류에 따라 일반적으로 예상되는 방법으로 분명하게 밝히고, 고객이 요구할 경우 그 약관의 사본을 고객에게 내주어 고객이 약관의 내용을 알 수 있게 하여야 한다(명시 · 교부의무. 제3조 제2항). 또한 사업자는 계약의 성질상 설명하는 것이 현저하게 곤란한 경우를 제외하고 약관에 정하여져 있는 중요한 내용을 고객이 이해할 수 있도록 설명하여야 한다(설명의무. 제3조 제3항).

여기서 특히 의미 있는 것은 중요한 내용의 설명의무이다. 우리 약관규제법은 독일민법(제305조)과는 달리 약관의 계약내용편입에 대한 '동의' 요건을 명시하지 않는 대신 편입통제의 방법으로서 약관조항의 중요한 내용의 설명의무를 부과하고 있는데, 이것이 계약상대방을 보호하고 분쟁을 사전에 차단할 수 있는 대단히 의미 있는 수단이 될 수 있기 때문이다(후술). 따라서 약관작성자가 약관 전체를 명시하거나 사본을 교부했다 하더라도 중요한 내용을 고객이 이해할 수 있도록 설명하지 않는 한 당해 중요한 내용이 포함된 약관조항을 계약의 내용으로 주장할 수 없게 된다(제3조 제4항). 여기서 '중요한 내용'의 의미가 문제되는바, 대법원은 "고객의 이해관계에 중대한 영향을 미치는 사항으로서 사회통념상 그 사항의 지 · 부지가 계약 체결 여부에 영향을 미칠 수 있는 사항"[15] 또는 "사회통념에 비추어 고객이 계약체결의 여부나 대가를 결정하는 데 직접적인 영향을 미칠 수 있는 사항"[16]을 말한다고 하고, "약관조항 중에서 무엇이 중요한 내용에 해당하는지에 관하여는 일률적으로 말할 수 없으며, 구체적인 사건에서 개별적 사정을 고려하여 판단하여야 한다"[17]고 판시하고 있다.[18]

15_ 대법원 2007.8.23. 선고 2005다59475, 59482, 59499 판결.
16_ 대법원 2008.12.16. 자 2007마1328 결정.
17_ 대법원 2008.12.16. 자 2007마1328 결정.
18_ 한편 중요한 내용이라 하더라도 명시 · 설명의무가 면제되는 경우도 있다. 즉, "고객이나 그 대리인이 그 내용을 충분히 잘 알고 있거나, 거래상 일반적이고 공통된 것이어

명시 · 교부의무 및 중요한 내용의 설명의무를 다했는지에 대한 입증책임은 사업자가 부담하는 것으로 해석된다.[19] 따라서 고객측에서 사업자의 명시 · 교부의무 또는(및) 설명의무의 이행이 없었다는 것을 주장하면 사업자가 자신이 명시 · 교부의무 또는(및) 설명의무를 이행했음을 입증하여야 한다. 사업자가 이를 입증하지 못하면 당해 약관(조항)은 계약내용으로 편입되지 못한다(제3조 제4항).[20]

이와 같이 약관규제법 제3조는 약관작성자에게 명시 · 교부의무 및 중요내용의 설명의무를 부여하고 이를 위반한 경우에 약관(조항)의 계약내용편입을 부정하도록 함으로써 약관의 내용통제 이전의 단계에서 약관을 사법적으로 통제하고 있다. 이것은 다시 말하면 약관이 계약내용으로 편입되기 위한 요건("편입요건")을 정한 것이다. 그런데 약관의 편입통제 내지 편입요건과 관련하여 계약법적으로 문제되는 것은 다음의 세 가지이다. 즉, ① 약관의 편입요건으로 상대방 당사자의 동의를 요구할 것인가의 문제, ② 약관의 편입요건으로 중요한 내용의 설명의무를 부과한 것의 평가 내지 의의, ③ 개별약정 우선의 원칙을 정하는 약관규제법 제4조를 편입통제의 관점에서 어떻게 이해할 것인가가 그것이다.

2. 약관의 계약내용편입에 대한 동의의 필요여부

우리 약관규제법은 독일민법과는 달리 약관의 계약내용으로의 편입요건으로 고객의 동의를 요건으로 하지 않고 그 대신 중요한 내용의 설

서 고객이 별도의 설명 없이도 충분히 예상할 수 있었던 경우"(대법원 2010.5.27. 선고 2007다8044 판결 등)나, "이미 법령에 의하여 정하여진 것을 되풀이하거나 부연하는 정도에 불과한 사항"(대법원 2011.3.24. 선고 2010다96454 판결 등)은 명시 · 설명의무의 대상에서 제외된다.

19_ 이은영, 약관규제법, 박영사(1994), 119면.

20_ 이 경우 계약은 나머지 부분만으로 유효하게 존속한다. 다만, 유효한 부분만으로는 계약의 목적 달성이 불가능하거나 그 유효한 부분이 한쪽 당사자에게 부당하게 불리한 경우에는 그 계약 자체를 무효로 한다(제16조).

명의무를 편입요건의 하나로 규정하고 있는 점에 커다란 특징이 있다(독일민법 제305조 제2항, 약관규제법 제3조 제2항·제3항 참조). 약관의 법적 성질 내지 구속력의 근거에 관한 계약설의 입장에서는 약관의 구속력의 근거를 약관을 계약내용으로 삼고자 하는 당사자의 합의에서 찾고 있으므로 약관을 사용하여 계약을 체결한다는 점 내지 약관을 계약내용으로 편입한다는 점에 대한 고객의 동의 내지 합의가 필요하다고 보게 된다.[21] 문제는 법문에서 명시적으로 고객의 동의를 요구하지 않는 점을 어떻게 설명할 것인지가 반드시 명확하지는 않다는 점이다.

이에 대해서는 그럼에도 불구하고 계약내용편입에 대한 고객의 동의가 필요하다는 견해(동의필요설)가 다수이다.[22] 다만 이때의 동의는 묵시적 동의로도 충분하다고 보는 견해가 유력하다.[23] 이 견해에 따르면 약관이 명시·교부 및 설명됨으로써 편입됨에 그치는 것이 아니라 편입에 대한 고객의 (묵시적) 동의가 있어야 약관이 계약내용으로 편입된다고 한다.

21_ 이에 반해 동의의 대상을 "계약내용" 자체로 이해하는 견해도 있다(계약내용동의 필요설). 가령, 김현, "보통보험약관의 구속력: 보통보험계약은 청약서에 의해 계약자가 약관의 내용을 묵시적으로 동의한 것", 보험법률 통권 제37호(2001), 17면 이하가 그러하다. 이 견해에 의하면 예컨대 전자거래에서 약관내용에 동의하는지를 체크하도록 요구하는 '동의체크란'의 필요성이 설명될 수 있다. 여기서는 약관내용에 동의하여야 약관조항의 계약내용편입이 긍정되는 것처럼 구성되어 있다. 그러나 약관편입단계에서 요구되는 동의는 계약내용에 대한 동의가 아니라 약관을 사용하여 계약을 체결한다는 점 내지 약관을 계약내용으로 편입한다는 점에 대한 동의(채용동의) 내지 합의(채용합의)라는 점에 주의할 것이다. 만일 동의의 대상을 계약내용에 대한 (묵시적) 동의라고 해석한다면 약관 편입단계에서 이미 계약내용에 대한 동의가 이루어진 것이기 때문에 일반적인 계약체결과 다를 바가 없고, 약관규제(특히 계약내용통제)의 필요성도 부정되어야 할 것이다.

22_ 곽윤직, 채권각론[제6판], 박영사(2003), 22면; 김상용, 채권각론[개정판], 법문사(2003), 27면; 김형배·김규완·김명숙, 민법학강의[제10판], 신조사(2011), 1215면; 송덕수, 신민법강의[제9판], 박영사(2016), 1273면; 지원림, 민법강의[제15판], 홍문사(2017), 1269면; 김동훈, "약관의 규제에 관한 법률(약관규제법)", 김용담 편집대표, 주석민법·채권각칙(1), 한국사법행정학회(2016), 95면 등. 학설의 전개에 관하여는 오나희, "약관규제법상 약관의 편입통제에 관한 연구", 부산대학교 석사학위논문(2012), 64면 이하도 참조.

23_ 송덕수, 위 책, 1273면; 지원림, 위 책, 1269면 등.

이에 반해 계약설에 입각하면서도 약관규제법이 고객의 채용동의를 적극적인 요건으로 요구하지 않는다는 점을 강조하는 견해(계약설적 절충설)도 있다.[24] 이에 따르면 우리 약관규제법은 독일민법(제305조 제2항)과 달리 약관의 편입요건으로 (약관의 명시의무 외에) 고객의 채용동의를 적극적으로 요구하는 구성체계가 아니라, 명시 및 설명의무에 위반한 사업자가 고객의 반대를 무릅쓰고 약관을 계약내용으로 주장할 수 없도록 구성되어 있을 뿐이다.[25] 따라서 고객이 사업자의 명시 및 설명의무 위반을 주장한 경우에 사업자가 그 의무를 위반하지 않았음을 입증하여야 하며, 그 사실이 입증되는 한 고객의 채용합의 없이 약관은 계약내용으로 편입된다.[26] 약관규제법이 이와 같은 구성체계를 택한 이유는 약관에 대해 언제나 채용동의를 해야 한다고 하여 계약적 성질을 엄격하게 고집하면 대량거래에 있어서 신속성을 해치게 되어 부당한 결과가 초래될 것이기 때문이다.[27]

판례는 약관규제법 시행 이전부터 계약설의 입장에서 약관의 규정을 계약내용으로 포함시키기로 하는 동의 내지 합의가 필요하다고 설시하고 있으며,[28] 채용합의는 묵시적으로도 가능하다고 하는 대법원 판결도 있다.[29] 다만 약관규제법 시행 이후의 판례에서는 계약설의 입장을 견지

24_ 이은영, 앞의 책(각주 19), 104면.

25_ 이은영, 앞의 책(각주 19), 104면.

26_ 이은영, 앞의 책(각주 19), 105면 · 121면.

27_ 이은영, 앞의 책(각주 19), 105면.

28_ 〈대법원 1983.12.27. 선고 83다카893 판결〉 전기수용가의 이동이 있을 때 전수용가의 모든 권리의무를 신수용가가 승계한 것으로 본다는 공급규정은 국민에 대하여 일반적 구속력을 갖는 법규로서의 효력은 없고 단지 한국전력공사와 전기공급계약을 체결하거나 그 규정의 적용에 동의한 수용가에 대해서만 그 효력이 미친다고 볼 것이므로, 특단의 사정이 없는 한 경락에 의하여 부동산을 취득한 자는 전수용가의 체납전기요금 채무를 당연히 승계하였다고 볼 수 없다.(하선은 필자)

29_ 〈대법원 1986.10.14. 선고 84다카122 판결〉 보통보험약관을 포함한 이른바 일반거래약관이 계약의 내용으로 되어 계약당사자에게 구속력을 갖게 되는 근거는 그 자체가 법규범 또는 법규범적 성질을 갖기 때문은 아니며 계약당사자가 이를 계약의 내용으로 하기로 하는 명시적 또는 묵시적 합의를 하였기 때문이라고 볼 것이다.(하선은 필

하면서도 약관의 계약내용편입에 대하여 고객의 동의가 필요한지에 대해서는 반드시 명확한 태도를 보이지 않는 경우도 많다(이것은 법문에 충실한 결과일 것이다).

생각건대 양 견해의 차이는 사실상 크지 않다. 계약설적 절충설에 의하여도 사업자가 약관을 명시·교부 및 설명한 경우에는 고객이 특별히 약관에 의하지 않는다는 의사를 표시하지 않는 한 약관의 채용합의는 의제된다고 해석[30]하기 때문이다. 이것은 고객의 묵시적 동의에 방점을 찍는 계약설과 유사한 결과를 낳는다.[31] 유일한 차이점은, 고객이 약관에 대한 채용합의나 동의가 없다고 주장하는 경우이다. 이 경우에는 계약설적 절충설에 의하면 명시·교부나 설명만으로 약관의 편입요건이 충족되는 반면, 계약설에 의하면 그것이 부정된다. 그러나 약관에 대한 명시·교부나 중요한 내용의 설명이 있었음에도 불구하고 고객이 약관을 문제 삼는다면, 계약체결 단계에서라면 당해 약관에 의한 계약체결의 의사가 없는 것으로 보아 약관에 대한 개별교섭으로 나아가거나 계약체결을 포기하면 될 것이고, 계약체결 이후에 그와 같은 주장이 있다면 신의칙에 반하는 것으로 보아 계약성립이 긍정되고 당해 약관은 계약내용으로 편입한 것으로 해석하게 될 것이다. 따라서 고객의 동의가 명문화되지 않은 것에 큰 의의를 부여할 것은 아니다. 오히려 우리 약관규제법에서 편입요건과 관련하여 주목하여야 할 특징은 중요한 내용의 설명의무가 명시의무에 추가된 점에 있다.

3. 중요내용 설명의무의 의의

약관규제법의 편입요건의 특징은 전술한 바와 같이 약관의 명시·교

자)

30_ 이은영, 앞의 책(각주 19), 120면.

31_ 이은영, 앞의 논문(각주 3), 195면은, 약관의 편입요건으로 약관의 명시, 설명을 통해 고객의 '묵시적 합의'를 얻어낼 필요가 있다는 점을 지적하고 있다.

부의무 외에 중요내용의 설명의무를 별도로 부과하면서 아울러 고객의 계약내용편입에의 동의는 이를 명문화하지 않았다는 점에 있다. 약관의 명시·교부가 필요한 이유는 당해 계약이 약관에 의한 계약이라는 점을 고객에게 인식(인지)가능하도록 하여[32] 궁극적으로는 약관의 계약내용편입에 대한 고객의 동의를 얻도록 하고자 하는 점에 있다. 우리 약관규제법도 약관의 명시·교부의무를 명문으로 인정하고 있으나 전술한 바와 같이 약관의 계약내용편입에 대한 고객의 동의는 요구하지 않고 대신 중요내용의 설명의무를 부과하고 있는 것이다.

약관규제법상 설명의무의 법적 성질에 관하여는 ① 넓은 의미의 약관의 명시의무에 포함되는 것으로 보는 견해(명시의무설), ② 명시의무와 설명의무를 병렬적인 관계(같은 의미)로 이해하는 견해(병치설) 및 ③ 명시의무와 설명의무를 구별하는 견해(구별설)가 존재한다. ①설은 약관내용의 인식가능성의 부여라는 측면에서 설명의무는 명시의무를 구성한다고 이해하는 견해로, 약관의 명시의무(광의)에는 명시의무(협의), 사본 교부의무 및 중요내용 설명의무가 포함된다고 하면서,[33] 고객은 약관조항을 전부 읽고 무엇이 계약체결과 관련하여 유념할 사항인가를 가려낼 능력을 갖지 못하는 경우가 보통이기 때문에 사업자가 고객의 이해에 중대한 영향을 미치는 계약내용만이라도 고객이 알 수 있도록 설명하여야 명실상부한 명시의 효과를 거둘 수 있다고 한다.[34] ②설은 (대법원 판례를 인용하면서) 명시·설명의무의 대상이 되는 것은 고객의 이해관계에 중대한 영향을 미치는 사항, 즉 계약의 중요한 내용에 한정된다고 하여 양자를 병치시키는(같은 의미로 이해하는) 견해이다.[35] ③설은 약관의 편입요건으로서 명시의무와 설명의무가 별도의 항으로 구성되었음에 착안하여 양자를 별개로 설명하는 견해이다.[36]

32_ 이은영, 앞의 책(각주 19), 117면; 송덕수, 앞의 책(각주 22), 1271면.

33_ 이은영, 앞의 책(각주 19), 117면.

34_ 이은영, 앞의 책(각주 19), 118면.

35_ 김형배 외, 앞의 책(각주 22), 1215면; 지원림, 앞의 책(각주 22), 1270면.

36_ 김준호, 민법강의[제22판], 법문사(2016), 1455면; 송덕수, 앞의 책(각주 22), 1271-

생각건대 명시의무와 설명의무의 대상을 동일시하는 견해(②)는 명문의 규정에 반한다는 점에서 취할 수 없고, 아울러 중요내용 설명의무의 의의를 설명하는 데에도 적합하지가 않다. 중요내용 설명의무를 넓은 의미의 명시의무의 일종으로 파악하는 견해(①)는 인식가능성을 명시와 등치시킴으로써 이론적인 체계성을 높였다는 장점이 있으나 ②설과 마찬가지로 중요내용 설명의무의 의의를 설명하기에는 적합하지 않다는 문제가 있다. 따라서 ③설과 같이 중요내용 설명의무를 명시의무와는 구별하는 것이 타당하나, 본고는 여기서 더 나아가 중요내용 설명의무가 우리나라 약관규제법의 특징을 나타내는 대단히 중요한 입법이라는 점을 강조하고자 한다. 그것은 약관에 의한 계약이 대부분 거래의 신속성을 중시한 나머지 계약체결을 쉽게 인정하고 약관조항의 불공정성에 대하여는 이를 계약내용통제의 문제로 해결하고자 하는 경향과도 무관하지 않다. 그러나 약관에 의한 계약에서는 거래의 신속성 못지않게 계약체결 여부에 영향을 미치는 중요한 내용에 대해 알지 못한 채 계약을 체결하는 고객의 보호가 문제되는 경우가 많다는 점을 고려할 필요가 있다. 특히 점점 더 복잡해지고 교묘해지는 현대 계약법의 세계에서는 더욱 그러하다. 이와 같은 문제를 해결하기 위한 중요한 법적 수단이 (넓은 의미의) '정보제공의무'이다. 계약체결 이전에 중요한 정보를 상대방에게 제공하여야 하는 의무를 부과하는 것은 현대계약법(특히 소비자계약법)의 중요한 특징의 하나로 부상하고 있다.[37] 이와 같은 점을 감안하면 약관에 의한 계약에서 중요내용의 설명의무는 약관의 계약내용의 편입요

1272면.

[37]_ 가령 EU의 「소비자권리지침」은 정보제공의무를 사업자의 일반적 의무로 인정하고 있다(이에 대해서는 우선, 김진우, "EU 소비자권리지침에서의 소비자의 권리와 사업자의 의무—우리 소비자계약법의 개정방향을 모색하며", 아주법학 제9권 제3호(2015), 631면 이하를 참조). 우리 판례도 최근에 금융거래나 부동산거래 등에서 신의칙에 의한 설명의무나 고지의무, 정보제공의무 등을 인정하고 있고 그 인정범위는 점차 확대되고 있다[이에 대해서는 우선, 서희석, "소비자사법의 일반화의 가능성—일본에서의 논의를 참고하여", 법학연구 제51권 제3호(2010.8), 120면 이하를 참조].

건이면서 동시에 정보제공의무로서의 성격을 갖는다고 평가할 수 있을 것으로 생각한다.[38] 중요내용의 설명의 결과 당해 계약체결을 포기하거나 개별약정을 체결하는 고객이 증가하게 된다면 그것은 계약체결과정의 적정성을 확보하고 계약체결 후의 분쟁가능성을 사전에 차단한다는 점에서 긍정적인 효과로 평가하여야 할 것이다.[39] 특히 보험약관 등 약관조항이 복잡하고 중요내용을 많이 포함하는 경우에 그러하다.

4. 개별약정 우선의 원칙(제4조)

약관에서 정하고 있는 사항에 관하여 사업자와 고객이 약관의 내용과 다르게 합의한 사항이 있을 때에는 그 합의 사항은 약관보다 우선한다(제4조). 이 조문의 의의에 관하여는 당사자가 개별적으로 합의한 사항이 사업자가 일방적으로 작성하여 계약내용으로 편입된 약관조항보다 당사자의 의사에 더욱 가까우므로 개별약정을 약관조항보다 우선하도록 한 것으로, 결과적으로 약관은 개별약정의 보충적 기능을 담당하게 된다고 설명된다.[40] 따라서 특정 약관조항을 대체하는 개별약정이 존재한다면 당연히 그것이 계약내용이 되나, 개별약정과 내용적으로 양립할 수 없는 약관조항이 존재할 경우에는 그 효력은 제한되고 개별약정이 우선하여 적용된다.[41] 판례는 약관규제법이 제정되기 이전에 이미 개별

38_ 서희석, 위 논문, 128면.
39_ 반면 이러한 긍정적 평가에 대하여 우리법상의 중요내용 설명의무를 부정적으로 평가하는 견해도 있다. 김진우, "국제계약규범에서의 계약조항의 편입", 법조 제663호(2011. 12), 120면은 국제계약규범(CISG, PECL, PICC, DCFR)에서는 약관의 계약편입을 위해 중요내용을 설명할 의무를 부여하지 않는다는 점을 근거로, 약관의 편입요건으로서의 약관설명의무는 거래의 신속성에 반하며 약관의 편입통제가 지나치게 엄격하면 국제거래에서 당사자의 합의로 우리 법의 적용이 배제되는 경우가 증가하게 되어 우리 법의 입지를 약화시키는 결과가 될 것이라고 비판한다. 따라서 약관의 설명의무를 폐지하고 그에 갈음하여 단순한 약관의 인식가능성 부여의무로 전환하는 입법을 고려할 시점이 되었다고 기술한다.
40_ 이은영, 앞의 책(각주 19), 126면.
41_ 정호열, 경제법[제4판], 박영사(2012), 594면.

약정 우선의 원칙을 선언하였으며,[42] 약관규제법이 제정된 이후에도 이를 확인하고 있다. 즉, "약관이 계약당사자 사이에 구속력을 갖는 것은 그 자체가 법규범이거나 또는 법규범적 성질을 가지기 때문이 아니라 당사자가 그 약관의 규정을 계약내용에 포함시키기로 합의하였기 때문이므로 계약당사자가 명시적으로 약관의 규정과 다른 내용의 약정을 하였다면, 약관의 규정을 이유로 그 약정의 효력을 부인할 수는 없다."[43]고 한다. 판례는 약관의 계약적 성격으로부터 개별약정 우선의 근거를 찾고 있는 것으로 이해된다.[44]

개별약정 우선의 원칙의 법적 성질 내지 약관규제법상의 위치에 관하여는 대체적으로 다음의 세 가지 견해가 존재한다. 첫째, 이를 약관의 해석통제 또는 해석원칙의 일 유형으로 파악하는 견해(해석통제설)이다.[45] 이에 의하면 약관의 효력근거에 관하여 계약설을 취하고[46] 사적자치를 존중하는 한[47] 개별약정을 약관조항에 우선시하는 것은 당연한 결론이 된다. 둘째, 이를 널리 의사표시(계약) 해석의 문제로 파악하는 견해(의사해석설)이다. 묵시적인 경우를 포함하여 어느 때에 개별약정이 있었는지는 당사자의 의사해석의 문제라고 하거나,[48] 개별약정 우선의 원칙은 계약의 해석문제로서, 약관의 조항을 무효로 하는 것이 아니라 약관조항이 개별약정보다 후순위로 적용된다는 당사자의 채용합의의 범위 및 약관의 편입범위를 정하는 것이라고 한다.[49] 이에 의하면 약관조항이 개별

42_ 대법원 1985.11.26. 선고 84다카2543 판결 등.
43_ 대법원 1998.9.8. 선고 97다53663 판결; 대법원 2001.3.9. 선고 2000다67235 판결; 대법원 2003.7.11. 선고 2001다6619 판결 등.
44_ 김동훈, "개별교섭 후 수정되지 않은 약관조항의 효력", 법학논총 제22권제2호(2010), 453면.
45_ 김형배 외, 앞의 책(각주 22), 1218면; 송덕수, 앞의 책(각주 22), 1276면; 지원림, 앞의 책(각주 22), 1274면; 이호정, 앞의 논문(각주 9), 102면 등.
46_ 지원림, 앞의 책(각주 22), 1296면.
47_ 김형배 외, 앞의 책(각주 22), 1218면.
48_ 김준호, 앞의 책(각주 36), 1457면.
49_ 이은영, 앞의 책(각주 19), 127면.

약정과 다른 경우 그 조항 또는 약관 전체를 무효로 선언하기보다는 서로 조화를 이루도록 해석함으로써 약관을 살리면서 개별약정도 존중할 수 있게 된다고 한다.[50] 셋째, 개별약정우선의 원칙을 약관의 편입통제의 문제로 해석하는 견해(편입통제설)이다.[51] 이 견해에 의하면 어느 약관조항에 관하여 개별약정이 있는 경우에는 당해 약관조항은 계약내용으로 편입되지 못하게 된다.

생각건대 첫 번째 견해는 약관조항과 개별약정이 병존하는 경우에 당사자의 의사를 존중하여 후자를 우선시켜야 한다고 하나 개별약정우선의 원칙을 약관의 해석통제(원칙)의 문제로 포함시키는 근거가 반드시 명확한 것이 아니라는 문제가 있다. 이에 반하여 두 번째 견해는 개별약정우선의 원칙을 널리 의사표시 내지 계약 해석의 문제로 파악하여 개별약정과 약관의 조화로운 해석을 강조한다는 점에 장점이 있다. 그러나 전술한 바와 같이 개별약정 우선의 원칙에 관한 약관규제법 제4조는 특정 약관조항에 대해 고객이 사업자와 개별교섭을 거쳐 당해 특정 약관조항과 다르게 합의한 경우에는 당해 개별약정이 우선적으로 계약내용으로 편입되고 따라서 당해 특정 약관조항은 약관규제의 대상에서 제외된다는 점을 선언한 규정으로 이해할 것이다. 이 경우에는 상대방에게 당해 특정 약관조항에 관한 계약내용결정의 자유가 확보되어 있다고 볼 수 있기 때문에 약관의 사법적 규제는 불필요하다. 물론 이 경우에도 의사표시해석에 관한 일반원칙에 따라 개별약정의 존부가 확정될 것이기 때문에 개별약정우선의 원칙이 의사표시의 해석과 무관한 것은 아니다. 그러나 의사표시해석을 통하여 개별약정이 존재한다는 점이 확정될 경우 개별약정과 양립하지 않는 약관조항은 계약내용으로 편입되거나

50_ 이은영, 앞의 책(각주 19), 127면.

51_ 권오승, 경제법[제4판], 법문사(2002), 503면; 정호열, 앞의 책(각주 41), 582면; 장경환, 앞의 논문(각주 9), 82면; 김영갑, "약관규제의 법리와 수정해석의 문제", 법조 제46권 제1호(1997), 91면; 김동훈, 앞의 논문(각주 44), 454면; 윤진수, "한국법상 약관규제법에 의한 소비자보호", 민사법학 제62호(2013.3), 322면; 서희석, 앞의 평석(각주 14), 489-490면.

개별약정보다 우선할 수 없을 것이기 때문에 그 한도에서 개별약정우선의 원칙은 당해 약관조항의 편입을 통제하는 기능을 담당하는 것으로 이해할 것이다.

개별약정우선의 원칙을 이와 같이 약관의 편입통제의 문제로 파악할 경우 해석론상 문제될 수 있는 것이 개별교섭을 거쳤으나 수정되지 않은 약관조항의 효력문제이다. 개별교섭을 거치면 수정여부에 불구하고 약관성을 상실하여 약관의 내용통제의 대상에서 제외되는가(내용통제배제설)? 개별교섭을 거쳤으나 교섭력의 차이로 약관의 실질적인 수정가능성이 없었다면 약관성을 상실한다고 할 수 없는 것인가(내용통제대상설)? 대법원은 이에 대해 "계약의 일방 당사자가 다수의 상대방과 계약을 체결하기 위해서 일정한 형식에 의하여 미리 계약서를 마련하여 두었다가 어느 한 상대방에게 이를 제시하여 계약을 체결하는 경우에도 그 상대방과 특정 조항에 관하여 개별적인 교섭(또는 흥정)을 거침으로써 상대방이 자신의 이익을 조정할 기회를 가졌다면, 그 특정 조항은 약관의 규제에 관한 법률의 규율대상이 아닌 개별약정이 된다고 보아야 하고, 이때 <u>개별적인 교섭이 있었다고 하기 위해서는 비록 그 교섭의 결과가 반드시 특정 조항의 내용을 변경하는 형태로 나타나야 하는 것은 아니라 하더라도, 적어도 계약의 상대방이 그 특정 조항을 미리 마련한 당사자와 거의 대등한 지위에서 당해 특정 조항에 대하여 충분한 검토와 고려를 한 뒤 영향력을 행사함으로써 그 내용을 변경할 가능성은 있어야 한다.</u>"(하선은 필자)고 보아 후자의 입장(내용통제대상설)을 취하였다(해당 조항의 약관성이 긍정되었고 내용통제의 결과 약관규제법 제8조에 의해 무효라고 판시하였다).[52] 다만 학설로는 대법원 판례와 달리 실질적인 교섭력을 기준으로 할 것은 아니고 개별적인 교섭이나 흥정의 대상이 되면 충분하다(약관성을 상실한다)는 견해도 있다.[53]

---

[52] 대법원 2008.7.10. 선고 2008다16950 판결. 그 후 같은 취지의 판시가 잇따르고 있다 (대법원 2009.11.12. 선고 2009다42635 판결; 대법원 2013.9.26. 선고 2012다13637 전원합의체 판결; 대법원 2014.6.12. 선고 2013다214864 판결 등).

5. 약관의 편입통제와 계약의 성립

이와 같이 약관의 명시·교부 및 설명의무를 위반한 경우(고객의 의무위반 주장에 대해 사업자가 의무이행을 입증하지 못하는 경우) 약관(조항)은 계약내용으로 편입되지 못하기 때문에 약관의 내용통제에 의하여 그 무효판단을 기다릴 것도 없이 사업자가 마련한 약관(조항)의 구속력은 애초에 배제되는 효과가 발생한다. 약관규제법에서 약관의 명시·교부 및 설명의무를 사업자에게 부과한 의의는 약관의 내용통제에 의한 약관조항의 무효판단 이전에 약관의 존재나 중요내용을 인식하지 못한 채 계약체결에 이른 계약상대방을 보호하기 위하여 약관의 계약내용편입을 통제함으로써 개별교섭의 가능성이 결여된 계약상대방의 자기결정의 자유를 회복하게 하고자 함에 있다. 또한 개별교섭을 통하여 약관의 내용과 다르게 합의한 개별약정도 관련 약관조항의 계약내용편입을 배제하는 효과가 있다.

약관의 편입통제는 약관에 의하여 계약을 체결하는 장면에서 문제된다. 따라서 그것은 계약의 성립과 밀접한 관련이 있고, 학설에 따라서는 약관규제의 문제를 계약성립의 특수한 경우로 분류하여 설명하는 견해도 있다.[54] 사업자가 약관에 의하여 계약을 체결하는 경우에는 (주된 급부에 대한 합의가 있음을 전제로) 보통은 약관의 편입요건(명시·교부 및 설명의무)을 충족함으로써 계약이 성립하고 그와 동시에 당해 약관은 계약내용으로 편입된다. 이와 같은 형태의 계약성립과 계약내용편입의 방식은 계약일반에서는 발견되기 어려운 약관에 의한 계약의 특징이다. 그러나 계약성립 시에 계약내용에 대한 합의를 엄격하게 요구하지 않는 판례의 태도[55]로부터 판단할 때에는, 약관의 의한 계약도 일반적인 계약성립의

53_ 김동훈, 앞의 논문(각주 44), 464면.

54_ 가령, 김형배 외, 앞의 책(각주 22), 1213면 이하; 김준호, 앞의 책(각주 36), 1448면.

55_ 〈대법원 2006.11.24. 선고 2005다39594 판결〉은 계약성립과 계약내용의 관계에 관하여 "계약이 성립하기 위하여는 당사자 사이에 의사의 합치가 있을 것이 요구되고 이러한 의사의 합치는 당해 계약의 내용을 이루는 모든 사항에 관하여 있어야 하는 것은

큰 틀에서 파악 못할 바도 아니다.

IV. 약관의 해석과 계약의 해석

1. 약관해석의 3원칙

약관은 계약의 내용이 되는 것이기 때문에 그 의미하는 바를 해석에 의하여 확정할 필요가 있음은 다른 계약에서와 같다. 한편 약관은 일반계약과는 달리 사업자가 다수의 당사자와의 계약체결을 위하여 미리 일정한 형식으로 작성한 계약내용이기 때문에(정형성) 그 해석에 있어서도 이러한 사정이 고려되어야 한다는 측면이 있고, 또한 당사자의 개별적 교섭과 합의에 따라 계약내용이 되는 것이 아니라 사업자가 일방적으로 사전에 작성한 후(일방성·사전성) 명시·설명 등 편입요건을 충족한 경우에 계약내용이 되는 것이므로 일반 법률행위나 계약과 같은 해석원리가 그대로 적용될 수 없다는 측면도 있다. 약관규제법은 약관의 해석원칙으로서, 신의성실의 원칙·공정해석의 원칙, 객관적·통일적 해석의 원칙, 고객유리해석의 원칙, 이상의 세 가지를 규정한다. 여기서 신의성실의 원칙은 법률행위 해석 일반에도 타당한 것을 수용한 것이고,[56] 나

아나나 그 본질적 사항이나 중요 사항에 관하여는 구체적으로 의사의 합치가 있거나 적어도 장래 구체적으로 특정할 수 있는 기준과 방법 등에 관한 합의는 있어야 한다 (대법원 2001.3.23. 선고 2000다51650 판결 참조)"고 한다. 또한 〈대법원 2007.6.1. 선고 2005다5812 판결〉에서 대법원은, 분양계약의 목적물인 아파트에 관한 외형·재질 등이 제대로 특정되지 아니한 상태에서 체결된 분양계약은 그 자체로서 완결된 것이라고 보기 어려운 것이지만, 위 아파트 분양계약은 목적물의 외형·재질 등이 견본주택(모델하우스) 및 각종 인쇄물에 의하여 구체화될 것을 전제로 하는 것이기 때문에, (청약의 유인에 불과한) 광고 내용 중 그러한 구체화가 가능한 것(온천 광고, 바닥재 광고, 유실수단지 광고 및 테마공원 광고 등)은 각 분양계약의 내용이 된다고 판시하였다.

56_ 이은영, 앞의 책(각주 19), 146면; 정호열, 앞의 책(각주 41) 597면. 독일민법(제157조)과 유럽계약법원칙(PECL. 5장 102조)도 계약해석 시 고려되어야 할 사항의 하나로 신

머지 두 개의 원칙은 법률행위 해석에는 적합하지 않은 약관에 특유한 해석원칙이다. 약관해석과 관련하여서는 법률행위 해석에 관한 일반원칙(자연적 해석, 규범적 해석, 보충적 해석)이 보충적으로 적용될 수 있는지가 문제되고 또한 효력유지적 축소해석 내지 수정해석과 같이 판례에서 인정되어 온 특유한 약관해석의 의의가 문제된다.

이하에서는 먼저 약관규제법상 3가지 약관의 해석원칙의 의의를 개관한 후 약관해석과 계약해석의 관계 및 약관해석원칙의 약관규제법상 위치에 관하여 사견을 전개하기로 한다. 효력유지적 축소해석의 의의에 대해서는 3가지 약관의 해석원칙 중 고객유리해석의 원칙에서 설명한다.

2. 신의성실의 원칙 · 공정해석의 원칙

약관은 신의성실의 원칙에 따라 공정하게 해석되어야 한다(제5조 제1항 전단). 신의성실의 원칙(신의칙)은 약관의 해석에서뿐만 아니라 민법 전체에서 권리행사와 의무이행을 규율하는 사적자치의 제한원리로 설명된다.[57] 계약해석의 원칙으로 신의칙이 작용하는지에 관하여는 민법에 특별한 규정이 없으나 이를 긍정하는 견해가 유력하다.[58] 다른 입법례에서 이를 채택한 예가 있고(독일민법, PECL 등), 신의칙이 민법뿐만 아니라 법질서 전체를 지배하는 기본원리라는 점을 감안하면 이를 계약해석의 원칙으로 인정하는 데에 특별한 문제는 없다고 생각한다. 이러한 이유로 약관규제법은 신의칙을 약관해석의 기본원칙으로 명문화한 것으로 이해된다.[59] 문제는 신의칙이 약관해석에서 구체적으로 어떠한 기

의성실을 들고 있다.

57_ 김준호, 앞의 책(각주 36), 28면. 한편 지원림, 앞의 책(각주 22), 21면은 사적자치의 제한원리로 '사회적 형평'을 들면서 신의칙을 민법전 자체에서 이를 반영한 원칙이라고 설명한다.

58_ 김형배 외, 앞의 책(각주 22), 91면. 한편 당사자의 목적, 거래관행 등을 참조하여 의사표시를 해석한 후에 고려되는 기준이라는 견해로 김준호, 앞의 책(각주 36), 241면; 송덕수, 앞의 책(각주 22), 100면 등.

준에 따라 구현될 것인가 인데, 약관규제법은 이를 "공정한 해석의 원칙"으로 구체화하였는바, '공정성'을 약관해석의 기준으로 삼았다고 이해할 것이다. 이것은 약관해석의 기본원칙이 후술하는 약관의 내용통제의 일반원칙(제6조 제1항)과 동일한 원리에 의해 지배된다는 것을 의미한다. 약관은 사업자가 미리(사전성) 일방적으로(일방성) 작성해 놓은 것이기 때문에, 약관해석에 있어서 공정성의 추구는 약관작성자의 상대방의 자기결정의 자유를 보완하는 중요한 의미를 갖는다. 따라서 약관을 해석함에 있어서는 사업자의 이익뿐만 아니라 상대방의 정당한 이익과 합리적 기대도 함께 고려하여야 하며,[60] 해석결과는 적정·공평하여야 한다.[61]

3. 객관적·통일적(획일적) 해석의 원칙

약관은 고객에 따라 다르게 해석되어서는 아니 된다(제5조 제1항 후단). 약관은 다수의 계약을 정형적으로 처리하기 위하여(정형성) 사전에 미리 작성된 것이기 때문에 그 상대방이 누구인가를 묻지 않고서 동일하게 해석되어야 한다[통일적(획일적) 해석의 원칙].[62] 동일한 약관으로 계약을 체결한 고객들의 개별적·주관적 사정을 일일이 고려하여 고객마다 다르게 해석한다면 약관은 본래의 기능을 다할 수 없을 뿐만 아니라 경우에 따라서는 계약자군(群)을 부당하게 차별하는 결과로 귀착할 수도 있기 때문이다.[63] 그런데 동일한 약관조항이라 하더라도 고객집단에 따라 다르게 해석될 수도 있다. 예컨대 소비자를 대상으로 한 대출약관과 기업

59_ 이은영, 앞의 책(각주 19), 143면은 계약해석의 기본원칙인 신의성실의 원칙은 우리 민법이 명문으로 규정하지 않으므로 약관규제법에서 이 원칙을 삽입하여 약관해석의 기본원칙으로 명문화하였다고 한다.

60_ 결론에서 동지, 권오승, 앞의 책(각주 51), 504-505면.

61_ 이은영, 앞의 책(각주 19), 151면.

62_ 이은영, 앞의 책(각주 19), 154면.

63_ 정호열, 앞의 책(각주 41), 598면.

을 대상으로 한 대출약관이 같은 조항을 사용하더라도 고객집단에 따라
그 이해가능성은 다를 수 있다. 이와 같이 동일한 약관이라도 고객집단
또는 직업군에 따라 다르게 해석될 수 있는데, 이 경우에는 그 집단의 평
균고객의 이해가능성을 바탕으로 통일적 해석이 행해져야 한다.[64]

한편 약관은 당사자의 주관적인 의사나 의도와는 무관하게 그 문언에
따라 객관적으로 해석되어야 한다(객관적 해석의 원칙). 따라서 약관해석
에서는 개별적 상황이나 당사자의 의도 및 이해가능성은 고려되지 않
고, 개별적 사정보다는 당해 법률행위의 형태로 볼 때 통상적으로 관련
되는 거래계의 통상적인 이해를 고려하여 전형화(典型化)된 해석을 하여
야 한다.[65] 전술한 통일적(획일적) 해석의 원칙은 객관적 해석의 원칙의
파생원칙이며 모든 고객에게 동일하게 해석됨으로써 사업자가 고객에
따라 차별적으로 해석하는 것을 막는 것을 목적으로 한다.[66]

이와 같이 통일적 해석의 원칙과 객관적 해석의 원칙은 엄밀하게는
구별되는 것이고 약관규제법은 전자만을 규정하고 있으나, 객관적 해석
의 큰 틀에서 약관의 정형성을 반영한 하나의 해석원리로 파악할 수 있
기 때문에 학설은 양자를 구별하지 않고 '객관적·통일적 해석의 원칙'
이라고 명명하거나,[67] 통일적 해석의 원칙을 포함하는 의미로 '객관적
해석의 원칙'이라고 명명하기도 한다.[68] 판례도 "약관의 내용은 개개 계
약체결자의 의사나 구체적인 사정을 고려함이 없이 평균적 고객의 이해
가능성을 기준으로 하여 객관적·획일적으로 해석하여야 하고, 고객보
호의 측면에서 약관 내용이 명백하지 못하거나 의심스러운 때에는 고객
에게 유리하게, 약관작성자에게 불리하게 제한해석하여야 한다."[69](하선

64_ 이은영, 앞의 책(각주 19), 154면.
65_ 이은영, 앞의 책(각주 19), 152면.
66_ 이은영, 앞의 책(각주 19), 143면.
67_ 가령 이은영, 앞의 책(각주 19), 152면; 지원림, 앞의 책(각주 22), 1272면 등
68_ 가령 윤진수, 앞의 논문(각주 51), 325면; 김진우, "약관의 해석에 관한 일고찰─객관
   적 해석과 작성자 불이익의 원칙의 유럽법과의 비교를 통한 검토", 재산법연구 제28권
   제3호(2011.11), 179면 이하 등.

은 필자)고 하여 객관적·통일적 해석(및 후술하는 고객유리해석)의 원칙을 하나의 완결된 법리로 정착시키고 있다.

그런데 최근에 이와 같은 이해에 반론을 제기하면서, 약관도 계약조항으로서 계약해석의 일반원칙의 적용을 받는다는 점을 전제로, 구체적 사안에서의 개별적 사정(예컨대 오표시무해의 원칙)이 해석의 범위 내에서 고려되어야 한다는 주장이 제기되고 있다[70](이하 편의상 "주관적 해석론"이라 명명하기로 한다). 이 견해에 의하면 약관도 계약내용의 일부이므로 당사자들이 일치하여 어느 계약조항에 대하여 그것의 객관적 의미와는 다른 의미를 부여한 때에는 그것이 비록 개별약정으로서의 성질을 갖지 못하더라도 그것은 그대로 효력을 가져야 하며, 당사자들이 어느 약관조항에 대하여 객관적 의미와는 다른 의미를 부여하였는가를 판단하기 위해서는 구체적인 사안에서의 개별적 사정이 고려되어야 할 것이라고 한다. 주관적 해석론은 객관적 해석을 약관해석의 범위 내에서 개별적 사안의 구체적 사정을 전혀 고려해서는 안 된다는 경직적 의미로 사용하는 것이 아니라, 당사자들의 공통적 의사가 확인될 수 없는 경우에 비로소 객관적으로 해석되어야 한다고 이해한다.[71] 즉 공통적 의사가 확인될 수 있으면 그에 따라야 한다는 것이다(이것은 '자연적 해석'의 방법을 약관해석에도 적용하자는 의미로 이해된다). 이러한 주관적 해석론에 대하여는 독일법과 달리 명문으로 객관적 해석의 원칙을 인정하는 우리법에서는 해석으로 이 원칙을 부정할 수는 없고, 다만 위 주관적 해석론이 제기하는 문제점은 그러한 경우에 약관과는 다른 개별약정이 있었다고 봄으로써 해결될 수 있을 것이라는 '반대견해'가 있다.[72] 생각건대 주관적 해석론

69_ 대법원 2005.10.28. 선고 2005다35226 판결; 대법원 2007.2.22. 선고 2006다72093 판결; 대법원 2007.6.14. 선고 2005다9326 판결; 대법원 2007.9.6. 선고 2006다55005 판결; 대법원 2010.3.25. 선고 2009다38438, 38445 판결; 대법원 2011.7.28. 선고 2011다30147 판결; 대법원 2011.8.25. 선고 2009다79644 판결 등.

70_ 김진우, 앞의 논문(각주 68), 185-187면.

71_ 김진우, 앞의 논문(각주 68), 185-187면.

72_ 윤진수, 앞의 논문(각주 51), 327-328면.

이 비판의 논거로 삼는 경우, 즉 오표시무해의 원칙과 같이 당사자 간에 약관과는 다른 공통적인 이해가 존재하는 경우에는 위 반대견해와 같이 당사자 간에 개별약정이 존재한다고 해석하면 특별히 문제될 것은 없다고 보여지나, 문제는 우리 판례가 개별약정의 인정을 상당히 엄격하게 해석하고 있기 때문에(실질적 교섭가능성이 전제되어야 한다),[73] 개별약정의 존재가 부인될 가능성이 크다는 점이다. 주관적 해석론은 그와 같은 경우에도 개별 구체적인 사정이 고려되어야 한다는 주장으로 이해된다. 그렇다면 개별약정의 존재를 보다 유연하게 해석하면 그와 같은 문제점은 해결될 것으로 본다. 그러나 당사자 간에 약관조항의 표시와는 다른 공통적인 이해가 존재한다는 점을 약관작성자가 아닌 고객이 입증[74]한다는 것이 수월한 일은 아닐 것이다.

4. 고객유리해석의 원칙(불명확조항의 해석)

1) 의 의

약관의 뜻이 명백하지 아니한 경우에는 고객에게 유리하게 해석하여야 한다(제5조 제2항). 약관도 계약의 내용이기 때문에 약관의 의미가 분명하지 않거나 다의적으로 해석되는 경우에는 해석을 통하여 그 의미를 확정할 필요가 있다는 점에서는 일반 계약과 다를 바가 없다. 다만 여기서는 약관의 의미가 불명확한 경우의 해석의 방법으로서 고객에게 유리하게 해석하여야 한다는 해석의 방향성을 제시하고 있다는 점에서 법률행위(계약)의 해석방법으로 흔히 인정되는 3가지 해석방법(자연적 해석, 규범적 해석, 보충적 해석)과의 차별성이 발견된다. 그런데 고객유리 또는 작성자불리의 해석원칙은 연혁적으로는 일반적인 계약해석의 한 원칙이었고,[75] 이론적으로도 그 적용범위를 약관의 해석에 국한할 이유가 없다

73_ 가령 대법원 2008.7.10. 선고 2008다16950 판결 등(각주 52 참조).
74_ 김진우, 앞의 논문(각주 68), 185면.
75_ 이은영, 앞의 책(각주 19), 144면; 김진우, 앞의 논문(각주 68), 187-192면.

는 견해[76]가 유력하다. 그러나 적어도 우리법의 경우 이 원칙이 약관 이외의 계약해석의 장면에서 기능하는 경우를 발견하기는 쉽지 않다.[77] 더욱이 약관해석의 중요한 원칙의 하나임에도 불구하고 그 의미가 반드시 명확하게 규명된 것 같지는 않다.

이 원칙의 의의에 관하여는, 약관의 조항 가운데에서 의미가 불명확한 점이 있는 때에는 그 불이익 내지 위험은 약관의 작성자가 감수하여야 하고 또한 동일한 조항에 관하여 복수의 해석이 가능한 경우에는 상대방에게 유리한 방향으로 해석하여야 한다는 원칙으로 설명된다.[78] 또한 이 원칙은 모든 해석의 의문을 기업에 부담시키려는 것은 아니고 객관적 해석 후에도 그대로 남아 있는 의문점만을 기업에 부담시키려는 것이라는 의미에서 '보충적 해석수단'이며, 불명확성 원칙[고객유리해석의 원칙]의 적용이 어떤 조항의 무효를 초래하지는 않고, 오히려 합리적으로 해석한 결과로 여러 개의 의미를 갖는 조항은 고객에게 유리한 의미로 '유효하게 해석된다'고 한다.[79] '유효하게 해석된다'는 것의 의미에 관하여는 이 원칙의 적용으로 실제로는 약관이 제6조 이하의 규정에 의해 무효로 되는 것을 방지하는 기능을 한다는 견해가 있다.[80] 그리하여(불명확조항의 경우) 유효하게 되는 해석이 고객에게 유리한 해석이고 무효로 되는 해석이 고객에게 불리한 해석이라는 결론에 이르게 된다.[81] 그러나 약관조항의 유효가 곧 고객에게 유리하고 그 반대가 고객에게 불리하다는 해석에는 쉽사리 동의하기 어렵다. 약관조항에는 사업자의 책임이나

76_ 윤진수, 앞의 논문(각주 51), 329면; 김진우, 앞의 논문(각주 68), 195면.

77_ 이론적으로 고객유리해석을 약관해석에 국한할 이유가 없다고 할 수 있는 이유는 그것이 계약해석 일반에 타당하기 때문이 아니라, 약관의 개념표지인 일방성과 사전성을 갖추거나 "개별교섭의 가능성"이 없는 '계약조항'의 경우는 사적자치 내지 계약자유의 원칙과의 관계상 '약관'과 다른 취급을 할 필요가 없기 때문이다. 상세는 서희석, 앞의 논문(각주 6), 153면 이하를 참조.

78_ 이은영, 앞의 책(각주 19), 155면.

79_ 이은영, 앞의 책(각주 19), 155면.

80_ 윤진수, 앞의 논문(각주 51), 333면. 이은영, 앞의 책(각주 19), 156면도 동지임.

81_ 윤진수, 앞의 논문(각주 51), 333-334면이 이와 같은 입장이다.

고객의 권리를 제한하는 조항이 있는 반면, 고객의 권리나 사업자의 책임을 인정하거나 그 범위를 획정하는 조항도 존재한다. 전자의 경우에는 그 조항의 의미가 불명확한 경우에는 이를 무효로 해석하는 것이 고객에게 가장 유리한 해석이 되는 것이고 후자의 경우에는 이를 유효로 (경우에 따라 확대하여) 해석하는 것이 고객에게 (가장) 유리한 해석이 되는 것이기 때문에, 약관조항의 유무효의 판단이 곧 고객의 유불리를 따지는 획일적 기준이 될 수는 없기 때문이다. 그렇다면 이 원칙은 어떻게 해석되어야 하는가? 이 원칙의 요건과 효과를 나누어 검토하기로 한다.

2) 요건: "약관의 뜻이 명백하지 아니한 경우"의 의미

약관의 뜻이 명백하지 않다는 것의 의미로서 학설은 약관의 의미가 모호한 모든 경우를 의미하는 것이 아니라, 모든 가능한 해석수단을 다 동원했음에도 불구하고 법적으로 주장할 수 있는 두 개 이상의 해석가능성이 남아 있을 때를 의미하는 것으로 해석한다.[82] 대법원도 약관조항이 다의적으로 해석되는 경우를 그 대표적인 예로 해석하고 있다. 즉 대법원은 (보험약관의 해석과 관련하여) "약관의 해석은, 신의성실의 원칙에 따라 당해 약관의 목적과 취지를 고려하여 공정하고 합리적으로 해석하되, 개개 계약 당사자가 기도한 목적이나 의사를 참작함이 없이 평균적 고객의 이해가능성을 기준으로 보험단체 전체의 이해관계를 고려하여 객관적 · 획일적으로 해석하여야 하며, <u>위와 같은 해석을 거친 후에도 약관 조항이 객관적으로 다의적으로 해석되고 그 각각의 해석이 합리성이 있는 등 당해 약관의 뜻이 명백하지 아니한 경우</u>에는 고객에게 유리하게 해석하여야 한다."[83](하선은 필자)고 한다. 다시 말하면 신의성실의

82_ 이기수 · 유진희, 경제법[제8판], 세창출판사(2009), 500면; 김형배 외, 앞의 책(각주 22), 1217면; 송덕수, 앞의 책(각주 22), 1275면; 이은영, 앞의 책(각주 19), 155면. 다만 두 개 이상의 해석 모두 공정성을 잃은 약관조항이라고 판단된다면 이를 무효로 해석하여야 할 것이다[동지, 하종대, "대법원판례해설(대법원 2005.2.18. 선고 2003두3734판결)", 2005년 상반기(통권 제55호) 333면].

83_ 대법원 2009.5.28. 선고 2008다81633 판결; 대법원 2010.12.9. 선고 2009다60305 판

원칙·공정해석의 원칙과 객관적·통일적 해석을 거친 후에도 약관조항이 객관적으로 다의적으로 해석되고 그 각각의 해석이 합리성이 있는 경우 등에 약관의미의 불명확성이 존재하는 것으로 이해한다.

반면에 대법원은 객관적으로 다의적으로 해석되고 각각의 합리성이 있는 경우만을 약관의 뜻이 불명확한 경우로 해석하지는 않는다('등'). 가령 객관적이고 합리적인 해석이 다수 존재한다고까지는 할 수 없으나 의미 자체가 모호한 경우나 명확하게 특정되지 않는 경우도 경우에 따라서는 약관의 뜻이 명백하지 아니한 경우에 포함될 수 있는 것으로 해석할 것이다.

3) 효과: "고객에게 유리한 해석"의 의미

무엇이 고객에게 유리한 해석인지는 개별 구체적인 사안에서 판단하여야 할 문제이지만 전술한 불명확한 약관의 의미를 다의적으로 해석되는 약관이라고 이해할 경우에는 다의적인 해석 중 고객에게 보다 유리한 해석을 의미하는 것으로 보게 될 것이다. 그런데 약관조항을 고객과 사업자의 권리의무관계를 기준으로 분류하면 ① 고객의 권리(보험약관에서 피보험자의 보상범위 등)나 사업자의 책임을 인정하거나 그 범위를 획정하는 약관조항과, ② 고객의 권리나 사업자의 책임 내지 의무범위를 제한하는 약관조항(면책약관 등)으로 나눌 수 있다.[84] 이 두 가지 약관조항에서 그 뜻이 명백하지 아니한 경우에 고객에게 유리하게 해석하여야 하는 것의 의미가 문제이다(특히 문제가 되는 것은 후자이다). ① 전자는 고객의 권리나 사업자의 책임을 인정하는 약관이기 때문에 이를 확대하는 해석을 한다면 고객에게 가장 유리한 해석이 될 것이다. 반면에 고객의 권리나 사업자의 책임을 인정하는 해석이 가능함에도 불구하고 고객의 권리나 사업자의 책임을 부정하는 해석(가령 무효로 하는 해석)을 한다면 이것은 고객에게 불리한 해석이 되기 때문에 허용되지 않는다.

결; 대법원 2016.5.12. 선고 2015다243347 판결 등.

[84] 그 밖에 당사자의 권리의무와는 직접적으로는 무관한 내용의 약관조항도 있다.

② 후자는 고객의 권리나 사업자의 책임을 제한하는 약관의 경우인데, 그 뜻이 명백하지 아니한 경우에 고객유리의 해석방법으로는 1) 당해조항을 전부무효로 하는 해석, 2) (유효를 전제로) 엄격하게 그 적용범위를 제한하거나 축소하는 해석(엄격해석=제한해석=축소해석), 3) 하나의 조항의 의미를 분할하여 일부는 무효로 하지만 잔존부분만으로 조항을 유효로 존속시키는 해석(이른바 '효력유지적 축소해석' 또는 수정해석)이 존재한다. 1)은 당해조항을 불공정하다고 보아 (전부)무효로 해석하는 경우인데 이것은 사실상 약관의 내용통제가 이루어진 경우이다. 모든 약관의 내용통제는 약관해석의 결과라는 점에서 약관해석과 내용통제가 중복되는 경우가 발생할 수 있는 것이다.[85]

2)는 약관조항의 유효를 전제로 다만 책임제한의 범위를 축소하거나 엄격하게 제한해서 해석해야 한다는 의미이다. 가령 대법원은 상대방의 법률상 지위에 중대한 영향을 미치는 약관의 해석 방법으로 '엄격해석'을 제안한다.[86] 즉, "법률행위는 당사자의 내심적 의사 여하에 관계없이 당사자가 그 표시행위에 부여한 객관적 의미를 합리적으로 해석하여야 하고, 특히 그 계약의 내용이 당사자 일방이 작성한 약관의 내용으로서 상대방의 법률상의 지위에 중대한 영향을 미치게 되는 경우에는 약관규제법 제6조 제1항, 제7조 제2호의 규정 취지에 비추어 더욱 엄격하게 해석하여야 한다."고 한다. 〈대법원 2001.3.23. 선고 2000다71555 판결〉에서 상대방의 법률상 지위에 중대한 영향을 미치는 약관은 (보험자의) 보증채무의 면책약관이다.[87] 사업자의 책임을 제한하는 이러한 약관은

85_ "해석이라는 이름을 빌린 약관심사"라고 표현하는 견해[이주홍, "일반거래약관에 대한 해석통제", 민법학논총·제2(후암 곽윤직선생 고희기념 논문집), 박영사(1995), 306면]가 있는 것은 그러한 이유 때문이다. 이와 같이 해석한다면 해석통제를 거친 후 내용통제를 하여야 한다는 이른바 '3단계 약관통제론'에는 찬성할 수 없다.

86_ 대법원 2001.3.23. 선고 2000다71555 판결; 대법원 2006.9.8. 선고 2006다24131 판결; 대법원 2011.4.28. 선고 2010다106337 판결.

87_ 〈대법원 2001.3.23. 선고 2000다71555 판결〉에서는 신용보증사고의 통지를 지연함으로써 채권보전에 장애를 초래한 경우 보증채무가 면책된다는 신용보증약관의 취지가 문제되었는데, 대법원은 "신용보증사고의 통지를 지연함으로써 채권보전에 장애를 초

엄격하게 해석하여야 하는데 그 근거는 약관의 뜻이 불명확한 경우에 있어서의 고객유리의 해석원칙에서 구할 것이다.[88] 다만 이 경우 판례는 약관의 내용통제의 근거규정(제6조 제1항, 제7조 제2호)에서 엄격해석의 취지를 이끌어내고 있는데 이것은 주의를 요한다. 판례가 들고 있는 근거규정은 "신의성실의 원칙을 위반하여 공정성을 잃은 약관조항은 무효"(제6조 제1항)라는 내용통제의 일반원칙과, 면책조항 무효에 관한 제7조 중 "상당한 이유 없이 사업자의 손해배상 범위를 제한하거나 사업자가 부담하여야 할 위험을 고객에게 떠넘기는 조항"(제2호)이나. 이들 근거규정에 의하면 법원은 당해 조항의 무효를 이끌어내었어야 하지만 법원은 이들 조항의 취지에 비추어 문제되는 약관조항을 제한적으로 해석하는 데에 머물렀다. 법원으로서는 내용통제로써 문제되는 약관조항을 전부 무효로 판단하지 않는 한은 약관규제법상 고객유리의 해석원칙으로부터 같은 결론을 이끌어내는 것이 더 좋았을 것으로 생각한다.

3) 효력유지적 축소해석 또는 수정해석은 약관조항이 약관규제법에 의하여 무효로 해석되는 경우에도 약관규제법에 저촉되지 않은 부분의 효력은 유지되도록 해석하는 방법으로서,[89] 그 해석의 결과를 특히 '효

래한 경우에는 보증채무가 면책된다는 보증약관은, <u>피보험자가 신용보증사고의 통지기한 내에 통지를 하지 아니함으로 인하여 채권보전조치에 실질적인 장애를 초래한 경우에 한하여 면책된다</u>는 취지로 [엄격·제한] 해석하여야 하고, 피보험자가 통지기한 내에 통지를 하지 아니하였다 하여 언제나 보험자의 채권보전에 장애가 초래되었다고 볼 수 없고, 비록 보험자가 통지기한 만료일까지 통지를 받지 못하였다 하더라도 보험자가 통지를 받은 후 채권보전조치를 취할 수 있는 상당한 기간이 지난 후까지 아무런 조치도 취하지 아니한 경우에는 면책을 주장할 수 없다고 보아야 한다."(하선은 필자)고 판시하여 '신용보증사고 통지지연'의 의미를 "채권보전조치의 실질적인 장애를 초래한 경우"로 제한하여 해석하였다.

88_ 동지, 송덕수, 앞의 책(각주 22), 1275면; 이은영, 앞의 책(각주 19), 157면[엄격해석(축소해석)의 원칙은 작성자불리의 해석원칙의 파생원칙으로 이해하여 독자적 의미를 갖지 않는다는 전제 아래 약관규제법에 별도의 규정을 두지 않은 것으로 설명한다]. 반대, 윤진수, 앞의 논문(각주 51), 332면(엄격해석의 원칙을 계약일반의 해석원칙으로 이해하는 전제하에 고객유리의 해석원칙과는 다른 것으로 해석한다. 다만 그 차이가 실질적으로 중요한 것은 아니라고 한다).

89_ 윤진수, 앞의 논문(각주 51), 363면.

력유지적 축소'라고 부른다. 이것은 '법률행위의 일부무효'의 법리에 의한 것이다.[90] 무효인 약관조항의 내용을 법에 의해 허용되는 범위로 축소시켜 그 조항을 유효로 유지시키는 해석방법이기 때문에 해석의 결과 불공정한 약관조항은 무효로 되지 않고 유효하게 존속하되 다만 그 내용이 합법적인 범위로 축소된다.[91]

종래부터 이러한 해석이 허용되는지에 대해서는 긍정설, 부정설, 제한적 긍정설(절충설) 등의 대립이 있었는데,[92] 대법원은 〈대법원 1991. 12.24. 선고 90다카23899 전원합의체 판결〉에서 이를 정면에서 인정하였다. 위 판례에서 대법원은 무면허운전 면책조항의 유효성 판단과 관련하여 "보통거래약관의 작성이 아무리 사적자치의 영역에 속하는 것이라고 하여도 신의칙의 행위원칙에 반하는 약관조항은 사적자치의 한계를 벗어나는 것으로서 **법원에 의한 내용통제 즉 수정해석**의 대상이 되는 것은 당연하며, 이러한 수정해석은 조항 전체가 무효사유에 해당하는 경우뿐만 아니라 조항 일부가 무효사유에 해당하고 그 무효부분을 추출배제하여 잔존부분만으로 유효하게 존속시킬 수 있는 경우에도 가능하다."(하선은 필자)고 판시하였다. 또한 "약관조항의 의미가 명확하게 일의적으로 표현되어 있어 다의적인 해석의 여지가 없는 때에는 위와 같은 방법[간접적 내용통제=작성자불리의 해석]으로 제한해석을 할 수 없고, 다만 그 내용이 불공정하거나 불합리한 경우에 강행법규나 공서양속 또는 신의성실의 원칙에 위반됨을 이유로 그 효력의 전부 또는 일부를 부인할 수밖에 없으며 이는 직접적 내용통제로서의 약관의 수정해석에 해

90_ 윤진수, 앞의 논문(각주 51), 363면은 '효력유지적 축소(Geltungserhaltende Reduktion)' 는 법률행위 해석이 아니기 때문에 이를 수정해석이나 효력유지적 축소해석이라고 부르는 것은 정확한 용어라고는 할 수 없다고 하면서 이것은 법률행위의 일부무효의 법리에 의한 것이라고 한다.

91_ 이은영, 앞의 논문(각주 3), 202면.

92_ 학설의 논의상황에 대하여는 김진우, "불공정조항의 내용통제에 관한 몇 가지 법적 문제점－유럽 및 독일계약법과의 비교를 중심으로", 외법논집 제36권 제1호(2012.2), 170면 이하; 윤진수, 앞의 논문(각주 51), 365면; 이은영, 앞의 논문(각주 3), 202면 이하를 참조.

당하는 것"(다수의견에 대한 보충의견)이라고 한다(하선은 필자).[93] 이러한 법원의 판단에 의하면 수정해석은 곧 약관조항의 효력의 전부나 일부를 부인하는 것으로서 약관조항의 효력 전부를 부정하는 것은 약관의 내용통제 그 자체이고, 효력유지적 축소해석은 그 중 약관조항의 효력 일부를 부인하는 경우에 해당한다.[94]

그렇다면 이러한 효력유지적 축소해석이 우리 약관규제법상 허용된다고 보아야 할 것인가? 대법원은 전술한 바와 같이 이를 긍정하고 있으나 그 근거는 명확하지 않다. 학설은 (전면적으로 또는 제한적인 경우에 예외적으로) 허용되어야 한다는 견해(긍정설)가 다수인데, 그 근거로서 다음과 같은 점들이 제시되고 있다. 가령 한국 약관규제법은 주로 상대적 금지조항을 두고 있어서 약관사용자가 사전에 약관의 유무효를 판단하기 어렵고 재판실무상 효력유지적 축소해석을 통하여 구체적 타당성을 찾는 방식이 매우 익숙하다는 점,[95] 이를 원칙적으로 부정하면 법률상 허용되는 것까지 허용되지 않는 부당함을 가져올 우려가 있다는 점,[96] 약관규제에 의한 내용공백을 최소화하기 위하여 필요하다는 점[97] 등이다. 반면

93_ 보충의견은 작성자불리(고객유리)의 해석원칙을 간접적 내용통제라 하고, 수정해석 (효력유지적 축소해석)을 직접적 내용통제라 부르고 있다.

94_ 이후 수정해석을 인정한 판례로서 다음의 예를 들 수 있다. 대법원 1995.12.12. 선고 95다11344 판결(한국전력공사의 전기공급규정 중 전기공작물의 고장 발생 등으로 인한 손해배상의무 면책조항); 대법원 1996.5.14. 선고 94다2169 판결(용역경비계약서 중 면책조항); 대법원 1998.2.13. 선고 96다55525 판결(동산종합보험의 일부인 중장비 추가 약관 중 면책조항); 대법원 1998.4.28. 선고 97다11898 판결(동산종합보험의 중과실 면책조항); 대법원 1999.11.26. 선고 98다42189 판결(자동차손해배상책임 공제계약상의 무면허운전 면책약관의 적용 범위 및 공제조합원의 무면허운전에 대한 '묵시적 승인'의 존부에 관한 판단 기준); 대법원 2000.10.10. 선고 99다35379 판결 및 대법원 2003.2.11. 선고 2002다64872 판결(보험계약자 또는 피보험자의 주소변경통보 불이행시 종전 주소지를 보험회사 의사표시의 수령장소로 본다는 보험약관의 효력) 등.

95_ 양창수, "자동차보험약관의 무면허운전면책조항에 대한 내용통제", 민법연구 제4권 (1997), 364면.

96_ 윤진수, 앞의 논문(각주 51), 366면.

97_ 이은영, 앞의 논문(각주 3), 203면.

에 사업자에게 공정한 약관을 작성하도록 주의를 기울이게 하는 일반예
방적 효과를 달성할 수 없다는 점에서[98] 이를 허용하지 말아야 한다는
견해(부정설)도 있다. 이들 지적은 재판실무의 현실을 반영하고 있고 정
책적인 시사를 준다는 점에서는 어느 것도 타당한 논거이지만 이론적으
로 왜 효력유지적 축소해석이 허용되거나 허용되지 말아야 하는지에 관
한 결정적인 '기준'이 된다고는 할 수 없다. 일부만을 무효로 해석할 수
있는 경우를 어떠한 기준으로 구별할 것인가가 문제인 것이다. 그러한
기준을 제시하고자 하는 것으로 다음과 같은 견해가 있다. 먼저 부정설
에 속하는 견해로서, ① 약관규제법이 무효사유에 해당함을 명시하고
있다는 점에서 허용되어서는 안 된다는 견해,[99] ② 약관조항의 해석에
대한 불이익은 약관을 명확한 내용으로 작성하여야 할 의무가 있는 사
업자에게 귀속시켜야 한다는 점에서 허용해서는 안 된다는 견해가 있
다.[100] 반면 긍정설에 속하는 견해로서는, ③ 약관조항의 상당한 내용의
한계에 관하여 학설이나 판례에서 다툼이 있다든가 당해 거래관행상 명
확한 기준이 아직 확립되어 있지 않다든가 하는 특별한 사정이 있어서
사용자의 눈에 약관조항의 약관규제법과의 불일치가 뚜렷하게 드러나
지 못하는 경우에는 예외적으로 허용할 수 있다는 견해,[101] ④ 객관적으
로 약관규제법을 명백히 위반하거나 사업자가 그 위반을 명백하게 인식
할 수 있었던 경우에는 불공정약관조항은 그 전부가 무효이고, 이에 반
해 선의의 사업자가 그 조항의 유효성을 믿거나 법적 상황에 대하여 합
리적으로 의문을 가질 수 있었던 때에는 효력유지적 축소가 허용되어야
한다는 견해[102]가 있다.

98_ 김영갑, 앞의 논문(각주 51), 109면; 이희영, "약관규제법 제8조, 제6조에 위배되는 약
   관의 효력", 대법원판례해설 제21호(1994), 239-240면; 최병규, "약관규제법상 일부무
   효의 특칙에 관한 연구", 경제법연구 제10권 제2호(2011), 194면 이하.
99_ 김영갑, 앞의 논문(각주 51), 109면.
100_ 최병규, 앞의 논문(각주 98), 194면.
101_ 장경환, "약관규제법 일반조항에 관한 연구", 서울대 박사학위 논문(1990), 224면[김
    진우, 앞의 논문(각주 92), 171면에서 재인용].

생각건대, ①은 부정설의 가장 결정적인 논거가 될 수 있으나, 현실적으로 대법원이 이와 다른 해석을 하고 있고 재판실무상 효력유지적 축소해석을 통하여 구체적 타당성을 찾는 방식이 매우 익숙하다는 현실을 반영한 보완적 논거가 필요하다고 본다. ②는 효력유지적 축소해석이 허용되지 말아야 할 핵심적인 이론적 근거가 될 수 있다고 생각되나, 명확한 내용으로 약관을 작성하여야 할 의무를 위반하는 모든 경우를 무효로 판단한다면 약관해석이 작용할 장면이 없어지게 된다는 점에서 다소 논리의 비약이 느껴진다. 이에 반해 ③과 ④는 제한적으로 허용되어야 하는 이유 내지 기준을 구체적으로 제시하고 있는데, 양자는 결국 유사한 논거에 입각해 있다고 생각된다. 상당성이나 위법성에 대한 명확하거나 명백한 판단이 어려운 경우에 한하여 허용하여야 한다는 취지이기 때문이다. 결국 어느 견해도 효력유지적 축소해석의 허용여부에 관한 충분한 이론적 대답을 주지는 못한다고 생각한다(다만 위 ①과 ②가 부정설의 유력한 근거를 제시하고 있음은 분명하다).

사견으로는 효력유지적 축소해석의 허용여부는 고객유리의 해석원칙과의 관련 속에서 검토되어야 한다고 생각한다. 약관의 의미가 다의적으로 해석되거나 명확하지 아니한 경우에 효력유지적 축소해석의 결과가 고객에게 불리하다면 그것은 고객유리의 해석원칙을 정하는 약관규제법 제5조 제2항에 위반할 가능성이 있기 때문이다. 위 ③과 ④에서 제시하고 있듯이 상당성이나 위법성 판단이 명확하거나 명백하지 않은 경우에 비로소 필요한 것이 고객유리의 해석원칙인 것이다. 따라서 ③과 ④에서 제시하고 있는 상황이라면 **효력유지적 축소해석이 고객에게 유리한 해석인지**가 허용여부를 결정하는 기준이 된다고 할 것이다.

대법원의 효력유지적 축소해석은 사실상 내용통제(무효)이면서 동시에 그에 따른 규율의 흠결을 계약의 보충적 해석[103]을 통해 보완하는 양

102_ 김진우, 앞의 논문(각주 92), 172면.

103_ 김진우, 앞의 논문(각주 92), 171-172면은 법관에 의한 계약의 보충적 해석은 신의칙에 의한 계약의 계속적 형성이자 일종의 규범적 규율로서의 성질을 가지고, 한국판례

면의 성질을 가지는 것으로 이해할 것이다. 그러한 해석이 고객에게 유리한지의 판단이 어렵다면 효력유지적 축소해석이 허용된다고 볼 수도 있겠으나(고객유리해석의 반대해석), 약관규제법이 당해 약관조항이 무효사유임을 명시하고 있다면 이를 무효로 하는 것이 고객에게 이익이 되는 해석이라고 할 것이다. 규율의 흠결은 법원에 의한 계약의 보충적 해석에 의하기보다는 약관작성자의 조항 수정을 통해 보완되는 것이 당해 약관을 사용하는 계약 당사자 전체의 이익에 부합하는 것이다.

5. 약관해석과 계약해석의 관계

약관규제법은 전술한 바와 같은 세 가지 해석원칙을 정하고 있다. 이들 세 가지 원칙은 상호 보완 내지 중첩적으로 또는 개별적으로 작용하여 약관해석이 이루어지게 되는데, 약관해석원칙의 의의 내지 기능은 다음의 세 가지로 정리될 수 있을 것이다. 즉, ① **약관조항의 객관적 의미를 확정하는 기능**이다. 약관해석의 가장 기본적인 기능으로서 여기서는 특히 신의성실의 원칙·공정해석의 원칙 및 객관적·통일적 해석원칙이 작동한다. 계약당사자의 권리의무와 무관한 약관조항도 약관해석을 통해 확정될 필요가 있다. ② **편입통제를 위한 '중요성'**(제3조 제3항) **판단이나 내용통제(무효화)의 전단계로서 해석의 방향성을 정하는 기능**이다. 여기서도 신의성실의 원칙·공정해석의 원칙 및 객관적·통일적 해석원칙이 작동하지만, 특히 해석의 방향성을 정하는 해석으로서 고객유리의 해석원칙이 작동한다. 가령 엄격해석을 통하여 사업자의 면책범위를 축소해석하는 경우가 이에 해당한다. ③ **내용통제 그 자체**이다. 여기서도 신의성실의 원칙·공정해석의 원칙 및 객관적·통일적 해석원

가 취하는 수정해석도 이와 마찬가지이며, 그 점에서 효력유지적 축소와 실질이 다르지 않다고 한다. 한편 남효순, "약관의 해석", 권오승 편, 공정거래법강의Ⅱ, 법문사(2000), 481면 이하는, 효력유지적 축소해석을 보충해석에 해당하는 것으로 보면서 법률행위의 해석의 기준과 방법에 관한 일반법리를 준수하는 한에서 그 효력을 유지하는 효력유지적 보충해석(이른바 수정해석)은 허용된다고 한다.

칙이 작동하지만, 특히 고객유리의 해석원칙이 중요한 기능을 한다. 고객유리해석의 결과 어느 약관조항이 무효로 판단되었다면 이것은 약관해석의 결과 약관규제법상 약관의 내용통제가 이루어진 것을 의미한다. 효력유지적 축소해석도 사실상 내용통제가 이루어진 경우로 볼 것이다.

이와 같이 약관규제법상 3가지 약관해석의 원칙은 약관해석을 위한 다양한 기능을 발휘하는데, 문제는 이들 해석원칙과 법률행위(계약) 일반의 해석원칙과의 관계이다. 이 문제에 대해 약관도 계약내용이라는 점에서 약관해석에도 법률행위(계약) 해석에 관한 일반원칙[104]이 고려된다는 견해가 있다.[105] 이 견해는 약관의 해석원칙 외에 계약해석의 일반원칙이 보충적으로 적용됨을 인정하는 것이다(적용설). 이해 반해 약관은 사업자에 의해 일방적으로 작성되는 점에서, 또 불특정 다수인을 상대방으로 예정하고 있는 점에서 일반 계약과는 차이가 있고, 따라서 약관규제법은 약관의 해석에 관해 일반 법률행위의 해석과는 다른 기준을 정하고 있다는 견해도 있다.[106] 이 견해에 의하면 약관에 대해서 계약해석의 원칙이 문제되는 경우는 특별히 없을 것이다(준별설).

적용설의 입장에서 보았을 때 약관해석에 고려될 수 있는 계약해석의 일반원칙으로는 자연적 해석과 보충적 해석을 생각할 수 있을 것이다. 규범적 해석은 약관의 개념표지상의 특성과 편입요건을 고려하면 그대로 약관해석에 적용하기는 어렵지만 약관에 대한 객관적 해석과 유사한 측면이 있다. **자연적 해석**에 대하여는 약관도 계약조항으로서 계약해석의 일반원칙의 적용을 받는다는 점을 전제로, 구체적 사안에서의 개별적 사정(예컨대 오표시무해의 원칙)이 해석의 범위 내에서 고려되어야 한다는 주장(주관적 해석론)[107]이 제기되고 있지만, 이 견해에 대하여는 명문으

104_ 송덕수, 앞의 책(각주 22), 95면 이하와 지원림, 앞의 책(각주 22), 205면 이하는 법률행위 해석의 방법으로 '의미를 밝히는(단순한) 해석'과 '보충하는 해석'(보충적 해석)이 있다고 하고, 전자(단순한 해석)에는 다시 자연적 해석과 규범적 해석이 포함된다고 한다. 보충적 해석은 단순한 해석을 통해 계약이 성립한 경우에만 문제된다.

105_ 송덕수, 앞의 책(각주 22), 1274면; 김진우, 앞의 논문(각주 68), 200면 등.

106_ 김준호, 앞의 책(각주 36), 1457면.

로 객관적 해석의 원칙을 인정하는 우리법의 태도에 반하며 주관적 해석론이 제기하는 문제점은 그러한 경우에 약관과는 다른 개별약정이 있었다고 봄으로써 해결될 수 있을 것이라는 '반대견해'[108]가 유력하다는 점은 전술한 바와 같다. 또한 **보충적 해석**은 편입통제로 계약내용이 되지 못하거나 내용통제로 약관조항의 흠결이 발생한 경우에 문제된다. 이때 흠결의 보충이 필요한데, 사실인 관습, 임의법규 및 조리에 의한 보충이 가능하며 최종적으로는 가정적 의사의 탐구에 의해 보충이 이루어져야 한다는 견해가 유력하다.[109] 또한 '효력유지적 축소해석'의 근거를 보충적 계약해석에서 찾는 견해[110]가 있음은 전술한 바와 같다. 이와 같이 법률행위 해석의 일반원칙이 약관해석에서 문제되는 경우는 주관적 해석론의 주장을 별론으로 한다면 보충적 해석 정도이다. 그러나 이것은 약관의 흠결에 대한 보충을 의미하므로 실제로는 약관 그 자체에 대한 해석은 아니다.[111]

이와 같이 본다면 '약관조항 자체'의 해석에서 계약해석의 일반원칙이 필요한 경우는 사실상은 그 예가 많지 않고, 대부분은 약관해석에 관한 3가지 원칙으로 해결된다고 할 것이다. 그러나 당사자가 개별약정을 체결하였다면 당해 개별약정의 존부나 그 의미내용 등은 계약의 일반적 해석원칙에 따라야 할 것이다.

107_ 김진우, 앞의 논문(각주 68), 185-187면.

108_ 윤진수, 앞의 논문(각주 51), 327-328면.

109_ 이은영, 앞의 책(각주 19), 367-368면.

110_ 이은영, 앞의 논문(각주 3), 203면; 김진우, 앞의 논문(각주 92), 171면.

111_ 편입통제와 내용통제는 약관의 보충(보완)이라는 관점에서는 다소 다른 접근이 필요하다. 편입통제는 어느 계약에서 약관의 계약내용편입을 위해 명시·교부 및 설명의무를 이행했느냐의 문제로서 문제가 된 약관(조항) 자체가 무효로 되는 것은 아니다. 따라서 이 경우에는 흠결을 보충하기 위한 개별적인 해석이 필요한 반면, 내용통제를 통한 무효의 경우 그 약관을 사용한 모든 고객의 권리의무에도 관련되기 때문에 약관의 보충은 계약 당사자 전체의 이해관계에 관련되는 문제라는 관점에서 그 보충의 방법이 검토되어야 한다. 이 경우 규율의 흠결은 보충적 계약해석보다는 약관작성자의 조항 수정을 통해 보완되는 것이 계약 당사자 전체의 이익에 부합하는 것이다.

6. 약관해석원칙의 약관규제법상 위치

그렇다면 약관규제법이 정하는 약관의 해석원칙은 독자적인 약관규제 내지 사법적 통제의 일유형(해석통제)이라고 할 수 있을까? 특히 이른바 "3단계 약관통제론"[112]에서처럼 '편입통제' 후에 약관의 해석을 통해 그 의미를 확정하고('해석통제') 그 후에 '불공정성통제'가 이루어지는 것이라고 단계적으로 이해할 수 있을까? 전술한 바와 같이 약관해석의 기능 내지 의의는 다양하다. 내용통제는 약관해석을 통해 이루어지는 것이기 때문에 그 경우에는 약관해석이 내용통제와 중복되게 된다. 약관해석의 원칙은 그 자체로 약관을 통제하는 하나의 방법(해석통제)이라기보다는, 약관의 객관적 의미를 확정하고, 편입통제나 내용통제의 장면에서 해석의 방향성을 정하거나 직접 무효판단을 이끌어내기 위한 보다 보편적인 원칙이라고 이해할 것이다. 따라서 3단계 약관통제론은 약관해석원칙의 의의 내지 기능을 정확하게 표현하는 것이라 할 수 없다. 약관규제법상 약관통제의 방법에는 편입통제와 내용통제가 존재하며, 약관의 해석원칙이 이 둘에 모두 관여하는 보다 보편적인 원칙으로 존재하는 것으로 이해해야 할 것이다(물론 내용통제와의 관련성이 크다). 약관의 해석원칙과 내용통제가 신의성실의 원칙을 공통의 원칙으로 삼는 것은 양자의 밀접한 관련성 때문이다.

112_ 각주 9와 10을 참조.

V. 약관의 내용통제와 계약내용통제

1. 약관내용통제의 구조[113]

1) 무효성 판단의 기준: 공정성

약관의 내용통제는 계약내용으로 편입된 개별 약관조항의 불공정성을 심사하여 무효·유효 여부를 결정하는 약관규제의 방법이다. 약관규제법은 약관조항의 내용통제와 관련하여 일반원칙(제6조)과 구체적 무효사유(제7조~제14조)를 두고 있다.

약관내용통제의 일반원칙으로서 약관규제법은 "<u>신의성실의 원칙을</u> 위반하여 <u>공정을 잃은</u> 약관조항은 무효이다."(하선은 필자)라고 규정한다 (제6조 제1항). 여기서는 "신의칙 위반 → 불공정한 약관 → 무효"로 이어지는 논리관계가 형성되는데, 문제는 신의칙과 (불)공정성의 관계이다. 이에 관하여는 전자에 방점을 둘지 후자에 방점을 둘지에 따라 일반원칙에 대한 이해가 달라진다. 전자 즉 신의칙에 방점을 둘 경우 신의칙은 약관의 공정성을 보장하는 기본원칙이면서,[114] 약관의 불공정성의 판단기준[115]이라고 이해하게 된다. 약관이 불공정한지를 판단하는 기준을 신의칙으로 환원하여 이해하고자 하는 것인데, 신의칙 위반여부의 판단은 제6조 제2항의 추정조항이 활용된다. 즉, 신의칙 위반여부는 고객의 불이익, 예상의 곤란성, 본질적 권리의 제한 등의 보조적 개념의 도움을 받아 구체화된다.[116] 이에 반하여 후자(공정성)에 방점을 둘 경우 신의칙으로부터 파생되는(혹은 신의칙에 기반한) **'공정성'**이 무효판단의 기준이 된다. 신의칙은 최상위의 추상화된 기본원칙으로서 약관의 무효판단을 위

113_ 서희석, 앞의 평석(각주 14), 496-497면을 정리 보완한 것이다.
114_ 이은영, 앞의 책(각주 19), 183면; 김동훈, 앞의 논문(각주 22), 146면.
115_ 김동훈, 앞의 논문(각주 22), 146면.
116_ 이은영, 앞의 책(각주 19), 171면.

한 기준은 신의칙에 기반한 '공정성'에서 찾아야 한다. 그런데 공정성도 또한 추상화된 개념이기 때문에 이를 보다 구체화하기 위하여 제6조 제2항의 추정조항이 필요한 것이다. 제6조 제2항의 법문이 "공정성을 잃은 것으로 추정한다"고 표현하는 것은 이러한 이유 때문이다. 제7조~제14조의 개별규정은 불공정한 약관조항의 예를 구체화하여 열거한 것이다. 사견으로서는 후자의 이해가 제6조 법문에 보다 충실하고 약관규제법의 체계에도 부합하는 해석이라고 생각한다. 따라서 약관의 무효판단의 기준은 약관이 공정한지 아닌지의 여부(공정성)에 있다고 할 것이다 (다만 공정성 여부의 판단도 궁극적으로는 신의칙으로 환원되는 것이기 때문에 양자의 이해에 큰 차이가 있는 것은 아니다).

그렇다면 이와 같이 공정성을 약관내용통제의 기준으로 삼은 의미는 무엇일까? 이것은 약관의 개념표지로부터 유추해 볼 수 있다. 즉 약관은 약관작성자가 사전에 일방적으로 작성한 정형적인 계약내용이기 때문에 그 작성과 합의의 단계에 상대방 당사자의 개별적인 교섭의 가능성이 결여되어 있다는 점에 약관에 의한 계약의 특징이 존재한다. 따라서 사업자에 의한 약관의 명시·교부에 의해 약관에 의한 계약이라는 점을 인식하고 아울러 약관상 중요한 내용을 설명받은 고객이 계약체결에 합의하면 당해 계약은 성립하고 약관은 계약내용으로 편입된다. 그러나 이 단계에서 개별약정을 위한 교섭이 있지 않는 한 고객이 개별 약관조항의 내용에 관여할 가능성은 사실상 존재하지 않는다. 따라서 이러한 점을 고려하면 약관이 사업자에게 유리하고 고객에게 불리하게, 다시 말하면 '불공정하게' 작성되어 편입되었을 가능성이 상존한다.[117] 약관의 내용통제가 필요한 이유는 바로 여기에 있다. 약관내용통제는 편입요건까지 갖추어 계약내용으로 편입된 약관의 개별조항에 대하여 공정성 여부를 심사하여 그 유·무효를 판단하는 것이다.

약관규제법은 이러한 점을 고려하여 '신의칙'에 기반한 '공정성'을 약

---

[117] 다만 중요내용의 설명의무가 제대로 기능하면 약관조항의 불공정성이 어느 정도 걸러질 수 있다.

관내용통제(무효성 판단)의 기준으로 삼은 것이다. 이것은 약관의 해석에 관한 기본원칙인 '신의성실의 원칙 및 공정해석의 원칙'과 완전히 그 구조를 같이 하는 것이다. 다만 내용통제의 경우에는 공정성의 심사를 위한 기준을 보다 구체적으로 설정하였다는 점에 차이가 존재할 뿐이다. 약관규제법은 (신의칙에 기반한) 공정성이 약관의 무효성 판단의 기준이 됨을 일반원칙으로 규정하고 이어서 약관조항의 불공정성이 추정되는 경우를 다음과 같이 별도로 둠으로써 일반원칙의 추상성을 보완하고 있다(제6조 제2항). 즉, ① 고객에게 부당하게 불리한 조항, ② 고객이 계약의 거래형태 등 관련된 모든 사정에 비추어 예상하기 어려운 조항, ③ 계약의 목적을 달성할 수 없을 정도로 계약에 따르는 본질적 권리를 제한하는 조항은 공정성을 잃은 것으로 추정된다. 그런데 특히 ①은 불공정성이 추정되는 가장 전형적이고 중요한 경우를 규정한 것임에도 불구하고 이 역시 "부당성"이라는 불확정한 개념을 차용하고 있기 때문에 불공정성을 판단하는 구체적인 기준을 제시해 주지는 못하고 있다. 이에 대하여 대법원은 "약관규제법 제6조 제1항, 제2항 제1호에 따라 고객에 대하여 부당하게 불리한 조항으로서 '신의성실의 원칙에 반하여 공정을 잃은 약관 조항'이라는 이유로 무효라고 보기 위해서는, 약관 조항이 고객에게 다소 불이익하다는 점만으로는 부족하고, 약관 작성자가 거래상 지위를 남용하여 계약 상대방의 정당한 이익과 합리적인 기대에 반하여 형평에 어긋나는 약관 조항을 작성·사용함으로써 건전한 거래질서를 훼손하는 등 고객에게 부당하게 불이익을 주었다는 점이 인정되어야 한다"면서 약관 조항의 무효 사유에 해당하는 '고객에게 부당하게 불리한 조항'인지 여부는 "약관 조항에 의하여 고객에게 생길 수 있는 불이익의 내용과 불이익 발생의 개연성, 당사자들 사이의 거래과정에 미치는 영향, 관계 법령의 규정 등 모든 사정을 종합하여 판단하여야 한다."고 한다.[118] 사견으로는 무엇이 고객에게 부당하게 불리한 것인지의 판단은

---

[118] 대법원 2014.6.12. 선고 2013다214864 판결; 대법원 2017.4.13. 선고 2016다274904 판결 등.

제7조 이하의 개별규정을 통해 구체화되지만(가령, 제7조, 제8조, 제9조 제2호~제6호, 제12조, 제14조), 제6조 제2항 제1호는 이들 개별규정을 포괄하는 일반규정으로서 개별규정에 해당하지 않는 경우에도 고객에게 부당하게 불리한 조항이라면 불공정성이 추정된다는 점을 규정한 것이다. 이와 같이 불공정성이 추정되는 경우에 사업자가 불공정성의 추정을 깨트릴만한 근거를 제시하지 못하면 당해 약관조항은 무효로 확정된다.

2) 일반원칙과 구체적 무효사유의 관계

구체적 무효사유에 관한 개별규정(제7조~제14조)은 약관의 무효성 판단의 기준인 공정성을 구체화하여 불공정한 약관조항의 예를 열거[119]한 것이다. 다만 개별규정 중에는 그 적용 시에 '상당한 이유없이' 또는 '부당하게'와 같이 별도의 규범적 평가가 필요한 규정이 다수 존재하는데, 이 경우에는 문제가 된 약관조항이 약관규제법의 입법취지에 비추어 규범적으로 허용되는지의 관점에서 제시된 기준이라고 보아 판단하되, 궁극적으로는 일반원칙에 따라 그 허용성 여부를 판단하게 될 것이다.[120] 개별규정은 일반원칙인 제6조에 우선하여 적용된다(제6조의 보충성과 후순위성).[121] 따라서 구체적 무효사유에 해당하지 않는 약관조항도 일반원칙에 의하여 무효로 평가될 수 있다.[122]

일반원칙과 구체적 무효사유의 관계에 관하여 이론적으로 문제되는 것은 개별규정인 제7조~제14조에 의한 무효판단이 가능한 경우에도 혹은 그 판단이 불명확한 경우에 바로 일반조항인 제6조에 의한 심사를 할 수 있는가이다. 이에 대해서는 제6조에 의한 무효와 제7조~제14조에 의

119_ 이은영, 앞의 책(각주 19), 190면; 김동훈, 앞의 논문(각주 22), 147면 등.

120_ 권오승, 앞의 책(각주 51), 510면; 손지열, "약관에 대한 내용통제", 민사실무연구회 편, 민사재판의 제문제 10, 한국사법행정학회(2000), 629면; 이은영, 앞의 책(각주 19), 190면 등.

121_ 손지열, 위 논문, 629면; 이은영, 앞의 책(각주 19), 190면 등.

122_ 권오승, 앞의 책(각주 51), 511면; 손지열, 위 논문, 629면; 장경환, 앞의 논문(각주 9), 94면; 이은영, 앞의 책(각주 19), 190면; 송덕수, 앞의 책(각주 22), 1277-1278면 등.

한 무효는 그 법률효과에 있어서 동일하므로 이를 긍정해도 무방하다는 견해와[123] 개별적 금지규정과 일반규정을 동시에 적용하는 것은 바람직하지 않다는 반대견해[124] 및 개별규정의 종류에 따라 제한적으로 긍정하는 견해(제한적 긍정설)[125]로 나뉜다. 제한적 긍정설은 개별규정의 종류에 따라 "별도의 규범적 평가가 필요한 규정"의 경우 다시 일반규정(신의칙)에 의한 평가를 거쳐야 하기 때문에 그 심사로써 무효여부가 최종적으로 결정되지만, 별도의 규범적 평가가 필요없는 개별규정(가령 제7조 제1호)의 경우 그의 심사로써 '유효'라고 보여지는 때에도 다시 일반규정에 의한 정당성심사를 받아 '무효'로 될 수 있다고 한다.[126] 판례는 제6조와 제7조 이하의 판단이 달라지는 것은 바람직스럽지 않다고 보기 때문에 대개 제6조와 제7조 이하의 개별적 내용통제조항을 동시에 무효의 근거로 원용하는 경우가 많다.[127]

3) 내용통제의 효과 및 대상

약관규제법은 약관조항이 무효인 경우 계약은 나머지 조항만으로도 유효하게 존속하며 다만, 유효한 부분만으로는 계약의 목적 달성이 불가능하거나 그 유효한 부분이 한쪽 당사자에게 부당하게 불리한 경우에는 그 계약을 무효로 한다는 '일부무효의 법리'를 규정한다(제16조). 이것은 일부무효의 경우에 전부무효를 원칙으로 하는 민법 제137조에 대한 특칙을 이룬다. 일부무효의 특칙은 약관규제법상 약관의 내용통제 내지 무효판단의 대상이 **개별적인 약관조항**이라는 점을 분명하게 보여 준다. 따라서 계약 전체의 무효판단은 위 단서조항에 해당하지 않는 한 약관규제법의 적용범위를 넘는 것이다. 그것은 가령 민법 제103조나 제104조의 판단을 통하여 실현될 수 있다.

123_ 손지열, 위 논문, 629면.
124_ 권오승, 앞의 책(각주 51), 511면.
125_ 이은영, 앞의 책(각주 19), 191면.
126_ 이은영, 앞의 책(각주 19), 191-192면.
127_ 김동훈, 앞의 논문(각주 22), 147면.

2. 계약내용통제의 기준 및 대상

약관의 내용통제는 전술한 바와 같이 '약관조항의 내용통제'를 의미한다. 그런데 약관내용통제는 계약법상으로는 널리 '계약내용통제'의 일종이다. 그렇다면 계약내용통제의 대상은 무엇인가? 계약의 내용이 되는 모든 것을 대상이라고 할 수 있을 터인데, 이에는 계약서상의 조항(계약조항)뿐만 아니라 널리 급부를 포함하여 계약자체도 포함되는 것으로 이해할 것이다. 가령 민법 **제103조의 반사회질서의 법률행위**는 선량한 풍속 기타 사회질서에 위반한 사항을 내용으로 하는 법률행위를 무효로 한다. 여기서는 법률행위의 '내용'이 반사회적이면 당해 '법률행위' 자체를 무효로 판단하지만, 판례는 "법률행위의 목적인 권리의무의 내용이 선량한 풍속 기타 사회질서에 위반되는 경우뿐만 아니라, 그 내용 자체는 반사회질서적인 것이 아니라고 하여도 법적으로 이를 강제하거나 법률행위에 사회질서의 근간에 반하는 조건이나 금전적인 대가가 결부됨으로써 그 법률행위가 반사회질서적인 성질을 띠게 되는 경우 및 표시되거나 상대방에게 알려진 법률행위의 동기가 반사회질서적인 경우를 포함한다."(하선은 필자)고 하고 있다.[128] 여기서는 법률행위의 내용뿐만 아니라 법률행위 자체 및 그 동기가 반사회적인 경우까지도 포괄하여 무효판단의 대상으로 삼지만 결국 무효로 판단되는 것은 당해 '법률행위'라는 점에서는 제103조의 법문과 같다. 이 점이 약관내용통제와 구별되는 민법 제103조에 의한 계약내용통제의 특징이다.[129] 또한 **불공정한 법률행위에 관한 제104조**는 당사자의 궁박, 경솔 또는 무경험으로 인하여 현저하게 공정을 잃은 법률행위를 무효로 한다. 여기서는 법문상으로는 나타나 있지 않으나 자기의 급부에 비하여 현저하게 균형을 잃은

128_ 대법원 2009.9.10. 선고 2009다37251 판결.
129_ 일부무효의 법리에 따라 제103조 내지 제104조를 계약의 수정 내지 '계약조항'에 대한 내용통제(계약조항통제)에 활용할 수 있음을 시사하는 견해가 있다[지원림, 앞의 책(각주 22), 196 · 342면].

반대급부를 하게 함으로써 부당한 재산적 이익을 얻는 행위를 무효화하기 위한 것이다. 여기서도 계약내용통제의 대상은 법률행위 자체이다. 한편 제104조에서 주의할 점은 '불공정성'이 계약내용통제의 기준으로 설정되어 있다는 점이다. 이것은 약관내용통제와 민법상 계약내용통제의 중요한 접점이 될 수 있다고 본다. 그러나 제104조의 요건 자체가 대단히 엄격하기 때문에[130] 제104조에 근거한 계약내용통제는 그 자체로 한계가 있다.

한편 우리 민법은 권리능력평등과 사적자치의 원칙에 입각해 있으면서도 **약자보호를 위한 편면적 강행규정**을 몇몇 계약유형에 두고 있다. 즉 지상권설정계약에서 지상권자 보호를 위한 강행규정(제289조), 소비대차에서 차주에 불이익한 약정의 금지규정(제608조), 임대차에서 임차인 보호를 위한 강행규정(제652조), 여행계약에서 여행자보호를 위한 강행규정(제674조의9)이 그러하다. 이들 규정에 위반한 당사자의 약정이나 계약으로서 지상권자 등에 불리한 것은 효력이 없다. 여기서 무효판단의 대상이 되는 것은 당사자 간의 약정이나 계약이다.[131] 계약자체뿐만 아니라 계약조항도 무효판단의 대상이 된다고 해석하여야 할 것이다. 한편 민법 이외의 특별법에서는 주택임대차보호법(1981), 상가건물임대차보호법(2001), 할부거래법(1991), 방문판매법(2002), 전자상거래소비자보호법(2002) 등에서 주택임차인 등을 보호하기 위한 편면적 강행규정을 두고 있다. 여기서도 무효판단의 대상은 당사자 간의 약정이나 계약인데, 계약조항도 무효판단의 대상이 된다고 해석할 것이다. 편면적 강행규정은 계약당사자 일방의 계약내용결정을 방지하기 위한 것으로 시장에서 사실상 박탈된 약자의 자기결정의 자유를 되찾아 줌으로써 실질적인 사적자치의 실현에 기여한다.[132] 약관규제법상 약관내용통제에 관한

130_ 판례는 법문상의 요건 외에 법문에 없는 "폭리행위의 악의"(피해자의 사정을 알면서 이를 이용하려는 의사)가 필요하다고 한다(대법원 2008.2.1. 선고 2005다74863 판결 등).

131_ 대물반환의 예약(607조)에서 무효가 되는 것은 차용액 및 이에 붙인 이자의 합산액을 초과하는 부분만이라고 해석된다.

제 규정들은 일종의 편면적 강행규정이라 할 것이다.[133]

이상의 기준들 외에 민법상 계약내용통제의 중요한 기준이 될 수 있는 것으로 신의칙을 들 수 있다. 신의칙은 권리행사와 의무이행을 규율하는 일반규정으로서 그 기능은 판례에 의해 구체화된다. 신의칙의 기능 내지 의의에 관하여는 항목을 바꾸어 기술한다.

3. 계약내용통제에서 신의칙의 기능

신의칙은 민법뿐만 아니라 법질서 전체를 지배하는 권리행사와 의무이행에 관한 행위준칙이면서 재판규범이다. 신의칙의 기능 내지 의의에 관하여 종래의 학설상으로는 이를 적극적으로 인정하여 법원의 법형성력을 끌어낼 수 있다고 평가하는 견해(적극설)[134]와 이를 소극적으로만 파악하여 신의칙은 단지 '고려의 명제'에 불과하다는 견해(소극설)[135]가 대립하였다. 근년에는 민법의 전 영역이나 다른 법 영역에서,[136] 또한 비교법적인 관점[137]에서 신의칙의 의의를 재조명하고자 하는 논의들이 진

132_ 이은영, 앞의 논문(각주 3), 196면; 김진우, 앞의 논문(각주 13), 19면 이하.

133_ 이은영, 앞의 논문(각주 3), 196면.

134_ 가령 곽윤직, 민법총칙[신정판], 박영사(1989), 116-117면.

135_ 가령 이영준, 민법총칙[제5판], 박영사(1990), 56면 이하.

136_ 가령, 민법 전반에 관하여, 윤용석, "신의칙의 재조명", 재산법연구 제20권 제2호(2003), 21면 이하; 계약법 영역에 관하여, 김재완, "현대 계약법상 신의칙의 법규범성과 그 적용의 확장에 관한 고찰", 외법논집 제35권 제2호(2011.5), 139면 이하; 물권법 영역에 관하여, 윤용석, "물권법에서의 신의칙에 관한 판례 동향", 법학연구 제39권 제1호(1998), 195면 이하; 가족법 영역에 관하여, 박동진, "신의칙과 권리남용금지원칙의 가족법관계에의 적용", 가족법연구 제19권 제1호(2005), 27면 이하; 민사소송법 영역에 관하여, 김상영, "민사소송에서의 신의칙에 관한 판례동향", 법학연구 제39권 제1호(1998), 237면; 민사집행법 영역에 관하여, 정영환, "민사집행법상의 신의칙(信義則)", 안암법학 제25호(2007), 1059면 이하; 상사법 영역에 관하여, 김영호, "상사거래에서의 신의칙법리의 체계", 상사판례연구 제24권 제2호(2011), 51면 이하; 노동법 영역에 관하여, 조용만, "노동법에서의 신의칙과 권리남용금지의 원칙", 노동법연구 제29호(2010), 1면 이하 등.

137_ 가령 박현정, "신의칙에 관한 프랑스법상 최근 논의", 동아법학 제59권(2013), 233면

행되고 있다.

신의칙의 구체적 기능의 내용과 의미는 판례를 통해 구체화된다. 실제 재판에서 법원은 신의칙을 대단히 적극적으로 활용하고 있음을 알 수 있다. 판례의 태도를 유형화하면 신의칙은 대체적으로 다음과 같은 다섯 가지 기능을 갖는 것으로 정리가 가능할 것으로 본다.[138] ① **권리행사의 부정·제한기능**이다. 권리행사가 신의칙에 어긋나는 경우 그 권리행사는 금지되거나 제한된다. 가령 모순행위의 금지원칙(금반언의 원칙), 권리남용의 금지원칙, 권리실효의 원칙 등은 이러한 기능에서 파생된 원칙이다. ② **책임의 제한·의무범위(급부)의 감축기능**이다. 법률이나 당사자의 약정에 의해 발생한 책임범위가 과중하거나 의무의 이행이 불합리한 결과를 초래하는 경우에 신의칙에 따라 그 책임이나 의무이행을 제한할 수 있다. 가령, 신의칙은 보증채무에서 보증인의 책임을 제한하고,[139] 부동산 매매계약에서 일정한 경우 매수인의 중도금 지급의무의 제한(지급거절)을 허용한다.[140] 특히 위임계약에서는 급부의 감축을 허용한다.[141] ③ **계약의 효력·내용 통제의 기능**이다. 신의칙에 의해 계약의 효력을 통제하거나 계약내용을 수정하는 경우가 이에 해당한다. 가령, 신의칙의 파생원칙인 사정변경의 원칙에 의한 계약의 해제[142]·해지[143]

이하; 심종석, "국제상사계약에 있어 신의칙의 적용기준과 법적 규제에 관한 비교 연구", 통상법률 제56호(2004), 108면 이하; 홍성규, "국제물품매매계약에서 신의성실의 원칙에 관한 연구", 국제상학 제31권 제4호(2016), 45면 이하 등.

138_ 이 정리는 필자가 대법원 판결에 한정하여 대법원 판례검색 사이트를 검색하고 이를 유형화해 본 결과이다.

139_ 계속적 보증계약(대법원 1998.6.12. 선고 98다8776 판결 등), 특정채무의 보증계약(대법원 2004.1.27. 선고 2003다45410 판결 등).

140_ 대법원 1974.6.11. 선고 73다1632 판결.

141_ 위임계약에서 보수의 감액(대법원 2016.2.18. 선고 2015다35560 판결), 변호사 보수의 감액(대법원 2002.4.12. 선고 2000다50190 판결), 부동산중개업자 보수의 감액(대법원 2012.4.12. 선고 2011다107900 판결), 세무사 보수의 감액(대법원 2006.6.15. 선고 2004다59393 판결), 치료비청구액의 감축(대법원 1995.12.8. 선고 95다3282 판결) 등.

142_ 대법원 2007.3.29. 선고 2004다31302 판결 등(다만 실제 인정된 예는 아직 없는 듯하

가 이에 해당한다(다만 사정변경을 이유로 계약내용을 수정하는 판례는 발견하기 어렵다). 전술한 위임계약에서 보수감축을 허용하는 판례는 일부무효의 법리에 따른 계약내용통제의 예라고 할 수도 있다. ④ **계약의 해석기능**이다. 신의칙은 계약을 해석하여 그 내용을 확정하는 기능을 가진다. 약관해석의 원칙으로서 신의성실의 원칙이 존재함은 전술한 바와 같으나 계약일반에서도 같은 취지의 설명이 가능하다. 신의칙은 계약해석의 표준(기준)이 된다. '규범적 해석'은 상대방의 입장에서 표시행위에 나타난 제반사정, 관습(거래관행), 신의칙 등을 고려하여 표시행위의 객관적 의미를 탐구하는 것이다. '보충적 해석'은 법률행위의 내용에 흠결(틈)이 있는 경우에 관습, 임의규정, 신의칙 등을 통하여 흠결된 내용을 보충하는 해석방법이다. ⑤ **권리창설적 기능**이다. 이것은 계약당사자의 주의의무를 창설하는 기능을 의미한다. 가령 보호의무,[144] 고지의무,[145] 설명의무,[146] 등이 판례에서 신의칙을 근거로 인정된 (부수적) 주의의무의 예이다. 이것은 대표적인 신의칙에 의한 규범의 형성을 의미한다.

이와 같은 다섯 가지 신의칙의 기능 중 본고의 관점에서는 ③ 계약의 효력·내용 통제의 기능이 주목된다. 이것은 신의칙에 의해 계약의 효력을 부정하거나 계약내용을 통제하는 것을 의미한다. '계약효력통제'의 예로서 신의칙의 파생원칙인 사정변경의 원칙에 의해 계약의 해지를 인정하는 판례를 들 수 있다.[147] '계약내용통제'의 예로서는 위임계약에서

다).

143_ 대법원 2003.1.24. 선고 2000다37937 판결(계속적 보증계약의 해지) 등.

144_ 대법원 2000.11.24. 선고 2000다38718,38725 판결(숙박계약); 대법원 2003.4.11. 선고 2002다63275 판결(입원계약); 대법원 2011.5.26. 선고 2011다1330 판결(여행계약); 대법원 2006.9.28. 선고 2004다44506 판결(고용계약) 등.

145_ 대법원 2006.10.12. 선고 2004다48515 판결(부동산 매매계약); 대법원 2007.6.1. 선고 2005다5812, 5829, 5836 판결(부동산 매매계약) 등.

146_ 대법원 2009.8.20. 선고 2008다51120,51137,51144,51151 판결(임대차계약의 교섭단계); 대법원 2013.9.26. 선고 2012다1146, 1153 전원합의체 판결(장외상품파생거래) 등.

147_ 각주 143)을 참조.

급부감축을 허용하는 판례를 들 수 있다. 대법원은 위임계약에서 변호사, 부동산중개업자, 세무사 등 수임인의 보수의 감축을 허용한다.[148] 위임계약의 대가로서의 보수의 감축은 신의칙을 근거로 의무범위 내지 급부를 감축한 예로서 법률행위의 일부무효의 법리가 구현된 것으로 이해할 수 있다. 이것은 신의칙이 약관의 내용통제 내지 무효판단에서뿐만 아니라 민법 일반에서 계약내용통제의 기능을 담당함을 의미하는 것이다. 다만 신의칙에 의해 계약조항 자체를 무효로 하는 판례는 발견하기 어렵다.

4. 계약내용통제의 과제

이상에서 검토한 바와 같이 민법에서 계약내용통제에 관한 법리 내지 기준으로서는 제103조, 제104조, 편면적 강행규정, 신의칙 등을 들 수 있다. 이 중에서 특히 신의칙에 의한 계약의 효력 및 내용 통제에 관한 판례법리의 전개는 주목할 만하다. 그러나 민법에서 신의칙을 통해 계약조항 자체를 통제하기 위한 법리가 구현된 판례는 발견하기 어렵다(이론상으로는 편면적 강행규정에 의한 계약조항통제가 가능하다). 따라서 약관이 아닌 계약조항의 내용통제 법리를 민법에서 발견·창설할 필요성이 있다. 생각건대 약관규제법의 적용대상인 약관에서 정형성 요건만을 제외하고 일방성과 사전성 요건을 충족한 계약조항은 개별교섭의 가능성이 결여되어 있다는 점에서 약관과의 유사성이 발견된다. 따라서 이러한 경우에는 약관규제법을 유추한 계약조항통제가 가능할 것으로 본다.[149] 다만 이것이 민법 전체의 틀 속에서 계약내용통제라는 이름으로 실현되기 위해서는 민법의 계약법 부분에 약관규제법상의 사법적 통제에 관한 내용을 편입하는 것이 중요한 계기가 될 수 있을 것으로 본다. 한편 일본의 「소비자계약법」과 같이 개별교섭의 가능성 여부를 불문하고 소비

148_ 각주 141)을 참조.
149_ 서희석, 앞의 논문(각주 6), 195면.

자계약이라는 이유만으로 계약내용통제의 대상으로 삼을 필요가 있는지, 개별교섭을 거친 계약조항이나 사업자 간 계약조항을 계약내용통제의 대상으로 삼을 필요가 있는지 등은 향후의 검토과제이다. 약관규제법의 민법전편입 논의가 위 검토과제에 대한 논의를 활성화시키는 계기가 될 수도 있을 것이다.

VI. 요약 및 결어

1. 요 약

이상 약관규제법상 3가지 규제수단의 의의 내지 그 계약법상 위치에 관하여 논해 왔다. 지금까지의 검토결과를 요약하면 다음과 같다.

첫째, 약관은 일방 당사자가 다수의 계약체결을 염두에 두고 사전에 미리 작성한 계약내용이기 때문에 약관에 의한 계약체결의 장면에서 상대방 당사자의 개별교섭의 가능성이 결여되어 있다는 특수성이 있다. 따라서 만일 계약자유 내지 사적자치라는 미명하에 이를 방치한다면 상대방 당사자의 계약내용결정의 자유가 침해되는 결과가 되고 따라서 사적자치는 실현될 수 없다. 약관의 편입통제나 내용통제와 같은 사법적 규제수단은 약관작성자의 상대방의 자기결정의 자유를 보완하거나 회복케 함으로써 사적자치의 실현에 조력한다. 이러한 점에서 약관규제는 계약자유나 사적자치를 제한하거나 수정하는 원리라기보다는 계약자유나 사적자치를 보완하고 확충하는 원리로 이해되어야 한다.

둘째, 약관의 계약내용으로의 편입요건으로 우리 약관규제법은 약관의 명시·교부의무 외에 중요내용의 설명의무를 부과하고 있고 약관의 편입에 대한 상대방 당사자의 동의는 명시적으로 요구하지 않는다. 약관이 명시·교부되고 중요내용까지 설명되었다면 상대방의 묵시적 동의를 인정할 수 있을 것이기 때문에 동의 요건의 부재가 실무상 큰 의의가 있는 것은 아니다. 그러나 계약체결의 여부에 영향을 미칠 수 있는 중요한 내용의 설명의무는 계약체결과정의 적정화를 기하고 약관에 의한 분쟁을 사전에 차단시킬 수 있다는 점에서 실무적인 관점에서 우리 법의 특징을 이루는 대단히 의미있는 입법으로 평가되어야 할 것이다. 약관의 편입요건을 충족하면 계약이 성립하고 그와 동시에 당해 약관은 계약내용으로 편입된다. 이와 같은 형태의 계약성립과 계약내용편입의 방식은 약관에 의한 계약의 특징이지만 계약성립 시에 계약내용에 대한 합의를 엄격하게 요구하지 않는 판례의 태도로부터 판단할 때에는 일반적인 계약성립의 큰 틀에서 파악 못할 바도 아니다.

셋째, 약관규제법상 세 가지 약관해석의 원칙은 상호보완 내지 중첩적으로 또는 개별적으로 작용하여 약관해석에 관여한다. 이들 3원칙이 작동한 약관해석을 통해 약관조항의 객관적 의미를 확정하고, 편입통제를 위한 중요성(제3조 제3항) 판단이나 내용통제(무효화)의 전단계로서 해석의 방향성을 정하며, 경우에 따라 무효판단을 통해 내용통제를 하기도 한다. 특히 고객유리해석의 원칙은 객관적 해석을 통해 확정된 약관의 의미가 다의적인 경우에 고객에게 유리하도록, 사업자의 책임범위를 축소하거나 약관규제법상 불공정성이 인정되는 약관조항의 경우에는 무효로 해석하여야 함을 의미한다. 판례에서 인정되어 온 효력유지적 축소해석에 대하여는 다양한 관점에서 그 허용여부가 논해지고 있으나 고객유리해석의 원칙에 따라 그것이 고객에게 유리한 해석인지가 허용여부를 결정하는 기준이 된다고 할 것이다. 약관해석이 무효판단으로 연결될 경우의 규율의 흠결은 보충적 계약해석보다는 약관작성자의 조항수정을 통해 보완되는 것이 계약 당사자 전체의 이익에 부합하는 것이다.

넷째, 약관규제법상 약관의 내용통제는 약관조항을 대상으로 한다. 약관의 내용통제는 계약법상으로는 널리 '계약내용통제'의 일종이다. 민법에서 계약내용통제에 관한 법리 내지 기준으로서는 제103조, 제104조, 편면적 강행규정, 신의칙 등을 들 수 있는데, 특히 신의칙에 의한 계약의 효력 및 내용통제에 관한 판례법리의 전개가 주목할 만하다. 다만 신의칙에 의해 '계약조항'을 무효로 하는 판례는 발견하기 어렵다. 따라서 향후에는 약관이 아닌 계약조항의 내용통제 법리를 민법에서 발견·창설할 필요가 있다. 약관이 아니더라도 일방성과 사전성 요건을 충족한 계약조항은 개별교섭의 가능성이 결여되어 있다는 점에서 약관과의 유사성이 발견되는바, 이러한 경우에는 약관규제법을 유추한 계약조항 통제가 가능할 것으로 본다. 다만 이것이 민법 전체의 틀 속에서 계약내용통제라는 이름으로 실현되기 위해서는 약관규제법의 사법적 통제에 관한 부분을 민법의 계약법 부분에 편입할 필요가 있다.

2. 결 어

약관에 의한 계약은 약관의 특성에 기인하는 독특한 규제법리가 필요한 계약유형이다. 약관규제법은 그러한 규제법리를 정합적이고 체계적으로 정서한 민법의 특별법으로서 우리 민법학의 중요한 결실이자 자산의 하나라고 생각한다. 그런데 지금까지는 계약법의 관점에서 약관규제의 문제를 해석하고 실무에 적용하고자 하는 시도가 반드시 활발하였다고는 할 수 없다. 그것은 여러 가지 이유에 기인하는 것이겠지만 약관규제법이 민법학뿐만 아니라 상법학, 보험법학, 소비자법학, 경제법학 등 다양한 법학영역에 관련되기 때문에 상대적으로 민법학자들의 관심이 적었고, 특히 실무의 이해관계가 해석론을 좌우한 측면이 없지 않았기 때문이라고 생각한다. 다양한 법학영역을 아우르는 활발한 해석론의 전개는 약관규제법의 의의를 더욱 풍성하게 할 것이다. 본고는 계약법적 관점에서 약관규제법의 의의를 재조명해 보고자 하였다. 본고가 향후에 관련 논의를 활성화시키는 계기가 된다면 더없는 기쁨이겠다.

[追記] 탈고 후에 이은영, "민법 제103조와 제104조에서 사적자치에 대한 규제", 법학연구(전북대) 제52집(2017.5), 161면 이하에 접하였다.

참고문헌

1. 단행본

곽윤직, 채권각론[제6판], 박영사(2003).

곽윤직, 민법총칙[신정판], 박영사(1989).

권오승, 경제법[제4판], 법문사(2002).

김상용, 채권각론[개정판], 법문사(2003).

김준호, 민법강의[제22판], 법문사(2016).

김형배 · 김규완 · 김명숙, 민법학강의[제10판], 신조사(2011).

송덕수, 신민법강의[제9판], 박영사(2016).

이기수 · 유진희, 경제법[제8판], 세창출판사(2009).

이영준, 민법총칙[제5판], 박영사(1990).

이은영, 약관규제법, 박영사(1994).

정호열, 경제법[제4판], 박영사(2012).

지원림, 민법강의[제15판], 홍문사(2017).

2. 논문 등

권오승, "한국의 약관규제", 경쟁법연구 제8권(2002.2).

김동훈, "개별교섭 후 수정되지 않은 약관조항의 효력", 법학논총 제22권 제2호(2010).

김동훈, "약관의 규제에 관한 법률(약관규제법)", 김용담 편집대표, 주석민법 · 채권각칙(1), 한국사법행정학회(2016).

김상영, "민사소송에서의 신의칙에 관한 판례동향", 법학연구 제39권 제1호(1998).

김영갑, "약관규제의 법리와 수정해석의 문제", 법조 제46권 제1호(1997).

김영호, "상사거래에서의 신의칙법리의 체계", 상사판례연구 제24권 제2호(2011).

김재완, "현대 계약법상 신의칙의 법규범성과 그 적용의 확장에 관한 고찰", 외법논집 제35권 제2호(2011.5).

김진우, "약관 내용통제의 정당화사유", 법학연구 제53권 제1호(2012.2).

김진우, "독일 소비자계약법의 동향과 전망—우리 민법학에의 시사점을 덧붙여",

외법논집 제30집(2008.5).

김진우, "EU 소비자권리지침에서의 소비자의 권리와 사업자의 의무—우리 소비자계약법의 개정방향을 모색하며", 아주법학 제9권제3호(2015).

김진우, "국제계약규범에서의 계약조항의 편입", 법조 제663호(2011.12).

김진우, "약관의 해석에 관한 일고찰—객관적 해석과 작성자 불이익의 원칙의 유럽법과의 비교를 통한 검토", 재산법연구 제28권 제3호(2011.11).

김진우, "불공정조항의 내용통제에 관한 몇 가지 법적 문제점—유럽 및 독일계약법과의 비교를 중심으로", 외법논집 제36권 제1호(2012.2).

남궁술, "특별법으로 산재된 소비자법의 단일화 방안: 민법과의 통합인가, 아니면 별도의 소비자법전의 제정인가? 프랑스의 경우를 중심으로", 이은영 편저, 소비자법과 민법, 세창출판사(2010).

남효순, "약관의 해석", 권오승 편, 공정거래법강의 II, 법문사(2000).

박동진, "신의칙과 권리남용금지원칙의 가족법관계에의 적용", 가족법연구 제19권 제1호(2005).

박현정, "신의칙에 관한 프랑스법상 최근 논의", 동아법학 제59권(2013).

백경일, "약관규제법의 규범적 정당성에 관한 고찰", 고려법학 제74권(2014.9).

서희석, "소비자법의 민법전편입 방안", 법학논총 제31권 제1호(2011).

서희석, "약관규제 외에 계약조항규제가 필요한가?", 가천법학 제7권 제2호(2014.6).

서희석, "공정위의 표준약관 직권제정 및 사용권장과 그 전제로서의 약관조항의 불공정성 판단—추상적 내용통제와 구체적 내용통제의 관계(대법원 2010.10.14. 선고 2008두23184 판결 평석)", 판례연구(부산판례연구회) 제24집(2013).

서희석, "소비자사법의 일반화의 가능성—일본에서의 논의를 참고하여", 법학연구 제51권 제3호(2010.8).

서희석, "일본에서 약관법의 민법전 신설 논의: 2015년 민법개정안의 검토", 외법논집 제39권 제4호(2015).

손지열, "약관에 대한 내용통제", 민사실무연구회 편, 민사재판의 제문제 10, 한국사법행정학회(2000).

심종석, "국제상사계약에 있어 신의칙의 적용기준과 법적 규제에 관한 비교 연구", 통상법률 제56호(2004).

양창수, "자동차보험약관의 무면허운전면책조항에 대한 내용통제", 민법연구 제 4권(1997).

오나희, "약관규제법상 약관의 편입통제에 관한 연구", 부산대학교 석사학위논문 (2012).

윤용석, "신의칙의 재조명", 재산법연구 제20권 제2호(2003).

윤용석, "물권법에서의 신의칙에 관한 판례 동향", 법학연구 제39권 제1호(1998).

윤진수, "한국법상 약관규제법에 의한 소비자보호", 민사법학 제62호(2013.3).

이병준, "약관규제법의 민법편입", 이은영 편저, 소비자법과 민법, 세창출판사 (2010).

이은영, "약관법과 민법의 관계, 계약내용통제 및 일부무효와 관련하여", 외법논 집 제34권 제4호(2010).

이준형, "約款規制法·消費者法의 民法에의 統合問題에 대한 管見 : 프랑스의 경 험을 소재로", 재산법연구 제26권 제2호(2009).

이수홍, "일반거래약관에 대한 해석통제", 민법학논총·제2(후암 곽윤직선생 고 희기념 논문집), 박영사(1995).

이호정, "보통계약약관의 내용통제―독일의 예를 중심으로", 저스티스 제11권 제 1호(1973).

이희영, "약관규제법 제8조, 제6조에 위배되는 약관의 효력", 대법원판례해설 제 21호(1994).

장경환, "약관의 내용통제의 방식과 체계", 경희법학 제30호(1995).

정영환, "민사집행법상의 신의칙(信義則)", 안암법학 제25호(2007).

조용만, "노동법에서의 신의칙과 권리남용금지의 원칙", 노동법연구 제29호(2010).

최병규, "약관규제법상 일부무효의 특칙에 관한 연구", 경제법연구 제10권 제2호 (2011).

하종대, "대법원판례해설―대법원 2005.2.18. 선고 2003두3734판결", 2005년 상 반기(통권 제55호).

홍성규, "국제물품매매계약에서 신의성실의 원칙에 관한 연구", 국제상학 제31권 제4호(2016).

약관에 대한 추상적 내용통제*

이은영**

I. 머리말

약관에 대한 추상적 내용통제란 어떤 사업자가 제안한 약관조항이 상대방 계약당사자에게 부당하게 불리하여 무효라고 판단되는 경우에 심사기관이 그 사업자에게 무효인 약관조항을 삭제하거나 수정할 것을 강제하는 계약내용통제를 말한다. 추상적 내용통제는 동일한 약관으로부터 피해를 입었거나 피해를 입을 우려가 있는 잠재적 피해자를 방지하는 집단적 분쟁 해소의 한 방법이다. 추상적 심사는 어느 한 피해자를 보호하기 위한 제도가 아니라 계약의 거래질서를 건전하게 바로잡기 위한 공익적 성격을 띤다.

계약자유의 원칙이라는 우산 밑에서 사업자가 불공정한 내용의 약관을 만들어 계약자유를 악용하는 사례가 빈번하게 발견되었다. 민법의 채권법규정은 대부분 임의규정으로서 법이 계약당사자 사이의 이익조

---

* 이 논문은 2017년 6월 19일 한국외대 법학연구소 학술대회("약관규제법 시행 30주년의 회고와 입법적 과제")에서 발제한 글을 수정·보완하여 외법논집 제41권 제1호에 수록된 것입니다.
** 한국외국어대학교 법학전문대학원 명예교수.

정의 모델을 제시하고 당사자가 자발적으로 그 모델을 존중하도록 유도하는 사회적 기능을 담당해 왔다. 그러나 사업자가 그 임의성을 악용하여 자신에게 유리하게 계약내용을 형성해 놓은 약관이 범람하게 되었고, 이로써 민법이 추구하는 계약당사자 사이의 이익균형은 무시되는 결과가 초래되었다. 한국의 약관규제법이 제정되기 전에 소비자단체가 행한 실태조사 결과를 살펴보면, 사업자가 약관 속에 민법, 상법에 규정된 책임을 배제하거나 제한하는 면책조항을 숨겨 놓은 사례가 많이 발견되었다.[1] 그밖에 불공정한 약관조항의 사례로써 법정 유예기간을 단축시키는 조항, 사업자의 계약해제권을 확대시키는 조항, 사업자에게 약관의 변경권한을 부여하는 조항 등이 발견되었다. 이러한 불공정 약관조항은 약관규제법 제정(1986년) 이후에는 실체법상 무효로 되어 계약내용으로 되지 못하게 되었다.

불공정한 약관조항은 약관규제법 제6조 이하에 의해 행정처분이나 법원의 판결을 기다리지 않고 당연히 무효이다.[2] 약관규제법 제6조 제1항에 의하면 신의성실의 원칙을 위반하여 공정성을 잃은 약관 조항은 무효라고 규정한다. 실제로 당사자 사이에 다툼이 있는 조항이 과연 신의성실의 원칙에 어긋나는 것인지 그리고 공정성을 잃은 것인지 하는 판단에 관하여 해석상 의견대립과 그에 따라 야기된 법적 분쟁으로 발전할 소지가 충분하다. 고객에게 부당하게 불리한 조항, 고객이 계약의 거래형태 등 관련된 모든 사정에 비추어 예상하기 어려운 조항,[3] 계약의

1_ 1986년의 실태조사에 관한 사항은 소비자문제를 연구하는 시민의 모임 편, 『약관규제의 입법』(1986), 19면 이하에 서술되어 있다.

2_ 불공정한 약관조항이 무효로 되는 경우에, 그에 기한 계약은 일부무효로 된다. 김동훈, "약관조항의 일부무효의 법리―약관규제법 16조의 해석론", 『경희법학』 제23권 제1호(1988.10), 253면 이하; 김진우, "약관조항의 불편입 및 무효와 그 보충", 『외법논집』 제39권 제4호(2015.11), 39면 이하; 이은영, "약관법과 민법의 관계, 계약내용통제 및 일부무효와 관련하여", 『외법논집』 제34권 제4호(2010), 193면 이하; 최병규, "약관규제법상 일부무효의 특칙에 관한 연구", 『경제법연구』 제10권 제2호(2011), 177면 이하.

3_ 약관규제법에서는 고객이 예상하지 못한 의외조항도 내용통제의 대상이 된다. 그러나

목적을 달성할 수 없을 정도로 계약에 따르는 본질적 권리를 제한하는 조항은 공정성을 잃은 것으로 추정된다(동조 제2항). 그 밖에 약관규제법은 무효조항의 목록을 제시함으로써 불공정성의 판단기준을 구체화하고 있긴 하지만 어떤 조항이 무효조항목록에 해당하는가 하는 해석에 관하여도 다툼의 여지가 있다.[4]

계약당사자 사이에 그것이 약관규제법상 불공정조항에 해당하는가 여부에 관한 해석상 견해차와 법적 분쟁이 야기된 경우에, 그 분쟁을 해소하기 위한 절차로서 두 가지를 생각해 볼 수 있다.

첫째, 계약당사자 사이에서 당해 약관조항의 무효를 전제로 하는 부당이득반환청구 또는 손해배상청구의 인용여부를 판단받는 절차이다. 이를 가리켜 '구체적 분쟁해결절차'라고 부른다. 많은 경우 약관을 수동적으로 제안받은 고객이 사업자를 상대로 하여 급부의 이행이나 금전의 지급을 청구하고, 재판기관은 그 청구를 인용하기 위한 전제로서 문제된 약관조항의 무효여부를 판단하게 된다.[5] 이때 약관조항의 불공정성

독일 민법에서는 의외조항을 내용통제 단계가 아니라 소극적 편입요건(negative gesetzliche Einbeziehungsvoraussetzung)으로서 편입통제의 단계로 처리한다. 독일 민법은 제305조c 제1항에서 "제반 사정, 특히 계약의 외적 현상 형태에 비추어 이례적이어서 약관 사용자의 계약상대방이 고려할 필요가 없는 약관조항은 계약의 구성부분이 되지 아니한다."라고 규정한다. 이병준, "의외조항 내지 기습조항의 법률적 취급", 『민사법학』 제73호(2015.12), 223면 이하; 장경환, "약관의 의외성의 원칙—독일약관규제법 제3조를 중심으로", 『경희법학』 제34권 제2호(1999), 191면 이하.

4_ 불공정한 약관조항을 무효로 하는 실체법규정은 계약법의 내용을 이루므로 장래 민법에 포용되어야 할 것이다. 권대우, "민법과 소비자보호법", 『민사법학』 특별호 제36호(2007), 127면 이하; 서희석, "일본 민법개정시안에 있어서 소비자법의 위치", 『재산법연구』 제16권 제2호(2009), 349면 이하; 이병준, "민법에서의 소비자의 지위와 소비자특별법의 민법전에의 통합", 『민사법학』 제39권 1호(2007.12), 205면 이하; 이은영, "약관법과 민법의 관계, 계약의 내용통제 및 일부무효와 관련하여", 『외법논집』 제34권 제4호(2010), 193면 이하; 이준형, "약관규제법·소비자법의 민법에의 통합문제에 대한 관견", 『재산법연구』 제16권 제2호(2009), 313면 이하.

5_ 독일에서는 구체적 분쟁해결의 단계에서 추상적 내용통제와의 관계가 문제될 수 있다. 이병준, "약관의 추상적 내용통제와 구체적 내용통제의 관계—약관의 추상적 내용통제에서 확정된 약관의 무효를 개인의 개별적인 소송에서 주장할 수 있는가?", 『재산법연구』 제29권 제2호(2012.8), 157면 이하.

에 관한 판단, 즉 무효여부에 관한 판단은 판단의 중심에 서지 않고 청구 인용여부의 판단에 이르는 하나의 이유에 불과하다. 그 판단이 법원의 판결에 의한 경우에 약관조항의 무효는 판결주문이 되지 못하고 그 판결에 따라 무효인 약관조항의 삭제를 구하는 강제집행도 할 수 없다. 판사에 의해 무효라고 판단된 약관조항은 계약체결 당시에 없었던 것처럼 취급되며, 이는 계약해석의 과정을 이룰 뿐이다.

둘째, 어떤 약관조항의 불공정성을 판단할 때 특정한 계약당사자 사이의 법률관계에 한정하지 않고 동종계약의 모든 잠재적 당사자를 염두에 두고 판정하고, 무효로 판정된 약관조항은 동종업종의 약관에서 삭제 또는 수정하도록 사업자들에게 요구하는 절차가 있다. 이를 '약관에 대한 추상적 내용통제' 또는 '추상적 약관심사'라고 부른다. 추상적 약관심사에서는 특정의 계약당사자에게 부당이득반환이나 손해배상의 청구를 인용하지 않는다. 당사자의 구체적인 청구와 관계없이 약관조항의 무효여부만 추상적으로 판단하는 것이다.[6] 추상적 약관심사의 목적은 동종업종에서 문제된 약관조항을 축출하는 데에 있으며, 약관조항의 무효선언은 그 조항의 사용금지명령을 하기 위한 논리적 전제조건을 이루게 된다. 추상적 약관심사는 약관이 거래상 이용되는 것을 막는 사회적 차단의 효과를 노리는 것이다.

II. 외국의 추상적 약관심사제

20세기 후반에 들어 선진국에서는 계약법의 새로운 이슈로서 약관에 의한 계약내용의 형성과 그에 대한 규제의 필요성을 심각하게 인식하게 되었다. 1971년 스웨덴의 불공정계약규제법이 제정되었고, 1973년 유럽 평의회에서 「약관과 관련된 소비자보호의 촉구」를 결의하였다. 이에 상

6_ 같은 취지; 장경환, "약관의 내용통제의 방식과 체계", 『경희법학』 제30권 제1호(1995), 83면 이하.

응하여 1977년 독일의 약관규제법, 1977년 영국의 불공정계약조항법, 1978년 프랑스의 「상품 및 서비스에 관한 소비자보호 및 소비자정보에 관한 법률」 등이 입법되었다. 1970년대 유럽 국가들의 입법 중에서 한국의 약관심사절차에 가장 큰 영향을 미친 국가는 스웨덴이었다.

1993년 유럽연합 각료이사회는 「소비자계약에서 불공정 약관조항에 대한 지침」을 채택하였고, 각 회원국은 1994년 말까지 그 지침에 따른 조치를 취하였다.[7] 그 지침 중에서 추상적 약관심사와 관련된 내용은 다음과 같다. 소비자보호에 정당한 이익을 갖고 있는 자 및 단체는 법원 또는 권한 있는 행정기관에 신고하고, 당국은 그 조항의 불공정여부를 심사하여 그 조항의 사용중지를 요구할 수 있도록 제도가 만들어져야 한다. 지침은 무효판단의 일반적 기준으로서 신의성실의 원칙을 제시하였다(지침 제3조 제1항).[8] 당사자가 개별적으로 협상하지 않은 계약조건은 그것이 신의성실의 요청에 반하여 그 계약으로부터 발생하는 당사자의 권리와 의무의 불균형으로 인해 소비자에게 손해를 입히는 경우에 불공정한 약관으로 본다.[9]

7_ 남궁술, "유럽연합 소비재매매지침의 프랑스 국내법수용과정에서 일어난 논쟁에 관한 소고-'법의 정체성'과 '법의 단일화' 사이의 갈등", 『외법논집』 제27집(2007.8), 305면 이하.

8_ 김진우, "불공정조항의 내용통제에 관한 몇 가지 법적 문제점-유럽 및 독일계약법과의 비교를 중심으로", 『외법논집』 제36권 제1호(2012.2), 155면 이하.

9_ 유럽연합(EC)의 지침에서는 불공정 판단에 있어서는 계약체결의 목적인 상품과 서비스의 성질, 계약당사자의 여러 상황 및 그 계약 이외의 조항 또는 그 계약에 의존관계에 놓여 있는 다른 계약조항 등 모든 것을 고려하여 판단하도록 요구한다(지침 제4조 제1항). 인적 손해에 대한 면책조항, 채무불이행에 대한 면책조항, 일방적 계약 구속, 일방적 해약금, 고액의 위약금약정, 일방적 해제권 유보, 일방적 계약관계 종료, 계약기간의 부당한 연장, 명시되지 않은 조항의 부당한 구속, 계약조항의 일방적 변경권, 급부내용의 일방적 변경권, 가격변동조항, 일방적 판정 및 해석의 권한, 대리인의 언질, 일방적 이행의무, 권리와 의무의 무단 이전, 소송관련조항 등은 불공정한 조항으로 간주된다.

1. 스웨덴의 행정심사제

1970년대 초 스웨덴정부는 적극적인 소비자보호정책을 실시하였다. 그에 상응하여 소비자보호를 위한 법제가 정비되었다. 이 시기에 소비자보호정책의 하나로서 불공정한 약관 및 계약조건을 규제하기 위한 입법이 적극적으로 추진되었다. 1971년 소비자계약조항법(The Act on Contract Terms in Consumer Relation), 1974년 소비자매매법(Consumer Sales Act), 1979년 소비자신용법(Consumer Credit Act) 등 소비자보호를 위한 특별법이 제정되었고 1976년에는 계약법(1915년 제정)이 계약의 공정성을 실현하는 방향으로 개정되었다. 이로서 계약법에 불공정한 계약조항이 실체법상 무효로 된다는 규정이 신설되었다.[10]

1970년 시장재판소법(Marketing Practice Act)이 제정되어 불공정한 약관조항과 기타 계약조건에 관한 재판절차가 개시되었다. 스웨덴은 이 법을 통해 시장재판소라는 독특한 행정적 재판절차를 설치하였다. 1971년 당시에 스웨덴은 불공정한 약관조항을 실체법상 무효로 하는 규정은 갖고 있지 않았다. 이 법에 의해 설치된 소비자민원조사관은 소비자보호를 위한 조사업무 이외에 소송의 제기, 증거의 조사 등 시장재판소의 재판절차와 직접 관련된 업무를 담당하였다.

스웨덴에서는 1971년 설립된 시장재판소(Market Court)가 약관에 대한 준사법적 심사를 담당해 왔다.[11] 시장재판소의 재판장, 부재판장, 그 밖의 재판관은 정부가 선임한다. 시장재판소는 한정된 사건만 재판하는데 주로 경쟁제한법, 시장법, 소비자계약조항법에 관한 사건을 처리했다. 시장재판소는 재판장 1명, 부재판장 1명, 그리고 재판관 10명으로 구성된다. 구성원 중 4명은 경쟁제한에 관한 사건과 소비자계약조항에 관한

10_ Pfeiffer, Verbraucherrecht mit vielen Saeulen — Auf der Suche nach funktionsgerechten Konstruktionsprinzipien eines Rechtsgebiets, NJW 2012, 2609 참고.

11_ 시장재판소에 관한 자세한 사항은 이은영, 『약관규제법』(박영사, 1994), 686-690면에 서술되어 있다.

사건에 관한 특별위원으로 구성된다. 소비자계약조항에 관한 특별위원은 소비자 법률문제에 관한 전문지식을 가질 것이 요구된다. 그 밖에 소비자의 이익을 대표하는 사람이 추가적으로 특별위원이 될 수 있다.

시장재판소는 불공정한 약관조항을 사용한 사업자에게 불공정조항의 사용금지를 명하고 벌금을 부과할 수 있다. 사용금지명령은 시장재판소의 종국판결로서 행해지는 것이 보통이지만, 그 이전에도 긴급한 사정이 있으면 사용금지명령이 발동될 수 있다. 시장재판소가 사용금지명령을 발하기 전에 사업자의 응낙을 받는 경우도 있고 재판소가 일방적으로 금지명령을 발하는 경우도 있다. 금지명령의 효력은 어떤 경우에나 동일하게 강제성을 띤다. 시장재판소 판결의 내용은 일반인에게 공표된다.

시장재판소의 판례를 살펴보면 법원의 판결로서 당해 약관조항에 대한 불공정성이 밝혀진 경우가 상당히 많았다. 일반법원에서는 불공정한 약관조항이 무효라는 전제 아래 소송당사자에 대하여 손해배상이나 부당이득의 반환을 명하는 판결을 내린다. 법원의 판결은 당해 사건에 대하여만 기판력을 갖는 한계를 갖는다. 법원의 무효판정이 내려진 약관조항에 대하여 사용금지를 구하기 위해서 시장재판소에 제소하는 경우에, 시장재판소의 추상적 내용심사와 금지명령은 다수의 잠재적 피해자를 구제할 수 있는 길을 열어 준다.

당사자가 시장재판소의 판결에 대하여 상소할 수 없다는 점은 문제로 지적된다. 사용금지판결이 내려진 경우에 당사자는 사정변경이나 다른 제한된 사정을 이유로 재심을 청구할 수 있는 길이 열려 있다. 시장재판소가 약관조항의 사용금지명령과 함께 벌금을 부과하는 경우에, 그 벌금형의 집행은 법원에 위임되어 처리된다. 법원은 시장재판소의 결정을 존중하는 전통을 갖고 있다. 그 밖에 그 사건과 별도로 검사가 사업자를 기소하여 일반 형사법원의 벌금형 판결이 내려지는 경우도 종종 있었다.

2. 독일의 사법심사제

1976년 독일은 보통거래약관법(Allgemeine Geschäftsbedingungen Gesetz)을 제정하여 1977년부터 15년 동안 시행하였다.[12] 민법학자들은 계약의 공정성 확보는 독일민법의 중요한 기본이념이며 이를 위하여 약관의 공정성확보를 위한 실체법조항들이 계약법에 들어와야 한다고 주장하였다.[13] 2002년 1월 1일부터 발효된 독일민법 개정법에 불공정한 약관이 무효가 된다는 규정이 삽입되면서 구 약관규제법은 폐지하였다. 구 약관규제법의 실체법규정은 독일민법 제2편 채권관계법 제2장 약관에 의한 법률관계의 형성, 제305조 내지 310조에 종전 실체법규정이 대부분 그대로 승계되었다. 그리고 약관에 관한 단체소송절차(Verbandsklageverfahren)는 상당부분 부작위소송 특별법(Unterlassungsklagengesetz)에 의해 규율된다.[14]

독일은 약관에 관한 추상적 심사를 법원에서 행하는 '사법적 약관심사'의 대표적인 국가로서 모범이 되었다. 독일약관규제법은 소비자단체 및 사업자단체에게 약관조항에 관하여 법원에 제소할 수 있는 권한을 부여하는 '단체소송(Verbandsklage)'의 제도를 도입하였다.[15] 독일은 약관 및 사적 거래와 관련된 분쟁사건을 민사소송의 제도에 흡수하여 잘 해결해 나가는 재판제도를 형성해 왔다.

법원은 불공정한 약관조항을 무효로 선언할 수 있으며, 판결의 효력은 그 약관조항의 무효를 다투는 소송당사자에게 한정되어 발생한다. 법원은 무효선언과 함께 당해 사업자에게 그 약관조항을 사용하지 말라

12_ 최병규, "독일 약관규제법의 최근 동향", 상사법연구 제14집 제1호(1995), 9면 이하.

13_ Doener/Staudinger, Schuldrechtsmodernisierung, Systematische Einführung und Synoptische Gesamtdarstellung, 2.Aufl. Nomos, 2002, S.354-396.

14_ Markus Stoffels, AGB-Recht, 3.Aufl. C.H.Beck, 2015, S.477-504;

15_ Ulmer/Brandner/Hensen, AGB-Recht Kommentar, 12.Aufl. Ottoschmidt, 2016, S. 2003-2018; 독일의 단체소송에 관한 자세한 사항은 이은영, 『약관규제법』(박영사, 1994), 690-696면에 서술되어 있다.

는 사용금지명령을 내릴 수도 있다. 그 판결의 효력은 제소된 사업자에게만 미치기 때문에 동일한 약관조항을 사용하는 다른 사업자는 그 판결의 강제적 효력을 받지 않는다. 소송을 제기한 소비자단체는 법원의 허락을 얻어 판결의 내용을 일반인에게 공표할 수 있다.

독일법원은 소비자보호를 위한 약관규제의 문제에 관하여 적극적인 태도를 취하는 편이다. 소비자보호를 위한 다양한 법리가 법원의 판결을 통해 발전되어 왔다고 평가되기도 한다. 약관규제법을 제정할 때부터 법원은 소비자보호를 위해 필요한 역할을 담당할 것이라는 신뢰를 얻었기 때문에, 입법자는 약관규제를 위한 추상적 심사를 어떻게 해서든 민사소송의 절차에 수용하려고 시도했다. 독일은 유럽의 다른 나라에 비해 민사소송제도가 완비되어 있다는 자부심을 갖고 있었기 때문에 프랑스나 스웨덴처럼 행정규제를 통한 약관의 추상적 심사제를 취하려 하지 않았다. 소비자행정을 관장하는 경제부처의 업무와 소비자분쟁의 해결을 담당하는 법원의 업무는 엄격하게 분리되어야 한다고 생각했다. 독일인의 법의식은 행정부에 의한 준사법적 재판제도 및 삼권분립에 대한 경계 해제에 대하여 강한 거부감을 갖고 있었다.

소비자단체는 불공정한 약관조항을 사용하는 사업자를 상대로 그것을 철회하거나 더 이상 사용하지 말도록 하는 '부작위의 소'를 법원에 제기할 수 있다. 불공정한 약관조항에 대해 법원에 소송을 제기할 수 있는 단체는 소비자의 이익을 옹호함을 정관상의 목적으로 하는 권리능력 있는 사단, 영업상의 이익추구를 목적으로 하는 권리능력 있는 사단, 상공회의소 또는 수공업자조합 등이다.[16] 소비자단체는 불공정한 약관으로 인한 피해자 본인이나 직접적 이해당사자는 아니지만 자기의 명의로 소송을 제기할 수 있는 권한을 갖는다. 다만 사업자가 그 영업에 관하여

16_ Wolf/Lindacher/Pfeiffer, AGB-Recht Kommentar, 6.Aufl. C.H.Beck, 2013; S. 15 ff. 독일의 소비자단체는 국가로부터 경제적 지원을 받아 소송을 수행한다. 약관의 단체소송 제기권한을 부여받은 소비자단체는 한정적이다. 대표적인 단체로서 베를린 소비자보호협의회, 바이에른 소비자단체, 바덴-뷔르텐베르크 소비자단체 등이 활동적이다.

상대방 사업자와의 사이에서 사용하는 약관(상인 간 약관)은 소송대상이 되지 않는다. 약관에 관한 단체소송은 소비자보호를 목적으로 만들어진 것이므로 사업자 간 거래에는 부여되지 않는 것이다. 사용자단체인 상공회의소는 상거래질서를 유지할 의무가 있다는 측면에서 제소할 자격을 부여받았다. 그 밖에 문제가 제기된 약관을 사용하여 거래를 체결한 고객은 민사소송법에 따라 약관조항의 무효 확정을 소송으로써 구할 수 있다.

소비자단체 등은 불공정한 약관조항의 금지목록에 해당하거나 기타 그 불공정성이 의심되는 약관을 사용하는 사업자에 대하여 구체적인 피해당사자와 관계없이 그 약관조항의 사용금지를 구하는 부작위의 소를 제기할 수 있는데, 이 민사소송이 약관의 추상적 심사절차에 해당하게 된다. 약관이 아직 사용되지 않은 경우, 즉 그 약관에 의해 계약이 체결되시 않는 경우에는 사업자에 대하여 그 약관의 제안을 철회할 것을 청구할 수 있다. 계약당사자는 약관의 추상적 심사를 청구하는 소송의 당사자적격이 부여되지 않는다. 공익의 대변자 내지 질서유지자로서 인정될 만한 자격이 있다고 판단되는 단체에 한하여 추상적 심사청구의 당사자적격이 부여되는 것이다.

약관소송은 피고인 사업자의 영업소(영업소가 없으면 주소)를 관할하는 주(州) 법원에서 전속적으로 관할한다. 주정부는 두 개 이상의 약관소송이 하나의 주법원에서 관장될 수 있도록 명령할 수 있다. 약관소송의 소장에는 분쟁대상이 된 약관조항의 문언과 그 조항이 사용되어서는 안되는 계약유형의 표시 등이 필수적으로 기재되어야 한다. 행정부에 의한 인가약관에 대해서도 약관규제법이 적용되는 한 약관소송이 제기될 수 있다. 법원은 약관에 관한 추상적 심사의 절차에서 인가관청의 의견을 청취하여야 한다.

불공정한 약관조항에 대한 무효판단의 일반원칙은 독일민법(과거에는 약관규제법)에 규정되어 있다. 약관조항은 신의성실의 요청에 반하여 약관사용자의 계약상대방을 부당하게 불리하게 하는 경우에 효력이 없다.

그 조항이 법률상 규정과 달리 정하는 것인 경우에 그 규정의 본질적인 기본사상과 합치하지 않는 경우, 그리고 계약의 성질상 인정되는 본질적인 권리 또는 의무를 제한하여 계약목적의 달성이 위태로운 경우에 부당한 불리함이 인정된다(독일민법 제307조 제1항). 그 밖에 독일민법에는 평가 가능한 금지조항(독일민법 제308조)과 평가가능성이 없는 금지조항(독일민법 제309조)이 구체적으로 열거되어 있다.

법원은 부작위의 청구가 이유 있다고 판단되는 경우에 다음 사항을 포함한 판결문을 작성한다. 첫째, 분쟁대상이 된 약관조항의 문언, 둘째 그 약관조항이 사용되어서는 안 되는 계약유형의 표시, 셋째 동일한 내용의 약관조항을 사용해서는 안 된다는 금지명령, 넷째 철회를 명하는 경우에는 약관이 제안된 방식과 같은 방식으로 판결을 주지시켜야 한다는 명령 등이다.

판결을 받은 사업자는 법원의 사용금지 명령에 따라 무효조항을 삭제해야 한다. 사업자가 무효인 약관조항을 삭제하지 않은 경우에, 고객은 판결의 효력을 원용하여 그 약관조항의 무효를 주장하여 그 약관조항이 삭제된 것과 같은 효과를 얻을 수 있다. 그러나 판결을 받은 사업자가 연방법원에 항소할 수 있는 경우에는 그 판결을 원용하여 약관조항을 무효화시키지 못한다. 어떤 약관조항에 대하여 사용금지의 판결이 내려진 이후에 동일한 약관조항이 동종계약에서 금지되지 않는다는 취지의 연방법원 또는 연방대법원의 판결이 내려진 경우에, 사업자는 그 사용금지명령의 집행에 대하여 이의신청을 제기할 수 있다.

사용금지명령(부작위명령)의 효력은 피고인 사업자에게만 미치며, 동일약관을 사용하는 동종의 사업자라도 그 판결의 효력을 받지 않는다. 민사소송의 기판력은 인적 효력범위의 한계에서 효력을 갖기 때문이다.

약관소송을 제기한 청구인(소비자단체 등)은 청구가 인용된 경우에 그 무효약관을 사용한 사업자 및 판결의 내용을 일반인에게 알릴 수 있는 권한(공표권)을 갖는다. 법원은 공표의 시한을 설정할 수 있다. 법원은 직권으로 연방 카르텔청에 약관소송의 제소, 선고한 판결, 그 밖의 방법으로 소송이 종료된 사정 등을 통고한다. 연방 카르텔청은 약관소송에 관한 사항을 약관등록부에 등록해 둔다. 무효약관에 관해서는 약관소송의 원고와 피고, 법원의 판결문, 재판상 화해 등 소송의 종료사유 등을 기록해 둔다. 소비자 또는 사업자의 청구가 있으면 약관등록부의 열람을 허락하거나 등록에 관한 정보를 제공해 준다. 약관등록부는 동일한 내용의 약관조항에 관해서 소송이 반복하여 제기되는 것을 방지하는 기능을 담당하며, 사업자가 약관을 만들 때 중요한 참고자료가 된다. 사업자단체는 표준약관을 만들어 연방 카르텔청에 등록해 둘 수 있다. 연방 카르텔청은 표준약관의 등록을 통해 비공식적으로 사전적, 예방적 약관심사의 기능을 수행한다. 법원은 연방 카르텔청에 등록된 표준약관에 대해서도 그 불공정성 여부를 심사할 수 있다.

3. 프랑스의 병렬적 심사제

1) 행정적 약관심사

프랑스에서는 '부합된 계약'(contrats d'adhēsion)에 관한 살레이으(Salēiles) 교수의 이론이 약관규제와 유사한 기능을 담당해 왔다.[17] 살레이으 교수는 부합계약론에서 계약의 일방당사자가 계약내용을 제시하고 상대방은 협상이나 거절의 여지없이 그 내용을 수락하게 되는 계약관계를 지적하였다.[18] 부합계약론은 1978년의 상품 및 서비스에 관한 소비자보호 및 소비자정보에 관한 법률에 상당부분 수용되었다. 능동적 계약당사자가 자신의 경제적 우위를 남용하여 부당한 이익을 취할 목적으로 불공정한 약관조항을 계약상대방에게 강요한 경우에 이 법에 따른 절차에서 그 조항의 무효화 및 기타 제재가 가해진다. 이 1987년 법률은 규제의 요건으로서 약관조항의 추상적 판단 이외에 구체적 계약에서 사업자와

17_ Raymond Salēiles, De la Dēclation de la Volontē, art 133., p.229 et.s.

18_ G. Dereux, De la nature juridique des 'contrats de'adhēsion', Revne Trimestrilles de Droit Civil, 1910, p.51.

소비자 사이의 힘의 불균형을 요구하였다.[19] 이 법은 직접 일정한 약관 조항을 무효화시키지 않고 일정한 패턴에 대해 사용을 금지하는 정부의 행정명령(dēcret)이 발효된 후에야 그러한 약관조항의 효력이 상실되도록 하는 규제방식을 취하였다.[20]

프랑스는 계약내용을 구성하는 약관조항의 불공정성을 심사하기 위해 별도의 행정위원회를 설치하였다. 프랑스 소비자청에 설치된 불공정조항위원회는 사업자에게 계약의 불공정한 조항을 삭제하거나 수정할 것을 권고(recommendation)할 권한을 가지게 되었다. 다만 그 권고는 그 삭제권고를 받아들이지 않는 사업자에 대한 제재를 가할 수 있는 법적 강제력을 갖고 있지 않았다. 그리고 소송에서 삭제권고와 동일한 약관 조항의 효력이 재판의 전제가 되었다고 하더라도 재판부는 그 권고에 구속되지 않고 독자적인 판단을 할 수 있었다.

불공정조항위원회는 판사, 검사, 행정공무원, 학자, 소비자단체 대표, 사업자단체 대표 등 15명의 위원으로 구성되었다.[21] 위원회의 업무는 다음과 같다. 첫째, 정부가 불공정하다고 의심되는 조항을 행정명령(dēcret)에 의해 제한 또는 금지하려는 경우에, 위원회는 그 명령초안에 대해 의견을 제시한다. 둘째, 위원회는 사업자로부터 소비자에게 제안되는 계약유형 중에 부당한 성격을 갖는 조항이 있는지 조사한다. 위원회는 불공정하다고 판단되는 조항을 약관에서 삭제 또는 수정하도록 사업자에게 권고한다. 위원회는 그 권고를 일반에게 공표할 수 있다. 셋째, 위원회는 매년 보고서를 제출하고 입법이 필요한 법안을 제출하거나 규칙의 제정을 제안할 수 있다.

19_ 남궁술, "여러 특별법으로 산재된 소비자법의 단일화 방안: 민법과의 통합인가, 아니면 별도의 소비자법전의 제정인가? 프랑스의 경우를 중심으로", 제1회 소비자법학회(2009.10) 발표 자료집 수록.

20_ Pfeiffer, Verbraucherrecht mit vielen Saeulen — Auf der Suche nach funktionsgerechten Konstruktionsprinzipien eines Rechtsgebiets, NJW 2012, 2609 참고.

21_ 불공정약관심사를 위한 행정위원회의 구성과 권한에 관한 자세한 사항은 이은영,『약관규제법』(박영사, 1994), 681-685면에 서술되어 있다.

프랑스정부는 불공정조항위원회의 의견에 따라서 특정한 불공정조항의 사용을 금지하는 행정명령(décret en Conseil d'Etat)을 내릴 수 있었다. 사용금지의 데크레가 내려진 경우에 그 조항은 실체법상 무효로 되며, 그러한 데크레의 집적은 불공정조항으로서의 금지목록에 해당하게 되었다. 이와 같이 정부가 데크레로서 사용을 금지한다고 공표한 사항에 관해서는 사업자에 대한 직접적 강제효과가 발생하게 제도화되었다. 정부가 위원회의 권유에 따라 데크레라는 일종의 위임입법을 제정하여 공포하게 되면, 그 데크레는 모든 사업자를 구속하는 법적 강제력을 갖게 되었다. 데크레에 의해 사용이 금지된 약관조항은 사실상 데크레에 의해 실체법상 무효로 되는 결과를 초래하였다. 일정 기간이 지나자 불공정조항에 관한 데크레의 집적은 약관규제법의 실체법상 무효조항의 목록을 입법하는 경우와 매우 유사한 효과를 가지게 되었다.

2) 사법적 약관심사

　1988년 1월 5일 법률에 의해 프랑스는 약관심사에 관한 단체소송제도를 행정적 심사제도와 나란히 도입하였다. 1988년 법률에 의해 프랑스 소비자단체는 법원에 불공정 약관조항에 관한 사법심사를 청구할 수 있게 되었고, 법원은 사업자에게 불공정한 약관조항의 삭제를 명하는 판결 또는 벌금을 명하는 판결을 할 수 있게 되었다. 프랑스의 1988년 법률은 법원이 약관의 불공정성을 심사한다는 점, 소비자단체 등의 소송을 가능하게 한다는 점 등에서 독일의 사법심사제도와 유사한 측면이 있다. 그러나 약관이 계약에 사용되기 전에 하는 사전적 심사를 중심으로 삼고 있다는 점에서 독일의 사후적 약관심사와 그 성격이 다르다. 사전적 심사제도는 불공정한 약관으로 인한 폐해를 미연에 예방할 수 있다는 장점을 갖는 반면에, 당사자의 계약내용 형성의 자유를 사전에 제한한다는 측면을 갖는다.

　인가받은 소비자단체는 사업자의 불공정한 거래행위를 중단시키거나 계약서 및 약관에 있는 불공정한 조항을 삭제할 것을 청구하는 소송을 법원에 제기할 수 있다.[22] 소비자단체가 법원에 제소하는 경우에, 사용금지판결의 효력은 장래에 사용할 약관에 대하여만 발효하게 된다. 이미 체결된 계약에 대해서는 사용금지판결의 효력이 미치지 않는다.

법원은 사업자가 일정한 기간 안에 불공정한 거래행위를 중지하거나 약관조항을 삭제하도록 명령하면서 그 명령에 따르지 않는 경우에 대비하여 지연배상금을 부과할 수 있다. 그 밖에 형사법원은 사업자에게 유죄를 선고하면서 벌금형 등 형벌을 부과할 수 있다. 사업자의 위법행위가 형법상 유죄에 이를 정도는 아니지만 그 위법행위로 계약상대방에게 손해를 입힐 경우에, 소비자단체가 한 명 또는 여러 명의 소비자를 위해 민사법원에 손해배상을 청구하는 소송을 제기할 수 있다.

프랑스는 불공정조항위원회의 권고 및 행정명령이라는 행정적 심사제도 이외에 법원이 행하는 구속력 있는 사법적 심사제를 병행하게 됨으로써 효과적인 약관심사제를 운용하게 되었다. 행정심사에 만족하지 않는 소비자단체는 법원에 특정 사업자의 불공정한 조항을 심판해 달라고 제소할 수 있으며, 법원은 그 약관조항을 심사하여 무효판결을 내리는 것과 동시에 사업자에 대하여 장래 그 조항을 사용하지 말도록 사용금지명령을 내리게 되었다. 소비자단체가 제기하는 단체소송제도를 통해 민간 소비자단체의 활동이 활력을 찾게 되고 종래에 비해 불공정조항의 남용의 사례가 감소하게 되었다.

프랑스의 사법심사제도는 행정적 심사제도와 병행하여 운영되는 제도이기 때문에, 동일한 약관조항에 관하여 행정적 약관심사위원회의 심결내용과 법원의 약관심사에 관한 판결내용이 상충되는 경우가 생겼다. 이렇게 판단의 충돌이 생기는 경우에 그것을 조정하여 통일적인 운영을 도모할 수 있는 제도적 장치는 마련되지 않았다. 이를 방지하기 위해 두

22_ 소비자단체는 민법상의 법인으로서 설립에 허가를 요하지 않으며, 관할경찰서에 신고한 후에 단체의 활동을 할 수 있다. 단체소송을 제기할 수 있는 자격을 취득하기 위해서는 별도의 요건을 필요로 한다. 단체소송 자격의 인가 및 인가 철회의 기준은 데크레에 의해 정해진다. 정부(소비자청)는 소비자단체의 전국 또는 특정한 지방의 대표성을 고려하여 인가여부를 판단한다. 이때 검찰의 의견도 청취한다.

가지 심사제도에서 모두 전문가의 감정의견을 청취함으로써 그러한 판단의 차이를 좁히려고 노력하는 사실상의 해결방안을 강구하였다.

Ⅲ. 한국의 약관심사제

1. 입법의 배경

1960년대 이후 급속한 산업화에 따른 대량생산시대로 접어들자 민사거래분야에서는 할부매매, 방문판매, 신용카드거래, 제3자 금융매개판매 등 새로운 거래분야가 다양하게 발전하였다. 그 역기능으로서 소비자에 대한 과도한 판매촉진과 사기성 있는 상술이 범람하여 사회문제로 부상하였다. 법률가들은 이에 더해서 불공정한 상거래관행과 보통거래약관의 남용을 지적하였다. 사업자들이 만든 불공정한 약관이 거래에 이용되고 있는데 소비자들은 그 약관을 읽어 볼 기회조차 부여받지 못했으며 약관의 내용도 사업자의 이익에 치우쳐 있었다. 그럼에도 불구하고 불공정한 약관의 이용이 확산되면서 마치 그것이 상관습인 것 같은 잘못된 법의식을 이루게 되었고 그 내용이 타당한 것으로 오인되고 있었다.

1980년대 초부터 법률가들 사이에서 약관의 규제를 위한 입법논의가 진행되었다. 법학자, 법조인, 소비자운동가들은 민법과 상법의 임의규정의 기능적 한계를 지적하였다. 이들은 거래질서를 악화시키는 약관을 규제할 수 있는 입법을 촉구하는 의견을 표명했다.[23] 1985년에 접어들자 약관을 규제하기 위한 특별법제정을 위한 입법 움직임이 본격화하였다. 약관법제정 연구위원회가 구성되어 정부의 지원을 받아 입법이 필수적으로 요망되는지, 필요하다면 입법에 요구되는 법적 쟁점은 무엇인지

23_ 권오승, 『보통거래약관법 시안―민사법개정의견서』(박영사, 1982), 402-411면; 손주찬, 『상법개정의 논점』(삼영사, 1981), 24-26면; 이균성, 『상법개정에 대한 개별적 의견의 종합―상법개정의 논점』(삼영사, 1981), 335-336면.

하는 등의 문제에 관해 여론을 수집했다.[24] 입법의 필요성과 대략의 쟁점들을 추려 낸 다음에는 약관규제의 세부적인 쟁점에 관하여 법조계와 경제계의 의견을 수집하였다. 연구위원회는 외국의 입법례를 참조하기 위해 가능한 한 외국의 입법 및 시행에 관련된 자료를 광범위하게 수집하여 분석하였다.

2. 포괄적 규제의 입법방식

약관법제정 연구위원회는 본격적으로 법안의 초안 작성에 들어가기 전에 선결문제로서 입법형태에 관하여 격론을 벌였다.[25] 다양한 계약유형에 이용된 약관을 포괄적으로 규제하는 방식을 취할 것인지, 아니면 할부매매, 방문판매, 신용카드 거래 등 개개의 계약유형별 구체적 기준을 제시하는 개별계약별 규제법의 방식으로 할 것인지 하는 특별법의 적용범위가 논의의 중심이었다. 연구위원회는 우리 사회의 약관을 이용한 거래실태를 분석해 보고 약관의 남용에 의한 피해가 특정한 거래분야에 한정되는 것이 아니라고 판단하여 포괄적 방식의 약관규제법을 제정하는 쪽으로 결론을 내렸다.[26]

입법당시 포괄적 규제방식의 채택이유는 다음의 네 가지였다. 첫째, 약관이 이미 대부분의 거래종목에 보급되어 있었기 때문에 거래질서를 공정하게 바로잡기 위해서는 포괄적으로 접근할 필요가 있다. 둘째, 할부매매, 신용카드거래 등 개별적 거래종목의 계약내용이 정착되지 않고

24_ 1985년 11월 28일 정부(경제기획원)는 약관규제법 제정을 위한 조사연구사업을 소비자문제를 연구하는 시민의 모임에 의뢰하였다. 이 소비자단체는 손주찬교수 등 7인을 약관법제정 연구위원으로 위촉하였다. 1985.12~1986.6에 연구위원회는 약관법 제1초안과 이를 수정한 제2초안을 만들었다.

25_ 소비자문제를 연구하는 시민의 모임 편, 『약관규제의 입법』(1986), 130-153면에 "소비자시민모임 주최, 약관규제에 관한 법률안 토론회(2), 1986.5.10."로서 약관법제정위원회가 연구위원들의 토론을 기록한 내용이 수록되어 있다.

26_ 포괄적 규제의 결론에 도달하는 데에는 우리보다 십 년 전에 입법된 독일의 약관규제법이 큰 영향을 미쳤다.

변화되는 과정이었기 때문에 개별적 규제의 목표를 명확히 설정하기 곤란하다. 셋째, 계약유형별 특별법 제정은 입법과정이 복잡하여 한 번에 달성하기 곤란하고 계약유형별로 한두 개씩 입법해야 하는데 그러자면 입법 작업에 오랜 시간이 필요하다. 넷째, 소비자의 피해가 여러 계약유형에 걸쳐 속출하였기 때문에 모든 계약유형을 망라하는 입법에 대한 사회적 요청이 높으므로 그에 상응하는 포괄적 입법이 바람직하다는 것이었다.

3. 행정규제형 약관심사제의 도입

연구위원회는 불공정한 약관으로부터 고객을 보호하기 위하여 구체적 사건의 내용통제만으로는 부족하고 추상적 내용통제로서 약관심사제도가 설치되어야 한다고 믿었다. 연구위원회는 행정규제형으로 방향을 결정하고 주로 스웨덴과 프랑스의 불공정 계약조항에 대한 행정적 약관심사제를 조사 연구하고 이들을 모델로 하여 한국식 약관심사제를 창안하였다. 독일은 약관규제에 관하여 사법규제 시스템을 취했으며, 소비자단체 등에 의한 소제기방식인 단체소송제를 도입하였다. 연구위원회는 실체법의 성격을 갖는 규정을 입안하기 위하여 독일의 약관규제법과 그 해설서들을 중요한 참고자료로 삼아서 입법 작업을 진행하였다. 그러나 불공정한 약관을 규제하는 절차에 관하여 독일의 단체소송에 의한 사법적 내용통제를 수용하려고 시도했을 때에는 다방면에서 어려움에 직면했다. 새로운 소송절차의 도입을 위해서는 사실상 사법부가 적극적으로 새로운 제도의 도입을 위한 법안을 준비하여 법무부를 통해 발의하는 절차를 거칠 것이 요망되었다. 행정부 내 경제부처의 법안발의에 의해 재판절차에 관한 법률을 개정하는 것은 삼권분립의 원칙에 위반되기 때문이다. 당시 사법부에는 소송절차를 개선하기 위한 연구기관이 마련되어 있지 않았다. 단지 몇 개의 민사소송사건에서 청구인용의 전제가 되는 불공정한 약관조항의 계약내용 편입을 부정한 판결례가 있을 뿐이었다. 약관규제제도의 도입에 관하여 적극적인 활동을 전개하려 하지 않는 사법부를 설득하는 일은 매우 어렵고 시간이 얼마나 걸릴지 알 수 없었으며 그 성공여부를 예측할 수 없는 상황이었다. 사법부의 적극적 도입의사가 없으면 법무부도 그러한 제도의 도입을 추진하기 곤란했다. 약관규제의 입법에 적극적인 기관은 경제부처(당시 경제기획원)였는데, 경제부처의 노력만으로 소송제도를 개선하는 법안을 관철시키는 것은 거의 불가능했다. 결국 연구위원회는 약관규제법의 약관심사 및 불공정약관에 대한 제재에 관한 절차적 규정은 독일의 시스템을 수용하지 않기로 결정하였다.

연구위원회는 일단 행정부의 산하에 약관심사기구를 설치하여 준사법적 심사 제도를 운영해 나가는 차선책을 취하는 것이 현명하다고 판단하였다. 연구위원장은 다음과 같이 말했다.

"사후적 규제로서 사법적 규제는 사업자 또는 고객이 약관의 효력을 다투는 소송을 제기하여 판결을 받는 방식으로 행해진다. 일반 소비자에게 민사소송의 제기를 기대하는 것은 어렵다. 비현실적이다. 바람직한 방법은 분쟁을 사전에 예방하는 것이다. 각종 약관에 포함된 무효조항을 법률에 의해 구체적으로 열거하여 무효화하는 것이다. 거래 이전에 고객에게 약관의 내용을 알리도록 의무를 부과하는 것이다. 그리고 전문가에 의한 약관의 심사를 제도화하는 것이다."[27]

변호사였던 연구위원도 다음과 같은 의견을 표명했다.[28]

"약관에 대한 추상적 심사는 법률이나 명령의 위헌판결과 유사한 성

---

[27] 소비자시민모임 주최, 『약관규제의 입법』(1986), 1면. 약관법 제정 연구위원장 손주찬 교수의 머리말에서 인용. 사업자와 고객 사이에 여러 가지 분쟁이 발생한다. 분쟁의 발생을 예방하고 해결하기 위하여 사전적 및 사후적 법적 규제가 필요하다. 입법적 규제, 행정적 규제, 사법적 규제 등 여러 방법이 있다. 행정적 규제는 각종 행정법규에 근거한 주무관청에 의한 약관의 인가제도가 있다. 사전규제로서 일부 사업 분야에서 실시되고 있으나 수많은 종류의 약관에 통용될 정도로 일반화되어 있지는 않다. 인가를 요하는 경우라도 제한된 행정력에 복잡한 민사법상 효력에 관한 약관조항을 충분히 검토하는 일은 기대하기 어렵다.

[28] 앞의 책, 145면, 이영준 변호사 발언부분에서 인용.

격을 가지므로, 그 무효여부를 판단하기 위해 거래관행을 조사해 보아야 하는데 법원의 업무과중으로 이러한 임무를 수행하기 곤란하다. 그러므로 행정위원회에 추상적 심사를 맡기는 것이 타당하다."

민사소송법학자인 연구위원도 행정규제형으로 입법하는 데에 동의했다.

"독일에서는 내용통제를 일반법원에서 민사사건으로 처리한다. 소비자단체가 국가예산의 지원을 받아 불공정한 약관에 대한 내용통제에 대처하고 있다. 소비자문제를 전문으로 하는 변호사도 많이 있다. 그러나 한국에서는 독일식 단체소송의 방식에 소송비용의 부담문제가 고려대상이 된다. 소액피해자들이 소송수행을 감당하기 어렵고 소송비용의 부담을 꺼려 하는 현실이다. 그래서 한국에서는 피해자가 행정위원회에 약관규제를 신청하여 그 불공정성을 심사하게 하여 무효라고 판단되면 그에 상응하는 행정조치를 취함으로써 장래에 생길 피해를 예방하도록 구상하였다."[29]

연구위원으로서 제1초안 작성의 간사를 담당했던 위원은 다음과 같이 서술했다.

"독일의 단체소송은 청구권자가 두서너 개의 공익적 법인에 국한된다는 점, 약관조항에 대한 추상적인 심사에 국한된다는 점, 부작위명령을 내리는 점 등의 측면에서 당장 한국에 도입하기는 어렵다고 판단된다. 입법 작업에 참여하여 추상적 심사업무를 법원에 맡기는 면과 행정부에 맡기는 면 두 가지를 검토해 본 결과, 법원에서 수행하는 편은 법적 구속력을 확보할 수 있지만 현실을 감안한 차선책으로서 행정적 약관심사위의 자문을 받은 행정처분으로서 추상적 내용통제를 할 수밖에 없다고 판단했다."[30]

제1초안에서는 행정위원회에서 심의 의결하여 무효심결이 나면 그것으로 법률관계가 확정하도록 구상함으로써 사실상 행정부에 의한 민사재판이 행해지도록 구상되었다.[31] 이 경우 행정부 재결의 효력이 무엇인

29_ 앞의 책, 140면, 김흥규 교수 발언부분에서 인용.
30_ 앞의 책, 148면, 이은영 교수 발언부분.

가, 법원판결과 같은 기판력이 인정될 것인가, 그것으로 당사자 사이의 민사적 법률관계가 확정될 것인가 등 의문이 제기되었지만 이 문제는 시행 후 해석에 맡기기로 했다. 제1초안에서는 재결이 민사재판의 성격이 아니라 약관조항의 무효를 선언하는 창설적 효력을 부여하는 것으로 계획되었다. 재결에 대해 불복하면 소송으로 가게 되는데, 이 경우 법원은 무엇을 심사하는 것인가. 행정적 재결은 마치 법원의 1심 판결과 같은 작용을 하는 것인가 하는 등 사법체계와의 관계에서 부조화를 일으키는 문제는 해석에 맡겼다. 연구위원회에서는 소송기간에 관한 논의도 있었다. 이행기간이 6개월 이내이고 계약관계도 대개 1년이면 종료되는데 판결을 얻으려면 이보다 더 긴 시간이 소요되어 당사자의 법률관계가 불명료해진다는 점이 우려되었다. 그리고 약관의 해석이나 무효여부가 각 법원마다 각 사건마다 다르게 판결이 행해질 가능성이 높아 일관성 있는 사건의 해결이 곤란해질 것이라는 우려가 제기되었다.[32] 이에 반해서 하나의 약관조항에 관하여 행정위원회의 추상적 심사와 법원에 의한 구체적 쟁송을 나란히 진행할 수 있도록 길을 터 주자는 의견이 제기되었다. 그리고 명문으로 "재결의 불복이 있는 사람은 민사소송으로 재결의 불복여부를 확인할 수 있다."는 규정을 삽입하자는 의견이 제시되었다.[33] 이에 대한 반대의 논거로서. 소송에서 처분을 이미 내린 행정위원회는 자기 의사를 밝힐 길이 없게 된다는 점, 민사소송의 당사자주의로 가 버리면 이상한 결론이 날 우려가 있다는 점 등을 들어 그러한 규정의 신설의견을 반박하였다.[34]

정부는 연구위원회의 제1초안을 보고 처음에는 행정위원회 신설이 어려울 것이라는 우려를 표명했다. 다만 소비자원과 같은 공법인에게 약관심사 분쟁조정위를 설치하는 것은 가능하다는 의견이었다.[35] 당시 정

31_ 약관규제법 제1초안과 제2초안은 앞의 책, 156-182면에 수록되어 있다.
32_ 앞의 책, 143면, 김동환 변호사의 의견.
33_ 앞의 책, 144면, 이재성 변호사 발언부분.
34_ 앞의 책, 144면, 김동환 변호사 발언부분.
35_ 앞의 책, 147면 이하. 이정록 경제기획원 유통소비과장 발언부분.

부는 소비자보호원에 소비자 피해의 배상을 위한 분쟁조정기구를 설치할 계획이었고 이 분쟁조정기구에 약관의 추상적 심사도 함께 하도록 위임할 것을 검토 중이라고 했다. 이 제안에 대하여 연구위원들은 반대 의견을 냈다. 연구위원들은 약관에 대한 추상적 내용통제를 중재 또는 소비자보호 분쟁조정으로 처리하는 것은 곤란하다는 데에 의견을 모았다. 약관심사를 중재로서 하는 경우에는 양 당사자의 승복을 필요로 하므로 사실상 법적 구속력 있는 내용통제를 기대하기 어려웠다. 공법인이나 민간단체가 약관심사업무를 담당하여 불공정한 약관조항에 대해 무효판정을 하더라도 사업자가 그 약관조항을 더 이상 사용하지 않을지 의문이었다. 무효판정이 나면 그 약관을 사용한 모든 계약당사자들에게 무효판정 사실을 통지하고 동일업종에서 같은 내용의 무효조항을 사용하지 않도록 의무부과를 해야 하는데, 이런 효과는 행정처분으로 행해질 때에 가능하며 민간법인의 분쟁조정절차에 의해 달성하는 것은 어렵다고 보았다.[36] 소비자보호 중재기구에 추상적 심사를 맡기면 분쟁이 중재합의로 종식되므로 약관의 무효판정에 대해 당사자가 상급기관에 다툴 수 있는 절차가 차단되어 불복기회가 없어지게 될 것이었다.[37] 약관의 추상적 심사는 구체적 분쟁해결의 문제에 그치지 않고 모든 국민에 관계되는 공익적 사건이며 그 판단결과에 공정력과 강제력이 부여되어야 하므로 법원의 판결이나 행정처분으로 시행되어야 한다고 보았다.[38]

결국 정부와 연구위원회는 행정기관인 약관심사위원회의 심의와 의결을 거쳐 경제기획원장관이 불공정약관을 시정하도록 권고하는 행정규제 시스템을 취하기로 결정하였다. 연구위원회가 행정규제형으로 틀을 마련한 약관규제법의 제1초안은 정부(경제기획원)와 조항별 협의를 거쳐 제2초안으로 수정되었고 그 과정에서 약관심사위원회의 설치에 관한 규정이 구체적으로 다듬어졌다.[39] 행정규제형의 약관법 제2초안이 발표

36_ 앞의 책, 149면, 이은영 교수 발언부분.
37_ 앞의 책, 150면, 김동환 변호사 발언부분.
38_ 앞의 책, 151면, 박길준 교수 발언부분.

된 후 법조계 일각에서는 행정부가 준사법적 기능을 담당하려는 데에 대하여 비판적 의견을 제시하고 약관심사위원회의 설치에 반대하였다. 그렇다고 독일식 사법적 약관심사제를 취하자는 취지는 아니었다. 법조계는 독일식 단체소송의 도입이 소송의 남발을 가져올 우려가 있으므로 우리나라에 적합하지 않다는 의견을 표명하였다. 반대론은 약관심사위원회의 재결이 판결과 유사한 효력을 갖는 것에 반대하였으며, 특히 당사자가 약관심사위원회의 재결에 불복하여 행정소송을 제기할 수 있다는 부분에 관하여 강하게 비판하였다. 사인 사이의 법적 분쟁은 법원에서 심판되어야 한다는 원칙에 비추어 볼 때, 민사문제를 행정위원회에서 심판하도록 하는 약관규제제도는 삼권분립의 원칙에 어긋난다고 주장하였다. 약관의 효력에 관한 분쟁이 행정위원회를 거쳐 궁극적으로 법원에 제소된다고 하더라도 그것이 행정소송으로 다루어지는 것에 반대하였다. 행정소송은 고유한 행정업무에 관한 심판제도이므로 민사적 분쟁을 행정소송절차에 따르도록 하는 것은 행정소송의 특수성을 인정하는 취지에 어긋난다고 주장하였다. 제2초안이 이러한 반대론에 부딪치게 되자, 연구위원회는 행정소송의 제기에 관한 규정을 삭제한 제3초안을 만들어 입법을 추진하였다. 제3초안의 절충안은 사법부 및 법무부의 묵인하에 최종안으로 확정되었다. 결국 정부와 사법부 사이의 입장 차이를 좁히는 절충안을 취하기로 하였다. 1986년에 도입된 약관심사제는 사업자에 대하여 불공정한 약관조항을 삭제하도록 권고할 수 있을

39_ 정부는 약관법제정 연구위원회의 제2초안을 정부안으로 확정하였다. 1986년 7월 30일 당시 여당이던 민주정의당의 정책위원회의 주관으로 약관규제법 입법을 위한 공청회가 열렸다. 이 공청회에서 법조계, 학계, 재계, 소비자단체를 대표하는 토론자들은 각 집단의 의견을 발표하였다. 다른 한편 당정협의회를 거쳐 법무부, 재무부, 상공부, 법제처 등 여러 정부부처와의 협의도 원활하게 수행되었다. 공청회에서 제안된 의견과 기타 각계의 의견을 종합하여 제3초안을 만들었다. 제3초안에서는 제2초안에서 간과했던 입법기술상의 쟁점들이 고려되었고 내용면에서 커다란 변경은 없었다. 이 법안은 민정당의 법안으로서 의원입법의 형태로 정기국회에 발의되었다. 1986년 12월 18일 약관규제법은 본회를 통과하였다. 약관규제법은 법률 제3922호로서 1987.7.1부터 시행되었다.

뿐 나아가서 삭제를 명령할 수 없었으며, 그 행정규제에 대한 불복을 행정소송으로 제기하지도 못하도록 만들어졌다.

4. 행정규제의 강화

약관규제법은 제정 6년 후인 1992년의 개정에서 주무관청의 변경 및 약관심사절차의 강화를 도모하였다. 1992년 개정법에 의해 약관심사의 주무관청이 종전의 경제기획원에서 공정거래위원회로 바뀌었다. 이로서 공정거래위원회는 독점규제와 약관규제라는 두 가지 주요한 업무를 담당하는 준사법적 행정기구로 발전하게 되었다.

개정의 두 번째 목적은 약관심사위원회의 삭제요구가 법적으로 사업자를 강제할 수 있는 효력을 부여받도록 하는 것이었다. 종래 약관심사를 받은 사업자들 중에 약관심사위원회의 무효심결을 거쳐 정부(당시 경제기획원장관)로부터 불공정 약관조항을 사용하지 않도록 권고를 받더라도 그 권고를 무시하고 종전 약관을 그대로 사용하는 사업자가 상당수 나타났다. 이렇게 약관조항 삭제에 대한 권고가 무시된 사례가 알려지자 행정규제의 약관심사제는 사업자들에 대한 관계에서 종이호랑이처럼 실질적 권위를 갖지 못하게 되었다.[40] 1992년의 개정에서는 종전의 행정권고 이외에 행정명령을 할 수 있는 경우가 추가적으로 규정되었다.[41] 사업자가 약관조항을 삭제(또는 수정)하라는 행정명령에 위반할 경우에 대비한 규정도 신설되었다. 그리고 광범위한 사전적 내용통제로서 표준약관의 제도가 도입되었다. 2012년 개정에서는 계약당사자 사이의 구체적 분쟁을 당사자 합의에 의해 종결시키기 위한 조정제도를 도입하기 위해 약관분쟁조정협의회가 신설되었다. 이로서 공정거래위원회는

40_ 송영욱, "은행여신거래 기본약관의 연구", 『한국금융법연구』 제4집(한국경제법학회, 1991), 93-211면.

41_ 양창수, "자동차보험약관의 무면허운전면책조항에 대한 내용통제", 『민법연구』 제4권 (1997).

어떤 약관조항이 약관규제법에 위반하는 불공정한 것인지를 심사하는 약관심사자의 역할에 추가하여, 약관으로 인한 구체적 분쟁을 조정하기 위한 분쟁조정자의 역할을 수행하게 되었다.

약관규제법의 실체법 규정은 여러 차례에 걸친 개정으로 학계의 입법의 견을 수용해 왔다. 실체법 개정 중 대표적인 것은 약관의 작성 및 설명의 무 등에 관한 구체적인 요건을 제시한 2011년의 개정이었다. 그 개정 이후 에 사업자는 고객이 약관의 내용을 쉽게 알 수 있도록 한글로 작성하고, 표준화·체계화된 용어를 사용하며, 약관의 중요한 내용을 부호, 색채, 굵 고 큰 문자 등으로 명확하게 표시하여 알아보기 쉽게 약관을 작성할 의무 를 지게 되었다(약관법 제3조 제1항).[42] 고객에게 약관의 내용을 밝히지 아니 하거나 그 약관의 사본을 내주지 아니한 자 및 고객에게 약관의 중요한 내 용을 설명하지 아니한 자에게 처해지는 과태료도 증액되었다.[43]

42_ 사업자는 계약을 체결할 때에는 고객에게 약관의 내용을 계약의 종류에 따라 일반적 으로 예상되는 방법으로 분명하게 밝히고, 고객이 요구할 경우 그 약관의 사본을 고객 에게 내주어 고객이 약관의 내용을 알 수 있게 하여야 한다. 다만, 여객운송업, 전기· 가스 및 수도사업, 우편업, 공중전화 서비스 제공 통신업의 어느 하나에 해당하는 업 종의 약관에 대하여는 그러하지 아니하다(약관법 제3조 제2항, 2011.3.29. 개정). 사 업자는 약관에 정하여져 있는 중요한 내용을 고객이 이해할 수 있도록 설명하여야 한 다. 다만, 계약의 성질상 설명하는 것이 현저하게 곤란한 경우에는 그러하지 아니하 다. 사업자가 약관의 작성 및 설명의무에 위반하여 계약을 체결한 경우에는 해당 약관 을 계약의 내용으로 주장할 수 없다는 점은 종전과 같다.

43_ 약관법 제34조 제2항은 다음 각 호의 어느 하나에 해당하는 자에게는 500만 원 이하의 과태료를 부과한다(2012.2.17 개정). 1. 제3조 제2항을 위반하여 고객에게 약관의 내 용을 밝히지 아니하거나 그 약관의 사본을 내주지 아니한 자, 2. 제3조 제3항을 위반 하여 고객에게 약관의 중요한 내용을 설명하지 아니한 자, 3. 제19조의3 제6항을 위반 하여 표준약관과 다르게 정한 주요 내용을 고객이 알기 쉽게 표시하지 아니한 자.

Ⅳ. 공정거래위원회의 추상적 내용통제

1. 행정행위

한국의 추상적 내용통제의 절차는 행정부가 주도적으로 실시하게 구상되어 있다. 한국은 행정규제를 통하여 불공정한 약관조항에 대한 추상적 내용통제를 행하는 국가에 속한다. 약관규제법에서 추상적 심사에 관한 규정은 대부분 행정법적 성격을 갖는다. 이에 따라 공정거래위원회가 행하는 약관의 추상적 내용통제를 위한 행정행위에는 경우에 따라 강제성, 공정성 등 일반적인 행정행위의 효력이 부여된다. 특히 사업자가 시장지배적 지위를 갖고 그의 우월적 지위를 남용한 경우에는 행정행위의 강제성이 절실히 요구된다. 약관규제법은 '제3장 약관의 규제'에서 공정거래위원회를 약관심사의 주무관청으로 정하고 이 주무관청이 사업자에 대하여 약관조항의 삭제 또는 수정을 요구하는 시정권고를 할 권한을 부여한다. 공정거래위원회는 필요한 경우 시정권고, 시정명령 또는 시정요청을 할 수 있다. 약관규제의 행정조치의 또 다른 특징은 약관심사의 대상이 되지 않은 사업자에 대하여도 동일한 내용의 명령이 발해질 수 있다는 점이다. 공정거래위원회는 시정권고 또는 시정명령을 할 때 필요하면 해당 사업자와 같은 종류의 사업을 하는 다른 사업자에게 같은 내용의 불공정약관조항을 사용하지 말 것을 권고할 수 있는데, 이는 공정거래위원회의 독자적 판단에 의한 행정조치이다. 그리고 약관의 이용실태에 대한 행정조사관의 조사, 약관의 명시 여부에 대한 감독, 약관의 인가여부의 결정. 불공정 약관의 공표, 과태료의 부과 등 약관의 추상적 심사에 관련된 행정적 규제가 다양하게 실시된다.[44]

44_ 그 밖에 공정거래위원회의 약관분쟁조정협의회는 구체적 분쟁조정을 행한다. 약관규제법은 불공정약관으로 인하여 피해를 입은 고객은 '약관 분쟁조정협의회'에 분쟁조정을 신청할 수 있도록 한다(제27조, 2012.2.17. 신설). 약관의 무효판정을 요구하는 사

2. 행정규제의 전제조건

1) 사업자의 부작위의무

행정부에 속하는 공정거래위원회는 당사자의 청구 또는 직권에 의해 어떤 약관조항이 무효라고 확인해 주고 사업자로 하여금 그 사용을 금지시키기 위한 행정조치를 한다. 약관규제법은 행정규제의 전제로서 "사업자는 제6조부터 제14조까지의 규정에 해당하는 불공정한 약관 조항을 계약의 내용으로 하여서는 아니 된다."고 하는 불공정약관조항의 사용금지를 규정한다(제17조). 이러한 법률의 금지에 근거하여 사업자에게 부작위의무가 부과된다. 사업자는 "법률에 의해 부과된 부작위의무를 위반했기 때문에 행정관청으로부터 부과되는 행정조치를 받아들여야 한다."고 하는 논리적 구조를 취하는 것이다.

2) 약관의 불공정성 심사

약관규제법상 실체법적 무효규정에 위반한 약관조항은 누구의 판단을 기다리지 않고 무효이다. 실제에 있어서는 어떤 약관조항이 무효인지 아닌지 하는 판단에 관하여 의견대립이 생길 수 있다. 무효여부에 관한 법적 분쟁이 있는 경우에 그것에 관한 권위 있는 판단절차가 필요하다. 사인 간의 법률관계에 관하여 다툼이 있는 경우에 최종적인 판단을 하는 기관은 물론 법원이지만, 계약당사자가 법원에 가지 않고도 행정기관의 판단을 받을 수 있는 길이 열려 있다. 약관의 조항과 관련하여 법률상의 이익이 있는 자는 약관의 심사청구를 할 수 있다. 소비자단체는 약관 조항이 약관법에 위반되는지 여부에 관한 심사를 공정거래위원회에 청구할 수 있다. 그 밖에 사업자단체도 약관심사의 청구권자이다.[45] 공정거래위원회가 어떤 약관조항에 대하여 심사를 진행하고 그 결

건이나 소송중인 사건은 분쟁조정의 대상이 아니다. 협의회는 분쟁조정사항의 조정이 성립된 경우 조정에 참가한 위원과 분쟁당사자가 기명날인한 조정조서를 작성한다. 이 경우 분쟁당사자 간에 조정조서와 동일한 내용의 합의가 성립된 것으로 본다.

과 그것이 약관규제법에 위배하여 무효인 것이라고 판단하더라도 그것 자체만으로는 법적 구속력을 갖지 않는다고 해석된다. 불공정성에 대한 판단 및 무효라는 법률의견은 공정거래위원회가 시정조치를 하기 위한 전제조건을 충족했는가에 관한 판단이라고 이해된다.

3. 공정거래위원회의 시정조치

1) 시정권고

공정거래위원회가 사업자에 대하여 불공정한 약관조항을 사용하지 말도록 권고할 수 있는 경우는 점차 확장되어 왔다. 공정거래위원회는 사업자가 부작위의무를 위반한 경우에 사업자에게 해당 불공정약관조항이 삭제·수정 등 시정에 필요한 조치를 권고할 수 있다(약관규제법 제17조의2 제1항). 공정거래위원회는 시정권고 또는 시정명령을 할 때 필요하면 해당 사업자와 같은 종류의 사업을 하는 다른 사업자에게 같은 내용의 불공정약관조항을 사용하지 말 것을 권고할 수 있다(동조 제3항). 공정거래위원회는 「은행법」에 따른 은행의 약관이 불공정조항에 해당된다고 인정할 때에는 「금융위원회의 설치 등에 관한 법률」에 따라 설립된 금융감독원에 그 사실을 통보하고 이를 시정하기 위하여 필요한 조치를 권고할 수 있다(제18조 제2항).[46]

2) 시정명령

사업자의 계약 당사자로서의 지위가 현저하게 우월하거나 고객이 다른 사업자를 선택할 범위가 제한되어 있어 약관을 계약의 내용으로 하는 것이 사실상 강요되는 경우에, 공정거래위원회는 사업자에게 해당

45_ 약관 조항이 약관규제법에 위반되는지 여부에 관한 심사를 공정거래위원회에 청구할 수 있는 자격이 있는 자는 다음과 같다. 약관의 조항과 관련하여 법률상의 이익이 있는 자, 소비자기본법 제29조에 따라 등록된 소비자단체, 소비자기본법 제33조에 따라 설립된 한국소비자원, 그리고 사업자단체이다(약관규제법 제19조 제1항).

46_ 2010.5.17. 개정된 내용임.

불공정약관조항의 삭제·수정을 명할 수 있다. 공정거래위원회는 부작위의무를 위반한 사업자가 다음 중 어느 하나에 해당하는 경우에 사업자에게 해당 불공정약관조항의 삭제·수정, 시정명령을 받은 사실의 공표, 그 밖에 약관을 시정하기 위하여 필요한 조치를 명할 수 있다(약관규제법 제17조의2 제2항). 즉, 사업자가 독점규제 및 공정거래에 관한 법률상 시장지배적 사업자인 경우, 사업자가 자기의 거래상의 지위를 부당하게 이용하여 계약을 체결하는 경우, 사업자가 일반 공중에게 물품·용역을 공급하는 계약으로서 계약 체결의 긴급성·신속성으로 인히여 고객이 계약을 체결할 때에 약관 조항의 내용을 변경하기 곤란한 경우·사업자의 계약 당사자로서의 지위가 현저하게 우월하거나 고객이 다른 사업자를 선택할 범위가 제한되어 있어 약관을 계약의 내용으로 하는 것이 사실상 강제되는 경우, 계약의 성질상 또는 목적상 계약의 취소·해제 또는 해지가 불가능하거나 계약을 취소·해제 또는 해지하면 고객에게 현저한 재산상의 손해가 발생하는 경우, 사업자가 시정권고를 정당한 사유 없이 따르지 아니하여 여러 고객에게 피해가 발생하거나 발생할 우려가 현저한 경우이다.[47] 약관규제법 제17조의2 제2항에 따른 공정거래위원회의 시정명령을 이행하지 아니한 자는 2년 이하의 징역 또는 1억 원 이하의 벌금에 처해진다(약관규제법 제32조).

3) 시정요청

행정관청이 다른 법률에 따라 약관을 인가하거나 다른 법률에 따라 특정한 거래 분야에 대하여 설치된 심사기구에서 약관을 심사하는 경우에는 약관규제법의 불공정조항 무효원칙(제6조부터 제14조까지의 규정)을 그 인가·심사의 기준으로 하여야 한다(약관규제법 제31조). 보험약관과 같이 관청의 인가를 필요로 하는 약관에서 불공정조항이 발견된 경우에, 공정거래위원회는 그 인가관청에 대하여 약관의 불공정성을 통보하

47_ 2013.5.28. 개정된 내용임.

고 그 약관조항의 삭제 또는 수정을 촉구하는 시정요청을 할 수 있다(약관규제법 제18조 제1항). 공정거래위원회가 다른 행정관청에 시정을 요청한 경우에 공정거래위원회는 시정권고 또는 시정명령은 하지 아니한다.[48]

4. 표준약관에 의한 사전적 내용통제

약관규제법은 공정거래위원회로 하여금 표준약관의 권고 및 제정 등을 통해 약관내용에 대한 사전적 내용통제를 할 수 있는 권한을 부여하였다.[49] 소비자단체[50]는 소비자 피해가 자주 일어나는 거래 분야에서 표준이 될 약관을 제정 또는 개정할 것을 공정거래위원회에 요청할 수 있다. 공정거래위원회는 다음에 해당하는 경우에 사업자 및 사업자단체에 대하서 표준이 될 약관의 제정·개정안을 마련하여 심사 청구할 것을 권고할 수 있다.[51] 즉, 소비자단체등의 요청이 있는 경우, 일정한 거래 분야에서 여러 고객에게 피해가 발생하거나 발생할 우려가 있는 경우에 관련 상황을 조사하여 약관이 없거나 불공정약관조항이 있는 경우, 법률의 제정·개정·폐지 등으로 약관을 정비할 필요가 발생한 경우이다(약관규제법 제19조의3 제3항). 사업자 및 사업자단체가 그 권고를 받은 날부터 4개월 이내에 필요한 조치를 하지 아니하면 관련 분야의 거래 당사자 및 소비자단체 등의 의견을 듣고 관계 부처의 협의를 거쳐 표준이 될 약관을 제정 또는 개정할 수 있다(동조 제4항). 공정거래위원회는 심사하거나 제정·개정한 표준약관을 공시(公示)하고 사업자 및 사업자단체에

48_ 김진우, "금융거래에서의 약관에 대한 사법적 통제", 『민사판례연구』 제37권(2015), 1085면 이하.

49_ 표준약관에 관한 규정은 2016.3.29.에 상당부분 개정되었다.

50_ 「소비자기본법」 제29조에 따라 등록된 소비자단체 또는 같은 법 제33조에 따라 설립된 한국소비자원이 이에 해당한다.

51_ 사업자 및 사업자단체는 불공정한 내용의 약관이 통용되는 것을 방지하기 위하여 일정한 거래 분야에서 표준이 될 약관의 제정·개정안을 마련하여 그 내용이 이 법에 위반되는지 여부에 관하여 공정거래위원회에 심사를 청구할 수 있다.

표준약관을 사용할 것을 권장할 수 있다. 공정거래위원회로부터 표준약관의 사용을 권장받은 사업자 및 사업자단체는 표준약관과 다른 약관을 사용하는 경우 표준약관과 다르게 정한 주요 내용을 고객이 알기 쉽게 표시하여야 한다. 사업자 및 사업자단체가 표준약관 표지를 무단으로 사용하는 경우 표준약관의 내용보다 고객에게 더 불리한 약관의 내용은 무효로 한다.

V. 법원에 의한 추상적 심사

1. 소비자기본법의 단체소송

약관규제법은 법원의 추상적 약관내용통제를 위한 단체소송이나 집단소송에 관한 규정을 설치하지 않고 있다는 취약점을 내포하고 있다. 약관규제법은 공정거래위원회에 약관의 추상적 내용통제를 맡기고 있을 뿐이어서, 소비자의 피해를 구제하기 위해 단체소송을 도입하기 위한 특별법의 제정이 필요하다는 요청이 제기되었다.

2006년 제정된 소비자기본법은 소비자피해 전반에 관하여(약관분쟁에 한정하지 않고) 소비자단체소송의 제도를 도입하였으며(소비자기본법 제70조), 이와 더불어 집단분쟁조정제도를 활성화하기 위해 제도를 개선하였다(동법 제68조). 소비자단체 등은 사업자가 소비자의 생명, 신체, 또는 재산에 관한 권익을 직접적으로 침해하고 그 침해가 계속되는 경우에, 개별 소비자를 대신하여 법원에 그 소비자권익 침해행위의 금지, 중지를 청구할 수 있다. 소비자단체소송으로 가능한 청구는 사업자의 소비자에 대한 권익침해행위를 금지시킬 것 또는 중지시킬 것을 구하는 경우에 한정된다. 소비자단체 등은 법원에 소비자들의 피해구제를 위한 손해배상을 청구할 자격은 갖지 않는다.[52] 단체소송을 제기할 수 있는 단체는 법률이 정하는 소비자단체, 사업자단체, 비영리단체, 한국소비자원에 한정되며, 단체소송의 원고는 변호사를 소송대리인으로 선임해야 한다. 원고는 소장과 함께 소정의 자료를 첨부한 소송허가신청서를 제출하여 법원의 허가를 얻어야 한다. 원고의 청구를 기각하는 판결이 확정된 경우에 이와 동일한 사안에 관하여 단체는 법정사유가 없는 한 단체소송을 제기할 수 없다.[53]

사업자가 불공정한 약관조항을 사용하여 소비자의 이익을 침해하는 경우에, 그 약관의 사용행위는 단체소송의 대상이 되는 침해행위에 해당하는 것으로 해석될 여지가 있다. 단체소송에서 원고가 불공정한 약관조항의 사용을 금지 또는 수정할 것을 청구하는 경우에, 이는 독일의 부작위소송과 유사한 기능을 담당할 가능성이 있다. 소비자기본법에 단체소송제도를 도입할 당시 사업자들은 소비자단체가 소송을 남발하여 경제를 교란할 것이라고 우려했다. 단체소송이 증가하면 사업자의 부담이 증가하며 결국 그 비용은 소비자에게 가격인상으로 전가될 것이라고 했다. 이러한 사업자들의 반대로 인하여 단체소송의 요건이 지나치게 까다롭게 만들어졌다. 단체소송을 제기하려면 법원의 허가를 받아야 한다. 그리고 소비자의 생명, 신체, 또는 재산에 관한 권익을 직접적으로 침해하고 그 침해가 계속되는 경우에 한하여 소송을 제기할 수 있도록 제소범위가 제한되었다. 실제로 약관의 불공정한 조항이 소비자의 생명, 신체, 또는 재산에 관한 권익을 직접적으로 침해하는 경우는 매우 드물기 때문에 소비자기본법의 단체소송제도가 약관의 내용통제를 위한 제도로서 기능할 것이라고 기대하기에는 무리가 있다.

52_ 소비자기본법의 소비자단체소송은 그 청구가 침해행위의 금지 및 중지에 한정되고 손해배상의 청구는 할 수 없다는 점에서 빈약한 기능을 담당하는 단체소송제도라고 비판받고 있다. 소비자들은 소비자단체를 거치지 않고 스스로 피해자집단을 형성하여 집단소송을 제기하기를 원하는데, 현행 민사소송법의 다수당사자소송은 매우 번거로운 절차를 요구하므로 좀 더 간편한 집단소송제도가 도입될 필요가 있다는 것이다. 이은영, "한국소비자법 35년 회고와 과제", 『저스티스』 제146권 3호(한국법학원, 2015. 2.2), 467-487면.

53_ 박희주, 김영신, 『단체소송의 대상 범위 확대에 관한 연구』(한국소비자원, 2012), 1면 이하.

2. 구체적 분쟁에 관한 판례의 영향력

약관조항의 불공정성에 관한 판례가 다수 집적되어 있지만 그 판례들은 구체적 분쟁에 관한 판단으로서 약관의 추상적 내용통제에 해당하지 않는다. 그러나 그 판례들은 상당히 큰 사회적 영향력을 가지고 있으며, 그 영향력에 의하여 마치 추상적 내용통제가 행해진 것과 같은 사실상의 기능을 담당하고 있다.[54]

약관과 관련된 계약당사자 사이의 구체적 분쟁은 통상의 사적 분쟁과 마찬가지로 민사소송의 절차에 의한다. 약관에 관한 분쟁이 실제로 민사소송의 사건이 되기 위해서는 당사자 사이에 특정한 약관조항의 무효 여부에 관한 다툼이 있다는 사실만으로는 부족한 경우가 대부분이다. 그 조항으로 인하여 생기게 될 법률관계에 관해 당사자의 구체적 이해 관계가 엇갈려야 한다. 예를 들어 고객의 사업자에 대한 손해배상청구가 약관의 면책조항이 무효인 경우에 한해서 인용될 수 있는 경우에, 그 손해배상의 인용여부에 관한 구체적인 민사 분쟁이 존재하게 된다. 약관규제법에 의하여 무효로 되는 약관조항은 실체법상 당연히 무효이다. 민사소송에서 판결의 전제가 된 어떤 약관조항이 무효인 경우에, 그 조항은 약관에 없었던 것으로 취급된다. 그 조항이 의도하였던 계약내용의 형성은 없었던 것으로 취급되므로 민사법의 기본원칙에 따라 계약내용의 보충적 해석이 시도된다. 약관규제법의 실체법 규정은 구체적 소송사건의 선결문제로서 판결의 이유에서 처리된다. 법관이 특정한 약관조항의 무효여부를 판단함에 있어서 약관법 실체법규정은 그 판단의 법적 근거를 제공한다. 약관규제법의 절대적 무효조항은 그 해석에서 커다란 의견차를 가져오지 않는다. 그러나 상대적 무효조항은 법률가의 양심과 식견에 따라 다른 해석결과를 야기할 소지가 크다. 상대적 무효조항에서 무효여부를 결정하는 기준은 '상당성'인데 그 상당성판단은 판

54_ 장경환, "약관의 내용통제의 방식과 체계", 『경희법학』제30권 제1호(1995), 81면 이하.

단주체에 따라 다른 결과를 초래할 수 있다.[55] 법관은 법률의 해석에 있어서 양심과 식견을 근거로 판단한다. 동일한 약관조항에 관해 공정거래위원회의 심결례나 시정조치 등 행정행위가 있더라도 법원은 그것에 구속을 받지 않는다.[56]

3. 행정소송 및 형사소송의 영향력

사업자는 공정거래위원회가 행한 시정조치에 대해가 불복하고 행정소송을 제기할 수 있다. 공정거래위원회는 사업자에 대해 시정명령(제17조의2 제2항에 따른 명령)을 발하고 그 명령을 이행하지 아니한 사업자는 2년 이하의 징역 또는 1억 원 이하의 벌금에 처해질 수 있다(약관규제법 제32조). 사업자가 시정명령에 불복하여 행정소송을 제기하거나 또는 징역 및 벌금의 부과를 위한 형사재판이 제기될 경우에 행정소송 또는 형사소송의 심판절차에서는 공정거래위원회의 시정조치 및 벌칙부과에 대한 합법성 여부가 판단될 것이다. 시정조치 및 벌칙부과의 합법성을 판단하기 위해서는 그 시정조치의 전제가 되었던 약관조항의 불공정성 여부, 즉 무효여부가 선결문제로서 판단될 필요가 있다. 이 과정에서 법원은 사실상 약관에 대한 추상적 내용통제를 하게 되지만 그렇다고 해서 그 추상적 내용통제의 판단이 판결주문이 되지도 못하고 동종업종의 동일한 약관조항에 대하여 약관조항의 사용을 금지하는 강제적 효력을 갖지도 않는다.[57] 이 경우 법원의 추상적 내용통제는 사실상 내용통제의 기능을 가질 뿐이며 직접적이고 법적인 내용통제에 해당하지는 않는다.[58]

55_ 같은 취지; 김진우, "불공정조항의 내용통제에 관한 몇 가지 법적 문제점—유럽 및 독일계약법과의 비교를 중심으로", 『외법논집』 제36권 제1호(2012.2), 155면 이하.

56_ 윤진수, "한국법상 약관규제법에 의한 소비자 보호", 『민사법학』 제62호(2013), 313면 이하.

57_ 장경환, "우리나라 약관규제법의 의의와 성과", 『경희법학』 제41권 제2호(2006), 241면 이하.

58_ 최병규, "약관내용에 대한 사법적 통제의 한계", 『경제법연구』 제12권 제1호(2013),

VI. 맺음말

한국은 약관심사에 관하여 행정규제 시스템을 취한 국가이다. 약관규제법에서는 추상적 내용통제의 전담기관을 공정거래위원회로 지정하고 있다. 1986년 약관규제법을 제정할 당시에 독일과 같이 단체소송제도를 도입할 것이 깊이 숙고되었지만, 단체소송을 도입하기에는 사회적 여건이 성숙되지 않았고 법원의 준비상황도 미비했다. 부득이하게 행정기관이 약관의 추상적 심사를 담당하게 된 것이다. 처음에는 경제기획원의 약관심사위원회가 설치되어 약관의 추상적 내용통제를 하였다. 1992년의 개정에 의해 공정거래위원회가 약관심사의 주무관청이 되었다. 행정부의 시정조치도 점차 강화되었다. 제정 당시에는 행정권고만 행해졌으나 1992년 이후에 강제력을 갖는 행정명령이 가능하게 되었다. 사업자가 약관조항을 삭제하라는 행정명령에 위반할 경우에 징역이나 벌금에 처하는 규정도 신설되고 약관에 대한 사전적 규제로서 표준약관의 제도가 도입되었다. 2012년 개정에서는 소비자의 구체적 분쟁을 해결할 수 있도록 약관 분쟁조정협의회가 신설되었다.

현재 미비한 분야는 법원에 의한 약관의 내용통제이다. 2006년의 소비자기본법에서 단체소송제도를 도입하기는 했지만 약관의 내용통제 기능을 발휘하기에는 부족하다. 소송을 제기하기 위해 법원의 허가를 받아야 한다는 요건이 소송을 어렵게 만든다. 소비자의 생명, 신체, 또는 재산에 관한 권익을 직접적으로 침해하고 그 침해가 계속되는 경우에 한하여 단체소송이 제기될 수 있는데, 불공정한 약관의 사용을 금지시킬 목적으로 단체소송의 요건을 충족시키기는 어렵다. 불공정한 약관을 무효로 선언하여 동일한 약관을 사용한 계약에 효력을 미치는 법원의 추상적 약관심사의 판결이 요구된다. 불공정한 약관이 미치는 사회

183면 이하.

적 부작용을 줄이기 위해서는 무엇보다도 법원에 의한 약관심사를 강화해야 한다. 이를 위해서는 법원은 적극적으로 민사소송법 안에 약관의 추상적 내용통제를 포용하도록 개선해 나가야 할 것이다. 약관에 대한 추상적 심사가 민사소송의 영역으로 정착될 때 불공정한 약관이 확실히 제거될 수 있게 될 것이다.

참고문헌

1. 국내문헌

공정거래위원회,『약관규제의 실제』―약관규제법 시행 20주년을 기념하여, 2008.

권대우, "민법과 소비자보호법", 민사법학 특별호 제36호(2007).

김동훈, "약관조항의 일부무효의 법리―약관규제법 16조의 해석론",『경희법학』 제23권 제1호(1988.10).

김진우, "약관조항의 불편입 및 무효와 그 보충",『외법논집』제39권 제4호(2015. 11).

_____, "금융거래에서의 약관에 대한 사법적 통제",『민사판례연구』제37권 (2015).

_____, "불공정조항의 내용통제에 관한 몇 가지 법적 문제점―유럽 및 독일계약 법과의 비교를 중심으로",『외법논집』제36권 제1호(2012.2).

남궁술, "여러 특별법으로 산재된 소비자법의 단일화 방안: 민법과의 통합인가, 아니면 별도의 소비자법전의 제정인가? 프랑스의 경우를 중심으로", 제1회 소 비자법학회(2009.10) 발표 자료집.

_____, "유럽연합 소비재매매지침의 프랑스 국내법수용과정에서 일어난 논쟁에 관한 소고―'법의 정체성'과 '법의 단일화' 사이의 갈등",『외법논집』제27집 (2007.8).

박금순,『소비자문제 논고집』, 한국부인회총본부, 1982.

서울 통합변호사회,『보통거래약관의 연구』, 1983.

서희석, "일본 민법개정시안에 있어서 소비자법의 위치",『재산법연구』제16권 제2호(2009).

소비자문제를 연구하는 시민의 모임,『약관규제의 입법』, 1986.

송영욱, "은행여신거래 기본약관의 연구",『한국금융법연구』제4집(한국경제법 학회, 1991).

양창수, "자동차보험약관의 무면허운전면책조항에 대한 내용통제",『민법연구』 제4권(1997).

윤진수, "한국법상 약관규제법에 의한 소비자 보호",『민사법학』제62호(2013).

이병준, "의외조항 내지 기습조항의 법률적 취급", 『민사법학』 제73호(2015. 12).

_____, "약관의 추상적 내용통제와 구체적 내용통제의 관계—약관의 추상적 내용통제에서 확정된 약관의 무효를 개인의 개별적인 소송에서 주장할 수 있는가?", 『재산법연구』 제29권 제2호(2012.8).

_____, "민법에서의 소비자의 지위와 소비자특별법의 민법전에의 통합", 『민사법학』 제39권 1호(2007.12).

이은영, 『약관규제론』, 박영사, 1984.

_____, 『약관규제법』, 박영사, 1994.

_____, "한국소비자법 35년 회고와 과제", 『저스티스』 제146권 3호(한국법학원, 2015.2.2).

_____, "약관법과 민법의 관계, 계약내용통제 및 일부무효와 관련하여", 『외법논집』 제34권 제4호(2010).

이준형, "약관규제법·소비자법의 민법에의 통합문제에 대한 관견", 『재산법연구』 제16권 제2호(2009).

장경환, "우리나라 약관규제법의 의의와 성과", 『경희법학』 제41권 제2호(2006).

_____, "약관의 의외성의 원칙—독일약관규제법 제3조를 중심으로", 『경희법학』 제34권 제2호(1999).

_____, "약관의 내용통제의 방식과 체계", 『경희법학』 제30권 제1호(1995).

최병규, "약관내용에 대한 사법적 통제의 한계", 『경제법연구』 제12권 제1호(2013).

_____, "약관규제법상 일부무효의 특칙에 관한 연구", 『경제법연구』 제10권 제2호(2011).

_____, "독일 약관규제법의 최근 동향", 상사법연구 제14집 제1호(1995).

한국법학교수회 편, 『법과 약관』, 삼영사, 1984.

2. 국외문헌

Dereux, G., De la nature juridique des 'contrats de'adhēsion', Revne Trimestrilles de Droit Civil, 1910.

Doener/Staudinger, Schuldrechtsmodernisierung, Systematische Einführung und Synoptische Gesamtdarstellung, 2.Aufl. Nomos, 2002.

Hermann-Josef Bunte, ACB-Banken & AGB-Sparkassen Sonderbedingen, 4.Aufl. C.H.Beck, 2014.

Hensler, D.R/Hodges/Tzankova, Class Astions in Context, E-Elgar, 2016.5.

Markus Stoffels, AGB-Recht, 3.Aufl., C.H.Beck, 2015.

Pfeiffer, Verbraucherrecht mit vielen Saeulen — Auf der Suche nach funktionsgerechten Konstruktionsprinzipien eines Rechtsgebiets, NJW 2012, 2609.

Raymond Saléiles, De la Declation de la Volontē, art 133.

Ulmer/Brandner/Hensen, AGB-Recht Kommentar, 12.Aufl., Ottoschmidt, 2016.

Wolf/Lindacher/Pfeiffer, AGB-Recht Kommentar, 6.Aufl., C.H.Beck, 2013.

일본에 있어서 약관규제 및
부당조항규제의 현황과 과제*

마츠모토 츠네오**

1. 머리말

[슬라이드 1~2] 머리말

국민생활센터 이사장을 맡고 있는 마츠모토입니다.

한국에서 약관규제법이 시행된 지 30년을 맞이함과 동시에, 정형약관에 관한 규정이 새로 도입된 일본민법의 개정법안이 성립된 올해, 이와 같은 심포지움에 초청받아 보고할 수 있다는 사실에 감사드립니다.

[슬라이드 3] 약간의 접근방법

약관을 규제하는 방법에는, 첫째, 모든 거래에 적용되는 일반규칙으로 규제할 것인가 아니면 소비자거래에서만 적용되는 규칙으로 규제할 것인가, 둘째, 약관을 문제 삼을 것인가, 아니면 계약 속에 포함된 부당

---

* 이 논문은 2017년 6월 19일 한국외국어대학교 법학연구소 학술대회("약관규제법 시행 30주년의 회고와 입법적 과제")에서 발제한 글을 수정·보완하여 외법논집 제41권 제3호에 수록된 것입니다.

** 마츠모토 츠네오. 독립행정법인 국민생활센터 이사장, 히토츠바시대학 명예교수.

조항을 문제 삼을 것인가 하는 접근방법상의 차이가 있습니다.

한국에서는, 일찍이 1986년에 약관을 문제 삼는 접근방법으로 약관규제법을 제정하고 있습니다만, 일본에서는, 비교적 늦은 2000년에 계약 중의 부당조항을 문제 삼는 접근방법으로 소비자계약법을 제정하였습니다.

최근 성립된 개정민법에서는 「정형약관」이라고 하는 정의에 해당되는 경우로 한정되고 있습니다만, 약관을 문제 삼는 접근방법을 채택하고 있습니다.

한국의 약관규제법은 공정거래위원회에 의한 규제권한을 인정하는 행정법적인 성질도 지니고 있습니다만, 일본의 소비자계약법은 2006년 개정으로 적격소비자단체에 의한 소비자계약법위반행위의 금지청구권을 도입하였습니다. 이는 행정규제의 민영화라는 측면을 지니고 있습니다.

2. 20세기의 약관규제상황

[슬라이드 5~6] 민법의 일반조항이나 해석에 의한 규제
[슬라이드 7] 약관의 개별입법에 의한 규제
[슬라이드 8] 약관의 행정적 규제
2000년에 소비자계약법이 제정되기 전의 약관이나 부당조항에 관한 민사규제, 행정규제상황에 관해서는, 시간관계상 생략하겠습니다.

3. 소비자계약법에 의한 부당조항규제

[슬라이드10~12] 무효가 되는 개별조항
소비자계약법에는 무효가 되는 개별조항으로서, 책임면제조항·책임제한조항의 무효와, 위약금조항·손해배상액의 예정조항 중 일정액을 상회하는 부분에 관해서만 일부무효를 인정하고 있었습니다만, 2016년 개정으

로, 제8조의2 규정이 추가되어 해제권포기조항도 무효로 되었습니다.

[슬라이드 13] 소비자계약법 제9조 제1항에 관한 판례

이들 중 제9조 제1항과 관련된 판례로서, 다수의 하급심판결이 나오고 있는 외에도, 2006년에는, 대학의 수업료에 관한 최고재판소 판결도 나왔습니다. 이는 대학에 합격한 후 그 입학을 사퇴할 경우, 이미 납부한 입학금이나 수업료를 반환하지 않는다고 하는 특약이 쟁점이 된 사안으로, 입학금을 반환하지 않는다고 하는 특약은 유효하지만, 이미 납부한 수업료는 신학기가 시작되기 전에 입학을 사퇴한 경우에는, 대학 측에 손해가 발생하지 않는다고 하여 수업료의 전액반환을 명령한 사안입니다.

[슬라이드 14] 일반조항

더욱이 소비자계약법은, 제10조에 소비자의 이익을 일방적으로 침해하는 조항을 무효로 하는 일반조항을 두고 있습니다. 제10조는 전단의 요건을 예시하는 부분과, 전단의 요건과, 후단의 요건으로 구성되어 있습니다만, 이 중 가장 중요한 것은, 후단의 요건 즉, 신의성실의 원칙에 반하여 소비자의 이익을 일방적으로 침해하는 것으로 평가할 수 있는가 하는 것입니다.

[슬라이드 15~16] 소비자계약법 제10조에 관한 판례

소비자계약법 제10조와 관련된 판례도 많이 나오고 있습니다. 그 중에서도 특히, 임대차계약에 관한 최고재판소의 판례는 주목하여야 할 가치가 있습니다. 즉, 임대차계약의 종료 후 퇴거 시에, 임차인에게 채무불이행이 없더라도, 보증금으로부터 일정액을 뺀 액수만을 반환한다고 하는 이른바 보증금공제특약은 이 특약이 너무 고액인 경우를 제외하고는 유효하다거나, 계약을 갱신할 경우에 월세의 일정배수(一定倍數)의 갱신료를 징수한다고 하는 특약은, 이 특약이 일의적(一義的)이고 구체적으로 기재되어 있는 경우에는 유효하다고 최고재판소는 판단하고

있는 것입니다.

[슬라이드 17~18] 소비자위원회에 의한 추가 개정의 검토

내각부 소비자위원회에서는, 소비자계약법의 추가적인 개정에 관해 심의하고 있는데, 부당조항에 관해서는, ① 소비자의 성년후견 등의 개시를 해제사유로 하는 조항, ② 계약의 문언의 해석권한이나 당사자의 권리·의무의 발생요건해당성에 관한 결정권한을 사업자에게만 부여하는 조항, ③ 본래라면 전부 무효가 되어야 할 조항에, 그 효력을 강제법규에 의해 무효가 되지 않는 범위로 한정하는 취지의 문언을 부가한 조항(즉, 「salvage조항」) 등을 검토하고 있습니다.

또한 제9조 제1항의 계약해제로 인해 당해 사업자에게 발생한 평균손해액의 입증부담을 완화시키기 위한 방책이라든가, 조항사용자 불리의 원칙을 명기하는 것 등도 검토하고 있습니다.

[슬라이드 19] 두 종류의 소비자단체소송

현재, 일본에서는 두 종류의 소비자단체소송제도가 있습니다.

첫 번째는, 2006년의 소비자계약법 개정으로 도입된 적격소비자단체에 의한 소비자계약법위반행위의 금지소송입니다.

소송을 제기할 수 있는 자격이 있는 적격소비자단체는 금년 5월까지의 시점에서 16개가 있습니다.

불특정하고 다수인 소비자에 대하여 행하여지고 있는 사업자의 행위일 것이 요구되기 때문에, 부당한 계약조항의 금지청구는 실질적으로는, 부당한 약관의 금지청구가 됩니다.

가령 적격소비자단체가 승소하였다 하더라도, 소비자가 사업자에게 금액의 반환을 청구하는 소송에서 소비자가 그 판결의 효과를 원용할 수는 없습니다.

이러한 흠결을 보충하기 위해 마련된 것이, 작년 10월에 시행된 소비자재판절차특례법에 근거한 특정 적격소비자단체에 의한 집단적 피해

회복소송제도입니다.

이 제도는 2단계로 구성되어 있는데, 첫째는 제1단계의 공통의무확인소송으로, 특정 적격소비자단체가 원고가 되어 소비자에게 공통의 쟁점, 예를 들면, 어떤 계약조항의 무효와 그 효과로서 이미 지급된 대금의 반환의무의 존부가 다투어집니다.

제1단계의 확인판결이 확정되면, 피해의 구제를 희망하는 소비자는, 특정 적격소비자단체에 자신의 권리를 수권(授權)하는 형태로, 제2단계의 절차에 참가하게 되는 것입니다.

[슬라이드 20] 금지소송의 예
[슬라이드 21~22] 절차의 대상이 되는 집단피해
생략

4. 개정민법에 의한 정형약관규제

[슬라이드 24~25] 정형약관의 정의와 해당성판단의 3요소
개정민법에서는 정형약관에 관한 규정이 도입되었습니다. 정형약관이라는 것은, 종래 「약관」으로 불리우는 것 중에서, 다음의 세 요건을 전부 충족하는 것을 말합니다.

첫째, 불특정다수를 상대방으로 하는 거래일 것. 고용계약이나 사업자간 거래의 대부분이 해당되지 않습니다.

둘째, 내용이 획일적이라는 점이 쌍방의 입장에서 합리적일 것. 개정민법에서는, 가격·요금에 관해서도 정형약관의 내용으로 되어 있기 때문에, 가격이나 요금에 관해 교섭의 여지가 있을 경우에는 대상이 되지 않을 가능성이 큽니다.

셋째, 계약의 내용으로 하는 것을 목적으로 준비된 조항일 것.

그러나 구체적으로, 어떤 약관이 정형약관에 해당하는가 하는 것은

이후의 판례의 축적을 기다릴 수밖에 없습니다.

[슬라이드 26~28] 정형약관의 합의에의 편입
① 정형약관을 계약의 내용으로 하는 취지의 합의를 하는 경우 또는,
② 정형약관준비자가 사전에 그 약관을 계약내용으로 한다고 하는 취지를 상대방에게 표시하고 있었던 경우에, 정형약관이 계약내용으로 합의된 것으로 봅니다.

이 규정의 예외로서, 여객운송사업이나 전기통신사업 등 일부 업종에 관해서는, 정형약관준비자가 그 정형약관으로 계약내용을 한다고 하는 것을 사전에 공표하고 있었던 때에는, 정형약관을 합의의 내용으로 한다는 취지의 의사표시 그 자체를 상대방에게 할 필요는 없습니다.

그리고 중요한 것은, 정형약관을 작성하고 준비한 자가 정형거래에 관한 합의를 하기 전에 상대방으로부터 정형약관의 내용의 표시를 요구받았음에도 불구하고 이를 거부한 경우에는, 정형약관은 계약의 합의내용이 되지 않습니다만, 상대방이 요구하지 않는 한, 사전에 개시(開示)해 둘 필요는 없다고 되어 있다는 점입니다.

따라서 소비자위원회의 소비자계약법 전문조사회에서는, 소비자계약법에서 계약조항을 사전에 개시(開示)하도록 노력하여야 할 의무를 신설하는 규정을 검토하고 있는 것입니다.

[슬라이드 29] 정형약관 중의 부당조항규제
정형약관 중의 부당조항규제는, 소비자계약법 제10조와 개정민법 제548조의2 제2항을 비교해 보면 잘 알 수 있습니다만, 요건은 소비자계약법과 동일한 수준입니다. 다만, 그 효과면에서 소비자계약법에서는 무효이고, 개정민법에서는 처음부터 합의에 편입되지 않는다고 하는 차이가 있습니다.

[슬라이드 30] 소비자계약법과의 조정문제

이 차이로 인해, 다음의 문제가 발생합니다. 즉, 소비자계약법이 민법에 우선하여 적용되기 때문에, 무효가 우선하게 되고, 따라서 적격소비자단체에 의한 금지소송의 대상이 된다고 생각할 것인가, 아니면 민법에 의하면 계약의 내용이 되지 않기 때문에 소비자계약법의 무효규정을 적용할 여지가 없게 된다고 생각할 것인가 하는 문제입니다.

후자의 해석을 취할 경우, 소비자계약법상 무효한 조항을 포함하는 약관뿐만 아니라, 민법상 합의에 편입되지 않는 조항을 포함하는 정형약관의 사용도 금지대상에 포함되도록 소비자계약법을 개정하여야 할 필요성이 생기게 됩니다.

[슬라이드 31] 불의(시)조항
생략

[슬라이드 32~33] 정형약관의 변경
정형약관은, 다음의 두 경우에는 상대방과의 개별적인 합의 없이, 약관준비자가 일방적으로 변경할 수 있습니다.

첫 번째는, 정형약관의 변경이 상대방의 일반적인 이익에 적합하는 경우입니다.

두 번째는, 정형약관의 변경이 계약을 한 목적에 반하지 않고 동시에, 변경의 필요성, 변경 후의 내용의 상당성, 정형약관을 변경하는 경우가 있다고 하는 취지의 규정의 유무 및 그 내용 기타 변경과 관련된 사정에 비추어 합리적인 것일 경우입니다.

전자에 관해서는 이론이 없을 것입니다만, 후자에 관해서는, 정형약관의 합의에의 편입요건을 규정하고 있는 개정민법규정이 적용되지 않아, 신의성실의 원칙에 구속되지 않는다고 하는 점에서 우려가 됩니다.

[슬라이드 34] 중심조항과 부수적 조항
종래의 약관에 관한 학설에서는, 약관으로 보충할 수 있고, 그 반면으

로 약관규제의 대상이 되는 것은 부수적 조항뿐이고, 목적물이나 가격과 같이 계약의 중심이 되는 사항은 본래의 의미의 합의가 필요하다고 이해되어 왔습니다.

앞에서 소개하였던 보증금공제특약이나 갱신료특약에 관한 최고재판소의 견해는, 차임 그 자체가 아니라 하더라도, 차임액에 가까운 사항은, 계약의 중심조항과 유사한 것으로 평가하여 (그 내용이) 명확하게 나타나 있는 한, 민사규제의 대상이 되지 않는다고 하는 입장이라고 생각됩니다.

그러나 개정민법은 양자를 구별하고 있지 않습니다. 정형약관의 변경의 자유화는, 요금이나 서비스시간·내용 등, 종래에는 계약의 중심조항으로 이해하고 있었던 부분에도 넓게, 동시에, 계약기간 중이라 하더라도 변경이 가능하다고 하고 있습니다. 이 때문에 소비자에게 유리한 조건으로 계약을 체결해 놓고, 이후 사업자의 입장에서 채산 있는 계약조건으로 변경하는 방법으로 이용될 우려가 있습니다.

5. 맺음말

[슬라이드 35] 맺음말

이번의 민법개정에 관해, 일본 언론에서는, 소비자를 보호하기 위한 개정인 것처럼 보도하고 있습니다만, 실제로는 그렇지 않습니다.

이미 말씀 드린 바와 같이, 정형약관의 계약에의 편입요건이나 정형약관의 변경의 자유화라는 측면에서 볼 때, 소비자의 입장에서는 종래의 학설에 의한 일반적인 이해보다 불리하게 되어 있습니다.

약관의 내용규제라는 측면에서, 현재의 소비자계약법을 상회하여 보호하고 있는 것이 아닙니다.

다만, 소비자계약법에서 보호의 대상에서 제외되었던 개인사업자 등의 보호가, 민법에 의해 확충되었다고 하는 측면은 있습니다.

지금까지 들어주셔서 감사합니다.

개정전 민법 (1896년)	개정민법(2017년 개정)	소비자계약법 (2000년, 2006년, 2016년 개정)
	第548条의2(정형약관의 합의) 1. 정형거래(어떤 특정한 자가 불특정다수의 자를 상대로 하여 행하는 거래로서, 그 내용의 전부 또는 일부가 획일적이라는 것이 그 쌍방의 입장에서 합리적인 것을 말함. 이하 동일함.)를 한 자는, 다음 각호의 경우에는 정형약관(정형거래에 있어서, 계약의 내용으로 하는 것을 목적으로 그 특정한 자에 의해 준비된 조항의 총체를 말함. 이하 동일함.)의 개별조항에 관해서도 합의를 한 것으로 본다. 一 정형약관을 계약의 내용으로 하는 취지의 합의를 한 경우. 二 정형약관을 준비한 자(이하 「정형약관준비자」라고 함.)가 사전에 그 정형약관을 계약의 내용으로 한다는 취지를 상대방에게 표시하고 있었던 경우.	
	전기통신사업법의 개정 第167条의2(민법의 특례) 전기통신사업에 의한 전기통신업무제공과 관련된 거래에 관해, 민법 제548조의2 제1항의 규정을 적용하는 경우에는, 동항 제2호 중, 「표시하고 있었던」으로 되어 있는 것을, 「표시하거나 혹은 공표하고 있었던」으로 한다. (동일한 취지의 개정이 다수	

	있음)	
第1条(기본원칙) 2. 권리의 행사 및 의무의 이행은, 신의에 좇아 성실히 하여야 한다. 第90条(공서양속) 공공의 질서 또는 선량한 풍속에 반하는 사항을 목적으로 하는 법률행위는, 무효로 한다.	第548条의2(정형약관의 합의) 2. 전항의 규정에 불구하고, 동항의 조항 중, 상대방의 권리를 제한하거나 혹은 상대방의 의무를 가중하는 조항으로서, 그 정형거래의 태양 및 그 실정 내지는 거래상의 사회통념에 비추어, 민법 제1조 제2항에서 규정하는 기본원칙에 반하여 상대방의 이익을 일방적으로 침해하는 것으로 인정되는 것에 관해서는, 합의를 하지 않았던 것으로 본다.	第10条(소비자의 이익을 일방적으로 침해하는 조항의 무효) 소비자의 부작위를 가지고 당해 소비자가 새로운 소비자계약을 신청 혹은 그 승낙의 의사표시를 한 것으로 간주되는 조항 기타의 법령 중 공공의 질서에 관계없는 규정을 적용하는 경우와 비교하여, 소비자의 권리를 제한하거나 혹은 소비자의 의무를 가중하는 소비자계약조항으로서, 민법 제1조 제2항에서 규정하는 기본원칙에 반하여 소비자의 이익을 일방적으로 침해하는 것은, 무효로 한다.
		第8条(사업자의 손해배상책임을 면제하는 조항의 무효) 1. 다음 각호에 기재하는 소비자계약조항은, 무효로 한다. 一 사업자의 채무불이행으로 인해 소비자에게 발생한 손해에 대한 배상책임의 전부를 면제하는 조항 二 사업자의 채무불이행(당해 사업자, 그 대표자 또는 그 사용자의 고의 또는 중대한 과실로 인한 경우에 한함)으로 인해 소비자에게 발생한 손해에 대한 배상책임의 일부를 면제하는 조항 三 소비자계약에 있어서, 사업자의 채무이행 시에 이루어진 당해 사업자의 불

법행위로 인해 소비자에게 발생한 손해에 대한 배상책임의 전부를 면제하는 조항

四 소비자계약에 있어서, 사업자의 채무이행 시에 이루어진 당해 사업자의 불법행위(당해 사업자, 그 대표자 또는 그 사용자의 고의 또는 중대한 과실로 인한 경우에 한함)로 인해 소비자에게 발생한 손해에 대한 배상책임의 일부를 면제하는 조항

五 소비자계약이 유상계약인 경우에, 당해 소비자계약의 목적물에 숨겨진 하자가 있는 때(당해 소비자계약이 도급계약인 경우에는, 당해 소비자계약의 일의 목적물에 하자가 있는 때. 다음 항에서도 동일함.)에는, 당해 하자로 인해 소비자에게 발생한 손해를 배상하는 사업자의 책임의 전부를 면제하는 조항

2. 전항 제5호에서 규정하는 조항에 관해, 다음에 기재하는 경우에 해당하는 때에는, 동항의 규정을 적용하지 않는다.

一 당해 소비자계약에 있어서, 당해 소비자계약의 목적물에 숨겨진 하자가 있는 때에, 당해 사업자가 하자 없는 물건으로 이를 대신할 책임 또는 당해 하자를 보수할 책임을 지는 것으로 되어 있

		는 경우
		二 당해 소비자와 당해 사업자의 위탁을 받은 다른 사업자와의 사이의 계약 또는 당해 사업자와 다른 사업자와의 사이의 당해 소비자를 위해 하는 계약으로, 당해 소비자계약의 체결에 앞서거나 혹은 이와 동시에 체결된 계약에 있어서, 당해 소비자계약의 목적물에 숨겨진 하사가 있는 때에, 당해 다른 사업자가, 당해 하자로 인해 당해 소비자에게 발생한 손해를 배상할 책임의 전부 혹은 일부를 지거나, 하자 없는 물건으로써 이를 대신할 책임을 지거나 혹은 당해 하자를 보수할 책임을 지는 것으로 되어 있는 경우
		第8条의2(소비자의 해제권을 포기하게 하는 조항의 무효) (2016년 신설) 다음 각호에 기재하는 소비자계약조항은, 무효로 한다. 一 사업자의 채무불이행으로 인해 발생한 소비자의 해제권을 포기하게 하는 조항 二 소비자계약이 유상계약인 경우에 있어서, 당해 소비자계약의 목적물에 숨겨진 하자가 있다는 사실(당해 소비자계약이 도급계약인 경우에는, 당해 소비자계약의 일의 목적물에 하자가 있다는 사

		실)로 인해 발생한 소비자의 해제권을 포기하게 하는 조항
		第9条(소비자가 지급할 손해배상액을 예정하는 조항 등의 무효) 1. 다음 각호에서 기재하는 소비자계약조항은, 당해 각호에서 정하는 부분에 관해, 무효로 한다. 一 당해 소비자계약의 해제 시에 수반되는 손해배상액을 예정하거나 혹은 위약금을 정하는 조항으로서, 이들을 합산한 액수가, 당해 조항에서 설정된 해제의 사유, 시기 등의 구분에 따라, 당해 소비자계약과 동종의 소비자계약의 해제 시에 수반되는 당해 사업자에게 발생하여야 할 평균적인 손해액을 초과하는 것의 당해 초과하는 부분 二 당해 소비자계약에 근거하여 지급하여야 할 금전의 전부 또는 일부를 소비자가 지급기일(지급횟수가 2회 이상인 경우에는, 각각의 지급기일. 이하 이 호에서 동일함.)까지 지급하지 않는 경우에 있어서의 손해배상액을 예정하거나 혹은 위약금을 정하는 조항으로서, 이들을 합산한 액수가, 지급기일의 익일부터 그 지급일까지의 기간에 관해, 그 일수에 따라, 당해

		지급기일에 지급하여야 할 액수에서 당해 지급기일에 지급하여야 할 액수 중 이미 지급한 액수를 공제한 액수에 연 14.6%의 비율을 곱해서 계산한 액수를 초과하는 것의 당해 초과하는 부분
	第548条의3(정형약관의 내용의 표시) 1. 정형거래를 하거나 혹은 하려고 하는 정형약관준비자는, 정형거래 합의 전 또는 정형거래 합의 후, 상당한 기간 내에 상대방으로부터 청구가 있은 때에는, 지체 없이, 상당한 방법으로, 그 정형약관의 내용을 표시하여야 한다. 다만, 정형약관준비자가 이미 상대방에게 정형약관을 기재한 서면을 교부하거나 혹은 이를 기록한 전자적 기록을 제공하고 있었던 때에는 그러하지 아니하다. 2. 정형약관준비자가 정형거래 합의 전에 전항의 청구를 거부한 때에는, 전항의 규정은, 적용되지 아니 한다. 다만, 일시적인 통신장애가 발생한 경우 기타 정당한 사유가 있는 때에는, 그러하지 아니하다.	第3条(사업자 및 소비자의 노력) 1. 사업자는, 소비자계약조항을 정함에 있어서는, 소비자의 권리의무 기타 소비자계약의 내용이 소비자의 입장에서 명확하고 평이한 것이 되도록 배려함과 동시에, 소비자계약의 체결을 권유하는 경우에는, 소비자의 이해를 깊게 하기 위해, 소비자의 권리의무 기타 소비자계약의 내용에 관한 필요한 정보를 제공하도록 노력하여야 한다. 2. 소비자는, 소비자계약을 체결함에 있어서, 사업자로부터 제공되는 정보를 활용하여, 소비자의 권리의무 기타 소비자계약의 내용에 관해 이해하도록 노력하는 것으로 한다.
	第548条의4(정형약관의 변경) 1. 정형약관준비자는, 다음 각호의 경우에는, 정형약관을 변경함으로써, 변경 후의 정형약관조항에 관해 합의가 있었던 것으로 간주하여, 개별	

	적으로 상대방과 합의하는 일 없이 계약의 내용을 변경할 수 있다. 一 정형약관의 변경이 상대 방의 일반적인 이익에 적 합한 때. 二 정형약관의 변경이 계약 을 한 목적에 반하지 않 고, 동시에, 변경의 필요 성, 변경 후의 내용의 상 당성, 본 조의 규정에 의 해 정형약관을 변경하는 경우가 있다는 취지의 규 정의 유무 및 그 내용 기 타 변경과 관련된 사정에 비추어 합리적인 것인 때. 2. 정형약관준비자가 전항의 규정에 의해 정형약관을 변경 하는 때에는, 그 효력발생시 기를 정하고 동시에, 정형약 관을 변경하는 취지 및 변경 후의 정형약관의 내용 내지는 그 효력발생시기를 인터넷의 이용 기타의 적절한 방법으로 주지시켜야 한다. 3. 제1항 제2호의 규정에 의 해 정형약관을 변경하는 때에 는, 전항의 효력발생시기가 도래할 때까지, 동항에 의한 주지를 하지 않으면, 그 효력 이 생기지 아니한다. 4. 제548조의2 제2항의 규정 은, 제1항의 규정에 의한 정 형약관의 변경의 경우에는, 적용하지 아니한다.	
		第12条(금지청구권) (2006년 신설) 3 적격소비자단체는, 사업자

| | | 또는 그 대리인이 소비자계약 을 체결함에 있어, 불특정하 고 다수인 소비자와의 사이 에, 제8조에서 제10조까지에 서 규정하고 있는 소비자계약 조항(제8조 제1항 제5호에서 기재하는 소비자계약조항에 관해서는, 동조 제2항 각호에 서 기재하는 경우에 해당하는 것은 제외함. 다음 항에서도 동일함.)을 포함한 소비자계 약의 신청 또는 그 승낙의 의 사표시를 현재 하거나 할 염 려가 있는 때에는, 그 사업자 또는 그 대리인에 대하여, 당 해 행위의 정지 혹은 예방 또 는 당해 행위 시에 제공된 물 건의 폐기 혹은 제거 기타 당 해 행위의 정지 혹은 예방에 필요한 조치를 취할 것을 청 구할 수 있다.다만, 민법 및 상법 이외의 다른 법률의 규 정에 의하면, 당해 소비자계 약조항이 무효가 되지 않을 때에는 그러하지 아니하다. |

日本における約款規制及び不当条項規制の現状と課題

松本恒雄*

1. はじめに

スライド 1~2 はじめに

国民生活センター理事長の松本でございます。

韓国約款規制法施行30年であるとともに、 定型約款に関する規定の新設を定めた日本民法の改正法案が成立した本年に、 このようなシンポジウムにお招きいただき、報告ができることに御礼申し上げます。

スライド 3 いくつかのアプローチ

約款規制の手法には、 すべての取引に適用される一般ルールとするか、それとも消費者取引にのみ適用されるルールとするか、第2に、約款を問題とするか、 それとも契約中の不当条項を問題とするかというアプローチの違いがあります。

韓国では、 早くも1986年に約款アプローチに基づいて約款規制法を

---

* 独立行政法人国民生活センター理事長, 一橋大学名誉教授.

制定していますが、 日本では、 ようやく2000年に不当条項アプローチによって消費者契約法を制定しました。

最近成立した改正民法では、 「定型約款」という定義に該当する場合に限られますが、約款アプローチを採用しています。

韓国約款規制法は、 韓国公正取引委員会による規制権限を認める行政法の性質をも有していますが、 日本の消費者契約法は、 2006年の改正によって、 適格消費者団体による消費者契約法違反行為の差止請求権を導入しました。これは、行政規制の民営化の側面を持っています。

2. 20世紀における約款規制の状況

スライド 5~6　民法の一般条項や解釈による規制

スライド 7　約款の個別立法による規制

スライド 8　約款の行政的規制

2000年の消費者契約法制定までの、 約款や不当条項についての民事規制、行政規制の状況については時間の関係で省略します。

3. 消費者契約法による不当条項規制

スライド 10~12　無効とされる個別条項

消費者契約法には、無効とされる個別条項として、責任免除条項・責任制限条項の無効と違約金条項・損害賠償額の予定条項中の一定額を上回る部分についてのみの一部無効を定めていましたが、 2016年改正で8条の2が追加され、解除権放棄条項も無効とされました。

スライド 13　消費者契約法9条1項に関する裁判例

これらのうち、9条1項に関する裁判例として、多数の下級審判決が出ているほか、2006年には、大学授業料に関する最高裁判決も出ています。これは、大学の入学辞退の際に、納入済みの入学金や授業料を返還しないという特約について、入学金の不返還特約は有効であるが、前納授業料については、新学期が始まる前に入学辞退した場合には、大学側に損害が生じていないとして、全額返還を命じたものです。

スライド 14　一般条項

　さらに、消費者契約法10条は、消費者の利益を一方的に害する条項を無効とする一般条項を置いています。10条は、前段要件の例示部分と、前段要件と、後段要件からなっており、もっとも重要なのは、後段要件の信義誠実の原則に反して消費者の利益を一方的に害するものと評価できるかどうかです。

スライド 15~16　消費者契約法10条に関する裁判例

　消費者契約法10条に関する裁判例もたくさん出ています。　とりわけ賃貸借契約に関する最高裁の判例に注目すべきものがあります。　すなわち、賃貸借契約終了後の退去時に、賃借人に債務不履行がなくても、敷金から一定額を引いた額のみを返還するという、　いわゆる敷引特約は、それが高額過ぎる場合を除いて有効であるとか、契約更新の際に賃料月額の一定倍数の更新料を徴収する特約は、　それが一義的かつ具体的に記載されていれば有効という判例です。

スライド 17~18　消費者委員会におけるさらなる改正の検討

　内閣府消費者委員会では、　消費者契約法のさらなる改正についての審議を行っており、不当条項に関しては、① 消費者の後見等の開始を解除事由とする条項、② 契約文言の解釈権限や当事者の権利・義務の発生要件該当性についての決定権限を事業者のみに付与する条項、　③

本来であれば全部無効となるべき条項に、その効力を強行法規によって無効とされない範囲に限定する趣旨の文言を加えたもの(すなわち、「サルベージ条項」)などについて検討しています。

さらに、9条1項の契約解除によって当該事業者に生じる平均損害額の立証負担の緩和の方策、条項使用者不利の原則の明記なども検討しています。

スライド 19　2種の消費者団体訴訟

現在、日本には、2種類の消費者団体訴訟制度があります。

第1は、2006年の消費者契約法の改正によって導入された適格消費者団体による消費者契約法違反の行為の差止訴訟です。

訴訟を起こす資格のある適格消費者団体の本年5月の時点で16です。

不特定かつ多数の消費者に対して行われている事業者の行為であることが必要ですから、不当な契約条項の差止請求は、実質的には不当な約款の差止請求になります。

仮に適格消費者団体が勝訴したとても、消費者が事業者に返金を求める訴訟において、消費者がその判決の効果を援用することはできません。

この点の欠陥を埋めるのが、昨年10月に施行された消費者裁判手続特例法に基づく特定適格消費者団体による集団的被害回復訴訟の制度です。

仕組みは2段階になっており、まず、第1段階の共通義務確認訴訟では、特定適格消費者団体が原告となって、消費者に共通の争点、たとえば、ある契約条項の無効とその効果としての支払済み代金の返還義務の存否が争われます。

第1段階の確認の判決が確定すると、被害の救済を希望する消費者は、特定適格消費者団体に自己の権利を授権するという形で、第2段階の手続に参加することになります。

スライド 20　差止訴訟の例

スライド 21~22　手続の対象となる集団被害

省略

4. 改正民法による定型約款の規制

スライド 24~25　定型約款の定義と該当性判断の3要素

　改正民法において、定型約款に関する規定が導入されました。定型約款とは、従来「約款」と呼ばれていたもののうち、次の3つの要件をすべて満たすものを言います。

　まず第1に、不特定多数を相手方とする取引であることです。雇用契約や事業者間取引の多くも入りません。

　第2に、内容が画一的であることが双方にとって合理的であることです。改正民法では、価格・料金についても定型約款の内容とされていますので、価格や料金の交渉の余地がある場合は、対象にならない可能性が大きいです。

　第3に、契約の内容とすることを目的として準備された条項であることです。

　もっとも、具体的にどの約款が、定型約款に該当するかは、今後の判例の積み重ねを待つしかありません。

スライド 26~28　定型約款の合意への組入れ

　① 定型約款を契約内容とする旨の合意をした場合、または、② 定型約款準備者があらかじめその約款を契約内容とする旨を相手方に表示していた場合に、　定型約款が契約内容として合意されたものとみなされます。

　この例外として、　旅客運送事業や電気通信事業などの一部の業種に

ついては、　定型約款準備者がその定型約款によって契約内容とすることをあらかじめ公表していたときは、　定型約款を合意の内容とする旨の相手方に対する表示自体は不要であるとされています。

そして、重要なことは、定型約款を作成し、準備した者が、定型取引の合意の前に、　相手方から定型約款の内容の表示を求められたにもかかわらず、これを拒否した場合には、定型約款は契約合意内容となりませんが、相手方が要求しない限り、事前に開示しておく必要はないとされていることです。

そこで、消費者契約法に、契約条項の事前開示に努める義務を新設することが、　消費者委員会の消費者契約法専門調査会において検討されています。

スライド 29　定型約款中の不当条項の規制

定型約款中の不当条項の規制は、　消費者契約法10条と改正民法548条の2第2項を比べていただくとよくわかりますが、　要件は消費者契約法と同水準です。しかし、その効果が消費者契約法では無効、改正民法ではそもそも合意に組み入れられないという違いがあります。

スライド 30　消費者契約法との調整問題

そこから、次の問題が生じます。すなわち、消費者契約法が民法に優先適用されるので、無効が優先し、したがって、適格消費者団体による差止訴訟の対象となると考えるのか、それとも、そもそも民法によって契約内容とならないから、　消費者契約法の無効規定の適用の余地はないと考えるのかです。

後者の解釈をとる場合、　消費者契約法上無効な条項を含む約款だけではなく、　民法上合意に組み入れられない条項を含む定型約款の使用も差止対象に含むように消費者契約法を改正する必要が出てきます。

スライド 31　不意打ち条項
省略

スライド 32~33　定型約款の変更

　定型約款は、次の 2 つの場合には、相手方との個別の合意なしに、約款準備者において一方的に変更することができます。

　第1に、定型約款の変更が、相手方の一般の利益に適合するときです。第2に、定型約款の変更が、契約をした目的に反せず、かつ、変更の必要性、変更後の内容の相当性、定型約款の変更をすることがある旨の定めの有無及びその内容その他の変更に係る事情に照らして合理的なものであるときです。

　前者については異論がないでしょうが、後者については、定型約款の合意への組人要件を定める民法の規定は適用されず、　信義誠実の原則による縛りがかかっていない点に危惧があります。

スライド 34　中心条項と付随的条項

　従来の約款に関する学説では、約款で補充することができ、その反面で約款規制の対象になるのは、付随的条項のみであって、目的物や価格といった契約の中心となる事項は、　本来の意味の合意が必要であるとされてきました。

　先ほど紹介した敷引特約や更新料特約に関する最高裁の考え方は、賃料そのものではなくても、賃料額に近い事項は、契約の中心条項に類するものと位置付けて、明確に示されている限り、民事規制の対象としないという立場と思われます。

　しかし、改正民法は、両者を区別しません。定型約款の変更の自由化は、　料金やサービス時間・内容など、　従来は契約の中心条項であるとされていた部分にも広く及び、　かつ契約期間中であっても変更可能とされています。そのため、消費者に有利な条件で契約を締結しておいて、

その後、　事業者として採算のとれる契約条件に変更するという手法に利用されるおそれがあります。

5. むすび

スライド35　むすび

今回の民法改正に関して、日本のメディアでは、消費者保護のためのものであるかのような報道がされていますが、　実際はそうではありません。

すでに述べたように、　定型約款の契約への組入要件や定型約款の変更の自由化の面では、　消費者にとって従来の学説による一般的理解より不利となります。

約款の内容規制の面では、　現在の消費者契約法を上回る保護を与えるものではありません。

もっとも、　消費者契約法による保護の対象外であった個人事業者などの保護が、民法によって拡充されるという側面はあります。

ご静聴ありがとうございました。

定型約款・不当条項規制に関する民法・消費者契約法の対照表

改正前民法 (1896年)	改正民法(2017年改正)	消費者契約法 (2000年、2006年、2016年改正)
	第548条の2(定型約款の合意) 1　定型取引(ある特定の者が不特定多数の者を相手方として行う取引であって、その内容の全部又は一部が画一的であることがその双方にとって合理的なものをいう。以下同じ。)を行うことの合意(次条において「定型取引合意」という。)をした者は、次に掲げる場合には、定型約款(定型取引において、契約の内容とすることを目的としてその特定の者により準備された条項の総体をいう。以下同じ。)の個別の条項についても合意をしたものとみなす。 　一　定型約款を契約の内容とする旨の合意をしたとき。 　二　定型約款を準備した者(以下「定型約款準備者」という。)があらかじめその定型約款を契約の内容とする旨を相手方に表示していたとき。	
	電気通信事業法の改正 第167条の2(民法の特例) 電気通信事業による電気通信役務の提供に係る取引に関して民法第548条の2第1項の規定を適用する場合においては、同項第2号中「表示していた」とあるのは、「表示し、又は公表していた」とする。 (同旨の改正多数)	
第1条(基本原則) 2　権利の行使	第548条の2(定型約款の合意) 2　前項の規定にかかわらず、同項の条項のうち、相手方の権利を制限	第10条(消費者の利益を一方的に害する条項の無効) 消費者の不作為をもって当該消費者が

及び義務の履行は、信義に従い誠実に行わなければならない。 第90条(公序良俗) 公の秩序又は善良の風俗に反する事項を目的とする法律行為は、無効とする。	し、又は相手方の義務を加重する条項であって、その定型取引の態様及びその実情並びに取引上の社会通念に照らして民法第1条第2項に規定する基本原則に反して相手方の利益を一方的に害すると認められるものについては、合意をしなかったものとみなす。	新たな消費者契約の申込み又はその承諾の意思表示をしたものとみなす条項その他の法令中の公の秩序に関しない規定の適用による場合に比して消費者の権利を制限し又は消費者の義務を加重する消費者契約の条項であって、民法第1条第2項に規定する基本原則に反して消費者の利益を一方的に害するものは、無効とする。
		第8条(事業者の損害賠償の責任を免除する条項の無効) 1 次に掲げる消費者契約の条項は、無効とする。 　一 事業者の債務不履行により消費者に生じた損害を賠償する責任の全部を免除する条項 　二 事業者の債務不履行(当該事業者、その代表者又はその使用する者の故意又は重大な過失によるものに限る。)により消費者に生じた損害を賠償する責任の一部を免除する条項 　三 消費者契約における事業者の債務の履行に際してされた当該事業者の不法行為により消費者に生じた損害を賠償する責任の全部を免除する条項 　四 消費者契約における事業者の債務の履行に際してされた当該事業者の不法行為(当該事業者、その代表者又はその使用する者の故意又は重大な過失によるものに限る。)により消費者に生じた損害を賠償する責任の一部を免除する条項

		五　消費者契約が有償契約である場合において、当該消費者契約の目的物に隠れた瑕疵があるとき(当該消費者契約が請負契約である場合には、当該消費者契約の仕事の目的物に瑕疵があるとき。次項において同じ。)に、当該瑕疵により消費者に生じた損害を賠償する事業者の責任の全部を免除する条項
		2　前項第5号に掲げる条項については、次に掲げる場合に該当するときは、同項の規定は、適用しない。
		一　当該消費者契約において、当該消費者契約の目的物に隠れた瑕疵があるときに、当該事業者が瑕疵のない物をもってこれに代える責任又は当該瑕疵を修補する責任を負うこととされている場合
		二　当該消費者と当該事業者の委託を受けた他の事業者との間の契約又は当該事業者と他の事業者との間の当該消費者のためにする契約で、当該消費者契約の締結に先立って又はこれと同時に締結されたものにおいて、当該消費者契約の目的物に隠れた瑕疵があるときに、当該他の事業者が、当該瑕疵により当該消費者に生じた損害を賠償する責任の全部若しくは一部を負い、瑕疵のない物をもってこれに代える責任を負い、又は当該瑕疵を修補する責任を負うこととされている場合
		第8条の2(消費者の解除権を放棄させる条項の無効)(2016年新設)　次に掲げる消費者契約の条項は、無効とする。
		一　事業者の債務不履行により生じた消費者の解除権を放棄させる条項

		二　消費者契約が有償契約である場合において、当該消費者契約の目的物に隠れた瑕疵があること(当該消費者契約が請負契約である場合には、当該消費者契約の仕事の目的物に瑕疵があること)により生じた消費者の解除権を放棄させる条項
		第9条(消費者が支払う損害賠償の額を予定する条項等の無効) 1　次の各号に掲げる消費者契約の条項は、当該各号に定める部分について、無効とする。 　一　当該消費者契約の解除に伴う損害賠償の額を予定し、又は違約金を定める条項であって、これらを合算した額が、当該条項において設定された解除の事由、時期等の区分に応じ、当該消費者契約と同種の消費者契約の解除に伴い当該事業者に生ずべき平均的な損害の額を超えるもの　当該超える部分 　二　当該消費者契約に基づき支払うべき金銭の全部又は一部を消費者が支払期日(支払回数が2以上である場合には、それぞれの支払期日。以下この号において同じ。)までに支払わない場合における損害賠償の額を予定し、又は違約金を定める条項であって、これらを合算した額が、支払期日の翌日からその支払をする日までの期間について、その日数に応じ、当該支払期日に支払うべき額から当該支払期日に支払うべき額のうち既に支払われた額を控除した額に年14.6パーセントの割合を乗じて計算した額を超えるもの　当該超える部分

	第548条の3(定型約款の内容の表示) 1 定型取引を行い、又は行おうとする定型約款準備者は、定型取引合意の前又は定型取引合意の後相当の期間内に相手方から請求があった場合には、遅滞なく、相当な方法でその定型約款の内容を示さなければならない。ただし、定型約款準備者が既に相手方に対して定型約款を記載した書面を交付し、又はこれを記録した電磁的記録を提供していたときは、この限りでない。 2 定型約款準備者が定型取引合意の前において前項の請求を拒んだときは、前条の規定は、適用しない。ただし、一時的な通信障害が発生した場合その他正当な事由がある場合は、この限りでない。	第3条(事業者及び消費者の努力) 1 事業者は、消費者契約の条項を定めるに当たっては、消費者の権利義務その他の消費者契約の内容が消費者にとって明確かつ平易なものになるよう配慮するとともに、消費者契約の締結について勧誘をするに際しては、消費者の理解を深めるために、消費者の権利義務その他の消費者契約の内容についての必要な情報を提供するよう努めなければならない。 2 消費者は、消費者契約を締結するに際しては、事業者から提供された情報を活用し、消費者の権利義務その他の消費者契約の内容について理解するよう努めるものとする。
	第548条の4(定型約款の変更) 1 定型約款準備者は、次に掲げる場合には、定型約款の変更をすることにより、変更後の定型約款の条項について合意があったものとみなし、個別に相手方と合意をすることなく契約の内容を変更することができる。 　一　定型約款の変更が、相手方の一般の利益に適合するとき。 　二　定型約款の変更が、契約をした目的に反せず、かつ、変更の必要性、変更後の内容の相当性、この条の規定により定型約款の変更をすることがある旨の定めの有無及びその内容その他の変更に係る事情に照らして合理的なものであるとき。 2 定型約款準備者は、前項の規定に	

		よる定型約款の変更をするときは、その効力発生時期を定め、かつ、定型約款を変更する旨及び変更後の定型約款の内容並びにその効力発生時期をインターネットの利用その他の適切な方法により周知しなければならない。 3 第1項第2号の規定による定型約款の変更は、前項の効力発生時期が到来するまでに同項による周知をしなければ、その効力を生じない。 4 第548条の2第2項の規定は、第1項の規定による定型約款の変更については、適用しない。
		第12条(差止請求権)(2006年新設) 3 適格消費者団体は、事業者又はその代理人が、消費者契約を締結するに際し、不特定かつ多数の消費者との間で第8条から第10条までに規定する消費者契約の条項(第8条第1項第5号に掲げる消費者契約の条項にあっては、同条第2項各号に掲げる場合に該当するものを除く。次項において同じ。)を含む消費者契約の申込み又はその承諾の意思表示を現に行い又は行うおそれがあるときは、その事業者又はその代理人に対し、当該行為の停止若しくは予防又は当該行為に供した物の廃棄若しくは除去その他の当該行為の停止若しくは予防に必要な措置をとることを請求することができる。ただし、民法及び商法以外の他の法律の規定によれば当該消費者契約の条項が無効とされないときは、この限りでない。

일본에 있어서의 약관규제 및
부당조항규제에 관한 현황과
과제

2017년6월19일
독립행정법인국민생활센터이사장
히토츠바시대학 명예교수
마츠모토 츠네오

講演の概要

- 1 はじめに
- 2 20世紀における約款規制の状況
- 3 消費者契約法による不当条項の規制
- 4 改正民法による定型約款の規制
- 5 むすび

2

강연의 개요

- 1 머리말
- 2 20세기의 약관규제상황
- 3 소비자계약법에 의한 부당조항규제
- 4 개정민법에 의한 정형약관규제
- 5 맺음말

2

はじめに ― いくつかのアプローチ

- 不当条項アプローチ
  - 消費者契約法（2000年公布・2001年施行、20016年改正法が2017年6月3日施行）
    - 実体法のみ
- 約款アプローチ
  - 改正消費者契約法（2006年公布・2007年施行）
    - 適格消費者団体による差止請求権は実質的に約款アプローチ
  - 消費者裁判手続特例法（2013年公布・2016年施行）
    - 特定適格消費者団体による集団的被害回復訴訟は、消費者契約法に基づく差止訴訟の横出し・後ろ出しに近い
  - 改正民法（2017年公布・2020年施行予定）
    - 定型約款というかなり限定されたタイプの約款についてのみ

3

머리말 ― 약간의 접근방법

- 부당조항 접근방법
  - 소비자계약법(2000년 공포・2001년 시행、2016년 개정법이 2017년6월3일 시행)
    - 실체법만
- 약관 접근방법
  - 개정소비자계약법(2006년 공포・2007년 시행)
    - 적격소비자단체에 의한 금지청구권은 실질적으로 약관에 의한 접근방법
  - 소비자재판절차특례법(2013년 공포・2016년 시행)
    - 특정적격소비자단체에 의한 집단적 피해회복소송은,소비자계약법에 기한 금지소송의 흠결을 보충하기 위한 제도에 가까움
  - 개정민법(2017년 공포・2020년 시행예정)
    - 정형약관이라고 하는 상당히 한정된 타입의 약관에 관해서만

3

20世紀における約款規制の状況

20세기의 약관규제상황

約款の効力の裁判所による制限（その１）

- 裁判所は一般的に約款の効力に寛容である
- 「例文解釈」によって効力を否定
  - 契約条項のサンプルにすぎないとして、当事者間の契約の合意には含まれていないとする
    - 市販の契約書式を使った借家契約
- 公序良俗に違反するとして無効
  - 国内航空運送約款において、乗客の死傷事故による運送人の損害賠償額を100万円に限定することは、公序良俗に反し許されない
    - 日東航空つばめ号事件判決（大阪地裁判決昭和42年6月12日判時484号21頁）

5

약관의 효력의 법원에 의한 제한(1)

- 법원은 일반적으로 약관의 효력에 관용적임
- 「예문해석」으로 효력을 부정
  - 계약조항의 샘플에 불과하다고 하여, 당사자간의 계약의 합의에는 포함되어 있지 않다고 함
    - 시판하는 계약서의 양식을 사용한 임차계약
- 공서양속에 위반한다고 하여 무효
  - 국내항공운송약관에서, 승객의 사상(死傷)사고로 인한 운송인의 손해배상액을 100만엔으로 한정하는 것은, 공서양속에 반하여 허용되지 않는다
    - 日東航空つばめ号事件判決（大阪地裁判決昭和42年6月12日判時484号21頁）

5

約款の効力の裁判所による制限（その2）

- 信義誠実の原則に従って内容を制限
  - 電話の契約者の承諾なしに、その未成年の子が
    ダイヤルQ2の有料情報サービスを利用した場合
    に、有料情報サービスの料金の支払い義務が契
    約者にないだけではなく、通話料のうちの5割を
    超える部分について、電話会社（NTT）が契約者
    に対して支払を請求することは、信義則ないし衡
    平の観念に照らして許されない（最高裁判決平
    成13年3月27日民集55巻2号434頁 ）

6

약관의 효력의 법원에 의한 제한(2)

- 신의성실의 원칙에 따라 내용을 제한
  - 전화계약자의 승낙 없이, 미성년의 자녀가
    다이얼Q2의 유료정보서비스를 이용한 경우에,
    유료정보서비스에 대한 요금지급의무가
    계약자에게는 없을 뿐만 아니라, 통화료 중
    50%를 넘는 부분에 관해, 전화회사(NTT)가
    계약자에게 지급청구를 하는 것은 신의칙 내지
    형평의 관념에 비추어 허용되지 않는다(**最高
    裁判決平成13年3月27日民集55巻2号434頁**)

6

法律の規定による（片面的）無効

- 強行規定
    - 消費者保護の法律の中には、契約条件を法律で定め、それより消費者に不利な特約は無効とする例が多い
    - 特定商取引法49条
        - エステティックサロン、外国語会話教室等の特定継続役務提供の中途解約の自由の制限は無効
        - 中途解約の場合の違約金・損害賠償の額を制限
    - 借地借家法

7

법률의 규정에 의한(편면적)무효

- 강행규정
    - 소비자를 보호하기 위한 법률 중에는、계약조건을 법률에서 정하고、그로부터 소비자에게 불리한 특약을 무효로 하는 예가 많다
    - 특정 상거래법 제49조
        - 미용 맛사지、외국어 회화교실 등 특정 계속적 역무제공의 중도해약자유의 제한은 무효
        - 중도해약의 경우의 위약금・손해배상액을 제한
    - 借地借家法
      (우리의주택임대차보호법・상가건물임대차보호법에 해당함)

7

約款の行政的規制

- 認可約款・届出約款
  - 事業を行うためには、主務官庁から約款の認可を受けることを必要とする
    - 鉄道や電力、通信関係に多い
    - 行政による約款内容の事前審査
  - そのうえで、小規模事業者の多い業種では、行政が標準約款を告示して、事業者がそれを採用すれば認可があったものとして取り扱う例が多い
    - 宅配、引越、トランクルーム、旅行
- 約款の掲示義務・交付義務
  - 消費者が約款の内容を知る機会を確保するため
- 約款記載事項の義務づけ

8

약관의 행정적 규제

- 인가약관・신고약관
  - 사업을 하기 위해서는, 주무관청으로부터 약관의 인가를 받을 것이 필요함
    - 철도나 전력,통신관계에 많음
    - 행정에 의한 약관내용의 사전심사
  - 주무관청의 인가가 필요하지만, 소규모사업자가 많은 업종에서는, 행정이 표준약관을 고시하여 사업자가 이를 채택하면 인가가 있었던 것으로 취급하는 예가 많음
    - 택배, 이삿짐, 물품보관, 여행
- 약관의 게시(揭示)의무・교부의무
  - 소비자가 약관의 내용을 알 기회를 확보하기 위해
- 약관기재사항의무

8

消費者契約法による不当条項の規制

소비자계약법에 의한 부당조항규제

不当な免責条項の無効

- ①債務不履行や不法行為の損害賠償責任の全部免除条項(8条1項1号、3号)
- ②故意・重過失による債務不履行や不法行為の損害賠償責任の一部免除条項(8条1項2号、4号)
- ③商品に瑕疵があった場合の損害賠償責任や交換・修理責任を全部免除する条項(8条1項5号)←2017年改正民法により削除予定

10

부당한 면책조항의 무효

- ①채무불이행이나 불법행위로 인한 손해배상책임의 전부를 면제하는 조항(8조1항,1호,3호)
- ②고의・중과실에 의한 채무불이행이나 불법행위로 인한 손해배상책임의 일부를 면제하는 조항(8조1항2호、4호)
- ③상품에 하자가 있는 경우의 손해배상책임이나 교환・수리책임을 전부 면제하는 조항(8조1항5호)←2017년 개정민법에 의해 삭제 예정

10

解除権放棄条項の無効

- 2016年改正で追加
- ① 事業者の債務不履行により生じた消費者の解除権を放棄させる条項（8条の2第1項）
- ② 消費者契約が有償契約である場合において、当該消費者契約の目的物に隠れた瑕疵があること（当該消費者契約が請負契約である場合には、当該消費者契約の仕事の目的物に瑕疵があること）により生じた消費者の解除権を放棄させる条項（8条の2第2項）

11

해제권포기조항의 무효

- 2016년 개정으로 추가됨
- ① 사업자의 채무불이행으로 인해 발생한 소비자의 해제권을 포기하게 하는 조항(8조의2제1항)
- ② 소비자계약이 유상계약인 경우에, 당해 소비자계약의 목적물에 숨겨진 하자가 있음(당해 소비자계약이 도급계약인 경우에는, 당해 소비자계약의 일의 목적물에 하자가 있는 것)으로 인해 발생한 소비자의 해제권을 포기하게 하는 조항(8조의2제2항)

11

不当な違約金・損害賠償額の 予定条項の無効（一部無効）

- ①契約解除の場合の損害賠償額を予定する条項で、平均損害額を超える部分（9条1号）
- ②金銭支払債務の不履行の場合の損害賠償額の予定で年利14.6%を超える部分（9条2号）

부당한 위약금・손해배상액의 예정조항의 무효(일부 무효)

- ①계약해제의 경우의 손해배상액을 예정하는 조항으로, 평균손해배상액을 초과하는 부분(9조제1호)
- ②금전지급채무불이행의 경우의 손해배상액의 예정으로 연리14.6%를 초과하는 부분(9조2호)

損害賠償の予定条項に関する裁判例

- パーティ予約のキャンセル料
  - 東京地裁判決平成14年3月25日判タ1117号289頁
- 中古車の注文のキャンセル料
  - 大阪地裁判決平成14年7月19日金判1162号32頁
- LPガス供給契約の中途解約の際の違約金
  - さいたま地裁判決平成15年3月26日金判1183号42頁
- 結婚式場予約のキャンセル料
  - 東京地裁判決平成17年9月9日判時1948号96頁
- 大学入学辞退の場合の入学金・授業料の不返還
  - 最高裁判決平成18年11月27日民集60巻9号3437頁

손해배상액의 예정조항에 관한 판례

- 파티예약 취소요금
  - 東京地裁判決平成14年3月25日判タ1117号289頁
- 중고차주문 취소요금
  - 大阪地裁判決平成14年7月19日金判1162号32頁
- LP가스공급계약의 중도해약시의 위약금
  - さいたま地裁判決平成15年3月26日金判1183号42頁
- 결혼식장 예약취소요금
  - 東京地裁判決平成17年9月9日判時1948号96頁
- 대학입학사퇴시의 입학금・수업료의 불반환
  - 最高裁判決平成18年11月27日民集60巻9号3437頁

消費者の利益を一方的に害する条項の無効(一般条項)

- 消費者の不作為をもって当該消費者が新たな消費者契約の申込み又はその承諾の意思表示をしたものとみなす条項 ← **例示部分**

- その他の法令中の公の秩序に関しない規定の適用による場合に比して消費者の権利を制限し又は消費者の義務を加重する消費者契約の条項であって、 ← **前段規定**

- 民法第1条第2項に規定する基本原則に反して消費者の利益を一方的に害するものは、無効とする(10条) ← **後段規定**

14

소비자의 이익을 일방적으로 침해하는 조항의 무효(일반조항)

- 소비자의 부작위를 가지고 당해 소비자가 새로운 소비자계약의 신청 또는 승낙의 의사표시를 한 것으로 보는 조항 ← **예시부분**

- 기타 법령 중의 공공질서와 관계 없는 규정을 적용하는 경우와 비교하여 소비자의 권리를 제한하거나 소비자의 의무를 가중시키는 소비자계약조항으로서, ← **전단규정**

- 민법 제1조제2항에서 규정하는 기본원칙에 반하여 소비자의 이익을 일방적으로 침해하는 조항은 무효로 한다(10조) ← **후단규정**

14

消費者契約法**10**条の適用例（1）

- 賃貸住宅の契約終了時の原状回復義務
  - 通常の使用方法で自然に損耗を生じる部分について（壁紙の汚れ等）、賃借人に原状回復費用を負担させる特約は無効（大阪高裁判決平成16年12月17日判時1894号19頁）
- 賃貸借契約における敷引特約
  - 退去時に賃借人に債務不履行がなくても敷金から一定額を引いた額のみを返還する条項は、高額過ぎる場合を除いて有効（最高裁判決平成23年3月24日民集65巻2号903頁）
- 賃貸借契約における更新料特約
  - 一義的かつ具体的に記載されていれば有効（最高裁判決平成23年7月15日民集65巻5号2269頁）

15

소비자계약법 제**10**조의 적용례**(1)**

- 임대주택 계약종료시의 원상회복의무
  - 통상의 사용방법으로 자연적으로 손모(損耗)를 발생시키는 부분(벽지의 더러움 등)에 관해, 임차인에게 원상회복비용을 부담시키는 특약은 무효(**大阪高裁判決平成16年12月17日判時1894号19頁**)
- 임대차계약에서의 보증금공제특약
  - 퇴거 시 임차인에게 채무불이행이 없음에도 보증금에서 일정액을 뺀 금액만을 반환하는 조항은, 너무 고액인 경우를 제외하고는 유효(**最高裁判決平成23年3月24日民集65巻2号903頁**)
- 임대차계약에서의 갱신료특약
  - 일의적(一義的)이고 구체적으로 기재되어 있다면 유효(**最高裁判決平成23年7月15日民集65巻5号2269頁**)

15

消費者契約法**10**条の適用例（2）

- 医学部用進学塾の中途解約
  - 中途解約をいっさい認めない特約は無効（東京地裁判決平成15年11月10日判夕1164号153頁）
- 保険契約の無催告失効条項
  - 保険料不払いの場合に1月後に保険契約は失効するとの特約は、解約返戻金の範囲内での貸付け条項があり、かつ実務上督促が行われているときは、有効（最高裁判決平成24年3月16日民集66巻5号2216頁）

16

소비자계약법 제**10**조의 적용례**(2)**

- 의과대학진학대비학원의 중도해약
  - 중도해약을 일체 인정하지 않는다고 하는 특약은 무효（東京地裁判決平成15年11月10日判夕1164号153頁）
- 보험계약의 무최고 실효조항
  - 보험료를 지불하지 않는 경우에, 1개월 후에 보험계약이 실효된다고 하는 특약은, 해약환급금의 범위 내에서 대출조항이 있고, 실무상 독촉이 행하여지고 있는 때에는 유효（最高裁判決平成24年3月16日民集66巻5号2216頁）

16

消費者委員会において審議中の案(1)

- **不当条項の追加**
  - 消費者の後見等の開始を解除事由とする条項
  - 解釈権限付与条項・決定権限付与条項
    - 契約文言の解釈権限を事業者のみに付与する条項、及び、法律若しくは契約に基づく当事者の権利・義務の発生要件該当性若しくはその権利・義務の内容についての決定権限を事業者のみに付与する条項
  - サルベージ条項
    - 本来であれば全部無効となるべき条項に、その効力を強行法規によって無効とされない範囲に限定する趣旨の文言を加えたもの
  - 軽過失による人身損害の賠償責任を一部免除する条項

17

소비자위원회에서 심의 중인 안**(1)**

- 부당조항의 추가
  - 소비자의 성년후견 등의 개시를 해제사유로 하는 조항
  - 해석권한부여조항・결정권한부여조항
    - 계약문언의 해석권한을 사업자에게만 부여하는 조항 및 법률 혹은 계약에 근거한 당사자의 권리・의무의 발생요건해당성 혹은 그 권리・의무의 내용에 관한 결정권한을 사업자에게만 부여하는 조항
  - Salvage조항
    - 본래라면, 전부 무효가 되어야 할 조항에, 그 효력을 강행법규에 의해 무효가 되지 않는 범위로 한정하는 취지의 문언을 부가하는 것
  - 경과실에 의한 인적 손해의 배상책임을 일부 면제하는 조항

17

消費者委員会において審議中の案(2)

- 9条1項の契約解除によって当該事業者に生じる平均損害額の立証負担の緩和
  - 裁判所は、原告に立証責任があるとしている
- 契約の解釈準則
  - 条項使用者不利の原則
- 契約条項の事前開示に努める義務
  - 改正民法548条の3第1項によると、相手方から開示請求がない限り、定型約款を事前開示していなくても、定型約款の内容に拘束されることとなっている

18

소비자위원회에서 심의 중인 안**(2)**

- 9조1항의 계약해제로 당해 사업자에게 발생한 평균손해액에 대한 입증부담의 완화
  - 법원은 원고에게 입증책임이 있다고 한다
- 계약의 해석준칙
  - 조항 사용자불리의 원칙
- 계약조항을 사전에 개시(開示)하도록 노력하여야 할 의무
  - 개정민법 제548조의3 제1항에 의하면, 상대방으로부터 개시청구가 없는 한, 정형약관을 사전에 개시하고 있지 않더라도, 정형약관의 내용에 구속되는 것으로 되어 있다.

18

消費者団体訴訟

- **不当条項の差止請求（消費者契約法12条）**
  - 不特定かつ多数の消費者に対して行われている行為であることが必要
  - 不当な契約条項の差止請求は、実質的には不当な約款の差止請求
  - 消費者個人の条項無効訴訟において、直接援用できないが、実質的な影響はある
- **集団的被害回復請求（消費者裁判手続特例法）**
  - 相当多数の消費者に生じた財産的被害の回復
  - 第1段階における不当条項の無効確認と第2段階における個々の消費者の債権確定手続

19

소비자단체소송

- 부당조항의 금지청구(소비자계약법 제12조)
  - 불특정하고 다수인 소비자에 대하여 행하여지고 있는 행위일 것이 필요.
  - 부당한 계약조항의 금지청구는 실질적으로는, 부당한 약관의 금지청구임.
  - 소비자개인의 조항무효소송에서, 직접 원용은 할 수 없지만, 실질적인 영향은 있음.
- 집단적피해회복청구(소비자재판절차특례법)
  - 상당한 다수의 소비자에게 발생한 재산적 피해의 회복
  - 제1단계에서의 부당조항무효확인과 제2단계에서의 개개의 소비자의 채권확정절차

19

不当条項の差止請求の例

- 貸金契約中の早期完済違約金条項
  - 残元本の3%を支払う特約は実質的に利息制限法の制限利率を超えるとして10条違反認定（京都地裁判決平成21年4月3日判時2055号123頁）
- 冠婚葬祭互助会の中途解約手数料条項
  - 平均的損害を超えているとして差止認容（大阪高裁判決平成25年1月25日判時2187号30頁）
- 携帯電話利用サービス契約の中途解約金支払条項
  - 大手3社に対する訴訟はすべて認められず

20

부당조항금지청구의 예

- 대출계약 중의 조기완납위약금조항
  - 남은 원본(元本)의 3%를 지불한다고 하는 특약은 실질적으로 이자제한법상의 제한이율을 초과하는 것으로서 10조위반인정（京都地裁判決平成21年4月3日判時2055号123頁）
- 관혼상제상호부조회의 중도해약수수료조항
  - 평균적인 손해를 초과하고 있다고 하여 금지인용（大阪高裁判決平成25年1月25日判時2187号30頁）
- 휴대전화이용서비스계약의 중도 해약금 지급조항
  - 대형 3사에 대한 소송은 전부 인정되지 않음.

20

特例法の対象となる集団的被害（1）

- 消費者契約に関して相当多数の消費者に生じた財産的被害について、
- これらの消費者に共通する事実上及び法律上の原因に基づき、事業者が消費者に対して負う金銭の支払義務であって、
- 消費者契約に関する以下の請求
  - ①契約上の債務の履行請求
  - ②不当利得に係る請求
  - ③債務不履行による損害賠償請求
  - ④瑕疵担保責任に基づく損害賠償請求
    - 民法改正によりこの項目は削除
  - ⑤不法行為に基づく民法の規定による損害賠償請求

특례법의 대상이 되는 집단적 피해(1)

- 소비자계약과 관련하여 상당한 다수의 소비자에게 발생한 재산적 피해에 관해,
- 이들 소비자에게 공통되는 사실상 및 법률상 원인에 근거하여 사업자가 소비자에게 부담하는 금전지급의무로서,
- 소비자계약에 관한 이하의 청구
  - ①계약상의 채무이행청구
  - ②부당이득과 관련된 청구
  - ③채무불이행에 의한 손해배상청구
  - ④하자담보책임에 기한 손해배상청구
    - 민법개정으로 이 항목은 삭제됨
  - ⑤불법행위에 기한 민법규정에 의한 손해배상청구

特例法の対象となる集団的被害（2）

- ただし、損害賠償請求の中から以下を除外
  - 拡大損害
  - 逸失利益
  - 人身損害
  - 慰謝料
- 結局、対象となるのは
  - 本来の金銭債務の履行請求
  - 代金返還請求
  - 代金減額請求
  - 修理費用、交換費用、修理中の代替品費用の請求

22

특례법의 대상이 되는 집단적 피해**(2)**

- 다만, 손해배상청구 중 이하를 제외함
  - 확대손해
  - 일실이익
  - 인신(**人身**)손해
  - 위자료
- 결국, 대상이 되는 것은,
  - 본래의 금전채무이행청구
  - 대금반환청구
  - 대금감액청구
  - 수리비용,교환비용,수리 중의 대체품비용청구

22

改正民法による定型約款の規制

개정민법에 의한 정형약관규제

定型約款の定義

- 定型取引（民法548条の2第1項）
  - ある特定の者が不特定多数の者を相手方として行う取引であって、その内容の全部又は一部が画一的であることがその双方にとって合理的なもの
- 定型約款（民法548条の2第1項）
  - 定型取引において、契約の内容とすることを目的としてその特定の者により準備された条項の総体

24

정형약관의 정의

- 정형거래(민법 제548조의2 제1항)
  - 어떤 특정한 자가 불특정다수의 자를 상대방으로 하여 행하는 거래로서, 그 내용의 전부 또는 일부가 획일적이라는 것이 그 쌍방의 입장에서 합리적인 것.
- 정형약관(민법 제548조의2 제1항)
  - 정형거래에 있어서, 계약의 내용으로 되는 것을 목적으로 그 특정한 자로부터 준비된 조항의 총체.

24

定型約款該当性判断の3つの要素

1 不特定多数を相手方とする取引か
- 相手方の個性に着目するかどうかで区別
  - 雇用契約は入らない
  - 事業者間取引の多くも入らない
  - 預金取引や電気通信、ソフトウエア利用規約などは事業者間取引でも入る
  - 特定集団を相手とする場合でも個性に着目していなければ入る

2 内容が画一的であることが双方にとって合理的か
  - 合理的でない場合は定型約款に関する規定の適用を受けない
  - 変更の規定も適用されない

3 契約の内容とすることを目的として準備された条項か
- 契約内容を十分に吟味するのが通常の場合は入らない
  - 事業者間取引での契約書ひな型は、交渉による修正の余地があれば入らない

25

정형약관해당성 판단의 **3**요소

1 불특정다수를 상대방으로 하는 거래인가?
- 상대방의 개성에 주목하여 구별됨
  - 고용계약은 포함되지 않음.
  - 사업자간 거래의 대부분이 포함되지 않음.
  - 예금거래나 전기통신, 소프트웨어 이용규약 등은 사업자간 거래에도 포함됨.
  - 특정집단을 상대로 하는 경우에도 개성에 주목하지 않으면 포함됨.

2 내용이 획일적이라는 것이 쌍방의 입장에서 합리적인가?
  - 합리적이지 않은 경우에는 정형약관에 관한 규정을 적용하지 않음.
  - 변경에 관한 규정도 적용되지 않음.

3 계약의 내용으로 하는 것을 목적으로 준비된 조항인가?
- 계약내용을 충분히 음미하는 것이 통상적인 경우는 포함되지 않음.
  - 사업자간 거래에서의 계약서양식은 교섭으로 수정의 여지가 있으면 포함되지 않음.

25

定型約款条項の合意への組入れ

- 定型取引を行うことの合意をした者は、次の場合に、定型約款の個別の条項についても合意をしたものとみなされる（民法548条の2第1項）
  - 定型約款を契約の内容とする旨の合意をしたとき
  - 定型約款を準備した者があらかじめその定型約款を契約の内容とする旨を相手方に表示していたとき

26

정형약관조항의 합의에의 편입

- 정형거래를 하고자 합의한 자는, 다음의 경우에는, 정형약관의 개별조항에 관해서도 합의한 것으로 본다(민법 제548조의2 제1항)
  - 정형약관을 계약내용으로 하는 취지의 합의를 한 경우
  - 정형약관을 준비한 자가 사전에 그 정형약관을 계약내용으로 한다고 하는 취지를 상대방에게 표시하고 있었던 경우

26

定型約款の内容の表示請求

- 定型約款によることの表示は必要だが、定型約款内容自体の事前開示までは必要とされていない
- 相手方から請求があった場合に内容の表示義務
  - 定型取引を行い、又は行おうとする定型約款準備者は、定型取引合意の前又は定型取引合意の後相当の期間内に相手方から請求があった場合には、遅滞なく、相当な方法で当該定型約款の内容を示さなければならない（民法548条の3第1項）
- 定型取引合意前の表示請求拒否の効果
  - 定型約款準備者が定型取引合意の前において相手方からの表示の請求を拒んだときは、定型約款の条項は合意に組み入れられない（民法548条の3第2項）

27

정형약관의 내용의 표시청구

- 정형약관에 의한다고 하는 표시는 필요하지만, 정형약관내용자체의 사전개시는 필요하다고 되어 있지 않음.
- 상대방으로부터 청구가 있는 경우에는 내용표시의무
  - 정형거래를 하거나 혹은 하고자 하는 정형약관준비자는, 정형거래 합의 전 또는 정형거래합의의 후, 상당한 기간 내에, 상대방으로부터 청구가 있는 경우에는, 지체 없이, 상당한 방법으로 당해 정형약관의 내용을 표시하여야 한다(민법 제548조의3 제1항)
- 정형거래합의 전의 표시청구거부의 효과
  - 정형약관준비자가 정형거래합의 전에 상대방으로부터의 표시청구를 거부한 경우에는, 정형약관조항은 합의에 편입되지 않는다(민법 제548조의3 제2항)

27

定型約款の組入要件の特例

- 一部の業種については、定型約款準備者がその定型約款によって契約内容とすることをあらかじめ公表していたときは、定型約款を合意の内容とする旨の相手方に対する表示自体が不要
  - 旅客運送事業、高速道路、郵便、電気通信事業などの業法において、この旨の特則がおかれている

정형약관 편입요건의 특례

- 일부 업종에서는 정형약관준비자가 그 정형약관으로 계약내용으로 한다는 점을 사전에 공표하고 있었던 경우에는, 정형약관을 합의내용으로 한다는 취지를 상대방에게 표시하는 자체가 불필요.
  - 여객운송사업, 고속도로, 우편, 전기통신사업 등의 업법(業法)에서는 이러한 취지의 특칙이 규정되어 있음.

定型約款条項の合意への組入れ排除

- 定型約款の条項のうち、相手方の権利を制限し、又は相手方の義務を加重する条項であって、その定型取引の態様及びその実情並びに取引上の社会通念に照らして民法第1条第2項に規定する基本原則(＝信義誠実の原則)に反して相手方の利益を一方的に害すると認められるものは、合意をしなかったものとみなす(民法548条の2第2項)
- 消費者契約法や民法改正中間試案では、いったん合意の内容に組み入れられた条項の無効

정형약관조항의 합의에의 편입배제

- 정형약관조항 중, 상대방의 권리를 제한하거나 혹은 상대방의 의무를 가중하는 조항으로서, 그 정형거래의 태양 및 그 실정 내지 거래상의 사회통념에 비추어, 민법 제1조 제2항에서 규정하는 기본원칙(신의성실의 원칙)에 반하여, 상대방의 이익을 일방적으로 침해하는 것으로 인정되는 조항은, 합의를 하지 않은 것으로 본다(민법 제548조의2 제2항)
- 소비자계약법이나 민법개정 중간시안에서는, 일단 합의내용으로 편입된 조항은 무효.

消費者契約法との調整

- 消費者契約法の不当条項の無効は、約款に限定されない
  - ただし、差止めは、不特定かつ多数の消費者との間で消費者契約法によって無効とされる契約条項を含む契約の申込み等の行為を対象とするので、実質的に約款を対象としていることになる
- 定型約款に不当条項が含まれている場合
  - 消費者契約法が民法に優先して適用されるので、無効になると考えるか（とりわけ消費者契約法8条、8条の2、9条）、それとも
  - そもそも民法によって契約内容とならないから、消費者契約法の無効規定の適用の余地はないと考えるのか？
- 適格消費者団体による差止めの対象
  - 後者の解釈をとる場合、消費者契約法上無効な条項を含む約款だけではなく、民法上合意に組み入れられない条項を含む約款の使用も差止対象に含むように改正する必要がある

30

소비자계약법과의 조정

- 소비자계약법상의 부당조항의 무효는 약관에 한정되지 않음.
  - 다만, 금지는, 불특정하고 다수인 소비자와의 사이에 소비자계약법에 의해 무효가 되는 계약조항을 포함한 계약의 신청 등의 행위를 대상으로 하기 때문에, 실질적으로는 약관을 대상으로 하게 됨.
- 정형약관에 부당조항이 포함되어 있는 경우
  - 소비자계약법이 민법에 우선하여 적용되므로 무효가 된다고 생각할 것인가(특히 소비자계약법 제8조, 제8조의2, 제9조)?, 아니면
  - 처음부터 민법에 의해 계약내용으로 되지 않기 때문에, 소비자계약법상의 무효규정을 적용할 여지가 없다고 생각할 것인가?
- 적격소비자단체에 의한 금지의 대상
  - 후자의 입장을 취하게 되면, 소비자계약법상 무효한 조항을 포함하는 약관뿐만 아니라, 민법상 합의로 편입될 수 없는 조항을 포함하는 약관의 사용도 금지대상이 되도록 개정하여야 할 필요가 있음.

30

불시조항

- 민법개정 중간시안
  - 약관에 포함되어 있는 계약조항으로서, 다른 계약조항의 내용, 약관사용자의 설명, 상대방의 지식 및 경험 기타 당해 계약에 관한 일체의 사정에 비추어, 상대방이 약관에 포함되어 있다는 사실을 합리적으로 예측할 수 없는 것은 계약의 내용이 되지 않는 것으로 한다.
- 개정민법에서는 채택되지 않음.
  - 입법담당자는, 이는 신의성실의 원칙에 관한 문제로서, 편입요건으로 커버할 수 있다고 생각하고 있음.

定型約款の内容の変更

- 定型約款準備者は、以下の場合に、定型約款の変更をすることにより、変更後の定型約款の条項について合意があったものとみなし、個別に相手方と合意をすることなく契約の内容を変更することができる（民法548条の4第1項）
  ① 定型約款の変更が、相手方の一般の利益に適合するとき、または
  ② 定型約款の変更が、契約をした目的に反せず、かつ、変更の必要性、変更後の内容の相当性、定型約款の変更をすることがある旨の定めの有無及びその内容その他の変更に係る事情に照らして合理的なものであるとき

- 期間の定めのある契約で、期間内に変更する場合は、①に該当しなければ、②に違反して認められないものと考えるべきではないか？

- 期間の定めのない場合も、変更に際しての契約からの離脱の事由が与えられていない場合は、②に反して認められないものと考えるべきではないか？

정형약관의 내용변경

- 정형약관준비자는, 다음의 경우에는, 정형약관을 변경함으로써, 변경 후의 정형약관조항에 관해, 합의가 있은 것으로 보고, 개별적으로 상대방과 합의하는 일 없이, 계약의 내용을 변경할 수 있다.
  ① 정형약관의 변경이 상대방의 일반적인 이익에 적합하는 경우
  ② 또는, 정형약관의 변경이 계약을 한 목적에 반하지 않고, 변경의 필요성, 변경 후의 내용의 상당성, 정형약관을 변경한다고 하는 취지의 규정의 유무 및 그 내용 기타 변경과 관련된 사정에 비추어 합리적인 것일 경우

- 기간을 정한 계약에서 기간 내에 변경하는 경우에는, ①에 해당하지 않으면, ②에 위반하여 인정되지 않는 것으로 생각하여야 하는 것은 아닌가?

- 기간을 정하지 않은 경우에도 변경 시에 계약으로부터의 이탈사유가 주어져있지 않은 경우에는 ②에 위반하여 인정되지 않는 것으로 생각하여야 하는 것은 아닌 가?

定型約款の変更の限界

- 定型約款の変更に際しては、定型約款の合意への組入要件を定める民法548条の2第2項は適用されない（民法548条の4第3項）
- 組入れに関する民法547条の2第2項と変更に関する民法548条の4第1項第2号とで、どちらが要件が厳しいか？

정형약관의 변경의 한계

- 정형약관을 변경할 때에는, 정형약관의 합의에의 편입요건을 정한 민법 제548조의2 제2항은 적용되지 않는다(민법 제548조의4 제3항).
- 편입에 관한 민법 제547조의2 제2항과 변경에 관한 민법 제548조의4 제1항 제2호 중, 어느 쪽의 요건이 엄격한 가?

中心条項と付随的条項

- 従来の一般的学説
  - 約款で補充することができ、その反面で約款規制の対象になるのは、付随的条項のみ
  - 目的物や価格といった契約の中心となる事項は、本来の意味の合意が必要
- 最近の最高裁の考え方
  - 賃貸借契約における通常損耗の賃借人負担特約(現状回復義務)は、消費者契約法10条に違反しない
  - 実質隠れ賃料だと考えれば中心条項に近い
- 改正民法の定型約款規定
  - 両者を区別しない
  - 変更にあたっては、料金やサービス内容の変更という中心条項の変更を容易にすることにねらいがある
  - 安い価格で多数の契約を獲得しておいて、その後に定型約款の変更として、価格増額をすることが許されてよいか?

중심조항과 부수적 조항

- 종래의 일반적 학설
  - 약관으로 보충할 수 있고, 그 반면으로 약관규제의 대상이 되는 것은 부수적 조항뿐임.
  - 목적물이나 가격이라고 하는 계약의 중심이 되는 사항은 본래의 의미의 합의가 필요함.
- 최근의 최고재판소의 견해
  - 임대차계약에서 통상 손모에 관한 임차인부담특약(현상회복의무)는 소비자계약법 제10조에 위반하지 않는다.
  - 실질적으로 숨겨진 차임으로 생각하면 중심사항에 근접함.
- 개정민법의 정형약관규정
  - 양자를 구별하지 않음.
  - 변경 시, 요금이나 서비스내용의 변경이라고 하는 중심조항의 변경을 용이하게 하는 목적이 있음.
  - 저가(低價)로 다수의 계약을 획득해 두고, 그 후에 정형약관을 변경함으로써, 가격증액을 하는 것이 허용되어도 좋은 것인가?

むすび

ご静聴ありがとうございました

むすび

감사합니다.

약관규제법 시행 이후의 대표적 판결과 그 의의*

김동훈**

Ⅰ. 들어가는 말

이 글에서는 약관규제법 시행 30주년을 맞아 그간 동법이 적용된 대법원 판결 중에서 의미있는 몇 개를 골라 그 의의를 검토해 보았다. 그간 약관규제법이 적용된 대법원 판결만도 수백 개에 이르는바,[1] 이는 약관법의 내용을 풍성하게 하고 법 제정 시에는 생각지 못했던 새로운 법리와 해석론을 제시하기도 한다. 이 글에서는 먼저 약관규제와 사적자치의 관계에 대해 설시한 판결을 약관법의 기초를 생각해 보는 의미에서 선정하였다. 이어서 약관의 편입과 해석부분에 있어서는 선례적 의미가 큰 약관과 개별약정의 관계를 다룬 판결을, 내용통제에 관해서는 '수정해석'이라는 용어와 한정적 유효의 법리를 설시하여 선례적 의미가 높은 전원합의체 판결을 골랐다. 개별적 내용통제에 관해서는 빈도가

---

* 이 논문은 2017년 6월 19일 한국외국어대학교 법학연구소 학술대회("약관규제법 시행 30주년의 회고와 입법적 과제")에서 발제한 글을 수정·보완하여 외법논집 제41권 제3호에 수록된 것입니다.

** 국민대학교 법과대학 교수.

1_ 약관규제법 발효 이후 2017.4.까지 동법이 적용된 판결 중 대법원 종합법률정보를 통하여 검색가능한 판결은 340여 개에 이른다.

높고 이론적으로도 흥미가 있는 위약금 약정의 통제와 관련된 두 개의 판결을 골랐다. 필자가 임의로 선택한 것이기는 하지만, 지난 30년간 약관규제법을 적용하며 실무에서 의미있는 기준과 법리를 정립해 나가기 위한 법원의 분투를 볼 수 있고 앞으로 나아갈 판례의 방향에 대한 시사를 얻을 수 있으리라 기대해 본다.

II. 약관규제와 사적자치의 관계

대법원 2005.2.18. 선고 2003두3734 판결

[사실관계]　　원고는 임대분양사업자로서 1999-2001년 밀리오레 부산점, 내구섬, 수원점 등을 차례로 임대 분양하면서 동일한 내용의 계약서(약관)를 사용하였다. 공정거래위원회는 2002.6. 이 약관 중 다음 조항(제9조 제2항)에 대하여 불공정한 약관조항에 해당한다는 이유로, (1) 향후 이러한 불공정한 약관조항을 사용하여서는 아니 되고, (2) 원고는 위 조항을 시정명령을 받은 날로부터 60일 이내에 삭제 또는 수정하고, 위와 같은 사실을 위 계약서를 사용하여 계약체결 중에 있는 고객들에게 서면으로 통지하여야 한다는 내용의 시정조치를 하였다.

제9조 제2항: (갑의 면책) 갑은 준공예정일에 을이 입점할 수 있도록 최선을 다하여야 하며 천재지변 또는 이에 상응하는 부득이한 사유로 인하여 지정한 날짜에 개점이 어려울 경우 갑은 을에게 사전 통보하고 이때 을은 이로 인한 이의를 제기하지 않는다.

공정위는 민법 제537조의 채무자위험부담주의의 규정에 비추어 볼 때 임대인의 책임없는 사유로 개점시기가 지연되었다면 그 위험은 임대인이 부담하여야 할 것이라고 하나, 원고는 제537조는 임의규정이므로 당사자들이 이와 달리 약정할 수 있는 사적자치의 자유를 계약당사자가 다수라는 이유로 완전히 배제하는 것으로 부당하다고 다툰다. 공정위는 비록 당사자 간의 개별약정으로 달리 정할 수 있더라도 특약이나 개별약정이 아닌 약관의 형태로서 법률의 규정보다 고객에게 더 불리하게 입주지연에 대한 면책을 규정하는 위 약관조항은 상당한 이유 없이 사업자의 손해배상범위를 제한하거나 사업자가 부담하여야 할 위험을 고객에게 이전시키는 조항으로서 약관법 제7조 제2호에 해당한다고 한다.

[대법원의 판단]　약관은 사업자가 다수의 고객과 계약을 체결하기 위하여 일방적으로 작성한 것으로서 고객이 그 구체적인 조항내용을 검토하거나 확인할 충분한 기회를 가지지 못한 채 계약의 내용으로 되는 것이므로, 그 약관의 내용이 사적자치의 영역에 속하는 채무자위험부담주의에 관한 민법 제537조의 규정에 관한 것이라고 하더라도, 사업자가 상당한 이유 없이 자신이 부담하여야 할 위험을 고객에게 이전하는 내용의 약관조항은 고객의 정당한 이익과 합리적인 기대에 반할 뿐 아니라 사적자치의 한계를 벗어나는 것이라고 할 것이고, 따라서 이러한 사적자치의 한계를 벗어나는 약관조항을 무효로 한다고 하여 사적자치의 원칙에 반한다고 할 수는 없다.

1. 판례와 학설의 검토

사적자치 즉 당사자의 합의에 의하여 계약의 일부가 되는 약관의 내용에 대하여 국가가 이를 통제하는 경우 그 정당성이 어디에 있는가 하는 논의는 계약법 전체의 기초와 관련되는 문제이다. 대상판결은 약관의 내용통제와 사적자치의 관계라는 근본적인 문제에 대하여 설시하고 있다. 요지는 약관의 조항들을 무효로 선언하는 내용통제는 사적자치의 원칙에 반하는 것이 아니라 실질적인 사적자치의 원칙을 실현한다는 것이다.

판례는 그 근거로서 약관의 본질적 특성 중 일방적으로 작성되어 고객이 실제 거래에 있어 그 구체적인 내용을 검토함이 없이 계약의 내용으로 편입되는 것을 언급하고 있다. 즉 형식적으로는 약관을 계약내용으로 편입한다는 데 대해 고객의 동의를 얻고 있지만, 실제에 있어서 당사자 간의 계약내용에 대한 합의까지 있다고 볼 수는 없는 것이므로 이 점에서 민법상의 사적자치는 그 한계를 드러내고, 실질적인 사적자치를 실현하기 위한 법원의 간섭이 정당화된다는 것이다. 그리고 이러한 내용통제의 가장 중요한 기준으로 민법상의 임의규정을 제시하고 있다. 양 당사자의 이익을 합리적으로 고려한 하나의 모범제시기능을 하고 있는 민법상의 임의규정에 대해 상당한 이유 없이 이를 이탈하면서 고객의 정당한 이익을 해하는 경우에 이러한 사업자의 행위는 바로 사적자치의 원칙의 한계를 넘는 것이라고 한다. 위 판결에서도 민법상 임의규정인 채무자위험부담주의를 정하는 제537조와 배치되는 내용을 담은 약관의 무효를 선언하고 있다.[2]

학설은 약관에 대한 사법적 통제에 의한 개입의 정당성을 다음과 같이 설명하고 있다. 경제적 약자인 계약상대방이 사전에 마련된 계약조건을 그대로 받아들이지 않고는 계약을 체결할 수 없다는 현실에서 약관의 작성자가 상대방과의 사이에 이해관계의 조절을 꾀함이 없이 자신의 법적 지위를 일방적으로 강화하거나 강요하는 것은 상대방에게 계약체결의 자유가 주어져 있다 하더라도 계약내용의 형평이 확보되어 있지 않는 한 이를 정당하다고 할 수 없다는 것이다. 약관의 작성자가 자기 자신의 경제적·지적 우월성을 이용하여 그의 일방적 이익만을 추가하는 경우에는 계약의 공정성 기회는 처음부터 배제된다는 점을 지적하고

2_ 사안에서 공정위가 채무자위험부담주의를 정한 임의규정(제537조)을 근거로 제시하고 판결이 이를 수용한 점은 이론적으로 수긍하기 어렵다. 갑의 이행불능 즉 개점불능과 이에 대한 을의 반대급부인 차임지급의 논점이 문제되는 것이 아니기 때문이다. 다만 민법상의 엄밀한 위험부담이 아니라 약관법 제7조 2호의 '상당한 이유없이 사업자가 부담하여야 할 위험을 고객에게 떠넘기는' 위험의 전가에 해당하는 사안으로는 볼 수 있을 것이다. 즉 갑의 책임없는 사유로 개점이 지연된다면 이는 임대차계약상 상태유지의무를 다하지 못한 것이고 예컨대 을이 손해배상 외에 계약해제권 등을 행사할 가능성이 있는 것인데 이를 원천적으로 봉쇄하고 을에게 어떠한 이의를 제기하지 못하도록 한 것은 임대인이 부담할 위험을 임차인에게 전가하였다고 볼 수 있을 것이다.

있다.[3] 또 약관에 의한 계약체결은 경제적 열등성에 의한 자기결정의 침해의 전형적인 사례이므로 당사자 간의 정당한 이익조정을 실현하기 위하여 불공정한 약관에 대한 내용통제가 요청된다고 한다.[4]

2. 비판적 고찰

생각건대 약관에 의한 계약체결에서 경제적 열등성을 강조하여 약관의 내용통제의 근거를 근로계약이나 임대차계약 등의 통제와 동렬에 놓고 설명하는 것에는 의문이 있다. 위 판례가 적절히 지적하듯이 약관에 의한 계약체결은 그 실제적 내용보다도 체결의 과정에 있어 사업자의 일방적 작성으로 인해 고객은 그 내용에 대해 인지하고 검토할 충분한 기회를 갖지 못한다는 정보의 비대칭성에 있다. 물론 그 내용을 사전에 충분히 알았더라도 그것의 수정을 요구할 교섭력이 없거나 그러한 조항들로 인해 계약체결을 거부하기보다는 체결하는 것이 더 이익이 된다는 고려를 하게 되는 경우도 많을 것이다. 그러나 이것은 약관에 의한 계약체결에만 특유한 것이라기보다 계약일반의 문제이다. 교섭력의 불균형에 따른 계약조건의 불공정성은 시장에서의 자연스런 모습이라는 점을 외면하여서는 안 된다.

결국 약관에 의한 계약체결의 특성은 형식적인 계약서의 서명 뒤에 숨겨진 고객의 실질적인 인지가능성의 현저한 결여에 있다. 따라서 약관규제법은 일차적으로 고객의 실질적인 인지가능성을 확보한다는 점에서 명시의무와 중요부분의 설명의무를 약관의 편입요건으로 제시하고 있는 것이다. 그리고 일단 명시와 설명을 거쳐 형식적으로는 고객에게 인지의 기회가 주어졌다고 하더라도 계약체결에 즈음하여 제시되는 많은 분량의 계약조항들에 대해 실질적으로 인지하는 것은 어려운 일이므로 고객이 계약체결에 즈음하여 통상적으로 가지는 합리적인 기대의

3_ 김형배, 계약각론[계약법](2001), 52면.
4_ 권오승, 보통거래약관의 유효성, 민법특강(1994), 489면.

수준을 확보해 주고자 하는 것이며 이때 가장 중요한 기준이 민법의 임의법규가 되는 것이다.

근본적으로 약관에 의한 계약과 개별교섭에 의한 계약은 대립적·분절적으로 고찰될 것이 아니라 하나의 연속된 스펙트럼으로서 파악하여야 한다. 지극히 형식적으로 약관이 따라가는 계약에서부터 세밀히 개별적으로 교섭되는 계약의 사이에는 교섭의 정도나 고객의 인지가능성에 있어 다양한 층위가 있을 것이다. 따라서 약관규제법에 의한 내용통제는 여러 제약으로 구체적인 내용을 다 알지 못하고 계약체결에 임하게 되는 고객측이 계약을 체결하게 되는 전반적인 상황하에서 합리적으로 기대할 수 있는 수준을 사후적으로 법원이 어떻게 확보해주는 가가 문제된다. 즉 고객의 인지가능성과 고객의 합리적인 기대치는 상호작용적으로 법원의 간섭의 심도를 결정하는 기준이 될 것이다. 고객이 충분히 그 내용을 숙지하고 교섭의 대상이나 계약체결의 여부를 결정하는데 고려할 수 있는 사정이 인정될수록 법원의 내용통제는 자제되어야 할 것이다. 그런 점에서 약관에 의한 계약에서 사적자치의 원칙과 내용통제는 상호 충돌한다기보다는 상호 작용하는 것이라고 보아야 할 것이다.

Ⅲ. 개별교섭후 수정되지 않은 약관조항의 효력

대법원 2008.7.10. 선고 2008다1650 판결

[사실관계]   원고는 그 소유의 X 건물을 임대하기로 하는 내용의 임대차계약을 체결하면서, 임차인이 어떠한 사정으로 자기 소유물 또는 재산을 반출하지 못하였거나 임대차목적물을 원상으로 복구하지 못하였을 때에는 임대차계약이 종료한 날로부터 기산하여 명도 또는 복구된 날까지의 통상 임대료 및 관리비, 보증금 이자(월 1% 계산)의 2배를 확정 배상액으로서 임대인에게 지급하기로 약정(이하 '손해배상금 조항')하였다.

손해배상금 조항에 대하여 불만을 가진 피고는 임대차계약서에 동 조항을 배제한다는 취지의 문구(이하 '특약조항')가 기재된 서면을 첨부하여 원고에게 교부하였으나, 이를 알게 된 원고는 즉시 피고를 찾아가 특약조항이 첨부된 서면을 찢어버리고 새로이 날인하였으며 피고는 이에 대하여 항의하지는 아니하였다. 그 후 임대차계약이 종료되고 원고는 피고에게 X 건물의 인도를 요청하였으나 피고는 한달 여가 지나서야 원고에게 건물을 인도하였고, 이에 원고는 피고에게 임대차보증금에서 손해배상금 조항에 따라 계산한 확정배상액 1,600만원을 공제한 나머지 금액만을 지급하였다. 이에 피고는, 손해배상금 조항은 피고에게 부당하게 불리한 조항임과 동시에 부당하게 과중한 지연손해금 등의 손해배상의무를 부담시키는 조항으로서 약관규제법 제6조 제2항 제1호, 제8조에 따라 무효라고 주장한다. 이에 대해 원고는 손해배상금 조항이 개별적인 교섭과정을 거친 것으로서 약관이 되지 않는다고 항변한다.

[대법원의 판단]　　가. 계약의 일방 당사자가 다수의 상대방과 계약을 체결하기 위해서 일정한 형식에 의하여 미리 계약서를 마련하여 두었다가 어느 한 상대방에게 이를 제시하여 계약을 체결하는 경우에도 그 상대방과 사이에 특정 조항에 관하여 개별적인 교섭(또는 흥정)을 거침으로써 상대방이 자신의 이익을 조정할 기회를 가졌다면, 그 특정 조항은 약관규제법의 규율대상이 아닌 개별약정이 된다고 보아야 할 것이고, 이때 개별적인 교섭이 있었다고 하기 위해서는 비록 그 교섭의 결과가 반드시 특정 조항의 내용을 변경하는 형태로 나타나야 하는 것은 아니라 하더라도, 적어도 계약의 상대방이 그 특정 조항을 미리 마련한 당사자와 사이에 거의 대등한 지위에서 당해 특정 조항에 대하여 충분한 검토와 고려를 한 뒤 영향력을 행사함으로써 그 내용을 변경할 가능성은 있어야 한다.

나. 비록 원고가 임대차계약의 체결과정에서 피고가 배상금 조항을 배제하는 특약을 임대차계약의 내용에 포함하려고 시도하다가 원고 측

의 반발로 무산되었다 하더라도, 그러한 사정만으로는 피고가 배상금 조항에 대하여 충분한 검토와 고려를 한 뒤 영향력을 행사함으로써 그 내용을 변경할 가능성이 있었다고 보기 어렵고, 원고와 피고가 모두 상법상의 상인인 주식회사라고 하여 임대인인 원고가 임차인인 피고보다 우월한 지위에 있지 않다고 단정할 수도 없다. 따라서 손해배상금 조항은 개별적인 교섭을 거침으로써 임차인 피고가 자신의 이익을 조정할 기회를 가졌다고 할 수 없어 약관으로서의 성질을 보유하고 있다고 봄이 상당하다(배상금 조항은 제8조에 의해 무효라고 본 원심을 확인함).

1. 문제의 제기

약관규제법 제4조는 개별약정 우선의 원칙을 정하고 있다. 약관에서 정하고 있는 사항에 대하여 사업자와 고객이 다르게 합의한 사항이 있다면 이러한 합의사항은 약관에 우선한다는 것이다. 약관에 의한 계약체결 시 당사자들이 개별교섭을 통해 약관의 내용을 수정하거나 보충하는 것은 흔히 일어나고 있다. 이 과정에서 약관에서 정한 사항과 당사자 간의 개별약정이 서로 충돌하는 상황이 생길 때 개별약정이 우선한다는 것이다. 약관은 다수의 계약을 위하여 추상적으로(in abstracto) 사전형성된 것으로서 처음부터 당사자들 사이에서 개별합의를 통해 구체화될 것이 예정되어 있는 일반적인 지침인 데 비하여, 개별약정은 당해 계약의 체결에 임하여 당사자들이 의견의 교환을 통하여 구체적으로 형성한 것으로서 사적자치적 정당성에 있어 차이가 있다는 점을 고려한 것이다.[5]

이와 관련하여 계약체결 시 사업자가 제시한 약관의 전부 또는 일부 특정조항에 대하여 당사자 간에 논의가 있었으나 결국 수정되지 않고 제시된 약관 그대로 계약에 편입된 경우에는 어떠한가. 이에 대하여는 우선 당사자 간에 계약체결 전에 구체적으로 논의된 조항은 약관성을

5_ MünchKomm-Basedow(2007) § 305b Rz. 5.

상실하여 더 이상 약관이라고 볼 수 없다는 견해가 있을 수 있다. 약관이란 사업자가 미리 계약서를 마련하여 두었다가 어느 한 상대방에게 이를 제시하여 계약을 체결하는 일방성을 핵심표지로 하는데, 비록 사업자가 일방적으로 마련하였다 하여도 고객이 이에 대해 포괄적으로 편입에 동의하는 데서 나아가, 특정 개별조항의 의미를 알고 그에 대하여 당사자 간에 교섭이 이루어졌다면, 이 경우에 당해 약관조항은 사업자가 개별교섭을 위한 하나의 안을 만든 것에 불과하고, 비록 수정되지 않은 채 편입되었다 하더라도 이를 약관이라고 볼 수는 없다는 주장이다. 약관성이 상실된다는 것은 비록 그 내용이 일방적으로 고객에게 불리하다 하여도 약관규제법의 적용대상이 되지 못하고 기껏해야 민법상의 일반조항에 의한 통제가 가능할 뿐이라는 결론에 이른다.

이러한 쟁점은 개별약정의 우선의 원칙과는 문제의 양상을 달리하게 된다. 동 원칙이 약관과 개별약정의 상충을 전제로 하는 것인 데 비해, 교섭을 거쳐 수정 없이 편입된 약관조항의 경우에는 이와 상충되는 별개의 개별약정이 존재하는 것이 아니라, 당해 약관조항이 교섭과정을 거침으로써 개별약정으로 질적인 전환을 한 것이 된다. 그러나 고객의 이의제기에도 불구하고 약관이 원안대로 고수되는 데에는 사업자의 우월적 지위가 반영되는 것이며, 여기에는 교섭과정에 잠재적으로 약관의 내용과 고객이 원하는 개별약정 사이의 상충이 있었다고 볼 수 있다. 이러한 잠재적 상충이 현실화되지 못한 경우에 이를 법적으로 어떻게 취급할 것인가는 어려운 문제가 된다.

2. 개별약정으로의 전환과 변경가능성

당사자 간에 구체적으로 교섭의 대상이 된 약관조항은 개별약정으로의 전환이 일어나게 되고 이것은 당해 조항이 약관성을 상실한다는 것을 의미한다. 따라서 약관규제법의 적용을 받지 아니하게 된다. 그렇다면 이러한 질적인 전환의 효과를 가져오는 교섭이란 구체적으로 무엇을 말하는 것인가가 문제된다. 실거래에서 일어나는 교섭은 당사자의 역학관계나 교섭의 심도 등 여러 측면에서 다양한 것이어서 이러한 개별약정으로 전환의 효과를 인정하려면 그 교섭이 어떠한 요건을 갖추어야 하는가가 중요해지는 것이다. 일반적으로 사업자가 약관의 특정조항을 고객에게 중요한 내용으로서 구체적으로 설명한 것은 단순히 약관의 설명의무를 이행한 것이어서 이에 교섭의 의미를 부여할 수는 없다는 점은 당연하다. 또 사업자가 약관을 제시하고 고객에게 이의가 있는 점이 있으면 표시해 달라고 일정한 기간을 주었다면 이것만으로서는 역시 교섭의 의미를 부여하기는 어려울 것이다.

어느 약관조항이 교섭의 대상이 되었는데도 당해 조항이 변경되지 않고 편입되었다는 것은 현실적으로 사업자와 고객의 교섭력의 차이라는 점을 고려할 때 세심한 접근을 필요로 한다. 이러한 쟁점에 관해 대상판결은 어느 약관조항이 개별약정이 되기 위하여서는 "개별교섭을 거침으로써 상대방이 자신의 이익을 조정할 기회를 가져야 한다"는 기준을 제시하고 있다. 비록 개별교섭을 거쳤다 하여 반드시 그 결과가 당해 조항의 내용을 변경하는 형태로 나타나야 하는 것은 아니지만, 적어도 "계약의 상대방이 그 특정 조항을 미리 마련한 당사자와 사이에 거의 대등한 지위에서 당해 특정 조항에 대하여 충분한 검토와 고려를 한 뒤 영향력을 행사함으로써 그 내용을 변경할 가능성은 있어야 한다"는 것이다. 즉 자신의 이익을 조정할 기회라는 것은 내용의 변경가능성과 동일한 개념으로 보고 있으며 이것은 실질적으로 사업자와 고객이 그 교섭력에 있어 거의 '대등한' 지위에 있을 경우에 인정될 수 있다는 것이다. 그리고 이처럼 약관 조항이 당사자 사이의 합의에 의하여 개별약정으로 되었다는 사실은 이를 주장하는 사업자 측에서 증명하여야 한다.[6]

6_ 대법원 2014.6.12. 선고 2013다214864 판결.

3. 판례의 법리에 대한 비판

그러나 이러한 판례의 법리에 대하여는 생각해 볼 점이 있다. 어느 조항이 당사자들 간에 충분히 교섭과정을 거치고 때로는 격렬한 논쟁이나 다툼의 대상이 되는 과정을 거쳐 결국 계약내용으로 편입된 경우에도, 대법원의 판단처럼 내용의 변경가능성과 이를 뒷받침하는 당사자 간의 대등한 지위의 부재를 근거로 하여 당해 조항의 개별약정성을 부인할 수 있는 것인가. 위에 II.에서 논한 바과 같이 대법원은 약관에 의한 계약에 대하여 법원이 실질적인 사적자치를 실현하겠다며 간섭할 수 있는 근거는 당사자 간의 실질적인 교섭력의 차이나 경제적 불평등이 아니라, '고객이 그 구체적인 내용을 검토하거나 확인할 충분한 기회를 가지지 못한 채 약관이 계약의 내용이 되는 것'이라는 점에서 찾고 있다.[7] 따라서 비록 당해 약관조항이 고객에게 불리하다 하더라도 그것이 당사자 간에 교섭이나 흥정의 대상이 됨으로써 고객이 그 내용을 충분히 숙지할 기회가 부여되었고 이를 고객이 수용하였다고 볼 수 있다면, 당해 조항의 약관성은 상실된다고 보아야 할 것이다. 이런 점에서 보면 판결과 같이 당사자 간의 실질적인 지위의 불평등성을 심사하여 당사자의 합의에 간섭하는 것은 약관규제법에 주어진 권한을 넘는 것이라고 볼 수 있다.[8]

4. 후속판결들과 전망

대상판결에서의 법리는 그 후에 반복되고 있는데,[9] 그중 저당권설정

7_ 대법원 2005.2.18. 선고 2003두3734 판결.

8_ 김동훈, 개별교섭 후 수정되지 않은 약관조항의 효력, 채권법연구(II)(2014), 444면.

9_ 보험계약상의 워런티 조항의 해석(대법원 2010.9.9. 선고 2009다105383 판결)이나 이른바 KIKO사건에 관한 전원합의체 판결(대법원 2013.9.26. 선고 2011다53683 전원합의체 판결)에서 대상판결이 언급되었으나 대상판결의 법리와 직접적인 연관성은 크지 않은 것으로 판단된다.

비용에 관한 판결이 언급할 만하다. 은행에서 부동산담보대출을 받으면서 사용된 근저당권설정계약서에서 저당권설정비용에 대하여 이를 은행이 부담하면 가산금리가 적용되는 등 몇 개의 선택지를 두고 이를 대출자가 선택하도록 한 비용부담조항에 대하여, 고객의 선택에 따라 비용을 부담하게 된 것은 개별약정에 따른 것이라는 원심의 판단이 있었으나, 대법원은 선택항목에 따른 선택이 있었다는 것만으로는 개별약정으로 인정되기 부족하며 고객들이 내용변경을 통한 이익조정의 기회를 가졌다는 개별적 · 구체적 사정에 대하여 은행 측이 증명하여야 한다고 하였다.[10] 사업자 측에서는 약관의 내용이나 조항을 설명하거나 선택의 기회를 제공하는 등을 근거로 약관의 개별약정으로의 전환을 주장하여 약관규제법의 적용을 피해 보려고 하는 데 대하여, 법원은 고객의 보호를 위하여 내용의 변경가능성 또는 실질적인 이익조정의 기회라는 기준을 갖고 대처하고 있다. 이 기준을 엄격히 적용하고 입증책임마저 사업자에게 부과한다면 개별교섭을 통한 약관성의 제거라는 수단은 거의 인정되기 어렵지 않을까 한다.

IV. 약관의 내용통제와 수정해석

대법원 1991.12.24. 선고 90다카23899 전원합의체 판결

[사실관계]　　원고는 1988.7.7. 피고 보험회사와의 사이에 원고소유의 봉고트럭에 대해 자동차종합보험계약을 체결하였다. 원고가 보험기간 중인 1988.9.3. 저녁 9시경에 원고경영의 공업사 앞길에 위 트럭에 열쇠를 꽂아둔 채 정차시켜 놓았는데, 소외 박 모가 이를 무단운전하여 가다가 소외 안 모를 들이받아 현장에서 사망케 하였다. 망인 안 모의 유족

10_ 대법원 2014.6.12. 선고 2013다214864 판결.

들은 원고를 상대로 손해배상청구의 소를 제기하였고 법원은 원고에게 배상금지급을 명하였다. 이에 원고는 피고에게 위 판결에서 확정된 금원의 지급을 구하였으나, 피고는 자동차보험약관의 무면허운전 시의 면책조항을 근거로 위 사고는 박 모의 무면허운전으로 생긴 사고이므로 보험금지급책임이 없다고 항변하였다. 원심판결(서울고법 1990.6.29. 90나 15947)은 상법 제659조 제1항과 상법 제663조를 근거로 면책약관의 무효를 선언하고, 이 사건을 보험계약자 또는 피보험자의 경과실로 인한 사고라고 보아 피고의 항변을 배척하고 피고는 원고에게 보험금을 지급할 것을 명하였다.

[대법원의 판단]　　자동차종합보험 보통약관 제10조 제1항 제6호의 무면허면책조항("회사는 자동차의 운전자가 무면허운전을 하였을 때에 생긴 사고로 인한 손해에 대하여는 보상하지 아니한다")은 무면허운전의 주체가 누구이든 묻지 않으나, 다만 무면허운전이 보험계약자나 피보험자 등의 명시적 또는 묵시적 승인하에 이루어진 경우에 한하여 면책을 정한 규정이라고 해석하여야 하며, 이와 같이 해석하는 한도 내에서 그 효력을 유지할 수 있다고 보아야 한다.

가. 약관의 내용통제원리로 작용하는 신의성실의 원칙은 보험약관이 보험사업자에 의하여 일방적으로 작성되고, 보험계약자로서는 그 구체적 조항 내용을 검토하거나 확인할 충분한 기회가 없이 보험계약을 체결하게 되는 계약성립의 과정에 비추어, 약관작성자는 계약상대방의 정당한 이익과 합리적인 기대, 즉 보험의 손해전보에 대한 합리적인 신뢰에 반하지 않고, 형평에 맞게끔 약관조항을 작성하여야 한다는 행위원칙을 가리키는 것이며, 보통거래약관의 작성이 아무리 사적자치의 영역에 속하는 것이라고 하여도, 위와 같은 행위원칙에 반하는 약관조항은 사적자치의 한계를 벗어나는 것으로서, 법원에 의한 내용통제 즉, 수정해석의 대상이 되는 것은 지극히 당연하다. 그리고 이러한 수정해석은 조항전체가 무효사유에 해당하는 경우뿐만 아니라 조항 일부가 무효사

유에 해당하고, 그 무효부분을 추출배제하여 잔존부분만으로 유효하게 존속시킬 수 있는 경우에도 가능한 것이다.

나. 이 사건 무면허운전면책조항을 문언 그대로 무면허운전의 모든 경우를 아무런 제한 없이 보험의 보상대상에서 제외한 것으로 해석하게 되면 절취운전이나 무단운전의 경우와 같이 자동차보유자는 피해자에게 손해배상책임을 부담하면서도 자기의 지배관리가 미치지 못하는 무단운전자의 운전면허 소지여부에 따라 보험의 보호를 전혀 받지 못하는 불합리한 결과가 생기는 바, 이러한 경우는 보험계약자의 정당한 이익과 합리적인 기대에 어긋나는 것으로서 고객에게 부당하게 불리하고 보험자가 부담하여야 할 담보책임을 상당한 이유없이 배제하는 것이어서 현저하게 형평을 잃은 것이라고 하지 않을 수 없으며, 이는 보험단체의 공동이익과 보험의 등가성 등을 고려하더라도 마찬가지라고 할 것이다. 실국 위 무면허운전면책조항이 보험계약자나 피보험자의 지배 또는 관리가능성이 없는 무면허운전의 경우에까지 적용된다고 보는 경우에는 그 조항은 신의성실의 원칙에 반하여 공정을 잃은 조항으로서, 위 약관 규제법의 각 규정(제6조 제1항, 제2항, 제7조 제2호, 제3호)에 비추어 무효라고 볼 수밖에 없다.

그러므로 위 무면허운전면책조항은 위와 같은 무효의 경우를 제외하고 무면허운전이 보험계약자나 피보험자의 지배 또는 관리가능한 상황에서 이루어진 경우에 한하여 적용되는 조항으로 수정해석을 할 필요가 있으며, 그와 같이 수정된 범위 내에서 유효한 조항으로 유지될 수 있는 바, 무면허운전이 보험계약자나 피보험자의 지배 또는 관리가능한 상황에서 이루어진 경우라고 함은, 구체적으로는 무면허운전이 보험계약자나 피보험자 등의 명시적 또는 묵시적 승인하에 이루어진 경우를 말한다고 할 것이다(대체로 보험계약자나 피보험자의 가족, 친지 또는 피용인으로서 당해 차량을 운전할 기회에 쉽게 접할 수 있는 자에 대하여는 묵시적인 승인이 있었다고 볼 수 있을 것이다). 위 견해와 달리, 위 무면허운전면책조항에 대하여 직접적 내용통제로서의 수정해석을 배제한 당원 1990.6.26. 선고, 89다카28287 판결의 견해는 변경하기로 한다.

1. 동 판결 이후의 판례의 흐름

자동차보험약관에서 무면허운전면책조항의 해석에 관하여 "보험계약자의 명시적 또는 묵시적 승인하에 이루어진 경우에 한하여 면책을 정한 규정이라고 해석되어야 한다"는 판결의 결론은 관련업계에 미치는 실무적 의의는 매우 큰 것이었다. 그리하여 이 판결 이후로 무면허면책조항의 적용여부의 핵심적 기준인 '묵시적 승인 여부'에 관한 구체적 기준을 설시하는 다수의 대법원 판결이 나오게 되었다.

이에서 더 나아가 동 판결에서 "무면허운전이 보험계약자나 피보험자의 지배 또는 관리가능한 상황에서 이루어진 경우에 한하여 적용되는 조항으로 수정해석"하여야 한다든가 또는 "이와 같이 해석하는 한 그 효력을 유지할 수 있다"는 논리는 특히 면책조항의 해석과 관련하여 과도한 면책조항을 전부 무효로 선언하는 것이 아니라 일정하게 해석되는 한도에서 유효라고 하는 이른바 '한정적 유효'라는 해석의 도구를 도입하였다. 이것은 이후의 다양한 약관의 면책조항에 대한 판단에서 법원의 해석의 선례가 되었다.

우선 눈에 띄는 것은 사업자가 자신의 과실에 대한 면책을 정한 조항에 대하여 이를 고의나 중과실에 대한 면책이 제외되는 한도에서 유효하다는 판결이 있다. 한국전력공사가 부득이 전기공급을 중지한 경우 수용가가 받은 손해에 대하여 그 배상책임을 지지 않는다는 내용의 전기공급규정에 대하여 판례는 "이는 면책약관의 성질을 가지는 것으로서, 한국전력공사의 고의, 중대한 과실로 인한 경우까지 적용된다고 보는 경우에는 법 제7조 제1호에 위반되어 무효라고 볼 수밖에 없으나, 그 외의 경우에 한하여 면책을 정한 규정이라고 해석하는 한도 내에서는 유효하다."고 하였다.[11] 또 용역경비계약의 약관에서, 고객이 현금 및 귀중품에 대한 관리의무를 준수하지 않아 발생한 사고에 대한 면책을 정한 조항에 대하여 "이 면책조항이 용역경비업자의 고의·중과실로 인한 경우까지 적용된다고 본다면 법 제7조 제1호에 위반되어 무효라고 볼 수밖에 없기 때문에, 그 외의 경우에 한하여 업자의 면책을 정한 규정이라고 해석하는 한도 내에서만 유효하다고 수정 해석하여야 한다."고 하였다.[12]

이 외에도 동산종합보험 중장비약관에서 "중장비의 사용 또는 관리에 관한 법령이나 기타 규칙을 위반하여 발생한 손해"를 보험자의 면책사유로 규정한 경우, 이를 법령이나 규칙의 위반이 무면허운전 행위와 같은 보험사고의 발생 혹은 증가의 개연성이 극히 큰 경우와 같은 '중대한 법령이나 규칙의 위반'이 있는 경우에 한하여 적용되는 것으로 수정해석을 하여야 할 것"이라고 하였다.[13] 또 보험증권에 기재된 보험계약자 또는 기명피보험자의 주소를 보험회사의 의사표시를 수령할 지정장소로 한나는 소항을 분언 그대로 보아 보험회사가 보험계약자의 변경된 주소 등 소재를 알 수 있었음에도 불구하고 이를 게을리한 과실이 있어 알지 못한 경우에도 증권기재의 주소로 보험계약의 해지나 보험료의 납입최고를 할 수 있다고 해석하면 이 조항은 법 제12조 3호에 따라 무효라 할 것이고, 따라서 이 조항은 보험회사가 과실 없이 보험계약자의 변경된 주소 등 소재를 알지 못하는 경우에 한하여 적용되는 것이라고 해석하여야 한다고 하였다.[14]

2. 판례상의 수정해석론의 의의

지나치게 일방적이거나 포괄적인 면책약관 등 부당한 약관의 내용이 문제가 된 경우에 법원은 일찍부터 한편으로는 신의성실의 원칙이나 공

11_ 대법원 1995.12.12. 선고 95다11344 판결.
12_ 대법원 1996.5.14. 선고 94다2169 판결.
13_ 대법원 1998.4.28. 선고 97다11898 판결; 동 판결에 대한 평석으로 김동훈, 약관의 면책조항과 수정해석, 판례월보 1999.3, 17-23면.
14_ 대법원 2000.10.10. 선고 99다35379 판결.

서양속 등 민법의 일반조항을 동원하여 판단하기도 하고[15] 또 한편으로는 일본의 판례에서 연원한 이른바 '예문해석'이란 이론을 사용하여 왔다. 예문해석이란 굳이 이론이라 할 것도 없고 법원이 판단해서 약관의 일부조항을 단순히 예문에 불과하다고 선언하여 무시하고 그 효력을 배제하는 것이었다. 이에 대해서는 그 효력을 배제하는 근거가 무엇인지 또 약관조항 중 예문과 예문이 아닌 것을 구별하는 기준이 무엇인지 모든 것이 불분명하였으므로 많은 비판을 받아 왔으나[16] 근래의 판결에서도 "처분문서의 기재 내용이 부동문자로 인쇄되어 있는 경우에는 그 기재가 인쇄된 예문에 지나지 아니하여 이를 합의의 내용으로 볼 수 없는 경우도 있으므로, 처분문서의 기재라 하여 곧바로 당사자의 합의의 내용이라고 단정할 수는 없고 구체적 사안에 따라 당사자의 의사를 고려하여 그 계약 내용의 의미를 파악하고 그것이 예문에 불과한 것인지 아닌지를 판단하여야 한다"고 하며,[17] 예컨대 근저당권 설정계약서에 피담보채무가 포괄적으로 기재되었더라도 이는 부동문자로 인쇄된 예문에 불과하고 당사자의 의사는 근저당권 설정으로 대출받은 당해 대출금채무만을 피담보채무로 약정한 취지였으므로 당해 대출금채무가 소멸된 이상 근저당권은 말소되어야 한다고 보았다.[18] 또한 약관규제법이 시행되고 판례가 이를 판결에 적용하기 시작하면서 이 법의 내용통제의 일반조항인 제6조의 신의성실의 원칙이 또한 널리 활용되었다.

그런데 예문해석이든 또는 신의칙에 의한 내용통제이든 간에 예문이라거나 또는 신의칙 위반이라 하여 특정조항이 무효라고 판정받은 후에 이의 공백을 어떻게 메우느냐가 문제가 되었다. 해당 조항이 단순히 삭제됨으로써 족한 경우도 있지만 문제가 되는 대부분의 조항은 해당 계약의 핵심적인 내용을 담고 있는 경우가 많아 계약 자체를 유지시키기

15_ 대판 1987.4.14, 85다카2273; 대판 1986.3.11, 85다카1490 등.
16_ 배병일, 예문해석과 약관의규제에관한법률, 법률신문 1996.8.26자 등.
17_ 대법원 2008.3.13. 선고 2006다68209 판결.
18_ 대법원 2010.1.28. 선고 2008다12057 판결.

위하여는 이의 공백을 어떤 식으로라도 메우는 작업이 필요하였다. 예문해석이론에서는 당사자의 진정한 의사라는 이름을 빌려 법원이 직접 적정한 수준의 계약내용을 구술해 주는 경우도 많이 있었다.

이에 대해 대상판결은 처음으로 '수정해석'이라는 개념을 사용하고 있다. 수정해석론이라는 것은 일방적으로 부당한 내용을 담고 있는 면책조항을 아예 무효화하고 이를 다시 새롭게 메꾼다는 방법이 아니라 그 면책조항 중 과도한 부분만을 무효로 하여 제거할 수 없느냐 하는 점에서 출발하였다. 일단 어느 조항을 무효로 선언하게 되면 그것이 전체계약의 무효를 가져오지 않는가의 이론적인 문제도 생기고 또 그 공백을 메꾸는 작업이 따라야 하기 때문이었다. 대상판결은 "수정해석은 조항 전체가 무효사유에 해당하는 경우뿐만 아니라 조항일부가 무효사유에 해당하고 그 무효부분을 추출배제하여 잔존부분만으로 유효하게 존속시킬 수 있는 경우에도 가능하다"고 하였는바 그 핵심은 과도한 부분을 추출배제하고 나머지 부분만을 그대로 유효하게 유지시키는 데에 있다.

과도한 부분을 무효로 하고 합리적인 선에서의 면책조항을 유지하기 위하여는 먼저 해당 조항을 내용적으로 또는 단계적으로 구분하여 합리적 부분과 과도한 부분이 분리되도록 할 필요가 있다. 과도한 부분은 대개 포괄적이고 일반적인 개념과 기준 속에 포함되어 있는 것이므로 이것은 일반적인 경우를 다루는 조항의 요건사실을 해석을 통하여 구체화, 유형화하는 작업이 필요하다. 대상판결은 단순한 '무면허 운전'이라는 요건을 피보험자의 명시적·묵시적 승인이 있는 경우와 그렇지 않은 경우로 나눈 후에 전자의 경우에 한하여 면책을 정한 규정이라고 해석하여야 하고 이와 같이 해석하는 한도 내에서 그 효력을 유지할 수 있다고 하였다.

특히 면책조항과 관련하여 가장 대표적인 요건의 유형화는 귀책사유의 정도 즉 고의, 중과실, 경과실의 구분이다. 위에서 소개한 대상판결 이후의 판결들이 잘 보여 주는 바와 같이, 예컨대 "… 한 손해에 대하여 배상책임을 지지 않는다"라는 광범위한 면책조항을 법원은 '고의, 중대한 과실'로 인한 경우까지 적용된다고 보는 경우에는 무효이나 그 외의 경우에 한하여 면책을 정한 규정이라고 해석하는 한도 내에서는 유효하다고 '수정해석'하여야 한다는 것이다. 이렇게 해석을 통하여 약관조항의 요건을 유형화한 후에 과도한 부분에 대하여만 그 약관조항을 무효로 선언하는 경우에 그 근거는 약관규제법상의 신의성실의 원칙이나 개별무효조항목록이 원용되고 있다. 그리고 나머지 합리적 부분의 면책조항은 그대로 효력을 유지하게 되는데 이것은 법적 표현으로는 "… 라고 해석되는 한에 있어서 유효하다"라는 이른바 한정적 유효의 형태를 취하게 된다.

3. 수정해석론의 평가

1) 독일의 학설·판례

우리 법원이 취하는 수정해석론에 상응하는 개념으로서 독일에서는 이른바 '효력유지적 축소'(geltungserhaltende Reduktion) 또는 일부무효(Teilunwirksamkeit)의 문제가 논의되고 있다. 그 의미는 과도하게 부당한 내용을 담고 있는 약관조항을 전부 무효로 선언하지 않고 그중에서 법적으로 허용되는 한도까지만 효력이 있는 것으로 축소하여 부분적으로 효력을 인정하자는 것이다. 이 효력유지적 축소의 문제는 약관규제법 발효 이후부터 격렬한 논의의 대상이 되었으며 이 논쟁은 오늘까지 이어지고 있다.

먼저 이러한 효력유지적 축소의 방법이 허용되어서는 안 된다는 학설과 판례의 주류적 입장에서는 이것이 거래계에서 사용되는 약관의 적정성을 처음부터 확보하고 고객에게 약관으로부터 발생하는 권리와 의무에 대한 정확한 정보를 제공하려는 약관규제법의 목적과 상치한다고 한다. 효력유지적 축소는 부당한 조항의 사용에 내재하는 전부무효의 위험을 사업자로부터 제거함으로써 스스로 법률에 상응하는 약관을 사용하도록 하는 책임을 면하게 하여 결국 약관규제의 중요한 목표인 투명성의 원칙을 달성할 수 없다고 한다. 심지어는 법원이 사업자를 위하여 문제된 약관조항의 법적으로 허용가능한 최대치를 찾아주는 심부름을 하게 될 것이라고도 한다.[19] 다만 사용자의 입장에서 약관의 부당성을 알 수 없었던 경우에도 허용되지 않는가에 대해서는 다툼이 있다.[20] 그리고 해당 약관의 전부무효로 인한 선의의 사용자에 대한 가혹함 등은 무효조항의 보충적 해석에 의해 충분히 고려될 수 있다고 한다. 무효조항의 보충적 해석이란 일차적으로 임의법규에 의한 무효조항의 공백이 메꾸어지게 되나 임의법규가 흠결되어 있거나 이에 준하는 경우에 법원이 쌍방의 이익을 고려한 올바른 중간점(richtige Mitte)을 찾아서 메꾸는 작업으로서 일정부분 법원에게 개별계약의 보충에서보다는 더 큰 판단 및 형성의 여지를 주는 것이라 한다.[21]

반면에 효력유지적 축소를 허용하는 입장은 전통적으로 엄격히 구분하여 왔던 효력유지적 축소와 보충적 해석이란 방법론적으로 상호교환적인 것이라 한다. 단, 이의 전제로서 효력유지적 축소란 것을 법적으로 허용가능한 최대한의 허용이 아니라 평균적 기준으로의 감축을 의미하는 것으로 새겨야 한다고 한다. 또한 반대론이 내세우는 예방이나 제재의 사고는 이미 판례에 의해 포기되었는바, 사업자가 언어적으로 교묘하게 면책조항을 분할하여 규정하는 경우 등에 대처할 수 없기 때문이다. 전부무효는 사업자가 악의적으로 과도한 조항을 사용한 경우에 적용하는 것으로 족하다는 것이다.[22]

독일의 논의를 요약해 보면 원칙상으로는 이를 허용하지 않는다 해도 실제로는 계약의 해석을 통해 완화되고 있다고 보인다. 어느 조항이 무효로 탈락하면 그 흠결을 메꾸는 보충적 계약해석이 이루어지게 되고, 또 당해 조항의 해석작업을 통해서 약관규제법과의 충돌을 피할 수도

19_ MünchKomm/Basedow(2007) § 306 Rz. 14.

20_ Ulmer/Brandner/Hensen-Schmidt. AGB-Gesetz(1993) §6 Rz. 14 등.

21_ Ulmer/Brandner/Hensen-Schmidt, §6 Rz. 37a.

22_ Hager, Der lange Abschied vom Verbot der geltungserhaltenden Reduktion, JZ 4/1996 S.175 이하.

있으며, 조항의 가분성 즉 조항을 허용되는 부분과 허용되지 않는 부분으로 나누어 후자만을 무효로 하는 방법도 가능하다.[23] 즉 원칙적 금지와 이를 완화하는 다양한 해석론 등을 종합해 보면 효력유지적 축소금지의 의미는 크지 않다고 보인다.

2) 국내 학설

수정해석을 확대해 나가는 판례의 경향에 대해 국내의 학설은 여러 평가를 내리고 있다. 사업자가 약관의 무효판정 여부를 사전에 알기 어렵고 실무의 필요성을 강조하여 긍정적으로 보는 입장, 원칙론의 입장에서 전부무효를 선언하여 예방적 효과를 추구하여야 한다는 입장이 있다. 후자의 시각에서는 과도한 면책조항은 전부무효가 되고 그 공백은 임의법규에 의하여 보충되므로, 예컨대 "… 한 사고에 대하여는 책임을 지지 아니한다"라는 면책조항은 무효로 삭제되고 대신 민법 제390조가 적용되어 사업자는 이제 경과실에 대하여도 책임을 지는 불리한 결과가 된다. 절충적 입장으로는 사용자가 약관조항이 약관규제법과 불일치하는 것을 충분히 알 수 없는 사정이 있는 경우나 약관조항의 분할가능성이 있는 경우에는 예외를 인정하자는 견해 등이 있다. 특히 강경한 반대론은 수정해석은 법적 근거가 없고 유무효의 판별기준이 불분명하고 고객의 보호를 소홀히 하게 되어 약관규제법의 취지에 반하므로 인정하여서는 아니 된다고 한다. 포괄적인 면책규정을 둔 경우에, 사업자의 경과실에 대한 면책 등 처음부터 상당한 면책조항을 둔 경우보다 불리하게 취급하여야 결국 사업자로 하여금 과도한 내용의 약관의 생산을 막는 예방목적을 달성하게 된다고 한다.[24] 그러나 이러한 주장은 현실성이 없어 보인다. 예방목적달성의 효과도 의문시되지만 약관에 관한 분쟁의

23_ 조항의 가분성의 판단에는 이른바 'blue pencil test' 즉 무효부분을 지워버려도 나머지 부분의 의미에 영향을 주지 않아야 한다는 기준이 적용된다고 한다. MünchKomm/Basedow(2007) § 306 Rz. 18.

24_ 김영갑, 약관규제의 법리와 수정해석의 문제, 법조 1997.1, 124면.

해결은 이러한 절차적 정의의 문제가 아니라 분쟁에 즈음하여 법원이 적극적으로 공정한 중간자의 입장에서 판례를 통하여 실체적 내용의 법형성을 주도해 나갈 것이 요구된다.

3) 사 견

실제 약관의 부당성을 법원이 심사하는 경우에 이론적으로 명확히 구분되는 바와 같이 단계적으로 구분되지 않는 경우가 많다. 특히 해석과 내용통제의 단계는 서로 중첩되어 그 경계의 구분이 어렵다. 이것은 역사적으로 독일에서도 내용통제가 활성화되기 이전에 약관의 해석에 의하여 이른바 '숨은 내용통제'가 이루어져 왔다는 것에서도 잘 나타난다. 특히 많은 약관이 불분명하고 광범위한 내용을 담고 있어 해석에 많은 여지를 주는 것도 해석과 내용통제의 구분을 어렵게 하고 있다. 우리 법원도 약관의 부당성 심사에서 경제성과 구체적 타당성을 추구하다 보니 해석과 내용통제에 관하여 독특한 판례이론을 개발해 왔는데 수정해석론은 이제 판례법으로 정착되었다고 보여진다.

그러나 예컨대 약관조항 중의 '무면허 운전'이라는 명확한 어구를 경우를 나누어, 일정한 경우에 한하여 적용되는 것으로 해석하는 한도 내에서 유효하다라는 해석방법은 종래의 일반적인 해석방법의 범위를 넘는 것이고 해석의 이름을 빌린 실질적인 내용통제라 볼 수 있으며 대상판결도 "신의성실의 원칙에 반하여 사적자치의 한계를 벗어나는 약관조항은 법원에 의한 내용통제, 즉 수정해석의 내용이 되는 것은 지극히 당연하다"고 하며 수정해석과 내용통제를 동일시하고 있다.[25]

생각건대 이러한 수정해석론은 우선 여러 장점을 가지고 있다. 무엇보다 문제가 되는 해당 약관조항을 무효로 선언하여 추방하지 않고 최대한 고쳐서 쓰게 되므로, 해당 조항을 무효로 선언하고 일부무효로 인

25_ 이영준 박사도 이 전원합의체 판결을 계기로 대법원이 법률행위 내용의 공개통제의 이론을 전폭적으로 수용하기 시작한 것으로서 약관에 대한 사법적 통제의 효시를 이루는 판결이라 한다. 이영준, 민법총칙(1995), 313면.

해 전체무효가 되지는 않는지를 검토한 후에 해당 조항을 임의법규에 의한 보충과 당사자의 의사가 무엇인지를 탐구하여 보충하는 보충적 해석의 번잡한 절차를 거치지 않아도 좋다는 점이다. 또한 수정해석론은 한정적 유효의 모습을 띠게 됨으로써 가능한 한 당사자가 합의한 약관의 최대한을 계약내용으로 살려 주어 당사자의 사적자치에 대한 간섭을 최소화할 수 있는 장점이 있다. 또한 부당한 약관조항의 전부 무효의 선언이 오히려 거래계의 혼란을 초래하고 법적 규율의 공백상태를 가져오는 것을 피할 수 있다.[26]

그러나 이것이 해석의 이름 아래 있는 한 약관조항의 명료성이 가져오는 해석의 문의적 한계의 문제나 약관을 통하여 달성하려는 사업자의 명백한 의도와의 배치 등을 정당화하기 힘들다.[27] 무엇보다 이러한 방법은 법원이 자의적으로 당사자들의 계약내용을 재구성하는 간섭의 통로가 될 우려도 있다. 따라서 이러한 수정해석론의 광범위한 확장은 별로 바람직한 것은 아니라고 생각된다. 수정해석론은 약관규제법에 근거를 가지고 있는 귀책사유유형에 따른 한정해석처럼 거래계의 예측가능성을 크게 해하지 않는 범위에서 제한적으로 운용되어야 할 것이다.[28] 이것의 연장선에서 법령위반의 경우를 사소한 위반과 중대한 위반으로 유형화하여 후자의 경우만을 가리키는 것으로 해석하여야 한다는 수정해석이론도 종래의 판례의 귀책사유유형에 따른 한정유효의 형식을 취하는 것과 같은 맥락에 있는 것으로 수용할 만한 범위 내에 있다고 보아진다.

26_ 김동훈, "약관의 면책조항과 수정해석", 채권법연구(2005), 412면.

27_ 이영준 박사도 "계약의 조항이 명료한 경우에는 그 조항이 아무리 당사자 일방에게 불리하다 하더라도 '해석'이란 이름 아래 그 조항을 '무시'하거나 '수정'할 수는 없는 것이며 이는 일반약관에 있어서도 마찬가지이다"라고 한다. 이영준, 민법총칙(1995), 309면.

28_ 이런 점에서 판례가 분양신청금을 몰수하는 약관조항에 대하여 '약관조항이 무효인 이상 … 과중한 손해배상의무만을 부담시키는 부분을 제외한 나머지 부분만으로 그 효력을 유지시킬 수는 없다(大判 1996.9.10, 96다19578)'고 하여 효력유지적 축소해석은 인정할 수 없음을 분명히 한 것은 긍정적이다. 배상액의 감액의 문제는 거래계의 예측가능성 내지 투명성의 관점에서 수정해석의 대상이 되기에 적합치 아니하다.

4. 수정해석에서 한정적 유효론으로

약관해석에 있어 "… 으로 해석되는 한 유효하다"는 수정해석론은 우
리 헌법재판소가 법률의 위헌심사에 있어 합헌적 법률해석의 방법으로
서 심판의 대상이 된 법조문을 헌법과 조화될 수 있는 방향으로 축소해
석함으로써 그 법조문의 효력을 유지시키는 한정합헌결정의 구조와 유
사하다. 예컨대 "전 국가보안법 제7조 제2항은 … 것으로 축소제한하여
해석하는 한 헌법에 위반되지 아니한다"[29] 등과 같은 다수의 한정합헌결
정이 나오고 있다. 이처럼 단순합헌이나 단순위헌이 아닌 변형결정에
대하여 헌법학계는 입법자의 입법취지나 법목적이 본질적으로 침해되
지 않는 한에서 긍정적으로 보고 있다.[30] 그 근거로는 가급적 합헌적인
법률구성 부분의 최대한을 살려 둠으로써 입법자의 영역을 덜 침해하려
는 고려와 법률의 위헌선언으로 인하여 발생하게 되는 법생활의 혼란이
나 법적 공백상태를 막으려는 결과에 대한 고려가 바탕이 되고 있다 한
다.[31] 그러나 이러한 변형결정은 합리성이 있어야 하고 불가피한 경우에
한정되어야 한다고 한다.[32]

생각건대 판례상의 수정해석론은 특히 면책조항과 관련하여 조금 순
화된 모습으로 다듬어져 이러한 '한정적 유효론'으로 발전하게 되었다고
본다. 우리 법원이 '한정적 유효'나 '한정해석'이라는 표현을 명확히 쓰고
있지는 않으며 아직 '수정해석'이라는 표현을 더 많이 사용하는 듯 하나,
일응 '한정적 유효론'이라는 용어를 구분하여 사용하고자 한다. 이것은
효력유지적 축소의 법리의 적용이라는 점에서 수정해석론과 동일선상
에 있는 것이나, 수정해석이 직접적 내용통제의 수단으로서 해석의 이
름을 빌린 법원의 약관내용의 일방적 형성의 의미를 강하게 갖는 데 비

29_ 1990.4.2, 89헌가113 결정.
30_ 허영, 한국헌법론(2016), 75면; 성낙인, 헌법학(2014), 36면.
31_ 방승주, "헌법재판소의 헌법합치적 해석의 효력", 김남진교수정년기념(1997), 432면.
32_ 허영(주 30), 81면.

해, 한정적 유효론은 해석상 내용의 단계적 구분이 가능한 경우에 그 유효의 범위를 확정짓는 해석론으로서의 성격이 강하다고 볼 수 있다. 특히 이 '한정적 유효론'은 이미 본 것처럼 유책사유유형에 따른 책임의 배제 등과 같이 규율대상에 대한 단계적 또는 내용적 구분이 비교적 명확한 경우에 절제되어 사용됨으로써 판례를 통하여 더 세련된 모습으로 다듬어질 수 있을 것이다.

최근의 대법원 판결에서는[33] 점포의 임대분양약관상의 "추첨 후 배정된 점포의 임대분양면적에 따라 임대보증금을 정산한다"라는 조항이 문언대로 해석한다면 신의칙에 반하여 공정을 잃은 것으로 무효이므로, 원고는 전용면적의 증감률에 비례한 범위내에서만 적용되는 것으로 '수정해석'하여야 한다고 주장하였다. 그러나 법원은 이것이 분양자들 사이에서 불공평을 조정하기 위한 것으로서 사업자의 이익을 위해 일방적으로 정해진 것이 아니라며 원고의 주장을 배척하였다. 수정해석 내지 한정적 해석론이 비교적 명확하고 합리성이 있는 조항에 대하여 임의적으로 고객에게 유리한 해석을 주장하는 통로가 되는 것을 차단한 것으로서 이러한 법리의 전개방향에 대하여 시사하는 바가 있다.

V. 과중한 위약금의 통제

1. 일방적 손해배상액의 예정

대법원 2000.9.2. 선고 99다53759, 53766 판결

[사실관계]   원고들은 피고 토지공사가 분양하는 아파트를 대금의 10%를 계약보증금으로 지급하고 분양계약을 체결하였다. 분양약관에

33_ 대법원 2017.4.13. 선고 2016다274904 판결.

따르면, "이 계약이 해제되었을 때에는 매도인은 매수인에게 그로부터 받은 매매대금 중 계약보증금을 공제한 금액을 반환하며 매수인이 매도인에게 지급한 계약보증금은 위약금으로서 당연히 매도인에게 귀속한다."(약관 제15조 제5항)와 "매도인의 귀책사유로 인하여 이 계약이 해제되었을 때에는 매도인은 매수인에게 그로부터 받은 계약보증금 등 매매대금 전액을 반환하며 매매대금을 받은 날로부터 반환시까지의 법정이자를 이에 가산하여 반환한다."(제6항)고 되어 있다. 원고들은 결국 매도인을 위한 손해배상액의 예정조항은 있는 반면 매수인을 위한 손해배상액의 예정조항은 없다 할 것인데, 이와 같이 매도인 일방만을 위한 손해배상액의 예정조항을 둔 것을 근거로 이것이 약관규제법에 위배되어 무효라 주장한다.

[대법원의 판단]　　이 사건의 손해배상액의 예정에 관한 조항은 법률상 허용되는 임의법규의 규정(민법 제398조)을 그대로 따른 것에 불과할 뿐 조금도 임의법규로부터 이탈한 것은 아니고, 손해배상액의 예정이 있는 경우 손해액에 대한 입증이 없어도 손해배상으로 그 예정액을 청구할 수 있는 이점이 있는 반면 다른 특약이 없는 한 채권자의 손해가 예정액을 초과한다 하더라도 초과부분을 따로 청구할 수 없는 불이익도 있는데다가, 이 사건에서의 매수인은 그를 위한 손해배상액 예정의 약관조항이 없더라도 일반 채무불이행책임을 물어 실제 손해액을 입증함으로써 그 손해 전액의 배상을 구할 수 있는 점, 이 사건의 경우 매도인은 공기업으로서 특단의 사정이 없는 한 그의 채무불이행이란 쉽게 예견하기 어려운 점, 이 사건 거래 목적물과 거래유형 및 그에 비추어 본 고객의 사업자에 대한 예속성의 정도와 고객에게 손해배상액의 예정에 관한 조항이 요구되는 실제적 중요성의 정도 등을 종합하여 보면, 매도인을 위한 손해배상액의 예정에 관한 조항을 두면서 고객인 매수인을 위한 손해배상액의 예정에 관한 조항을 두지 않았다 하더라도 단지 그와 같은 사정만으로는 이 사건 약관조항이 고객에 대하여 부당하게 불리하다거

나 신의성실의 원칙에 반하여 불공정하다고 보기에 부족하다.

가. 약관에서 위약금조항이 일방적으로 규정되는 경우는 흔히 나타난다. 즉 고객이 채무를 불이행하는 경우에는 고객이 대체로 선지급한 보증금의 귀속이라는 모습으로 위약금을 지급하지만, 반대로 사업자측에서 채무를 불이행하는 경우에는 아무런 약정이 없는 경우가 많다. 이러한 일방적 위약금약정 조항을 어떻게 해석해야 하는지에 대해 판례의 입장은 그리 명쾌하지 않다.

판례는 "고객인 매수인은 채무불이행으로 인하여 계약보증금을 몰취당하는 외에 매도인이 입은 손해를 배상하여야 하는 반면, 매도인의 귀책으로 인하여 계약이 해제될 경우에는 손해배상액의 예정 또는 위약벌에 관한 규정이 전혀 없다"는 점을 동 위약벌 조항이 고객을 부당하게 불리하게 하는 한 요소로서 언급하고 있다.[34] 그러나 매수인의 위약 시에만 적용되는 위약금약정을 하였으나 매도인이 위약하여 매수인이 제기하는 위약금 청구에 대하여, 판례는[35] "분양계약서에는 매수인에게 책임있는 사유로 계약이 해제되는 경우에는 계약금 전액이 매도인에게 귀속되는 것으로 규정하였을 뿐 매도인이 위약하였을 경우에 관하여는 아무런 위약금 약정이 없는바, 위와 같은 일방 당사자만을 위하여 위약금을 인정하는 약정이 설사 신의칙 및 형평의 원칙이나 약관규제법에 위배되어 무효라고 본다고 하더라도 그와 같은 경우에는 그 일방 당사자가 위약금 약정을 주장할 수 없음에 그칠 뿐 타방 당사자가 위약금의 지

34_ 대법원 1998.12.23. 선고 97다40131 판결; 최근의 개별계약상의 위약벌 약정에 대한 판결에서도 "위약벌 조항이 원고에 대한 위약벌만을 정하고 있는 것이 아니라 동등한 조건과 내용으로 피고에 대한 위약벌도 정하고 있다는 점"이 동 조항의 유무효 판단에 하나의 고려요소가 됨을 언급하고 있다(대법원 2016.1.28. 선고 2015다239234 판결; 대법원 2015.12.10. 선고 2014다 14511 판결). 그러나 이것만이 위약금의 공정성을 판단하는 압도적인 기준이 될 수는 없고 다른 여러 요소와 종합적으로 고려하여야 할 것이다. 김동훈, "민법상 위약벌 제도의 운용방향", 인권과 정의(2017.5), 100면.

35_ 대법원 1999.7.27. 선고 99다13621 판결.

급을 주장할 수 있게 되는 것은 아니다"라고 설시하고 있다.[36]

나. 나아가 대상판결에서 보듯이 매수인의 귀책으로 계약이 해제되었을 때는 매수인이 지급한 계약보증금을 위약금으로서 매도인에게 귀속시키되, 매도인의 귀책으로 해제되었을 때는 매도인은 수령한 매매대금에 반환 시까지의 법정이자만을 가산하여 반환하기로 정한 약관조항에 대하여, 판례는 이러한 사정만으로는 당해 약관조항이 고객에 대하여 부당하게 불리하다거나 신의성실의 원칙에 반하여 불공정하다고 보기에 부족하다고 판시한다. 즉 판례는 손해배상액의 예정조항이 일방적인 것만으로 약관규제법에 위반된다고 보기 어렵다는 것이다. 특히 사업자측에는 채무불이행 가능성이 거의 없는 경우이고 또 고객에게 대하여 이러한 약관조항이 요구되는 사정이 있다면 이를 받아들여야 할 것이라며 거래현실을 반영한 유연한 입장을 보이고 있다. 대상판결도 매도인이 공기업으로서 그의 채무불이행을 쉽게 예견하기 어려운 점, 고객의 사업자에 대한 예속성의 정도, 고객에게 손해배상액의 예정에 관한 조항이 요구되는 중요성 등을 두루 고려요소로 삼아 판단하였다. 생각건

36_ 참고로 역시 일방적 위약금이 문제되었으나 약관규제법의 대상이 아닌 일반계약에서도 대법원은 "임차인이 보증금의 잔액을 지정된 기일까지 납부하지 않을 때에는 임대인은 계약을 해제하고 계약금조로 1차 불입한 보증금을 반환하지 아니한다고 기재되어 있을 뿐, 임대인이 계약을 위반할 경우에 관하여는 아무런 기재가 없음이 분명하므로, 문언의 객관적 의미에 비추어 볼 때 임대인의 채무불이행이 있는 경우에는, 임차인이 그로 인한 손해를 구체적으로 입증하여 배상받을 수 있음은 별론으로 하고, 특별히 손해배상액의 예정으로서의 위약금 약정은 두지 않은 것이라고 인정하여야 할 것이지, 임차인에 대한 위약금 약정이 있다는 이유만으로 달리 특별한 사정에 대한 설시도 없이 임대인에게도 위약금의 약정이 있는 것이라고 단정할 수는 없는 것이다."라고 설시하고 있다(대법원 1996.6.14. 선고 95다11429 판결). 동 판결에 대해 이를 지지하는 입장으로는 김동훈, "계약금의 수수에 따른 몇 가지 법률문제", 채권법연구(2005), 176-178면; 반면에 조리에 근거해 법원이 일방적 위약금약정을 확장해석해서 양 당사자의 채무불이행에 위약금약정이 있는 것으로 즉 쌍방적 위약금약정으로 해석해야 한다는 반대의견이 있다. 이은영, "일방적 위약금약정의 해석"(동 판결에 대한 평석), 판례월보 1997.2, 11면.

대 위약금조항이 일방적인가 쌍방적인가 하는 것은 이러한 조항을 필요로 하는 조건의 차이나 교섭력의 차이, 계약의 성질 등이 반영되어 결정되는 것이다. 따라서 판례가 위약금 조항의 일방성만을 가지고 약관규제법에 저촉된다 볼 수 없다 하고 나아가 이에 근거해 타방당사자가 동일한 액수의 위약금의 지급을 청구할 수 없다고 하는 것은 타당하다고 사료된다.

2. 위약금의 감액가능성

대법원 2009.8.20. 선고 2009다20475 판결

[사실관계]　　원고는 피고에게 쇼핑타운 점포를 임대하면서 "을이 월 임대료를 연체할 경우에는 월 임대료의 월 5%에 해당하는 연체료를 지정 납부일자로부터 실제 납부일자까지 일할계산하여 추가로 납부하여야 한다."(계약서 5조 3항)고 정하였다. 피고는 이 약정이 고객에게 부당하게 과중한 지연손해금 등의 손해배상의무를 부담시키는 약관 조항으로서 무효라고 주장한다. 원심은 이 연체료 약정은 민법 제398조 제4항에 따라 손해배상액의 예정으로 추정되므로 법원은 같은 조 제2항에 의하여 이를 적당히 감액할 수 있는데 위 연체료 약정은 그 손해액의 크기나 채무액에 대한 비율에 비추어 부당히 과다하므로 이를 연 20%의 비율로 감액함이 상당하다고만 판단하고, 위 연체료 약정이 약관규제법 제8조에 의하여 무효인지 여부에 대하여는 판단하지 않았다.

[대법원의 판단]　　약관규제법에 의하여 약관조항이 무효인 경우 그것이 유효함을 전제로 민법 제398조 제2항을 적용하여 적당한 한도로 손해배상예정액을 감액하거나, 과중한 손해배상의무를 부담시키는 부분을 감액한 나머지 부분만으로 그 효력을 유지시킬 수는 없고, 한편 임차인의 월 차임 연체에 대하여 월 5%(연 60%)에 달하는 연체료를 부담시키

는 것은 부당하게 과중한 손해배상의무를 부담시키는 것으로서 약관의 규제에 관한 법률 제6조, 제8조 등에 의하여 무효로 볼 여지가 있다.

가. 일찍이 분양신청예약금의 귀속에 관한 약관조항의 효력에 관한 판결들에서 대법원은 이를 약관규제법 제8조의 의거하여 무효라고 판시하여 왔다.[37] 또 예약금은 손해배상액의 예정의 성격을 가지고 있는데 피고의 실손해에 비추어 과다하다며 이를 50%로 감액한 원심판결에 대하여 대법원은 원심이 예약금귀속조항을 유효하다고 하면서 이에 제398조 제2항을 적용하여 감액한 것은 이유가 모순된다고 지적하고 파기하였다.[38] 위약금 조항이 개별약정일 경우에는 민법이 적용되어 감액이 가능하나, 약관일 경우에는 동조 8조가 적용되어 유무효의 판단만이 가능한 것이므로 약관상 손해배상액의 예정조항을 부당하게 과중하지 아니하여 유효하나고 하면서 동시에 그것이 부당히 과다하여 적당히 감액할 수 있다는 것은 앞뒤가 맞지 않는다는 것이다.[39] 이어진 판결에서 대법원은 예약금귀속조항을 고객인 당첨자에 대하여 부당하게 과중한 손해배상의무를 부담시키는 것으로서 무효라고 보았고, 나아가 약관조항이 무효인 이상 대상판결과 마찬가지로 감액하거나 감액한 나머지 부분만으로 그 효력이 유지될 수 없다고 함으로써 그 무효의 의미를 분명히 하였다.[40]

나. 대상판결은 "약관조항이 무효인 이상 … 과중한 손해배상의무를

37_ 한편으로는 대법원은 유사한 사안에서 약관규제법에 관하여 언급하지 아니하고 직접 민법 제398조 제2항을 적용하여 감액하는 판결을 내림으로써(대법원 1994.10.25. 선고 94다18140 판결; 대법원 1996.2.27. 선고 95다42393 판결 등), 결과의 면에서 볼 때에는 서로 모순되어 혼란스러운 면도 있다.

38_ 대법원 1994.5.10. 선고 93다30082 판결.

39_ 이희영, 약관규제법 제8조, 제6조에 위배되는 약관의 효력, 대법원판례해설 21호(94. 11), 243면.

40_ 대법원 1996.9.10. 선고 96다19758 판결.

부담시키는 부분을 제외한 나머지 부분만으로 그 효력을 유지시킬 수는 없다"고 하여 이른바 '효력유지적 축소해석'을 인정할 수 없음을 분명히 하고 있다.[41] 위에서 본 1991년도의 전원합의체 판결에서는 "수정해석은 조항 전체가 무효사유에 해당하고 그 무효부분을 추출 배제하여 잔존부분만으로 유효하게 존속시킬 수 있는 경우에도 가능하다"고 하여 '수정해석'이라는 이름으로 효력유지적 축소의 법리를 수용하고 있는 것처럼 해석되는데, 양자를 어떻게 조화시킬 수 있는가가 문제된다. 이에 대해 후자는 질적인 일부에 대하여 이를 유효로 판단한 것인 데 대하여 전자는 양적인 일부만을 유효로 하여 효력유지적 축소를 행할 수는 없다는 취지로 받아들일 여지가 있다는 견해도 있다.[42]

생각건대 배상액의 감액의 문제는 거래계의 예측가능성 내지 투명성의 관점에서 효력유지적 축소해석의 대상이 되기에 적합치 아니하다고 보인다. 약관규제법의 취지를 따라서 이를 인정치 않는 것이 논리적으로 일관되고 이로써 거래계의 주의를 촉구하는 것이 바람직하다. 즉 과중한 위약금 조항을 둔 사업자는 민법상 실손해 입증 및 배상의 원칙으로 돌아가게 되는 불이익을 감수하게 된다. 재판실무에서 효력유지적 축소의 방법은 당사자의 이익조정의 간편한 수단이 될 수도 있으나,[43] 원칙을 분명히 세우는 것은 장기적인 관점에서 더 폭넓고 바람직한 효과를 거래계에 가져올 수 있을 것이다.

41_ 이에 대한 긍정적 견해로는 이희영(주 39) 244면, 유보적 견해로는 양창수, "자동차보험약관의 무면허운전면책조항에 대한 내용통제", 민법연구 제4권(1997), 360면.

42_ 양창수(주 41), 360면.

43_ 오창수, "분양신청금 귀속(몰수)약관에 대한 통제", 판례연구(서울지방변호사회), 1997, 117면.

참고문헌

1. 국내문헌

권오승, 보통거래약관의 유효성, 민법특강(1994).

김동훈, 약관의 면책조항과 수정해석, 판례월보(1999.3).

_____, 계약금의 수수에 따른 몇 가지 법률문제, 채권법연구(2005).

_____, 약관의 면책조항과 수정해석, 채권법연구(2005).

_____, 개별교섭 후 수정되지 않은 약관조항의 효력, 채권법연구(II)(2014).

_____, 민법상 위약벌 제도의 운용방향, 인권과 정의(2017.5).

김영갑, 약관규제의 법리와 수정해석의 문제, 법조(1997.1).

김형배, 계약각론[계약법](2001).

방승주, 헌법재판소의 헌법합치적 해석의 효력, 김남진교수정년기념(1997).

배병일, 예문해석과 약관의규제에관한법률, 법률신문 1996.8.26.자.

성낙인, 헌법학(2014).

양창수, 자동차보험약관의 무면허운전면책조항에 대한 내용통제, 민법연구 제4권(1997).

오창수, 분양신청금 귀속(몰수)약관에 대한 통제, 판례연구(서울지방변호사회)(1997).

이영준, 민법총칙(1995).

이은영, 일방적 위약금약정의 해석(동 판결에 대한 평석), 판례월보(1997/2).

이희영, 약관규제법 제8조, 제6조에 위배되는 약관의 효력, 대법원판례해설 21호(1994.11).

허영, 한국헌법론(2016).

2. 외국문헌

Hager, Der lange Abschied vom Verbot der geltungserhaltenden Reduktion, JZ 4/1996.

Münchener Kommentar, Band 2, 5. Aufl.(2007).

Ulmer/Brandner/Hensen-Schmidt, AGB-Gesetz Kommentar(1993).

채무의 이행에 관한 불공정 약관에 대한 고찰*
—독일법과의 비교를 중심으로—

최병규**

I. 머리말

현대의 대량생산, 소비사회에서는 약관이 수행하는 기능은 매우 크다. 약관은 영업의 합리화, 국제거래의 원활화, 법률의 상세화 등의 기능을 수행한다.[1] 대부분의 약관은 일반 소비자들에게는 그 내용이 복잡하고 어렵고 읽기 싫을 만큼 설명이 길다. 약관은 계약서, 약정서, 규약 등 계약을 할 때마다 일일이 계약당사자가 흥정하는 번거로움을 피하기 위해 사업자가 일정한 형식에 의하여 미리 마련해 둔 계약의 내용을 이루는 것을 말한다. 이해하기도 어려운데다가 사업자가 일방적으로 작성한 것이어서 소비자에게 불리한 경우도 발생하고 그로 인해 피해도 다수 발생한다. 즉 약관의 불공정성으로 인한 피해 또한 증가하고 있다.

* 이 논문은 2016년 4월 20일 한국외국어대학교 법학연구소 소비자법센터 개원세미나 ("소비자거래에서 약관규제법의 현황과 과제")에서 발제한 글을 수정·보완하여 재산법연구 제33권 제3호에 수록된 것입니다.
** 건국대학교 법학전문대학원 교수, 법학박사.

1_ 이은영, 「약관규제론」, 박영사, 1984, 18-19면.

그러한 피해를 구제하기 위하여 대부분의 나라에서는 국가가 대응을 하고 있다. 우리의 경우에는 1986년에 약관의 규제에 관한 법률(이하 '약관규제법'이라 한다)이 제정되었다. 그 가운데 하나가 채무의 이행에 관한 불공정약관을 규제하는 동법 제10조이다. 이 글에서는 약관규제법 제10조를 둘러싼 내용과 판례 및 심결례를 살펴본다. 비교의 대상으로는 독일[2] 민법의 해당 내용과 독일에서의 그 논의 내용을 소개하였다. 그리고 그를 통해 우리 법제의 운용을 위한 방안을 제시한다.

II. 약관규제법 제10조

원래 계약의 내용은 당사자 간의 합의를 통해서 결정되어야 한다. 계약자유의 원칙상 계약내용의 결정은 원칙적으로 자유이다. 그러나 약관에 의한 거래에서는 상당한 사유가 있는 경우에만[3] 사업자가 급부의 내용과 이행에 관하여 일방적으로 정할 수 있다.[4] 약관규제법 제10조에 의하면, 채무의 이행에 관하여 정하고 있는 약관의 내용 중, 상당한 이유 없이 급부의 내용을 사업자가 일방적으로 결정하거나 변경할 수 있도록 권한을 부여하는 경우와, 상당한 이유 없이 사업자가 이행하여야 할 급부를 일방적으로 중지할 수 있게 하거나 제3자로 하여금 대행할 수 있게 하는 경우는 고객의 동의 없이 사업자 본위로 계약내용을 결정 · 변경하

2_ 원래 독일에서는 1976년에 약관의 규제에 관한 법률(AGB-Gesetz)을 마련하였다. 그런데 2002년 채권현대화법의 과정에서 독일 민법전으로 약관규제내용이 옮겨 가게 되었다. 독일의 구 법제에 대하여는 공정거래위원회, 「외국 약관제도 해설(독일 · 프랑스 편)」, 1999, 18면 이하 참조. 그리고 그간의 판례와 학설 및 입법의 생성과정에 대하여는 또한 이은영, 상게 「약관규제론」, 38-39면 참조.

3_ 그런데 불상당성은 불명확한 개념이다. 그 구성요건을 직접적으로 추론해낼 수는 없다. 그리하여 그 적용은 개별사례의 모든 사정들을 고려하여 하여야 한다. 한국법학교수회 편, 「법과 약관」, 삼영사, 1984, 41면.

4_ 송덕수, 「신민법강의」, 박영사, 2009, 1112면; 이기수 · 유진희, 「경제법」, 제9판, 2012, 354면.

거나 중지시키는 것이므로 고객의 선택권을 부당하게 제한할 수 있어 무효라고 하는 것이다.[5] 이는 다음과 같은 두 가지로 나누어진다.

1. 급부내용의 일방적 결정 · 변경

상당한 이유 없이 사업자의 급부의 일방적 결정권이 부여된 예로서 사업자가 이행한 물건이나 서비스가 과연 약속한 채무의 내용에 적합한 것인가를 사업자가 일방적으로 결정할 수 있도록 하는 경우를 들 수 있다.[6] 그리고 급부의 변경에는 약속한 급부와의 수량적, 성질상 차이가 포함되며, 그 밖에도 이행시기, 이행장소, 이행방법의 변경도 이에 해당한다.[7] 또 일시에 전 급부를 이행하기로 약정하였음에도 불구하고 일부분씩 이행해도 무방하도록 하는 조항도 이에 해당한다. 상당한 이유가 없다는 것은 사업자의 이익만을 고려하여 고객의 이익이 무시되는 경우를 말한다.[8]

아파트 분양계약 시 자주 나타나는 "자재의 수급상 다른 회사의 동일 제품으로 변경될 수 있다"는 조항이 이에 해당한다. 이는 아파트 건설업체의 하자담보책임을 면탈하기 위한 의도가 다분히 포함되어 있는 것으로 실제로 많은 경우 사업자는 하자담보책임을 면탈하기 위하여 일방적 급부변경권이라는 은닉된 형태의 표현을 사용한다.

5_ 입법을 논의할 때에는 독일에 있는 단기의 가격인상도 규정을 할 것인가에 대하여 논의가 있었으나 원래 가격의 문제는 그 적정성 심사가 매우 어려운 일에 속하므로 빼기로 결정하였다. 소비자 문제를 연구하는 시민의 모임, 「약관 규제의 입법」, 1986, 59면; 이은영, 「약관규제법」, 박영사, 1994, 286면. 김형배 · 김규완 · 김명숙, 「민법학강의」, 제12판, 신조사, 2013, 1240면; 지원림, 「민법강의」, 제7판, 홍문사, 2009, 1244면.

6_ 이은영, 「약관규제법」, 박영사, 1994, 296면.

7_ 정호열, 「경제법」, 제4판, 박영사, 2012, 613면.

8_ 신현윤, 「경제법」, 제5전정판, 법문사, 2012, 648면.

2. 급부이행의 중지 또는 대행

상당한 이유 없이 사업자가 이행하여야 할 급부를 일방적으로 중지할 수 있게 하거나 제3자로 하여금 대행할 수 있게 하는 조항은 무효이다.[9] 사업자가 일방적으로 급부를 중지하는 경우에도 급부의 내용을 일방적으로 결정·변경하는 경우와 마찬가지로 불공정한 약관으로 된다.[10] 예컨대 "운송인은 통고 없이도 운송인을 타 운송인으로 대체할 수 있다"고 규정한 운송약관조항이 그 예에 해당한다.[11] 그리고 대행자의 사용이 금지됨에도 불구하고 대행자를 사용한 것은 곧 채무자 자신의 고의·과실에 의한 불이행이 된다.[12]

III. 관련 판례, 심결례 및 분석

1. 판 례

1) 대법원 2008.2.14. 선고 2005다47106

원심판결 이유에 의하면, 원고와 피고(반소원고, 이하 '피고'라고 한다), 피고 1 사이의 1996.8.1.자 계약서 제8조 제4항에서는, 운송수수료율(운임배분기준)은 집하, 구간운송, 배달, 기타 필요 항목에 대한 항목별 운송경비 등을 감안하여 필요할 경우 조정하여 운용할 수 있고, 다만 피고 1은 운임배분기준이 합리적이지 못할 경우 원고에게 그 설정에 대한 근거자료를 요구할 수 있으며, 원고는 운임배분기준 설정에 대한 근거자료를 제출하여야 하고, 피고 1은 원고가 설정한 운임배분기준에 문제가 있을

9_ 김준호, 「민법강의」, 제16판, 법문사, 2010, 1338면; 정호열, 전게서, 614면.
10_ 신현윤, 전게서, 649면.
11_ 이은영, 「약관규제법」, 박영사, 1994, 312면.
12_ 이은영, 상게서, 312면.

경우 재조정을 요구할 수 있도록 규정하고 있으며, 원고는 위 조항을 근거로 1998.1.7. 같은 달 1.자부터 영업소의 개발수수료율, 집하수수료율, 배송수수료율을 인하하였다가, 1998.1.23. 개발수수료율만 종전대로 다시 재조정한 사실을 알 수 있다. 위 계약서 제8조 제4항이 위와 같은 사정변경에 의한 운송수수료율 변경 권한을 원고에게 부여하면서 영업소 측에게도 근거자료 제출요구권 및 재조정요구권을 부여하고는 있으나, 택배회사의 위탁영업소계약에서 운송수수료율은 영업소가 운송행위에 대한 대가로 어떠한 이득을 취득할 것인가라는 주된 급부에 대한 사항으로, 이러한 급부내용을 변경할 사정변경이 있는 경우에는 당사자 간의 합의에 따라 조정하는 것이 기본 법리라고 할 것인데, 위 계약서 제8조 제4항은 사정변경에 의한 운송수수료율의 조정권한을 택배회사 측이 일방적으로 변경할 수 있도록 규정한 것이므로, 이는 상당한 이유 없이 급부의 내용을 사업자가 일방적으로 결정하거나 변경할 수 있도록 권한을 부여한 조항으로 약관의 규제에 관한 법률(이하 '약관규제법'이라 한다) 제10조 제1호에 해당하거나, 고객에 대하여 부당하게 불리한 조항으로 공정을 잃은 것으로 추정되는 경우에 해당하여 약관규제법 제6조 제2항 제1호에 의하여 무효라고 할 것이다. 따라서 이러한 무효인 약관조항에 근거하여 원고가 1998.1.1.부터 운송수수료율을 인하한 조치는 그 효력을 인정할 수 없다.

따라서 원심판결 이유에서 설시한 내용에 일부 적절하지 않은 점이 있으나, 원심이 원고가 1996.8.1.자 계약서 제8조 제4항에 기하여 운송수수료율을 인하한 것은 피고 1에 대한 관계에서 그 효력을 인정할 수 없다고 판단한 것은 정당하고, 거기에 상고이유에서 주장하는 바와 같은 경제사정의 변화를 이유로 한 수수료율 조정의 계약상 근거에 대한 사실오인 및 법리오해 등으로 판결에 영향을 미친 위법이 있다고 할 수 없다.

2) 대법원 1996.2.27. 선고 95다35098 판결

일반적으로 회원제 체육시설이용계약은 체육시설의 주체가 다수의 회원을 모집하여 회원들로 하여금 시설주체가 설치한 각종 체육시설 등을 이용할 수 있도록 서비스를 제공하고 회원들은 그 대가로 대금을 지급하는 일종의 무명계약이라고 할 수 있는바, 원고들이 피고와의 이 사건 클럽시설이용계약 체결 시 피고에게 지급한 일정 금액의 입회보증금과 가입비 외에, 위 계약에 따라 매년 지급하는 연회비도 위 계약상의 시설이용의 대가라고 할 것이다.

원심이 인정한 바와 같이 피고가 공과금, 물가인상 기타 경제적 요인을 고려하여 이 사건 클럽시설 이용의 대가인 연회비를 임의 조절할 수 있도록 클럽규약에 규정되어 있다면, 일응 연회비의 인상 여부 및 그 인상의 범위를 정할 수 있는 권한이 시설주체인 피고에게 위임되어 있다고 할 수는 있지만, 그렇다고 하여 피고가 아무런 합리적인 근거 없이 임의로 연회비에 관한 사항을 정할 권한을 가진다고 해석할 수는 없는 것이고, 오히려 다수의 회원과 시설이용계약을 체결한 피고로서는 객관적으로 합리적인 범위 내에서만 그 연회비의 인상 여부 및 그 인상 범위를 정할 수 있다고 보아야 할 것이다. 과연 피고가 이 사건 1994년도 연회비를 인상한 것이 합리적인 범위 내에서 이루어진 것인지 여부에 관하여 보건대, 기록에 의하면 피고의 이 사건 클럽과 유사한 시설을 갖춘 서울시내의 헬스클럽들의 경우 대체로 1994년도 개인회원의 연회비는 550,000원에서 1,304,600원, 부부회원의 연회비는 1,023,000원에서 2,145,000원, 자녀회원 1인의 연회비는 247,500원에서 858,000원 사이임을 알 수 있는데, 이러한 다른 헬스클럽들의 연회비 액수에 비하여, 피고가 정한 이 사건 1994년도 개인회원의 연회비 660,000원, 부부회원의 연회비 1,122,000원, 자녀회원의 연회비 264,000원이 부당하게 높은 액수라고 할 수는 없고, 다만 피고의 1994년도의 부부회원 및 자녀회원의 연회비의 인상률이 1993년도보다 높아진 것은 처음부터 피고가 연회비를 다른 헬스클럽에 비하여 비교적 낮게 책정하였기 때문이라고 보여지므로,

1994년도 부부회원과 자녀회원의 각 연회비 인상률이 종전의 연회비 인상률이나 1993년도의 임금상승률, 공공요금 상승률, 에너지물가 상승률 등에 비하여 높다는 이유만으로 피고가 합리적인 범위를 벗어나 부당하게 이 사건 1994년도의 연회비를 인상하였다고 할 수는 없다. 위와 같이 피고의 이 사건 연회비 인상이 객관적으로 보아 합리적인 범위를 벗어나 부당한 것이 아닌 이상, 원심이 인정한 바와 같이 피고가 상당한 기간을 정하여 인상된 연회비의 납부를 최고하고 이어 원고들에 대한 이 사건 클럽시설이용계약을 해지한다는 의미에서 원고들을 제명처분한 것은 정당하다고 할 것이고, 비록 원고들이 피고의 위 인상결정에 대하여 항의하며 피고에게 그 시정을 요구하고 법원에 피고를 상대로 하여 조정신청을 하였으며 공정거래위원회에 연회비 등을 인상할 수 있도록 규정한 위 클럽규약에 대하여 심사청구를 한 바 있다는 사정이나 또는 원고들이 일방적으로 자신들이 적정하다고 생각하는 연회비를 피고의 예금계좌에 입금하였다는 사정이 있다고 하여 피고의 해지권 행사가 신의칙에 위배된다고 할 수도 없다. 따라서 피고의 이 사건 클럽시설이용계약의 해지 또는 제명처분이 신의칙에 위배되어 당연무효라고 판단한 원심의 조치에는 결과적으로 계약의 해지 및 신의칙에 관한 법리를 오해하여 판결에 영향을 미친 위법이 있다고 하지 아니할 수 없다. 이 점을 지적하는 논지는 이유 있다. 그러므로 원심판결을 파기, 환송하기로 하여 관여 법관의 일치된 의견으로 주문과 같이 판결한다.

3) 대법원 2005.2.18. 선고 2003두3734 판결

(1) 원심은, 원고가 대규모 쇼핑몰인 밀리오레 부산점, 대구점, 수원점, 광주점 내의 점포에 관한 임대분양계약을 체결함에 있어 계약의 내용으로 삼은 임대분양계약서(이하 '이 사건 약관'이라고 한다) 제4조 제2항 단서의 "상가운영위원회와의 협의를 거쳐 매년 임대료를 인상할 수 있다."는 부분은 상인자치조직인 상가운영위원회와 사전에 합의가 이루어진 경우 그에 따라 임대료를 인상할 수 있다는 취지로 보아야 할 것이고,

이와 달리 상가운영위원회에 협의안건으로 올렸다는 요식행위만으로 원고가 일방적으로 차임을 증액할 수 있도록 하는 취지라고 볼 것은 아니므로, 이러한 약관조항을 두고 원고가 임대료를 일방적으로 결정하거나 변경할 수 있도록 권한을 부여하는 조항이라고 할 수 없다는 등의 이유로 이 사건 약관조항이 무효가 아니라고 판단하였다.

(2) 그러나 원심의 이러한 판단은 수긍하기 어렵다.

이 사건 약관 및 위 약관조항의 형식과 내용, 원고가 위 약관조항을 둔 취지, 일반 거래관행 등을 종합해 보면, 위 약관조항의 "상가운영위원회와 협의를 거처"라는 것은 상가운영위원회와 임대료 인상에 관한 의견을 교환하는 것을 의미하는 것이지 그 인상내용에 관한 구체적인 합의가 이루어져야 할 것까지를 의미한다고 볼 수 없고, "상가활성화 정도에 따라 … 임대료를 인상할 수 있다."는 것 또한 추상적이고 불명확하여 위 약관조항은 원고가 일방적으로 그의 주관적인 판단에 따라 객관적으로 상당한 차임의 범위를 초과하여 인상할 수도 있는 것으로 해석될 수 있으며, 또한 임대료라는 것은 상가건물 내 개별점포의 사용대가이므로 반드시 전체 상가의 활성화 정도에 따라 모든 점포에 대하여 일률적으로 임대료를 인상하여야 할 필요가 있다고 보기도 어려운데 위 약관조항은 상당한 이유 없이 상가활성화를 빌미로 사업자인 임대인이 고객인 모든 임차인의 임대료를 일률적으로 인상할 수 있는 권한을 부여하는 조항으로 해석될 수 있으므로 위 약관조항은 약관규제법 제10조 제1호에 해당한다고 보아야 할 것이다.

그럼에도 불구하고, 원심은 그 판시와 같은 이유로 위 약관조항이 법 제10조 제1호의 "상당한 이유 없이 급부의 내용을 사업자가 일방적으로 결정하거나 변경할 수 있도록 권한을 부여하는 조항"에 해당한다고 할 수 없다고 판단하였으니, 이러한 원심 판단에는 상고이유에서 주장하는 바와 같은 약관의 해석 또는 위 약관조항이 법 제10조 제1호에 해당하는지 여부에 관한 법리오해의 위법이 있다고 할 것이다.

4) 대법원 1998.2.13. 선고 97다37210 판결

전기통신사업법 제53조 제1항은 전기통신을 이용하는 자는 공공의 안녕질서 또는 미풍양속을 해하는 내용의 통신을 하여서는 아니 된다고 규정하고, 제2항은 제1항의 규정에 의한 공공의 안녕질서 또는 미풍양속을 해하는 것으로 인정되는 통신의 대상 등은 대통령령으로 정한다고 규정하며, 제3항은 정보통신부장관은 제2항의 규정에 의한 통신에 대하여는 전기통신사업자로 하여금 그 취급을 거부·정지 또는 제한하도록 명할 수 있다고 규정하고 있고, 동법시행령 제16조는 위 법 제53조 제2항의 공공의 안녕질서 또는 미풍양속을 해하는 전기통신에 해당하는 것으로 1. 범죄행위를 목적으로 하거나 범죄행위를 교사하는 내용의 전기통신, 2. 반국가적 행위의 수행을 목적으로 하는 내용의 전기통신, 3. 선량한 풍속 기타 사회질서를 해하는 내용의 전기통신을 규정하고 있고, 한편 기록에 의하면 피고와 사이에 이용계약을 체결한 이용자에게 적용되는 한국피씨통신 정보서비스이용약관 제21조는 이용자가 게재 또는 등록하는 서비스 내의 내용물이 다음 각 호의 1에 해당한다고 판단되는 경우에 회사가 이용자에게 사전 통지 없이 게시물을 삭제할 수 있다고 규정하면서 그에 해당하는 경우로서 1. 다른 이용자 또는 제3자를 비방하거나 중상 모략으로 명예를 손상시키는 내용인 경우, 2. 공공질서 및 미풍양속에 위반되는 내용의 정보, 문장, 도형 등을 유포하는 내용인 경우, 3. 범죄적 행위와 결부된다고 판단되는 내용인 경우, 4. 다른 이용자 또는 제3자의 저작권 등 기타 권리를 침해하는 내용인 경우, 5. 게시 시간이 규정된 기간을 초과한 경우, 6. 기타 관계 법령에 위배된다고 판단되는 내용인 경우를 들고 있는바, 위 약관 조항은 그 내용과 취지로 보아 약관의 규제에 관한 법률 제6조 제2항 제1호 소정의 "고객에 대하여 부당하게 불리한 조항"이나 위 법 제10조 제2호 소정의 "상당한 이유 없이 사업자가 이행하여야 할 급부를 일방적으로 중지할 수 있게 한 조항"에 해당한다고 볼 수는 없어 유효하다고 할 것이고, 컴퓨터통신에 게시된 게시물의 내용이 위 약관이 정한 삭제 사유에 해당하는지 여부를 판단함에 있어서는 게시물의 문구만으로 판단할 것은 아니고 그 게시물이 게재될 당시의 상황, 게재자의 지위, 게시물을 게재하게 된 동기와 목적, 게시물의 표현 방법과 내용 등 여러 가지 사정을 종합하여 이를 판단하여야 할 것이다.

원심판결 이유에 의하면, 원심은, 피고가 운영중인 하이텔(HITEL)을 통하여 서비스를 제공하기로 원고 조합과 이용계약을 체결한 바 있는 이 사건 전용게시판(기업통신서비스망)의 게시물들을 삭제할 당시는 원고 노동조합이 소외 한국전기통신공사(이하 소외 회사라 한다)와 임금 협상과 단체협약 갱신을 위한 단체교섭 중 각 지부별 노동조합 간부가 철야 농성을 하는 등 불법적 집단행동을 하였기 때문에 노동조합의 간부들이 수배되어 일부는 검거되고 일부는 명동성당 및 조계사에서 농성을 하고 있던 때로서 위 전용게시판에는 대통령, 정부기관, 소외 회사, 소외 회사의 경영진과 직원 등이 마치 원고 노동조합과 조합원들의 정당한 노조 활동을 탄압하고 있는 양 그들을 판시와 같은 상스럽고 저질스러운 표현으로 일방적으로 비방하고 매도하는 내용이 상당히 포함된 게시물과 원고 노동조합원을 선동하는 내용의 게시물이 다수 게재되었다가 삭제된 사실, 원고 노동조합 및 원고 1이 게재하였다가 삭제된 게시물도 농성중인 노동조합 간부들을 옹호하면서 조합원들에게 투쟁에 적극 동참하고 투쟁의 강도를 높일 것을 선동하거나 또는 소외 회사 등 타인을 비방하는 내용의 게시물이었던 사실, 위 전용게시판이 폐쇄된 후 일반게시판인 플라자(PLAZA)에서 삭제된 원고 노동조합 및 원고 2의 게시물은 선동적인 원고 노동조합의 투쟁 명령이거나 피고의 삭제행위를 비난하는 내용 또는 소외 회사를 비방하는 내용의 게시물인 사실을 인정한 다음, 이 사건 게시물은 대체로 타인을 비방하고 중상 모략하거나 명예를 훼손하며 불법적인 노조활동을 선동하거나 교사하는 등 사회질서를 해하는 내용과 건전한 미풍양속을 해할 염려가 많은 상스럽고 저질스러운 표현을 담고 있으므로 피고가 이 사건 게시물을 삭제한 행위는 위 약관 제21조에 근거한 정당한 사유가 있는 삭제행위라고 판단하였다.

기록 및 앞서 본 관계 법령의 규정 취지에 비추어 살펴보면, 원심의 위와 같은 사실인정과 판단은 모두 정당한 것으로 수긍이 가고, 거기에 상고이유로 주장하는 바와 같은 채증법칙에 위반하여 사실을 그릇 인정한 위법이나 표현의 자유에 관한 원리와 약관의 해석, 노동조합의 활동 방식에 대한 법리오해 등의 위법이 없다.

2. 심결례

1) (주)신도종합건설의 스타게이트씨네몰 분양계약서상 불공정약관조항에 대한 건(시정권고 2005-99호)

(1) 약관조항

갑은 건축허가 범위 내에서 상가의 분양 및 영업의 활성화를 위하여 분양계획, 광고 또는 건축허가상의 건축 층별 상가용도 등을 임의적으로 변경할 수 있으며, 이를 이유로 을은 이의를 제기하지 아니한다.

(2) 심결이유 및 요지

상가분양의 경우 분양자가 불가피한 사정으로 계약내용으로 이행하는 것이 곤란한 경우에는 수분양자와 협의 등을 통해 계약내용을 변경할 수 있을 것이고, 이러한 절차 없이 분양자가 계약내용대로 이행하지 않을 경우에는 그 채무불이행의 책임을 져야 하며 수분양자는 이에 대해 이행강제, 계약해제, 손해배상 등을 청구할 수 있다고 할 것이다.

그러나 위 약관조항은 사업자의 자의적인 판단에 의해 상가용도를 변경하여 계약내용이 변경될 수 있도록 하여 상당한 이유 없이 급부의 내용을 사업자가 일방적으로 결정하거나 변경할 수 있도록 권한을 부여하는 조항이다.[13]

13_ 공정거래위원회, 「약관규제의 실제」, 2008, 183면.

2) (주)대한항공의 스카이패스 회원 안내서상 불공정약관에 대한 건(시정명
령 2003-114호)

(1) 약관조항

보너스제도의 내용은 3개월 전에 사전 고지한 후 변경될 수 있습니다.
다만 제도 변경 발효일 이전까지 회원이 취득한 마일리지의 경우에는
마일리지를 공제한 후 지급되는 보너스에 대하여, 제도변경 발효일 이
후 6개월까지 변경 전의 제도에 따릅니다(이하 구 약관조항이라 칭함).

(2) 심결이유 및 요지

위 약관조항은 고객에게 제공하는 마일리지 제도를 사업자가 임의적
으로 변경할 수 있다고 합당한 사유 없이 포괄적으로 규정하고 있으며,
고객이 이미 취득한 마일리지에 대해서도 이를 불이익 없이 사용하기에
는 부족하다고 할 수 있는 총 9개월의 기간이 경과될 경우에는 새로운
마일리지 제도를 적용한다고 규정하고 있다.

따라서 위 약관조항은 사업자가 임의적으로 고객의 마일리지에 대해
그 경제적 가치를 저감시킬 수 있으며, 마일리지 사용에도 상당한 제약
을 줄 수 있다고 할 것이므로, 이는 사업자에게 일방적으로 유리하고 상
당수 고객들의 이익을 부당하게 침해하는 것으로서 사업자가 일방적으
로 급부의 내용을 변경할 수 있도록 권한을 부여하는 약관조항이다.[14]

3) (주)샤니의 가맹점계약서 및 추가약정서상 불공정조항에 대한 건(시정권
고 2007-21호, 2007.3.8.)

(1) 약관조항

갑은 회사 및 제품의 균형 있는 홍보를 위하여 제1항의 점포가 위치해
있는 지역 내에 회사 홍보차원의 백화점, 할인점, 양판점, 행사매장 등의
특수한 매장 내에 신규로 출점을 하거나 물건을 공급할 수 있다.

14_ 공정거래위원회, 「약관규제의 실제」, 2008, 187면.

(2) 심결이유 및 요지

가맹사업 분야에서 가맹점주에 대한 일정지역의 판매권 보장은 가맹업법상의 목적이나 신의측상 일응 보호할 만한 권리로 인정하여야 할 것이나, 위 약관조항은 가맹사업본부가 기존 가맹점주의 동의 또는 협의 없이 그 영업지역 내의 백화점 등 특수매장에 신규출점이나 물건을 공급할 수 있다고 규정하여 법상 보호할 가치가 있는 기존 가맹점주의 판매권을 사실상 침해하는 것에 해당하므로 이는 상당한 이유 없이 급부의 내용을 사업자가 일방적으로 결정하거나 변경할 수 있도록 권한을 부여하는 조항이다.[15]

3. 판례 및 심결례 분석

우선 2005다47106 판결에서는 운송수수료율(운임배분기준)은 집하, 구간운송, 배달, 기타 필요 항목에 대한 항목별 운송경비 등을 감안하여 필요할 경우 조정하여 운용할 수 있다는 조항에 대하여 대법원은 택배회사의 위탁영업소계약에서 운송수수료율은 영업소가 운송행위에 대한 대가로 어떠한 이득을 취득할 것인가라는 주된 급부에 대한 사항으로, 이러한 급부내용을 변경할 사정변경이 있는 경우에는 당사자 간의 합의에 따라 조정하는 것이 기본 법리라고 할 것인데, 해당 조항은 사정변경에 의한 운송수수료율의 조정권한을 택배회사측이 일방적으로 변경할 수 있도록 규정한 것이므로, 이는 상당한 이유 없이 급부의 내용을 사업자가 일방적으로 결정하거나 변경할 수 있도록 권한을 부여한 조항으로 약관규제법 제10조 제1호에 해당하거나, 고객에 대하여 부당하게 불리한 조항으로 공정을 잃은 것으로 추정되는 경우에 해당하여 약관규제법 제6조 제2항 제1호에 의하여 무효라고 하였다. 그리고 2003두3734 판결에서는 사업자의 상가활성화 정도에 따라 임대료를 인상할 수 있다는

15_ 공정거래위원회, 「약관규제의 실제」, 2008, 192면.

약관조항은 추상적이고 불명확하여 위 약관조항은 원고가 일방적으로 그의 주관적인 판단에 따라 객관적으로 상당한 차임의 범위를 초과하여 인상할 수도 있는 것으로 해석될 수 있으며, 또한 임대료라는 것은 상가건물 내 개별점포의 사용대가이므로 반드시 전체 상가의 활성화 정도에 따라 모든 점포에 대하여 일률적으로 임대료를 인상하여야 할 필요가 있다고 보기도 어려운데 위 약관조항은 상당한 이유 없이 상가활성화를 빌미로 사업자인 임대인이 고객인 모든 임차인의 임대료를 일률적으로 인상할 수 있는 권한을 부여하는 조항으로 해석될 수 있으므로 위 약관조항은 약관규제법 제10조 제1호에 해당하여 무효라고 하였다. 더 나아가 공정위의 심결례에서도 약관규제법 제10조를 적용하여 무효라고 결정한 예가 다수 있는바, 우선 사업자는 건축허가 범위 내에서 상가의 분양 및 영업의 활성화를 위하여 분양계획, 광고 또는 건축허가상의 건축층별 상가용도 등을 임의적으로 변경할 수 있으며, 이를 이유로 상대방은 이의를 제기하지 아니한다는 내용의 약관조항은 사업자의 자의적인 판단에 의해 상가용도를 변경하여 계약내용이 변경될 수 있도록 하여 상당한 이유 없이 급부의 내용을 사업자가 일방적으로 결정하거나 변경할 수 있도록 권한을 부여하는 조항이라고 결정하였다. 또한 대한항공의 마일리지 약관에서 기존마일리지에 대해서 총 9월이 경과하면 새 마일리지의 변경내용을 적용하도록 하고 있었다. 그런데 이는 사업자가 임의적으로 고객의 마일리지에 대해 그 경제적 가치를 저감시킬 수 있으며, 마일리지 사용에도 상당한 제약을 줄 수 있다고 할 것이므로, 이는 사업자에게 일방적으로 유리하고 상당수 고객들의 이익을 부당하게 침해하는 것으로서 사업자가 일방적으로 급부의 내용을 변경할 수 있도록 권한을 부여하는 약관조항으로 평가하였다. 그리고 사업자가 회사 및 제품의 균형 있는 홍보를 위하여 제1항의 점포가 위치해 있는 지역 내에 회사 홍보차원의 백화점, 할인점, 양판점, 행사매장 등의 특수한 매장 내에 신규로 출점을 하거나 물건을 공급할 수 있다는 약관조항은 가맹사업본부가 기존 가맹점주의 동의 또는 협의 없이 그 영업지역내의 백화점 등 특수매장에 신규출점이나 물건을 공급할 수 있다고 규정하여 법상 보호할 가치가 있는 기존 가맹점주의 판매권을 사실상 침해하는 것에 해당하므로 이는 상당한 이유 없이 급부의 내용을 사업자가 일방적으로 결정하거나 변경할 수 있도록 권한을 부여하는 조항으로 분석하였다.

IV. 독일의 경우

우리 약관규제법 제10조에 해당하는 내용이 독일 민법에도 규정이 있다. 바로 독일 민법 제308조 제2호, 제4호[16]와 동법 제309조 제1호, 제10호[17]가 그것이다. 이하에서는 이들 조항에 대한 독일에서의 논의를 살펴본다.

1. 유예기간

1) 의 의
독일 민법 제308조 제2호는 독일 민법 제281조, 제323조 및 637조의

16_ 독일 민법 제308조(평가를 유보한 금지조항) 특히 다음 각 호의 약관조항은 효력이 없다 … 2. (유예기간) 약관사용자가 실행하여야 할 급부에 관하여 법률규정과 달리 부당하게 길거나 충분히 명확하지 아니한 유예기간을 유보한 조항 … 4. (변경권 유보) 약관사용자의 이익을 고려할 때 그러한 약정이 상대방 당사자에 대하여는 기대될 수 없는 경우에, 약속한 급부를 변경하거나 그와 다른 급부를 할 수 있는 약관사용자의 권리의 약정 …

17_ 독일 민법 제309조(평가유보 없는 금지조항) 법률규정과 달리 약정하는 것이 허용되는 경우에도, 다음 각 호의 약관조항은 무효이다. 1. (단기의 가격인상) 계약체결 후 4개월 내에 인도되거나 실행되어야 할 물품 또는 급부에 대하여 대가의 인상을 정한 조항; 계속적 채권관계에 기초하여 인도되거나 실행되는 물품이나 급부에 대하여는 적용하지 아니한다 … 10. (계약상대방의 교체) 매매계약, 소비대차계약, 고용계약 또는 도급계약에서 약관사용자에 갈음하여 제3자가 계약상의 권리와 의무를 일괄승계할 수 있도록 한 조항, 그러나 다음의 경우에는 그러하지 아니하다. a) 그 조항에 제3자가 기명으로 표시되어 있는 때, 또는 b) 상대방 당사자에게 계약을 해소할 권리가 주어진 때 …

기간에 대하여 적용된다. 독일 민법 제308조 제2호는 독일 민법 제651c조 제3항, 제651e조 제2항에 대하여도 준용된다. 독일 민법 제308조 제2호는 동 제1호처럼 약관사용자가 부당하게 긴 기간을 통하여 민법의 이러한 규정들의 보호를 참탈하는 것으로부터 상대방을 보호하는 데에 그 취지가 있다. 독일 민법 제308조 제2호는 기간이 임의법규에서 벗어나서 채권자로서의 계약상대방으로부터가 아니라 채무자로서 약관사용자에 의하여 정하여진 경우에만 적용된다. 진정한 유예기간의 경우에만 해당하는 것이다. 약관에 여러 번 규정된 추가적인 공급기간(소위 부진정 유예기간)에는 독일 민법 제308조 제2호가 아니라 동 제1호가 적용된다.

2) 부당히 긴 기간

기준이 되는 척도는 그 규정이 없었더라면 적용될 기간으로서의 유예기산이나. 그 기간은 통일성을 위하여 늘어날 수는 있다. 그러나 정도가 지나치지 않은 벗어남만 허용된다.[18] 특별한 경우에 인정되는 기간을 일반적으로 확정하여서는 아니 된다.[19] 통상적인 소비자거래에서의 최대한계는 2주이다.[20] 부진정한 유예기간이 주어진 경우에는 그것은 더 짧다. 4주는 가구구입 시에는 너무 길다.[21] 역시 창문, 전면장식 및 블라인드 공급 시에 6주는 너무 길다.[22] 그에 반하여 울타리시설의 공급시에는 4주는 허용된다.[23] 자동차거래에서는 6주의 (부진정한) 유예기간이 허용된다.[24]

18_ Palandt, Bürgerliches Gesetzbuch, 69. Aufl., München, 2010, S. 451.

19_ BGH, NJW 1985, S. 857.

20_ Wolf/Lindacher/Pfeiffer, AGB-Recht, 5. Aufl., München, 2009, § 308, Rdn. 15. BGH, NJW 1985, S. 323.

21_ BGH, NJW 1985, S. 323.

22_ BGH, NJW 1985, S. 857.

23_ OLG Frankfurt, DB 1981, S. 884.

24_ BGH, NJW 1982, S. 331, BGH, NJW 2001, S. 292.

3) 특정성 요청

특정성 요건과 관련하여서는 독일 민법 제308조 제1호와 같은 척도가 적용된다. 고객이 기간의 종료시점을 계산하여 알 수 있도록 하여야 한다.

4) 기업가 간의 거래

독일 민법 제308조 제2호는 독일 민법 제307조 제2항 제1호, 제310조 제1항에 의하여 기업가 간의 거래에 대하여도 적용된다.[25]

2. 변경권 유보

1) 의 의

독일 민법 제308조 제4호는 동 제3호를 보완하는 규정이다. 이는 약관사용자가 자신이 약속한 급부를 일방적으로 변경하거나 그로부터 벗어나려는 가능성에 제한을 가하는 것이다.[26] 독일 민법 제308조 제4호는 모든 종류의 계약에 적용되며 동 제3호와는 달리 계속적 채권관계에 대하여도 적용된다. 의무지워진 급부의 종류를 불문한다. 금전채무와 부수의무도 포함되는 것이며 특히 이자규정에도 적용된다. 약관의 이자조항은 독일 민법 제308조 제4호 이외에도 동시에 독일 민법 제307조 제1항도 내용통제의 기초가 된다. 독일 민법 제308조 제4호는 변경권유보가 급부의 장소와 시간과 같이 급부의 상황에 관한 것인 경우에도 적용된다.[27] 동 규정은 소비대차의 대주가 부분금액의 지급을 연기할 권한을 유보하는 경우에도 적용된다.[28] 약관의 변경을 유보하는 경우에는, 그것이 양방당사자의 급부에 관한 것일 때에 독일 민법 제308조 제4호가 적용된다.[29] 그러나 그러한 규정은 대부분 독일 민법 제307조를 위반하게

25_ Palandt, Bürgerliches Gesetzbuch, 69. Aufl., München, 2010, S. 451.

26_ BGH, NJW-RR 2008, S. 134.

27_ OLG Hamm, NJW-RR 1992, S. 445.

28_ OLG Frankfurt, VersR 1990, S. 527.

29_ BGH, NJW 1999, S. 1865.

된다. 독일 민법 제308조 제4호는 숨겨진 변경권유보의 경우에도 적용된다. 그러한 숨겨진 변경권유보는 착오규정, 책임배제규정, 대리권규정 또는 의제조항에 규정되는 경우가 많다. 의제조항에는 가령 차이가 있는 것으로는 하자로 보지 아니한다는 의제규정이 해당된다.

2) 상당성

변경권유보에 대한 약관조항은 그 변경이 약관사용자의 이익을 고려하여 상대방에게 상당성이 있을 때에 유효하게 된다. 이 요건은 유럽연합 약관지침 부록 1k에 의하면 그 변경을 위하여 적절한 근거가 있을 때에만 충족이 된다.[30] 변경의 요건과 범위는 가능한 한 구체화되어야 하고 예상가능한 것이어야 한다. 즉 더 구체적일수록 그 변경이 더 결정력이 있다.[31] 균형관계의 변경은 부당성의 증빙이 된다.[32] 상당성요건을 대체가능성 없이 소멸하게 하는 그러한 변경은 허용되지 않는다. 가령 운행계획서를 언제든지 변경할 수 있다는 변경유보조항은 허용되지 않는다.[33] 박람회의 임차인에게 다른 장소를 줄 수 있도록 변경권을 유보하는 조항은 허용되지 않는다.[34] 건축관리인이 건축계획에서 벗어나는 건축실행을 선택할 수 있도록 하는 유보조항 및 같은 가치가 있는 다른 재료로 대체할 수 있도록 하는 유보조항도 허용되지 아니한다.[35] 유료텔레비전수신에서 또는 온라인 제작에서 프로그램을 변경할 권한을 유보하는 조항도 불공정한 유보조항이다.[36] 옵션증권에서 신주인수권의 변경을 유보하는 조항도 허용되지 않는다.[37] 약관사용자가 강의시간을 그

30_ BGH, NJW 2005, S. 3420.

31_ BGH, NJW 2004, S. 1588.

32_ BGH, WM 2009, S. 1500.

33_ BGHZ 86, S. 294.

34_ OLG Köln, NJW-RR 1990, S. 1232.

35_ BGH, NJW 2005, S. 3567.

36_ OLG Frankfurt, NJOZ 2007, S. 1787.

37_ BGH, WM 2009, S. 1500.

밖의 사유로 거절하거나 변경할 수 있도록 하는 유보조항도 허용되지 않는다.[38] 부분급부를 할 수 있도록 유보하는 조항도 허용되지 아니한다.[39] 소위 지로거래에서의 자유재량조항도 허용되지 아니한다.[40] 여행거래에서 항공사를 변경할 것을 유보하는 조항도 허용되지 않는다.[41] 약관사용자가 원래 명시적으로 부탁받은 일 이외에 추가로 작업을 할 수 있고 그에 대하여 계산서를 청구할 수 있도록 유보하는 조항도 허용되지 아니한다.[42] 특히 그것이 확약한 속성에서 벗어나는 경우에는 사소한 변경을 유보하는 조항도 허용되지 아니한다.[43] 그에 반하여 그것이 상거래상 통상적인 이탈의 경우에는 허용된다.[44] 상당성판단을 건축가치 또는 사용능력에 영향을 주지 않는다는 점만에 목표를 두는 조항은 허용되지 아니한다. 원래 주문한 것 대신에 추후 제작된 모델을 공급해도 된다는 조항은 허용되지 않는다. 모델변경이 언제나 개량에 해당하는 것은 아니기 때문이다.[45] 전문의진단계약에서 대리인이 진단해도 된다는 대리인 규정은 그 대체가 예상할 수 없는 경우에 국한하고 또 그 대리의사가 이름이 표기된 항상 대기하고 있는 의사대리인인 경우에 한하여 허용된다.[46] 변경의 상당성에 대한 증명책임은 약관사용자가 부담한다.[47]

3) 기업가 간의 거래

기업가 간의 거래에 대하여는 독일 민법 제308조 제4호는 동법 제307

38_ LG München, NJW-RR 1999, S. 60.

39_ OLG Stuttgart, NJW-RR 1995, S. 116.

40_ BGHZ 98, S. 311.

41_ Schmid, NJW 1996, S. 1641.

42_ BGHZ 101, S. 311.

43_ OLG Frankfurt, DB 1981, S. 884.

44_ BGH, NJW 1987, S. 1886. 다른 견해로는 OLG Frankfurt, BB 1988, S. 1489.

45_ OLG Koblenz, ZIP 1981, S. 509.

46_ BGH, NJW 2008, S. 987.

47_ BGH, NJW 2008, S. 360.

조 제2항 제1호, 제310조 제1항에 의하여 원칙적으로 적용된다.[48] 변경권유보가 그것이 상거래상 통상적인 수량과 품질에 관한 것인 경우에는 허용된다. 이는 대리상거래계약, 자체 변경하는 관계에 필수적인 적응을 위한 계약과 같은 계속계약에 대해서도 적용된다. 그러나 그 경우에도 적정성의 한도는 지켜져야 한다.[49] 대리점, 보험대리점의 마진, 수수료를 마음대로 변경하는 유보조항은 무효이다.[50]

3. 단기의 가격인상

1) 적용영역

독일 민법 제309조 제1호는 원칙적으로 모든 유상의 계약에 적용된다. "물품"(Ware)이라는 표현을 "급부"라는 포괄적인 개념 이외에 별도로 누고 있는데, 그 표현은 굳이 따로 하지 않아도 되는 것이다. 가격이 금액으로 정해져 있는 것이 아니라 요율표적으로 또는 통상적인 대가라고 채무지워진 경우에도 적용된다.[51] 당일가격조항(판매가격은 공급당일의 리스트가격으로 한다)에 대하여는 독일 민법 제309조 제1호의 보호목적에 비추어 그를 준용하여야 한다. 여행계약에 대하여는 독일 민법 제651a조 제4항, 제5항의 보호규정이 추가적으로 적용된다.

2) 4개월 기간

독일 민법 제309조 제1호는 계약체결 후 4개월 이내에 급부가 이행되어야 함을 전제로 하고 있다. 고정된 공급기간의 합의는 필요하지 아니하다. 독일 민법 제309조 제1호는 급부시점이 계약에서는 정하여지지 아니한 경우 및 그리하여 급부가 독일 민법 제271조[52]에 의하여 즉시 이

48_ OLG München, NJW-RR 2009, S. 458.

49_ BGHZ 89, S. 206.

50_ OLG München, NJW-RR 2009, S. 458.

51_ Ulmer/Brandner/Hensen, AGB-Recht, 10. Aufl., 2006, § 309, Rdn. 4.

52_ 독일 민법 제271조(급부시기) (1) 급부의 시기가 정하여지지 아니하고 제반 사정으로

행하여야 하는 경우에도 적용된다. 기간은 계약의 성립시점으로부터 계산한다. 계약청약의 서명을 한 날짜는 중요하지 아니하다.[53] 실제 나중의 급부는 약관조항을 유효하기 만들지 못한다. 그러나 약관사용자는 그러한 경우 고객이 귀책사유로 인한 사유로 급부를 4개월의 기간이 지난 후 행할 수 있다는 내용의 가격인상조항을 유보할 수 있다.[54] 가격인상조항이 4개월보다 짧거나 긴 공급기간의 계약에 대해서 차이 없이 사용되면 그 조항은 전체적으로 무효이다.[55]

3) 모든 종류의 인상규정

독일 민법 제309조 제1호는 모든 종류의 인상조항을 금지한다. 약관사용자의 비용증가나 임금증가를 이유로 한 변경유보조항의 경우에도 적용된다.[56] 매상세(Umsatzsteuer)의 인상 시에 가격조정도 허용되지 아니한다. 이는 독일 민법 제309조 제1호의 대가(Entgelt)에 해당하기 때문이다.[57] 가격을 매상세에 추가하여 지급하여야 하는 약관조항은 제306a조[58]에 의하여 우회조항으로서 무효이다.[59] 착오조항과 같이 숨겨진 인상조항도, 그것이 법률에 의하여 허용된 권한 이외에 더 넓은 권한을 부여하는 경우인 경우에는 무효이다. 약관사용자가 해제권을 유보함 경우에는 독일 민법 제308조 제3호가 적용된다.

부터도 이를 추단할 수 없는 경우에는, 채권자는 공급 즉시 급부를 청구할 수 있고, 채무자는 즉시 이를 실행할 수 있다. (2) 급부의 시기가 정하여진 경우에, 의심스러운 때에는, 채권자는 그 시기 전에 급부를 청구할 수 없으나 채무자는 이를 미리 실행할 수 있다.

53_ OLG Frankfurt, DB 1981, S. 884.

54_ Ulmer/Brandner/Hensen, AGB-Recht, 10. Aufl., 2006, § 309, Rdn. 9. 반대 입장: Wolf/Lindacher/Pfeiffer, AGB-Recht, 5. Aufl., München, 2009, § 309, Rdn. 64.

55_ BGH, NJW 1985, S. 856.

56_ BGH, NJW 1985, S. 856.

57_ BGHZ 77, S. 82.

58_ 독일 민법 제306a조(탈법행위의 금지) 이 장의 규정은 이를 다른 방법으로 회피한 경우에도 적용된다.

59_ BGH, NJW 1981, S. 979.

4) 계속적 채권관계

독일 민법 제309조 제1호는 계속적 채권관계에 대하여는 적용되지 아니한다. 독일 민법 제309조 제1호의 의미에서 계속적 채권관계는 구독계약, 계속공급계약 그 밖의 구입계약이 해당된다.[60] 독일 민법 제309조 제1호의 금지는 임대차계약 및 보험계약에서는 그것이 짧은 시간에 정산되는 것인 경우(가령 호텔방 또는 자동차의 임차 또는 운송보험)에 한하여 적용된다.[61]

5) 기업가 간의 거래

기업가 간의 거래에 대해서는 독일 민법 제309조 제1호의 엄격한 금지규정은 적용되지 아니한다.[62] 매상세 동반의 약관조항은 상인영역에서는 원칙적으로 허용된다.[63]

6) 가격조정조항

독일 민법 제309조 제1호의 적용영역에 속하지 아니하는 가격조정조항에 대하여는 독일 민법 제307조의 일반조항이 심사의 척도가 된다.[64] 가격조항법(Preisklauselgesetz)의 특별규정이 있음을 주의하여야 한다. 그리고 가격유보조항과 비용요소조항은 구분을 하여야 한다.[65]

4. 계약상대방 교체

1) 적용영역

독일 민법 제309조 제10호는 고객에게 알지도 못하는 새로운 계약당

60_ BGHZ 93, S. 258.

61_ Hansen, VersR 1988, S. 1112.

62_ Wolf, ZIP 1987, S. 344.

63_ Ulmer/Brandner/Hensen, AGB-Recht, 10. Aufl., 2006, § 309, Rdn. 22.

64_ BGHZ 82, S. 21. BGHZ 94, S. 335. Larenz/Wolf, Allgemeiner Teil des bürgerlichen Rechts, 9. Aufl., München, 2004, S. 791.

65_ Palandt, Bürgerliches Gesetzbuch, 69. Aufl., München, 2010, S. 457.

사자로 강요되지 않도록 하는 데에 그 취지가 있다. 독일 민법 제309조 제1호는 매매계약, 소비대차계약, 고용계약 및 도급계약에 대하여 적용된다. 소비대차계약에 대해서는 2008년 8월 19일 이후부터 적용된다. 임대차계약에 대하여는 독일 민법 제309조 제1호는 직접적용도 아니 되고 준용도 되지 않는다. 리스계약도 독일 민법 제309조 제1호의 금지가 적용되지 않는다. 독일 민법 제310조 제3항의 적용범위에서는 소비자는 모든 계약에서 독일 민법 제307조와 유럽연합약관지침 부록 1p에 의하여 계약이전에 대하여 보호된다.

2) 금지의 내용

독일 민법 제309조 제10호는 계약을 전체적으로 이전할 경우에 적용된다. 즉 계약인수의 경우에 적용된다. 독일 민법 제309조 제10호는 채무인수(독일 민법 제414조 이하)의 경우에도 준용된다. 그렇지만 독일 민법 제309조 제10호는 채권양도(Abtretung)에 대하여는 적용되지 않는다. 채권양도는 채무자의 동의를 요하지 아니하기 때문이다. 제3자가 약관사용자의 위치에 들어서야 하는 것이다. 이행보조자의 활용의 경우는 독일 민법 제309조 제10호는 적용되지 않는다. 약관사용자의 법인격변경의 경우(조직변경)에는 법문언(제3자)과 법목적에 의하여, 그 동일성이 유지되는 한 그리고 우회적 회피가 있는 경우가 아닌 이상, 독일 민법 제309조 제10호의 금지가 적용되지 않는다.[66]

3) 예 외

이에 대해서는 예외가 존재한다. 즉 그 약관조항에 제3자가 기명으로 표시되어 있는 때,[67] 또는 상대방 당사자에게 계약을 해소할 권리가 주어진 때에는 당사자교체가 허용된다. 후자의 경우는 즉시의 계약종료권이 주어진 경우에 해당한다.[68] 이러한 계약종료를 위한 해지권 내지 해

66_ Bitter, ZHR 173, S. 379.
67_ BGH, NJW 1980, S. 2518.

제권은 약관사용자가 이전가능성을 활용할 경우에만 존재하면 된다.[69] 그리고 계약종료권 행사에 해당 계약당사자에게 불이익이 있어서는 아니 된다.

4) 기업가 간의 거래

기업가 간의 거래(독일 민법 제310조 제1항, 제307조)에는 계약당사자의 교체가 타방당사자의 정당한 이익이 침해되는 경우인지 여부에 주안점을 두어야 한다. 해당 당사자의 신뢰성이나 지급능력에 문제가 있을 때에는 그 당사자의 교체로 인해 타방당사자의 이익이 보통은 침해되게 된다.[70] 또는 당사자교체로 인하여 계약수행의 변경을 초래하는 경우도 그러하다.[71]

V. 분석과 제도운용 방안

채무의 이행과 관련한 불공정 조항의 법리와 관련하여 독일 법제의 분석을 통하여 우리 법제의 시사점을 찾는 노력이 필요하다.

1. 독일법과 비교 및 시사점

한국 약관규제법	독일 민법
약관규제법 제10조(채무의 이행) 채무의 이행에 관하여 정하고 있는 약관의 내용 중 다음 각 호의 어느 하나에 해당하는 내용을 정하고 있는 조항은 무효로 한다.	독일 민법 제308조(평가를 유보한 금지 조항) 특히 다음 각 호의 약관조항은 효력이 없다 …

68_ LG Köln, NJW-RR 1987, S. 886.
69_ Ulmer/Brandner/Hensen, AGB-Recht, 10. Aufl., 2006, § 309, Rdn. 9.
70_ BGH, NJW 1985, S. 54.
71_ BGH LM § 242 Bc Nr. 23.

1. 상당한 이유 없이 급부의 내용을 사업자가 일방적으로 결정하거나 변경할 수 있도록 권한을 부여하는 조항	2. (유예기간) 약관사용자가 실행하여야 할 급부에 관하여 법률규정과 달리 부당하게 길거나 충분히 명확하지 아니한 유예기간을 유보한 조항 …
2. 상당한 이유 없이 사업자가 이행하여야 할 급부를 일방적으로 중지할 수 있게 하거나 제3자에게 대행할 수 있게 하는 조항	4. (변경권 유보) 약관사용자의 이익을 고려할 때 그러한 약정이 상대방 당사자에 대하여는 기대될 수 없는 경우에, 약속한 급부를 변경하거나 그와 다른 급부를 할 수 있는 약관사용자의 권리의 약정 …
	독일 민법 제309조(평가유보 없는 금지조항) 법률규정과 달리 약정하는 것이 허용되는 경우에도, 다음 각 호의 약관조항은 무효이다.
	1. (단기의 가격인상) 계약체결 후 4개월 내에 인도되거나 실행되어야 할 물품 또는 급부에 대하여 대가의 인상을 정한 조항; 계속적 채권관계에 기초하여 인도되거나 실행되는 물품이나 급부에 대하여는 적용하지 아니한다 …
	10. (계약상대방의 교체) 매매계약, 소비대차계약, 고용계약 또는 도급계약에서 약관사용자에 갈음하여 제3자가 계약상의 권리와 의무를 일괄승계할 수 있도록 한 조항, 그러나 다음의 경우에는 그러하지 아니하다. a) 그 조항에 제3자가 기명으로 표시되어 있는 때, 또는 b) 상대방 당사자에게 계약을 해소할 권리가 주어진 때 …

독일에서 가격과 핵심급부는 약관의 불공정성 통제의 대상이 아니라, 자본주의 사회에서 시장경제에 맡겨야 하는 것으로 파악[72]하고 있다.[73] 그럼에도 불구하고 단기의 가격의 인상은 내용통제의 대상이 된다. 그렇지만 그 과정에서 불공정한 내용이 있을 수 있으므로 이를 명시적으로 개별적 내용통제조항에서 규정하고 있다. 즉 독일 민법 제309조 제1호에서 계약체결 후 4개월 내에 인도되거나 실행되어야 할 물품 또는 급부에 대하여 대가의 인상을 정한 조항은 불공정조항으로 하면서 이에 대한 예외로 계속적 채권관계에 기초하여 인도되거나 실행되는 물품이나 급부를 규정하고 있다. 또한 이를 둘러싸고 많은 논의가 이루어지고 있다. 이와 같이 단기의 가격인상을 독일에서는 불공정약관으로 규정하고 있으며 그 밖에 각각의 규정을 일부는 평가가능성 있는 무효조항에, 일부는 평가가능성 없는 무효조항에 배치하고 있는 점에서 우리 법제와 일응 차이를 보이고 있다.

불공정 유예기간에 대한 독일 민법 제308조 제2호는 약관사용자가 부당하게 긴 기간을 통하여 민법의 제반 규정들의 보호를 참탈하는 것으로부터 상대방을 보호하는 데에 그 취지가 있다. 독일 민법 제308조 제2호는 기간이 임의법규에서 벗어나서 채권자로서의 계약상대방으로부터가 아니라 채무자로서 약관사용자에 의하여 정하여진 경우에만 적용된다. 진정한 유예기간의 경우에만 해당하는 것이다. 변경권 유보에 대한 독일 민법 제308조 제4호는 숨겨진 변경권유보의 경우에도 적용된다는

72_ 이는 독일 약관규제법 제8조에서 규정되어 있다가 현재는 독일 민법 제307조 제3항에 규정되어 있다. 우선 법률규정과 상이하거나 법률규정을 보충하는 내용을 합의한 약관에 대해서만 내용통제가 이루어진다. 현행 법률상의 규정들의 내용을 순수히 반복하고 있는 약관규정의 내용통제는 배제된다. 또한 핵심적 급부내용을 기술하는 조항 및 순수한 가격조항은 내용통제에서 제외된다. 내용통제의 과정에서 가격과 핵심적 급여내용의 통제를 행할 수 없을 뿐만 아니라 약관의 내용통제를 통하여 법률의 규정을 변경해서도 안 된다. 가격, 핵심급여의 내용은 통제할 수 없다는 것은 시장경제원리를 중심에 두고 있다. 법관은 어떠한 가격통제도 할 필요가 없고 또 할 수도 없다.

73_ Larenz/Wolf, Allgemeiner Teil des Bürgerlichen Rechts, 9. Aufl., München, 2004, S. 783 ff.

점을 주의하여야 한다. 그러한 숨겨진 변경권유보는 착오규정, 책임배제규정, 대리권규정 또는 의제조항에 규정되는 경우가 많다. 의제조항에는 가령 차이가 있는 것으로는 하자로 보지 아니한다는 의제규정이 해당된다. 변경권 유보조항으로서 허용되지 아니하는 독일 판례의 예로 주목할 만한 것으로는 운행계획서를 언제든지 변경할 수 있다는 변경유보조항은 허용되지 않는다든지, 박람회의 임차인에게 다른 장소를 줄 수 있도록 변경권을 유보하는 조항은 허용되지 않는 것 등을 들 수 있다.

독일 민법 제309조 제10호는 고객에게 알지도 못하는 새로운 계약당사자로 강요되지 않도록 하는 데에 그 취지가 있다. 독일 민법 제309조 제1호는 매매계약, 소비대차계약, 고용계약 및 도급계약에 대하여 적용된다. 소비대차계약에 대해서는 2008년 8월 19일 이후부터 적용된다. 임대차계약에 대하여는 독일 민법 제309조 제1호는 직접적용도 아니되고 준용도 되지 않는다. 리스계약도 독일 민법 제309조 제1호의 금지가 적용되지 않는다. 특히 계약당사자 변경규정이 적용되지 않는 것으로서 주의를 요하는 것은 다음의 사항들이다: 독일 민법 제309조 제10호는 채권양도에 대하여는 적용되지 않는다는 점을 특별히 주의하여야 한다. 채권양도는 채무자의 동의를 요하지 아니하기 때문이다. 제3자가 약관사용자의 위치에 들어서야 하는 것이다. 이행보조자의 활용의 경우는 독일 민법 제309조 제10호는 적용되지 않는다. 약관사용자의 법인격변경의 경우(조직변경)에는 법문언(제3자)과 법목적에 의하여, 그 동일성이 유지되는 한 그리고 우회적 회피가 있는 경우가 아닌 이상, 독일 민법 제309조 제10호의 금지가 적용되지 않는다.

2. 판례 등 평가

우리의 경우 대법원은 택배회사의 위탁영업소계약에서 운송수수료율은 영업소가 운송행위에 대한 대가로 어떠한 이득을 취득할 것인가라는 주된 급부에 대한 사항으로, 이러한 급부내용을 변경할 사정변경이 있는 경우에는 당사자 간의 합의에 따라 조정하는 것이 기본 법리라고 할 것인데, 문제의 약관조항은 사정변경에 의한 운송수수료율의 조정권한을 택배회사 측이 일방적으로 변경할 수 있도록 규정한 것이므로, 이는 상당한 이유 없이 급부의 내용을 사업자가 일방적으로 결정하거나 변경할 수 있도록 권한을 부여한 조항으로서 불공정조항으로 보았다. 또한 공정거래위원회는 심결례에서 기존 마일리지에 대해서 총 9월이 경과하면 새 마일리지의 변경내용을 적용하도록 하고 있었다. 그런데 이는 사업자가 임의적으로 고객의 마일리지에 대해 그 경제적 가치를 저감시킬 수 있으며, 마일리지 사용에도 상당한 제약을 줄 수 있다고 할 것이므로, 이는 사업자에게 일방적으로 유리하고 상당수 고객들의 이익을 부당하게 침해하는 것으로서 사업자가 일방적으로 급부의 내용을 변경할 수 있도록 권한을 부여하는 약관조항으로 판단하였다. 이와 같이 우리의 경우 약관규제법 제10조를 적용한 것들이 주로 임대료인상권한에 대한 약관, 마일리지 사용 불공정약관, 프랜차이즈 계약에서 불공정조항 등 급부의 일방적 결정을 할 수 있는 주요 영역에서 그 적용이 이루어지고 있음을 알 수 있다.

3. 제도운용방안

독일의 경우에는 평가가능성이 있는 조항과 평가가능성이 없는 조항을 분리하면서 상대적으로 무효인 조항의 경우에는 평가가능성이 있는 조항에 위치하고 있다. 즉 독일의 경우 평가를 유보한 경우와 유보하지 않는 경우를 구분하여 정리하고 있는 것이다. 우리는 이러한 구분이 없이 규정하고 있는바, 해석에 의하여 구분하지 않을 수 없다. 상대적 무효조항과 절대적 무효조항으로서의 동 구분은 해당 약관을 분석할 때 의미가 있다. 따라서 소비자보호를 위하여 우리도 독일처럼 평가가능성 있는 무효조항과 평가가능성 없는 무효조항으로 명확히 구분하여[74] 규정하는 것이 장기적으로는 필요하다. 그리고 약관의 규제에 대한 내용을 독일은 민법전 속에서 규정을 하고 있다. 그런데 이는 유럽연합의 소비자보호지침을 수용하는 과정에서 일어난 현상으로서 우리도 그와 같이 하는 것이 바람직하다고 생각하지는 않는다. 따라서 현재처럼 약관규제법을 별도로 두고 그에 대한 판례의 축적과 학자들의 치밀한 연구논문 및 분석·검토를 통한 세부적인 운용의 기준을 마련해 나아가는 것이 더욱더 필요하다고 본다.

VI. 맺음말

현대의 대령생산·소비사회에서는 약관이 수행하는 경제사회적 기능은 상당하다. 그렇지만 이로 인한 소비자 피해도 역시 증가하고 있는 추세이다. 따라서 약관의 합리적 기능은 살리되 그로 인한 약자인 소비자의 피해를 방지하기 위한 법제도 운용과 문제점 있는 제도의 개선에 학자들과 관계기관들이 더욱더 노력하여야 한다. 그렇다고 하여 국가가 상품 또는 서비스조건에 해당하는 약관을 일정한 틀에 묶는 표준약관을 적극 권장할 사안은 아니다. 자본주의 사회에서는 상품, 서비스의 경쟁을 통한 소비자후생의 증진이 중요한 요소이기 때문이다. 불공정 약관은 법원의 판결과 공정거래위원회를 위시한 정책 당국의 꾸준한 노력을 통하여 개선해 나아가야 한다. 그 가운데 계약의 이행에 대한 불공정 조항의 시정은 특히 중요한 의미가 있다. 사업자인 당사자가 급부를 변경하도록 권한을 부여하면 소비자는 불측의 손해를 보게 된다. 그리고 정당한 사유도 없이 급부를 제3자로 대행하게 하는 조항도 마찬가지이다. 미래사회에는 사이버공간에 의한 거래와 스마트폰 시장의 확대 및 활성화 등으로 사업자가 일방적으로 급부를 요구하거나 변경할 경우가 더 증가할 것이다. 이러한 사회 환경 변화에 대응하여 약관규제법 제10조

74_ 우리의 경우 평가가능성이 없는 당연무효조항으로는 약관규제법 제7조 제1호, 제9조 제1호, 제13조를 들고 있다. 신현윤, 전게서, 638면; 정호열, 전게서, 606면.

를 적정히 적용하기 위한 법리를 계속하여 개발하고 연구하여야 한다. 이와 같이 미래사회에서 새롭게 등장하는 불공정한 약관을 억제하기 위하여 약관규제법 제10조가 제대로 기능을 발휘하도록 그 법리를 정치하게 연구하고 제시하는 것이 필요한 것이다. 이때 외국의 예를 비교의 대상으로 참조할 수 있을 것이다. 그 가운데에서도 독일의 판례는 우리보다 많은 사례를 제공하고 있기에 참조할 가치가 있다.

참고문헌

1. 국내문헌

공정거래위원회,「외국 약관제도 해설(독일・프랑스 편)」, 1999.

공정거래위원회,「약관규제의 실제」, 2008.

권오승,「경제법」, 제12판, 법문사, 2015.

김준호,「민법강의」, 제16판, 법문사, 2010.

김형배・김규완・김명숙,「민법학강의」, 제12판, 신조사, 2013.

소비자 문제를 연구하는 시민의 모임,「약관 규제의 입법」, 1986.

송덕수,「신민법강의」, 박영사, 2009.

신현윤,「경제법」, 제5전정판, 법문사, 2012.

이기수・유진희,「경제법」, 제9판, 세창출판사, 2012.

이은영,「약관규제론」, 박영사, 1984.

이은영,「약관규제법」, 박영사, 1994.

장경환,「약관규제법 일반조항에 관한 연구」, 서울대 박사학위논문, 1990.

정호열,「경제법」, 제4판, 박영사, 2012.

지원림,「민법강의」, 제7판, 홍문사, 2009.

한국법학교수회 편,「법과 약관」, 삼영사, 1984.

2. 외국문헌

Bamberger/Roth, Bürgerliches Gesetzbuch mit Nebengesetzen, Kommentar, 2. Aufl., Teil I, 2007.

Ermann, Bürgerliches Gesetzbuch mit Nebengesetzen, Kommentar, 12. Aufl., 2008.

Larenz/Wolf, Allgemeiner Teil des bürgerlichen Rechts, 9. Aufl., München, 2004.

Palandt, Bürgerliches Gesetzbuch, 69. Aufl., München, 2010.

Ulmer/Brandner/Hensen, AGB-Recht, 10. Aufl., 2006.

Wolf/Lindacher/Pfeiffer, AGB-Recht, 5. Aufl., München, 2009.

B2B 거래에서의 약관규제법의 개정방향*

서종희**

Ⅰ. 들어가는 말

우리 「약관의 규제에 관한 법률」(이하 '약관규제법'으로 칭하기로 함)은 제3조부터 제14조까지 약관의 편입, 해석 및 내용통제에 관한 규정들을 두고 있다. 한편 우리 약관규제법에는 적용범위를 제한하는 규정[1]이 다수 존재하나 인적 적용범위를 제한하는 규정은 존재하지 않는다. 즉 우리

---

* 이 논문은 2017년 6월 19일 한국외국어대학교 법학연구소 학술대회("약관규제법 시행 30주년의 회고와 입법적 과제")에서 발제한 글을 수정 · 보완하여 외법논집 제41권 제3호에 수록된 것입니다.

** 건국대학교 법학전문대학원 부교수, 법학박사.

1_ 약관규제법 제2조 제1호(약관의 개념), 제3조 제2항 단서(명시 · 교부의무에 관한 제3조 제2항 본문 적용의 배제), 제4조(개별 약정의 우선), 제15조(제7조 내지 제14조의 조항별 · 업종별 적용배제), 제30조 제1항(특정 분야에 속하는 계약에 관한 경우의 약관규제법의 적용배제), 제30조 제2항(특별법 우선의 원칙) 등이 존재한다. 특히 제30조 제1항은 약관이 「상법」 제3편에 속하는 계약(이하 '회사법 분야의 약관'으로 칭하기로 함)에 관한 것일 경우에는 약관규제법이 적용되지 않도록 하고 있다. 즉 약관규제법은 상법 제3편 회사법 분야에 속하는 계약에 해당하는 경우에 약관규제법이 적용되지 않는 적용제외규정을 두고 있다. 한편 동 조항은 이 외에도 근로기준법 또는 그 밖에 대통령령으로 정하는 비영리사업의 분야에 속하는 계약에 관한 것일 경우에도 약관규제법이 적용되지 않는다고 규정한다.

약관규제법은 사업자와 소비자 간 거래 약관(이하 'B2C 약관'으로 칭하기로 함)과 사업자 간 거래 약관(이하 'B2B 약관'으로 칭하기로 함)을 구별하지 않고 있다.[2] 이러한 이유 때문에 고객이 소비자인 경우와 사업자인 경우에 약관의 편입, 해석 및 내용통제에 있어 양자를 다르게 접근할 것인지가 해석상 문제되고 있으며,[3] 입법을 통해 양자를 다르게 취급해야 하는지에 대한 논의가 계속되고 있다. 이에 본고에서는 먼저 일본 및 독일에서의 B2B 약관통제와 관련된 논의를 살펴보고(II), 약관규제의 정당화사유를 중심으로 B2B 약관의 약관규제법의 적용 대상에서의 배제여부 및 배제방법을 살펴본 후(III),[4] 향후 입법적으로 논의되어야 할 부분을 간단히 살펴보면서 글을 마무리하고자 한다(IV).

II. 비교법적 고찰 ―일본 및 독일에서의 논의―

비교법적으로 B2B 약관을 입법적으로 다루는 방법은 크게 세 가지라고 할 수 있다. 첫째, B2B 약관을 해석으로 약관규제법의 대상에서 제외하는 방법이며(일본의 입장), 둘째, B2B 약관과 B2C 약관을 차별화하여 다르게 접근하는 방법(독일의 입장), 셋째, 양자를 차별화하지 않고 동일하게 다루는 방법(국내의 입장)이다.

2_ 우리 약관규제법 제1조에서는 소비자보호를 하나의 목적으로 들고 있으나, 실질적으로 약관규제법은 약관이 제시되는 대상을 고객으로 정함으로써 사업자와 소비자를 구분하지 않고 있다.

3_ 예컨대 약관의 편입, 해석, 내용통제를 양자 모두에 적용할 것인지, 적용한다면 다른 기준으로 적용할 것인지 등에 대한 해석상 문제가 남게 된다.

4_ 김진우, "약관내용통제의 정당화사유", 부산대 법학연구 제53권 제1호(2013), 270면에서도 "약관 내용통제의 정당화 사유는 내용통제가 B2C계약에 한하여 허용될 것인가 아니면 B2B계약에 대하여도 허용되어야 하는가에 대한 문제에 대한 해결에 단초를 제공"할 것이라고 본다.

1. 일본에서의 논의

일본 법무성에서는 2009년 11월 24일 법제심의회에 민법(채권관계)부회를 설치함으로써 민법 중 채권관계에 관한 법의 개정작업을 구체화하기 시작하였다. 한편 법제심의회(채권관계)부회는 2013년 2월 26일 「민법(채권관계)의 개정에 관한 중간시안」(이하 '중간시안'으로 약칭한다)을 공표하였으며, 다시 2014년 8월 26일에는 「민법(채권관계)의 개정에 관한 요강가안(要綱假案)」(이하 '요강가안'으로 약칭한다)을 공개하였다.[5] 그리고 요강가안은 2015년 2월 10일에 「민법(채권관계)의 개정에 관한 요강안(要綱案)」(이하 '요강안'으로 약칭한다)으로 확정되었고, 다시 2015년 2월 24일 법제심의회 총회에서 「민법(채권관계)의 개정에 관한 요강」(이하 '법률안'으로 약칭한다)으로 확정되었다. 그 후 일본 법무성은 2015년 3월 31일 민법개성안을 국회에 제출하였고, 2017년 4월 14일 중의원을 통과한 후, 2017년 5월 26일 참의원을 통과하여 개정이 확정되었다. 그중 눈여겨볼 부분이 약관에 대한 조항(제548조의2~제548조의4)이며, 이하에서는 사업자 간 거래(B2B)와 관련된 부분만 살펴보기로 한다.

1) 정형약관의 정의
중간시안에서는 「약관」으로 정의되었으나, 도중에 「정형조항」으로, 요강가안에서는 「정형약관」으로 수정된 후 요강안·법률안까지도 정형약관으로 정의되고 있다.[6] 이에 이하에서는 요강가안의 정의를 중심으

5_ http://www.moj.go.jp/shingi1/shingi04900227.html 및 「法律・制度のミニ知識 民法改正要綱仮案のポイント」(堀内勇, 2014年9月25日) http://www.dir.co.jp/research/report/law-research/law-others/20140925_008975.html 참조.

6_ 사무국인 법무성이 제안해 온 약관에 관한 안은 중간시안 이후 변화하고 있다. 법제심의회 민법(채권관계)부회 제93회 회의의 「부회 자료 81B 민법(채권관계)의 개정에 관한 요강안의 정리를 위한 검토(17)」, 11面 이하 참조, http://www.moj.go.jp/shingi1/shingi04900221.html; 筒井健夫, "民法(債権関係)の改正に関する要綱仮案」の決定と今後の予定", NBL No. 1034(2014.9.20), 2面 이하.

로 살펴보기로 한다.

〈요강가안 제28의 1〉

정형약관이란, ① 상대방이 불특정다수로 급부의 내용이 균일한 거래 기타 거래의 내용의 전부 또는 일부가 ② 획일적인 것이 당사자 쌍방에게 합리적인 거래(이하「정형거래」라 한다)에서 ③ 계약의 내용을 보충하는 것을 목적으로 하여 당해 정형거래의 당사자의 일방에 의해 준비된 조항의 총체를 말한다. [밑줄 등은 필자가 첨부]

(1) 정형약관의 요건

요강가안은 정형약관의 정의 요건으로 '불특정다수를 상대방으로 행하는 거래'라는 요건을 두고 있는데, 이는 사업자 간의 거래(B2B)에 있어서 이용되는 약관이나 계약서 양식이 기본적으로 포함되지 않아야 한다는 의견을 수렴한 결과라고 할 수 있다. 참고로 B2B 약관을 명시적으로 적용제외하자는 의견도 있었으나, 예금규정이나 컴퓨터의 소프트웨어의 이용규약 등은 상대방이 사업자라는 이유만으로 적용을 제외할 만한 충분한 이유가 없다는 반대의견이 강하여,[7] 채택되지 않았다.[8]

"본래 사회에 존재하는 약관거래를 일괄하여 일률적으로 규제하는 데 대한 문제의식도 있었다. 특히「약관의 변경」에 관한 논의에서 현저하였으나 대규모의 B2B 거래의 경우, 실질적으로 다른 법률에 의해 내용적 규제 및 절차적 규제가 가해지고 있어, 법률안으로 더욱 규제를 가하면 부담감이 더욱 커질 것이다."[9]

7_ 민법(채권관계) 부회자료 86-1, 86-2. 이러한 거래약관은 그 내용의 획일성이 쌍방에게 합리적인 것이라고 인정되어 정형약관에 해당한다는 것이다. 서희석, "일본에서 약관법의 민법전 신설논의", 외법논집 제39권 제4호, 2015.11, 68면.

8_ 민법(채권관계) 부회자료 86-2.

9_ 87回 議事録, 19面[(佐成) 발언]에서 [(道垣內) 발언]까지 참조. 즉, 사회에 존재하는 약관거래에는 다양한 이익 상황이 존재하는데, 이를 일률적으로 규제하는 것에 대한 우려가 있었다.

즉 요강시안은 중간시안 발표 이후에 사업자 간 거래에 있어서 이용되는 약관이 기본적으로 정형약관에 포함되지 않는 점이 더욱 명확해지도록 수정해야 한다는 지적 및 노동계약이 정형약관에서 명확하게 제외되어야 한다는 지적[10]을 반영하였다. 한편 '불특정다수를 상대방으로 행하는 거래'라는 요건은 상대방의 개성에 착목하지 않고 행하는 거래를 의미하는데,[11] 노동계약은 상대방의 개성에 착목하여 체결된다는 점에서 노동계약에서 이용되는 표준 계약서는 정형약관에 포함되지 않는다.[12]

다음으로 요강가안은 정형거래의 요건으로 「그 내용의 전부 또는 일부가 획일적인 것이 그 쌍방에게 합리적인 거래」인지를 요구하고 있는데, 이는 계약 내용의 확정에 있어 계약 상대방에게 사회통념상 교섭 가능성이 있는지에 따라 결정된다. 예컨대 약관의 내용 형성에 상대방의

10_ "기업 간 거래에 있어서 이용되는 약관은 기본적으로 정형약관에 포함되지 않음이 더욱 명확해지도록 수정해야 한다는 지적이나 … 실질적인 규율 내용을 더욱 쉽게 떠올릴 수 있는 정의로 구성한다는 관점에서" 최종적으로 수정·입안된 것이다. 민법(채권관계) 부회자료 83-1. 구체적으로 살펴보면 다음과 같다; B2B 거래는 B2C 거래와 달리, 전문가 간의 거래이기 때문에 외형적으로는 「약관을 사용한다」는 합의만이 존재하는 것으로 보이는 경우라도 실제로는 구체적 의사를 포함한 「합의」로 다루는 것이 상당하다고 일본의 실무는 판단한다. 潮見佳男・笹井朋昭・長谷川雅典・望月治彦・渡辺光昭・山野目章夫, 「企業実務からみた民法(債権関係)の改正に関する中間試案(下)」, NBL 1015号, 2013, 35-36面[(望月) 발언], 그 외에도 98回 議事錄, 24面[(佐成) 발언] 참조. 이와 같은 실무의 「합의」에 대한 이해를 감안하면, 스스로 행한 계약이 「포괄적」 합의만이 존재하는 것으로 다루어짐으로써 규제가 되는 것에 대해 강한 우려를 가지게 될 것이므로, 구체적으로 어떠한 거래가 포괄적 「동의」만이 존재하는 지를, 더 나아가 어떠한 거래가 규제에 따르게 되는지를 명확히 해주기를 바라는 요청이 강하게 제기 되었다. 예컨대 89回 議事錄, 28面[(佐成) 발언]에서는 '구체적으로 한정·열거하는 정의를 시도할 수 없는가'라는 제안이 있었다. 요컨대 일본의 실무관행에 따르면 본래 B2B 약관은 「약관」에 해당되지 않으며, 「정형약관」으로서 규제에 따르는 것은 타당하지 않다는 주장이 있었고, 이를 배려하는 차원에서 「정형약관」의 정의규정이 축소된 것으로 판단된다.

11_ 潮見佳男, 『民法(債権関係)改正法案の概要』, 金融財政事情研究会, 2015, 203面.

12_ 다만 이 요강가안이 일정한 집단에 속하는 자와의 거래를 「불특정다수를 상대방으로 하는 거래」에 해당하지 않는다고 본 것은 아니라는 점에 주의를 요한다.

교섭가능성이 있다면 정형약관에 해당하지 않으며, 교섭 가능성을 관념하기 어려운 경우(예를 들어 보험약관)에도 약관의 내용을 결정함에 있어 특별히 개별적 교섭 등이 이루어진 경우라면 그 약관은 정형약관에 해당하지 않는다.[13] 더 나아가 상대방이 약관 제공자와 사실상 종속관계에 있어 교섭 가능성이 전혀 없는 경우라 하더라도 약관의 내용이 획일적인 것이 양 당사자에게 합리적이라고 할 수 없다면, 약관은 정형약관에 해당하지 않는다.

요강가안은 정형약관의 마지막 요건으로 정형거래에 있어서 계약 내용을 보충[14]하는 것을 목적으로 당해 정형거래의 당사자의 일방에 의해 준비된 조항의 총체일 것을 요구하고 있다.[15] 즉 당사자 일방에 의해 준비된 것이 계약 내용을 보충하는 것이 아니라면, 정형약관에 해당하지 않는다.

그러나 이 정의요건 중 특히 정형거래의 정의는 「불안정한 평가요소」로 평가된다.[16] 정형거래의 요건은 평가적 요소를 다수 포함하므로 그 범위가 명확하지 않다. 예컨대 계약이 '상대방의 개성에 착목하는가'라는 평가는 대단히 어려운 문제라고 할 수 있어, 누가 그것을 판단하는지에 따라 결과가 달라질 수 있다.[17] 즉 정형거래에 해당하는지 여부는 바

13_ 89回 議事録, 29面[(山下) 발언]; 潮見佳男, 前揭書, 204面.

14_ 계약 내용의 「보충」은, 정형약관이 계약 내용을 이룬다는 것을 의미한다. 즉, 계약의 일부가 되는 것을 의미한다.

15_ '계약의 내용을 보충할 것을 목적으로 그 특정한 자에 의해 준비된 조항의 총체(집합)'라는 요건은 통상 계약서의 「양식」이라 불리는 것까지 「정형약관」에 포섭될 수 있다는 학계의 우려를 반영한 결과이다. 85回 議事録, 30-31面[(山川) 발언]에서 [(村松) 발언]까지.

16_ 河上正二, 「約款による取引」, 法時 86巻 12号, 2014, 97面.

17_ 山野目章夫, 「民法(債権関係)改正のビューポイント」, NBL 1047号, 2015, 56-57面은 부동산의 「매매」에 대해서는 상대방의 개성에 착목하는 점에서 정형거래에 해당하지 않는다고 평가한다. 「매매」라는 형식에 착목하면 임대차와 구별하는 것도 고려할 수 있으나, 실제 부동산 등, 재산적 가치가 큰 거래의 경우에 어디까지 상대방의 개성에 착목하지 않았다고 평가할 수 있는가에 대해서는 의문이 남을 수 있다. 반면에 가노(鹿野) 교수는 부동산임대차계약의 통상손모(損耗)특약과 관련하여 「문제가 된 계약조항

라보는 관점에 따라 달라질 수 있다. 이러한 이유에서 사무당국의 보충
설명에서도 사실상의 갑을관계 등에 의해 교섭 가능성이 없는 거래와
관련된 계약서에 대해서는 구체적 사안별로 합리성을 가지고 판단하여
약관의 해당여부를 결정하면 된다고 논하고 있다.[18] 다만 사무당국의 보
충설명에서는 정형약관의 정의에 해당하는지의 여부를 판단함에 있어
기본적으로 도움이 될 수 있도록 「정형약관」에 해당하지 않는 몇 가지
예를 소개하고 있다(이하 〈표 1〉 참조).[19]

〈표 1〉 정형약관에 해당하지 않는 사례, 해당하는 사례[20]

해당하지 않는 사례	해당하는 사례
종전의 案과는 표현을 달리하나, 그 취지에 변경은 없으며, 제품의 원재료의 공급계약 등과 같은 사업자 간 거래에 이용되는 계약서가 정형약관에 포함되지 않는 점에 있어서는 동일하다. 즉 이러한 종류의 거래는 획일적이라는 것이 양 당사자에 있어 합리적이라고까지는 말할 수 없기 때문이다. 나아가 당해 거래에 있어서 통상의 계약	일정한 기업이 일반에 보급하는 워드프로세서용 소프트웨어를 구입하는 경우 등은 사업자 간의 거래이기는 하나, 상기의 요건을 충족하므로 그 경우에는 정형약관에 해당한다.

은 불특정다수의 임차인에 대해 적용하는 것으로서 임대인에 의해 준비된 것이므로, 법안에서 논하는 바의 정형약관에 해당한다」고 논하고 있다. 鹿野菜穂子,「民法改正と約款規制」,曹時 67卷 7号, 2015, 1814面.

18_ 예컨대 획일적인 것이 양 당사자에게 있어 합리적이라고 할 수 없는 사업자 간 거래에 이용되는 계약서는 정형약관에 포함되지 않는다. 당해 거래에 있어서는 통상의 계약 내용을 충분히 음미하고 교섭하는 것이 일반적이라고 할 수 있는 경우에는, 당사자가 합의로 「계약의 내용을 보충」할 의사가 있다고 볼 수 있기 때문이다.

19_ ① 제품 원재료의 공급계약 등과 같은 사업자 간 거래에 이용되는 계약서, ② 이른바 시안의 계약서, ③ 기본계약서에 합의한 후 이루어지는 개별의 매매거래와 관련한 계약서 등.

20_ 민법(채권관계)의 개정에 관한 요강가안(案) 보충설명[法務省資料(法制審議会民法(債権関係)部会 第96回会議「部会資料83-2 民法(債権関係)の改正に関する要綱仮案(案)補充説明」], 4면 도표 참조.

내용을 충분히 음미하고 교섭하는 것이 일반적이라고 할 수 있는 경우에는 가령 당사자의 일방에 의해 사전에 계약시안이 마련되어 있었더라도 그것은 이른바 원안에 지나지 않으나(이른바 시안의 계약서), 이와 같은 경우에는 당사자가 합의로 계약의 내용을 보충할 수 있다.	
이상과 유사한 것으로서 기본계약서에 합의한 후 이루어지는 개별적인 매매거래 등이 있다. 이와 같은 거래에 있어서는 기본계약서에서 합의한 바에 따라 계약조건의 상세는 정해져 있으며, 개개의 발주시점에는 대상물의 품질, 수량 등만을 제시하여 거래가 이루어지는 경우가 적지 않다. 그러나 이와 같은 거래에 대해서는 별도의 기본계약으로 내용을 충분히 인식하고 합의한 것이며, 개별적인 발주시점에 기본계약서에 정해진 거래조건에 구속되는 것은 기본계약의 효력에 의하는 것으로 해석된다. 따라서 이와 같은 거래는「정형약관」에 의한 거래라고는 할 수 없다고 해석된다.	

(2) B2B 약관이 정형약관에 해당하는지 여부

요강가안에 따르면, 정형약관인지 여부는 ① 특정한 자가 불특정다수를 상대방으로 하는 거래인가(이하 '제1요건'으로 칭하기로 함), ② 거래의 내용의 전부 또는 일부가 획일적인 것이 그 쌍방에게 합리적인가(이하 '제2요건'으로 칭하기로 함),[21] ③ 정형거래에 있어서 계약 내용을 보충하는 것을 목적으로 당해 정형거래의 당사자의 일방에 의해 준비된 조항의 총체인가(이하 '제3요건'으로 칭하기로 함)라는 관점에서 판단된다. 그런데 B2B 거

21_ 일방에게만 합리적인 거래라면 정형거래에 해당하지 않는다.

래는 상대방의 개성에 착목하는 경우가 많다는 점(제1요건 불충족), 또한 그 계약 내용이 획일적인 이유가 단순한 교섭력의 차이 때문인 경우에는 계약 내용이 획일적이라는 것이 상대방에게 합리적이라고 할 수 없을 것이라는 점(제2요건 불충족),[22] 그 외에 계약 내용을 충분히 음미하는 것이 통상이라고 할 수 있어 「계약의 내용을 보충하는」 목적이 있다고 할 수 없다는 점(제3요건 불충족)에서, B2B 약관은 정형약관에 해당하지 않을 것이다.[23] 따라서 정형약관은 B2B 약관의 대부분을 포섭하지 못할 것이며, 이는 일본의 정형약관의 인적 적용범위가 매우 좁다는 것을 말해 준다.[24]

2) 2017년 개정민법 제548조의 2

요강가안의 "계약의 내용을 보충할 것을 목적으로 하여"라는 용어가 추상적이라는 비판을 받아[25] 요강가안은 "계약의 내용으로 할 것을 목적으로 하여"로 변경되어 최종적으로 민법개정안으로 상정되어 제548조의 2로 개정되었다.

제548조의2 ① 정형거래(어느 특정한 자가 불특정다수의 자를 상대방으로 행하는 거래로, 그 내용의 전부 또는 일부가 획일적인 것이 당사자 쌍방에게 합리적인 거래를 뜻한다(이하 동일)를 한 자는 다음의 경우에는 정형약관(정형거래에 있어서 계약 내용으로 하는 것을 목적으로 그 특정한 자에 의해 준비된 조항의 총체(總體)를 뜻한다. 이하 동일)의 개별조항에 대해서도 합의한 것으로 간주한다.

22_ 즉 사업자 간 거래에서 일방 당사자에 의해 계약내용이 미리 준비되었으나 교섭에 따라 계약내용이 달라지는 것이 쌍방에게 합리적인 거래라면 정형거래라고 할 수 없다. 민법(채권관계) 부회자료 83-2.

23_ 민법(채권관계) 부회자료 86-2.

24_ 이는 형식적으로 B2B 약관이 배제되는 것이 아니라, 객관적 '정형약관'의 개념을 통하여 실질적으로 B2B 약관에 대한 적용을 배제하고 있다는 것을 의미한다.

25_ 민법(채권관계) 부회자료 88-1. 즉 부수적인 조항만이 정형약관에 포함되는 것으로 읽힐 여지가 있다는 점, 사업자 간 거래에서 기본계약에 부수하는 매뉴얼 또는 기준 등이 정형약관에 포함되는 것으로 읽히게 될 우려가 있다는 점 등이다. 서희석, 앞의 논문, 68면.

1. 정형약관을 계약 내용으로 한다는 취지의 합의를 한 때
2. 정형약관을 준비한 자(이하 "정형약관준비자"라 한다)가 사전에 그 정형약관을 계약 내용으로 한다는 취지를 상대방에게 표시한 때
② 전항의 규정에도 불구하고 동항의 조항 중 상대방의 권리를 제한하거나 상대방의 의무를 가중하는 조항으로서, 당해 정형거래의 태양 및 그 실정, 거래상의 사회통념에 비추어 민법 제1조 제2항에 규정된 기본원칙에 반하여 상대방의 이익을 일방적으로 해한다고 인정되는 것에 대해서는 합의를 하지 않은 것으로 간주한다.

3) 검 토

신설된 일본민법 제548조의2에 의하면, 정형약관은 정형거래에서 특정한 자에 의해 일방적으로 사전에 미리 작성된 조항의 총체라고 할 수 있다. 특히 정형거래의 정의는 요강가안에서 확인한 의미와 동일하며, 그중 "내용의 전부 또는 일부가 획일적인 것이 당사자 쌍방에게 합리적인 것"이라는 요건은 계약내용의 획일성보다는 교섭에 의한 변경이 당사자에게 모두 합리적인 거래라면 정형약관에서 제외된다는 의미를 내포하고 있다. 앞서 살펴본 것과 같이 이 요건은 B2B 거래에서 사용되는 표준계약서 및 노동계약에서 사용되는 표준계약서는 기본적으로 정형약관에서 배제되어야 한다는 산업계의 요구를 받아들인 결과라고 할 수 있다.[26] 이는 B2B 거래와 B2C 거래에 대한 규제를 일률적으로 보지 않고 별개로 봄으로써 다른 접근의 필요성을 인정한 결과라고 할 수 있다.[27]

2. 독일에서의 논의

독일민법 제310조 제1항에 의하면, 원칙상 B2B 약관은 제305조 제2항, 제3항, 제308조 제1호, 제2호 내지 제8호 및 제309조가 적용되지 않

26_ 서희석, 앞의 논문, 69면.
27_ 다만 B2B 거래에서 사용되는 매뉴얼 등이 정형약관에 해당하는지에 대해서는 여전히 논란이 될 가능성이 다분하다는 점에서, 이는 판례를 통해 확인될 것으로 판단된다.

는다.[28]

독일민법 제310조 제1항

제305조 제2항, 제3항, 제308조 제1호, 제2호 내지 제8호 및 제309조는 사업자, 공법상의 법인, 또는 공법상의 특별재산을 상대로 하여 사용된 약관에 대하여는 적용되지 아니한다. 제1문에 해당하는 경우에도, 제307조 제1항 및 제2항은 그것이 제308조 제1호, 제2호 내지 제8호 및 제308조에서 정하여진 계약조항의 무효를 초래하는 한도에서 이를 적용한다; 상거래에서 통용되는 관습과 관행은 이를 적절하게 고려하여야 한다. 제1문의 경우에 계약 체결 당시 각 효력을 가지는 건설공사계약표준약관 B편이 내용상의 변경 없이 편입된 계약에는 제307조 제1항, 제2항 및 제308조 제1호a, 제1호의b는 그 개별 조항의 내용통제에 관하여 적용되지 아니한다. [밑줄은 필자가 첨부]

---

1) 인적 적용범위 제한

보통거래약관법 제정 당시 독일은 인적 적용 범위와 관련하여 논의 끝에 고객이 상인(Kaufmann)인 경우에도 제한된 범위 안에서 약관법의 대상으로 포함시키기로 하였다.[29] 이에 1976.12.9. 제정된 독일 보통거래약관법(AGBG) 제24조는 상인, 공법인 및 공적 재산에 제2조(계약편입), 제10조(평가여지 있는 조항금지), 제11조(평가여지 없는 조항금지), 제12조(섭외사건의 적용범위)의 적용을 배제하였으나, 내용통제에 관한 일반조항인 제9조의 적용은 인정하였다. 그 후 2000년 6월 29일 개정으로 상인이 사업자(Unternehmer)로 바뀌고 제12조의 규정을 민법시행에 관한 법률 제29조a로 위치를 바꾸었으나, 그 본질적인 내용에는 변화가 없었다.[30] 그 후 "보통거래약관법 내의 실체법적인 규정들은 이미 사법의 일부를 이루면서 내용적으로도 민법과 밀접하게 연계되어 있으므로 양자를 구별할 필요가 없다는 이유 등"으로 2002년 채권법현대화법에 의해 제1조 내지 11조, 23조 내지 제24조의 a는 독일민법 제305조 내지 제310조로

28_ 이하 독일민법조문은 양창수, 2015년판 독일민법전, 박영사, 2015를 참조하였음.

29_ MünchKommBGB/Basedow, 6. Aufl., 2012, Vor § 305 Rn. 10 ff.

30_ MünchKommBGB/Basedow, Vor § 305 Rn. 14.

수용되었다.[31] 즉 독일은 B2B 약관 또한 B2C 약관과 적용범위 등은 다르지만 규제의 대상에 포함시키고 있다. 이는 독일 약관규제법이 단순히 소비자를 보호하기 위한 규범이 아닌 계약내용에 대한 결정력을 갖지 못하는 자에 대한 보호를 목적으로 하였다는 점을 방증한다.

2) 일반적 계약편입요건의 적용배제

독일민법 제305조(약관의 계약에의 편입)

① (생략)

② 약관은 약관사용자가 계약체결 시에 다음의 요건을 갖추고 상대방 당사자가 그것이 효력을 가짐에 <u>동의한 경우에만</u> 계약의 구성부분이 된다,

   1. 상대방 당사자에게 약관을 명확하게 지적하거나, 그 명확한 지적이 가능하여도 계약체결의 성질로 인하여 현격하게 어려운 때에는 <u>계약체결의 장소에 분명히 보일 수 있게 게시함</u>으로써 약관을 지적하고, 또한

   2. 약관사용자가 알 수 있는 상대방 당사자의 신체적 장애도 상당하게 고려하는 바의 기대가능한 방법으로 약관의 내용을 <u>인식할 수 있는 가능성</u>을 상대방 당사자에게 부여하는 것.

③ 계약당사자는 일정한 유형의 법률행위에 대하여는 일정한 약관이 효력을 가짐을 제2항에서 정하여진 요건을 준수하여 미리 약정할 수 있다.

독일민법 제305조 제2항은 약관의 명시와 인지기회부여를 계약편입요건으로 하고 있다.[32] 다만 반복적이고 계속적인 거래(특히 금융거래)에서도 이를 요구하는 경우에는 거래의 원활한 흐름을 방해할 수 있다는 측면에서,[33] 독일민법 제305조 제3항은 "계약당사자는 일정한 유형의 법률행위에 대하여는 일정한 약관이 효력을 가짐을 제2항에서 정하여진 요건을 준수하여 미리 약정할 수 있다"고 규정하고 있다. 한편 독일 민법 제310조 제1항은 B2B 거래에서는 독일 민법 제305조 제2항 및 제3항

31_ BT-Drucks. 14/6040 S. 91 f., 149 f. 변천과정에 대한 상세한 소개는 장경환, "'상인에 대한 약관'의 규제에 관한 독일약관법규정의 고찰과 우리 약관규제법의 개정문제", 경희법학 제43권 제3호, 2008, 389면 이하 참조.

32_ 이는 우리 약관규제법 제3조 제2항의 명시·교부의무에 해당한다.

33_ MünchKommBGB/Basedow, § 305 Rn. 90.

이 적용되지 않도록 하여 거래의 원활을 도모하고 있다.[34] 더욱이 B2B 간의 거래에 있어서는 기업 스스로 계약내용을 명확히 하기 위하여 스스로 약관의 내용을 확인할 것이며, 상대방 기업에게 약관을 요청할 것이기 때문에 편입통제를 통해 보호할 필요가 없다.[35] 이에 B2B 거래에 있어 사업자 약관이 계약으로 편입되기 위해서는 개별적인 합의가 필요하게 되는데, 일반적으로 추론적인 지시에 의해 당사자가 약관의 계약으로의 편입을 승인한 것으로 본다.[36]

요컨대 독일의 약관규제법은 B2B 거래와 B2C 모두를 규제의 대상으로 포섭시키면서도 B2C에 비해 B2B 거래에 있어서는 완화된 요건으로 편입을 인정하고 있다.

3) 내용통제에 있어 개별금지조항(독일민법 제308조 및 제309조)의 적용배제

(1) 제308조(제1호 및 제2호 내지 제8호)와 제309조의 배제

약관의 내용통제 규정인 독일민법 제307조는 동법 제309조 및 제308조에서 포섭되지 않은 나머지 내용을 통제한다. 그런데 독일민법 제310조 제1항에 의하면, B2B 약관은 제308조(제1호 및 제2호 내지 제8호)와 제309조가 적용되지 않는다.[37] 다만 B2B 약관 또한 독일민법 제310조 제1항 2문에 의해 일반 규정인 제307조 제1항 및 제2항에 의한 내용통제는 가능하다. 요컨대 독일민법상 B2B 약관의 내용통제는 독일민법 제307조 제1항 및 제2항에 의한 통제만이 가능하다. 다만 주의할 점은 B2B 거래에 대하여도 독일민법 제308조 제1a호(지급기일) 및 제1b호(검사 및 수

34_ Ulmer in: Ulmer/Brandner/Hensen, AGB-Recht, 10. Aufl., 2006, § 310 BGB Rn. 23 ff.

35_ BGH, NJW 1982, 1749, 1750.

36_ BGH, NJW 1978, 2243, 2244; Jan Dirk Harke, Allgemeines Schuldrecht, 2010, S. 58.

37_ 즉, 독일민법 제310조 제1항에 따르면, 제308조의 경우 1의a(지급기일), 1의b(검사 및 수취를 위한 기일) 규정들을 제외한 제1호 내지 제8호가 적용 제외되고, 제309조는 제1호 내지 제13조까지 모두 적용 제외된다.

취를 위한 기일)는 직접 적용된다는 점이다.[38] 독일민법 제308조 제1의a호
등은 거래에서 지급지체의 방지에 관한 2011.7. EU 지침을 독일민법전
에 반영하여 2014년 7월 29일에 신설된 규정인데,[39] 특히 독일민법 제
308조 제1a호는 시장 지배적 채무자로부터 사용되는 지급기일을 통한
부당한 불이익으로부터 대가채권의 채권자를 보호하기 위하여 마련된
규정이다.[40]

(2) 제307조와 제308조 및 제309조와의 관계

독일민법 제307조 제2항 및 제3항의 내용통제를 함에 있어서 독일민
법 제308조 및 제309조는 더 이상 의미가 없는 조항인가?

이미 독일민법의 입법자 역시 독일민법 제308조와 제309조가 일반적
내용통제에 관한 제307조의 구체적 유형화라고 보고 있으며,[41] 이러한
이유 때문에 제307조의 내용통제는 제309조와 제308조 검토 이후에 보
충적으로 적용한다(특칙우선 또는 개별규정 우선). 그러나 제307조 제2항 및
제3항의 내용통제를 하는 과정에서 제308조 및 제309조는 사실상 관련
성(Praktische Relevanz)을 가진다고 할 수 있다.[42] 독일 연방대법원 판례
또한 B2B 거래(판매계약)에서 고의·과실에 의한 의무위반에 기한 생명,
신체 또는 건강의 침해로 인한 손해에 대한 책임을 배제한 약관의 내용
통제와 관련하여 제309조[43] 제7a호를 간접적으로 적용하여 제307조 제2

38_ Christoph Schmitt/Martin Stange, Allgemeine Verkaufs- und Lieferbedingungen
   (B2B): Musterklauseln für die unternehmerische Praxis, 2016, Rn. 6 ff., Rn. 314.

39_ BT-Drucks. 18/1309 S. 8.

40_ BT-Drucks. 18/1309 S. 15 f., 21; BeckOGK-BGB/Beurskens, Stand: September
   2016, § 270 Rn. 55 ff.

41_ BT-Drucks. 7/3919, S. 23f.

42_ Christoph Schmitt/Martin Stange, a.a.O., Rn. 8.

43_ 독일민법 제309조 제7호(생명, 신체, 건강의 침해 및 중과실에 대한 책임배제)
   a) (생명, 신체, 건강의 침해)
      약관사용자의 과실에 의한 의무위반 또는 약관사용자의 법정대리인 또는 이행보조
      자의 고의 또는 과실에 의한 의무위반에 기한 생명, 신체 또는 건강의 침해로 인한
      손해에 대한 책임의 배제 또는 제한;
   b) (중과실)

항의 내용통제를 하였다.[44] 통설 또한 B2B 약관이 독일민법 제308조 및 제309조에 의해 문제가 있다고 판단되는 경우에는 독일민법 제307조 제2항의 규정을 근거로 내용통제를 할 수 있다고 본다.[45] 요컨대 독일에서의 B2B 약관의 내용통제는 형식적인 측면에서는 제307조를 적용조문으로 한 내용통제이지만,[46] 사실상 판단 기준은 제308조 및 제309조에 의해 이루어진다.[47] 즉 독일민법 제308조 및 제309조는 제307조의 간접적인 내용통제 기준으로 적용하면서 간접증거로서 활용되고 있다고 할 수 있다. 결과적으로 입법자의 의도와는 다르게 B2B 약관에 대한 내용통제가 이루어지고 있다고 할 수 있다.[48]

약관사용자의 중과실에 의한 의무 위반 또는 그의 법정대리인 또는 이행보조자의 고의 또는 중과실에 의한 의무위반에 기한 그 밖의 손해에 대한 책임의 배제 또는 제한;

ⓑ객운송법에 따라 인가된 시가전차, 무궤도전차 및 정기노선 운행차량의 운송약관과 요금규장에 정하여진 책임제한에 대하여는, 그것이 1970년 2월 27일의 '시가전차, 무궤도전차 및 정기노선 운행차량에 대한 일반운송약관에 관한 명령'과 다른 내용으로 승객에게 불리하게 약정된 것이 아닌한, a목과 b목이 적용되지 아니한다; 국가가 인가한 복권계약 또는 당첨계약에서의 책임제한에 대하여는 b목이 적용되지 아니한다;

44_ BGH NJW 2007, 3774 (3774 ff.).

45_ Christoph Schmitt/Martin Stange, a.a.O., Rn. 8; MünchKommBGB/Wurmnest, 6. Aufl., 2012 Vor § 308 BGB Rn. 6; Schwab, AGB-Recht, 2. Aufl. 2013, Rn. 192; Staudinger/Schlosser (2013) BGB § 310 Rn. 12; Ulmer in: Ulmer/Brandner/Hensen, § 310 BGB Rn. 27, Rn. 34.

46_ 형식상 제307조를 근거로 한 내용통제여야 한다. BGH NJW 2008, 1148 (1149).

47_ 더욱이 독일민법 제310조 제1항 제2문 후단에서 '상거래에서 통용되는 관습과 관행'을 적절히 고려하여야 한다고 규정한바, 상관습과 관행을 판단함에 있어 제308조 및 제309조의 조문은 실질적으로 관련성 있는 근거 기준이 될 것이다.

48_ 독일민법 제310조 제1항 제2문의 규정은 소비자보호에 관한 판례의 이론이 사업자간 거래에 영향을 미치지 않도록 하기 위한 목적일 뿐이므로, 현실적으로 독일민법 제308조와 제309조의 규정은 제307조 제2항 제1호를 통해 간접적으로 사업자약관에도 적용된다고 할 수 있다. Graf von Westphalen, Wider einen Reformbedarf beim AGB-Recht im Unternehmerverkehr, NJW 2009, 2977 (2978). 독일에서 사업자 간 거래에 내용통제규정의 개정의 필요성에 대한 연구로는 Lars Leuschner, AGB-Recht für Verträge zwischen Unternehmen — Unter besonderer Berücksichtigung von Haftungsbeschränkungen —, Forschungsprojekt im Auftrag des Bundesministeriums

III. 약관규제의 정당화 사유와 B2B 약관 통제

1. 편입 통제의 정당화사유 및 B2B 약관 적용배제

1) 편입 통제의 정당화사유

약관규제법의 적용 대상이 되는 약관이라 함은 그 명칭이나 형태 또는 범위를 불문하고 계약의 일방 당사자가 다수의 상대방과 계약을 체결하기 위하여 일정한 형식에 의하여 미리 마련한 계약의 내용이 되는 것을 말한다(약관규제법 제2조 제1호). 일반적으로 약관에 의한 계약은 법률관계의 형성을 위한 당사자 사이의 협상을 거침이 없이 사업자가 일방적으로 제안한 계약내용을 토대로 하여 상대방은 단지 그에 따른 체결여부만을 선택하게 된다(take-it-or-leave-it offer).[49] 사업자는 형식적으로 약관을 계약내용으로 편입한다는 데 대해 고객의 동의를 얻고 있다는 점에서,[50] 약관은 픽션일지라도 '의사에 의한 계약형성'이라는 형식이 유지하고 있다.[51] 독일민법 제305조 제2항에서도 상대방의 동의에 의해 약

---

der Justiz und für Verbraucherschutz, September 2014 참조.

49_ 이는 고전적인 계약의 패러다임(교섭과 합의)과는 어울리지 않는다. 손지열, "약관의 계약편입과 명시·설명의무", 「민법학논총 제2권」(후암 곽윤직 교수 고희기념)(1995), 288면 이하에서도 이 점을 강조한다.

50_ 그런데 이러한 약관에 있어서 개별교섭에 의한 계약조건의 결정이 배제되는 현상은, 일방 당사자의 교섭능력의 결여 또는 약관작성 당사자 측의 경영방침에 의해 설명되어 왔다. 약관에 있어서도 어디까지나 이념으로서는, 계약조건은 양 당사자의 교섭과 합의가 기초에 있어야 한다는 사고가 유지되고 있다. 때문에 약관의 개시가 요구되고, '약관에 의한다'는 당사자의 의사의 유무가 문제되는 것이다. 약관사용 당사자조차 마음만 먹으면 개시된 내용에 불만을 가진 당사자의 요청에 따라 계약조건에 대한 교섭에 응하는 것이 가능하며, 오히려 그것이 바람직하다는 것이 큰 전제가 된다.

51_ 이러한 이유에서 사적자치는 약관에 의한 계약체결에서 제한을 받게 된다고 할 수 있다. 이러한 이유에서 요시카와 기치에(吉川吉衞) 또한 약관을 통한 계약체결 당사자의 구속력의 근거를 (주관적 합의가 아닌) 객관적 합의에서 찾았다. 그리고 그는 '객관적 의사'를 '형식적으로 당해 약관을 이용하는 계약자 총체의 일반적 의사'라고 보았다. 吉川吉衞, 「普通取引約款の基本理論 - 現代保険約款を一つの典型として(3)」, 保険学雑

관이 계약으로 편입되는데 이는 계약이 원칙적으로 청약과 승낙의 합치로 이루어진다는 점을 명확히 하고자 하였기 때문이다.[52] 문제는 약관의 내용이 계약의 내용으로 편입하기 위해서는 당사자가 그 내용에 대한 인식(認識)을 전제로 한다는 점이다. 이에 명시의무 등을 규정한 독일민법 제305조 제2항 및 우리 약관규제법 제3조 제2항(명시의무), 제3항(설명의무)은 실질적 의미를 가진다고 할 수 있다. 즉 이는 형식적이기는 하나 계약자유의 원칙을 실현시키는 조문이라고 할 수 있다.

2) B2B 약관 적용배제

앞에서 살펴본 것과 같이 비교법적으로 일본은 B2B 약관을 정형약관의 정의를 통해 통제에서 배제하였다고 할 수 있으며, 독일은 독일민법 제310조 제1항에 의해 B2B 약관을 편입통제에서 적용배제 하였다. 사업자의 경우 소비자와는 달리 전형적으로 당해 거래를 계속적·반복적으로 수행하고 전문적인 지식과 거래경험을 가진 자로서 약관의 내용을 예상하고 분석할 수 있는 능력을 갖고 있다고 할 수 있으며, 현실적으로 사업자약관에 대한 편입통제를 엄격히 하면, 신속함을 요하는 사업자간 거래가 위축될 수 있다. 이는 궁극적으로 사업자가 바라는 모습이 아닐 수 있다. 또한 B2B 거래에서는 개별교섭에 의해 약관의 조항을 변경하는 것이 매우 정당한 것으로 이해되고 있으며, 이는 실질적으로 계약조건은 양 당사자의 교섭과 합의가 기초에 있어야 한다는 사고의 연장이라 할 수 있다.

생각건대 신속한 거래를 통한 재화의 회전 및 흐름이 사업자에게는

誌 485号, 1979, 147面. 반면에 시라하 유조(白羽祐三)는 전기·가스·수도·공공교통 등의 생활필수급부를 논하면서, 이러한 급부에 과해지고 있는 법적 규제를 부합계약성에 의해 계약내용에 직접 반영되지 않는 소비자 대중의 의사를 간접적으로 구체화하는 국가의 의사로서 평가하기도 한다. 白羽祐三, 『現代契約法の理論』, 中央大学出版部刊, 1982, 177面 이하.

52_ 독일의 통설적 입장이라고 한다. 김진우, "약관의 편입통제", 동북아법연구 제8권 제3호, 2015, 325면 각주 23 참조.

중요하다는 점, 사업자를 후견적인 입장에서 계약 편입단계에서부터 보호할 필요성이 적다는 점에서 B2B 약관의 경우에는 편입통제의 방법을 완화하거나 적용 배제하는 것이 타당할 것이다. 이런 맥락에서 국내 일부학설은 다음과 같은 개정안을 제시하였다.[53]

"사업자가 상인이나 자유업자에 대해서 계약의 내용으로 할 것을 제안하는 약관으로서, 그 약관에 의한 계약체결이 그 상인의 상행위나 그 자유업자의 직업행위에 해당하는 경우에는, 그 약관에 대해서 '제3조 제2항 내지 제4항'(또는 제3조 제3항)은 이를 적용하지 아니한다. 다만, 사업자가 상법 제9조의 소상인에 대해서 제안하는 약관은 그러하지 아니하다."

위의 입법안처럼 계약의 편입통제 자체를 배제하는 것도 가능하겠지만, 약관규제법상 사용자에게 부과되는 설명의무만을 배제하는 것도 가능할 것이다.[54] 사업자 간 약관의 경우에 중요부분에 대한 설명의무를 부과하는 것은 거래의 원활에 방해가 될 수 있으며,[55] 국제거래차원에서도 시대에 부합하지 않는다고 할 수 있다.[56]

53_ 장경환, 앞의 논문, 405면; 김대규, "약관편입통제 조항의 기능성연구", 비교사법 제11권 제1호, 2004.3, 251면 이하; 김진우, "약관의 편입통제", 334면.

54_ 물론 약관의 일방적 작성이라는 특성상 B2B건 B2C건 설명의무준수는 필요하다고 할 수 있으나, 약관제공의 상대방이 사업자라면 그 내용에 대해서는 스스로 확인하는 것이 바람직할 것이다. Christian Funk, Allgemeine Geschäftsbedingungen in Peer-to-Peer-Märkten, 2010, S. 37.

55_ 이미 B2C 약관에서도 금융거래처럼 계속적·반복적으로 이루어지는 거래에서는 입법론상 설명의무를 경감하는 것이 바람직하다는 주장이 있다. 김대규, "금융기본약관의 사전계약편입에 대한 연구—은행기본약관을 중심으로", 기업법연구 제17집, 2004, 128면.

56_ 김진우, "국제계약규범에서의 계약조항의 편입", 법조 통권 제663호(2011), 120면; 김진우, "CISG에서의 약관의 편입통제", 경희법학 제46권 제2호(2011), 91면 이하 참조.

2. 내용통제의 정당화사유

일반적으로 약관규제(특히 '내용통제')의 정당화 사유로는 ① 약관이 규범적 성질을 가지기 때문에, ② 공익보호, ③ 소비자 보호, ④ 부당한 계약으로부터의 보호, ⑤ 역학적 불균형으로부터의 약자보호,[57] ⑥ 정보비대칭으로 인한 시장실패의 교정, ⑦ 실질적 자기결정의 보호[58]와 시장실패의 치유 등이 제시되고 있다.[59]

1) 자기결정에 의한 접근의 타당성 —다원설의 입장에서—

약관에 의한 거래는 개별적인 교섭을 배제하는 성질을 가진다[60]는 점에서 부합계약성을 띤다.[61] 즉 교섭의 배제와 계약조건의 일방적 결정이 부

57_ 약관규제법 제1조의 목적과 관련히여 이리힌 해석이 일반적이라고 판단된다. 이병준, "약관규제법의 민법편입", 이은영 편, 소비자법과 민법, 2010, 198-200면; 이은영, "약관법과 민법의 관계, 계약내용통제 및 일부무효와 관련하여", 외법논집 제34권 제4호, 2010, 195-196면; 장경환, "우리나라 약관규제법의 의의와 성과", 경희법학 제41권 제2호, 2006, 248면 등. 참고로 八巻 啓, "民法改正における約款規制の是非を問う―民法改正への考察と提言", 法律学研究 54号, 2015, 410面에서는 "약관의 은폐효과나 당사자간의 교섭력이나 정보의 격차를 감안하여 고객을 보호할 필요가 있게 되는데, 소비자 보호와는 다른 관점이 필요한 것이 약관법이라고 주장하면서 B2B 약관 또한 내용통제가 가능하다"고 본다.

58_ 김진우, "약관 내용통제의 정당화사유", 265면에서는 실질적 자기결정은 계약의 당사자가 계약의 내용을 홍정함으로써 그 형성에 영향을 미칠 수 있음을 전제로 한다고 본다.

59_ 이에 대한 분석은 김진우, "약관 내용통제의 정당화사유", 253면 이하가 상세하며, 264면 이하에서는 '실질적 자기결정의 보호와 시장실패의 치유'를 약관의 내용통제의 정당화 사유로 든다.

60_ 최병규, "약관과 소비자보호의 쟁점연구", 경제법연구 제14권 제2호, 2015, 243면.

61_ 이는 최후통첩적인 방법에 의해 이루어진 합의라는 점에서 부합계약이라고 한다. F. CHENEDE, Raymond Saleilles, Le contrat d'adhésion (2ème partie), Revue des contrats, 1er juillet 2012, n° 3, p. 1012 (V. aussi 1ère partie dans Revue des contrats 2012, p. 241 et s); Friedrich Kessler, Contracts of Adhesion – Some Thoughts about Freedom of Contract, 43 Colum. L. Rev. 629, 631-632 (1943); Hugh Collins, The Law of Contract, LexisNexis UK, 2003, p. 119 ff.; 大橋洋一, 『現代行政の行為形式論』, 弘文堂, 1993, 200面. 개정 프랑스 민법전 제1110조는 제1항에서 개별합의계약

합계약의 특징인데 약관에 의한 계약성립은 이러한 특징을 그대로 가진다고 할 수 있다. 이는 사업자와 고객 사이의 정보의 비대칭성(information asymmetry)을 보여 준다. 따라서 약관에 의한 계약체결은 그 실제적 내용보다도 체결의 과정에 있어 사업자의 일방적 작성으로 인해 고객은 그 내용에 대해 인지하고 검토할 충분한 기회를 갖지 못하는 정보의 비대칭성이 존재한다.[62] 이러한 정보의 비대칭성은 정보가 일방 당사자에게 편중됨으로써 발생하므로, 정보가 상대방보다 풍부하면 상대방보다도 자기의 니즈(needs)에 합치된 의사결정(효율적 의사결정)을 할 수 있으며, 이러한 의미에서 상대방보다 우월한 지위를 점할 수 있다.[63] 물론 이러한 정보비대칭으로 인한 열위적 지위를 조정하기 위해서 내용통제가 필요하다고 할 수도 있으나 약관 또한 계약이라는 점을 감안한다면 고객의 진정한 계약내용에 대한 자기결정의 결여로부터 보호한다는 주장이 더 합리적이라고 할 수 있다.[64]

(contrat de gré a gré)을 원칙적인 형태로서 규정한 다음, 제2항에서 "부합계약이란 일반적인 조건(conditions générales)을 교섭을 거치지 않고 당사자 일방이 미리 정한 계약이다"고 규정한다. **이러한 계약에서 계약당사자의 권리와 의무 사이에 현저한 불균형을 초래하는 계약조항은 기재되지 않은 것으로 본다(제1171조 제1항)**. 참고로 2005년 프랑스채권법 및 시효법 개정시안은 부합계약을 "논의를 거치지 않고 당사자 일방이 상대방이 일방적으로 미리 정한 그대로 승낙한 조건을 내용으로 하는 계약"이라고 정의하였으며(제1102조의5), 2005년 개정시안은 "당사자 일방을 희생할 정도의 중대한 불균형을 초래하는 계약조항은 그것이 교섭을 거친 것이 아닌 때에는 당해 당사자의 청구가 있으면 이를 조정하거나 삭제할 수 있다"고 규정하였다.

62_ 판매자는 계약조건을 충분한 시간을 갖고 전문가의 도움을 받아 구성하는 데 비해 상대방은 일반적으로 계약체결 시 비로소 그에게 제시되는 조건들을 논의의 대상으로 삼는 것을 포기해야만 한다는 점을 생각해 볼 필요가 있다. Ulmer/Schäfer, in: Ulmer/Brandner/Hensen, AGB-Recht, 11. Aufl., 2011, § 305c Rn. 1 ff. 물론 그 내용을 사전에 충분히 알았더라도 그것의 수정을 요구할 교섭력이 없거나 그러한 조항들로 인해 계약체결을 거부하기 보다는 체결하는 것이 더 이익이 된다는 판단하는 경우도 있을 것이다.

63_ 그 결과 보험자는 보험계약자나 피보험자보다도 정보의 질과 양적인 면에서 유리한 입장에 있는 것이 자명하다. Dudi Schwartz, Interpretation and Disclosure in Insurance Contracts, 21 LOYOLA CONSUMER L. REV. 105 (2008). 최병규, 앞의 논문, 245면, 247면에서도 약관의 내용통제의 정당화요소를 사업자의 '사전작성'에서 찾는다.

한편 사업자는 대량거래에서 일정한 비용을 투입하여 약관을 마련하고 이를 일률적으로 적용함으로써 개별 거래마다 교섭비용을 중복 지출하는 것을 피할 수 있다.[65] 더 나아가 본인과 대리인의 이익은 불일치할 수 있으며, 이러한 이익의 불일치로부터 발생하는 손실이나 비효율은 '에이전시비용'[66]이 된다.[67] 이에 사업자 본인은 약관을 통해 대리인의 재량을 철폐 혹은 제한하는 것이 대리인을 이용함으로 인하여 발생하는 에이전시 비용을 가장 효율적으로 줄일 수 있는 하나의 방법이 될 것이다.[68] 그에 반하여 고객의 입장에서는 약관 자체를 검토하지 않고 그를

64_ 김진우, "약관 내용통제의 정당화사유", 266-268면. 특히 同, 266면의 "우선 고객이 약관을 읽는 것 자체가 많은 시간을 요하는 경우가 흔하고, 설령 약관을 읽더라도 대개 법적으로 문외한인 고객이 그 법적 의미와 내용을 쉽게 파악할 수도 없다. 더욱이 고객이 제시된 약관조항의 정확한 의미와 내용에 관하여 정보를 얻고 경우에 따라서는 법적 자문을 구하며 또 반대되는 제안을 하여 약관을 변경하기 위해서는 적지 않은 거래비용을 투자하여야 한다. 이러한 상황에서 고객은 (그자가 심지어 법학교수, 판사, 변호사와 같은 법률전문가이더라도) 직관적으로 이러한 행위가 거래비용과 대비하여 효용성이 극히 낮다고 판단하게 된다. 그러나 이것은 역학적 불균형과는 거의 관련이 없다"라는 부분 참조.

65_ 이는 결과적으로 사업자의 거래비용을 절감하는데, 이것이 약관의 실천적 가치라고 할 수 있다. 즉 약관은 개별적 계약교섭 및 계약서작성비용에 소요되는 가변비용을 공통의 약관작성비용이라는 고정비용으로 전환하는 수단이다. 그 결과 거래가 많을 것으로 예상될 때에는 상당한 비용을 들여 약관을 마련하거나 개선할 유인이 있고, 이로써 장래의 분쟁해결비용도 줄일 수 있다. Rakoff, contracts of Adhesion: An Essay in Reconstruction, 96 Harv.L.Rev. 1173 (1983), 1174; Macneil, "Bureaucracy and Contracts of Adhesion", 22 Osgoode Hall Law Journal 5(1984).

66_ 본인은 대리인에게 사무를 위임함으로써 전문가에 의한 서비스를 받을 수 있어 여타 활동을 할 수 있다는 편익을 가지지만, 대리인이 폭넓은 재량을 가져 본인이 그 재량의 효시를 용이하게 관찰 혹은 검증할 수 없는 경우에는 남용되기 쉽다는 비용을 수반한다.

67_ Robert H. Sitkoff, An Economic Theory of Fiduciary Law, Philosophical Foundations of Fiduciary Law 197, Andrew Gold & Paul Miller eds., Oxford University Press, 2014, p.198 ff.

68_ 즉 약관은 고객과 접촉하는 부문에 대해 사원이 독단으로 재량권을 행사하지 않도록 기업으로서의 통일적인 지침을 마련한 것이라 할 수 있다. Rakoff, Contracts of Adhesion: An Essay in Reconstruction, 96 Harv.L.Rev. 1173 (1983), 1174; Macneil, "Bureaucracy and Contracts of Adhesion", 22 Osgoode Hall Law Journal 5(1984).

신뢰하여 계약을 체결하는 것 자체가 합리적인 선택일 가능성이 높으며,[69] 그 결과 사업자는 이를 이용하여 고객이 제대로 검토하지 아니할 만한 사항에 대하여―어차피 고객이 비교하지 아니할 것이므로―다른 사업자보다 고객에게 더 불리한 약관을 작성하게 된다.[70] 이러한 시장의 실패에 따른 결과는 대부분 사업자에게 유리할 것이고 그러한 이익은 전적으로 사업자가 누리게 될 것이다. 이로 인하여 자연스럽게 악화가 양화를 구축하는 시장의 실패가 발생[71]할 것이므로, 이를 치유하기 위하여 약관의 내용통제는 필요하다고 할 수 있다.[72] [73]

69_ 고객은 일반적으로 약관을 조사하여 발생하는 정보비용을 감수하고자 하지 않는다. 김진우, "약관 내용통제의 정당화사유", 267면에서는 이를 "합리적인 무시(rationaler Ignoranz)"라고 표현하고 있다. 이는 B2B 약관인 경우에도 마찬가지이다. MünchKommBGB/Basedow, Vor § 305 Rn. 4.

70_ Hugh Collins, *REGULATING CONTRACTS* (Oxford: Oxford University Press, 1999), p.230.

71_ 물론 약관규제법상의 내용통제로 이러한 이익이 박탈될 수는 있다. 사적자치란 자기결정의 원칙에 기초하고 있는데, 계약당사자의 일방이 강한 우월성을 갖고 있어 계약의 규정들을 사실상 일방적으로 정할 수 있다면 이것은 다른 계약당사자에게는 타율결정을 의미한다. 이러한 경우를 고려하여 약관규제법은 내용통제를 통해 이해관계의 조정을 시도한 것이라고 할 수 있다. M. Stoffels, AGB-Recht(2003), S. 32 f. 최병규, 앞의 논문, 258면 또한 약관규제법을 힘의 균형을 맞추는 중요한 입법적 장치라고 설시하고 있다. 이러한 상황 속에서 관심을 끄는 것은 보험약관을 논한 요시카와 기치에(吉川吉衛)의 사고이다. 그는 기본적으로 약관을 계약설의 입장에 서면서도 보험계약에 있어서의 공적 요소와 사적 요소의 존재를 지적하고 있으며, 국가적 규정에 착목하는 태도의 중요성을 강조하였다. 吉川吉衛, 「普通取引約款の基本理論 - 現代保険約款を一つの典型として (1)~(3) 完」, 保険学雑誌 481号, 484号, 485号(1979).

72_ 이런 의미에서 내용통제는 거래비용의 비경제성으로 인하여 약관사용자의 약관을 그대로 감수할 수밖에 없는 고객을 자기결정의 결여로부터 보호한다고 할 수 있다. MünchKommBGB/Basedow, Vor § 305 Rn. 2 ff.

73_ 참고로 일본 또한 약관 통제의 정당화사유를 오래전부터 자기결정의사에서 찾았다. 예컨대 가와카미 교수는 계약에 있어서 당사자의 자기결정의 범위(「의사」가 인정되는 범위)와 그 이외의 것을 분리하여 각각의 구속력의 근거를 검토한다. 「핵심적 합의 부분」에 관해서는 당사자의 주관적 의사가 그 구속력의 근거가 될 수 있으나, 「부수적 합의 부분」의 계약 내용으로의 편입은 「핵심적 합의 부분의 성립에 수반하여 일정한 거래환경에 놓인 고객이 상대방에 의해 부여된 동의의 외관과 그 책임성에 의거하여 핵심적 합의 부분에 연동하는 형태로 개별 계약에 녹아든 특수한 법률행위적 소산」이

요컨대 자기결정의 보호가 내용통제의 가장 핵심적인 정당화사유가 된다는 점은 자명하다고 할 수 있다. 이는 약관을 "고객의 비용으로 계약의 사실상 자유에 대한 일방적인 착취의 위험(Gefahr einseitiger Ausnutzung der faktischen Vertragsgestaltungsfreiheit zu Lasten des Kunden)"을 수반한다는 전제를 통해서도 알 수 있다.[74] 그러나 자기결정이라는 것 또한 사적자치의 영역에 속하는 것으로서 사실상 강제 또는 합리적 무신경(rationale Apathie des Opfers)로 발생하는 결과는 본인이 책임져야 한다는 비판을 받을 수 있다는 점에서, 다원적 근거로서 역학적 불균형으로부터의 약자보호 및 시장실패의 치유라는 근거 등을 정당화 사유로 드는 것도 가능하다고 본다.[75]

2) 검 토

약관규제법 제6조 내지 제14조까지의 내용 통제는 그 효력판단을 구체적 당사자들 사이의 구체적 분쟁을 전제로 민사법원에 맡겨지고 있으며, 당해 약관이 다수의 고객을 상대로 사용되었고 심지어는 대법원에서 무효로 판단되었다 하더라도 판결의 효력은 당해 사건의 당사자와

라고 설명한다. 「부수적 조건군」의 계약편입을 「핵심적 합의 부분」과의 「연동」으로 설명하기 때문에 계약의 취지에 반하는 내용의 개별조항은 본래 「연동」될 수 없으며, 「부수적 조항군」은 순수하게 「의사」가 존재하는 것이 아니므로, 일반의 『합의』와 달리 규제가 가능하고 필요하다고 본다. 河上正二, 『約款規制の法理[初版]』, 有斐閣, 1988, 148面, 250-254面. 즉 가와카미의 이론은 약관사용자와 거래하는 상대방의 입장에서는 실질적으로 자기결정에 의한 의사로서 인정되지 않은 약관 내용이 있을 수 있음을 시인하고, 이를 전제로 내용 통제의 정당화사유를 찾고 있다고 할 수 있다.

74_ BGH DB 2009, 2778(2779); Horst Locher, "Begriffsbestimmung und Schutzzweck nach dem AGB-Gesetz", JuS 1997, 389(390); Mathias Habersack/Jan Schürnbrand, "Unternehmenskauf im Wege des Auktionsverfahrens aus AGB-rechtlicher Sicht", in: FS Canaris, 2007, S. 359 f., S. 370.

75_ 정당화 사유가 일원적일 필요성은 없다고 본다. 즉 정당화 사유를 다원적으로 접근하는 방법을 통해 계약관계로의 공적 개입이 정당화되는 것은 무엇인가라는 고르디우스의 매듭은 약관을 통한 새로운 계약유형을 긍정함으로써 풀리게 된다고 할 수 있다. David Mullan, "Administrative Law at the Margins", in: Taggart ed., THE PROVINCE OF ADMINISTRATIVE LAW, Hart Publishing, 1997, p. 139 f.

당해 거래에 한하여 미친다는 점에서, 이는 구체적 내용통제에 해당한다. 반면에 약관규제법 제17조의2는 약관 자체에 대하여 공정거래위원회가 심사할 수 있고, 그 결과 내용통제에 관한 약관규제법 제6조 내지 제14조에 위반하였다고 판단하는 때에는 당해 약관조항의 삭제나 수정 등 시정에 필요한 조치를 권고할 수 있다. 더 나아가 일정한 경우[76] 시정을 명할 수 있다.[77] 그 결과 약관이 시정되면 그 효과는 모든 고객에 미친다는 점에서 공정거래위원회의 내용통제는 추상적 내용통제이다.

약관이 규범적 성질을 가지기 때문에, 또는 공익보호를 위해 약관의 내용통제를 한다면 이는 B2C 약관에 국한될 필요 없이 B2B 약관 또한 내용통제의 대상이 될 수 있다. 반면에 소비자보호를 위해 내용통제를 한다면 B2B 약관은 원칙상 통제의 대상이 될 수 없을 것이다.[78] 한편 국내의 통설적 견해라고 할 수 있는 역학적 불균형으로부터 약자를 보호하기 위해서 또는 정보비대칭으로 인한 시장실패의 교정 및 실질적 자기결정의 보호를 위하여 약관의 내용통제가 필요하다는 견해에 의하면 B2B 약관 또한 내용통제의 대상이 되는 데 무리가 없을 것이다. 따라서 B2B 약관의 내용통제를 모두 배제하는 것은 타당하지 않을 수 있다. 반면에 B2C 약관과 B2B 약관을 동일하게 다룰 논리적 필연성도 부족하다. 오히려 거래 형태에 따라서 B2B와 B2C의 내용통제의 정당화 사유가 다를 수 있다는 점에서 양자를 구분하여 접근할 필요가 있다.[79] 그 방

76_ 약관을 사용한 사업자가 시장지배적 사업자(독점규제법 제2조 제7호)이거나 거래상 지위가 현저히 우월한 경우 등(약관규제법 제17조의2 제2항).

77_ 공정거래위원회가 직권으로 이러한 심사 및 조치를 할 수도 있으나 당해 약관과 관련하여 법률상 이익이 있는 자(예: 고객), 한국소비자원 기타 소비자단체 및 사업자단체가 심사 등을 요구할 수도 있다(약관규제법 제19조).

78_ 물론 소비자의 범위를 어떻게 이해하는가에 따라 사업자이지만 소비자의 지위를 누리는 이중적 지위개념을 인정한다면 B2B 약관 또한 내용통제의 대상이 될 수 있을 것이다. 참고로 八巻 啓, 前揭論文, 407面에서는 "약관은 사업자 對 사업자일지라도 논의될 수 있는 문제라는 점에서, 단순히 소비자를 보호하기 위해 규정된 규율과는 상이한 배경을 가진다."고 하면서 소비자계약법과의 차이를 강조한다.

79_ 곽윤직 편집대표(손지열 집필부분), 민법주해 XII(이하 '민법주해 12/손지열'로 인용하기로 함), 박영사, 1997, 299면에서는 내용통제에 있어 고객이 소비자인 경우에 더 엄

법으로는 B2B 약관의 내용통제에 있어 추상적 내용통제를 배제하는 것과 추상적 내용통제를 함에 있어 구체적 내용통제와 다른 위법성 심사기준을 마련하는 것도 생각해 볼 수 있을 것이다.

(1) 추상적 내용통제에서 배제하는 방법

사업자의 불공정거래 행위는 다양한 법률(공정거래법, 하도급법 등)이 제정되면서 이를 통해 사업자의 거래에 대한 어느 정도 불공정거래행위를 시정하는 면이 있고 약관심사수요 폭증으로 소비자보호 내실화 및 약관심사의 효율화를 위하여 사업자 약관에 대한 규제완화의 필요성을 감안하여 추상적 내용통제는 B2C 약관으로 제한하는 것이 타당할 수 있다. 예컨대 우리 공정거래법은 사업자가 계속적 거래관계에 있는 타방 사업자가 영업활동 상당 부분을 자신에게 의존하고 있다는 점을 기회주의적으로 악용하여 타방 사업자에게 불리한 요구를 하는 것을 막기 위한 방편으로 거래상 지위남용 또는 우월적 지위남용(abuse of superior bargaining position)을 통제하고 있다.[80] 그런데 약관규제법이 추상적 내용통제를 통해 B2B 약관의 불공정성을 해결한다면 이는 약관규제법을 경쟁법으로 기능하게 하여 독점규제법화하는 결과를 가져올 우려가 있다.[81]

더욱이 추상적 내용통제는 장래를 향하여(ex ante) 해당 조항이 어떠한 사례에 대하여 적용될 수 있는지를 물어야 하므로 약관조항에 얽매일 것이 아니라 다양한 가능성을 고려하여 발생할 수 있는 위험을 밝혀야 한다는 점,[82] 그리고 그 시정된 약관의 효과가 모두에게 미치게 되어 사업자 간 거래에서 전혀 문제가 되지 않은 약관거래까지도 효력이 미쳐

격한 통제기준이 필요하다는 견해가 있다.

80_ 독점규제법상 경쟁제한행위의 금지를 통해 사업자들 간의 가격·품질 경쟁을 보호하면, 시장경쟁의 원리에 따라 보다 낮은 가격에 보다 많은 생산이 이루어질 수 있다.

81_ 물론 경쟁법과 소비자보호법의 교차점이 많이 발생하는 상황이라는 점을 감안하면, 이를 양분하여 한쪽의 규제범위라고 단정하는 것은 교차점 이외의 사항을 위해 필요한 제도를 소멸시킬 수 있다는 점에서 주의를 요한다.

82_ 이병준, "약관의 추상적 내용통제와 구체적 내용통제의 관계—약관의 추상적 내용통제에서 확정된 약관의 무효를 개인의 개별적인 소송에서 주장할 수 있는가?", 재산법연구 제29권 제2호(2012), 176면 이하.

거래의 신속성 및 안정성이 중요한 사업자의 지위를 불안전하게 할 수 있다는 점에서 B2B 약관통제는 구체적 약관통제로 제한하는 것이 바람직할 수 있을 것이다.[83]

(2) 추상적 내용통제에 있어 위법성 판단기준을 구체적 내용통제와 다르게 하는 방법

추상적 내용통제가 구체적 내용통제와는 다른 효과를 가진다는 점을 감안하면, B2B 약관 통제에서 추상적 내용통제를 전면적으로 적용 배제하는 것은 무리한 주장이라는 비판을 면하기 어려울 수 있다. 따라서 추상적 내용통제를 B2B 약관통제에도 인정하는 경우에도, 추상적 내용통제에 있어 공정거래위원회의 위법성 심사기준은 B2B 약관인지 B2C 약관인지에 따라 달라야 할 것이다. 이미 우리 판례는 추상적·구체적 내용통제 모두에서 약관조항의 취지는 물론 거래관행을 참작하고 있는데,[84] B2C와 B2B의 관행에 큰 차이가 있을 것이다. 판례는 또한 내용통제에 있어 형식적 기준만이 아닌 거래관계의 실질적 사정을 고려하여야 한다고 보고 있으며,[85] 고객의 평균적·전형적 이익을 기준으로 삼고 있다.[86] 이에 B2B 약관은 거래관계의 특수성, 사업자 간 거래영역의 평균적 이익에 대한 평가 등을 기준으로 내용통제가 이루어져야 할 것이다. 원칙적으로 약관을 심사함에 있어 약관사용자의 시장 내 경제적, 지적 우월성은 고려하지 않는다는 점[87] 등을 고려하면, 평균적·전형적 이익에 대한 평가는 대단히 추상적이라 할 수 있다. 다만 지금까지의 공정거

83_ 다만 구체적 내용통제와 추상적 내용통제가 추구하는 목적 및 기능이 다르다는 점에서 B2B 약관의 추상적 내용통제를 전면적인 배제를 위해서는 선결문제로서 이에 대한 사회적인 합의가 필요할 것이다.

84_ 대법원 2005.2.18. 선고 2003두3734 판결(추상적 내용통제); 대법원 2010.10.28. 선고 2008다83196 판결(구체적 내용통제).

85_ 대법원 2003.1.10. 선고 2001두1604 판결(추상적 내용통제), 대법원 2014.6.12. 선고 2013다214864 판결(구체적 내용통제).

86_ 대법원 2011.4.28. 선고 2010다106337 판결; 대법원 2010.10.28. 선고 2008다83196 판결.

87_ BGH, NJW 1976, 2345, 2346.

래위원회의 심결례 등을 분석하여 개별사례군의 교집합적 성격 또한 세부적으로 규명된다면 일응의 기준을 발견할 수는 있을 것이다.[88]

IV. 맺음말

약관은 현상적으로 보면 계약내용의 결정방법에 관한 하나의 수법인데, 일반적으로는 계약에 집단성이나 반복성이 존재하는 경우에 이용된다. 그러나 약관은 배후에 있는 특이한 사회관계의 증후(證候)일 수 있으므로, 왜 그 국면에서 약관이 이용되는지를 배후의 사회관계에 파고들어 탐색하지 않으면 약관에 의한 계약의 성질을 정확히 파악할 수 없다. 즉 B2B 약관이 이용되는 사회관계가 존재하는 경우에는 그에 걸맞은 대응이 필요하며, 예를 들어 소비자 보호와는 다른 관점에서의 규제가 필요하다고 할 수 있다. 따라서 거래의 상대방이 소비자인지 사업자인지에 따라 약관규제의 모습 또한 종래보다도 세밀한 논의가 필요하다고 할 수 있다. 비교법적으로 B2B 약관을 입법적으로 다루는 방법은 크게 세 가지라고 할 수 있다. 첫째, B2B 약관을 해석으로 약관규제법의 대상에서 제외하는 방법, 둘째, B2B 약관과 B2C 약관을 차별화하여 다르게 접근하는 방법, 셋째, 양자를 차별화하지 않고 동일하게 다루는 방법이다. 향후 편입통제 및 내용통제에 있어 B2B 약관과 B2C 약관을 어떻게 구별하여 차별화를 시도할 것인지에 대한 심도 있는 논의가 있기를 바라며, 본고가 이에 대한 하나의 참고자료가 되길 기대해 본다.

88_ 향후 이 부분에 대한 심도 있는 논의가 필요하다고 판단되며, 필자 또한 추후 연구에서 이를 분석해 보고자 한다.

참고문헌

곽윤직 편집대표(손지열 집필부분), 민법주해 XII, 박영사, 1997.

김대규, "약관편입통제 조항의 기능성연구", 비교사법 제11권 제1호, 2004.

김대규, "금융기본약관의 사전계약편입에 대한 연구—은행기본약관을 중심으로", 기업법연구 제17집, 2004.

김진우, "약관의 편입통제", 동북아법연구 제8권 제3호, 2015.

김진우, "국제세약규밈에시의 계약조항의 편입", 법조 통권 제663호, 2011.

김진우, "CISG에서의 약관의 편입통제", 경희법학 제46권 제2호, 2011.

김진우, "약관내용통제의 정당화사유", 부산대 법학연구 제53권 제1호 2013.

서희석, "일본에서 약관법의 민법전 신설논의", 외법논집 제39권 제4호, 2015. 11.

손지열, "약관의 계약편입과 명시 · 설명의무", 「민법학논총 제2권」(후암 곽윤직 교수 고희기념), 1995.

이병준, "약관규제법의 민법편입", 이은영 편, 소비자법과 민법, 2010.

이병준, "약관의 추상적 내용통제와 구체적 내용통제의 관계—약관의 추상적 내용통제에서 확정된 약관의 무효를 개인의 개별적인 소송에서 주장할 수 있는가?", 재산법연구 제29권 제2호, 2012.

이은영, "약관법과 민법의 관계, 계약내용통제 및 일부무효와 관련하여", 외법논집 제34권 제4호, 2010.

장경환, "'상인에 대한 약관'의 규제에 관한 독일약관법규정의 고찰과 우리 약관규제법의 개정문제", 경희법학 제43권 제3호, 2008.

장경환, "우리나라 약관규제법의 의의와 성과", 경희법학 제41권 제2호, 2006.

최병규, "약관과 소비자보호의 쟁점연구", 경제법연구 제14권 제2호, 2015.

吉川吉衞, 「普通取引約款の基本理論—現代保険約款を一つの典型として (1)~(3) 完」, 保険学雑誌 481号, 484号, 485号, 1979.

鹿野菜穂子, 「民法改正と約款規制」, 曹時 67巻 7号, 2015.

大橋洋一, 『現代行政の行爲形式論』, 弘文堂, 1993.

筒井健夫, "民法(債権関係)の改正に関する要綱仮案」の決定と今後の予定", NBL 1034号, 2014.

白羽祐三, 『現代契約法の理論』, 中央大学出版部刊, 1982.

山野目章夫, 「民法(債権関係)改正のビューポイント」, NBL 1047号, 2015.

潮見佳男, 『民法(債権関係)改正法案の概要』, 金融財政事情研究会, 2015.

潮見佳男・笹井朋昭・長谷川雅典・望月治彦・渡辺光昭・山野目章夫, 「企業実務からみた民法(債権関係)の改正に関する中間試案(下)」, NBL 1015号, 2013.

八巻 啓, "民法改正における約款規制の是非を問う―民法改正への考察と提言", 法律学研究 54号, 2015.

河上正二, 「約款による取引」, 法時 86巻 12号, 2014.

河上正二, 『約款規制の法理[初版]』, 有斐閣, 1988.

BeckOGK-BGB/Beurskens, Stand: September 2016, § 270.

CHENEDE, F., Raymond Saleilles, Le contrat d'adhésion (2ème partie), Revue des contrats, 1er juillet 2012(V. aussi 1ère partie dans Revue des contrats 2012).

Collins, Hugh, REGULATING CONTRACTS (Oxford: Oxford University Press, 1999).

Collins, Hugh, The Law of Contract, LexisNexis UK, 2003.

Funk, Christian, Allgemeine Geschäftsbedingungen in Peer-to-Peer-Märkten, 2010.

Graf von Westphalen, Wider einen Reformbedarf beim AGB-Recht im Unternehmerverkehr, NJW 2009, 2977 ff.

Habersack, Mathias/Jan Schürnbrand, "Unternehmenskauf im Wege des Auktionsverfahrens aus AGB-rechtlicher Sicht", in: FS Canaris, 2007.

Jan Dirk Harke, Allgemeines Schuldrecht, 2010.

Kessler, Friedrich, Contracts of Adhesion – Some Thoughts about Freedom of Contract, 43 Colum. L. Rev. 629(1943).

Locher, Horst, "Begriffsbestimmung und Schutzzweck nach dem AGB-Gesetz", JuS 1997, 389 ff.

Macneil, "Bureaucracy and Contracts of Adhesion", 22 Osgoode Hall Law Journal 5(1984).

Mullan, David, "Administrative Law at the Margins", in Taggart ed., THE PROVINCE OF ADMINISTRATIVE LAW, Hart Publishing, 1997.

MünchKommBGB/Basedow, 6. Aufl., 2012, Vor § 305, § 305, § 310.

MünchKommBGB/Wurmnest, 6. Aufl., 2012, Vor § 308.

Rakoff, Contracts of Adhesion: An Essay in Reconstruction, 96 Harv.L.Rev. 1173(1983).

Schmitt, Christoph/Martin Stange, Allgemeine Verkaufs- und Lieferbedingungen(B2B): Musterklauseln für die unternehmerische Praxis, 2016.

Schwab, AGB-Recht, 2. Aufl. 2013.

Schwartz, Dudi, Interpretation and Disclosure in Insurance Contracts, 21 LOYOLA CONSUMER L. REV. 105 (2008).

Sitkoff, Robert H., An Economic Theory of Fiduciary Law, Philosophical Foundations of Fiduciary Law 197, Andrew Gold & Paul Miller eds., Oxford University Press, 2014.

Staudinger/Schlosser(2013), BGB § 310.

Stoffels, M., AGB-Recht, 2003.

Ulmer in: Ulmer/Brandner/Hensen, AGB-Recht, 10. Aufl., 2006, § 310.

Ulmer/Schäfer in: Ulmer/Brandner/Hensen, AGB-Recht, 11. Aufl., 2011, § 305c.

약관규제법상 표준약관 제도의 운용방향[*]

신영수[**]

Ⅰ. 머리에

표준약관제도는 공정거래위원회의 약관규제 업무를 포함한 소비자정책 전반에 걸쳐 매우 효과적인 정책수단으로 주목받고 있다. 공정거래위원회의 약관규제에 있어서 표준약관 보급업무의 비중은 증가일변도로 진행되어 왔고, 소비자분쟁이 빈발하는 분야마다 표준약관의 도입요청이 증가하는 상황이다. 이미 불공정약관심사 업무와 함께 양대 축으로 부상해 있으며 제도에 대한 사회적 호응 역시 커서 소비자분쟁이 빈발하는 분야마다 표준약관의 요청과 실제도입 사례도 확산되고 있다. 소비자피해방지와 불공정계약의 차단 측면에서 표준약관이 거둔 성과가 가시적이고 괄목할 만한 것이었다는 점에도 이의가 없다.

이처럼 표준약관에 대한 기대감과 긍정적 평가가 주를 이루고 있는 현실에서, 이 글에서는 다른 비판적 관점에서 제도의 규범적 의미와 기능을 비판적 시각에서 분석해 보려고 한다. 제도도입으로부터 25년이

 * 이 논문은 2017년 6월 19일 한국외대 법학연구소 학술대회("약관규제법 시행 30주년의 회고와 입법적 과제")에서 발제한 글을 수정·보완한 것입니다.
** 경북대학교 법학전문대학원 교수.

지난 현재까지 표준약관에 대해 이루어진 많지 않은 논의의 주된 초점은 제도의 안정적 정착 및 강화에 맞추어졌던 듯하다. 늦었지만 이제는 표준약관제도의 정책설정 방향이 적절한 것인지를 보다 근본적이면서 법리적인 토대 위에 재고하려는 시도도 필요하다는 생각이다. 이런 시도의 취지는 물론 표준약관의 제도적 효용을 폄하하거나 그 확산을 문제삼으려는 데에 있지 않다. 오히려 제도의 원활하고도 지속적인 운영을 통한 소비자보호의 활성화를 도모해 보려는 것이 궁극적인 목적이다.

이하에서는 먼저 표준약관이 현재와 같은 수요와 효용을 갖게 된 배경을 살펴보고, 현행 제도를 비판적 시각에서 검토한 후, 유사제도를 운용해 오고 있는 나라들의 사례와 접근방식을 분석해 보기로 한다. 이를 토대로 현행 제도가 설정한 방향의 문제점을 지적하는 한편, 이를 보완하고 발전시킬 방안을 모색해 보기로 한다.

II. 표준약관제도의 도입과 변천, 제도적 성과

1. 표준약관의 도입과정과 운용현황

「약관의 규제에 관한 법률」(이하, '약관규제법')은 제정되면서부터 약관의 불공정성 통제를 핵심적 내용으로 운용되어 왔다. 그런데 불공정한 약관을 규제하기 위해 동원되는 약관규제법상의 수단들은 대개가 개별적·사후적 통제 중심이라고 할 수 있다. 따라서 불공정성이 문제된 약관에 대해 사후적인 시정조치를 부과할 수는 있지만 불공정 관행이 만연되는 거래분야에서 약관의 폐해를 근원적으로 차단하는 데는 한계를 가지고 있다. 특히 시민생활과 밀접한 영역에서 동일 내용의 소비자피해가 반복적으로 발생함에 따라 새로운 해결방안의 모색이 필요하게 되었는데, 이런 모색과정에서 표준약관 제도의 법제화가 이루어졌다.

표준약관제도가 입법된 것은 1992년 12월의 약관규제법 제1차 개정[1]

을 통해서였다. 당시 법 제19조의2에 터를 잡은 이 제도는 사업자 및 사업자단체에 의한 표준약관의 작성과 공정거래위원회에 대한 심사청구, 그리고 공정거래위원회의 심사 및 승인 등의 절차규정을 근간으로 하여 출범하였다. 일종의 사전심사제 중심으로 표준약관제도의 내용을 형성한 것으로 볼 수 있었다. 당초부터 표준약관의 효용에 대한 기대는 컸지만 그렇다고 해서 공정거래위원회가 모든 약관을 사전 심사토록 하는 것은 행정력의 과다소모를 야기할 뿐만 아니라 사적 거래를 지나치게 제약하는 결과를 낳을 수 있었다. 그리하여 일단 사업자나 사업자단체로부터 심사청구가 있는 표준약관에 한해서만 공정거래위원회가 승인 여부를 심사하는 것으로 가닥을 잡게 되었다.

공정거래위원회의 승인을 얻은 표준약관이 보급되기 시작한 것은 1995년 말의 일로, 아파트분양 및 주택임대차분야에서 작성된 아파트표준공급계약서[2]와 임대주택표준임대차계약서[3]가 최초의 사례였다. 이후 2003년 말까지 '전자보험거래 표준약관'까지 총 22개의 거래분야에서 54종의 표준약관이 승인·보급되고, 이 가운데 11번의 개정이 이루어지는 등[4] 제도의 길지 않은 역사에 비해 보급의 속도는 매우 신속하게 이루어졌다. 그만큼 표준약관에 대한 사회적 수용도가 컸기 때문인데 그 결과 제도 운용주체인 공정거래위원회도 표준약관 보급 확대를 약관규제정책의 중요과제로 삼게 되었다.

하지만 표준약관은 사업자가 자진하여 심사청구를 한 경우에만 보급될 수 있는 것이어서 업계 내부에서 자발적 의사를 가지고 있지 않는 한 당해 분야에서 표준약관의 운용을 기대할 수는 없었다. 이에 따라 표준약관의 보급활성화를 염두에 둔 법 개정이 추진되었고 2004년에 표준약관 작성 및 심사청구 주체를 다양화하는 한편 제도 활성화를 위한 공정거래위

1_ 「약관의 규제에 관한 법률」 일부개정 1992.12.8. 법률 제4515호.

2_ 등록번호 제10001호.

3_ 등록번호 제10002호.

4_ 공정거래위원회, 「약관규제의 실제」(2008.2), 253-257면 참조.

원회의 역할도 강화하는 방향으로 제도보완이 이루어지게 되었다.[5]

그리고 2007년부터는 상대적으로 저조했던 분야를 중심으로 제·개정작업이 추진되었다. 그 결과 이륜차배송업(퀵서비스), 어학연수, 절차대행업, 상조서비스업, 신용카드 등 서민생활형이면서 소비자피해가 빈발했던 분야에 표준약관들이 대거 보급되었다.[6] 아울러 택배표준약관, 8종의 은행여신거래약관 등 기존에 보급된 9종의 표준약관에 대해서도 소비자권익의 증진과 거래여건의 변화에 맞춰 개정도 뒤따랐다.

한편 2010년에는 표준약관의 법적 쟁점들에 관하여 매우 주목할 해석의 기준이 대법원 판결[7]을 통해 나왔다. 이 판결을 통해, 공정거래위원회가 표준약관의 사용을 사업자들에게 권장하는 행위는 행정처분의 일종으로 판명되었고, 표준약관의 심사청구의 요건이 명확해졌으며, 불공정성을 판단하기 위한 기준이 새롭게 규명되었다.[8] 반면, 당초에 공정거래위원회 약관심사과에서 제정하여 운영하였던 백화점임대차계약서 표준약관(1997년)과 프랜차이즈(외식업) 표준약관(2001년)은 유통거래과(2014년), 가맹거래과(2010년)에서 각각 대규모 유통업법과 가맹사업법에 근거하여 표준계약서를 제정함에 따라 폐지하였다.

이후 2012년 법개정 시에는 약관변경으로 인한 심사대상의 변경 규정이 신설됨에 따라 조번이 제19조의2에서 제19조의3으로 이동하였으나 내용은 그대로 유지되었다.

한편, 제도 운영 이래, 표준약관이 관련 법률의 제·개정 등을 반영하지 못하여 고객에게 불리한 조항이 존재하는 상황이 발생하더라도 공정

5_ 2004.1.20. 일부개정, 법률 제7108호.

6_ 공정거래위원회, 「2007년판 공정거래백서」, 공정거래위원회(2007.7), 360면.

7_ 대법원 2010.10.14. 선고 2008두23184 판결.

8_ 이 사건의 쟁점은 i) 공정거래위원회의 '표준약관 사용권장행위'가 행정처분으로서 항고소송의 대상이 되는 것인지, ii) 舊 「약관의 규제에 관한 법률」 구법 제19조의2(현재의 제19조의3) 제3항에서 정한 '표준약관 심사청구의 권고' 요건이 무엇인지, iii) 구법 제19조의2 제3항에서 규정한 불공정 약관조항에의 해당 여부에 대한 판단 기준은 무엇인지, 그리고 iv) 문제된 약관조항들이 불공정한 것으로 볼 수 있는지 등이었다.

거래위원회가 이를 개정하거나 소비자단체 등이 이에 대한 개정을 공정거래위원회에 요청할 수 있는 법적 근거가 부재하여 표준약관 개정이 적기에 이루어지지 못한다는 지적이 제기되었다.

이에 따라 2016년에 법률을 개정하여, 일정한 거래 분야에서 여러 고객에게 피해가 발생하여 표준약관의 해당 조항을 개정할 필요가 있는 경우 또는 소비자단체의 표준약관의 개정 요청 등이 있는 경우 등 해당 약관의 개정이 필요하다고 공정거래위원회가 인정하는 경우에는 공정거래위원회가 표준약관을 개정하거나 이를 시정하기 위한 필요한 조치를 요구할 수 있도록 하였다.[9]

2017년 5월 기준으로 국내에 보급된 표준약관은 총 34개 거래분야의 70여종에 이르고 있다. 그간의 표준약관 보급 및 개정 동향은 아래와 같다.

[표] 표준약관 보급 및 개정 동향

(2015.12.31. 기준)

연도	95	96	97	98	99	00	01	02	03	04	05	06	07	08	09	10	11	12	13	14	15	계
보급 건수	2	8	3	6	3	1	9	18	4	-	-	-	3	3	4	2	1	2	3	-	1	72
개정 건수	-	-	-	-	1	-	-	6	2	-	-	2	1	8	16	3	4	5	3	20	5	71

[출처] 공정거래위원회, 공정거래백서(2016), 386면.

요컨대 표준약관제도는 도입으로부터 비교적 단기간 내에 제도로서 안착하였고, 이후 소폭의 변천을 거치면서 보편화 및 활성화를 이룬 것으로 평가할 수 있다. 이 대목에서 표준약관제도가 원만히 정착하게 된

9_ 2016.3.29. 일부개정, 2016.3.29. 시행, 법률 제14141호.

배경을 한번 살펴볼 필요가 있다.

2. 표준약관 보급의 활성화요인

표준약관의 보급이 이처럼 광범위하고도 급속도로 전개된 배경에는 이 제도의 순기능에 대한 소비자와 사업자의 선호도와 함께 정책당국의 강력한 집행의지가 자리 잡고 있다. 먼저 소비자의 입장에서 표준약관은 소비자에게 적어도 불리하지는 않은 것으로 관계당국의 승인을 받은 것인 만큼 약관의 일방성, 사전성으로 인해 발생할 수 있는 불공정 문제를 우려하지 않아도 되는 장점이 있다. 그에 따라 약관정보의 검색과 선택과정에 소요되는 비용도 절감할 수 있게 되며, 전문적인 용어 대신 가급적 소비자들이 이해하기 쉬운 표현들이 채용되기 때문에 거래조건의 파악과 계약서에 따른 권리주장도 한결 용이하다.[10]

또한 사업자 입장에서도 약관작성에 소요되는 비용이나 시간을 절감할 수 있는데다 공정거래위원회로부터 일차검증을 거친 내용을 담은 것이므로 약관의 불공정성성 시비로부터 벗어날 수 있어서 분쟁의 발생가능성도 미연에 차단할 수 있는 장점이 있다. 법률리스크와 비용을 줄일 수 있다는 의미이다.[11] 동종업계의 약관이 통일적으로 운용되다 보면 일종의 법규범이 형성되는 결과가 되어 동종사업자의 사업활동을 사실상 통제하는 것이 가능해지기도 한다. 동종거래에서 다른 사업자와 거래조건상의 보조를 같이하기 위해 표준약관의 사용을 권장하게 되는 이유도 이와 무관치 않다.

한편 약관심사업무를 수행하는 공정거래위원회로서는 약관이 거래에

10_ Office of Fair Trading, Give your business the edge—Consumer Codes Approval Scheme, 2007.2, p.2.

11_ 현실적으로는 동종업계의 약관이 통일적으로 운용되다 보면 일종의 법규범이 형성되는 결과가 되어 동종사업자를 사실상 집단적으로 통제할 수 있다는 점 때문에 동종거래에서 다른 사업자와 거래조건상의 보조를 같이하기 위해 표준약관의 사용이 권장되기도 하는 것으로 알려진다.

통용되기 전 단계에 공정한 거래질서의 확립을 기할 수 있다는 점에 주목하게 된다. 약관과 관련된 분쟁이 발생하고 나서 사후에 심의, 시정하는 것보다는 사전에 공정약관의 작성을 독려하는 편이 행정력 활용 측면에서 효율적으로 여겨지기 때문이다. 최근 들어서는 감사원, 소비자원 등 정부기관과 소비자단체 등도 공정거래위원회로 하여금 불공정약관조항이 문제되는 업종이나 약관이 없는 분야에서의 거래공정화를 위하여 표준약관 마련을 촉구하고 있으며,[12] 금융위원회나 방송통신위원회, 미래창조과학부, 문화체육관광부와 정부 행정기관들 역시 관할 업계를 상대로 표준약관이나 표준계약서의 제정 및 운용을 유도, 권장하는 상황이다.[13]

요컨대 현재와 같은 표준약관의 확산기조에는 공정거래위원회를 위시한 관계당국의 의지가 적지 않은 영향을 미치고 있는 것으로 보이는데, 이와 같은 현실은 약관정책적 차원에서는 물론이고 법리적 측면에서도 몇 가지 재고해 볼 논점들을 제기하고 있다.

III. 현행 규정에 대한 해석론

1. 법 제19조의3 규정 분석

주지하다시피 약관은 계약 당사자 중 어느 한쪽이 일방적으로, 여러

12_ 공정거래위원회 소비자본부, "건전한 거래질서 확립을 위한 표준약관 제·개정 추진", 공정거래위원회 보도자료. 2007.5.22, 참조.

13_ 공정거래법이나 약관규제법 이외에 개별업종을 관할하는 법에서도 표준약관제도를 도입하는 사례가 늘어나고 있다. 가령 여신전문금융업법에서는 여신전문금융업협회가 제정한 표준약관을 금융위원회에 신고토록 하고 있고(여신전문금융업법 제54조의3), 콘텐츠산업진흥법에서는 문화체육관광부장관은 콘텐츠의 합리적 유통 및 공정한 거래를 위하여 공정거래위원회 및 방송통신위원회와의 협의를 거쳐 표준계약서를 마련하고, 콘텐츠사업자에게 이를 사용하도록 권고할 수 있다(콘텐츠산업진흥법 제25조).

상대방과의 계약체결을 염두에 두고 사전에 작성한 계약의 초안을 의미한다. 여기서 약관이 3대 본질, 즉 일방성과 일반성, 그리고 사전성의 표지가 추출된다. 그런데 현행 약관규제법 제2조는 약관의 개념을 정의하면서 "사전에 작성한"이라고 표현하지 않고 "미리 마련한"이라는 표현을 사용하고 있다. 입법자가 표준약관[14]의 활성화를 예측한 결과로 보이지는 않으나, 현실적으로는 사업자들이 미리 마련된 표준약관을 계약으로 편입하는 경우가 대단히 많다는 점을 감안하면 꽤나 선견력이 있는 조문기술방식으로 느껴진다.

현행법상 표준약관제도의 규범적 근거는 약관규제법 제19조의3 및 동법 시행령 제7조이다. 이들 법령에서는 주로 표준약관이 작성되어서 공정거래위원회의 승인을 받기까지의 과정과 그 이후의 효력에 관해 상세히 규정하고 있다. 구체적인 내용은 다음과 같다.

(1) 표준약관 승인심사의 청구

현행법상 표준약관의 작성 및 승인청구권은 일차적으로 표준약관을 사용하고자 하는 사업자 및 사업자단체(이하, '사업자 등')가 가진다. 사업자 등은 임의로 표준약관안을 미리 마련하여 그 내용이 법에 위반되는지 여부에 관해 공정거래위원회에 심사를 청구하게 된다. 물론 이때 사업자 등의 심사청구는 강제적인 것이 아니다. 따라서 소비자피해가 자주 일어나는 거래분야에서 사업자 등이 표준약관을 마련하여 신청할 움직임을 보이지 않을 경우에는 소비자기본법에 따라 등록한 소비자단체 또는 한국소비자원도 당해 거래분야의 표준이 될 약관의 마련을 공정거래위원회에 요청할 수가 있다. 공정거래위원회는 이런 요청에 있을 시 사업자 및 사업자단체에 대하여 표준약관을 마련하여 심사청구할 것을 권고하게 된다. 한편 소비자단체나 한국소비자원의 요청이 없더라도 공

14_ 물론 미리 마련한 것이 표준약관만 있는 것은 아니며, 해상운송 중 공동해손에 관한 York Antwet규칙, 선하증권의 면책약관에 관한 Harter규칙 등 국제적 규칙도 계약의 초안으로서 활용되고 있다.

정거래위원회가 자체적으로 판단하여 일정한 거래분야에서 다수의 고객에게 피해가 발생하는 경우에 이를 조사하여 약관이 없거나 불공정 약관조항이 있는 때에도 사업자 및 사업자단체에 대하여 심사청구를 권고할 수 있다. 만일 사업자 및 사업자단체가 공정거래위원회의 권고를 받은 날로부터 4월 이내에 필요한 조치를 하지 않을 때에는 공정거래위원회가 표준이 될 약관을 직접 마련할 수도 있다. 단 이때에는 관련분야의 거래당사자 및 소비자단체 등의 의견청취 및 관계부처와의 협의절차를 필히 거쳐야 한다.

요컨대, 승인심사 청구인은 사업자 및 사업자단체이지만 심사청구할 것인지는 전적으로 사업자 등의 판단에 따라 결정할 사안으로서 공정위가 표준약관의 제정을 강요할 수는 없다. 이에 비해 소비자단체나 한국소비자원의 역할은 공정거래위원회를 통하여 심사청구를 유도하는 간접적 역할에 그친다. 반면 공정거래위원회는 사업자 등으로부터 심사청구를 받는 위치에 서는 동시에, 소비자단체 등으로부터는 표준약관의 마련요청을 받는 입장에 서게 된다. 또한 표준약관이 제정되지 않은 분야에서 소비자단체의 요청에 의해서나 재량에 따라 사업자 등에 표준약관 작성 및 심사청구를 권고할 수 있는 권한을 가지며, 최후적 수단으로서 공정거래위원회가 직접 표준약관을 작성할 권한도 보유한다. 따라서 표준약관의 작성주체는 사업자와 사업자단체, 나아가 공정거래위원회로까지 다원화되어 있으며, 특히 공정거래위원회는 심사권자이면서 작성자가 될 수도 있는 복합적인 지위에 서게 된다. 다만 공정거래위원회의 작성권한은 이해당사자나 관련기관의 협의를 전제로 하면서도 보충적으로만 행사할 수 있는 것이라고 할 수 있다. 표준약관의 제도적 효용 여하를 떠나 거래조건의 결정이라는 영업권 본질의 영역에 속하는 것이라는 점에서, 표준약관의 작성과정에서의 공권 및 소비자권의 개입은 소극적 간접적인 선에 그치도록 한 것이 기본적 입법취지라고 할 수 있겠다.

(2) 공정거래위원회에 의한 심사 및 승인절차

사업자 등으로부터 표준약관의 심사청구가 있는 경우에 공정거래위원회는 관련분야의 거래관행과 관계법령을 감안하고 관계부처 및 소비자관련 기관 등의 의견수렴과 약관심사자문위원회의 자문을 받은 후 공정거래위원회의 의결절차를 거쳐 당해 표준약관안을 승인할 것인지를 결정하게 된다. 표준약관의 심사청구를 받은 때에는 심사청구를 받은 날부터 60일 이내에 심사결과를 신청인에게 알려야 한다. 반면 공정거래위원회가 직접 작성할 경우에는 별도의 심사, 승인 및 결과통보 절차를 요하지 않지만, 관련분야의 거래당사자 및 소비자단체 등의 의견청취 및 관계부처와의 협의절차를 거쳐야 하는 요건이 부과된다. 당사자에 의한 것이든 공정위의 직권으로 작성된 것이든 표준약관의 내용의 공정성과 균형을 도모하기 위한 취지라고 할 수 있다. 공정거래위원회는 필요하다고 인정하는 경우에는 표준약관을 사용하고 있는 사업자 또는 사업자단체에 대하여 해당 약관의 운용상황을 제출하게 할 수 있다.

한편 공정거래위원회의 승인을 얻은 표준약관은 이를 공시하는 한편 사업자 및 사업자단체로 하여금 사용토록 권장하게 된다. 하지만 업계에서 채택되고 공정거래위원회의 승인을 받았다는 점이 당해 표준약관에 법적 강제력까지 부여하는 것은 아니며, 해당 업계의 사업자라도 이를 사용하지 않을 자유가 있다.

(3) 승인된 표준약관의 효력

전술한 바와 같이 공정거래위원회는 표준약관을 승인했다고 해서 당해 표준약관의 채택을 강제로 명할 수 없다. 이 점에서 승인받은 표준약관은 명령이 아닌 일종의 행정지도나 지침의 성격을 가지는 데 그친다. 단, 공정거래위원회로부터 표준약관의 사용을 권장받은 사업자 및 사업자단체는 표준약관과 다른 약관을 사용하는 경우에 표준약관과 다르게 정한 주요내용을 고객이 알기 쉽게 표시하여야 한다. 또한 공정거래위원회는 표준약관의 사용을 활성화하기 위하여 표준약관표지를 정할 수 있으며, 사업자 및 사업자단체는 표준약관을 사용하는 경우 공정거래위원회가 고시하는 바에 따라 표준약관표지를 사용할 수 있다. 아울러 사업자 등은 표준약관과 다른 내용을 약관으로 사용하는 경우 표준약관표지를 사용하여서는 아니 된다. 만일 사업자 등이 표준약관과 다른 내용의 약관을 채용하면서 공정거래위원회 지정 표준약관표지를 사용하는 경우에는 표준약관의 내용보다 고객에게 더 불리한 약관의 내용은 무효가 된다.

요컨대 표준약관의 사용을 강제하지는 못하지만 표준약관이 가지는 공신력에 편승하는 사업자의 행위에 대해서는 매우 엄격한 태도를 견지하고 있다.

2. 표준약관 관련 공정거래위원회 행위의 법저 성격

현행 약관규제법은, 사업자들이 표준약관을 사용하기를 바라는 차원에서 공정거래위원회가 취하는 행위를 "권장"이라는 용어로 표현하고 있다. 대법원은 이 "권장"행위의 실질에 주목하여, 공정위 권장 표준약관을 사업자들이 따르지 않을 경우 사업자가 일정한 의무를 이행해야 하며 의무위반 시 제재금이 부과된다는 점을 근거로 그 행위를 처분으로 보았다.[15] 반면, 공정거래위원회가 표준약관의 사용을 권장하지는 않

15_ 대법원 2010.10.14. 선고 2008두23184 판결. 이 사건에서 대법원은 공정거래위원회의 '표준약관 사용권장행위'의 처분성 근거를, 현행 약관규제법 규정 자체가 사용권장 통지를 받은 해당 사업자 등에게 표준약관과 다른 약관을 사용할 경우 표준약관과 다르게 정한 주요내용을 고객이 알기 쉽게 표시하여야 할 의무를 부과하고, 그 불이행에 대해서는 과태료에 처하도록 되어 있다는 점을 들고 있는 데 반해, 원심에서는 현행 약관규제법 규정 외에 공정거래위원회가 사용권장하면서 해당 규정을 통보한 점도 감안하였다고 판시했다. 현행법이 공정위의 표준약관 사용권장행위의 효력에 대해 명확히 규정하고 있는 점에 비추어, 굳이 공정위가 해당 규정을 통보하지 않더라도 사용권장행위만으로 처분성을 충족한다고 보는 것이 타당할 것이다. 다만, 공정위 실무상으로는 사업자들에 대하여 사용권장대상이 되는 표준약관의 불채용 시에 적용받게 되는 불이익 관련 규정을 함께 통보하는 것이 통상적인 관행인 것으로 보인다.

고 단순히 표준약관을 개정키로 하는 의결 자체는 공정위 내부의 의사 결정에 불과할 뿐 항고소송의 대상이 되는 행정처분이라고 볼 수 없다고 판시하였다.

대법원의 판시를 통해서 표준약관 관련 처분성에 관련한 몇 가지 판단의 단초도 엿볼 수 있다. 주지하다시피, 행정소송법상 항고소송의 대상이 되는 행정청의 처분이라 함은 행정청의 공법상의 행위로서 특정사항에 대하여 법규에 의한 권리의 설정 또는 의무의 부담을 명하거나 기타 법률상 효과를 발생하게 하는 등 국민의 권리의무에 직접 관계가 있는 행위를 말한다.[16] 표준약관과 관련하여 대법원은 사용권장행위에 대한 처분성만을 확인하고 있지만, 현행 규정상 공정거래위원회가 표준약관과 관련하여 수행하는 행위들의 처분성 여부를 나름 가려볼 수 있다.

먼저, 현행 약관규제법 제19조의3에 의할 때, 표준약관과 관련한 공정위의 개입은 1〉 사업자들 및 사업자단체가 마련한 표준약관을 심사하는 행위, 2〉 사업자 및 사업자단체에 대해 표준약관을 마련하여 심사청구할 것을 권고하는 행위, 3〉 공정위가 직접 표준약관을 작성하여 의결하는 행위, 4〉 심사하거나 마련한 약관을 공시하는 행위, 5〉 심사하거나 마련한 약관을 사업자 및 사업자단체에 대해 권장하는 행위, 6〉 표준약관 표지를 정하는 행위 등으로 나누어 볼 수 있다.

이 가운데, 1〉 법 위반 여부에 대한 심사는 법률상 효과를 발생하게 함으로써, 권리의무에 직접적인 영향을 미치므로 일단 '처분'행위로 인정할 수 있겠다. 즉, 사업자 측의 표준약관안을 공정위가 심사한 후에 법에 위반된다는 판단을 내린 경우 사업자는 이 심사결과에 대해 취소소송을 제기함을 통해 자신의 표준약관안을 관철시킬 수단을 갖는다고 할 수 있다.

반면, 2〉의 심사청구 권고행위는 권고에 따르지 않을 경우, 이에 대해 직접 제재할 방법이 없으며, 다만 3〉이나 4〉의 경우처럼 직접 공정위가

16_ 대법원 1993.9.24. 선고 93누11999판결 등 참조.

표준약관을 마련하여 사용권장하는 조치를 취할 수 있을 뿐이다. 따라서 2)의 권고행위를 받았다고 해서 권고를 취소하라는 소송의 제기는 가능하지 않다고 보아야 할 것이다.

다음으로, 3) 공정위 작성 표준약관의 의결행위는 공정위 내부의 의사결정으로서 처분에 해당하지 않는다. 이 점은 2010년 대법원 판결을 통해서도 확인되었다.

한편, 4)의 표준약관 공시행위 자체에 처분성을 인정할 수 있는지에 대해서는 법의 기술방식상 다소 애매한 점이 있다. 약관규제법 제19조의3 제5항에서는 "공정거래위원회는 제1항 또는 제4항에 따라 심사하거나 마련한 약관("표준약관")을 공시(公示)하고 사업자 및 사업자단체에 표준약관을 사용할 것을 권장할 수 있다"고 함으로써, 공시행위와 사용권장행위를 함께 열거하고 있기 때문이다. 요컨대 공시행위와 사용권장행위가 병렬적으로 열거되어 있는 독립된 권한인지, 순차적으로 이루어져야 하는 일종의 조합적 권한인지가 문제될 수 있는데, 실무상 공시만 하고 사용권장행위를 하지 않는 경우가 있다면 구분된 독립적 행위로 보아야 할 것이다. 더욱이 후속 규정에서 사용권장행위의 효력에 대해서만 규율하고 있는 반면, 공시행위에 따른 효력은 별도로 두고 있지 않다는 점에서 양자는 구별되는 독립요소로 보는 것이 타당할 것으로 판단된다. 그렇다면 공시행위 자체도 사업자에 대한 의무이행 및 제재금부과를 수반하지 않는 만큼 처분성은 인정하기 어려울 것이다.

5)의 행위에 대한 처분성 역시 2010년 대법원 판결을 통해서도 확인되었다.

끝으로, 6)의 표지를 정하는 행위 자체는 공정위 내부의 의사결정행위이므로 처분성이 인정되지 않는 것으로 판단된다. 비록 약관규제법 제19조의3 제8항과 9항에서 "사업자 및 사업자단체는 표준약관과 다른 내용을 약관으로 사용하는 경우 표준약관 표지를 사용하여서는 아니"되며, "사업자 및 사업자단체가 제8항을 위반하여 표준약관 표지를 사용하는 경우 표준약관의 내용보다 고객에게 더 불리한 약관의 내용은 무효로 한다"고 정하고 있다는 점에서 일정한 법률상 효과를 발생하게 하는 것으로 볼 수는 있으나, 표준약관 표지 제정 자체로 인한 것이 아니라 사업자의 행위를 요건으로 하는 것인 만큼, 국민의 권리의무와 직접 관련성을 가지는 것은 아니라고 보기 때문이다. 이를 정리하면 다음과 같다.

○ 사업자 및 사업자단체가 마련한 표준약관의 심사 → 행정처분 (해석)

○ 표준약관 심사청구의 권고행위 → 처분 아님(해석)

○ 표준약관의 공시행위 → 처분 아님 (해석)

○ 공정위가 직권으로 마련한 표준약관의 의결행위 → 처분 아님 (판례)

○ 사업자 등에 의해 혹은 공정위 직권에 의해 마련된 표준약관을 사업자 또는 사업자단체에 대해 사용토록 권장하는 행위 → 행정처분 (판례)

○ 표준약관 표지를 정하는 행위 → 처분 아님 (해석)

3. 표준약관 심사청구의 권고요건(제19조의3 제3항)

제19조의3 제3항에서 정한 공정거래위원회의 심사청구 권고행위는 법 형식만 놓고 볼 때, 1) "일정한 거래 분야에서 여러 고객에게 피해가 발생하는 경우(동항 제2호)"는 피해 발생 상황을 조사하여 약관이 없거나 불공정약관조항이 있어야 하지만, 소비자단체 등의 요청이 있을 때(동항 제1호)에는 약관 자체의 존재 내지 불공정약관조항의 존재 여부에 관계없이 표준약관 심사청구를 권고할 수 있는 것처럼 일견 읽혀진다. 하지만, 대법원은 두 경우 모두 약관이 부존재하거나 존재하더라도 불공정약관조항이 있는 경우에 한해 심사청구를 권고할 수 있다고 해석하고 있다. 즉, 소비자단체 등에서 공정위에 개선을 요청한 경우에도 당해 거래분야에 공정한 약관이 운용되고 있는 경우에는 사업자 및 사업자단체에 대해 표준약관을 별도로 마련하여 공정위에 심사청구하라는 권고를 할 수 없다는 것이다.

단, 업계에서 사업자들이 개별적으로 약관을 마련하여 사용하고 있는 경우 그 약관들이 모두 불공정한 조항을 담고 있어야 하는 것은 아니며, 그중 일부만이 불공정한 약관을 사용하고 있는 경우에도 표준약관의 심사청구를 권고할 수 있는 것으로 해석된다. 문제는 이 때문에 현재 전혀 불공정한 조항이 들어 있지 않은 약관을 사용해 오던 사업자의 경우도 심사청구를 받게 되고, 종국적으로는 처분에 해당하는 사용권장까지 받게 될 수 있다는 점이다. 그 결과 서로 다른 거래조건으로 경쟁하던 사업자들이 표준약관을 통해 거래조건을 동일하게 수렴하게 되는, 즉 카르텔과 유사한 결과가 나타날 수 있다. 이 점은 뒤에서 다시 언급하기로 한다.

요컨대 공정거래위원회가 사업자 및 사업자단체에게 표준약관의 심사청구를 권고하기 위해서는, 1) ⓐ 소비자단체 등의 요청이 있거나, ⓑ 다수의 고객에게 피해가 발생한 경우일 것; 2) ⓐ 약관이 존재하지 않거나, ⓑ 약관이 존재하더라도 불공정약관조항이 있을 것이 요구된다. 즉, 1)과 2)는 누적요건으로서 모두 충족이 되어야 하지만, 1)과 2)에 각각 속한 ⓐ와 ⓑ는 어느 하나만 충족되면 족하다고 할 수 있다.

그런데 1)과 2)의 어느 경우에 속하든 약관이 부존재할 경우에는 공정위가 심사청구를 권고할 수 있다는 점이 비교적 명확하지만, 약관조항의 불공정을 이유로 심사청구를 할 경우에는 당해 약관조항의 불공정성이 최종적으로 확정되어야만 공정위의 심사청구 권고의 유효성이 비로소 명확해지게 되며, 이때의 심사청구 권고행위는 앞서 본 바와 같이 처분으로 보기 어렵다는 점에 주목할 필요가 있다.

즉, 현실적으로는 공정거래위원회가 판단하기에 특정 분야의 거래에서 불공정한 약관조항이 활용되고 있다면, 공정위는 언제든 심사청구를 권고할 수 있는 것이고, 이때의 심사청구는 처분도 아니기 때문에 심사청구 권고 자체의 취소를 소송으로 제기할 수도 없다. 단, 당해 약관조항이 법원을 통해 불공정한 것으로 확인된다면 심사청구 요청을 기점으로 한 표준약관 사용권장도 위법한 것으로 판명될 수는 있을 것이다. 결국, 약관조항의 불공정을 이유로 한 공정거래위원회의 심사청구 권고행위는 사실상 제한을 받지 않게 될 것으로 보인다.

4. 표준약관 조항에 대한 불공정성 판단의 요건 및 기준

한편, 제19조의3 제3항에서 규정한 불공정 약관조항에 해당하는지 여부를 심사할 때에는 문제되는 조항만을 따로 떼어서 볼 것이 아니라 전체 약관내용을 종합적으로 고찰한 후에 판단하여야 하며, 그 약관이 시용되는 거래분야의 통상적인 거래관행, 거래대상인 상품이나 용역의 특성 등을 함께 고려하여 판단하여야 한다. 그 결과 비록 약관 조항 자체에서 고객의 선택권이 보장되어 있더라도, 그 약관이 적용되고 있는 거래관행에 대해 충분히 검토하지 않은 채 약관의 공정성 여부에 대한 결론을 내렸다면, 약관조항의 불공정성 판단에 관한 법리를 오해한 것으로서 위법한 것으로 볼 수 있다.

개별 약관조항의 불공정성 특히 고객에게 부당하게 불리한지를 판단함에 있어서 전체 약관내용의 종합적 고찰이 필요하며, 특정조항이 고객에게 불이익하더라도 다른 조항에서 그에 따른 이익이 부여되고 있으면 부당하게 불리한 조항이라고 볼 수 없다.[17]

반면 제19조의3 제3항에서 규정한 불공정 약관조항에 해당하는지 여부를 심사함에 있어서는 약관조항들의 전체적 조망 이외에, 거래현실 속에 자리 잡고 있는 통상적인 거래관행이나 거래대상인 상품이나 용역의 특성 등을 함께 고려하여 판단해야 한다고 판시한 점은 이번 판결의 가장 큰 특징이자 의미라 할 수 있다. 통상적으로 공정위의 약관심사는 구체적인 계약관계를 전제하지 않고, 오로지 약관조항 자체의 불공정성을 추상적·객관적 관점에서 심사하여 그 효력 유무를 결정하게 된다고 보아 왔다. 반면 대법원은 이런 기조에서 다소 이탈하여 약관조항은 물

17_ 사법연수원, 「약관규제 및 소비자보호연구」, 2005, 37면.

론이고 해당 조항을 둘러싼 구체적 정황을 고려한 후 불공정성 여부를 최종 판단해야 한다는 입장을 취함으로써, 추상적 내용통제로 행해지는 약관의 불공정성 심사 시 구체적 거래관행을 고려하여 판단한다는 것으로서 소비자보호적 측면에서 진일보한 해석을 하고 있다.[18]

처음 작성 당시에는 약관조항으로 인한 문제가 없었으나, 이후 거래관행이 쌓이면서 약관조항을 통해 불공정한 결과가 초래되는 경우가 있을 수 있으며, 이런 경우에 당해 약관조항의 불공정여부의 판단에서 거래관행을 고려할 수 있다. 특히나 약관관련 거래에 있어 소비자로부터 아무런 이의제기나 불만이 없는 상황, 예컨대 거래관행이 아직 형성되어 있지 않은 경우에는 거래관행을 고려하여 판단하는 것이 가능하지 않으므로, 통상적인 불공정약관의 판단 시 적용되는 일반적, 추상적인 기준을 채용할 수밖에 없을 것으로 보인다. 아울러 거래관행에 대한 입증은 누가해야 할 것인지도 생각해 볼 문제인데, 일견 불공정성을 주장하는 공정거래위원회에 입증책임이 있는 것으로 생각된다.

5. 법리적 쟁점의 소재

공정거래위원회가 표준약관의 활용을 권고하고 나아가 직접 작성하는 적극적 태도는 표준약관의 보급 및 그로 인한 소비자피해 방지에 매우 중요한 역할을 했으며 약관을 통한 거래의 공정화에도 기여한 부분이 적지 않음은 전술한 바와 같다. 다만, 표준약관의 효용에 대한 기대에 앞서 몇 가지 짚어 볼 문제들이 있다.

무엇보다 행정청이 민간업계의 표준약관 보급 및 확산에 적극적으로 개입하는 것의 타당성 여부를 재고할 필요가 있다. 계약의 초안이라는 표준약관의 성격에 비추어 보았을 때 사적자치의 본질을 침해할 수도 있는 부분이 있기 때문이다. 물론 현대 약관거래에서 사적자치가 무한

18_ 대법원 2010.10.14. 선고 2008두23184 판결.

정 인정될 수 있는 것이 아님은 이론의 여지가 없지만 약관의 내용이 신의칙에 반하는 불공정한 것이 아닌 한 구체적인 조건을 설정할 수 있는 권리는 여전히 작성자에게 부여되어 있다고 보아야 한다. 따라서 사업자들의 입장에서 자신이 임의로 작성한 것이 아닌 제3자인 국가가 작성한 약관을 사실상 강요당할 수 있는 현실은 사적자치의 소극적 제한이 아닌 적극적 침해로 볼 여지가 없지 않다는 점이다. 구체적인 논거는 후술하기로 한다.

또 하나는 소비자보호 측면에서도 표준약관이 완결적인 것이 될 수 없다는 점이다. 표준적 약관조항은 사업자 간 경쟁을 경직시키는 결과를 야기할 수 있기 때문이다. 약관 역시 거래조건에 관한 경쟁의 일환으로 활용되어야 하는 것이 원칙인데 업계에서 공통적으로 표준약관을 사용하게 되면 사업자 사이에 약관에 관한 경쟁이 제한되고 따라서 소비자가 보다 유리한 약관을 적용받을 가능성이 차단될 수 있다는 문제이다. 그런 점에서 경쟁당국으로서 공정거래위원회의 역할을 다시 생각해 볼 필요가 있다.

제도의 한계에 대한 분석과 이해, 그리고 제도운영방향에 대한 새로운 설정이 필요하다고 보는 이유이다. 구체적인 방향설정을 논하기에 앞서 우리식의 표준약관제도를 시행하고 있는 국가들의 유사제도를 살펴보고 시사점을 구해 보기로 한다.

IV. 표준약관제도의 운용사례 비교 분석

1. 개 관

우리 약관의 규제에 관한 법률은 비교입법례에 비추어 표준약관제도를 명시적으로 규정하고 있는 사실상의 유일한 규범이라고 부를 수 있다. 현재는 물론 과거에도 우리식의 표준약관과 개념적으로 일치하는 제도를 운용하면서도 이를 법제화한 사례를 찾아내기는 쉽지 않다. 소비자보호에 관련된 다수의 성문법을 보유하고 있는 미국에서도 표준약관의 활용을 염두에 둔 입법은 이루어지지 않았으며, 지난 2000년에 민사특별법적 성격의 소비자계약법을 입법한 일본에서도 약관의 규제는 여전히 개별약관에 대한 사후적[19] 수단에 일임시키고 있을 뿐 작성단계에서의 개입근거는 두고 있지 않다. 1993년 이래 「소비자계약서에 있어서 불공정한 약관조항에 대한 지침」을 제정·운용해 오고 있는 유럽연합 역시도 동 지침에서 표준약관에 관한 규정은 마련되어 있지 않다. 그나마 우리 법제와 비교대상으로 삼을 만하다거나 비교법적 근거로 거론할 만한 법역으로는 영국과 독일 정도가 아닐까 생각된다.

2. 영국의 소비자규약승인제도(Consumer Code Approval Scheme)

영국의 경우 표준약관에 유사한 '소비자규약승인제도(Consumer Code Approval Scheme: CCAS)'를 운영해 오고 있다. 이 제도는 구 공정거래청(OFT: Office of Fair Trading)에 의해 시행해 오다가 2013년 4월 1일 자로 거래표준협회(TSI: Trading Standard Institute) 산하의 소비자규약승인위원회(CCAB: Consumer Code Approval Board)로 승인권이 이전되어 현재에 이르고 있다. 주로 경쟁당국이 '소비자규약'(Consumer Code of Practice)[20]의 작성을 권장하고 교섭을 통해 그 내용을 확정하고 승인하는 방식이다. 여기서 소비자규약은 사업자들이 고객서비스기준을 제고하기 위한 목적

19_ 여기서 말하는 사후적이란, 개별약관이 작성된 이후에 그 내용의 불공정성을 비로소 문제 삼는 방식이란 의미이며, 불공정성이 문제되고 난 후에 구제수단을 발동할 수 있다는 의미에서 통상적으로 사용되는 사후적 제재(ex post remedies)를 말하는 것은 아니다.

20_ 여기서 '소비자규약'이란 사업자들이 고객서비스기준을 제고하기 위한 목적에서 자율적으로 준수키로 합의한 일련의 약속을 의미하는데, 행정기관인 OFT가 규약의 내용에 관한 핵심적 기준을 제시하고 이를 준수한 경우에 승인을 해 준다는 점에서 우리 표준약관제도와 흡사한 것으로 볼 수 있다.

에서 자율적으로 준수키로 합의한 일련의 약속을 의미하는데, 공공기관인 TSI가 규약의 내용에 관한 핵심적 기준을 제시하고 이를 준수한 경우에 승인을 해 준다는 점에서 우리 표준약관제도와 매우 유사하다. 승인을 얻은 규약을 사용하는 사업자들은 TSI가 제작한 소비자규약 로고를 사용할 수 있는 권리가 부여되며 이를 통해 소비자들은 거래에 대한 신뢰를 가지게 되어 소비자보호 및 사업자와의 분쟁예방을 도모한다는 점도 표준약관의 경우와 다르지 않다.[21] 이런 규약은 영국 내에서 다수분야에 적용되는 것으로 알려지는데 일부 전문가지역에서의 행위규약(the codes of conduct)이 강제적인 구속력을 가지고 회원에게 이행의무를 부과하는 것과는 달리, 동 소비자규약의 경우는 TSI의 권고사항일 뿐 사업자가 이를 작성하거나 채택해야 할 법적인 의무가 없다. 한편 규약은 사업자와 소비자 간의 거래에 대해서만 활용되며, 사업자 간의 거래규약은 승인대상이 아니다.[22] 다만, 법률상 규약의 승인에 관한 명확한 근거는 발견되지 않는다.

승인신청절차는 규약보증인(code sponsor)을 먼저 선임하는 것으로부터 시작된다. 규약보증인은 업계의 자율적인 규약을 관리하는 역할을 담당하게 되며 대개는 사업자단체가 이 역할을 맡게 된다. 이후의 승인절차는 크게 두 단계로 나뉜다. 첫 번째 단계는 규약보증인이 규약안을 TSI에 제출하면서 동 규약안이 TSI가 제시한 핵심기준(core criteria)을 충족할 것임을 확인한다. 이때 작성한 규약안은 일반인이 쉽게 알 수 있도록 평이한 영어로 작성되어야 한다. 두 번째 단계는 규약안이 첫 번째 단계에서 확약한 바를 충실히 이행하고 있다는 점을 입증하여야 한다.

사업자가 작성한 소비자규약이 CCAS의 승인을 받기 위한 관건은 역시 TSI가 제시한 핵심기준을 충족하는지라 할 수 있다. 핵심기준에서 제시하고 있는 고객서비스의 수준은 법률에서 요구하는 것에 비해 높다.

21_ Office of Fair Trading, Give your business the edge—Consumer Codes Approval Scheme, 2007.2, p.2.

22_ *Ibid.*

그 내용은 규약이 고객들에게 거래대상 상품 및 용역에 관한 적정한 정보를 제공해야 하며, 명확하고 공정한 계약을 사용해야 하고, 고객불만에 대해 고객친화적이면서 신속한 절차를 마련해야 하고, 고객불만이 만족스럽게 해결되지 못할 경우에는 저렴한 비용으로 별도의 배상이 이루어져야 한다는 것 등이다.[23]

3. 독일의 표준약관(Standardsgeschaeftsbedingung)제도

독일 역시 우리식의 표준약관과 유사한 제도가 보통거래약관규제법(AGB-Gesetz) 시대부터 비교적 활발히 운용되어 왔고, 최근에는 금융업, 서비스업, 상공업, 교통, 임대차 등 다양한 분야에 걸쳐 보급이 활발히 이루어지고 있다. 하지만 표준약관(Standardsgeschäftsbedingung)이란 용어나 그 제도 자체가 독일 법제상 약관관련 규범[24]에 명시적으로 천명되어 있지는 않다. 그 대신 「경쟁제한금지법」(Gesetz gegen Wettbewerbsbeschränkungen; 이하, GWB)의 규정해석을 통하여 우리식의 표준약관에 유사한 형태로서, 경제영역 주체들간의 다양한 거래관계에 대한 통일적 규율관련 협정이 마련되어 채택되어 왔다. 요컨대 표준약관의 법적 근거로는 GWB를 들 수 있는데 동법 제22조가 그와 관련된 규정이라고 하겠다.

제22조는 제3항 2호에서 "일반적 거래조건, 인도조건 및 지급조건의 통일적 적용만을 대상으로 하는, 경제단체와 직능단체의 권고는 금지되지 않는다"고 규정하고 있다. 이에 따라 사업자단체 등이 자율적으로 업계의 통일적 거래조건을 내용으로 한 표준약관을 작성하여 소비자 분쟁의 해결 및 공신력제고수단으로 활용해 오고 있는 것이다. 하지만 GWB에서 이런 형태의 표준약관에 대한 연방카르텔청의 역할을 언급하고 있

23_ 이에 관해서는 영국 TSI(Trading Standards Institute)가 작성한 Consumer Codes Approval Scheme — Core criteria and guidance에서 상세한 내용을 살펴볼 수 있다.

24_ 주지하다시피, 독일은 1976년부터 「보통거래약관규제법」을 운용해 오다가, 지난 2002년 1월 발표된 「채권현대화법」 제6조에 의해 이를 폐지하는 대신, 민법전인 BGB 제2편 채권관계법 제2장에 편입하는 변혁적 조치가 이루어진 바가 있다.

지는 않다. 특히 사업자단체가 표준약관을 작성하여 연방카르텔청에 심사를 청구하거나 이를 연방카르텔청이 심사하여 승인할 것인지에 관해서는 규정이 마련되어 있지 않다. 하지만 현실적으로 GWB상 카르텔 금지규정의 위반여부를 감시하는 차원에서[25] 사전적·예방적 규제가 이루어지고 있고 사업자도 표준약관의 등록에 앞서 비공식의 사전심사를 신청하는 것이 일반적인 것으로 알려진다.[26] 이 과정에서 GWB 제9조의 절차가 준용되기도 한다.

우선 GWB 제2조에서는 "단순히 규격이나 유형의 통일적 적용만을 대상으로 하는 협정이나 결의"(제1항)나 "가격이나 가격구성부분에 관련되지 않는 일반적인 거래조건, 배달조건, 지불조건의 통일적인 적용만을 대상으로 하는 협정이나 결의"(2항)는 금지되지 않을 수 있음을 명시하는 한편, 이러한 협정이나 결의는 동법 제9조에 규정된 바에 따라 연방카르텔청에 신고토록 하고 있다. 아울러 신고를 할 때는 합리화단체의 의견이나 공급자 및 수요자의 의견을 첨부할 것이 요구된다. 이 절차는 표준약관의 경우에도 적용되어 카르텔청과 사업자단체 간의 지속적인 협의를 거치면서 규약안의 내용조정과정을 거치게 된다. 아울러 약관에 의해 계약을 체결하게 되는 상대방의 의견서를 첨부하도록 되어 있는데, 이 과정에서 소비자단체의 의견이 반영된다. 한편 카르텔청에 신고·등록된 표준약관이라고 하더라도 그것의 유무효를 다시 사법심사 대상으로 삼는 것은 가능하며, 그 결과 법원에 의해 무효 또는 사용금지명령을 부과받는 표준약관도 발생할 수 있다.[27]

한편 동조 제6항에서는 약관이 작성되어 카르텔청에 표준약관으로 등록을 한 후에도 카르텔청으로부터 사후적으로 지속적인 관리·감독을

25_ 2002년 이전에 독일의 보통거래약관규제법이 시행되던 시기에는 동법의 위반여부도 함께 심사대상이 되었다.

26_ 윤용석 외, 「약관심사제도 발전방향 연구」(공정거래위원회 연구용역 보고서), 2007. 9, 67면.

27_ 실제 여행분야 표준약관으로서 연방카르텔청에 등록된 조항이 이후 법원에 의하여 무효로 판결된 경우도 발견된다. 이은영, 「약관규제법」, 박영사, 1994, 696면 참조.

받게 된다. 만일 카르텔청의 감독 결과 당해 표준약관이 동조 제2항 및 제3항의 요건을 충족하지 않거나 표준약관의 금지제외가 남용을 의미하는 때에는 당해 표준약관을 부적법한 것으로 선언하여 효력을 상실시킬 수 있으며, 동종의 유사한 표준약관에 대해서도 금지시킬 수 있도록 하고 있다.

4. 정리와 시사점

우리식의 표준약관과 유사한 제도를 운영해 오고 있는 두 나라의 제도에서는 몇 가지 공통점과 함께 주목할 만한 차이점들이 목격된다. 공통적으로 확인할 수 있는 것은 표준약관은 어디까지나 사업자들의 자율적·강제적 판단에 따라 활용할 것인지를 결정토록 한다는 것이고, 사업자가 표준약관을 채용하지 않는다고 해서 불이익을 주거나 강제할 수는 없다는 점이다. 또한 표준약관 작성과정에 이해당사자들과의 협의 및 자문절차를 거치도록 하고 있다는 점도 공통된다. 객관성과 합리성을 유지하기 위한 취지라 할 수 있으며, 이상의 점에서는 우리나라의 표준약관제도와 크게 다르지 않다. 반면 경쟁당국이 직접 표준약관을 작성하는 예는 찾아볼 수 없다.

한편 두 나라의 운영방식 간에는 차이점이랄지 특이성이 발견된다. 영국의 표준약관제도 즉 소비자규약승인제도에는 규약보증인이라는 독특한 제도가 눈에 띈다. 경쟁당국의 역할도 상대적으로 적극적인 편이지만, 승인절차를 경쟁당국(구 OFT)에서 공공기관(TSI)으로 이전하였으며, 업계 내에 규약보증인을 선임토록 함으로써 표준약관의 작성부터 집행, 관리에 이르기 까지 사실상의 구속력과 집행력을 부여하고 있다는 점이 특징이다. 한편 영국은 공공기관이 소비자규약 로고를 부여하고 있는 점이 흡사 우리 공정거래위원회의 표준약관 표지와 유사하지만 로고 사용과 관련하여 약관규제법이 규정한 엄격한 입장은 아니며, 로고의 사용에 대한 기본적인 가이드라인만을 제시하는 데 불과하다. 더욱이 법에 명확한 근거는 발견되지 않으며 실무차원에서 운용하는 것으로 보인다. 한편 소비자규약제도 전반에 관한 가이드라인을 마련하고 수시로 개정하는 한편 사업자가 소비자규약을 작성할 때 준수해야 하는 핵심적 기준들을 제시하여 지침으로 활용하고 있다. 소비자규약이 사업자 간에는 활용되지 않는다는 점도 우리와 다른 점이다.

독일의 표준약관제도의 특징은 경쟁법의 간접적 규정, 즉 카르텔의 적용제외 규정을 토대로 표준약관을 운영하고 있다는 점에서 비롯된다. 즉 표준약관에 대한 카르텔청의 관심은 경쟁제한 가능성 여부에 있으며, 제도의 표면에 소비자보호를 위한 목적이 공개적으로 드러나 있지는 않다. 그 결과 사업자들이 일부 거래조건을 통일적으로 운영한다는 목적으로 작성한 표준약관이 과연 카르텔에 해당하는지 혹은 카르텔의 예외를 인정해도 무방한지가 승인여부의 관건이 된다. 표준약관이 카르텔의 수단으로 활용된다고 인정할 만한 사유가 발생하면 언제든 카르텔청이 이를 무효화시킬 수 있도록 하고 있다. 결국 우리 공정거래위원회의 접근방식에 비해 다분히 소극적인 편이라 할 수 있으며, 그 점에서 독일의 사례는 표준약관의 법제적 정당화 근거로서보다는 오히려 운용상의 한계와 관련하여 주목할 만한 시사점을 제시해 주고 있다.

V. 현행법상 표준약관 제도의 법리적 맹점

1. 사적자치 원칙과의 충돌가능성

현행 약관규제법은 약관의 공정성을 작성단계에서의 자유보다 중요시하여 공정하지 않은 약관조항은 무효로 봄으로써 사적자치의 원칙에 대하여 일종의 제한을 가하고 있다. 이때의 공정성은 동법 제6조 이하에서 규정하는바 '신의성실의 원칙'(혹은 信義則)이나 민법상의 임의규정들이 그 기준으로 설정되어 있다. 이를 반대해석하면 신의성실의 원칙을 준수하는 한 적어도 내용상의 이유로 약관이 무효가 되지는 않는다는 의미가 되고, 이 영역에서 사적자치의 원칙은 여전히 작동되어야 한다. 따라서 신의칙을 벗어나지 않는 약관조항은 규제의 대상이 되지 아니한다. 표준약관의 유효성통제 기준도 결국은 신의칙이라는 점에 의문이 없다. 문제는 이 신의칙이라는 것이 추상적인 기준이어서 실제 표준약관의 내용은 사후적인 신의칙 위반 판단보다는 더 엄격한, 즉 소비자보호에 더 가까운 방향으로 작성될 가능성이 크다는 점이다. 물론 이를 사업자가 자발적으로 작성하여 운영한다면 굳이 문제 삼을 필요는 없겠지만 제3자에 의해 주도되거나 작성되는 표준약관이라면 의미가 다를 수밖에 없다.

현행법상 표준약관의 작성루트는 비교적 다양하게 설정되어 있다. 앞서 살펴보았듯이 기본적으로는 사업자단체가 표준약관을 작성하여 공정거래위원회의 승인을 받는 방식이나, 한국소비자원 또는 소비자단체가 공정위에 대해 표준약관의 제정을 요청할 수도 있다. 특히 2004년부터는 소비자 피해가 많이 발생하는 분야에 약관이 없거나 불공정한 약관이 사용되는데도 사업자들이 공정거래위원회의 표준약관 제정 권고를 거부하면 공정거래위원회가 직접 표준약관을 제정할 수 있게 되었다. 어떤 경로로 작성되든 모두 표준약관 표지를 사용하게 되는데, 약관에 포함되는 내용은 작성주체에 따라, 즉 누가 주도한 것인지에 따라 달라질 수 있다. 예컨대 사업자단체가 마련한 표준약관에는 불공정성 논란을 차단하기 위한 목적과 아울러 최소한의 영업상 이익을 보장받기 위한 내용을 중심으로 편성할 유인이 존재하는 소비자단체나 공정거래위원회 주도로 약관이 작성될 때에는 소비자의 피해의 방지라는 소극적 차원을 넘어 적극적인 이익관철을 우선적으로 고려할 가능성을 배제할 수 없다.

그 결과 소비자단체 등의 요청에 따르거나 공정거래위원회가 직접 작성한 표준약관의 경우는 신의칙보다 좁은 기준이 적용될 가능성도 없지 않다고 보여진다. 이는 곧 사업자로 하여금 법에서 정한 기준보다 더 엄격한 거래조건을 요구하는 결과가 될 수 있다. 자칫 개별약관의 불공정성은 이미 약관규제법의 틀 내에서 규제 및 제재의 수단이 확보되어 있는데, 이에 더하여 표준약관을 적용받음으로써 극단적으로는 약관내용 결정의 자유를 제한받고 사적자치의 여지가 줄어들 수 있다.

실제 사례의 발생 여부를 떠나 표준약관제도의 법리적 정당성을 약화시키는 요인으로 작용할 가능성이 없지 않다. 개별약정이 약관규제법에도 위배되지도 않는데 표준약관을 사용하지 않는다고 해서 그 자체로 사실상의 부담을 안게 된다면 문제가 있다. 일부 업종에서 사업자들이 표준약관을 외면하여 사용률이 현저히 저하되는 이유 가운데는 이들 표준약관이 사업자의 입장에서 부담스런 거래조건을 담고 있기 때문이라는 추측도 해 볼 수 있다.[28]

더욱이 현행 약관규제법은 표준약관이 마련된 업종에서 사업자들이 표준약관과 다른 약관을 사용하는 경우에는 다르게 정한 주요내용을 고객이 알기 쉽도록 표시하여야 하며, 표준약관표지를 사용하면서 표준약관의 내용보다 고객에게 더 불리한 약관의 내용은 무효로 하고 있다. 공정위가 승인한 표준약관에 사실상의 규범적 성격과 구속력을 부여한 것으로 볼 수 있다. 따라서 표준약관이 광범위하게 보급될수록 소비자보호 측면에서는 긍정적인 결과가 기대될 수 있더라도, 그것은 사업자들이 자발적으로 작성하는 방식을 통해서만 관철되는 편이 바람직하다. 표준약관이 자칫 법에서 인정하는 사적자치의 본령을 침해할 가능성이 있으며, 표준적 조건을 설정한 약관이라기보다는 이상적 기준을 제시한 약관으로 변질될 개연성을 내포하고 있기 때문이다.

2. 경쟁사업자 간 거래조건의 획일화 가능성

표준약관은 동종업계의 거래조건을 동일하게 유지시키는 결과를 낳

28_ 공정거래위원회, 「2006년판 공정거래백서」, 공정거래위원회, 2006.10, 356면.

을 가능성도 내포하고 있다. 사업자들이 표준약관을 작성하여 운영하는 동기 가운데는 동종거래에서 다른 사업자와 거래조건상의 보조를 같이 하려는 목적도 적지 않은 까닭에 소비자들에게 더 유리한 거래조건을 제시할 수 있음에도 불구하고 표준약관을 통해 오히려 거래조건의 경쟁을 제한하는 상황도 예상해 볼 수 있다. 이 경우 극단적으로는 일종의 거래조건 카르텔로서의 표준약관으로 변질될 가능성을 배제할 수 없게 된다.

[그림] 약관의 공정성과 불공정성

[구분] A: 표준약관 영역, B: 신의칙에 위배되지 않는 영역, C: 불공정한 영역
　　　약관: ㉠, ㉡, ㉢, ㉣, ㉤

　　요컨대, 위 그림에서 확인되듯이, 불공정성을 가까스로 면하는 수준의 약관조항을 가지고 표준약관을 만들었다면 이는 약관규제법에 위배되지 않는 개별약관을 통해 사업자들이 경쟁할 수 있는 가능성을 차단하는 것이 되고, 반대로 약관규제법보다 훨씬 더 소비자보호적인 색채

가 강한 표준약관을 만들게 되면, 약관규제법의 효용을 축소시키고 사적자치를 훼손할 수도 있게 되는 문제가 발생하고 만다. 표준약관 운용상의 딜레마라 할 수 있다. 따라서 약관내용에 대한 국가의 과도한 개입이나 구체적인 기준설정은 사업자 간의 거래조건을 경직시키고 경쟁 여지를 줄이는 결과가 될 수 있다는 점에 유의할 필요가 있다.

3. 표준약관표지 부당사용자에 대한 제재수위

약관규제법은 제19조의3 제8항, 제9항을 통하여 사업자 및 사업자단체는 표준약관과 다른 내용을 약관으로 사용하는 경우 표준약관표지를 사용할 수 없으며, 만일 사업자 및 사업자단체가 표준약관을 사용하지 않은 채 표준약관표지만을 사용하는 경우에 해당 약관이 표준약관의 내용보다 고객에게 더 불리한 경우 이를 무효로 하고 있다. 2004년 법개정시 도입된 이 조항으로 인해 현행 약관규제법상 약관의 무효 사유는 신의칙에 위반하거나 고객에게 명시·설명의무를 이행하지 않은 약관규정을 고객이 수용하지 않은 경우와 함께 무효의 사유가 새롭게 추가되었다. 그런데 제19조의3 제9항의 무효사유가 제3조 및 제6조 내지 제14조까지의 규정위반과 비교하여 그 위법성이 유사한 수준인지에는 의문이 있다. 공정위의 표준약관표지를 무단사용하였으면서 그 내용이 표준약관보다 고객에게 불리하다는 점이 과연 무효로 보아서 마땅한 것이라고 말할 수 있는가 하는 점이다. 조항이 불공정한 것도 아니고 고객에게도 충분한 명시·설명이 이루어졌음에도 불구하고 표준약관에 따르지 않으면서 표준약관표지를 사용했다는 점을 근거로 당해 약관 내용은 무효가 될 수 있도록 한 현행 제도는 재고해 볼 여지가 있다.

동항에서 규정하는 무효의 요건은 공정거래위원회의 허락없이 표준약관표지를 사용함으로써 고객에게 혼동을 유발했다는 점과 그 내용이 표준약관보다 고객에게 불리하다는 점으로 구성된다. 먼저 고객에 대한 혼동유발 및 공정위 표지의 신뢰도 침해행위는 일종의 행정질서 위반행위로서 당해 약관 자체를 무효로 삼을 만한 사안으로 보기 어렵다. 표준약관의 내용보다 고객에게 불리하다는 점도 제6조의 유효성 통제기준에 비추어 볼 때 무효사유로 보기에는 무리가 있다. 표준약관보다는 불리하다고 해서 곧바로 불공정한 것은 아니며, 그런 약관의 내용이 신의성실의 원칙에 반하지 않는 경우도 충분히 상정할 수 있기 때문이다. 고객에게 더 불리하다는 사실에 더하여 행정질서 위반행위가 부가된다는 점이 가중한 제재의 근거가 된다고 판단할 수는 있으나, 계약당사자 간의 법률행위를 무효화하는 것은 위반행위와 제재수단의 관련성이나 비례의 원칙에 비추어 적정한 것으로 보기 어렵다. 특히 곧바로 무효가 된다고 규정하고 있기 때문에 사후에 거래를 지속할 의사가 있는 고객의 의지를 관철시킬 여지가 없다. 권한없는 표준약관표지 사용에 대해서는 시정명령이나 과태료 부과 등의 조치가 바람직할 것인데, 현행법상 과태료 부과규정은 이미 두고 있으므로[29] 추가적인 제재가 필요하다면 사업자에 대해서는 행정형벌의 부과를, 당해 약관조항에 대해서는 약관조항 자체를 무효화하는 대신 사업자가 유효를 주장할 수 없도록 하는 방식을 고려해 볼 수 있을 것이다.

4. 제도 운용의 방향전환 필요성

비교법제적 측면에서 우리 약관규제법상 표준약관제도와 유사한 제도를 찾아보기는 쉽지 않다. 소비자보호 관련하여 다수 성문법을 운용하고 있는 미국에서도 표준약관 유사제도의 흔적은 발견되지 않으며, 지난 2000년에 소비자계약법을 입법한 일본에서도 약관의 규제는 여전히 개별약관에 대한 사후적[30] 수단에 일임시키고 있을 뿐 작성단계에서

29_ 동법 제34조 제1항에서는 표준약관과 다른 내용을 약관으로 사용하면서 표준약관표지를 사용하는 사업자나 사업자단체에 대해 5천만원 이하의 과태료를 부과할 수 있도록 하고 있다.

30_ 여기서 말하는 사후적이란, 개별약관이 작성된 이후에 그 내용의 불공정성을 비로소 문제삼는 방식이란 의미이며, 불공정성이 문제되고 난 후에 구제수단을 발동할 수 있

의 주무관청의 개입근거는 마련해 두고 있지 않다. 1993년 이래 「소비자계약에 있어서 불공정한 약관조항에 대한 지침」을 제정·운용해 오고 있는 유럽연합 역시도 동 지침에서 표준약관에 관한 규정은 마련되어 있지 않다. 반면 영국과 독일에서 유사한 제도운영의 사례를 엿볼 수 있는데, 양국 모두 사업자들의 자율적 강제적 판단에 따라 활용할 것인지를 결정토록 하는 한편 사업자가 표준약관을 채용하지 않는다고 해서 불이익을 주거나 강제하지는 않고 있다. 또한 표준약관 작성과정에 이해당사자들과의 협의 및 자문절차를 거치도록 하고 있다는 점도 공통되는데, 객관성과 합리성을 유지하기 위한 취지라 할 수 있다. 이런 점에서는 우리의 현행표준약관제도와 크게 다르지 않지만 경쟁당국이 직접 표준약관을 작성하지는 않는다는 점에 다소간의 차이가 있다. 요컨대 우리 공정거래위원회의 역할에 비해서는 다분히 소극적 태도를 취한 것으로 평가할 수 있다.

굳이 외국의 사례를 거론하지 않더라도 공정거래위원회의 역할은 표준약관의 권고수준에서 그치는 것이 합리적이라고 본다. 요컨대 직접적인 작성주체의 지위는 포기하되, 가령 표준약관 마련을 권고했음에도 이행하지 않는 업종이나, 표준약관보다 소비자에게 불리한 약관을 사용하는 경우에 대해 불공정성 심사를 강화하는 방향으로 법리적 충돌가능성을 줄여가는 편이 무리가 없을 것으로 판단된다.

임의 작성이 필요하다면, 한국소비자원에 그 역할을 이양하는 방안도 고려해 볼 만하다. 아울러 표준약관의 작성과정에 사전에 이해관계인의 협의과정이 보다 객관적으로 유지될 수 있는 실질적 기반이 마련되어야 할 것으로 생각된다. 표준약관을 사실상 강제하는 방식에는 다소 신중한 접근이 필요한 것이 아닌가 한다.

우선 계약의 성질상 표준약관의 작성이 곤란한 경우를 선별해야 한다. 공정위의 표준약관 심사에 있어서 경쟁제한성에 대한 고려도 강화

다는 의미에서 통상적으로 사용되는 사후적 제재(ex post remedies)를 말하는 것은 아니다.

되어야 하며, 공정성 부분은 개별약관에 대한 사후심사 중심으로 처리하는 편이 무리가 없을 것으로 생각된다. 사업자 간 거래에서는 가급적 표준약관보다 표준계약서나 공정거래협약 등을 적극 활용하는 쪽으로 선회할 필요가 있다.

한편 대상판결을 통해 확인되었다시피, 공정거래위원회가 심사·인준·작성한 약관이라고 해서 법원이 그 약관에 대한 공정성 판단에 구속을 받는 것은 아니라는 점에도 좀 더 유의할 필요가 있다. 공정거래위원회의 판단에 관계없이 법원이 표준약관의 조항을 불공정한 것으로 판단할 가능성을 간과할 수 없기 때문이다. 특히 변화가 급격한 거래분야에서는 정태적인 표준약관과 동태적인 현실 간에 괴리가 발생할 경우에는 이런 문제가 현실화될 가능성이 없지 않다.

결국, 표준약관제도가 일정정도 법리적 논란의 여지를 내포하고 있다는 점에서 경쟁당국으로서는 약관의 편입통제 및 유효성통제의 보조수단으로 활용하는 간접적인 접근이 필요하다고 본다. 아울러 대상판결에서도 시사하는 바와 같이 시장환경이 급변하는 거래분야나 새로운 불공정거래행위들이 출현하는 시장에서는 기작성된 표준약관에 대한 주기적 검토와 감독이 병행되어야 할 것이다.

VI. 맺으며

경쟁당국으로서 공정거래위원회가 소비자보호에 대해 보여 준 관심은 적지 않은 것이었다. 그 관심의 실천적 이행은 주로 약관규제를 통해 이루어졌으며, 이 과정에서 표준약관의 역할에 의존한 부분이 컸던 것으로 생각된다. 공정거래위원회 소관법률로서 소비자기본법 시대가 출범하고 한국소비자원이 그 산하기관으로 들어오게 된 시점을 계기로 표준약관에 대한 방향도 재설정할 필요가 있다고 본다. 무엇보다 표준약관이라는 경직된 거래조건의 부과가 시장에 미칠 영향을 재고해 보아야 한다. 우려의 현실적 발생가능성 여하와는 관계없이 표준약관에 내재한 사적자치의 침해요소와 경쟁제한가능성을 감안할 때 국가기관인 공정거래위원회가 그 보급에 앞장서는 것에서 더 나아가 이를 사실상 강제하고 직접 마련하기까지 하는 방식의 접근은 그 타당성을 인정받기 어렵다.

표준약관의 보급 및 활성화를 긍정하되, 경쟁당국이 취해야 할 접근방식은 간접적, 수동적인 성격이 되어야 할 것이다. 불공정성 문제가 빈발하지 않는 거래분야에 대헤서까지 보급긴수 자체를 성과시표로 여겨서는 곤란하며, 보급이 요구되는 분야에서도 사업자에 대한 권고에 그치되 그 이후에는 사후적인 유효성통제수단에 맡기는 편이 바람직하다. 집행실무 차원에서도 보완할 부분이 있다. 무엇보다 부당한 표준약관표지 사용의 경우에 무효화 조치의 적정성을 다시 검토해야 한다. 아울러 표준약관에 관한 최소한의 가이드라인을 지침으로 작성하는 것도 작성자에게 실무적인 도움을 줄 수 있을 것이다.

참고문헌

공정거래위원회, 「2015년판 공정거래백서」, 2016.10.

공정거래위원회, 「약관규제의 실제」, 2008.2.

공정거래위원회 소비자본부, "건전한 거래질서 확립을 위한 표준약관 제·개정 추진", 공정거래위원회 보도자료. 2007.5.22.

박동진·이병준, 「외국의 약관 및 소비자계약 규제동향 및 사례연구」, 공정거래 위원회 연구용역보고서, 2004.12.15.

사법연수원, 「약관규제 및 소비자보호연구」, 2008.

신영수, "표준약관제도에 관한 경쟁법적 고찰", 경제법연구(제7권 1호), 한국경 제법학회(2008.6.29).

여정성 외, 「소비자와 법의 지배」, 서울대출판부, 2009.

윤용석 외, 「약관심사제도 발전방향 연구」(공정거래위원회 연구용역 보고서) (2007.9).

이병준, 「표준약관표지제도 활성화 방안 연구」, 공정거래위원회, 2008.

이은영, 「약관규제법」, 박영사, 1994.

이은영, 「소비자법」, 박영사, 2014.

Trading Standard Institute, Consumer Codes Approval Scheme-, 2014.2

石田喜久夫 編, 「註釋ドイツ 約款規制法」(改正普及版), 同文館, 1999.

木村敦志, 「契約法から消費者法へ」, 東京大學出版會, 1999.

약관의 규제에 관한 법률상 심사기준과 그 의미*

황원재**

Ⅰ. 서 론

2018년 현재 「약관의 규제에 관한 법률」(이하 "약관규제법")에 대해서는 총 6개의 일부개정법률안이 소관위에 제출되어 있다. 각각의 개정법률안은 약관규제법에 관하여 서로 다른 점을 그 규율 목적으로 하고 있으며 일부는 그 개정의 필요성이 인정되는 것이 사실이다.[1] 그런데 현재

 * 이 논문은 2018년 4월 6일 한국외국어대학교 법학연구소 학술대회("공·사법의 새로운 변화와 연구윤리")에서 발제한 글을 수정·보완하여 재산법연구 제35권 제1호에 수록된 것입니다.
** 한국외국어대학교 법학연구소 책임연구원, 법학박사.

1_ 구체적으로 2016년 9월 5일 이언주 의원 등 10인이 제안한 일부개정법률안은 표준약관을 사용하도록 권장받은 사업자 및 사업자단체에게 표준약관과 다른 약관을 사용하는 경우 공정거래위원회에 신고하도록 하고(안 제19조의3 제7항), 계약 시 시장 내 우월한 지위를 남용할 우려가 있는 사업자 및 사업자단체에게는 약관을 사전에 인증받을 의무를 부과하는 것(안 제19조의4)을 그 내용으로 하고 있다. 2016년 11월 9일 박찬대 의원 등 10인이 제안한 일부개정법률안은 약관규제법상 분쟁조정제도의 실효성을 제고하기 위하여 분쟁조정절차가 진행 중일 때에는 채권 등의 시효를 중단시키는 등 분쟁조정제도에 관하여 다른 법률들과의 통일성을 유지하는 것을 그 내용으로 한다. 2016년 11월 17일 황주홍 의원 등 10인이 제안한 일부개정법률안 역시 분쟁조정제도의 실효성을 제고하기 위하여 분쟁조정신청 시 시효를 중단시키고, 조정조서에

소관위에 접수되었거나 심사 중인 6개의 약관규제법 일부개정법률안 중에서 특히 최운열 의원 등 16인이 제안한 일부개정법률안(이하 "이 개정법률안")은 법률의 표현이 가져올 수 있는 법적 평가의 차이점을 잘 보여 주고 있다는 점에서 다른 개정법률안보다 심도 있는 평가가 필요하다.[2]

이 개정법률안은 우리 약관규제법에서 사용하고 있는 개별적인 내용통제규정의 심사기준을 문제 삼고 있다. 우리 약관규제법은 제7조 이하에서 개별적, 열거적 내용통제규정을 두고 있으며, 구체적으로 "상당한 이유"라는 기준과 "정당한 이유"라는 기준, 그리고 "부당한"이라는 기준을 두고 있다. 이 개정법률안은 이러한 기준 중에서 "상당한 이유 없이"라는 표현을 "정당한 이유 없이"라는 표현으로 바꾸고자 한다. 이를 통해 이 개정법률안은 약관의 불공정성이 더 구체적으로 판별될 것이며, 더욱 엄격하게 조문을 적용할 수 있으며, 결과적으로 거래질서의 안전이 제고될 것으로 기대하고 있다.

재판상 화해와 같은 효력을 부여하는 것을 그 주요내용으로 하고 있다. 2016년 12월 19일 최운열 의원 등 16인이 제안한 일부개정법률안은 약관의 심사기준인 "상당한 이유 없이"라는 표현이 불명확하여, 보다 엄격한 표현인 "정당한 이유 없이"라는 표현으로 바꾸는 것을 그 내용으로 하고 있다. 2016년 12월 21일 김도읍 의원 등 10인이 제안한 일부개정법률안은 사업자와 개인을 구별하여 과태료의 상한을 정하고 질서유지명령 위반행위에 대하여 과태료 부과근거를 마련하는 것을 그 내용으로 하고 있다. 끝으로 2017년 12월 11일 박남춘 의원 등 10인이 제안한 일부개정법률안은 행정의 효율과 이용자의 편의를 위하여 기명날인 외에 서명을 허용하는 것을 그 내용으로 하고 있다. 일부개정법률안의 구체적인 내용에 대해서는 의안정보시스템(http://likms.assembly.go.kr/bill/main.do) 참고(2018년 5월 23일 기준).

2_ 구체적으로 최운열 의원의 이 개정법률안은 다음과 같은 제안이유에 기초하고 있다: "현행법은 신의성실의 원칙을 위반하여 불공정한 약관에 해당하는 경우 그 약관 조항을 무효화할 수 있도록 규정하고 있음. 그러나 약관을 무효화할 수 있는 불공정한 약관의 내용을 정하고 있는 조항들 중에서 '상당한 이유 없이'로 명시된 부분들이 계약이나 약관 조항의 무효화를 규정하는 법률적 표현으로는 다소 불확정적이고 적절하지 않다는 의견이 있음. 이에 현행 '상당한 이유 없이'를 법률 해석과 적용상 보다 엄격성이 요구되는 구체적 표현인 '정당한 이유 없이'로 개정함으로써 건전한 거래 질서와 법률의 정합성을 제고하고자 함(안 제7조 제2호·제3호 등)." 최운열 의원 등 16인의 개정법률안에 대한 구체적인 사항은 http://likms.assembly.go.kr/bill/billDetail.do?billId=PRC_ Z1M6H1A2H1O9W1K7O2A9W0B3D0U5I8 참고(2018년 5월 23일 기준).

보다 구체적으로, 이 개정법률안은 다음과 같은 세 가지 점을 전제하고 있다. 첫째, "상당한 이유 없이"라는 표현은 법률적 표현으로 (특히 약관조항을 무효로 만드는 규정의 표현으로는) 다소 불확정적이고 적절하지 않다. 둘째, "정당한 이유 없이"라는 표현은 법률 해석과 적용에 있어 "상당한 이유 없이"라는 표현보다 엄격하고 구체적이다. 셋째, "상당한 이유 없이"라는 표현을 "정당한 이유 없이"라는 표현으로 바꿀 경우, 법률 해석과 적용이 더욱 엄격해지므로 법률의 정합성이 제고되고 거래질서가 건전해질 것이다.

그러나 "상당한 이유 없이"라는 표현은 그 불확정성에도 불구하고 법률적 표현으로 일반적으로 사용되고 있으며 부적절한 표현이라 할 수 없다. 특히 우리 민법 제674조의7 제3항 제2문은 이 개정법률안이 불확정적이고 적절하지 않은 것으로 평가하고 있는 "상당한 이유"라는 표현을 여행계약에 관한 절에서 새로이 사용하고 있어, 이 개정법률안이 제기하고 있는 문제가 비단 약관규제법만의 문제가 아니게 되었다.[3] 만약 이 개정법률안의 입장이 타당하다면 민법은 여행계약에 관하여 새로운 규정을 만들면서 불확정적이고 적절하지 않은 용어를 사용하여 비용상환청구권의 발생여부에 관하여 혼란을 야기한 셈이 된다. 또한 "정당한 이유 없이"라는 표현은 법률의 해석과 적용이 엄격하고 구체적인 것이 아니라, 해당 표현이 사용된 법조문이 원칙적으로 적용되고 정당한 이유가 있다면 예외적으로 적용되지 않는다는 의미를 담고 있어 그 표현에 증명책임의 분배기능이 담겨 있다. 즉, "상당한 이유 없이"라는 표현을 "정당한 이유 없이"라는 표현으로 바꿀 경우, 그 법적 의미가 달라질 수 있다. 결과적으로 "상당한 이유 없이"라는 표현을 "정당한 이유 없이"라는 표현으로 바꿀 경우, 법률의 정합성이 제고되고 거래질서가 건전

3_ 여행계약에서 민법 제674조의7 제3항 제2문의 해석에 관해서는 황원재, "여행계약상 손해배상", 비교사법 제24권 4호, 2017, 26면 이하 참고. 실제로 여행계약에 관한 민법 제674조의7 제3항의 제정 당시에도 '상당한 이유'와 관련하여 다툼이 제기될 수 있다는 문제 제기가 있었다. 김용담/백태승, 『주석민법 채권각칙』, 2016.6, 446면.

해질 것이라는 기대효과 역시 타당하지 않으며, 때에 따라서 거래에서 약관을 사용하는 당사자의 자유를 부당히 침해하고 거래 관행에도 어긋나는 합리적이지 못한 결과를 가져올 우려가 있다. 이하에서는 "상당한 이유 없이"라는 표현이 사용된 조문과 이 조문이 적용되는 사례를 살펴보면서 이러한 문제점을 구체적으로 검토해 본다.

II. 약관규제법상의 내용통제 규정

약관은 일반 계약보다 더 엄격하게 그 내용이 통제될 필요가 있다.[4] 약관은 일방 당사자가 만들어 제시하고 타방 당사자는 제시된 계약조건에 동의할 뿐이므로 계약을 체결하는 양 당사자가 협상을 통하여 가장 합리적인 거래조건을 형성할 수 있다는 사적자치의 이념이 온전히 실현될 수 없기 때문이다. 특히, 계약 당사자 간에 계약조건의 공정성을 담보하는 일은 더욱 어렵다. 따라서 우리 약관규제법은 사업자가 자신의 거래상 지위를 남용하여 약관의 내용을 불공정하게 만드는 것을 규제하고 있다(약관규제법 제1조). 약관의 이러한 특성 때문에 약관규제법은 일반적으로 계약의 자유를 제한하는 강행적 성격을 갖고 있다고 보게 된다.[5]

불공정한 약관의 내용을 통제하는 방식에는 일반조항에 따른 방식과 개별조항을 열거하는 방식이 있을 수 있다.[6] 우리 약관규제법은 양자를 혼용하고 있다. 구체적으로 약관규제법 제6조는 일반조항에 의한 규제 방식을 택하고 있다. 약관규제법 제6조 제1항은 신의성실의 원칙을 위반하여 공정성을 잃은 약관조항을 무효로 하고 있으며,[7] 어떠한 약관조

4_ 손지열, "약관에 대한 내용통제", 민사재판의 제문제 제10권, 2000, 626면.

5_ 소비자 문제를 연구하는 시민의 모임, 『약관 규제의 입법』, 1986, 5면.

6_ 양 방식의 장단점에 대해서는 손지열, "약관에 대한 내용통제", 민사재판의 제 문제 제 10권, 2000, 627면 이하 참고.

7_ 사법적으로 약관을 통제하는 것이 정당한가에 대해서 김동훈, "약관규제법의 시행과

항이 공정하지 않다고 평가될 수 있는지를 결정하기 위하여 제6조 제2
항은 보다 구체적인 기준을 제시하고 있다.[8] 구체적으로 제6조 제2항에
의하면 고객에게 부당하게 불리한 조항(제1호), 거래형태 등 관련된 모든
사정을 고려할 때 고객이 예상하기 어려운 조항(제2호), 계약의 목적달성
이 불가능할 정도로 계약의 본질적 권리를 제한하는 조항(제3호)은 공정
을 잃은 조항으로 추정된다. 일반적으로 약관조항이 계약 당사자 간의
"이익형평(利益衡平)"에 어긋나 적정하지 않다고 평가되는 경우, 해당 약
관조항은 불공정한 약관조항이 된다.[9]

또한 약관규제법은 제7조부터 제14조에 약관조항을 무효로 만드는
개별적인 내용통제규정을 열거하고 있다. 이 열거적 내용통제규정은 약
관법제정위원회가 1984년 실태조사를 통하여 거래에서 실제로 문제가
되는 불공정약관조항 사례를 검토하고, 외국의 입법례도 비교·조사하
여 만들었다. 법률을 만들면서 입법자는 약관규제법 제7조 이하의 열거
적 내용통제규정을 통해 그 당시 불공정 약관조항에 관하여 실제로 문
제가 되던 사건들이 모두 규율되길 원하였다.[10]

이처럼 우리 약관규제법은 제6조에 일반적 내용통제규정을, 제7조 이
하에 개별적, 열거적 내용통제규정을 두고 있다. 따라서 구체적인 사안
이 발생하면 양자의 내용통제규정이 동시에 적용될 수 있어 양 내용통
제방식 간의 관계를 분명히 할 필요가 있다. 그런데 제7조 이하의 구체
적 내용통제규정은 실태조사를 통해 거래상 실제로 문제가 되는 사례에
기초하여 만들어졌으며, 원칙적으로 입법자는 이 개별적 내용통제규정
을 통해 문제 되는 사례가 모두 해결될 것이라고 믿었다. 또한 일반적
내용통제규정인 제6조는 "기본적인 법이념"을 명시한 것으로 보고 있
다.[11] 따라서 제6조의 일반적 내용통제규정은 제7조부터 제14조에서 정

정착과정에서의 주요 문제", 소비자법연구, 2017, 39면 이하; 김형배, 『계약각론』,
2001, 52면 참고.

8_ 서희석, "약관규제와 계약법", 외법논집 제41권 제3호, 2017, 68면 이하.

9_ 소비자 문제를 연구하는 시민의 모임, 『약관 규제의 입법』, 1986, 36면.

10_ 소비자 문제를 연구하는 시민의 모임, 『약관 규제의 입법』, 1986, 38면.

하는 개별적 내용통제규정을 추상화한 일반규정이라고 보아야 한다. 즉, 일반적 내용통제규정은 구체적 내용통제규정에 앞서 적용될 수 없다.[12]

다만, 약관규제법 제6조의 일반규정은 제7조 이하에서 정하고 있는 개별적 내용통제규정에 보충적으로 적용될 수 있다.[13] 즉, 제7조 이하의 개별적 내용통제규정이 적용되는 경우 제6조의 일반적 내용통제규정은 적용되지 않지만,[14] 입법자가 예상하지 못한 사정이 발생하여 개별적 내용통제규정이 적용되기 어려운 경우 제6조의 일반적 내용통제규정이 적용될 수 있다.[15] 제7조 이하의 개별적 내용통제규정의 입법과정과 제6조 일반조항의 취지를 고려하면 개별금지규정에 해당하지 않는 약관조항도 예외적으로 제6조 제1항의 신의성실의 원칙에 반하여 공정을 잃은 것으로 볼 수 있다면 무효가 된다고 보아야 할 것이다.[16] 또한 제7조 이하의 개별적 내용통제규정의 해석에도 제6조 일반조항의 입법취지가 고려될 필요가 있다.

Ⅲ. 약관규제법의 개별적 내용통제규정과 규정상 상대적 심사기준에 대한 구체적 검토

물론 우리 법원이 일반적 내용통제규정과 개별적 내용통제규정을 동

11_ 소비자 문제를 연구하는 시민의 모임, 『약관 규제의 입법』, 1986, 40면.
12_ 손지열, "약관에 대한 내용통제", 민사재판의 제문제 제10권, 2000, 628면 이하.
13_ 윤진수, "한국법상 약관규제법에 의한 소비자 보호", 민사법학 제62호, 2013.3, 335면.
14_ 약관심사지침 Ⅳ. 1. 나.
15_ 손지열, "약관에 대한 내용통제", 민사재판의 제문제 제10권, 2000, 628면 이하.
16_ 김진우, "불공정조항의 내용통제에 관한 몇 가지 법적 문제점", 외법논집 제36권 제1호, 2012, 167면; 손지열, "약관에 대한 내용통제", 민사재판의 제 문제 제10권, 2000, 629면. 그러나 우리 법원은 제6조와 개별적 내용통제규정을 동시에 적용한 때도 있다 (대법원 1991.12.24. 선고 90다카23899 전원합의체 판결; 대법원 1994.5.10. 선고 93다30082 판결 참고).

시에 적용한 예도 있으나,[17] 일반규정을 해석할 때 구체적인 내용을 담고 있는 규정이 존재한다면 그 규정의 구체적 내용을 일반규정의 해석에 참고할 수밖에 없다. 따라서 약관규제법의 내용통제규정 중 개별적 내용통제규정과 그 심사기준이 약관을 심사할 때 중요한 판단기준이 될 수밖에 없다.[18] 따라서 이하에서는 개별적 내용통제규정과 각 규정상 상대적 심사기준에 대하여, 특히 그 의미를 중심으로 검토해 본다.

우선, 우리 약관규제법은 제7조부터 제14조에서 개별적인 심사기준을 구체적으로 열거하고 있다. 각 조항의 심사기준은 상대적 심사기준과 절대적 심사기준으로 크게 나눌 수 있다. 특히 전자는 3개의 유형으로 분류할 수 있다.[19] 첫째, 우리 약관규제법은 "상당한 이유"가 있는지를 기준으로 약관의 내용을 통제하고 있다.[20] 둘째, "정당한 이유"가 있는지를 기준으로 약관의 내용을 통제하기도 한다.[21] 마지막으로 약관조항의 내용이 고객에게 "부당하게" 불리한지, "부당하게" 과중한지, "부당하게" 경감시키고 있는지, "부당하게" 단기 또는 장기로 정하고 있는지, "부당하게" 제한하거나 포기하게 하는지 등을 기준으로 약관의 내용을 통제하기도 한다.[22] 이와 관련하여 "정당한 이유"가 있는지를 기준으로 하는 경우와 "부당하게"라는 조건을 정한 경우 사이에 차이가 있는지 문제가 될 수 있다.

우리 약관규제법은 상대적 심사기준 외에도 특정한 내용의 존재만으로 약관조항을 무효로 하는 절대적 심사기준도 두고 있다.[23] 대표적으로

17_ 대법원 1991.12.24. 선고 90다카23899 전원합의체 판결; 대법원 1994.5.10. 선고 93
다30082 판결 참고.

18_ MünchKomm/Wurmnest (7. Aufl. 2016), BGB § 308 Rn. 1.

19_ 구 독일 약관규제법(AGBG) 제10조 역시 동일한 심사기준을 갖고 있었다. MünchKomm/
Wurmnest (7. Aufl. 2016), BGB § 308 Rn. 1 참고.

20_ 이러한 경우로는 약관규제법 제7조 제2호, 제3호, 제4호, 제9조 제4호, 제10조 제1호,
제2호, 제11조 제1호, 제2호, 제12조 제3호, 제14조 제2호를 예로 들 수 있다.

21_ 이러한 경우로는 약관규제법 제11조 제4호를 예로 들 수 있다.

22_ 이러한 경우로는 약관규제법 제8조, 제9조 제2호, 제3호, 제4호, 제5호, 제6호, 제11조
제3호, 제12조 제2호, 제4호, 제14조 제1호를 예로 들 수 있다.

우리 약관규제법 제7조 제1호는 사업자의 고의나 중과실로 인한 책임을 배제하는 약관조항을 무효로 하고 있다. 그러나 절대적 심사기준은 이 개정법률안을 통해 다투어지고 있는 심사기준의 차이점 및 의미와 관련이 없거나 적으므로, 이하에서는 우리 약관규제법이 규정하고 있는 상대적 심사기준의 차이점 및 의미를 중심으로 논의를 진행한다.[24]

1. "상당한 이유"를 심사기준으로 사용하는 경우

우리 약관규제법은 총 10개의 조항에서 "상당한 이유"를 언급하고 있다. 우선, 면책조항의 금지와 관련하여 제7조 제2호, 제3호 그리고 제4호에서 "상당한 이유"가 있는지를 기준으로 약관의 유·무효를 판단하고 있다. 또한, 계약의 해제·해지와 관련하여 제9조 제4호에서 "상당한 이유"를 기준으로 약관조항의 유·무효를 판단하고 있다. 제10조 제1호와 제2호 역시 "상당한 이유"를 기준으로 채무의 이행에 관한 약관조항의 유·무효를 판단한다. 항변권, 상계권, 기한의 이익에 관한 약관조항의 유·무효를 판단하는 경우에도 역시 "상당한 이유"가 있는지를 기준으로 한다(제11조 제1호, 제2호). 의사표시의 도달 의제에 관한 제12조 제3호, 입증책임의 고객 부담에 관한 제14조 제2호 역시 "상당한 이유"를 기준으로 하고 있다. 해당 내용을 구체적으로 살펴보면 다음과 같다.

23_ 이러한 경우로는 약관규제법 제7조 제1호, 제9조 제1호, 제12조 제1호, 제13조를 예로 들 수 있다. 다만 제12조 제1호는 상대적 평가가 필요한 소극적 요건을 명시하고 있다. 이 요건에 따르면 "상당한 기간" 안에 의사표시를 하지 않는 경우 의사표시가 표시되거나 표시되지 않은 것으로 본다고 분명하게 표시한 경우, 또는 부득이하게 이러한 표시를 할 수 없는 경우에는 제12조 제1호 제1문이 적용되지 않는 것으로 본다. 단서 규정을 중요하게 생각하여 이 조항을 상대적 무효규정으로 보는 입장으로는 윤진수, "한국법상 약관규제법에 의한 소비자 보호", 민사법학 제62호, 2013.3, 354면 참고.

24_ 절대적 심사기준과 상대적 심사기준의 차이점에 대해서는 MünchKomm/Wurmnest (7. Aufl. 2016), BGB § 309 Rn. 2; MünchKomm/Wurmnest (7. Aufl. 2016), BGB § 308 Rn. 1 f. 참고.

(1) 면책약관에 관한 조항

약관규제법 제7조 제2호는 상당한 이유 없이 사업자가 부담해야 하는 손해배상책임을 제한하거나 사업자가 부담해야 하는 위험을 고객에게 전가하는 약관조항을 무효로 한다. 또한, 상당한 이유 없이 사업자가 부담해야 하는 담보책임을 배제하거나, 제한하는 약관조항, 혹은 담보책임에 관한 고객의 권리행사 요건을 가중하여 그 행사를 방해하는 약관조항을 무효로 한다(제7조 제3호). 끝으로 계약의 목적물에 관한 견본이 계약체결과정에서 제시되거나, 계약의 목적물에 대한 품질·성능 등에 관한 표시가 있는 경우, 상당한 이유 없이 그 제시되거나 표시된 내용에 대한 책임을 배제하거나 제한하는 약관조항을 무효로 한다(제7조 제4호). 이 조항들은 유책사유를 전제하는 손해배상의무를 상당한 이유 없이 제한하는 약관조항과 유책사유를 전제하지 않는 위험 또는 담보책임을 상당한 이유 없이 이전하거나 또는 배제·제한하거나 행사하기 어렵게 만드는 약관조항을 그 규율대상으로 한다.

약관규제법 제7조에서 법률이 약관내용의 공정성을 검토하기 위하여 제시하고 있는 기준은 '상당한 이유'가 있었는지의 여부이다. 원칙적으로 손해배상의 범위를 제한하는 약정, 위험의 분담에 관한 약정, 담보책임의 배제·제한 및 권리행사 요건의 가중에 관한 약정은 유효하다. 다만, 약관을 통하여 이러한 약정을 체결하는 경우 그 계약내용의 공정성이 더욱 엄격하게 검토될 필요가 있으므로 법률이 정하고 있는 바와 달리 사업자의 손해배상책임을 제한하거나, 위험을 이전하거나, 담보책임을 배제·제한하거나, 담보책임에 관한 권리행사요건을 가중시키는 약정이 과연 상당한 이유가 있었는지를 검토하게 된다.[25]

'상당한 이유'가 있었는지는 일률적으로 결정될 수 없다. 따라서 계약체결 시에 존재하였던 다양한 사정을 고려하여 검토할 수밖에 없다. 즉, 계약체결의 의도와 목적, 거래 관행, 관련 법률,[26] 계약 목적물의 특성,

---

25_ 대법원 2005.3.17. 선고 2003다2802 전원합의체 판결; 대법원 2002.5.17. 선고 2000다30127 판결; 대법원 2000.9.29. 선고 2000다19021 판결.

약관조항에 대한 사업자의 필요 정도, 고객이 갖는 이익과 기대, 고객의 선택가능성과 자발성[27] 등을 종합적으로 참작하여 평가할 수밖에 없다.[28] 구체적으로 예를 들면, 사업자가 자신이 수령하는 매매목적물의 대금을 낮추고 반대로 자신이 부담해야 하는 손해배상책임의 범위를 법률이 정하는 것보다 제한하거나 위험을 고객에게 합리적인 범위에서 이전하는 약관조항은 상당한 이유가 존재한다고 할 수 있다.[29] 물론, 법률이 정하고 있는 바를 준수하고, 이와 다른 약관조항을 무효로 하는 것이 계속적 계약관계와 같은 장기의 계약에서 최종적으로 고객에게 경제적으로 유리할 수도 있다. 그러나 이 경우에도 상당한 이유가 있다면 경제적으로 불리한 계약을 체결하려는 고객의 결정 역시 존중될 필요가 있다. 결과적으로 구체적인 사정을 종합적으로 고려하여 사업자와 고객의 이익을 비교형량하는 방법을 택할 수밖에 없다.[30]

(2) 계약의 해제 · 해지에 관한 조항

약관규제법 제9조 제4호 전단은 상당한 이유 없이 계약의 해제 · 해지로 인한 원상회복의무를 고객에게 과중하게 부담시키는 약관조항을 무효로 하고 있다. 이 규정은 법률이 정하고 있는 해제권이나 해지권을 행사하는 고객이 자신의 적법한 권리행사로 상당한 이유 없이 불이익을 당하지 않도록 하려는 목적이 있다. 또한 약관조항에서 계약의 해제나 해지로 인한 원상회복의무를 고객에게 상당한 이유도 없이 과중하게 부담시켜 고객의 정당한 해제권 또는 해지권 행사를 사실상 방해하는 것을 방지하려는 목적도 있다.

특히 약관규제법 제9조 제4호 전단은 약관규제법 제9조 제1호 및 제9

26_ 대법원 1999.6.22. 선고 99다3693 판결; 대법원 1998.8.21. 선고 97다50091 판결.

27_ 대법원 1998.6.23. 선고 98다14191 판결 참고.

28_ 대법원 1991.12.24. 선고 90다카23899 전원합의체 판결.

29_ 이와 관련하여 구체적인 것은 윤진수, "한국법상 약관규제법에 의한 소비자 보호", 민사법학 제62호, 2013.3, 344면 참고.

30_ 대법원 2003.4.22. 선고 2000다55775 등 판결 참고.

조 제4호 후단과 그 의미를 비교할 필요가 있다. 약관규제법 제9조 제1호는 법률에서 인정되는 해제권이나 해지권을 배제하거나, 그 행사를 제한하는 약관조항을 절대적 금지사항으로 규정하고 있다. 또한 약관규제법 제9조 제4호 후단은 고객이 원상회복청구권을 정당한 이유가 없음에도 부당하게 포기하도록 하는 약관조항을 무효로 하고 있다.[31]

약관규제법 제9조 제4호 전단은 약관규제법 제9조 제1호와 달리 고객의 해제권과 해지권을 약관을 통하여 배제하거나 그 행사를 약관을 통하여 제한하는 경우를 그 대상으로 하지 않는다. 또한, 약관규제법 제9조 제4호 전단은 동호 후단과 달리 고객이 해제권 또는 해지권의 행사로 자신의 원상회복청구권을 포기하는 경우를 그 대상으로 하지도 않는다.[32] 오히려 약관규제법 제9조 제4호 전단은 해제권과 해지권 행사로 원칙적으로 고객에게 발생하는 원상회복의무를 약관을 통해 과중하게 부담시켜 '사실상' 고객이 해제권이나 해지권을 행사하기 어렵게 만드는 경우만을 그 대상으로 하고 있다.

약관을 통하여 고객에게 법률이 정하는 것보다 과중한 원상회복의무를 부담시키는 조항은 고객에게 불리한 조항에 해당한다. 즉, 금전의 경우라면 수령한 시점부터 반환의 시점까지 발생한 이자를 포함하여 반환해야 하며, 물건의 경우라면 필요비의 상환을 청구할 수 있어야 하고 유익비는 그 가액의 증가가 현존한 때에 한하여 그 지출금액이나 증가액의 상환을 상대방의 선택에 쫓아 청구할 수 있어야 한다(민법 제203조 제1

31_ 대법원 1999.3.26. 선고 98다33260 판결; 대법원 2008.12.24. 선고 2008다75393 판결; 대법원 2012.4.12. 선고 2010다21849 판결.

32_ 약관규제법 제9조 제4호 후단은 고객의 원상회복청구권을 부당하게 포기시키는 조항을 규율대상으로 한다. 달리 표현하면, 사업자의 원상회복의무를 부당하게 '면제'시키는 조항을 그 대상으로 한다. 약관규제법 제9조 제5호는 사업자의 원상회복의무를 부당하게 '경감'시키는 조항을 그 대상으로 한다는 점에서 제9조 제4호 후단과 그 규율대상이 동일한 것은 아니다. 조문의 체계적 해석, 제9조 제4호 전단과 후단의 해석상 오해를 예방하기 위하여 약관규제법 제9조 제4호 후단은 제5호의 규정과 합쳐서 "계약의 해제 또는 해지로 인한 사업자의 원상회복의무나 손해배상의무를 부당하게 감면하는 조항"으로 개정하고, 제9조 제4호 후단은 삭제하는 것이 타당해 보인다.

항, 제2항). 따라서 약관을 통하여 이와 달리 고객에게 과중한 원상회복의무를 부담시키는 것은 고객에게 불리한 조항에 해당하나, 이것만으로 아직 고객에게 "부당하게" 불리한 조항(약관규제법 제6조 제2항 제1호 참고)이 되지는 않는다. 따라서 약관을 통해 계약을 체결하는 의도와 목적, 이 업종 내의 통상적인 거래 관행, 관계 법률, 계약 목적물인 상품 또는 용역이 가진 특성, 사업자가 갖고 있는 영업상의 필요, 그리고 고객에게 발생할 수 있는 불이익의 정도 등을 종합적으로 고려하여[33] 이 약관조항에 상당한 이유가 있음을 인정할 수 있다면 해당 조항은 고객에게 불리한 경우라도 무효가 되지 않는다.

일반적으로 다음과 같은 경우들은 고객에게 부당하게 불리한 경우로볼 수 있다. 계약을 해제하거나 해지한 뒤 계약 목적물의 반환이 불가능하게 되어 그 가액을 반환하는 경우 그 가액을 사업자가 일방적으로 정하도록 하는 조항이나,[34] 계약이 해제 또는 해지되어 원상회복의무를 사업자와 고객이 부담하는 경우 고객이 자신의 원상회복의무를 사업자에앞서 이행하도록 하는 조항은[35] 고객의 원상회복의무를 상당한 이유가 없음에도 법률이 정하는 것보다 과중하게 부담시키는 조항으로 부당한 약관조항에 해당하며 무효가 된다.

(3) 채무의 이행에 관한 조항

약관규제법 제10조 제1호는 상당한 이유가 없음에도 사업자 또는 고객의 급부내용을 일방적으로 결정 또는 변경할 수 있도록 하는 조항을 무효로 하고 있다.[36] 또한 제2호는 상당한 이유가 없음에도 불구하고 사업자가 자신이 이행해야 하는 급부를 일방적으로 일시 혹은 영구히 중지하거나 제3자에게 대행시킬 수 있도록 하는 조항을 무효로 하고 있

33_ 약관심사지침 IV. 5. 다. (1) (다) 참고.
34_ 약관심사지침 IV. 5. 다. (2) (가).
35_ 약관심사지침 IV. 5. 다. (2) (라).
36_ 약관심사지침 IV. 6. 가. (1).

다.[37] 사업자의 주된 급부는 고객의 대금과 함께 계약의 중요부분에 해당하며, 계약의 중요부분을 일방 당사자가 일방적으로 결정, 변경하거나 그 이행을 중지하거나 제3자에게 대행하도록 할 수는 없다.[38] 일방 당사자의 결정만으로 타방 당사자의 계약상 이익이 부당하게 침해될 수 있기 때문이다.

그러나 약관을 통하여 사업자 또는 고객의 급부내용을 일방적으로 결정·변경할 수 있게 하거나, 그 이행을 중지할 수 있게 하거나, 제3자가 대행할 수 있게 하는 것이 언제나 부당한 것은 아니다. 특히 계속적 계약관계에서 급부내용에 대한 변경권을 일방에게 유보할 필요성은 크다. 구체적으로 대법원 1996.2.27. 선고 95다35098 판결을 보면 우리 대법원은 회원제 체육시설이용계약에서 헬스클럽의 시설주체가 "공과금, 물가인상 기타 경제적 요인을 고려하여 클럽시설 이용의 대가인 연회비를 임의 조절할 수 있도록 클럽규약에 규정"하는 것을 부당하다고 판단하지 않았다. 오히려 법원은 시설주체가 "아무런 합리적인 근거 없이 임의로 연회비에 관한 사항을 정"하여 "객관적으로 합리적인 범위"를 넘어 부당하게 연회비 인상범위를 결정하였는지를 검토하였을 뿐이다.

결과적으로 약관규제법 제10조 제1호 및 제2호의 규정은 "상당한 이유"가 있는지를 기준으로 채무이행에 관한 약관내용의 공정성을 판단한다. 예를 들어, 사업자가 일방적으로 급부이행을 중지하거나 그 이행한도를 제한할 수 있도록 권한을 부여하는 약관조항이나, 임차인의 차임 감액청구권은 인정하지 않고 임대인에게만 임대료 조정권한을 수여하는 약관조항, 그리고 사업자에게 일방적이고 자유로운 급부 변경권한을 부여하는 약관조항[39] 등은 상당한 이유가 없어 불공정한 약관조항에 해

37_ 약관심사지침 IV. 6. 나. (1).

38_ 약관규제법 제10조 제1호의 '급부'에는 사업자의 급부 외에도 고객의 반대급부도 포함된다. 따라서 사업자가 원자재의 가격인상, 환율변동, 제세공과금 인상을 이유로 일방적으로 가격을 결정하거나 변경하는 인도일 가격조항 역시 약관규제법 제10조 제1호에 의하여 무효가 된다.

39_ 대법원 2005.2.18. 선고 2003두3734 판결.

당할 수 있다.[40] 즉, 약관의 내용은 사적자치의 원칙에 따라서 자유롭게 결정될 수 있으나, 사업자가 합리적인 근거 없이 불명확하고 추상적인 기준만으로 일방적으로 급부를 결정, 변경, 중지, 또는 대행할 수 있게 하는 조항은 계약의 이행에 대한 고객의 정당한 이익과 합리적 기대를 부당하게 침해하는 것으로 사적자치의 한계를 벗어난 것이라 할 수 있다.[41]

(4) 고객의 권익보호에 관한 조항

약관규제법 제11조 제1호는 고객에게 인정되는 법률상의 항변권, 상계권 등 권리를 상당한 이유가 없음에도 배제하거나 제한하는 조항을 무효로 하고 있다. 즉, 동시이행의 항변권, 최고검색의 항변권, 상계권 등이 법률에 따라 고객에게 인정되는 경우, 이러한 권리를 개별약정을 통하여 배제하거나 제한하지 않고 상당한 이유가 없음에도 약관을 통하여 배제하거나 제한하는 조항은 무효이다.[42] 그 외에도 유치권, 필요비 또는 유익비에 대한 상환청구권, 선택채무의 경우 인정되는 선택권, 변제충당의 경우 인정되는 지정권 등을 상당한 이유가 없음에도 배제하거나 제한하는 약관조항 역시 무효로 하고 있다.[43]

또한 약관규제법 제11조 제2호는 상당한 이유가 없음에도 불구하고 고객에게 주어진 기한의 이익을 박탈하는 약관조항을 무효로 하고 있

40_ 약관심사지침 IV. 6. 가. (2) 참고.

41_ 대법원 2010.10.28. 선고 2008다83196 판결 참고. 다만, 이 판결은 약관규제법 제6조 제1항, 제2항 제1호가 문제 된 사건이다. 그러나 약관규제법 제10조 제1호 및 제2호의 "상당한 이유"를 판단함에 있어 참고할 필요가 있다.

42_ 구체적인 사정을 고려하여 체결된 개별약정은 복수의 거래를 전제로 추상적으로 규정된 약관에 우선할 수밖에 없다. 김동훈, "약관규제법의 시행과 정착과정에서의 주요 문제", 소비자법연구, 2017, 44면.

43_ 고객에게 법률상 인정되는 해제권 또는 해지권을 배제하거나 제한하는 조항은 약관규제법 제9조 제1호에 쫓아 절대적으로 무효가 된다는 점에서 약관규제법 제11조 제1호에 의하여 상대적 심사의 대상이 되는 항변권, 상계권 등의 권리와 제9조 제1호에 의하여 절대적 심사의 대상이 되는 해제권, 해지권은 약관의 불공정성 평가에 있어 그 법적 중요성과 의미가 확연하게 다르다는 점을 알 수 있다.

다. 약관규제법 제11조 제2호에서 말하는 기한의 이익은 이행기까지는 고객이 자신의 채무를 이행하지 않음에도 그로 인한 불이익을 지지 않는다는 점을 의미한다. 따라서 고객에게 인정되는 기한의 이익을 박탈하는 것은 고객의 이익에 중대한 영향을 미치는 사유가 되나, 상당한 이유를 전제로 고객은 기한의 이익을 스스로 포기할 수 있다.[44] 그러나 포괄적이고 자의적인 사유를 기한이익의 상실사유로 정하는 약관조항은 약관규제법 제11조 제2호의 "상당한 이유"가 될 수 없다.[45]

약관규제법 제11조 제1호는 "상당한 이유"가 있는지에 따라서 약관조항의 유·무효를 결정한다.[46] "상당한 이유"가 있는지는 약관설정의 의도 및 목적, 해당 업종 내의 일반적인 거래 관행, 관련 규정, 계약목적물의 특성, 사업자의 필요와 고객의 불이익 정도 등을 종합하여 결정한다.[47] 따라서 상당한 이유가 있는지를 일률적으로 판단하는 것은 불가능하며, 구체적인 사정을 살펴 사건별로 달리 판단할 수밖에 없다.

약관규제법 제11조 제2호에서 정하는 "상당한 이유"가 있는지는 약관규제법 제11조 제1호의 경우와 동일한 기준으로 판단한다.[48] 즉, 약관설

44_ 대법원 2002.9.4. 선고 2002다28340 판결 참고.

45_ 대전지법 2000.6.9. 선고 99나8610 판결 참고. 이와 관련하여 우리 법률은 민법 제388조, 할부거래에 관한 법률 제13조, 채무자 회생 및 파산에 관한 법률 제425조에서 기한의 이익이 상실되는 경우를 규정하고 있다. 즉, 채무자가 담보를 손상, 감소 또는 멸실시키거나, 채무자가 담보제공의 의무를 이행하지 않는다면 채무자는 기한의 이익을 주장할 수 없다. 또한 소비자가 할부금을 다음 지급기일까지 2회 연속으로 지급하지 않고 그 미지급 금액이 할부가격의 10%를 초과하는 경우이거나, 국내에서 할부금 채무이행에 대한 보증이 어려운 경우로 대통령령으로 정하는 경우에는 할부금 지급에 대한 기한의 이익을 소비자가 주장할 수 없다. 그리고 파산이 선고되면 기한부 채권은 변제기에 이른 것으로 보게 되며 채무자는 기한의 이익을 주장할 수 없다. 이와 같이 법률이 명시적으로 기한의 이익을 박탈하는 경우 외에 다른 사유를 근거로 기한의 이익을 박탈하는 약관조항은 그 사유에 상당한 이유가 있는지를 전제로 그 효력이 결정된다.

46_ 이병준, "동시이행의 항변권과 약관규제법에 의한 내용통제", 재산법연구 제32권 제4호, 2016.2, 88면 이하 참고.

47_ 약관심사지침 Ⅳ. 7. 가. (1). (다).

48_ 대법원 2002.11.26. 선고 2000다52042 판결 참고. 이 판결에서 법원은 다음과 같이 설

정의 의도 및 목적, 거래 관행, 관련 법규, 계약목적물의 특성, 사업자의 필요와 고객의 불이익 등을 종합하여 결정한다. 특히, 약관규제법 제11조 제2호는 기한이익을 상실하게 하는 사유의 중대성과 이행최고에 상당한 기간을 할애하였는지 등을 함께 고려한다.[49] 약관규제법 제11조 제2호는 할부거래와 같은 신용거래에 관한 약관과 주택공급계약에서 주로 문제가 된다.[50]

(5) 의사표시의 의제에 관한 조항

약관규제법 제12조 제3호는 상당한 이유가 없음에도 고객의 이익에 중대한 영향을 미치는 사업자의 의사표시가 고객에게 도달한 것으로 보는 조항을 무효로 한다. 원칙적으로 상대방 있는 의사표시는 상대방에게 도달하여야 그 효력이 생긴다(민법 제111조 제1항). 따라서 민법의 도달주의 원칙과 달리 발신만으로 사업자의 의사표시가 고객에게 효력을 갖도록 정하는 약관조항은 고객의 이익에 중대한 영향을 미치며, 발신주

시하고 있다. "피고가 당초 원고 및 선정자들과 이 사건 주택공급계약을 체결함에 있어서 약관에 해당하는 이 사건 주택공급계약서에서 예상 건축공정에 따라 계약금 납부일 이후 입주예정일까지 사이의 기간에 대하여 3개월 또는 4개월 단위로 6회에 나누어 정기의 중도금 지급기일을 지정하고 이를 계약의 내용으로 삼은 것은 거래통념상 합당하다고 여겨지고, 이러한 약관조항이 피고측의 신용불안이나 재산상태의 악화, 건축공정의 부당한 지연 등 사정으로 인하여 피고의 주택공급계약상의 의무이행이 곤란할 현저한 사유가 발생하였음에도 불구하고 원고 및 선정자들에 대하여 당초 약정된 중도금의 이행의무가 선이행의무라는 이유만으로 민법 제536조 제2항 등 계약법의 일반원칙에 따른 원고 및 선정자들의 이행거절이나 지체책임면책 등에 관한 일체의 항변권 등을 모두 배제시킨 채 그 이행을 일방적으로 강요하는 것이라고 해석되지 아니하는 한 그 자체로 신의성실의 원칙에 비추어 공정을 잃은 것이라거나 고객에 대하여 부당하게 불리한 것이라거나 또는 법률의 규정에 의한 고객의 항변권, 상계권 등의 권리를 상당한 이유 없이 배제 또는 제한하거나 고객에게 부여된 기한의 이익을 상당한 이유 없이 박탈하는 것이라고 판단되지 아니하므로, 이러한 주택공급계약서의 중도금 납부기일에 관한 조항이 약관의규제에관한법률 제11조 제2호, 제6조 제1항, 제2항 제1호, 제2호 등에 해당하여 무효라고 볼 수 없다."

49_ 약관심사지침 IV. 7. 나. (1). (다).
50_ 서울지법 1999.12.22. 선고 99가합67425 판결 참고.

의 채택에 상당한 이유가 없다면 무효가 된다. 그러나 고객에게 미치는 영향이 경미하고, 대량·반복적 거래의 특성을 고려하여 상당성이 인정된다면 예외적으로 유효라 할 수 있다.[51]

보다 구체적으로 살펴보면 약관규제법 제12조 제3호는 약관규제법 제7조 제2호와 관련이 있다. 약관규제법 제7조 제2호에 따르면 상당한 이유 없이 사업자가 부담해야 하는 위험을 고객에게 전가하는 조항은 무효가 되며, 도달주의가 아닌 발신주의를 택하게 되면 의사표시 부도달 또는 의사표시 연착의 위험은 사업자가 아닌 고객이 부담하기 때문이다. 즉, 발신주의를 택하는 약관조항은 상당한 이유가 없다면 도달주의 원칙 하에서 사업자가 부담하여야 할 의사표시 부도달 또는 연착의 위험을 고객에게 떠넘기는 경우에 해당하게 된다.[52]

다만, 약관규제법 제12조 제3호는 제7조 제2호와 달리 사업자의 모든 의사표시의 부도달 및 연착의 위험을 그 대상으로 하고 있지는 않다. 사업자가 고객에게 의사표시를 하는 경우 그 모든 의사표시에 대하여 사업자가 도달여부를 증명하도록 한다면 다수의 고객과 거래하기 위한 목적으로 약관을 사용하는 사업자에게 과도한 부담을 야기할 수 있기 때문이다. 따라서 약관규제법 제12조 제3호는 "고객의 이익에 중대한 영향을 미치는" 사업자의 의사표시만을 그 대상으로 하고 있다. 즉, 약관

51_ 공정거래위원회 1994.11.9. 의결 제94-326호. "사업자는 규약변경시 그 통지 또는 송부서류가 연착하거나 도달하지 아니한 경우에도 통상의 도달시점에 도달한 것으로 간주해 버리는 약관조항을 두고 있는 바, 규약은 카드의 유효기간, 연회비, 대금결제, 회원자격의 정지 및 탈회등 계약의 기본적인 내용들을 규정하고 있고 이들 사항중에는 아무리 대량·반복거래의 특수성을 감안하더라도 도저히 묵과하기 어려울 정도로 회원의 이해관계에 큰 영향을 미치는 것들도 있으므로 그 사항의 변경시 거래의 특수성과 회원의 이해관계에 관하여 비교형량을 한 후 반드시 회원에게 도달되어야 할 사항의 변경에 대해서는 도달주의의 원칙을 준수하여야 할 것이다. 따라서 고객보호를 위해 비교형량의 절차를 거치는 등 신중한 검토없이 약관을 미리 작성할 수 있는 지위를 남용하여, 연착 또는 미도착시에도 획일적으로 도달된 것으로 간주해 버리는 현행 약관조항은 고객의 이익에 중대한 영향을 미치는 사업자의 의사표시가 상당한 이유없이 고객에게 도달된 것으로 보는 조항으로 약관법 제12조 제3호에 해당된다 할 것이다."

52_ 이와 관련하여 공정거래위원회 1995.7.20. 의결 제95-136호 참고.

규제법 제12조 제3호는 "상당한 이유"가 있는지만을 기준으로 하는 제7조 제2호보다 구체적인 기준을 제시하고 있으므로, 당연히 제12조 제3호가 제7조 제2호에 앞서 검토되어야 한다. 구체적으로 계약의 취소, 해제, 급부변경 또는 이행의 청구 등은 고객의 계약상 지위 또는 급부내용의 변경을 목적으로 하는 의사표시이므로 고객의 이익에 중대한 영향을 미치는 사업자의 의사표시에 해당한다. 이와 달리 계약이행에 대한 정보통지, 상계의 의사표시 등은 고객의 이익에 중대한 영향을 미치는 사업자의 의사표시에 해당하지 않는다.[53]

약관규제법 제12조 제3호는 "상당한 이유"가 있는지에 따라서 약관조항의 유·무효를 결정한다. "상당한 이유"가 있는지는 앞선 조문들의 경우와 같이 약관설정의 의도 및 목적, 당해 업종 내의 일반적인 거래 관행, 관련 규정, 계약목적물의 특성, 사업자의 필요와 고객의 불이익 정도 등을 종합적으로 고려하여 결정하게 된다.[54]

(6) 입증책임에 관한 조항

약관규제법 제14조 제2호는 상당한 이유가 없음에도 고객에게 입증책임을 전가하는 약관조항을 무효로 한다. 입증책임 또는 증명책임이란

---

[53] 약관심사지침 Ⅳ. 8. 다. (1). (다).

[54] 약관심사지침 Ⅳ. 8. 다. (1). (라). 구체적으로 우리 법원은 "약관의규제에관한법률 제12조 제3호는 의사표시에 관하여 정하고 있는 약관의 내용 중 고객의 이익에 중대한 영향을 미치는 사업자의 의사표시가 상당한 이유 없이 고객에게 도달된 것으로 보는 조항은 무효로 한다고 규정하고 있는데, 위 특별약관 제3조 제3항 후단을 문언 그대로 보아 피고가 보험계약자 또는 피보험자의 변경된 주소 등 소재를 알았거나 혹은 보통 일반인의 주의만 하였더라면 그 변경된 주소 등 소재를 알 수 있었음에도 불구하고 이를 게을리한 과실이 있어 알지 못한 경우에도 보험계약자 또는 피보험자가 주소변경을 통보하지 않는 한 보험증권에 기재된 종전 주소를 회사의 의사표시를 수령할 지정장소로 하여 보험계약의 해지나 보험료의 납입최고를 할 수 있다고 해석하게 되는 경우에는 위 약관 조항은 고객의 이익에 중대한 영향을 미치는 사업자의 의사표시가 상당한 이유 없이 고객에게 도달된 것으로 보는 조항에 해당하는 것으로서 위 약관의규제에관한법률의 규정에 따라 무효라 할 것"이라고 판시하고 있다. 대법원 2000.10.10. 선고 99다35379 판결.

소송상 증명이 필요한 사실을 증명하지 못하거나 증명할 수 없는 경우 요증사실이 증명되지 않은 것으로 보아, 증명책임을 지는 당사자가 증명되지 않음으로 인한 불이익을 부담하도록 하는 소송수행상의 증명위험을 말한다. 요증사실을 증명하기 어려운 경우 증명책임을 누가 부담하는지에 따라서 소송의 결과가 결정적으로 달라질 수 있으므로 사업자가 약관을 통하여 자신의 영역에 속하는 사실에 대한 증명책임을 고객에게 전가하는 약관조항은 상당한 이유가 없다면 무효라 할 것이다.

소송이 공정하게 수행되기 위해서는 증명위험을 공평하게 분배할 필요가 있다.[55] 원칙적으로 증명책임은 법률요건설 또는 규범설에 따라 분배된다. 따라서 법률이 정하는 바와 달리 증명책임을 정하는 약관조항은 정당한 이유가 없다면 무효라고 할 수 있다. 그러나 법률요건설 또는 규범설의 문제점을 해결하기 위하여 위험영역설과 같은 새로운 견해들이 등장하고 있으며, 우리 법원도 위험영역설의 입장을 일부 받아들이고 있다.[56] 따라서 계약 목적물을 이미 고객이 양수하여 수리하는 등 적극적으로 관리하고 있다면 약관을 통해 증명책임을 고객에게 전가하는 것이 언제나 고객에게 부당하게 불리한 것이라 할 수 없다. 즉, 상당한 사유가 있다면 약관을 통해 증명책임을 고객에게 부담시킬 수 있다(약관규제법 제14조 제2호).

결국, 약관규제법 제14조 제2호 역시 "상당한 이유"가 있는지에 따라서 약관조항의 유·무효가 결정된다. "상당한 이유"가 있는지는 앞선 조문들의 경우와 같이 약관설정의 의도 및 목적, 당해 업종 내의 일반적인 거래 관행, 관련 규정, 계약목적물의 특성, 사업자의 필요와 고객의 불이익 정도 등을 종합적으로 검토하여 결정한다.[57] 구체적으로 인터넷 게임 사업자가 약관을 통해 자신에게 책임 없는 사유로 접속지연이 발생한

55_ 사법연수원,『요건사실론』, 2016, 5면 이하.

56_ 위험영역설에 대한 우리 법원의 입장은 아직 일치되어 있지 않다. 구체적인 것은 이동진, "위험영역설과 증거법적 보증책임", 저스티스, 2013.10, 167면 이하 참고.

57_ 약관심사지침 IV. 10. 다. (1). (나).

경우 책임을 지지 않는다고 정하고 있다면 이 조항은 상당한 이유가 없다고 볼 수 있다. 또한, 화물·여객 운송업자가 약관을 통해 자신에게 명백한 고의·과실이 있는 경우에만 화물 또는 승객에게 발생한 손해를 배상한다고 정하고 있다면 이 조항 역시 상당한 이유가 없다고 볼 수 있다.[58]

2. "상당한 이유"와 구별되는 "정당한 이유"를 심사기준으로 사용하는 경우

약관규제법이 대부분의 개별적 내용통제규정에서 "상당한 이유"가 있는지를 심사의 기준으로 택하고 있지만, 약관규제법 제11조 제4호는 "정당한 이유"가 있는지를 심사의 기준으로 사용하고 있다. 따라서 약관규제법에서 "정당한 이유"가 있는지를 심사의 기준으로 택하는 것은 오히려 예외적인 경우라 할 수 있다. 약관규제법 제11조 제4호의 내용은 구체적으로 다음과 같다.

약관규제법 제11조 제4호는 사업자가 업무수행 과정에서 알게 된 고객의 비밀을 정당한 이유 없이 누설할 수 있도록 정하는 약관조항을 무효로 한다. 사업자는 원칙적으로 거래관계에서 알게 된 고객의 정보를 약정한 업무 외의 목적으로 사용할 수 없으며, 제3자에게 누설할 수도 없다. 사업자가 계약관계에서 알게 된 고객의 정보를 임의로 사용하고, 제3자에게 전달할 수 있다면 헌법 제17조가 보호하고 있는 국민의 사생활의 비밀과 자유에 관한 기본권이 계약관계에서 부당하게 침해될 수 있기 때문이다. 따라서 약관규제법 제11조 제4호는 사업자가 업무상 알게 된 고객의 비밀을 정당한 이유 없이 누설하지 못하도록 정하고 있다.[59]

다만, 사업자가 업무수행 과정에서 알게 된 고객의 정보를 언제나 누

58_ 약관심사지침 IV. 10. 다. (3). (가), (나).
59_ 소비자 문제를 연구하는 시민의 모임, 『약관 규제의 입법』, 1986, 62면.

설할 수 없는 것은 아니다. 신용거래 같은 경우에는 사업자가 제3자에게 부득이하게 고객의 개인정보를 제공할 필요가 있다. 물론 이 경우에도 고객의 동의, 최고, 채무불이행 등 구체적이고 엄격한 허용요건을 전제로 최소한의 정보만을 제3자에게 제공해야 한다. 약관규제법 제11조 제4호는 이러한 엄격한 허용요건을 "정당한 이유"라는 표현으로 나타내고 있다. 그러나 약관심사지침은 이러한 규정상 표현의 차이를 정확히 알고 있지는 못한 것으로 보인다. 구체적으로 "정당한 이유"가 있는지를 약관심사지침은 "당해 약관을 설정한 의도 및 목적, 당해 업종에서의 통상적인 거래관행, 관계법령, 거래대상 상품 또는 용역의 특성, 사업자의 영업상의 필요 및 고객이 입을 불이익의 내용과 정도 등을 종합적으로 고려하여 판단"하고 있다.[60] 이러한 심사기준은 사실 약관규제법상 "상당한 이유"의 판단기준과 같다.

그러나 「신용정보의 이용 및 보호에 관한 법률」 제32조와 같이 정보이용자가 고객의 정보를 타인에게 제공하려는 경우 정보주체의 동의를 받도록 의무화하고 있으며, 같은 법률 제33조에서 정하는 바와 같이 해당 정보는 업무의 목적 또는 동의를 받은 목적으로만 예외적으로 이용할 수 있을 뿐이다. 따라서 "상당한 이유"가 있는지를 기준으로 약관조항의 유·무효를 판단하는 다른 규정과 달리 "정당한 이유"가 있는지를 기준으로 판단을 하는 약관규제법 제11조 제4호는 판단의 대상이 되는 사정이 원칙적으로 금지되고, 예외적으로 "정당한 목적"을 위해서만 허용된다고 보아야 한다. 즉, 약관심사지침의 평가기준이 "정당한 이유"와 "상당한 이유"를 동일하게 바라보고 있지만, 약관규제법 제11조 제4호가 문제 되는 약관조항의 경우에는 정당한 목적을 위하여 엄격한 허용요건을 전제로 제3자에게 최소한의 정보를 제공하는 경우에만 유효한 것으로 보아야 한다. 이처럼 "상당한 이유"와 "정당한 이유"의 심사기준은 개별 조문의 구체적인 내용을 살펴보면 분명히 구별될 필요가 있으

60_ 약관심사지침 IV. 7. 라. (1) (다).

며, 이러한 차이를 알고 있지 않은 현행 약관심사지침은 타당하지 않은 것으로 보인다.

3. 정확한 구별이 필요한 "부당하게"라는 심사기준

우리 약관규제법은 "상당한 이유"와 "정당한 이유"라는 심사기준 외에도 "부당하게"라는 심사기준을 사용하고 있다.[61] 그런데 "부당하게"라는 심사기준의 구체적인 의미를 우리 약관규제법은 밝히고 있지 않다. 따라서 다른 유사한 법률규정에서 "부당하게"라는 표현을 어떻게 이해하고 있는지를 살펴보아 약관규제법에서 사용되고 있는 "부당하게"라는 표현의 의미를 추론해 볼 필요가 있다.

(1) "부당하게"의 의미

「독점규제 및 공정거래에 관한 법률」(이하 '공정거래법')은 "부당하게"라는 표현을 사용하고 있으며, 중요한 심사기준으로 활용하고 있다. 공정거래법 제1조는 "사업자의 시장지배적 지위의 남용과 과도한 경제력의 집중을 방지하고, 부당한 공동행위 및 불공정거래행위를 규제하여 공정하고 자유로운 경쟁을 촉진함으로써 창의적인 기업활동을 조장하고 소비자를 보호함과 아울러 국민경제의 균형있는 발전을 도모"하는 것을 이 법의 목적으로 명시하고 있다. 공정거래법은 시장지배적 지위의 남용금지 규정(제3조의2), 부당한 공동행위 금지규정(제19조), 그리고 불공정거래행위의 금지규정(제23조) 등에서 "부당성"을 중요한 판단기준으로 활용하고 있다.

해당 규정에서 사용된 "부당한" 또는 "부당하게"라는 표현이 어떠한 의미가 있는지는 시행령을 통해서 다시 한 번 확인할 수 있다. 구체적으로 공정거래법 제3조의2 제1항 제1호에서 규율하고 있는 "상품의 가격

61_ 구체적으로 "부당하게"라는 심사기준은 제8조, 제9조 제2호, 제3호, 제4호 후단, 제5호, 제6호, 제11조 제3호, 제12조 제2호, 제4호, 제14조 제1호에서 사용되고 있다.

이나 용역의 대가(…)를 부당하게 결정·유지 또는 변경하는 행위"는 독점규제 및 공정거래에 관한 법률 시행령(이하 공정거래법 시행령) 제5조 제1항에서 "정당한 이유없이 상품의 가격이나 용역의 대가를 수급의 변동이나 공급에 필요한 비용(…)의 변동에 비하여 현저하게 상승시키거나 근소하게 하락시키는 경우"로 설명하고 있다. 또한, 공정거래법 시행령 제36조의 별표 1의2는 공정거래법 제23조 제1항 제1호의 "부당하게 거래를 거절"하는 행위를 "정당한 이유없이" 다른 사업자와 공동으로 특정 사업자에 대한 거래개시를 거절하거나, 거래를 중단하거나, 거래를 제한하는 행위 또는 "부당하게" 특정사업자에 대한 거래개시를 거설하거나, 거래를 중단하거나, 거래를 제한하는 행위로 설명하고 있다. 따라서 후자의 경우 다시 한번 "부당하게"가 무엇을 의미하는지 다투어진다.

이와 관련하여 우선, 대법원은 공정거래법 시행령상 존재하는 양 기준을 증명책임의 부담주체와 위법성 인정가능성을 기준으로 구분하고 있다.[62] 즉, "부당하게"라는 기준이 적용되는 행위는 공정거래위원회가 그 부당성을 증명해야 하나, "정당한 이유없이"라는 기준이 적용되는 행

---

[62]_ "구 독점규제및공정거래에관한법률(…) 제23조 제1항은 공정한 거래를 저해할 우려가 있는 행위(이하 '불공정거래행위'라 한다)의 하나로 그 제1호에서 '부당하게 거래의 상대방을 차별하여 취급하는 행위'를 들고, 같은 조 제2항에서 그 행위유형 또는 기준을 대통령령으로 정하도록 위임함에 따라, 같은법시행령(…) 제36조 제1항 [별표] 제2호 (다)목은 법 제23조 제1항 제1호에 해당하는 행위유형의 하나로 '계열회사를 위한 차별'을 들면서 이를 '정당한 이유 없이 자기의 계열회사를 유리하게 하기 위하여 가격·수량·품질 등의 거래조건이나 거래내용에 관하여 현저하게 유리하거나 불리하게 하는 행위'라고 규정하는바, 영 제36조 제1항 [별표] 제2호 (가), (나), (라)목에서 '가격차별', '거래조건차별', '집단적 차별'에 대하여는 그러한 행위가 '부당하게' 행하여진 경우에 한하여 불공정거래행위가 되는 것으로 규정하면서도 '계열회사를 위한 차별'의 경우에는 정당한 이유가 없는 한 불공정거래행위가 되는 것으로 문언을 달리하여 규정하고 있는 취지는, 이러한 형태의 차별은 경쟁력이 없는 기업집단 소속 계열회사들을 유지시켜 경제의 효율을 떨어뜨리고 경제력 집중을 심화시킬 소지가 커서 다른 차별적 취급보다는 공정한 거래를 저해할 우려가 많으므로 외형상 그러한 행위유형에 해당하면 일단 공정한 거래를 저해할 우려가 있는 것으로 보되 공정한 거래를 저해할 우려가 없다는 점에 대한 입증책임을 행위자에게 부담하도록 하겠다는 데에 있다 할 것이다." 대법원 2001.12.11. 선고 2000두833 판결.

위는 행위자가 그 정당성을 증명하지 못하는 한 위법한 것으로 보고 있다. 이러한 대법원의 입장에 대해서는 침익적 성격의 행정법령을 해석하면서, 그 증명책임을 국민에게 부담시키는 것으로 타당하지 않다는 비판이 제기되고 있다. 이러한 비판적 입장에 따르면 "정당한 이유없이"라는 기준과 "부당하게"라는 기준은 증명부담의 정도에서 차이가 있을 뿐이라고 한다.[63] 그러나 이러한 비판적 견해와 달리 대법원의 입장을 따르면 공정거래법 시행령상 "부당하게"는 "상당한 이유없이"를 의미하게 된다. 결과적으로 공정거래법 제23조의 "부당하게"라는 표현은 "정당한 이유없이"라는 기준과 "상당한 이유없이"라는 두 기준을 모두 포섭하게 된다.

"부당하게"라는 표현을 언어적으로 해석하는 경우에도 이와 유사한 해석이 가능하다. 언어적으로 "부당하다"는 표현은 이치에 맞지 않고, 정당하지 않다는 의미이다.[64] 따라서 약관규제법 제8조에서 말하는 "고객에게 부당하게 과중한 지연 손해금 등의 손해배상 의무를 부담시키는 약관 조항"은 '이치에 맞지 않고, 정당하지 않게 고객에게 과중한 지연 손해금 등의 손해배상 의무를 부담시키는 약관 조항'을 의미하게 된다. 즉, 약관조항의 부당성은 이치에 맞지 않는 손해배상금의 과중성을 의미하게 된다. 따라서 약관규제법 제8조에서 사용하는 "부당하게"라는 표현은 "상당한 범위를 벗어난" 또는 "상당한 이유 없이"를 의미하게 된다. 이와 달리 약관규제법 제9조 제4호 후단의 "고객의 원상회복 청구권을 부당하게 포기하도록 하는 조항"은 '이치에 맞지 않고, 정당하지 않게 고객의 원상회복 청구권을 포기하도록 하는 조항'을 의미하게 된다. 즉, 약관조항의 부당성은 정당하지 않은 원상회복 청구권의 포기 사유 또는 포기 이유에 있게 된다. 따라서 약관규제법 제9조 제4호 후단에서 사용하는 "부당하게"라는 표현은 "정당한 이유 없이"라는 뜻을 갖게 된다. 결

63_ 이승택, "우리 공정거래법상의 부당성의 의미 및 그 법률상 지위 — 대법원 판례를 중심으로", 사법논집 제49집, 2009, 106면.

64_ 국립국어원 표준국어대사전 참고(http://stdweb2.korean.go.kr/main.jsp).

과적으로 약관규제법에서 사용하는 "부당하게"라는 표현은 두 가지 심사기준을 모두 의미할 수 있으므로 개별 조문의 구체적인 내용을 살펴 그 의미를 찾아야 한다.

(2) 부당하게 과중한 손해배상액의 예정에 관한 조항

약관규제법 제8조는 사업자가 고객에게 부당하게 과중한 손해배상의무를 부과하는 약관조항을 무효로 한다. 장래 발생할 수 있는 의무위반에 대비하여 계약의 당사자들이 손해배상을 예정하는 경우, 의무의 위반을 증명하면 실제 손해액을 증명하지 않고도 채권자는 약정된 손해배상액을 받을 수 있다.[65] 이러한 손해배상액의 예정은 손해의 발생과 손해액의 증명곤란을 피하고 다툼을 예방하여 손해배상에 관한 법률관계를 간단하게 하려는 목적을 갖고 있다. 따라서 법률의 규정 또는 선량한 풍속 기타 사회질서에 반하지 않는다면 자유롭게 손해배상의 예정을 합의할 수 있다(민법 제398조 제1항).

약관규제법 제8조는 다만, 부당하게 과중한 손해배상액을 약관을 통해 약정하는 경우 이 약관조항을 무효로 한다. 약관규제법 제8조는 대표적으로 이행지체 시 과중한 지연손해가 예정된 경우를 예로 들고 있다.[66] 그런데 민법 제398조 제2항은 손해배상액의 예정이 부당하게 과다한 경우 법원이 이를 적당히 감액할 수 있도록 규정하고 있다. 따라서 약관규제법 제8조의 의미가 부당하게 과중한 손해배상액의 예정을 일부 무효화하고, 적당하게 감액된 손해배상액만을 유효한 것으로 보겠다는 의미인지 다투어질 수 있다. 우리 법원은 손해배상액의 예정에 관한 전체 약관조항이 무효가 되고, 적당하게 감액된 손해배상액만이 유효하게 되는 것은 아니라고 보고 있다.[67]

약관규제법 제8조는 "부당하게 과중한" 손해배상의무를 고객이 부담

65_ 곽윤직, 『채권총론』, 제6판 2014, 128면 이하.
66_ 김동훈, "약관규제법의 시행과 정착과정에서의 주요 문제", 소비자법연구, 2017, 48면.
67_ 대법원 2009.8.20. 선고 2009다20475 판결; 대법원 1996.9.10. 선고 96다19758 판결.

하는지를 기준으로 약관조항의 유·무효를 결정한다. 즉, 손해배상의무의 상당성을 기준으로 삼고 있다. 구체적으로 우리 법원은 "채권자와 채무자의 경제적 지위, 계약의 목적과 내용, 손해배상액을 예정한 경위(동기), 채무액에 대한 예정액의 비율, 예상 손해액의 크기, 그 당시의 거래관행과 경제 상태 등을 두루 참작한 결과, 손해배상 예정액의 지급이 경제적 약자의 지위에 있는 채무자에게 부당한 압박을 가하여 공정을 잃는 결과를 초래한다고 인정되는 경우"에 "부당하게 과중한" 손해배상의무가 약정되었다고 보았다.[68] 따라서 약관에서 정하고 있는 손해배상액이 상당한 범위를 벗어나지 않아 과도하다고 볼 수 없다면 이 약관조항은 유효하게 된다.

(3) 부당하게 불이익을 줄 우려가 있는 계약의 해제·해지에 관한 조항

약관규제법 제9조 제2호는 사업자에게 법률에서 정하고 있지 않은 해제권 또는 해지권을 추가로 부여하여 고객을 부당하게 불이익하게 할 '우려가 있는' 약관조항을 무효로 한다. 또한 약관규제법 제9조 제3호는 법률에서 정하고 있는 해제권 또는 해지권의 요건을 완화하여 고객을 부당하게 불이익하게 할 '우려가 있는' 약관조항을 무효로 한다. 즉, 약관을 통해 사업자에게 법률이 정하고 있는 해제권 또는 해지권 외에 추가적인 해제권 또는 해지권을 부여하는 것이 신의성실의 원칙에 반하여 공정을 잃은 것이며(제6조 제1항), 또한 고객을 부당하게 불리하게 하는 것인지를 평가한 뒤(제6조 제2항 제1호), 고객을 부당하게 불이익하게 할 '우려가 있는' 경우(제9조 제2호)에도 해당 약관조항을 무효로 하고 있다. 또한 약관을 통해 법률이 정하고 있는 해제권 또는 해지권 행사의 요건

68_ 대법원 1993.4.23. 선고 92다41719 판결; 대법원 2000.12.8. 선고 2000다35771 판결; 대법원 2000.12.8. 선고 2000다50350 판결; 대법원 2004.7.9. 선고 2004다16181 판결; 대법원 2004.7.22. 선고 2004다3543 판결; 대법원 2007.7.27. 선고 2007다18478 판결; 대법원 2010.7.15. 선고 2010다10382 판결; 대법원 2014.7.24. 선고 2014다209227 판결 참고. 물론 이 판결들은 민법 제398조 제2항에 관한 판결들이나, 약관규제법 제8조의 해석에도 참고할 수 있다. 약관심사지침 IV. 4. 가. (3) 참고.

을 완화하여 고객을 부당하게 불리하게 하거나(제6조 제2항 제1호), 또는 부당하게 불이익을 줄 '우려가 있는' 경우(제9조 제3호)에도 해당 약관조항을 무효로 하고 있다.

약관규제법 제9조 제2호 및 제3호는 고객에게 "부당하게 불이익을 줄 우려"가 있는지를 기준으로 약관조항의 유·무효를 결정한다. 구체적으로 약관심사지침은 약관설정의 의도 및 목적, 해당 업종의 거래 관행, 관계 법령, 거래목적물의 특성, 사업자의 필요와 고객의 불이익 정도 등을 종합하여 약관의 부당성을 판단한다. 따라서 고객의 채무불이행을 이유로 사업자에게 해제권 또는 해지권을 부여하는 약관조항은 신의칙에 반하여 공정을 잃은 조항이 아니며, 고객을 부당하게 불리하게 하는 조항도 아니고, 고객을 부당하게 불이익하게 할 우려가 있는 경우에도 해당하지 않는다.[69] 그러나 고객의 경미한 의무위반을 이유로 법률상의 최고 절차 없이 계약을 일방적으로 해제 또는 해지할 수 있도록 정하는 약관조항은 고객을 부당하게 불이익하게 할 수 있는 부당한 약관조항에 해당할 수 있다.[70] 결과적으로 약관규제법 제9조 제2호 및 제3호에서 정하는 "부당하게"는 "상당한 이유 없이"를 의미하게 된다.

(4) 부당하게 사업자의 원상회복의무를 감면하는 조항

약관규제법 제9조 제4호 후단은 계약의 해제 또는 해지로 인한 고객의 원상회복청구권을 부당하게 포기하도록 하는 약관조항을 무효로 한다. 즉, 정당한 이유가 없음에도 법률상 인정되는 고객의 원상회복청구권을 포기하도록 정하는 약관조항을 무효로 한다. 달리 표현하면, 법률상 정해진 사업자의 원상회복의무를 정당한 이유가 없음에도 면제시키는 약관조항을 무효로 한다. 따라서 약관규제법 제9조 제4호 후단은 약관규제법 제9조 제5호와 관련되어 있다. 약관규제법 제9조 제5호는 계약의 해제 또는 해지로 발생하는 사업자의 원상회복의무나 손해배상의

69_ 대법원 2005.10.13. 선고 2003두1110 판결 참고.
70_ 약관심사지침 IV. 5. 나. (2) (라).

무를 부당하게 경감하는 약관조항을 무효로 한다. 즉, 사업자의 원상회복의무를 부당하게 면제시키는 경우를 약관규제법 제9조 제4호 후단이, 사업자의 원상회복의무를 부당하게 경감시키는 경우를 약관규제법 제9조 제5호가 규정하고 있다.

고객의 원상회복청구권을 부당하게 면제 또는 감경시키는 조항을 무효로 하는 약관규제법 제9조 제4호 후단과 제5호의 경우는 고객의 해제권 또는 해지권을 배제하거나 그 행사를 제한하는 조항을 절대적으로 무효로 하는 약관규제법 제9조 제1호의 경우와 다르다. 전자는 고객이 해제권 또는 해지권을 결과적으로 '사실상' 행사하기 어렵게 하는 경우를 그 대상으로 하기 때문이다. 그런데도 약관규제법 제9조 제4호 후단과 제5호는 약관규제법 제9조 제1호의 경우와 그 관련성을 부정하기 어렵다. 따라서 고객에게 법률상 인정되는 해제권 또는 해지권을 사실상 행사하기 어렵게 하는 약관조항은 "정당한 이유"가 없다면 원칙적으로 무효라고 보아야 할 것이다. 즉, 약관규제법 제9조 제4호 후단 및 제5호에서 사용하고 있는 "부당하게"라는 표현은 "정당한 이유 없이"라는 의미로 받아들여야 한다.

이러한 사실은 약관규제법 제9조 제4호 전단의 규정과 제9조 제4호 후단 및 제5호의 규정을 비교해 보면 더 분명해진다. 고객에게 원상회복의무를 부담시키는 경우와 달리 사업자의 원상회복의무나 손해배상의무를 감면하는 것은 고객에게 명백히 불리한 경우에 해당한다. 따라서 전자는 의무부담이 상당성을 벗어나 과중한지를 기준으로 약관조항의 효력을 판단하게 되지만, 후자는 의무 감면의 정당성 유무를 기준으로 정당한 이유가 없다면 고객에게 부당하게 불리한 경우로 보게 된다.[71]

71_ "약관규제법 제9조는 '계약의 해제, 해지에 관하여 정하고 있는 약관의 내용 중 다음 각 호의 1에 해당되는 내용을 정하고 있는 조항은 이를 무효로 한다.'라고 규정하고, 같은 조 제4호는 '계약의 해제, 해지로 인한 사업자의 원상회복의무나 손해배상의무를 부당하게 경감하는 조항'을 들고 있는바, 민법 제548조 제2항은 계약이 해제된 경우 반환할 금전에 그 받은 날로부터 이자를 가산하여야 한다고 규정하고 있으므로 계약 해제로 인하여 사업자가 이미 받은 금전을 반환함에 있어 이자의 반환의무를 배제하

즉, 후자의 경우 약관조항은 "정당한 이유"가 없다면 원칙적으로 무효가 된다.

(5) 부당하게 장기의 계약기간을 정하거나 묵시적 연장·갱신을 정한 조항

약관규제법 제9조 제6호는 계속적 채권관계의 존속기간을 부당하게 단기 또는 장기로 정하는 약관조항과 묵시적 기간연장 또는 갱신조항을 통해 고객을 부당하게 불리하게 하는 약관조항을 무효로 하고 있다.[72] 즉, 사업자가 약관을 통하여 계약기간을 부당하게 장기로 정하여 고객의 적법한 해지권 행사를 제한하는 경우 또는 묵시적 기간연장 또는 갱신조항을 통해 고객의 해지권 행사를 부당하게 제한할 우려가 있는 경우에 해당 약관조항을 무효로 한다.[73]

따라서 법률이 정하고 있는 고객의 해지권 행사를 제한하는 약관조항은 약관규제법 제9조 제1호에 의하여 절대적 무효사유가 되며, 존속기간을 부당하게 장기로 정하거나 묵시적 기간연장 또는 갱신조항을 두어 사실상 고객의 해지권 행사를 제한할 우려가 있는 약관조항은 약관규제법 제9조 제6호에 의하여 부당성 평가를 전제로 무효가 된다. 그러나 상

는 약관조항은 고객에게 부당하게 불리하여 공정을 잃은 것으로 추정되어 이를 정당화할 합리적인 사유가 없는 한 무효라고 보아야 할 것이다." 대법원 2008.12.24. 선고 2008다75393 판결. 그 외에도 대법원 1999.3.26. 선고 98다33260 판결 참고.

72_ 계속적 채권관계의 존속기간을 부당하게 단기로 정하는 경우에는 고객에게 법률상 인정되는 해지권이 제한되는 문제가 발생하지 않는다. 따라서 약관규제법 제9조 제6호에서 이러한 경우 역시 규정하는 것은 타당하지 않다.

73_ 존속기간의 공백만으로 약관규제법 제9조 제6호가 적용되는 것은 아니라는 판결로 대법원 2001.11.27. 선고 99다8353 판결 참고: "어음거래약정서와 같이 일반적으로 약관을 포함하고 있는 정형적인 계약서 중 계약기간이나 거래금액 등에 관한 조항이라고 하더라도 그 존속기간과 거래금액을 보충하여 기재할 수 있는 난을 마련하여 두어 당사자의 구체적 합의에 의하여 그 내용이 결정될 것이 예정되어 있는 경우에는 이를 바로 무기한의 존속기간 및 무한도의 거래한도를 정한 약관에 해당한다고 볼 수는 없다 할 것이고, 따라서 합의에 의해 보충예정된 연대보증의 보증기간이나 보증한도액의 정함이 없다 하여 약관 형식의 어음거래약정이 위 법 제6조, 제9조 제5호에 위반되어 무효라고 볼 것은 아니다."

당한 이유가 있다면 법률이 정하는 것보다 장기의 계약기간을 약정하는 것이 가능하고(제9조 제6호 전단), 정당한 이유가 있다면 법률이 정하는 경우 외에도 묵시적 기간연장 또는 갱신을 약정하는 것도 가능하다(제9조 제6호 후단). 즉, 약관규제법 제9조 제6호의 "부당하게"라는 표현은 동항 전단의 경우에는 "상당한 이유 없이"를 의미하며, 후단의 경우에는 "정당한 이유 없이"를 의미한다고 보아야 한다.[74]

(6) 고객의 권익보호에 관한 조항

약관규제법 제11조 제3호는 고객이 제3자와 계약을 체결하는 것을 부당하게 제한하는 약관조항을 무효로 한다. 원칙적으로 모든 사람은 계약체결의 자유를 갖는다. 따라서 고객은 제한 없이 제3자와 계약을 체결할 수 있다. 사업자가 이러한 고객의 계약체결의 자유를 제한하고 특정 고객과 독점적 거래관계를 맺고 싶다면 약관이 아닌 개별약정을 통해 합의해야 한다. 즉, 고객의 계약체결의 자유를 제한하는 약관조항은 원칙적으로 무효이며, 다만 정당한 이유가 있다면 예외적으로 허용된다.

그러나 정당한 이유가 있는 경우라도 사업자는 상당한 기간 적당한 장소적 범위, 업종 내에서 합리적으로 제한된 내용에 한하여 고객의 계약체결의 자유를 제한할 수 있다.[75] 즉, 정당한 이유가 있어 사업자가 약관을 통해 고객의 계약체결의 자유를 제한하는 때에도 그 제한의 범위가 지나치게 광범위하여 고객의 계약체결의 자유를 침해하는 것으로 볼 수 있다면 약관규제법 제11조 제3호에 의하여 무효가 된다. 구체적으로 아파트의 화재보험 가입이 정당하게 강제되는 경우라도 사업자가 보험사를 특정하고 그 보험사와 계약하도록 강제하는 것은 고객의 계약체결의 자유를 부당하게 제한하는 약관조항이 된다.[76] 따라서 약관규제법 제

74_ 그러나 약관심사지침 IV. 5. 마. (1) (다)는 양자 모두를 "상당한 이유 없이"라는 의미로 받아들이고 있다.

75_ 약관심사지침 IV. 7. 다. (1) (가).

76_ 약관심사지침 IV. 7. 다. (2) (가).

11조 제3호에서 쓰고 있는 "부당하게 제한하는"이라는 표현은 '정당한 이유 없이 제한하는'이라는 의미와 '정당한 이유가 있음에도 상당한 범위를 벗어나 과도하게 제한하는'이라는 두 가지 의미가 있다.

(7) 의사표시의 의제에 관한 조항

약관규제법 제12조 제2호는 고객이 행하는 의사표시의 형식이나 요건에 부당하게 엄격한 제한을 두는 약관조항을 무효로 한다. 원칙적으로 의사표시는 그 형식의 자유가 인정된다. 다만, 예외적으로 법률은 법률관계를 명확히 하기 위하여, 또는 행위자가 신중하게 행동하도록 촉구하기 위하여 의사표시의 형식에 특별한 제한을 두고 있다. 따라서 법률에 따른 제한 외에도 상당한 이유가 있다면 의사표시의 형식이나 요건을 약관을 통해 제한하는 것이 가능하다. 구체적으로 취소, 해제 또는 최고 등의 의사표시는 법률관계에 중요한 영향을 미치는 의사표시이므로 서면으로 할 것을 요구할 수 있다. 그러나 고객이 진료계약을 취소, 변경하고자 하는 경우 예약 전일 정해진 시간까지 병원을 방문하여 계약을 취소, 변경하도록 하는 약관조항은 부당하게 엄격한 제한을 두는 경우라 할 수 있다.[77] 따라서 약관규제법 제12조 제2호의 "부당하게 엄격한 제한"이라는 표현은 "상당한 범위를 벗어나 과도하게 엄격한 제한"이라는 의미로 해석할 필요가 있다. 즉, 고객의 의사표시의 형식이나 요건을 상당한 이유 없이 엄격하게 제한하여 부당하게 고객을 불리하게 하는 약관조항은 무효가 된다.[78]

약관규제법 제12조 제4호는 사업자의 의사표시가 고객의 이익에 중대한 영향을 미치는 경우 그 의사표시의 기한을 부당하게 길게 정하거나 불확정하게 하는 약관조항을 무효로 한다. 고객이 자신의 이익에 중대한 영향을 미치는 사업자의 의사표시를 지나치게 오래, 또는 기약 없이 기다려야 한다면 고객의 계약상 지위가 불안해지기 때문이다.[79] 즉,

---

77_ 약관심사지침 IV. 8. 나. (2).

78_ 손지열, 민법주해 XII, 1997, 393면 참고.

약관에서 고객에게 중대한 영향을 미치는 사업자의 의사표시 기한이 "상당한 이유 없이" 길게 정해져 있다면 부당하게 고객을 불리하게 하는 조항으로 무효가 된다. 약관이 정하는 기간이 상당한가는 결국 사업자와 고객의 이익 간 비교형량을 통해 판단할 수밖에 없다. 그러나 고객의 이익에 중대한 영향을 미치는 사업자의 의사표시 기한을 불확정하게 정하는 약관조항의 경우에는 별도의 비교형량 없이도 이미 그 자체로 부당하게 고객을 불리하게 하는 경우라고 할 수 있다.

(8) 소송제기의 금지 등에 관한 조항

약관규제법 제14조 제1호는 고객에게 부당하게 불리한 소제기 금지 조항을 무효로 한다. 원칙적으로 부제소의 합의는 유효하다. 그러나 개별약정이 아닌 약관을 통해 부제소의 합의를 하는 것은 고객에게 법률이 보장하는 권리구제절차와 기회를 박탈하는 것과 같아 무효가 된다.[80] 따라서 일방적으로 고객의 소제기를 금지시키는 약관조항은 일방적으로 고객에게 희생을 강요하는 것과 같아 고객에게 부당하게 불리한 조항이 된다.[81]

약관규제법 제14조 제1호는 또한 고객에게 부당하게 불리한 재판관할의 합의 조항도 무효로 한다. 원칙적으로 전속관할이 문제 되는 사건이 아니라면 당사자는 서면으로 제1심 관할법원을 합의할 수 있다(민사소송법 제29조 제1항, 제2항). 그러나 사업자의 편의만을 위하여 약관으로 재판관할을 정하는 경우, 고객은 소제기 또는 응소에 있어 어려움을 겪

79_ 윤진수, "한국법상 약관규제법에 의한 소비자 보호", 민사법학 제62호, 2013. 3, 355면.
80_ 윤진수, "한국법상 약관규제법에 의한 소비자 보호", 민사법학 제62호, 2013. 3, 356면.
81_ "이 사건 부제소 특약은 고객에 대하여 당해 거래상의 예상가능한 분쟁에 관한 소권을 일체 배제시킴으로써 일방적으로 불리하게 기능하게 되는 부당한 약관에 해당하는 것임이 분명한 이상, 이러한 내용의 약관은 일반고객의 거래상의 정당한 이익과 합리적 기대를 고려함이 없이 오로지 사업자의 편의만을 위하여 작성된 것으로서 신의성실의 원칙에 반하여 공정을 잃은 것이라고 아니할 수 없고, 따라서 위 부제소 특약의 약관조항은 약관규제법 제14조의 규정에 따라 무효라고 해석함이 옳을 것이다." 대법원 1994. 12. 9. 선고 93다43873 판결.

을 수밖에 없다. 결국 고객에게 부당하게 불리한 재판관할의 합의 조항은 법률이 고객에게 보장하고 있는 권리구제절차와 기회를 심대히 제한하고, 종국에는 포기하게 만드는 조항이라 할 수 있다.

약관규제법 제14조 제1호는 고객에게 "부당하게 불리한가"를 기준으로 약관의 유·무효를 판단한다. 구체적으로 우리 법원은 "고객에게 생길 수 있는 불이익의 내용과 불이익 발생의 개연성, 당사자들 사이의 거래과정에 미치는 영향, 관계 법령의 규정 등 제반 사정을 종합하여 볼 때, 당사자 중 일방이 지정하는 법원을 관할법원으로 한다는 것과 다를 바 없거나, 사업자가 그 거래상의 지위를 남용하여 사업자의 영업소를 관할하는 지방법원을 전속적 관할로 하는 약관조항을 작성하여 고객과 계약을 체결함으로써 건전한 거래질서를 훼손하는 등 고객에게 부당하게 불이익을 주었다고 인정되는 경우"[82]를 약관규제법 제14조 제1호에서 말하는 고객에게 부당하게 불리한 경우로 보고 있다. 따라서 재판관할에 관한 약관조항이 고객에게 다소 불리한 정도라면 무효가 되지 않는다. 그러나 우리 법원은 약관조항이 "민사소송법상의 관할법원 규정보다 고객에게 불리한 관할법원을 규정한 것이어서 사업자에게는 유리할지언정 원거리에 사는 경제적 약자인 고객에게는 제소 및 응소에 큰 불편을 초래할 우려가 있다면" 부당하게 불리한 재판관할의 합의조항으로 무효라고 판단하고 있어,[83] 정당한 사유가 없다면 법률과 다른 재판관할 합의조항을 고객에게 부당하게 불리한 것으로 판단하고 있다.

IV. 각 심사기준의 비교와 그 차이점

이상에서 살펴본 바와 같이 우리 약관규제법은 제7조부터 제14조에서 3개 유형의 상대적 심사기준을 두고 있다. 구체적으로는 3개 유형의

82_ 대법원 2009.11.13. 선고 2009마1482 결정.
83_ 대법원 1998.6.29. 선고 98마863 판결.

심사기준은 살펴본 바와 같이 다음과 같은 의미가 있다. 첫째, "상당한 이유 없이"라는 표현을 통해 약관조항의 상당성을 심사하고 있다. 둘째, "정당한 이유 없이"라는 표현을 통해 원칙적으로 금지되는 약관조항이 허용되는 예외적 정당화 사유를 검토하고 있다. 셋째, "부당하게"라는 표현을 통하여 일부 조항에서는 상당성을 심사하고, 일부 조항에서는 정당화 사유가 있는지를 검토하고 있다. 따라서 "부당하게"라는 표현의 구체적인 의미는 개별 조항의 의미를 살펴 확인해야 하며, 단편적으로 하나의 의미가 있다고 판단해서는 안 된다. 결과적으로 3개 유형의 심사기준은 '상당성 심사'와 '정당성 심사'라는 2개의 심사기준으로 크게 묶어볼 수 있게 된다. 이하에서는 양 기준의 차이점을 살펴본다.

1. 심사 전제의 차이

이미 살펴본 바와 같이 우리 약관규제법상 "상당한 이유"가 있는지를 심사하는 상당성 심사는 문제가 되는 약관조항이 공정하고 유효한 약관조항임을 전제로 한다. 다만, 상당한 범위를 벗어나 해당 약관조항이 고객에게 부당하게 불리하여 불공정한 조항이 되는 경우, 해당 약관조항을 무효로 한다(약관규제법 제6조 제1항, 제2항 제1호 참고). 이와 달리 "정당한 이유"가 있는지를 검토하는 정당성 심사는 문제가 되는 약관조항이 원칙적으로 불공정하며 무효임을 전제로 한다. 다만, 예외적으로 사용자에게 해당 약관조항의 사용을 허락할 만한 정당한 이유가 있는 경우에 해당 약관조항을 유효로 한다.

그러나 약관심사지침상의 평가방법을 살펴보면 상당한 이유의 존부 판단과 정당한 이유의 존부 판단, 그리고 부당성의 판단은 거의 대동소이한 기준을 따르고 있다.[84] 결과적으로 약관심사지침에 의하면 우리 약

84_ 구체적으로 약관규제법 제12조 제3호의 "상당한 이유"는 "당해 약관을 설정한 의도 및 목적, 당해 업종에서의 통상적인 거래관행, 관계법령, 거래대상 상품 또는 용역의 특성, 사업자의 영업상의 필요 및 고객이 입을 불이익의 내용과 정도 등"을 종합하여 판

관규제법의 약관조항에 대한 불공정성 심사기준은 모든 계약 요소를 고려하여 종합적으로 평가한 이익교량과 다름이 없어진다. 그러나 이렇게 보는 경우 입법자가 각 조항의 규율목적을 고려하여 의식적으로 또는 의도하지 않았음에도 무의식적으로 사용한 평가기준의 차이를 무시하는 셈이 된다.

법문상 표현이 명백히 오용된 경우라면 당해 조문을 해석함에 있어 그 표현에 구속될 필요가 없다. 그러나 의도하였건 의도하지 않았건 법문상의 표현이 특정한 기능을 수행하고 있다면 당해 조문을 해석함에 있어 그 표현의 차이에 구속을 받을 필요가 있다. 우리 약관규제법상 불공정성 판단기준에 사용된 각각의 표현은 약관조항이 원칙적으로 부당한 것인지, 아니면 상당한 정도를 벗어났기 때문에 부당한 것인지를 보여주는 기능을 갖고 있다. 따라서 각각의 심사기준을 적용함에 있어 이러한 차이점을 염두에 두어야 한다.

2. 심사재량의 차이

상당성에 대한 평가는 정당성에 대한 심사에 비하여 평가자에게 더 넓은 평가재량을 준다. 따라서 상당성 심사는 논리적으로 그 심사결과의 불확정성을 예정하고 있다. 특히 실제로 상당성을 심사함에 있어 고려되는 요소들은 계약의 체결과정, 계약의 내용, 거래 관행, 그리고 계약당사자의 이익 등 해당 계약의 체결과 이행 및 종료에 이르는 전 범위에

단한다[약관심사지침 IV. 8. 다. (1) (라)]. 약관규제법 제11조 제4호의 "정당한 이유"는 "당해 약관을 설정한 의도 및 목적, 당해 업종에서의 통상적인 거래관행, 관계법령, 거래대상 상품 또는 용역의 특성, 사업자의 영업상의 필요 및 고객이 입을 불이익의 내용과 정도 등"을 종합하여 판단한다[약관심사지침 IV. 7. 라. (1) (다)]. 또한, 약관규제법 제9조 제2호의 "부당하게"는 "당해 약관을 설정한 의도 및 목적, 당해 업종에서의 통상적인 거래관행, 관계법령, 거래대상 상품 또는 용역의 특성, 사업자의 영업상의 필요 및 고객이 입을 불이익의 내용과 정도 등"을 종합하여 판단한다[약관심사지침 IV. 5. 나. (1) (다)].

걸쳐 있다. 결과적으로 이익교량의 방식을 따르고 있음에도 상당성 심사는 분명한 판단의 척도를 제시하지는 못하고 있다.

이러한 상당성 심사의 불명확성은 거래의 안전에 부정적인 영향을 미칠 수 있다. 따라서 이 개정법률안의 주장과 같이 거래의 안전, 건전한 거래질서, 그리고 법적 안정성을 위하여 불확실한 상당성 심사를 다른 구체적인 심사척도로 대체할 필요가 있다고 주장할 수 있어 보인다. 대안으로 생각해 볼 수 있는 것은 부당성 심사와 정당성 심사이다. 그러나 전자의 경우 각 조항마다 다른 의미를 가질 수 있어, 결국 가장 합리적인 대안은 이 개정법률안의 주장과 같이 정당성 심사가 될 것이다.

그러나 이미 살펴본 바와 같이 상당성 심사와 정당성 심사는 심사재량의 차이가 있다. 즉, "상당한 이유 없이"라는 표현을 "정당한 이유 없이"리는 표현으로 일률저으로 대체할 수는 없다. 약관조항의 설정의도와 목적, 거래 관행, 관계 법령, 계약목적물의 특성, 사업자의 필요, 고객의 이익, 약관조항의 선택가능성과 선택의 자발성 등을 종합적으로 고려하여 이익교량의 가능성이 있다면 상당성 심사를 인정할 수 있다. 그러나 법적으로 인정되는 권리를 약관을 통하여 일방적으로 제한 또는 포기하게 하거나, 고객의 법적 권리와 자유를 약관을 통하여 과도하게 제한하거나 침해하는 경우, 또는 약관을 통하여 고객이 법적 구제수단을 법률이 정하는 것보다 이용하기 어렵게 만드는 행위는 정당한 이유가 없다면 이익교량 없이도 고객에게 부당하게 불리한 약관조항으로 볼 수 있다. 즉, 이러한 경우에는 정당성 심사가 적용되어야 한다. 따라서 상당성 심사와 정당성 심사는 규율대상의 내용과 특성에 따라 달리 정해져야 한다.[85]

상당성 심사와 정당성 심사의 역할의 차이는 제6조 제2항의 해석에서도 드러난다. 약관규제법 제6조 제2항 제1호에 의하면 사업자와 고객 간 이익교량을 통하여 고객에게 부당하게 불리한 약관조항은 공정하지 않

85_ 서희석, "약관규제와 계약법", 외법논집 제41권 제3호, 2017, 70면.

은 약관조항이며 무효이다. 이와 관련한 구체적인 사건들을 우리 약관 규제법은 제7조 이하에서 상당성 심사를 통하여 해결하고 있다. 즉, 상당한 정도를 넘어 고객을 불리하게 하는 약관조항은 고객을 부당하게 불리하게 하는 약관조항으로 무효가 된다. 이와 달리 약관규제법 제6조 제2항 제3호는 고객에게 불리한지가 불분명한 경우에도 고객의 중대한 이익과 관련 있는 권리 또는 계약의 본질적 권리를 제한하는 조항을 일응 불공정한 약관조항으로 보아 무효로 하고 있다.[86] 다만, 정당한 이유가 있다면 약관규제법 제6조 제2항의 추정이 전복될 뿐이다. 이와 관련한 구체적인 사건들을 우리 약관규제법은 제7조 이하에서 정당성 심사를 통하여 해결하고 있다.

3. 고객 권익보호의 차이

물론, "상당한 이유 없이"라는 표현을 "정당한 이유 없이"라는 표현으로 바꾸는 경우 심사기준의 불명확성은 줄어든다. 따라서 약관을 통한 거래에서 상대적으로 열악한 고객의 권익이 이를 통해 증진될 수 있는 것처럼 보인다. 그러나 "상당한 이유 없이"를 "정당한 이유 없이"로 바꾸면 상당성 심사를 받던 다수의 규정이 원칙적으로 무효가 되고, 예외적으로만 유효가 될 수 있어 약관규정의 무효범위가 확대될 수 있다. 즉, 약관을 통한 계약체결의 자유가 제한될 위험이 있다.[87] 또한 "상당한 이유 없이"라는 표현을 "정당한 이유 없이"라는 표현과 구별하지 않고 혼용하는 경우, 오히려 "정당한 이유 없이"라는 표현이 갖고 있던 명확성조차 희석되어 사라질 수 있다. 즉, 심사기준의 불명확성이 사라지지도 않을 뿐만 아니라 법적 불안정성은 더 커질 수 있다. 결과적으로 "상당

86_ "부당하게 불이익을 줄 우려"가 있는 조항을 무효로 하는 규정은 계약의 해제·해지에 관한 제9조 제2호, 제3호, 제6호이다. 이 경우들은 모두 정당성 심사를 하고 있다.

87_ 이금노, "약관규제법상 불공정약관 조항 개정에 관한 연구", 법과 정책 제23권 제1호, 2017, 90면.

한 이유 없이"라는 표현을 "정당한 이유 없이"라는 표현으로 바꾸면 열악한 고객의 권익이 증진될 것인지도 의문이다.[88]

예를 들어 약관규제법 제7조 제2호의 "상당한 이유 없이"라는 표현이 "정당한 이유 없이"라는 표현으로 바뀌는 경우, 사업자는 약관을 통해 손해배상의 범위를 제한하거나 자신의 위험을 고객에게 전가할 수 없게 된다. 다만, 사업자는 이러한 조항을 두는 것에 정당한 이유가 있음을 증명하는 경우에만 손해배상의 범위를 제한하거나 위험을 전가할 수 있다. 그러나 고객으로서는 대금을 낮추고 반대로 손해배상의 범위를 제한하거나 위험을 일부 인수하는 것이 합리적이고 유리한 선택일 수 있다.[89]

보다 구체적으로 우리 법원은 "피고가 공과금, 물가인상 기타 경제적 요인을 고려하여 이 사건 클럽시설 이용의 대가인 연회비를 임의 조절할 수 있도록 클럽규약에 규정되어 있다면, 일응 연회비의 인상 여부 및 그 인상의 범위를 정할 수 있는 권한이 시설주체인 피고에게 위임되어 있다고 할 수는 있지만, 그렇다고 하여 피고가 아무런 합리적인 근거 없이 임의로 연회비에 관한 사항을 정할 권한을 가진다고 해석할 수는 없는 것"이라고 보아, 객관적으로 합리적인 범위에서 연회비를 인상할 수 있다고 보았다.[90] 그런데 만약 약관규제법 제10조 제1호의 "상당한 이유 없이"를 "정당한 이유 없이"로 개정하면 사업자는 정당한 이유가 없다면 연회비를 일방적으로 결정하거나 변경하지 못하며, 이러한 일방적 결정권 또는 변경권을 규정한 약관조항은 무효가 된다.

계속적 채권관계에 있는 사업자가 합리적인 범위에서 일방적으로 연회비를 변경할 수 있도록 정한 약관조항(제10조 제1호)이 고객의 계약체결의 자유를 제한하는 약관조항(제11조 제3호) 및 업무상 지득한 고객의

88_ 약관 내용통제의 취지에 대하여 구체적인 것은 김진우, "약관 내용통제의 정당화사유", 부산대학교 법학연구 제53권 제1호, 2012.2, 251면 이하 참고.

89_ 대법원 1990.12.11. 선고 90다카26553 판결; 대법원 1993.9.14. 선고 93다10774 판결; 대법원 1996.8.23. 선고 95다51915 판결 등 참고.

90_ 대법원 1996.2.27. 선고 95다35098 판결.

비밀을 누설할 수 있도록 정한 약관조항(제11조 제4호)과 같은 정도로 불공정한 것은 아닐 것이다. 따라서 약관규제법이 정하고 있는 각각의 심사기준을 일률적으로 "정당한 이유 없이"로 바꾸는 것은 고객의 권익보호에 도움이 되지 않는다. 불공정성에 대하여 상이한 평가를 받아야 할 경우들이 동일한 심사기준에 따라 동일하게 불공정한 것으로 다루어질 우려가 있고, 이러한 결과가 최종적으로 고객에게 유리하지 않을 수 있기 때문이다.

V. 결 론

우리 약관규제법상 각 개별규정이 어떠한 심사기준을 택하고 있는지는 해당 규정의 목적과 거래 관행, 관련 법령, 계약목적물의 특성, 사업자의 필요, 고객의 이익과 기대, 약관조항에 대한 선택가능성과 자발적 선택여부 등을 종합적으로 판단하여 결정한다. 특히 고객의 경제적 지위, 계약의 목적과 내용, 약정의 동기, 거래 관행과 경제적 상태 등을 고려하여 그 이익침해의 심대성, 권리포기의 일방성, 법률이 보장하는 권리와 자유에 대한 과도한 제한 또는 침해 등이 나타나는 경우에는 보다 엄격한 정당성 심사가 적용될 필요가 있다. 즉, 이 경우에는 원칙적으로 불공정한 조항으로 추정할 필요가 있다.

우리 약관규제법이 사용하고 있는 "상당한 이유 없이"와 "정당한 이유 없이"는 원칙적으로 같은 의미가 아니다. 따라서 양 표현은 법률에서 그 의미의 차이를 고려하며 사용되어야만 한다. 그러나 우리 약관규제법이 입법과정에서 분명하게 양자를 구분하지 못하였고, 결과적으로 개별 조문을 해석하고 적용함에 있어서 그 법률 문구에 얽매이지 않고 구체적으로 타당한 결과를 끌어내기 위하여 양 표현의 의미를 혼용하고 있는 것이 사실이다. 그럼에도 불구하고 이러한 사실 때문에 양 표현의 의미가 같다고 보아서는 안 될 것이다.

이 개정법률안 역시 양 표현에 차이가 있으며 "정당한 이유 없이"가 "상당한 이유 없이"에 비하여 보다 엄격하고 구체적인 심사기준임을 인정하고 있다. 그러나 엄격한 심사기준을 적용하는 것이 언제나 건전한 거래질서를 보호하고, 법률의 정합성을 높이고, 소비자에게 도움을 주는 것은 아니다. 따라서 이러한 전제하에 "상당한 이유 없이"라는 표현을 "정당한 이유 없이"라는 표현으로 대체하고자 하는 이 개정법률안은 약관규제법의 적절한 해석과 적용을 위하여 재고될 필요가 있다.

참고문헌

곽윤직, 『채권총론』, 제6판, 2014.

김동훈, "약관규제법의 시행과 정착과정에서의 주요 문제", 소비자법연구, 2017.

김용담/백태승, 『주석민법 채권각칙』, 2016.6.

김진우, "불공정조항의 내용통제에 관한 몇 가지 법적 문제점", 외법논집 제36권 제1호, 2012 .

김진우, "약관 내용통제의 정당화사유", 부산대학교 법학연구 제53권 제1호, 2012.2.

김형배, 『계약각론』, 2001.

사법연수원, 『요건사실론』, 2016.

서희석, "약관규제와 계약법", 외법논집 제41권 제3호, 2017.

소비자 문제를 연구하는 시민의 모임, 『약관 규제의 입법』, 1986.

손지열, "약관에 대한 내용통제", 민사재판의 제문제 제10권, 2000.

손지열, 민법주해 XII, 1997.

윤진수, "한국법상 약관규제법에 의한 소비자 보호", 민사법학 제62호, 2013.3.

이금노, "약관규제법상 불공정약관 조항 개정에 관한 연구", 법과 정책 제23권 제1호, 2017.

이동진, "위험영역설과 증거법적 보증책임", 저스티스, 2013.10.

이병준, "동시이행의 항변권과 약관규제법에 의한 내용통제", 재산법연구 제32권 제4호, 2016.2.

이승택, "우리 공정거래법상의 부당성의 의미 및 그 법률상 지위─대법원 판례를 중심으로", 사법논집 제49집, 2009.

황원재, "여행계약상 손해배상", 비교사법 제24권 4호, 2017.11.

Säcker/Rixecker/Oetker/Limperg (Hrsg.), Münchener Kommentar zum Bürgerlichen Gesetzbuch, Band 2, 7. Aufl., München 2016 (zitiert: MünchKomm/Bearbeiter).

국립국어원 표준국어대사전 (http://stdweb2.korean.go.kr/main.jsp).

2장

생명보험 재해사망 자살면책 특약관련
판례의 조명

모순 있는 보험약관조항의 해석과
불명확조항 해석원칙의 적용*

이병준**

Ⅰ. 문제의 제기

보험계약은 기본적으로 보험약관을 기초로 체결되고 보험계약자는 이러한 보험약관을 두꺼운 책자로 받게 된다. 이러한 상황하에서 고객에게 보험약관의 내용을 모두 파악하고 계약을 체결하라고 하는 것은 기대하기 어렵다. 이에 따라 우리 입법자는 보험계약자를 소비자로 보고 보호하기 위한 다양한 장치를 상법 보험편에 두고 있다.[1] 그에 따라 일반 약관에서보다 보험약관에서는 설명의무가 제대로 이행되어 해당

---

* 이 논문은 2016년 3월 19일 한국민사법학회 영산판례연구회에서 발제한 글을 수정·보완하여 선진상사법률연구 제74호에 수록된 것입니다.

** 한국외국어대학교 법학전문대학원 교수.

1_ 이에 관하여 이기수/최병규/김인현, 「보험·해상법」 제9판, 박영사, 2015, 91면 이하; 박세민, 「보험법」 제2판, 박영사, 2013, 143면 이하; 김은경, 「보험계약법」 초판, 보험연수원, 2016, 162면; 김은경, "상법상 보험약관 교부 및 설명의무와 독일 보험계약법 개정안의 소비자정보제공 등의 의무에 대한 고찰", 「외법논집」 25집(2007), 210면 이하; 김은경, "보험계약법과 보험소비자 문제", 「기업법연구」, 제22권 제4호(2008), 497면 이하; 최병규, "독일과 한국의 보험소비자보호의 쟁점", 「경영법률」 제22집 제1호(2011), 301면 이하 참조.

약관의 내용이 계약의 내용으로 되었는지가 좀 더 많이 문제되고 있다.[2] 그러나 그 밖의 경우에는 약관규제법상의 일반적인 문제, 즉 편입통제, 해석을 통한 내용확정 및 내용통제와 관련된 문제들이 주요 쟁점이 되고 있다. 대부분의 경우에는 보험계약자인 소비자에게 불리한 약관조항으로 인한 불공정성이 문제되는 것이 일반적인 약관규제법과 관련된 문제일 것이다. 그런데 보험자가 실수로 보험상품 자체와 모순된 약관조항을 만들어서 보험계약자에게 유리한 내용으로 약관규정을 만들었을 때 그 법적 취급을 어떻게 할 것인지는 매우 흥미로운 문제이다.

현재 실무에서는 보험회사가 생명보험과 관련하여 특별 재해사망특약에 자살면책규정을 잘못 둔 다양한 사례군의 판례가 이어지고 있다. 통상 생명보험약관에는 2년 이내에 자살하는 경우가 면책사유로 규정되어 있는데, 2년 이후에는 피보험자의 유족보호 차원에서 자살면책을 제한하여 보험금을 지급하도록 하고 있다. 그런데 추가로 보험금을 지급받을 수 있는 특별재해사망약관에서 보험자가 실수로 자살과 관련한 동일한 규정내용을 면책약관에 담았다. 이에 따라 규정내용만으로 본다면 마치 자살을 한 경우에도 보험자의 책임이 개시된 때부터 2년이 지났다

2_ 대법원 2015.11.17. 선고 2014다81542 판결: "보험자 또는 보험계약의 체결 또는 모집에 종사하는 자는 보험계약을 체결할 때에 보험계약자 또는 피보험자에게 보험약관에 기재되어 있는 보험상품의 내용, 보험료율의 체계 및 보험청약서상 기재사항의 변동사항 등 보험계약의 중요한 내용에 대하여 구체적이고 상세하게 설명할 의무를 지고, 보험자가 이러한 보험약관의 설명의무를 위반하여 보험계약을 체결한 때에는 약관의 내용을 보험계약의 내용으로 주장할 수 없다(상법 제638조의3 제1항, 약관의 규제에 관한 법률 제3조 제3항, 제4항). 이와 같은 설명의무 위반으로 보험약관의 전부 또는 일부의 조항이 보험계약의 내용으로 되지 못하는 경우 보험계약은 나머지 부분만으로 유효하게 존속하고, 다만 유효한 부분만으로는 보험계약의 목적 달성이 불가능하거나 그 유효한 부분이 한쪽 당사자에게 부당하게 불리한 경우에는 그 보험계약은 전부 무효가 된다(약관규제법 제16조). 그리고 나머지 부분만으로 보험계약이 유효하게 존속하는 경우에 보험계약의 내용은 나머지 부분의 보험약관에 대한 해석을 통하여 확정되어야 하고, 만일 보험계약자가 확정된 보험계약의 내용과 다른 내용을 보험계약의 내용으로 주장하려면 보험자와 사이에 다른 내용을 보험계약의 내용으로 하기로 하는 합의가 있었다는 사실을 증명하여야 한다(약관규제법 제4조)."

면 특별재해 사망특약에 따른 보험금을 지급받을 수 있는 것으로 규정되어 있다. 이에 따라 보험계약자는 보험금의 지급을 청구하였으나, 보험자는 자살은 특별재해로 인한 사망이 아니므로 설혹 위와 같은 규정이 약관에 잘못 들어가 있다고 하더라도 보험금청구권이 발생하는 것은 아니라고 주장하였다.

현재 크게 두 가지 방향에서 소송이 진행되고 있다. 첫째는 금융위원회가 보험회사에게 보험금을 지급하지 않은 것을 이유로 내린 과징금처분에 대한 행정소송이고,[3] 둘째는 보험금을 지급받지 못한 상속인과 보험회사 사이의 민사소송이다. 흥미롭게도 행정소송에서는 법원은 금융위원회에게 손을 들어 주어 보험회사들이 책임이 있다는 입장인 데 반하여, 민사소송에서는 보험회사가 책임이 있는지에 대하여 입장이 나뉘고 있다. 그런데 최근에 주요 문헌에서는 보험회사 측에 유리한 내용의 평석이 많이 발표되고 있다.[4] 이러한 견해는 약관의 해석은 계약의 해석

3_ 행정사건의 사실관계: 피고 금융감독원장이 2013.8.22.부터 2013.9.2.까지 원고에 대한 정기종합검사를 실시한 결과 '종합검사결과 중 보험금 미지급 부분' 기재와 같이 원고가 2001.5.14.부터 2007.11.25.까지 판매한 보험 중 무배상재해사망특약의 약관에서 이 사건 약관조항과 같이 보험금을 지급하지 아니하는 보험사고에서 책임개시일 (보장개시일)로부터 2년이 경과된 후 자살한 경우를 제외하고 있음에도 그에 해당하는 보험금을 지급하지 않은 것은 보험업법 제127조의3(기초서류(약관)에 기재된 사항의 준수)를 위반한 업무처리에 해당한다고 보아 피고 금융위원회에 과징금 부과를 건의하였다. 피고 금융위원회는 2014.8.28. 원고에게 이 사건 보험금 지급업무 불철저가 보험업법 제127조의3을 위반한 것이라는 이유로 위 규정이 시행된 2011.1.24.부터 2013.9.13.까지의 기간 중 미지급된 보험금에 대하여 보험업법 제196조 제1항 제9호를 적용하여 산정한 4천 9백만원의 과징금을 포함하여 합계 4억 5천 3백만원의 과징금을 부과·고지하였다. 피고 금융감독원장은 2014.8.29. 원고에게 이 사건 보험금 지급업무 불철저에 관하여 "2004.3.25.부터 2013.9.13.까지의 기간 중 관련 사고에 대한 보험금 지급 청구건(428건)에 대하여 보험수익자에게 지급되지 않은 보험금 및 지연이자를 조속히 지급할 수 있는 방안을 마련하여 이행하시기 바람"이라는 내용의 조치요구를 하였다. 이에 원고는 피고에게 과징금 부과처분 등 취소청구를 하였다.

4_ 예컨대 권영준, "자살과 재해사망보험금 지급에 관한 보험약관의 해석─서울중앙지방법원 2015.10.7. 선고 2015나14876 판결의 평석", 「재산법연구」 제32권 제3호(2015), 207면 이하; 박세민, "자살에 대한 재해사망보 험금 지급에 관한 문제─재해사망특약의 면책제한사유 해석", 「고려법학」 제80호(2016), 263면 이하; 최병규, "자살의 경우

과 동일하다는 전제하에서 보험약관의 해석은 보험자와 보험계약자의 합리적 의사를 추구하는 작업이라고 한다. 그러면서 "보험금 지급사유에 대한 조항, 재해분류표와 보험금지급표 등 재해사망약관 전체에 나타난 약관의 목적과 체계에 비추어 보면, 보험자와 보험계약자의 합리적 의사는 '재해'만 보험사고로 삼는 것이었지, 재해에 해당하지 않는 자살까지 보험 사고로 삼는 것은 아니었다"라고 한다. 그리고 이처럼 명확하게 하나의 해석이 가능한 이상 보충적인 위험분배 원리인 작성자불이익 원칙은 적용되지 않는다고 한다.[5] 그러면 새해사망특약에서 규정한 내용을 오표시무해의 원칙[6] 내지 예문해석[7]을 근거로 명문의 규정에도 불구하고 없는 것으로 무시할 수 있는 내용이라는 것이다.

이 견해가 지적하는 것처럼 보험상품과 법률에 전문지식을 갖추고 있는 자에게 보험상품의 구성과 약관의 체계 등을 살펴보았을 때 이와 같은 결론을 얻을 수도 있다. 하지만 보험상품을 잘 모르고 법률에 문외한인 일반 고객의 시각에서는 보험회사의 이와 같은 실수를 알아차리기 어려웠을 것이다. 전문지식이 있는 자와 없는 자의 시각에 따라 결론이 달라지는 경우에 약관 내용의 불명확성을 인정할 것인지가 본 사례의 핵심적인 쟁점이다. 앞의 해석론이 보험계약법 및 약관규제법에 기반한 정당한 해석론을 펼치고 있다면 문제가 없으나, 필자의 견해에서는 근거가 없는 해석론이어서 더욱 문제가 있다. 즉 필자의 시각에서는 부가적인 책임부담 사유를 인정할 것인지에 대하여 불명확성이 존재한다고 본다. 이에 본 논문은 이러한 해석론의 이론적 문제점을 지적하고 이러한 해석론과 동일한 결론을 취하고 있는 대상판례의 문제점을 자세히 분석하고자 한다. 그럼 일단 문제된 사안과 판결의 내용부터 살펴보고

면책기간 경과 후의 부책과 예문해석에 대한 고찰", 「경영법률」 제25집 제4호(2015), 291면 이하. 그리고 이와 함께 양창수, "자살면책제한조항에 의한 '보험사고'의 확장?", 「법률신문」, 2015.10.19.자 판례분석 참조.

5_ 권영준, 앞의 논문, 243-242면; 박세민, 앞의 논문, 271-278면.
6_ 박세민, 앞의 논문, 288면 이하.
7_ 최병규, 앞의 논문, 308면 이하.

평석으로 들어가고자 한다.

II. 대상판결과 그 내용

1. 대상판결(교보생명사건)

가. 사실관계

C는 2004.8.16. 피고와 사이에 피보험자를 C로, 사망 시 수익자를 상속인(망인의 부모)으로 정하여 보험가입금액 70,699,000원, 보험기간 계약일부터 종신까지인 무배당 교보베스트플랜CI 보험계약을 체결하고, 보험가입금액 50,000,000원, 보험기간 계약일부터 80세 당일의 전일까지인 재해사망특약도 함께 부가하였다. 이 사건 보험계약에 따르면 피보험자가 보험기간 중 사망할 경우 사망보험금을 지급하고, 만일 피보험자가 보험기간 중 재해분류표에서 정하는 재해를 직접적인 원인으로 사망하였을 때에는 이 사건 재해 특약에서 정한 보험금 5,000만원을 추가하여 지급하는 것으로 규정하고 있는데 구체적인 약관과 재해분류표는 아래와 같다. 보험계약기간 중 C가 자살로 사망하자 망 C의 상속인인 원고(망인의 부모)는 망인 사망 후 2012.8.10. 피고에게 이 사건 재해특약까지 적용한 사망보험금을 청구하였으나, 피고는 이 사건 사고가 이 사건 주계약에서 정한 보험금지급사유에는 해당하나, 이 사건 재해특약에서 정한 보험금지급사유에는 해당하지 않는다고 보아, 이 사건 주계약에서 정한 사망보험금만을 지급하였다.

이 사건 주계약 약관
제21조[보험금의 종류 및 지급사유] 　회사는 피보험자에게 다음 사항 중 어느 한 가지의 경우에 해당되는 사유가 발생한 때에는 수익자에게 약정한 보험금(별표1. 보험금 지급기준표 참조)을 지급합

니다.

1. 피보험자가 보험기간(종신) 중 사망하거나 장해등급분류표 중 제1급의 장해
   상태가 되었을 때: 사망보험금 지급[8]

제22조[보험금 지급에 관한 세부 규정]

① 제21조 제1호에는 보험기간 중 피보험자의 생사가 분명하지 아니하여 실종선
고를 받은 경우를 포함하며, 선박의 침몰, 항공기의 추락 등 민법 제27조(실종의
선고) 제2항의 규정에 준하는 사유 또는 재해분류표(별표2 참조)에서 정하는 재
해(이하 '재해'라 합니다)로 인하여 사망한 것으로 정부기관이 인정하여 관공서
의 사망보고에 따라 호적에 기재된 경우에는 그러한 사고가 발생한 때를 사망한
것으로 인정합니다.

제23조[보험금을 지급하지 아니하는 보험사고]

① 회사는 다음 중 어느 한 가지의 경우에 의하여 보험금 지급사유가 발생한 때
에는 보험금을 드리지 아니하거나 보험료의 납입을 면제하지 아니함과 동시에
이 계약을 해지할 수 있습니다.

1. 피보험자가 고의로 자신을 해친 경우
   그러나 피보험자가 정신질환상태에서 자신을 해친 경우와 계약의 책임개시일
   (부활계약의 경우에는 부활청약일)부터 2년이 경과된 후에 자살하거나 자신
   을 해침으로써 장해등급분류표 중 제1급의 장해상태가 되었을 경우에는 그러
   하지 아니합니다.

이 사건 재해특약 약관

제9조(보험금의 종류 및 지급사유)

회사는 이 특약의 보험기간 중 피보험자에게 다음 사항 중 어느 한 가지의 경우
에 해당되는 사유가 발생한 때에는 보험수익자(이하 '수익자'라 합니다)에게 약
정한 보험금(별표 1 '보험금 지급기준표' 참조)을 지급합니다.

1. 보험기간 중 재해분류표에서 정하는 재해(별표 2 참조, 이하 '재해'라 합니다)
   를 직접적 원인으로 사망하였을 때

제11조(보험금을 지급하지 아니하는 보험사고)

① 회사는 다음 중 어느 한가지의 경우에 의하여 보험금 지급사유가 발생한 때에
는 보험금을 드리지 아니하거나 보험료의 납입을 면제하지 아니함과 동시에 이
계약을 해지할 수 있습니다.

1. 피보험자가 고의로 자신을 해친 경우

8_ 이하 밑줄은 중요하다고 생각한 조항에 필자가 친 것이다.

그러나 피보험자가 정신질환상태에서 자신을 해친 경우와 계약의 책임개시일(부활계약의 경우 부활청약일)부터 2년이 경과된 후에 자살하거나 자신을 해침으로써 장해등급분류표 중 제1급의 장해상태가 되었을 경우에는 그러하지 아니합니다.

재해분류표[9]

재해라 함은 우발적인 외래의 사고(다만, 질병 또는 체질적 요인이 있는 자로서 경미한 외부요인에 의하여 발병하거나 또는 그 증상이 더욱 악화되었을 때에는 그 경미한 외부요인은 우발적인 외래의 사고로 보지 아니함)로써 다음 분류표에 따른 사고를 말한다.
* 이 분류는 제4차 개정 한국표준질병·사인분류(통계청 고시 제2002-1호, 2003. 1.1.시행) 중 "질병이환 및 사망의 외인"에 의한 것임.

분류항목	분류번호
1. 운수사고에서 다친 보행자	V01~V09
2. 운수사고에서 다친 자전거 탑승자	V10~V19
3. 운수사고에서 다친 모터싸이클 탑승자	V20~V29
4. 운수사고에서 다친 삼륜자동차 탑승자	V30~V39
5. 운수사고에서 다친 승용차 탑승자	V40~V49
6. 운수사고에서 다친 픽업트럭 또는 밴 탑승자	V50~V59
7. 운수사고에서 다친 대형화물차 탑승자	V60~V69
8. 운수사고에서 다친 버스 탑승자	V70~V79
9. 기타 육상운수 사고(철도사고 포함)	V80~V89
10. 수상 운수사고	V90~V94
11. 항공 및 우주 운수사고	V95~V97
12. 기타 및 상세불명의 운수사고	V98~V99
13. 추락	W00~W19
14. 무생물성 기계적 힘에 노출	W20~W49
15. 생물성 기계적 힘에 노출	W50~W64
16. 불의의 물에 빠짐	W65~W74
17. 기타 불의의 호흡위험	W75~W84
18. 전류, 방사선 및 극순환 기온 및 압력에 노출	W85~W99
19. 연기, 불 및 불꽃에 노출	X00~X09
20. 열 및 가열된 물질과의 접촉	X10~X19
21. 유독성 동물 및 식물과의 접촉	X20~X29
22. 자연의 힘에 노출	X30~X39

23. 유독물질에 의한 불의의 중독 및 노출   X40~X49

24. 기타 및 상세불명의 요인에 불의의 노출   X58~X59

25. 가해   X85~Y09

26. 의도 미확인 사건   Y10~Y34

27. 법적개입 및 전쟁행위   Y35~Y38

28. 치료시 부작용을 일으키는 약물, 약제 및 생물학 물질   Y40~Y59

29. 외과적 및 내과적 치료중 환자의 재난   Y60~Y69

30. 진단 및 치료에 이용되는 의료장치에 의한 부작용   Y70~Y82

31. 처치 당시에는 재난의 위험이 없었으나 환자에게 이상

　　반응이나 후에 합병증을 일으키게 한 외과적 및 내과적   Y83~Y4

　　처치

32. 전염병예방법 제2조 제1항 제1호에 규정한 전염병

* 다음 사항에 해당하는 분류항목은 재해분류에서 제외합니다.

　－ "약물 및 의약품에 의한 불의의 중독" 중 외용약 또는 약물 접촉에 의한 알레
　　르기 피부염(L23.3)

　－ "기타 고체 및 액체물질, 가스 및 증기에 의한 불의의 중독" 중 한국표준질
　　병 · 사인분류상 A00-R99에 분류가 가능한 것

　－ "외과적 및 내과적 치료중 환자의 재난" 중 진료기관의 고의 또는 과실이 없
　　는 사고

　－ "자연 및 환경요인에 의한 불의의 사고" 중 급격한 액체손실로 인한 탈수

　－ "익수, 질식 및 이물에 의한 불의의 사고" 중 질병에 의한 호흡장애 및 삼킴장
　　애

　－ "기타 불의의 사고" 중 과로 및 격심한 또는 반복적 운동으로 인한 사고

　－ "법적 개입" 중 법적처형(Y35.5)

나. 당사자들의 주장[10]

원고들은 이 사건 재해 특약 약관 제11조 제1호에서 피보험자가 고의
로 자신을 해친 경우에 는 보험금을 지급하지 아니하나, '피보험자가 보
험계약의 책임개시일로부터 2년이 경과된 후에 자살한 경우에는 그러하
지 아니하다'고 규정하고 있는바, 이 사건 사고는 책임개시일로부터 2년

9_ 심사자 중에 한 분이 재해분류표를 간결하게 인용할 것을 요구하였으나, 약관이 얼마
　　나 복잡하게 구성되어 그 내용을 전체적으로 파악하기 어렵게 되어 있는지를 보여 주
　　기 위하여 전체 내용을 그대로 게재하였다.

10_ 이 사건에서 당사자들은 다른 사항도 주장하였으나, 이 평석의 쟁점된 사항만 아래에
　　서 소개하기로 하고 판결의 소개도 이 쟁점에 한정하기로 한다.

이 경과된 후에 자살한 경우에 해당하므로 피고는 여전히 위 조항에 따라 이 사건 재해 특약에서 정한 보험금 5,000만원을 추가로 지급할 의무가 있다고 주장한다.

다. 법원의 판단

1심[11]에서는 이 사건 특약 약관 제9조는 보험기간 중 재해분류표에서 정하는 재해를 직접적 원인으로 사망하였을 때 보험금을 지급하는 것으로 규정하고, 주계약상의 보험약관 제23조는 물론 특약 약관 제11조는 보험금을 지급하지 아니하는 사유에 '피보험자가 고의로 자신을 해친 경우'라고 기재하고 그 아래에 '피보험자가 정신질환상태에서 자신을 해친 경우, 계약의 책임개시일로부터 2년이 경과된 후에 자살한 경우'는 그러하지 아니하다고 규정하고 있는바, <u>약관의 해석원칙, 보험금 지급사유와 보험금을 지급하지 아니하는 사유의 규정순서, 체계 및 문맥상 이 사건 특약 중 약관에 기재된 '2년 후 자살' 규정은 고의로 자살한 경우에는 보험금을 지급하지 않으나 다만 정신질환상태에서 자신을 해쳤거나 고의로 자살한 경우더라도 책임개시일로부터 2년이 지난 후 자살한 경우에는 보험금을 지급한다는 의미로 해석하는 것이 옳으므로 피고는 원고들에게 이 사건 특약에 따른 보험금을 지급할 의무가 있다</u>고 판단하였다.

구체적인 논거로 1) 보통거래약관의 내용은 개개 계약체결자의 의사나 구체적인 사정을 고려함이 없이 평균적 고객의 이해가능성을 기준으로 하여 객관적 · 획일적으로 해석하여야 하고, 고객보호의 측면에서 약관 내용이 명백하지 못하거나 의심스러운 때에는 고객에게 유리하게, 약관작성자에게 불리하게 제한 해석하여야 한다(대법원 1996.6.25. 선고 96다12009 판결, 대법원 2005.10.28. 선고 2005다35226 판결 등 참조)는 약관의 해석원칙, 2) 피고 주장과 같이 이 사건 특약 약관 제9조에 따른 재해사망의 경우에 한하여 책임개시일로부터 2년이 경과한 후의 자살에만 특약

11_ 서울중앙지방법원 2014.12.18. 선고 2014가단37628 판결.

에 따른 보험금을 지급하는 경우의 부당성 즉, 재해사망에 해당하는 자살이 있다는 것을 전제로 하여야 하는데 고의로 자살한 경우는 원칙적으로 우발성이 결여되어 재해사망이 아닌데도 불구하고 자살의 경우에도 재해사망에 해당하는 자살과 재해사망에 해당하지 않는 자살을 구분하여야 하고(약관 어디를 보더라도 이를 구별할 기준이나 근거는 전혀 없다), 재해사망의 경우 당연히 보험금 지급의무가 발생하는데 재해사망에 해당하는 자살을 상정할 수 있다 하더라도 자살의 경우에만 유독 재해사망에 해당하는데도 책임 개시일로부터 2년 경과한 이후에 자살한 경우에만 한정하여 보험금을 지급하는 것으로 해석한다면 재해 사망에 부가하여 2년 경과 사망일 것이라는 부가적 요건을 충족하여야 하는 부당한 결과가 되고, 고의 자살인 경우 보험사고인 재해사망보장특약 고유의 보험사고인 재해에 해당하지 아니 하여 결국 이 사건 특약 중 약관 제11조의 2년 후 자살 규정이 처음부터 적용될 여지가 없다고 해석하여야 하므로, 2년 후 자살 규정을 위 특약 중 약관 제9조의 보험금 지급사유가 발생한 경우에 한정하여 적용되는 조항으로 해석하는 것은 2년 후 자살 규정을 그 적용대상이 존재하지 아니하는 무의미한 규정으로 만들게 된다는 점을 제시하였다. 그리고 3) 고의의 자살은 상법 제659조 제1항, 제732조의2, 제739조 규정 등의 해석상 보험자는 당연히 보험금 지급의무를 면하게 되어 있으므로 당연한 내용을 확인한 것에 불과한데, 그와 같은 자살 중 고의의 자살을 2년 후 자살과 그에 해당하지 않은 자살을 구분하여 2년 후 자살의 경우에는 보험금을 지급하지 아니하는 사유에서 제외한다는 취지의 규정을 둔 것은 고의의 자살의 경우에도 예외적으로 책임개시일로부터 2년이 지난 후의 자살의 경우에는 보험금을 지급하겠다는 취지로 해석하는 것이 문언의 구조, 문맥 및 평균적인 고객의 이해가능성에도 부합한다(대법원 2007.9.6. 선고 2006다55005 판결 취지 참조)고 하였다.

원심[12]은 우선 보험약관은 신의성실의 원칙에 따라 당해 약관의 목적과 취지를 고려하여 공정하고 합리적으로 해석하되, 개개의 계약당사자가 기도한 목적이나 의사를 참작함이 없이 평균적 고객의 이해가능성을 기준으로 보험단체 전체의 이해관계를 고려하여 객관적 · 획일적으로 해석하여야 한다고 하여 기존에 판례상으로 인정된 약관해석원칙을 인용하였다. 그러면서 이 사건 주계약 약관은 일반생명보험약관의 일종으로 볼 수 있는데, 그 보험금지급사유를 '피보험자의 사망'으로 폭넓게 규정하면서 사유 발생시 '사망보험금'을 지급하도록 하고, 다만 피보험자가 고의로 자살한 경우에는 보험금지급사유가 발생하더라도 보험금 지급책임을 면하도록 하되, 계약의 책임개시일로부터 2년이 경과한 후에는 그 면책을 허용하지 않고 보험금을 지급하도록 하는 자살면책 제한규정을 두어 상법 제659조 제1항에 대한 예외를 인정하고 있다고 한다. 그런데 이 사건 재해 특약은 주계약과는 별도의 특약으로서 이 사건 재해 특약의 약관에서 정한 재해를 원인으로 사망 등이 발생한 경우를 보험사고로 한정하여 그 약관에 의한 보험금을 별도 지급하겠다는 취지를 명확히 알 수 있도록 표시하고 있다고 한다.

즉, 이 사건 주계약과 이 사건 재해 특약은 보험단체를 달리하는 상이한 보험에 해당하는 것이고, 평균적인 고객의 이해가능성을 기준으로 살펴보더라도 이 사건 주계약과 이 사건 재해 특약이 각각 규정하고 있는 보험사고 및 보험금 등에 관한 차이가 명확히 이해되는 것으로 보고 있다. 평균적인 고객으로서는 이 사건 주계약만으로는 사망보험금밖에 지급받지 못하나 '재해를 직접적인 원인으로 한 사망'을 보험사고로 하는 이 사건 재해 특약에 가입하는 경우 별도의 재해사망보험금 등이 추가로 지급된다는 것을 알고 별도의 추가 보험료를 납입하면서 이 사건 재해특약을 체결한 것이기 때문에, 재해 특약의 약관에서 정한 재해에 해당하지 아니하는 자살은 이 사건 재해 특약에 의하여 보험사고로 처리되지 않는다는 것 정도는 이 사건 재해 특약 체결시 기본적으로 전제하고 있던 사항이라는 것이다.

12_ 서울중앙지방법원 2015.10.7. 선고 2015나14876 판결.

한편 이 사건 재해 특약에서도 면책제한조항을 두고 있는데, 그 취지가 고의에 의한 자살 또는 자해행위는 원칙적으로 우발성이 결여되어 이 사건 재해 특약이 정한 보험사고에 해당하지 아니하지만, 예외적으로 책임개시일로부터 2년이 경과된 후에 자살한 경우에는 특별히 보험사고에 포함시켜 보험금지급사유로 본다는 취지(=부보 범위의 확장효)로 이해되는지(=작성자 불이익의 원칙) 여부가 문제된다. 이에 대하여 <u>평균적 고객의 입장에서도 이 사건 재해 특약의 본래 취지가 무엇인지 분명히 이해할 수 있는데도 보험자가 실수로 이 사건 면책제한조항을 이 사건 재해 특약에도 그대로 둔 점을 이유로 이 사건 재해 특약의 보험사고 범위를 재해가 아닌 자살에까지 확장하려고 해석하는 것은, 보험계약자 등에게 당초 기대하지 않은 이익을 주게 되는 한편, 이 사건 재해 특약과 같은 내용의 보험계약에 가입한 보험단체 전체의 이익을 해하고, 보험자에게 예상하지 못한 무리한 부담을 지우게 되므로 합리적이라고 볼 수 없다고 하였다.</u> 오히려 자살도 이 사건 주계약에서 정한 보험사고인 사망에 포함될 수 있음을 전제로 하여 이 사건 주계약 약관에서 자살면책제한 규정을 두고 있는 것과는 달리, 보험사고가 재해를 원인으로 한 사망 등으로 제한되어 있어 자살이 보험사고에 포함되지 아니하는 이 사건 재해 특약에서는 이 사건 면책제한조항이 적용될 여지가 없다고 해석하는 것이 합리적이고 이 사건 재해 특약의 취지에도 부합된다는 것이다. 결국 <u>이 사건 면책제한조항은 잘못된 표시에 불과하므로 약관규제법 제5조 제2항에서 정한 작성자불이익의 원칙은 적용될 여지가 없다고 하였다</u>(대법원 2009.5.28. 선고 2008다81633 판결).

2. 관련판결

대상판결에서 1심과 2심의 입장이 갈린 것처럼, 같은 쟁점을 가진 관련 사건에서도 각 법원의 입장이 나뉘고 있다. 흥미롭게도 모든 1심법원과 행정법원에서는 보험계약자의 상속인들이 특별재해사망 특약에 따른 재해사망보험금을 청구할 수 있다는 입장을 취한 반면 민사사건의 2심에서는 청구할 수 없다고 보았다. 그 주된 논거를 정리하면 아래와 같다.

가. 청구할 수 있다는 논거

ING생명사건(채무부존재확인의 소)의 1심[13]에서는 이 사건 재해사망특약 약관 제12조 제1항 제1호는 고의에 의한 자살 또는 자해행위가 원칙적으로 우발성이 결여되어 보험자의 면책 사유에 해당하지만, 예외적으로 단서에서 정하는 요건인, '피보험자가 정신질환 등으로 자유로운 의사결정을 할 수 없는 상태에서 자신을 해친 사실이 증명된 경우 또는 재해사망특약의 보장개시일(부활계약의 경우는 부활청약일)부터 2년이 경과한 후에 자살하거나 자신을 해친 경우'에 해당하면 특별히 보험사고에 포함시켜 보험자의 재해사망보험금 지급사유로 본다는 취지로 약정한 것으로 보인다고 한다. 그리고 대법원 2009. 9. 24. 선고 2009다45351 판결 등에서 인정되는 바와 같이, 원래 '고의에 의한 자살 또는 자해행위'에 대하여는 이 사건 재해사망특약 약관 제12조 제1항 제1호 본문과 같이 규정하지 않더라도 상법 제659조에 의하여 보험자가 면책되게 되어 있는 바, 이 사건 재해사망특약 약관 제12조 제1항 제1호 중 보험계약 당사자 간의 별도의 합의로서 의미를 가지는 부분은 면책사유를 정하는 본문이 아니라 부책사유를 정하는 단서 부분이라는 점이라고 보았다.

ING생명사건 행정소송에서 서울행정법원[14]에서는 무엇보다도 일반인인 보험계약자의 입장에서는 이 사건 약관조항이 약관 전체의 내용이나 체계, 재해의 의미 등을 종합하여 볼 때, 이 사건 약관조항이 이 사건 특약에 적용되지 않는 잘못 기재된 무의미한 조항일 뿐이라고 생각하기 어렵고, 오히려 문언 그대로 보장된다고 알았을 것이며, 보험모집인으로부터도 이러한 문언 그대로 보험금을 지급받을 수 있는 것으로 설명 들었을 것이라고 보았다.

13_ 창원지방법원 2015. 5. 28. 선고 2014가합35136 판결.
14_ 서울행정법원 2015. 11. 13. 선고 2014구합71993 판결.

삼성생명 사건의 1심[15]은 보험약관의 해석은 신의성실의 원칙에 따라 당해 약관의 목적과 취지를 고려하여 공정하고 합리적으로 해석하되, 개개 계약 당사자가 기도한 목적이나 의사를 참작함이 없이 평균적 고객의 이해가능성을 기준으로 보험단체 전체의 이해관계를 고려하여 객관적·획일적으로 해석하여야 하며, 이러한 해석을 거친 후에도 약관 조항이 객관적으로 다의적으로 해석되고 그 각각의 해석이 합리성이 있는 등 당해 약관의 뜻이 명백하지 아니한 경우에는 고객에게 유리하게 해석해야 한다고 한다(대법원 2009.5.28. 선고 2008다81633 판결)고 전제한 후 <u>이 사건 특약 약관 제12조는 2년 경과 자살은 정신질환 자살과 동일하게 보험사고(재해)의 범위를 확장하는 것으로 해석해야 한다고 한다.</u>

1) 이 사건 특약 약관 제10조가 정한 보험사고(재해)에 자살이 해당하지 않음은 당사자 간에 다툼이 없고 문언상으로 명백하다. 그런데 제12조에 보험 사고 중에서 보험금을 지급하지 않는 경우(예외)를 명기하면서 제1항 제1호 본문에 '고의로 자신을 해하여 재해사망보험금 지급사유가 발생한 때'를 규정하고 있어서 이를 제10조와 종합하여 해석한다면 '고의로 자신을 해하여 재해사망보험금 지급사유가 발생하는 경우'는 논리적으로 발생할 수 없다. 즉, 이는 문언 자체로 무의미한 조항이거나, 자살은 보험금 지급사유가 아님을 확인하는 정도의 표현으로 이해가능하다. <u>그러나 한편 본문에 이어 단서에는 다시 면책제한 사유가 규정되어 있고, 그중 정신질환 자살의 경우 보험금을 지급하도록 되어 있으므로, 이는 원칙적으로 보험사고에 해당하지 않는 자살 중 일부 경우를 예외적으로 보험사고에 포함시키는 역할을 한다.</u> 따라서 또 하나의 사유인 2년 경과 자살도 마찬가지로 보험사고의 객관적 범위를 확장하는 것으로 해석하는 것이 통일적이고 일관적 해석이라는 것이다.

2) 특약 약관 제12조 제1항 제1호를 해석할 때 재해사망금의 경우 별

15_ 서울중앙지방법원 2015.2.16. 선고 2014가단5229682 판결.

도의 보험금을 지급하는 취지, 2년 경과 자살을 예외적인 보험사고로 포함하여 일반사망보험금을 지급하도록 정하고 있는 사정, 각 보험료율 산출시 고려사항, 보험의 공익성 등을 함께 고려해야 한다는 피고의 주장은 현실적으로 상당히 중요한 부분이나, 피고의 해석방법과 같이 "그러하지 아니하다"라는 표현을 정신질환 자살의 경우와 2년 경과 자살의 경우로 나누어 해석하는 것은 문언의 구조를 무시하여 약관의 일의적, 객관적 해석에 반하는 방법이다.

3) 이 사건 특약 약관 제12조가 주계약(일반사망)과 특약(재해사망)을 분리하는 과도기적 시기에 피고의 치밀한 검토가 이루어지지 않아 그대로 중복 삽입된 것으로 보이는 면이 있으나, 특약에 가입한 모든 평균적 가입자들이 자살의 경우 특약 약관 제12조 제1항 제1호 단서 규정에도 불구하고 재해사망보험금은 지급되지 않는다는 점을 인식하거나 동의하기도 난성하기 어렵다고 한다. 따라서 문언에서 쉽게 확인할 수 없는 방법으로 다양한 사후적 해석을 끌어내는 것은 고객에게 불리한 해석방법이어서 수용할 수 없다고 판단하였다.

나. 청구할 수 없다는 논거

ING생명사건의 2심[16]에서는 이 사건 주계약과 이 사건 재해사망특약의 목적과 취지, 각 관련 약관 규정의 내용과 표현 등을 평균적인 고객의 이해가능성을 기준으로 살펴보더라도, 평균적인 고객으로서는 이 사건 재해사망특약 약관에서 정한 재해에 해당하지 않는 자살은 이 사건 재해사망특약에 의하여 보험사고로 처리되지 않는다는 것 정도는 이 사건 재해사망특약 체결시 전제하고 있던 사항이라고 한다. 다만, 이 사건 재해사망특약 약관에서도 이 사건 면책 제한조항을 두고 있는데 그 취지가 고의에 의한 자살 또는 자해행위는 원칙적으로 우발성이 결여되어 이 사건 재해사망특약 약관이 정한 보험사고에 해당하지 아니하지만,

---

16_ 부산고등법원 2015. 11. 26. 선고 (창원)2015나21526(본소), (창원)2015나1195(반소).

예외적으로 계약의 보장개시일로부터 2년이 경과된 후에 자살한 경우에는 특별히 보험사고에 포함시켜 보험금 지급사유로 본다는 취지(부보 범위의 확장효)로 이해되는지 여부(작성자 불이익의 원칙이 적용되는지 여부)가 문제되는데, 이 사건 재해사망특약 약관의 취지, 이 사건 보험계약 체결에 있어 쌍방 당사자의 진정한 의사, 약관의 제정 경위 등에 비추어 보면, 이 사건 면책 재해사망 특약 약관에서 정한 면책제한조항은 잘못된 표시에 불과하다고 봄이 상당하고, 이 사건 면책 제한조항이 잘못된 표시에 불과하다고 합리적으로 해석할 수 있는 이상 약관규제법 제5조 제2항에서 정한 작성자 불이익의 원칙이 적용될 여지가 없다고 판단하였다(대법원 2009.5.28. 선고 2008다81633 판결 참조).[17]

3. 논의의 정리

각 법원에서 이 사건에 대한 판단이 갈리게 된 주된 이유는 약관의 해석결과 불명확성이 존재하여 불명확조항 해석의 원칙이 적용되는지의 여부이다. 기본적으로는 약관의 해석에 관한 대법원의 기존 법리를 따르는 것으로 보이나, 구체적인 해석을 보면 그 판단척도와 고려요소에서 차이를 보인다.

책임을 긍정하는 입장에서는 "문언의 구조와 문맥"을 기초로 "일반인인 보험계약자의 입장"에서 해석하고 있다. 그런데 구체적인 조항의 해석에서 하급심 법원은 다르다. 즉, 특별재해약관 제12조는 2년 경과한 후 자살을 정신질환 자살과 동일하게 보험사고(재해)의 범위를 확장하는 것으로 해석된다고 보기도 하고 부가적으로 책임을 부담하는 사유를 확장하는 것으로 보기도 한다. 책임을 부정하는 입장에서는 "쌍방 당사자의 의사, 약관의 제정경위와 체계"를 기초로 해서 보면 이 사건 면책제한조항이 잘못된 표시에 불과하다고 보는 것이 합리적인 해석이라고 한

17_ 구체적인 논거는 앞의 교보생명사건의 2심과 동일하여 생략하였다.

다. 그에 반하여 재해특약의 보험사고 범위를 재해가 아닌 자살까지 확장해석 한다는 것은 보험계약자 등에게 기대하지 않은 이익을 주게 되는 한편, 이 사건 재해특약 내용의 보험계약에 가입한 보험단체 전체의 이익을 해하고, 보험자에게 예상하지 못한 무리한 부담을 지우게 되므로 합리적이지 않다고 한다.

III. 모순되는 보험약관조항의 내용확정과 불명확조항 해석원칙의 적용 가능성

1. 불명확조항 해석원칙의 의의와 그 보충성

본 사안에서 핵심적인 쟁점은 약관규제법 제5조 제2항에 규정되어 있는 불명확조항 해석원칙이 적용될 수 있는지의 여부이다. 약관규제법 제5조는 "약관의 해석"이라는 표제 아래 "약관은 신의성실의 원칙에 따라 공정하게 해석되어야 하며 고객에 따라 다르게 해석되어서는 아니 된다"고 제1항에서 규정하는 한편 제2항에서 "약관의 뜻이 명백하지 아니한 경우에는 고객에게 유리하게 해석되어야 한다"라고 규정하고 있다. 결국 제2항의 불명확조항 해석원칙이 적용되기 위해서는 제1항에 따른 해석의 결과 불명확성이 존재하는 경우에 이 원칙이 적용되어 고객에게 유리한 내용으로 약관을 해석해야 한다는 것이다. 이를 불명확조항 해석원칙이 일반 해석원칙에 대하여 가지는 보충성이라고 한다. 이에 관하여는 학설[18]과 판례[19] 모두 견해가 일치되어 있는 것으로 보이

18_ 이은영, 「약관규제법」, 박영사, 1994, 155면; 이주흥, "일반거래약관에 대한 해석통제", 후암 곽윤직 선생 고희기념논문 「민법학논총」(1995), 322면; 유시동, "불명확준칙 및 제한적해석원칙에 의한 약관규제", 「재산법연구」 제16권 제1호(1999), 47면; 남효순, "법률행위의 해석 쟁점―법률행위해석의 본질 및 방법에 관하여", 「서울대학교법학」 제41권 1호(2000), 166면; 최준규, "보험계약의 해석과 작성자불이익 원칙―최근 대법원 판례들을 중심으로", 「서울대학교 금융법센터 BFL」 48호(2011), 43면; 김진우,

나 일단 논의의 공통분모를 확인한다는 차원에서 아래에서 간단히 불명확조항 해석원칙의 의의와 보충성에 관하여 간단히 살펴보려고 한다.

가. 불명확조항 해석원칙의 의의

통상 계약에서 계약내용에 불명확성이 존재하는 경우에는 불합의의 문제가 발생한다.[20] 왜냐하면 당사자 사이에 합의된 내용이 불명확하여 구체적인 계약내용을 확정할 수 없다면 계약의 내용을 이행할 수 없을 것이기 때문이다. 따라서 해석의 결과 당사자 사이에 합의된 계약내용이

"약관의 해석에 관한 일고찰—객관적 해석과 작성자 불이익의 원칙의 유럽법과의 비교를 통한 검토",「재산법연구」제28권 제3호(2011), 196-197면; 이병준, "서비스이용자의 위반행위에 대한 제재와 불명확조항해석의 원칙",「민사판례연구」35권(2013), 369면.

19_ "약관의 해석은, 신의성실의 원칙에 따라 당해 약관의 목적과 취지를 고려하여 공정하고 합리적으로 해석하되, 개개 계약 당사자가 기도한 목적이나 의사를 참작함이 없이 평균적 고객의 이해가능성을 기준으로 보험단체 전체의 이해관계를 고려하여 객관적·획일적으로 해석하여야 하며, <u>위와 같은 해석을 거친 후에도 약관 조항이 객관적으로 다의적으로 해석되고 그 각각의 해석이 합리성이 있는 등 당해 약관의 뜻이 명백하지 아니한 경우에는 고객에게 유리하게 해석하여야 한다</u>"(대법원 2009.5.28. 선고 2008다81633 판결). 그 밖에 이와 동일하게 보충성을 가지는 것으로 이해되는 판례로 대법원 2010.7.22. 선고 2010다28208, 28215 판결; 대법원 2010.12.9. 선고 2009다60305 판결; 대법원 2011.2.10. 선고 2010다93011 판결; 대법원 2011.4.28. 선고 2011다1118 판결; 대법원 2011.7.28. 선고 2011다30147 판결; 대법원 2011.8.25. 선고 2009다79644 판결; 대법원 2011.9.8. 선고 2009다73295 판결; 대법원 2012.5.24. 선고 2011다13968, 13975 판결; 대법원 2012.9.13. 선고 2012다30281 판결). 한편 앞의 판결들과 동일한 설시를 한 후, " … <u>당해 약관의 목적과 취지를 고려하여 공정하고 합리적으로, 그리고 평균적 고객의 이해가능성을 기준으로 객관적이고 획일적으로 해석한 결과 그 약관조항이 일의적으로 해석된다면 그 약관조항을 고객에게 유리하게 해석할 여지가 없다</u>."라는 판결(대법원 2010.9.30. 선고 2009다51318 판결; 대법원 2010.9.9. 선고 2007다5120 판결; 대법원 2012.1.12. 선고 2010다92841 판결)도 존재한다.

20_ 불명확성을 이유로 한 불합의에 관하여 자세한 것은 윤형렬, "계약의 체결과 불합의", 우제 이명구 박사 화갑기념 논문「현대법학의 이론」(1996), 166면; 김재형, "법률행위 내용의 확정과 그 기준",「서울대학교법학」제41권 1호(2000), 243면; 이병준,「계약성립론」, 세창출판사, 2008, 132면; 임형택, "계약에서의 합치와 불합치",「민사법학」제42호(2008), 602면 이하.

불명확한 것으로 확정되면 [더 나아가 해당 내용의 계약의 중요한 점(essentialia negotii)에 해당한다면] 불합의로 계약이 성립하지 않을 수 있다. 그러나 약관의 경우에는 기본적으로 당사자들은 모두 계약의 효력을 유지하려고 하는 이해관계를 가지고 있으므로 불명확성을 이유로 해당 계약을 무효로 만들 수는 없다. 결국에는 불명확하지만 하나의 해석결과를 선택할 수밖에 없다. 이 경우에는 결국 사업자 또는 고객에게 불리하거나 유리한 해석결과 중 하나를 선택해야 한다. 그런데 계약의 경우에는 통상적으로 양 계약당사자 모두 계약내용에 영향을 미칠 수 있으므로 그 불명확성에 양 당사자 모두 책임을 부담해야 하는 것이 원칙이지만, 약관의 경우에는 일방적으로 사업자가 해당 약관을 정하여 제시하는 것이고 고객은 그 내용에 영향을 미칠 수 없다. 따라서 고객의 입장에서는 약관의 불명확성에 책임이 없고 사업자만이 불명확성에 책임이 있는 것이다. 이러한 상황에서는 사업자가 제시하는 약관의 경우에는 그 불명확성에 대한 불이익을 사업자가 부담하는 것은 자연스러운 것이다.

약관규제법 제5조 제2항은 "고객에게 유리하게 해석되어야 한다"고 규정하여 이 원칙을 하나의 해석방법으로 명확히 정하고 있다. 그런데 이와 달리 이 원칙은 "당사자의 의사와 무관하게 특정한 해석의 방향성 내지 결과(즉 고객에게 유리한 해석결과)를 따를 것을 지시"하므로 이 원칙은 해석의 문제를 다루지 않고 명확한 내용의 확정이 해석을 통하여 실패한 경우에 보충적으로 개입하는 위험분배 원리에 불과하다고 한다.[21] 이 견해가 지적하는 것처럼 이 원칙에 의하여 불명확하게 작성된 약관의 효력을 불합의로 단정하지 않고 약관의 내용을 작성자의 불이익으로 확정한다는 측면에서는 일정한 위험(내지 불이익)을 분배하는 기능을 가지고 있음은 부정할 수 없다. 하지만 이 견해는 두 가지 측면에서 이 원칙의 의미를 근본적으로 잘못 이해하고 있다.

첫째, 계약 내지 약관의 해석은 계약 당사자의 의사를 확정하는 작업

21_ 권영준, 앞의 논문, 231면.

이 아니다. 계약 당사자의 의사를 충실히 반영해야 한다는 측면에서 이는 해석의 목적 내지 지향점이다. 하지만 계약 내지 약관의 해석은 기본적으로 계약 내지 약관의 내용을 확정하는 작업이다.[22] 특히 여기서 문제되는 것처럼 약관의 내용이 불명확하여 약관에 드러난 작성자의 의사를 확정할 수 없는 경우에는 다른 수단 내지 기준을 기초로 그 내용을 확정할 수밖에 없는 것이다. 둘째, 약관규제법은 기본적으로 3단계의 검토단계를 이루고 있다. 즉 편입통제 후 약관의 해석을 통하여 약관의 내용을 확정한 뒤 내용통제를 하고 있다. 이러한 3단계에서 우리 입법자는 이 원칙을 해석단계에서 하나의 "해석원리"로 규정하고 있는 것이다. 즉 약관의 내용을 약관을 작성한 사업자가 불명확하게 만든 경우 그의 불이익으로, 반대로 고객의 이익으로 확정하는 위험분배 원리를 해석이라는 제도적 틀 안에서 실현하고 있는 것이다. 결국 약관규제법 제5조 제2항에 규정된 이 원칙은 약관을 불명확하게 작성한 경우에 대한 위험분배를 사업자의 불이익으로 하는 해석원칙에 해당함에는 의문의 여지가 없고 이는 현재 판례[23]와 절대적인 학설[24]의 입장이다.

나. 불명확조항 해석원칙의 적용범위와 그 보충성

불명확조항 해석원칙은 예외적인 해석원칙에 해당하기 때문에 그 영

22_ 이와 동일하게 약관의 해석은 약관의 법률적으로 척도가 되는 내용을 작성하는 것이 목적이라고 하는 문헌으로 Stoffels, AGB-Recht, 2009, München Beck, S. 123.

23_ 작성자불이익원칙을 해석원칙으로 보아 이를 적용한 판례로 대법원 2009.5.28. 선고 2008다81633 판결; 대법원 2010.7.22. 선고 2010다28208, 28215 판결; 대법원 2010. 12.9. 선고 2009다60305 판결; 대법원 2011.2.10. 선고 2010다93011 판결; 대법원 2011.4.28. 선고 2011다1118 판결; 대법원 2011.7.28. 선고 2011다30147 판결; 대법원 2011.8.25. 선고 2009다79644 판결; 대법원 2011.9.8. 선고 2009다73295 판결; 대법원 2012.5.24. 선고 2011다 13968, 13975 판결; 대법원 2012.9.13. 선고 2012다30281 판결. 작성자불이익원칙을 해석원칙으로 인정하지만 이를 적용하지는 않은 판례로 대법원 2010.9.30. 선고 2009다51318 판결; 대법원 2010.9.9. 선고 2007다5120 판결; 대법원 2012.1.12. 선고 2010다92841 판결.

24_ 이은영, 앞의 책, 155면; 이기수/최병규/김인현, 앞의 책, 2015, 38-39면; 유시동, 앞의 논문, 46면; 김진우, 앞의 논문, 194-195면; 최준규, 앞의 논문, 43-44면.

역이 제한되어 있다. 즉 예외적인 이 해석원칙은 확대적용 되어서는 안 되며 일정한 제한된 사례군에만 적용될 수 있는 원칙이다.[25] 따라서 이 원칙이 적용될 수 있는 한계를 명확히 설정하는 것은 당연히 필요하다.[26]

이 원칙은 해석의 결과 그 내용이 명확하지 않은 경우만 적용될 수 있다. 따라서 약관의 해석결과 그 내용에 관하여 다툼이 존재하지만 1) 일반적 해석원칙을 통하여 불명확성이 제거될 수 있는 경우, 또는 2) 불명확성이 부수적이거나 임의규정을 통하여 쉽게 제거될 수 있는 경우에는 적용될 수 없다. 또한 약관규정의 내용이 불명확성이 너무 커서 어느 당사자에게도 유리한 내용으로 합리적인 해석이 가능하지 않은 경우에도 이 원칙은 적용될 수 없다. 이 경우에 원칙적으로 해당 계약은 무효로 보아야 한다.[27] 결국 여기서 불명확성이 존재한다는 것은 합리적인 해석견과가 2개 이상 가능하여 불명확성이 존재하는 것으로 보아야 한다.[28] [29]

25_ 백경일, "예외법 확대적용 금지의 원칙—예외규정의 해석 및 적용에 있어서 유추 및 확장의 허용 여부와 판례의 입장", 「재산법연구」 제25권 제3호(2009), 3-4 및 18면 이하.

26_ 한계설정에 관하여 근본적으로 Raiser, Das Recht der Allgemeinen Geschäftsbedingungen, Habilitationsschrift, Hamburg, 1935, S. 262 f. 참조.

27_ 이 경우에 계약체결상의 과실책임으로 인한 손해배상을 고객이 청구할 수 있는지는 추가로 검토할 수 있다고 한다. 하지만 이러한 경우에는 불명확성이 너무 크기 때문에 통상 고객도 이러한 불명확성을 인식할 수 있었을 것이기 때문에 과실상계를 위하여 고객에게 손해발생에 대하여 과실이 존재하지 않은지를 검토해야 한다고 한다.

28_ 이은영, 앞의 책, 155-156면; 이주홍, 앞의 논문, 323면; 유시동, 앞의 논문, 47면; 최준규, 앞의 논문, 44면; 이재현, "보험약관의 해석에 있어서 '작성자 불이익 원칙'의 적용 범위 및 한계", 「보험법연구」 제6권 제2호 (2012), 14면; 이병준, 앞의 논문, 370면.

29_ 약관이 일방적으로 사업자에 의하여 제시되지 않은 경우에는 이 원칙은 적용되지 않는다. 불명확조항 해석원칙은 약관을 만들 때 문언을 충실히 구성할 것을 사업자에게 요구하고 사업자의 부주의로 불명확성이 만들어진 경우에 그 책임을 묻는 것이다. 따라서 해석될 약관조항이 사업자의 시장지배력을 키우기 위한 것인지의 여부는 중요하지 않으며 이 해석의 기능에 있어서 실체법적인 수정을 가하거나 사업자에게 벌칙을 부과하기 위한 목적을 갖는 것도 아니다. 즉 사업자가 약관을 제정할 권한을 갖고 있어 이러한 제정권한을 행사하여 일방적으로 계약내용을 형성할 수 있는 위치에 있다면 그 문언을 명확하게 작성하라고 요구하는 것이다. 그에 반하여 약관이 표준약관에서처럼 중립적인 제3자에 의하여 작성되었고 사용이 권장되어 사업자에 의하여 사용

불명확조항 해석의 원칙은 이러한 약관의 일반적 해석결과 불명확성이 존재하는 경우에만 적용된다는 보충성을 갖는다. 이미 앞에서 살펴본 것처럼 약관규제법 제5조 제2항의 법문에서 "약관의 뜻이 명확하지 않은" 경우에 적용된다고 하여 명확히 이러한 보충성을 선언하고 있다. 그런데 흥미로운 것은 학설과 판례가 이 원칙이 보충성을 갖는 점에는 의견이 일치하고 있음에도 불구하고 "언제" 불명확성이 존재하여 보충적으로 불명확조항 해석원칙이 적용될 것인지에 관하여는 일치하지 않고 있다는 점이다. 학설과 판례가 일치하고 있지 않은 지점은 바로 불명확성을 확인하기 위하여 사용할 수 있는 해석의 범위와 해석의 내용에 있다.

이를 가장 넓게 파악하여 "우선 다른 모든 약관해석의 원칙들을 먼저 적용하여 그 의미를 해석해야 하며 그렇게 하더라도 그 정확한 의미를 알 수 없을 때 최종적으로 작성자 불이익의 원칙이 적용되어야 한다"는 견해가 있다.[30] 그에 반하여 "객관적이고 공정한 해석의 결과 둘 이상의 해석이 가능한 경우"에 한하여 이 원칙이 보충적으로 적용된다는 견해가 있다.[31] 우리 판례 역시 이 견해와 유사하게 "약관의 해석은, 신의성실의 원칙에 따라 당해 약관의 목적과 취지를 고려하여 공정하고 합리적으로 해석하되, 개개 계약 당사자가 기도한 목적이나 의사를 참작함이 없이 평균적 고객의 이해가능성을 기준으로 보험단체 전체의 이해관

된 경우에는 계약당사자 사이의 균형추가 맞추어져 있으므로 한 당사자의 불이익 내지 다른 당사자의 이익을 위하여 해석할 필요가 없다. 이러한 때에는 경우에 따라서는 해당 계약이 불명확성으로 인하여 효력을 갖지 못하는 경우도 발생할 여지가 있다. 그러나 이러한 약관의 경우 통상 심혈을 기울여서 만들어졌을 것이기 때문에 해석을 통하여 극복하지 못할 불명확성이 거의 존재하지 않을 것이다. 따라서 이러한 사례는 다행히도 실무에서 거의 발생하지 않을 것으로 생각한다. 본 사안의 경우 생명보험과 관련한 기본약관은 표준약관을 사업자가 수정하여 사용한 것이었으나, 문제가 된 특별재해사망 약관은 사업자 측에서 만든 것이므로 이 쟁점은 문제가 되지 않는다.

30_ 박세민, 앞의 책, 64-65면; 김진우, 앞의 논문, 197면.
31_ 손지열(편집대표 곽윤직), 「민법주해XII」, 박영사, 1999, 333-334면; 이은영, 앞의 책, 155면.

계를 고려하여 객관적·획일적으로 해석하여야 하며, 위와 같은 해석을 거친 후에도 약관 조항이 객관적으로 다의적으로 해석되고 그 각각의 해석이 합리성이 있는 등 당해 약관의 뜻이 명백하지 아니한 경우에는 고객에게 유리하게 해석하여야 한다"라는 입장을 취한다.[32] 다양한 해석과 많은 해석수단을 허용하면 할수록 불명확성이 사라질 것이므로 보충성을 갖는 불명확조항 해석의 적용 가능성은 줄어들 것이다. 따라서 이 중 어느 견해를 취하느냐 하는 것은 매우 중요한 의미를 갖는다.

약관의 해석방법으로 인정되고 있는 해석방법은 문헌을 살펴보면 매우 다양하다. 신의성실의 원칙에 따른 해석, 공정한 해석, 객관적 해석, 통일적 해석, 불명확조항 해석의 원칙, 축소해석의 원칙 등이 약관의 해석과 관련하여 문제되고 있다. 그런데 제5조를 통하여 인정되는 해석 방법은 공정한 해석의 원칙과 객관적 해석의 원칙이다. 따라서 형식적으로 약관규제법의 문언을 기초로만 해석해 보더라도 모든 해석수단이 아니라 제1항에 따른 해석으로 이해할 수 있다. 또한 그 실질을 살펴보면 신의성실의 원칙과 공정한 해석은 하나의 원리를 추구하고 있으며, 통일적 해석은 객관적 해석을 통하여 실현되는 것이고 불명확조항 해석 안에 축소해석이 이루어지는 것이다. 또한 그 실질을 살펴보면 결국 판례의 입장처럼 모든 해석수단이 아니라 공정하고 객관적 해석결과 불명확성이 존재하는 경우에 보충적으로 불명확조항 해석의 원칙이 적용된다고 보는 것이 타당하다. 그리고 여기서 공정한 해석의 원리는 그 자체로 내용을 갖는 것이 아니라 약관을 제시한 사업자에게 유리하게 치우치기 쉬운 상황을 염두에 두고 '보호할 가치 있는 고객의 이익'과 '고객의 정당한 기대'를 반영하여 공정하게 해석하라는 요청에 불과하므로 결국 핵심적인 해석방법은 "객관적·획일적 해석"이라고 할 수 있다. 따라서 불명확조항 해석의 원칙이 갖는 보충성이라고 함은 모든 해석원칙이 적용된 후 기능하는 해석원칙이 아니다. 객관적 해석의 결과 불명확성이

32_ 대법원 2009.5.28. 선고 2008다81633 판결.

존재하는 경우에 적용될 수 있는 해석원칙이라고 보아야 한다.[33]

그러나 현재 판례가 확고한 의미로 법리를 설시하고 있는 것처럼 보이나, 객관적 해석의 의미내용과 고려요소에 관하여 판례 및 학설이 일치하고 있지 않다. 그런데 객관적 해석에 어떠한 의미를 부여하는지에 따라 불명확성이 인정될 수 있는 사안의 폭이 달라질 것이고 그에 따라 불명확조항 해석의 원칙이 적용될 수 있는 범위도 다를 것이다. 이 쟁점은 항을 바꾸어 더 자세히 살펴보려고 한다.

2. 불명확성의 확정: 객관적·획일적 해석의 결과에 따른 불명확성

가. 약관의 해석으로서 객관적·획일적 해석이 갖는 특수성

우리 학설 중에는 약관이 계약인 이상 약관의 해석은 계약의 해석과 본질적으로 다르지 않다고 보는 견해가 있다. 계약의 해석과 약관의 해석이 동일하다는 견해 중에서는 첫째, 계약의 해석에서 고려될 수 있는 모든 요소가 약관의 해석에서도 적용될 수 있다고 한다. 즉 "문언의 형식과 내용, 약관의 체결 동기 및 경위, 당사자가 약관을 통해 달성하려는 목적과 진정한 의사, 약관을 둘러싼 거래 관행 등을 종합적으로 고려하여 합리적으로 당사자의 의사를 해석해야 한다"고 하며 이와 함께 약관규제법 제5조에 따른 해석도 함께 고려해야 한다고 한다.[34] 이 견해는 계약의 해석에 관한 일반 원칙과 약관규제법 제5조의 원칙이 마치 중첩적으로 적용될 수 있는 것처럼 보고 있다.[35]

33_ 독일 판례는 불명확조항 해석의 원칙이 단지 약관의 해석에 관하여 분쟁이 있는 것만으로는 적용할 수 없다고 한다. 적용되기 위한 요건은 고려될 수 있는 해석수단을 모두 고려한 후에도 제기될 수 있는 의문이 존재해야 한다고 보고 있다(BGH NJW-RR 1995, 1304; BGH NJW 1997, 3436). 그러나 Schlechtriem이 분석한 바대로 약관의 문언에 의하여 평균적 고객의 입장에서 불명확성이 존재한다면 이 원칙의 적용은 인정될 수 있다(ders., Die sog. Unklarheitsregel des § 5 AGBG, FS Heinrichs, 1998, S. 503 ff.).

34_ 권영준, 앞의 논문, 218면 이하.

35_ 그 밖에 동일설의 입장에서 당사자의 주관적 의사가 일치하면 자연적 해석의 원칙에

약관이 계약적 성질을 갖는 점은 부정할 수 없다. 약관은 개념상 계약 내용의 일부를 이루고 있을 뿐만 아니라, 판례와 학설이 근거로 하고 있는 약관의 구속력과 관련한 계약설은 약관의 제안과 그에 대한 고객의 동의를 기반으로 약관의 계약내용으로 편입한다고 보고 있다. 그러나 약관의 해석은 계약의 해석과 동일하지 않다. 이를 약관에 관한 정통적인 문헌에서 정확히 설명하고 있다. 즉 약관은 "일반 계약과 달리 당사자 사이의 흥정과 구체적 합의가 배제되어 있으며, 또 기능상 구체적·개별적 당사자 사이의 계약이 아니라 불특정의 다수당사자를 상대방으로 하는 계약을 위한 것이므로, 그 해석에 있어서도 일반 계약의 해석과는 다른 독특한 원리가 적용된다"고 한다.[36] 이처럼 약관해석의 독특한 원리가 적용되는 것은 첫째, 일반 계약에서와 달리 고객은 약관의 내용

따라, 약관의 객관적 내용과 상관없이 당사자의 일치하는 의사대로 해석될 수 있다는 견해도 있다[최준규, 앞의 논문, 40면]. 계약의 해석에서 인정되는 자연적 해석과 규범적 해석이 그대로 약관의 해석에 적용된다는 견해가 있음은 앞에서 소개하였다. 이러한 계약의 해석원칙은 현재 대법원에 의하여 확립된 판례에 해당한다. 하지만 결과에 있어서는 동일할 수 있지만 약관규제법에서는 그 이론적 설명구조가 다르다. 왜냐하면 약관규제법은 약관의 편입통제, 해석을 통한 내용확정 및 내용통제라는 3단계의 검토단계를 거치기 때문이다. 그런데 우리 약관규제법에서 당사자들이 주관적 의사가 일치하여 약관의 의미를 객관적 의미와 다르게 이해하는 경우에는 이를 개별약정으로 보아서 약관에 우선하게 된다(개별약정 우선의 원칙). 앞의 견해도 주관적 해석의 근거로 제4조상의 개별약정 우선의 원칙을 들고 있고 마치 개별약정 우선의 원칙과 계약해석과 관련한 주관적 해석이 동일한 것으로 보고 있는 것처럼 보인다. 하지만 약관규제법상의 단계적 검토순서로 보면 약관인지 아니면 개별약정인지를 확정하는 단계에서 당사자의 주관적 의사를 반영하는 것이므로 일반적인 계약에서 하는 주관적 해석과는 다른 것이다. 독일에서는 주관적 의사가 일치하여 고려되는 것을 객관적 해석원칙의 예외 내지 제한으로 볼 수 있는지에 관하여 학설이 대립하고 있다. 예외 내지 제한이 아니라, 개별약정 우선의 원칙이 적용된 결과라고 보는 견해가 있는가 하면(MüKoBGB/Basedow, § 305c Rn. 26) 이는 예외 내지 제한에 해당한다고 보는 견해(Brandner, Die Umstände des einzelnen Falles bei der Auslegung und Beurteilung von Allgemeinen Geschäftsbedingungen, AcP 162, 1963, 237 (256f.); Staudinger/Schlosser, § 305c Rn. 131)가 있다. 개별약정우선의 원칙의 적용이라고 보기 어려운 것은 별도의 진지한 합의가 있어야만, 개별약정이라고 보게 되는데 주관적 의사의 일치만으로는 개별약정으로 보기 힘들다.

36_ 손지열(편집대표 곽윤직), 「민법주해XII」, 박영사, 1999, 327-328면.

을 그대로 받아들이거나 그렇지 않은 경우 계약체결을 포기해야 하는 계약체결의 자유만 있고 계약내용 형성의 자유는 가지지 못하는 사정 때문이다. 이는 근본적으로 약관규제법이 만들어진 주된 이유이지만, 이 사유가 약관의 해석에도 영향을 미치는 것이다. 이에 따라 일반계약 해석에서보다 약관의 해석에서는 그 측면이 고객의 보호 쪽으로 기울어져 있다. 이 점은 각 해석원칙에서 고객의 이익을 일반계약 해석의 원칙에서와는 달리 더 많이 반영해야 한다는 측면에서 나타난다. 둘째, 약관의 구속력의 근거를 계약설에 찾는 것이 현재 판례와 다수설의 입장이긴 하지만 약관은 기본적으로 해당 거래영역에서 마치 법규와 동일하게 다가온다. 이러한 측면에서 규범설이 갖고 있는 시각이 완전히 틀린 것은 아니다. 규범설의 시각이 반영된 부분은 바로 약관이 고객에 따라 달리 해석되지 않고 단일하게 같은 의미로 해석되어야 한다는 측면에 있다. 이는 마치 법률이 하나의 의미로 해석되고 그 수범자에 따라 달리 해석되지 않은 것과 유사하다. 이처럼 고객의 구체적·개별적 사정에 따라 약관의 내용을 달리 해석할 수 없도록 한 것은 약관을 사용한 사업자의 이익을 반영한 것이다. 사업자는 약관을 사용함으로써 하나의 계약내용을 통하여 수많은 고객을 상대할 수 있는 하나의 시스템을 만들고 싶은 것이다. 이러한 사업자의 이익을 반영하여 계약과는 다른 약관의 독특한 원리가 형성된 것이다.[37]

이러한 독특한 원리를 반영하기 위하여 우리 입법자는 약관규제법 제4조와 제5조를 두고 있는 것이다. 개별약정 우선의 원칙과 해석원리로서 공정한 해석의 원칙, 객관적 해석의 원칙, 통일적 해석의 원칙, 불명확조항 해석의 원칙 등을 어떻게 이론적으로 정합적으로 약관규제법 틀안으로 반영할 것인지가 약관규제법 해석론에 부여된 특별한 임무인 것이다.

우리 판례는 오래전부터 약관의 해석원리를 다음과 같이 확정하고 있

37_ 계약설에서는 이 부분을 논거로 설명하고 있다.

다. 즉 "보통거래약관 의 내용은 개개 계약체결자의 의사나 구체적인 사정을 고려함이 없이 평균적 고객의 이해가능성을 기준으로 하되 보험단체 전체의 이해관계를 고려하여 객관적, 획일적으로 해석하여야 하고, 고객 보호의 측면에서 약관내용이 명백하지 못하거나 의심스러운 때에는 약관작성자에게 불리하게 제한해석하여야 한다"[38]고 판시하고 있다. 전원합의체 판결에서 다수의견에 대한 보충의견이 더 정확하게 현재 법리를 표현하고 있다. "보통거래약관 및 보험제도의 특성에 비추어 볼 때, 보험약관의 해석은 일반 법률행위와는 달리 개개 계약당사자가 기도한 목적이나 의사를 기준으로 하지 않고 평균적 고객의 이해가능성을 기준으로 하되 보험단체 전체의 이해관계를 고려하여 객관적, 획일적으로 해석하여야 하며, 다만 약관을 계약내용으로 편입하는 개별 약정에 약관과 다른 내용이 있을 때에 한하여 개별약정이 우선할 뿐이다. 또 약관이 작성자인 기업에 의하여 일방적으로 유리하게 작성되고 고객에게 그 약관 내용에 관한 교섭이나 검토의 기회가 제대로 주어지지 않는 형성의 과정에 비추어 고객보호의 측면에서 약관내용이 명백하지 못하거나 의심스러운 때에는 약관작성자에게 불리하게 제한해석하여야 한다는 불명료의 원칙이 적용된다."[39]

위 전원합의체 판결은 명백히 약관의 해석은 계약의 해석과 다르다고 선언하고 있다. 그 차이가 나는 것은 첫째, 계약당사자가 기도한 목적이나 의사를 기준으로 하지 않고 평균적 고객의 이해가능성을 기준으로 한다. 둘째, 보험단체 전체 이해관계를 고려하여 객관적, 획일적으로 해석한다.[40] 셋째, 약관의 내용과 다른 개별약정이 존재하는 경우에는 개별약정이 우선한다. 넷째, 약관내용이 명백하지 못하거나 의심스러운

38_ 대법원 1996.6.25. 선고 96다12009 판결.

39_ 대법원 1991.12.24. 선고 90다카23899 전원합의체 판결.

40_ 이처럼 약관의 해석에서 사업자 내지 보험단체의 이익이 고려되는 것은 객관적, 획일적으로 해석된다는 점에 있다. 따라서 이를 넘어서 "약관은 보험단체 입장에서 객관적으로 해석되어야 한다"는 명제를 설정한 후 전체 해석에서 보험단체 이익을 앞세우는 것(이러한 입장으로 박세민, 앞의 논문, 286면)은 잘못된 것이다.

때에는 불명확조항 해석의 원칙이 적용된다는 것이다.

나. 객관적 해석에서 '고객의 평균적 이해가능성'의 의미

계약의 해석에서 "표시행위에 부여된 객관적 의미·내용을 확정하는 것"이 객관적 내지 규범적 해석이다. 그리고 객관적 해석에서 객관적 의미·내용의 확정은 의사표시 상대방의 이해가능성을 기준으로 결정된다. 판례는 이에 따라 약관의 해석에서 "평균적 고객의 이해가능성"을 기준으로 판단하고 있다. 따라서 이 원칙을 그대로 약관의 해석에 적용한다면 개별적인 고객의 이해가능성을 기초로 해서 결정해야 할 것이다. 하지만 판례와 학설[41]은 일반적 계약해석원칙의 예외로서 약관의 해석에는 개개 고객의 이해가능성을 고려할 필요가 없으며, 평균적 고객의 이해가능성을 기준으로 해야 한다고 한다. 이는 약관규제법 제5조 제1항 후단에서 '개별적 고객에 따라 달리 해석해서는 안 된다'고 규정한 내용을 반영한 것이다.

이처럼 약관의 해석은 계약의 해석과 다른 해석척도(Auslegungsmaßstab)를 사용한다. 개별적인 고객이 아닌 평균적 고객의 이해가능성을 척도로 하여 약관을 해석하는 것이다. 이에 따라 해석결과는 개별적인 계약의 구체적인 사정과 계약 당사자의 개별적인 의사는 고려되지 않는다. 해석결과는 항상 반복되는 이해관계를 반영하는 일반적 해석의 모습을 띠게 된다. 이 부분은 앞에서 살펴본 바와 같이 사업자가 약관을 사용함으로써 다수의 고객과 계약을 체결하더라도 동일한 내용으로 계약관계가 형성되어 사업을 시스템화하고 비용을 절약하는 등의 이익을 반영하려는 취지가 있는 것이다.

이와 관련하여 객관적 해석의 원칙이 평균적 고객의 합리적 '의사'를 추구하는 원칙임을 강조하는 견해가 있다.[42] 하지만 앞에서 살펴본 바와 같이 고객에게 계약체결 당시에 고객은 약관 편입에 대하여 형식적 동

41_ 이은영, 앞의 책, 148면; 이주흥, 앞의 논문, 310면.
42_ 권영준, 앞의 논문, 221면.

의만을 하는 경우가 대부분이고 구체적 조항내용에 관하여 어떠한 의사를 가졌다고 보는 것은 무리가 있다. 따라서 계약체결 시에 고객에게 어떠한 의사가 있다고 한다면 이는 존재하지 않은 의사를 의제하는 것일 뿐이다. 이해가능성은 계약체결 시 또는 계약체결 후 법률분쟁이 발생한 때를 기준으로 해당 내용을 어떻게 이해할 수 있는지를 판단하는 것이다. 그렇기 때문에 계약체결을 할 때 존재하지 않은 의사를 기준으로 판단하는 것은 잘못된 것이다. 그러므로 "고객의 이해가능성"이라는 표현을 정확하게 사용하는 것이 타당하다.

다. 평균적 고객의 능력

그런데 이때 "평균적 고객"은 어떠한 능력을 가지고 있는 것으로 보느냐에 따라 해석의 폭이 달라진다. 판례는 단지 "평균적 고객"이라고 할 뿐 이 고객이 어떠한 능력을 가지는지에 관하여 침묵하고 있다. 학설에서는 이성적이고도 성실한 평균적 고객의 이상적 유형으로 보는 견해가 대다수이다.[43] 이를 조금 더 구체화하여 이성적인 평균고객의 구체적인 의미는 결국 지각 있는 제3자의 표준과 실제로 같은데, 지각 있는 평균고객은 일반 용어를 알고 있다는 것이지 전문적·학술적·특수용어까지 알 것을 요구할 수 없다고 한다. 다만, 지각 있는 평균고객은 전문가에게 전문용어를 물어볼 것이 예상되므로 전문개념에 따라 약관의 용어가 해석된다고 한다.[44]

이 입장과 관련하여 첫째, 평균적 고객과 합리적인 제3자를 엄격하게 본다면 같은 의미로 이해할 수 없다. 왜냐하면 합리적인 제3자는 항상

43_ 대표적으로 이은영, 「약관규제법」, 1994, 148면; 이를 따르는 견해로 이주홍, 앞의 논문, 310면; 진상범, "한국은행 총액한도대출관련 무역금융에 대한 수출신용보증약관의 면책사유인 '신용보증부 대출금 종류 위반'의 의미와 작성자 불이익의 원칙", 「대법원판례해설」, 제85호(2011), 632-633면; 이러한 견해들의 입장은 "일반평균인의 이해능력과 언어관행을 기준으로 해석하는 것"이라고 이해하는 문헌으로 김진우, 앞의 논문, 184면.

44_ 이은영, 앞의 책, 148-150면.

동일하게 하나의 추상적인 제3자로 설정되지만 평균적 고객은 구체적으로 계약을 체결하는 고객층에 따라 다를 수 있기 때문이다. 예컨대 고객층에 사업자와 소비자가 공존하는 경우에는 평균적 사업자와 평균적 소비자로 나누어서 해석해야 할 필요성이 있을 것이다. 또는 세계적 서비스를 제공하는 글로벌 기업이 약관을 사용하는 경우에 고객이 어느 나라에 속하느냐에 따라 그 이해가능성의 판단이 달라질 수밖에 없을 것이다. 따라서 여기서는 명확히 "평균적 고객"이라고 표현하는 것이 타당하다.

둘째, 이성적·합리적 평균적 고객과 더 나아가 지식을 갖춘 고객은 동일개념이 아니다. 소비자의 능력을 이성적·합리적 능력을 갖고 있는 자로 볼 것인지 아니면 충동적·비합리성을 가진 자로 볼 것인지는 소비자법의 근본문제 중에 하나이다. 그러나 해석과 관련하여서는 기준이 되는 약관의 내용을 확정하는 것이므로 충동적이고 비합리적인 판단을 하는 소비자를 기준으로 할 수는 없는 것이다. 따라서 이성적·합리적 판단을 하는 소비자의 이해가능성을 기준으로 하는 것은 타당하다고 생각된다.

셋째, 학설은 합리적·이성적 판단은 하지만 전문지식을 갖추지 않은 일반 소비자의 능력을 기준으로 하고 있는데 이는 현재 독일의 통설과 판례와 같은 입장이다. 독일 판례에 따르면 해석에 있어서 고려될 수 있는 법률지식도 평균적인 고객이 갖고 있는 것을 기준으로 하나, 원칙적으로 법률 지식이 없는 평균적인 고객의 이해가능성을 기준으로 해야 한다.[45] 독일 판례는 특히 소비자계약의 경우, 해당 법지식이 계약체결 상대방인 고객에게 일반적으로 기대할 수 없는 때에는, 법률지식이 없는 평균적 고객을 기준으로 한다.[46] 따라서 보험약관의 경우에는 평균적 보험계약자는 보험계약법에 대한 특별한 지식이 없는 자를 기준으로 하고 있고[47] 은행 거래의 경우에는 평균적인 법률지식이 없고 은행거래에

45_ 이병준, 앞의 논문, 367면.
46_ BGH NJW 1989, 253; NJW 1990, 1178.

익숙하지 않은 은행고객을 기준으로 한다.[48] 이처럼 대상판결 1심에서 사용하고 있는 "일반인인 보험계약자"는 법지식과 보험에 대한 지식이 없지만 합리적·이성적 판단을 하는 일반인을 기준으로 하고 있다고 볼 수 있다.

라. 객관적·획일적 해석원칙과 그 고려요소

객관적·획일적 해석원칙과 관련하여 고려될 수 있는 요소들이 무엇인지가 문제된다. 이 문제는 매우 중요한 문제로서 실질적으로 객관적·획일적 해석원칙이 약관규제법의 특유한 법리가 적용되는가 아니면 일반적인 법률행위 내지 계약해석에서와 같은 객관적 해석원칙이 적용 되는가라는 문제와 연관된다. 이는 이론적 문제에 불과한 것이 아니라[49] 약관해석에 고려될 수 있는 요소가 해석결과에 직접적인 영향을 미쳐서 해석의 결과가 달라질 수 있기 때문에 실질적인 문제로서 매우 중요한 의미를 가진다. 하지만 우리 학설은 이를 명확히 인식하지 못한 상태에서 논의가 거의 없다.

약관은 계약의 내용이 되는 것이지만, 보험약관처럼 규범적 완결성을 갖춘 경우에는 실제 법규와 유사한 형태를 갖고 있기 때문에 학설 중에서는 규범해석의 요소인 조항의 역사, 체계 및 법규정을 통하여 달성하려고 하는 목적 등을 약관해석의 고려요소로 삼으려고 하는 견해가 있다.[50] 모든 해석은 문언을 바탕으로 해야 하므로 '문언의 구조와 문맥'이 약관 해석의 출발점이 되는 것은 당연하다. 하지만 다른 해석수단, 예컨대 조항의 역사적 배경 또는 전체 약관 내에서 갖는 체계적 지위를 고려해서는 안 된다.[51] 왜냐하면 약관의 내용을 잘 알고 있는 자에게는 조항

47_ BGH NJW 1993, 2369; BGH NJW-RR 1996, 857. 이러한 입장에 대하여 비판적인 견해로 Schmidt/Salzer, Recht der AGB und der mißbräuchlichen Klauseln: Grundfragen, JZ 1995, S. 223.

48_ BGH NJW-RR 1990, 1091.

49_ 그러나 이러한 평가로 최준규, 앞의 논문, 40면.

50_ 권영준, 앞의 논문, 228면; 박세민, 앞의 논문 290면.

의 역사적 배경과 그 체계적 지위가 해당 조항을 이해하고 그 의미를 파악하는 데 도움을 줄 수 있으나, 법률적 지식이 없는 고객에게는 이러한 요소까지 고려하여 해당 조항을 이해하라고 하는 것은 무리가 있다. 특히 보험계약에서는 약관은 두꺼운 책자로 제공되기 때문에 평균적 고객이 약관의 유래인 역사를 알 수 없는 것이고 전체 약관의 체계를 고려하여 해석하는 것은 불가능할 것이다.

마. 객관적 · 획일적 해석원칙과 고객보호

혹자는 고객의 이해가능성을 앞에서 분석한 바처럼 해석한다면 너무 고객에게 유리한 해석이므로 이는 합리적 해석이 아니라고 비판할 수 있을 것이다. 그런데 약관규제법 자체는 고객 보호를 목적으로 제정된 법이고 이러한 관점에서 사업자와 고객 사이의 이해관계를 합리적으로 반영해야 할 것이다. 약관의 해석과 관련하여 약관규제법 제5조에서 제2항의 불명확조항 해석원칙을 규정함으로써 명확히 고객의 이익에 치우쳐 있는 반면, 제5조 제1항 후단의 획일적 해석의 요청은 분명히 약관을 사용한 사업자의 의도를 반영하고 있다. 그렇다면 제5조 제1항 전단의 공정해석의 원칙은 중립적인 입장에서 사업자와 고객의 이익을 적절하게 조화시켜서 해석하라는 것으로 본 조문의 전체적인 취지를 이해할 수도 있을 것이다.

하지만 이러한 원칙에 입각하여 객관적 해석에서 해석표준과 해석요소를 결정하게 되면 제5조 제2항이 적용될 수 있는 사례군이 너무 좁아진다. 불명확조항 해석원칙이 갖는 취지는 사업자가 자신의 입장에서 합리적 해석을 한 후에 불명확성이 존재하는 경우뿐만 아니라, 사업자는 사업자의 입장에서 합리적 해석을 하고 고객은 고객의 입장에서 합리적 해석을 한 후 양쪽의 합리적 해석이 일치하지 않은 경우에도 불명확성을 인정하여 고객에 유리한 쪽으로 약관의 내용을 정하려고 하는

51_ Schlechtriem, Die sog. Unklarheitsregel des § 5 AGBG, FS Heinrichs, 1998, S. 509; MüKoBGB/Basedow BGB § 305c Rn. 30.

것이다. 이때 사업자는 전문지식을 갖춘 자의 입장에서 해석을 하고 고객은 전문지식이 없는 일반인의 입장에서 합리적 해석을 하는 것이 기준이 될 것이다. 바로 이 경우를 위하여 불명확조항 해석의 원칙이 존재하는 것이다.

이러한 결과를 보면 마치 약관규제법 제5조 제2항만 고객보호 차원에서 규정된 것 같지만 제1항의 해석에 영향을 미치고 있는 것이다. 즉 제1항에 따른 객관적 해석의 해석표준과 해석 요소를 정함에 있어서도 고객보호라는 목적이 반영되어야 할 것이다. 따라서 L. Raiser가 "약관의 해석에서도 고객의 보호라는 사명이 주어져 있다"고 한 명제는 제5조 전체를 지배하고 있다.[52]

바. 사안의 적용

결국 객관적·획일적 해석 후 불명확성이 존재하면 불명확조항 해석의 원칙이 적용될 수 있다. 그리고 객관적·획일적 해석에 있어서 약관에 구체적으로 규정되어 있는 문언의 구조와 문맥을 기초로 하여 평균적 고객의 입장에서 해석해야 할 것이다. 이러한 평균적 고객의 이해 가능성을 고려하여 해석하게 되면 이 사건 재해특약 약관 제11조에서 피보험자의 고의로 자신을 해한 경우에는 면책을 받지만, 피보험자가 정신질환 상태에서 자신을 해한 경우와 계약의 책임개시일부터 2년이 경과한 후에 자살한 경우에는 면책되지 않고 책임을 부담하게 된다는 것으로 해석할 수 있다. 이와 관련하여 자살은 재해가 아니고, 따라서 보험사고인 재해사망이 아닌 자살의 경우는 아예 재해사망이 아니므로 이러한 해석은 재해사망 보험과 근본적으로 모순된다는 주장이 있다.[53]

고객의 입장에서는 이 조항을 두 가지 의미로 구체적으로 해석할 수 있을 것이다. 첫째는 재해사망인지의 여부와 상관없이 책임개시일부터

---

[52] Raiser, Das Recht der Allgemeinen Geschäftsbedingungen, Habilitationsschrift, Hamburg, 1935, S. 263 f.
[53] 이러한 지적으로 예컨대 박세민, 앞의 논문, 297면.

2년이 경과된 후에 자살한 경우에는 부가적으로 책임을 지는 사유로 규정하였다고 해석할 수 있다.[54] 즉 2년 후 자살은 재해로 인한 사망은 아니지만, 보험자가 추가적으로 보험금을 지급하는 예외적·부가적 사유로 규정한 것으로 해석 할 수 있다. 이러한 해석을 하면 이 조항은 재해사망 보험의 근본취지와 모순되지는 않는다. 둘째, 재해사망의 범위를 확장하는 사유로 해석할 수도 있을 것이다. 그렇게 해석한다면 위 견해가 비판하는 것처럼 이러한 해석은 재해사망 보험과 모순되는 해석이다. 하지만 보험상품을 잘 알지 못하는 비전문가로서 고객은 이러한 해석도 가능할 것이다. 즉, 보험자의 입장에서는 보험상품의 특성을 알고 있는 법률적 전문지식을 갖춘 자의 시각에서 해석하여 재해에는 자살이 당연히 포함되지 않고, 따라서 보험계약책임이 발생한 후 2년이 경과된 뒤 자살에 대하여 보험금이 지급된다는 내용의 규정을 명확히 잘못된 규정이므로 그 의미가 없는 것으로 해석할 수 있을 것이다. 그러나 보험상품을 잘 모르고 법적 지식도 없는 보험계약자의 입장에서는 문언상 보험금을 지급하는 것으로 규정하고 있는 이상 위와 같은 모순을 발견하지 못하고 해석할 수 있는 것도 사실이다.

보험자의 책임을 부정하는 해석론에서는 이 규정은 명백히 실수로 둔 규정이고, 따라서 이러한 규정은 해석을 함에 있어서 없는 것으로 무시할 수 있다고 주장한다. 하지만 이 견해가 명문의 규정을 무시할 수 있는 것으로 주장하는 법이론적 근거는 본 사안에서 적용될 수 없다. 첫째, 오표시무해의 원칙이 적용될 수 있는 것은 계약의 양 당사자 모두 객관적인 문언과 달리 주관적으로 해당 조항을 다르게 이해한 경우이다. 따라서 소송에서 구체적으로 양 당사자는 형식적으로 규정되어 있는 문언과 달리 자신들이 공통적으로 이해하고 있는 내용을 주장할 것이고

54_ 이러한 약관의 설정이 가능하다는 견해로 이용석, "생명보험약관상의 자살 면·부책 조항의 문제점에 관한 검토", 「보험학회지」 제69집(2004), 21면. 이 견해에 따르면 보험자가 보험계약자를 유인하기 위하여 또는 담보범위를 확대하여 보험수익자를 보호하거나 또는 생명보험의 기능을 확대하기 위하여 재해사망보험에 있어서도 자살에 대한 부책규정을 명시하고 이를 담보할 수 있다고 한다.

이러한 주관적 이해를 바탕으로 해당 조항의 의미를 확정해야 한다는 것이 오표시무해의 원칙이 갖는 실질적인 의미이다. 그런데 본 사안의 경우에는 양 당사자 모두 다르게 해당 조항을 의미하였다고 주장하고 있으므로 이 이론이 적용될 수 있는 근본적인 사정이 존재하지 않는다. 둘째, 예문해석은 약관규제법이 제정되기 전에 적용되었던 이론이다. 물론 그 후에도 판례에서 이 이론을 기초로 명문의 약관규정을 예문에 불과하다는 이유로 무시하기도 하지만, 기본적으로 예문해석이 적용되는 사안은 사업자가 자신에게 유리하게 작성하였던 불공정한 약관내용을 부정하기 위하여 출발하게 된 이론이며, 이 경우에도 실질적으로 당사자들이 다르게 이해하고 계약을 체결하였다는 사정이 전제되어 있다. 따라서 예문해석도 본 사안에 적용될 수 없을 것이다. 결국 본 재해사망특약에 규정되어 있는 약관규정을 해석함에 있어서는 이 규정내용을 무시할 수 있는 이론적 근거는 없다.

문언을 기초로 해석하지만, 다른 해석요소를 기초로 해석하여 다른 해석결과를 도출할 수 있다면 문언의 의미가 다르게 해석될 수도 있을 것이다. 하지만 약관의 해석에서 약관의 변천 역사나 규정의 체계는 원칙적으로 고려될 수 없다. 왜냐하면 평균적 고객으로서는 약관의 변천 역사를 알 수 없고 복잡하게 구성되어 있는 보험약관의 체계를 고려하여 해석하기도 힘들기 때문이다. 따라서 문언의 구조와 문맥을 기초로 해석할 수밖에 없을 것이고 그렇다면 앞에서 지적한 해석결과에 도달할 수밖에 없을 것이다. 결국 본 조항은 고객의 입장에서는 부가적으로 책임을 부담하는 사유를 규정한 것으로 해석할 수 있다. 그리고 만약 사업자가 위와 같은 자신의 해석이 합리적인 해석방법이라고 주장하면 고객은 불명확조항 해석의 원칙을 주장하여 자신의 해석방법에 따라 책임을 물을 수 있을 것이라고 생각된다.

3. 불명확조항 해석원칙 적용의 효과

가. 원칙: 제한해석

불명확조항 해석의 원칙이 적용되면 고객에게 유리하게 해석되어야 한다. 통상 사업자는 자신에게 유리한 내용을 담기 때문에 원칙적으로 이 해석은 해당 규정내용을 제한해석하는 방향으로 작용한다. 예컨대 고객의 권리와 의무를 제한 내지 배제하는 약관조항은 좁게 해석하여야 한다. 이러한 원리는 특히 고객에게 불리한 면책조항, 하자담보책임 제한조항, 보험계약상의 책임제한조항 등에 적용된다.

나. 예외: 모순된 내용을 해소하는 확장해석

불명확조항 해석의 원칙이 계약내용을 제한하는 효과를 원칙적으로 갖는 것은 약관을 사용하는 사업자가 자신에게 유리한 내용을 약관에 많이 담기 때문이다. 따라서 최소한 통계적으로라도 불명확한 조항이 존재하여 2가지 해석이 가능하게 되면 해당 조항 내용의 제한을 가하게 되는 경우가 많다. 하지만 불명확조항 해석원칙은 반대로 조항내용의 확대를 가져올 수도 있다. 이 해석원칙이 적용되어 확장해석이 이루어지는 대표적인 사례군이 바로 사업자의 주된 급부의무에 관한 설명이 담긴 규정과 관련된다.[55] 보험자가 보험약관에 보험지급 사유를 불명확하게 규정하여 고객의 입장에서는 그 사유를 넓게 이해할 수 있는 경우 또는 보험약관을 불명확하게 규정하여 지급하지 않아도 될 사유를 지급할 수 있는 것처럼 규정한 경우가 여기에 해당한다.[56]

55_ Staudinger/Schlosser, § 305c Rn. 122.

56_ 독일 판례상 이러한 경우가 많이 인정되고 있다. 예컨대 영업책임보험에 관한 특별조건에서 허가의 대상이면서 보험가입이 강제되지 않은 차량의 이용도 보험위험에 포함시키는 경우에 이와 관련하여 그 예로 지게차도 포함시키고 있으나, 이러한 지게차는 허가대상이면서 보험가입이 강제되는 차량에 해당하는 경우에 보험자는 지게차의 이용에도 책임을 부담한다고 보았다(BGH NJW-RR 1995, 1303 ff.).

다. 사안의 적용

본 사안에서는 보험계약의 특약에 보험자가 실수이긴 하지만, 보험계약자에게 유리한 내용을 담았고 보험계약자는 합리적·이성적이지만 비전문가인 일반인의 입장에서 해석을 하면 마치 2년 후 자살의 경우도 재해사망보상 특약에 따른 보험금을 지급받을 수 있는 것으로 이해할 수 있다. 그리고 이러한 보험계약자의 이해는 약관규제법 제5조 제2항에 의하여 근거가 있는 해석이 된다. 이때 이 원리는 보험계약에 따른 보험사고의 내용을 확장하는 효과를 갖는다.

IV. 기존판례와의 관계

1. 선고된 판례유형의 내용

가. 제1유형

자살면책약관이 문제되는 사례군은 현재 대법원에서 3가지가 선고되고 있다. 첫 번째 유형은 주계약에서 일반사망과 재해사망 모두 보장하면서 주계약에만 자살면책 제한조항을 두고 있는 경우이다. 이 경우에는 자살면책조항이 일반사망에만 적용된다는 것이 명백하므로 재해 사망 특약에 이 조항이 적용되지 않는 것은 당연하다. 이에 따라 대법원에서는 자살시도로 장해 상태가 된 사안에서 재해 장해연금의 지급을 부정하였다.

대법원 2010.11.25. 선고 2010다45777: 공제계약의 피공제자가 자살을 시도하다가 그로 인한 후유증으로 1급의 신체장해 상태가 된 사안에서, 공제약관에서 재해로 인한 사망 또는 1급장해의 경우에는 유족위로금(사망) 또는 장해연금(1급장해)을 지급하고, 재해 외의 원인으로 인한 사망 또는 는 1급장해의 경우에는 유족위로금을 공제금으로 지급하도록 규정하고 있고, 위 공제약관의 재해분류표에 의하면 고의적인 자살이나 자해로 인한 사망 또는 1급장해의 경우는 원칙적으로 재해 외의 원인으로 인한 공제사고에 해당하여 유족위로금의 지급사유가 될 수 있을 뿐이며, 다만 위 공제약관의 면책조항에서 고의적인 자살이나 자해로 인한 사망 또는 1급장해의 경우를 공제 사고에서 제외하는 한편, 그러한 자살이나 자해로 인한 사망 또는 1급장해가 계약의 책임개시일로부터 1년이 경과한 후 발생한 때에는 다시 그 면책을 제한하고 있으나, 그 면책제한조항은 자살 또는 자해가 계약의 책임개시일로부터 상당기간이 경과한 후 이루어진 경우에는 그 자살 또는 자해에 공제금을 취득하려는 부정한 동기나 목적이 있는지 여부를 판정하기 어렵다는 점을 고려하여 그 면책의 예외를 인정한 것으로서, <u>위 면책조항에 의하여 줄어든 "재해 외의 원인으로 인한 공제사고의 객관적 범위"를 다시 일부 확장시키는 규정이라고 해석될 뿐 "재해로 인한 공제사고의 객관적 범위"까지 확장하기 위하여 둔 규정이라고는 볼 수 없으므로</u>, 위 면책조항 및 면책제한조항은 재해에 해당하지 아니하는 원인으로 사망하거나 1급장해가 발생한 때에는 재해를 원인으로 하는 장해연금이 아니라 유족위로금이 그 공제금으로 지급되어야 하는데, 계약의 책임개시일로부터 1년 이내에 피공제자가 자살 또는 자해를 하여 공제사고가 발생한 경우라면 공제사업자가 유족위로금 지급책임을 면하지만 그 후의 자살 또는 자해로 인한 경우라면 그 지급책임을 면하지 못한다는 취지로 해석함이 자연스럽고 합리적임에도 불구하고, 재해 외의 원인으로 인한 공제사고에 대한 공제사업자의 면책제한사유를 확장 해석하여 재해로 인한 장해연금의 지급의무를 인정한 원심판결을 파기한 사례.

나. 제2유형

두 번째 유형에서는 주계약에서는 일반사망만을 보장하고 특약으로 재해사망을 보장하면서 자살면책조항은 주계약에 두고 특약에서는 주계약을 준용하는 조항을 둔 경우이다. 이 경우에는 "준용"이라는 법률용어가 사용된 것이므로 고객의 입장에서 주계약에 있는 조항을 그대로 특약의 내용으로 볼 수는 없다. 이때에는 법률적 지식이 없는 고객은 법 지식이 있는 자에게 법률용어인 "준용"의 의미를 물어보아야 한다. 그렇 다면 "준용"이라는 개념의 의미가 성질상 허용하는 한도로만 적용된다 는 의미라는 것을 알 수 있기 때문에 자살면책조항이 특약에는 성질상 적용되지 않음을 알 수 있을 것이다. 이에 따라 대법원은 자살에 대하여 재해사망보험금의 지급을 부정하였다.

대법원 2009.5.28. 선고 2008다81633 판결: 이 사건 주된 보험계약에서 자살 면책 제한 규정을 두고 있고, 이 사건 각 특약의 약관에서 이 사건 주 된 보험계약의 약관을 준용한다는 취지의 규정(이하 '이 사건 주계약 준용규 정'이라고 한다)을 두고 있으므로, 이 사건 주계약 준용규정에 의하여 이 사 건 주된 보험계약의 자살 면책 제한 규정이 이 사건 각 특약에 준용되는지 여부가 약관의 해석상 문제될 수 있다. 그러나 이 사건 <u>주계약 준용규정 은, 어디까지나 그 문언상으로도 "특약에서 정하지 아니한 사항"에 대하여 주계약 약관을 준용한다는 것이므로 "특약에서 정한 사항"은 주계약 약관 을 준용할 수 없음은 명백하고, 이 사건 각 특약이 정하지 아니한 사항에 한하여 이 사건 각 특약의 본래의 취지 및 목적 등에 반하지 아니하는 한도 내에서 이 사건 주된 보험계약의 약관 조항들을 준용하는 취지라고 해석된 다. 따라서 이러한 해석에 비추어 보면, 이 사건 주계약 약관에서 정한 자 살 면책 제한 규정은 자살이 이 사건 주된 보험계약에서 정한 보험사고에 포함될 수 있음을 전제로 하여 그 면책 및 그 제한을 다룬 것이므로, 보험 사고가 재해를 원인으로 한 사망 등으로 제한되어 있어 자살이 보험사고에 포함되지 아니하는 이 사건 각 특약에는 해당될 여지가 없어 준용 되지 않 는다고 보는 것이 합리적이며 이 사건 각 특약의 취지에도 부합된다.</u>

오히려 앞서 본 바와 같이 평균적인 고객의 입장에서도 스스로 이 사 건 각 특약의 본래 취지가 무엇인지를 분명하게 이해할 수 있는데도, 보 험자가 이 사건 각 특약의 약관을 제정하는 과정에서 이 사건 각 특약의 주계약 준용조항이 어떠한 조항들을 준용하는지 일일이 적시하지 않은 점을 이유로 이 사건 각 특약의 보험사고의 범위를 재해가 아닌 자살에 까지 확장하려고 해석하는 것은, 보험계약자 등에게 당초 이 사건 각 특약의 체결 시 기대하지 않은 이익을 주게 되는 한편, 이 사건 각 특약과 같은 내용의 보험계약에 가입한 보험단체 전체의 이익을 해하고 보험자에게 예상하지 못한 무리한 부담을 지우게 되므로 결코 합리적이라고 볼 수 없다.

다. 제3유형

세 번째 유형은 주계약과 주계약에 부가된 재해보장특약으로 구성되어 있고 자살면책조항은 주계약에만 두고 재해보장특약에서는 "이 특약에 정하지 아니한 사항에 대하여는 주계약 약관의 규정을 따릅니다."라는 주계약의 보충적 적용을 지시하고 있는 경우이다. 본 사안의 경우에는 주계약에 있는 자살면책조항이 그대로 재해보장특약에도 적용되므로 자살면책조항은 고객의 입장에서는 보험지급사유를 늘리는 것으로 이해할 수 있으므로 대법원은 불명확조항 해석의 원칙에 따라 고객의 청구를 인용하였다.

대법원 2007.9.6. 선고 2006다55005 판결: 여기서 위 제14조 제1항 제1호가 이 사건 주계약 제11조 또는 재해보장특약 제3조 소정의 보험금 지급사유가 발생한 경우를 전제로 하여 보험자의 면책사유만을 규정한 취지로 이해한다면, 고의에 의한 자살 또 는 자해행위로 인하여 사망 또는 장해상태가 발생한 경우에는 재해보장특약 고유의 보험사고인 '재해'(재해보장특약 제1조 별표 2 참조)에 해당하지 아니하여 결국 위 제14조 제1항 제1호가 처음부터 적용될 여지가 없다고 해석하게 될 것이다. 그러나 다른 한편 이 사건 주계약 제11조 제1항 각 호에서 정한 보험금 지급사유 역시 차량탑승 중 교통재해, 무보험차량에 의한 사고, 뺑소니 차량에 의한 사고 등으로 한정되어 있고, 여기서 교통재해란 운행중인 차량의 사고로 인하여 차량탑승자가 입은 불의의 사고(주계약 제2조, [별표 2] 참조)라고 정의하고 있어서, 위와 같은 해석론에 의하자면 주계약에 있어서도 피보험자의 고의에 의한 사고는 처음부터 보험사고에서 배제되어 있으므로, 결국 위 제14조 제1항 제1호를 이 사건 주계약 제11조 또는 재해보장 특약 제3조 소정의 '보험금 지급사유가 발생한 경우'에 한정하여 적용되는 조항으로 해석하는 것은 위 조항을 그 적용대상이 존재하지 아니하는 무의미한 규정으로 보는 것과 다름이 없다. 오히려 평균적인 고객의 이해가능성을 염두에 두고 위 조항을 살펴보면, 위 조항은 고의에 의한 자살 또는 자해행위는 원칙적으로 우발성이 결여되어 이 사건 주계약 또는 재해보장특약이 정한 보험사고(교통재해 등 또는 재해)에 해당 하지 아니하지만, 예외적으로 위 제14조 제1항 제1호 단서에서 정하는 요건, 즉 피보험자가 정신질환상태에서 자신을 해치거나 계약의 책임일로부터 2년이 경과한 후에 자살하거나 자신을 해침으로써 사망 또는 고도의 장해상태가 되었을 경우에 해당하면 특별히 보험사고에 포함시켜 보험금 지급사유로 본다는 취지라고 이해할 여지도 충분하고, 여기에 원래 '고의에 의한 자살 또는 자해행위'에 대하여는 위 제14조 제1항 제1호 본문의 규정이 아니더라도 상법 조항(제659조 제1항, 제732조의2, 제739조 참조)에 의하여 보험자가 면책되게 되어 있어서 위 제14조 제1항 제1호 중 보험계약 당사자 간의 별도의 합의로서 의미가 있는 부분은 면책사유를 규정한 본문 부분이 아니라 부책사유를 정한 단서 부분이라는 점을 보태어 보면, 이러한 해석론이 보다 합리적이라 할 것이고, 또한 앞서 본 약관 해석에 있어서의 작성자 불이익의 원칙에도 부합하는 것이라 할 수 있다.

2. 대상판결유형과의 관계

이 유형은 제3유형과 유사하거나 동일하다. 제3유형의 경우 주계약에 있는 자살면책약정을 그대로 재해사망특약에 보충 적용할 수 있는 경우인데, 대상판결 유형에서는 자살면책약정을 명백히 재해사망특약에 두고 있는 경우라서 더욱 명백하게 규정하고 있다. 따라서 규정의 내용은 약간 다르지만 결국 적용할 법리는 제3유형과 동일하다고 생각된다. 흥미로운 것은 제3유형의 판결에서 대법원이 논증하는 방식이다. 대법원도 합리적인 전문가의 시각에서 해석하는 것도 타당하고 법지식과 보험상품에 전문지식이 없는 일반인인 고객의 시각에서 해석하는 것도 타당하다고 한 후 이러한 합리적 해석이 2개 존재하므로 불명확조항 해석의 원칙에 따라 고객에게 유리하게 해석하는 방법으로 보겠다고 한 것이라는 점이다.

Ⅴ. 나가며

대법원은 현재까지 자살면책약정과 관련하여 정확한 판단을 하고 있고 본 대상판결은 기본적으로 사안의 내용은 다르지만 제3유형을 선고한 사건과 동일한 법리가 적용될 사안이다. 대상판결과 관련하여 현재 하급심에서 혼란을 겪고 있는 것은 "평균적 고객"의 의미에 관하여 대법원이 명확히 법리를 선고하지 않은 것에 기인한다. 따라서 대법원에서는 평균적 고객의 의미를 본 평석에서 제시한 바처럼 구체적으로 "법률적 지식과 보험상품에 대하여 전문지식이 없는 일반인"이라고 정의한 후 "문언의 구조와 문맥"을 기초로 해석하는 합리적 해석을 하는 방법을 판시하는 것이 필요해 보인다. 또한 법률적 지식과 보험상품에 대하여 전문지식이 있는 자의 시각에서의 합리적 해석과 법률적 지식과 보험상품에 대하여 전문지식이 없는 일반인의 해석의 결과 다른 해석결과가 존재 하는 경우에 바로 불명확조항 해석의 원칙이 적용될 수 있다는 점도 명백히 법리로서 판시할 필요가 있어 보인다. 이러한 점을 명확히 하여 현재 존재하는 법원에서의 혼란을 방지할 필요가 있다.

모순 있는 보험약관조항에 대한 해석*
―대법원 2016.5.12. 선고 2015다243347 판결에 대한 평석―

서종희**

I. 들어가는 말

우리나라는 2014년 기준 자살에 의한 사망자가 13,836명이며, 이 수치는 뇌혈관질환에 이어 전체 사망원인 4위에 해당한다. 물론 2013년 대비 자살률이 4.1% 감소한 것이기는 하나, 한국은 여전히 OECD 34개 국가 중 자살률이 가장 높으며 OECD 국가 평균자살률의 2.3배에 달하여[1] 우리사회의 심각한 사회적 문제로 인식되고 있다.[2] 특히 자살사고에 대한 생명보험금지급이 자살률을 증가시키는 하나의 요인으로 보는 시각이 늘어나고 있으며, 이에 자살과 관련된 보험자의 책임범위와 관련하여 보험학계의 관심은 주로 생명보험표준약관의 자살부책(負責)조항[3]이 유효한지 여부에 대해 초점이 맞춰지고 있었다.[4] 그러나 최근에는 일

---

* 이 논문은 2016년 4월 20일 한국외국어대학교 법학연구소 소비자법센터 개원세미나 ("소비자거래에서 약관규제법의 현황과 과제")에서 발제한 글을 수정·보완하여 외법논집 제40권 제4호에 수록된 것입니다.
** 건국대학교 법학전문대학원 부교수, 법학박사.

1_ 2015년 통계청 발표(2014년 사망원인 통계)

부 생명보험표준약관이 자살의 경우에도 예외적으로 재해사망보험금을 지급하도록 되어 있어 이에 대한 해석이 문제되었다.[5] 즉 보험계약자가 보험회사와 주된 보험계약을 체결하면서 별도로 가입한 재해사망특약의 약관에서 피보험자가 재해를 직접적인 원인으로 사망하거나 제1급의 장해상태가 되었을 때 재해보험금을 지급하는 것으로 규정하면서, 보험금을 지급하지 않는 경우의 하나로 "피보험자가 고의로 자신을 해친 경우. 그러나 피보험자가 정신질환상태에서 자신을 해친 경우와 계약의 책임개시일부터 2년이 경과된 후에 자살하거나 자신을 해침으로써 제1급의 장해상태가 되었을 때는 그러하지 아니하다."라고 규정한 경우, 2

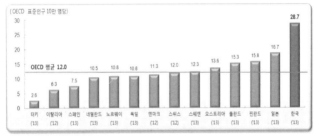

2_ 이처럼 자살이 더 이상 개인적인 문제가 아니라 사회적 문제라는 인식이 공론화 되면서 국가적 차원에서 2011년 「자살예방 및 생명존중문화 조성을 위한 법률」이 통과되고 2012년에는 법적 근거를 가지고 중앙 자살예방센터가 신설되기도 하는 등 자살예방에 대한 국가의 책임을 정책적으로 구체화시키려는 노력이 실행되고 있다.

3_ 보험약관은 일정 조건을 충족하는 경우(보험가입 후 2년 후에 자살한 경우, 정신질환 상태에서 자살한 경우)에는 예외적으로 자살의 경우에도 자살에 대한 보험자의 책임을 인정하도록 하고 있는데, 이를 '자살부책조항'이라고 한다. 이는 유족보호를 위한 보험정책적인 측면에서 도입되었다고 할 수 있다. 박세민, "생명보험약관의 자살부책(負責)조항에서 심신상실 상태에서의 자살과 관련된 해석상의 문제점에 관한 연구", 고려법학 제76호, 2015.3, 354면.

4_ 박세민, "생명보험약관상 자살면책기간 이후의 고의 자살에 대한 보험금 지급에 관한 문제 및 자살면책기간 연장에 관한 연구", 안암법학 제45호, 2014, 137면 이하.

5_ 이는 보험사업자가 생명보험과 관련하여 특별 재해사망특약에 자살면책규정을 잘못둔 경우인데, 이로 인하여 보험계약자에게 유리한 결과가 발생한 반면에 보험자 입장에서는 보험상품과 모순된 약관조항이 되어서 그 약관조항을 어떻게 취급할 것인지가 문제되었다. 즉 보험자의 단순한 실수를 약관의 해석을 통해 약관의 효력여부를 인정할 것인지가 문제되었다.

년 후에 보험계약자가 자살하였다면 보험자는 재해사망보험금을 지급하여야 하는가? 이에 대해 1심인 서울중앙지방법원 2014.12.18. 선고 2014가단37628 판결(지급인정, 이하 '1심 판결'로 칭하기로 함)과 항소심 판결인 서울중앙지방법원 2015.10.7. 선고 2015나14876 판결(지급부정, 이하 '원심판결'로 칭하기로 함)의 견해가 나뉘어 사회적 주목을 받았다.[6] 그런데 대법원 2016.5.12. 선고 2015다243347 판결(이하 '대상판결'로 칭하기로 함)은 지급을 부정한 항소심을 파기환송하였다. 본고에서는 재판의 진행과정을 살펴보고(II), 재해와 자살부책조항의 관계 및 약관이 가지는 특수성 등을 고려하여 대상판결의 타당성 여부를 검토한 후(III), 글을 마무리하고자 한다(IV).

II. 재판의 진행과정

1. 대상사안의 개요

망인은 2004.8.16. 교보생명보험 주식회사(이하 '피고'로 칭하기로 함)와 본인을 피보험자로 무배당 교보베스트플랜CI보험계약을 체결하면서 일반사망보험금을 담보하는 주계약과 함께 보험가입금액 5천만 원의 재해사망특약을 부가하여 가입하였다.[7] 주계약과 별도로 가입한 재해특약약관 제9조는 재해분류표에서 정하는 재해를 직접적인 원인으로 사망하

6_ 이외에도 ING생명사건의 1심(창원지방법원 2015.5.28. 선고 2014가합35136 판결)과 2심[부산고등법원 2015.11.26. 선고 (창원)2015나21526(본소), (창원)2015나1195(반소) 판결]도 견해가 나뉜다.

7_ 이 사건 주계약에 따른 보험료는 1,475,400원을 일시납부하고, 월 117,000원씩 20년간 납부하는 것이며, 이 사건 재해 특약에 따른 보험료는 월 7,500원씩 20년간 납부하는 것이다. 요컨대 재해특약은 주계약에 부가되어 있기는 하나 보험업법상 제3보험업의 보험종목에 속하는 상해보험의 일종으로서 생명보험의 일종인 이 사건 주계약과는 보험의 성격을 달리하고, 그에 따라 보험사고와 보험금 및 보험료를 달리하는 별개의 보험계약이라 할 수 있다.

거나 장해분류표 중 제1급의 장해상태가 되었을 때는 5,000만 원을 추가
로 지급할 것을 규정하고 있었다.[8] 또한 재해특약 약관 제11조 제1항은

8_ 이 사건 재해특약 약관 제9조(보험금의 종류 및 지급사유) 회사는 이 특약의 보험기간
중 피보험자에게 다음 사항 중 어느 한 가지의 경우에 해당되는 사유가 발생한 때에는
보험수익자(이하 '수익자'라 합니다)에게 약정한 보험금(별표 1 '보험금 지급기준표' 참
조)을 지급합니다. 1. 보험기간 중 재해분류표에서 정하는 재해(별표 2 참조, 이하 '재
해'라 합니다)를 직접적 원인으로 사망하였을 때

> [재해분류표]
> 재해라 함은 우발적인 외래의 사고(다만, 질병 또는 체질적 요인이 있는 자로서 경미한
> 외부 요인에 의하여 발병하거나 또는 그 증상이 더욱 악화되었을 때에는 그 경미한 외부
> 요인은 우발적인 외래의 사고로 보지 아니함)로서 다음 분류표에 따른 사고를 말한다.
>
> 〈예: 분류항목 (분류번호)〉
> 1. 운수사고에서 다친 보행인 (V01 - V09)
> 2. 운수사고에서 다친 자전거 탑승자 (V10 - V19)
> 3. 운수사고에서 다친 모터싸이클 탑승자 (V20 - V29)
> 4. 운수사고에서 다친 삼륜자동차량의 탑승자 (V30 - V39)
> 5. 운수사고에서 다친 승용차 탑승자 (V40 - V49)
> 6. 운수사고에서 다친 픽업 트럭 또는 밴 탑승자 (V50 - V59)
> 7. 운수사고에서 다친 대형화물차 탑승자 (V60 - V69)
> 8. 운수사고에서 다친 버스 탑승자 (V70 - V79)
> 9. 기타 육상운수 사고(철도사고 포함) (V80 - V89)
> 10. 수상운수 사고 (V90 - V94)
> 11. 항공 및 우주운수 사고 (V95 - V97)
> 12. 기타 및 상세불명의 운수 사고 (V98 - V99)
> 13. 추락 (W00 - W19)
> 14. 무생물성 기계적 힘에 노출 (W20 - W49)
> 15. 생물성 기계적 힘에 노출 (W50 - W64)
> 16. 불의의 익수 (W65 - W74)
> 17. 기타 불의의 호흡 위험 (W75 - W84)
> 18. 전류, 방사선 및 극순환 기온 및 압력에 노출 (W85 - W99)
> 19. 연기, 불 및 화염에 노출 (X00 - X09)
> 20. 열 및 가열된 물질과의 접촉 (X10 - X19)
> 21. 유독성 동물 및 식물과 접촉 (X20 - X29)
> 22. 자연의 힘에 노출 (X30 - X39)
> 23. 유독물질에 의한 불의의 중독 및 노출 (X40 - X49)
> 24. 기타 및 상세불명의 요인에 불의의 노출 (X58 - X59)
> 25. 가해 (X85 - Y09)
> 26. 의도 미확인 사건 (Y10 - Y34)

"회사는 다음 중 어느 한 가지의 경우에 의하여 보험금 지급사유가 발생한 때에는 보험금을 드리지 아니하거나 보험료의 납입을 면제하지 아니함과 동시에 이 계약을 해지할 수 있습니다."라고 규정하면서, 제1호에서 "피보험자가 고의로 자신을 해친 경우. 그러나 피보험자가 정신질환 상태에서 자신을 해친 경우와 계약의 책임개시일(부활계약의 경우에는 부활청약일)부터 2년이 경과된 후에 자살하거나 자신을 해침으로써 장해등급분류표 중 제1급의 장해상태가 되었을 때에는 그러하지 아니합니다."라고 규정하고 있다.

망인은 2012.2.21. 충북 옥천군 철도 하행선 철로에 누워 있던 상태로 화물열차에 치어 사망하였는데 수사기관은 망인이 소심하고 내성적이며 사귀던 여자로 인해 카드빚이 늘어나고 대출금 상환에 압박감을 느끼다 신병을 비관하여 자살한 것으로 종결지었다. 망인의 상속인 측(이하 '원고'로 칭하기로 함)은 이 사건 사고가 설령 재해를 직접적인 원인으로 사망한 경우에 해당하지 않는다고 하더라도 재해 특약의 제11조 제1항 1호에서 "피보험자가 고의로 자신을 해친 경우에는 보험금을 지급하지

---

27. 법적 개입 및 전쟁행위 (Y35 - Y36)
28. 치료시 부작용을 일으키는 약물, 약제 및 생물학 물질 (Y40 - Y59)
29. 외과적 및 내과적 치료중 환자의 재난 (Y60 - Y69)
30. 진단 및 치료에 이용되는 의료장치에 의한 부작용 (Y70 - Y82)
31. 처치 당시에는 재난의 언급이 없었으나, 환자에게 이상반응이나 후에 합병증을 일으키게 한 외과적 및 내과적 처치 (Y83 - Y84)
32. 전염병 예방법 제2조 제1항 제1호에 규정한 전염병

※ 제외사항
- "약물 및 의약품에 의한 불의의 중독" 중 외용약 또는 약물접촉에 의한 알레르기 피부염 (L23.3)
- "기타 고체 및 액체물질, 가스 및 증기에 의한 불의의 중독" 중 한국표준질병사인분류상 A00~R99에 분류가 가능한 것
- "외과적 및 내과적 치료중 환자의 재난" 중 진료기관의 고의 또는 과실이 없는 사고
- "자연 및 환경요인에 의한 불의의 사고" 중 급격한 액체손실로 인한 탈수
- "익수, 질식 및 이물에 의한 불의의 사고" 중 질병에 의한 호흡장해 및 삼킴장해
- "기타 불의의 사고" 중 과로 및 격렬한 운동으로 인한 사고
- "법적 개입" 중 처형(Y35.5).

아니하나, 책임개시일로부터 2년이 경과된 후에 자살한 경우에는 그러하지 아니하다"고 규정하고 있는바[9] 주계약사망보험금과 별도로 5,000만 원의 재해사망보험금을 추가로 지급할 것을 주장하였다.

2. 1심판결의 요지

1심 법원은 재해보험 특약약관에 대해서 "약관의 해석원칙, 보험금 지급사유와 보험금을 지급하지 아니하는 사유의 규정순서, 체계 및 문맥상 이 사건 특약 중 약관에 기재된 '2년 후 자살'규정은 고의로 자살한 경우에는 보험금을 지급하지 않으나 다만 정신질환상태에서 자신을 해쳤거나 고의로 자살한 경우더라도 책임개시일로부터 2년이 지난 후 자살한 경우에는 보험금을 지급한다는 의미로 해석하는 것이 옳다"고 보아 원고의 주장을 받아들였다.[10] 즉 1심 법원은 "보통거래약관의 내용은 개개 계약체결자의 의사나 구체적인 사정을 고려함이 없이 평균적 고객의 이해가능성을 기준으로 하여 객관적 · 획일적으로 해석하여야 하고, 고객보호의 측면에서 약관 내용이 명백하지 못하거나 의심스러운 때에는 고객에게 유리하게, 약관작성자에게 불리하게 제한해석하여야 한다(대

9_ 제11조(보험금을 지급하지 아니하는 보험사고) ① 회사는 다음 중 어느 한 가지의 경우에 의하여 보험금 지급사유가 발생한 때에는 보험금을 드리지 아니하거나 보험료의 납입을 면제하지 아니함과 동시에 이 계약을 해지할 수 있습니다. 1. 피보험자가 고의로 자신을 해친 경우, 그러나 피보험자가 정신질환상태에서 자신을 해친 경우와 계약의 책임개시일(부활계약의 경우 부활청약일)부터 2년이 경과된 후에 자살하거나 자신을 해침으로써 장해등급분류표 중 제1급의 장해상태가 되었을 경우에는 그러하지 아니합니다. 2010.4.경 표준약관이 개정되기 전에는 대부분의 보험회사들이 자살사고에 대하여 재해사망보험금을 지급한다는 취지의 약관규정을 두었던 것으로 보인다.
10_ 서울중앙지방법원 2015.9.22. 선고 2014가단5307742 판결 또한 같은 입장을 취하였다. 더 나아가 위 약관에 기하여 보험금 지급을 청구한 자들에 대하여 보험금지급을 거부한 보험회사를 상대로 금융감독원장이 내린 과징금처분에 대한 행정소송에서 법원은 대상사안의 1심 법원과 같은 입장을 보였다. 이에 대해서는 이병준, "모순 있는 보험약관조항의 해석과 불명확조항 해석원칙의 적용", 선진상사법률연구, 2016, 3면 각주 3 및 11면 참조.

법원 2005.10.28. 선고 2005다35226 판결)"고 하면서, "평균적인 고객의 이해가능성을 염두에 두고 위 조항을 살펴보면, <u>고의에 의한 자살 또는 자해행위는 원칙적으로 우발성이 결여되어 이 사건 재해보장특약이 정한 보험사고에 해당하지 아니하지만, 제11조 제1항 1호 단서가 정하는 것처럼, 피보험자가 정신질환상태에서 자신을 해치거나 계약의 책임일로부터 2년이 경과한 후에 자살하거나 자신을 해침으로써 사망하였을 경우에 해당하면 특별히 보험사고에 포함시켜 보험금 지급사유로 본다는 취지라고 이해할 여지가 충분하다</u>"고 보아 원고의 주장을 인용하였다.[11]

3. 원심판결의 요지

피고가 1심 법원의 판결에 대해 항소하였고, 이에 대해 원심은 다음과 같은 이유에서 보험사가 재해사망보험금을 지급할 의무가 없다고 보았다.[12]

"보험약관은 신의성실의 원칙에 따라 당해 약관의 목적과 취지를 고려하여 공정하고 합리적으로 해석하되, 개개의 계약당사자가 기도한 목적이나 의사를 참작함이 없이 <u>평균적 고객의 이해가능성을 기준으로 보험단체 전체의 이해관계를 고려하여 객관적·획일적으로 해석하여야 한다</u>(대법원 2009.5.28. 선고 2008다81633 판결 등 참조). 살피건대, 이 사건 주계약의 약관은 사망사고에 한정하여 보면 일반 생명보험약관의 일종으로 볼 수 있는데, 그 보험금 지급사유를 사망의 원인이나 성격을 묻지 않고 '피보험자의 사망'으로 폭넓게 규정하면서 그러한 사유가 발생한 때에는 '사망보험금'을 지급하도록 규정하고 있으며, 다만 피보험자가 고의로 자살한 경우에는 보험금 지급사유가 발생하더라도 보험금 지급책임을 면하도록 하되, 계약의 책임개시일부터 2년이 경과

11_ 밑줄은 필자가 덧붙인 것이다. 이하 같다.
12_ 판결원문을 정리하는 것도 하나의 방법일 것이나 본고에서는 전체를 모두 적시하는 것이 의미가 있다고 보고 필요한 부분은 밑줄로 강조하였다.

된 후에는 그 면책을 허용하지 않고 피보험자가 고의로 자살한 경우에도 보험금을 지급하도록 하는 규정(이하 '자살 면책 제한 규정'이라고 한다)을 둠으로써 상법 제659조 제1항의 예외를 인정하고 있다. 한편, 이 사건 재해 특약은 이 사건 주계약과는 별도로 추가 보험료를 납입하고 체결하는 특약으로서, 이 사건 재해 특약의 약관에서 규정한 우발적인 외래의 사고인 '재해'가 발생하고 그 재해를 직접적인 원인으로 사망하였을 경우 등을 보험사고로 정하고, 다시 그 재해의 종류를 재해분류표에서 일일이 열거함으로써, <u>일반 생명보험과는 달리 이 사건 재해 특약의 약관에서 정한 재해를 원인으로 사망 등이 발생한 경우를 보험사고로 한정하여 그 약관에 의한 보험금을 별도 지급하겠다는 취지를 명확히 알 수 있도록 표시하고 있다.</u> 위와 같이 **이 사건 주계약과 이 사건 재해 특약은 서로 보험사고와 지급보험금을 달리하고 보험료도 달리하고 있으므로 이는 보험단체를 달리하는 상이한 보험이라 할 것이고**, 이 사건 주계약과 이 사건 재해 특약의 명칭, 목적 및 취지, 각 관련 약관 규정의 내용과 표현 등을 평균적인 고객의 이해가능성을 기준으로 하여 살펴보더라도, 이 사건 주계약과 이 사건 재해 특약이 각각 규정하고 있는 보험사고 및 보험금 등에 관한 위와 같은 차이점은 쉽고 명확하게 이해될 수 있다. 즉, 평균적인 고객으로서는, 자살 등을 포함하여 피보험자의 사망을 폭넓게 보험사고로 보는 이 사건 주계약만으로는 소정의 사망보험금밖에 지급받을 수 없으나, 이와 달리 "재해를 직접적인 원인으로 한 사망"을 보험사고로 보는 이 사건 재해 특약에 가입할 경우에는 별도의 재해사망보험금 등이 추가로 지급된다는 점을 알고 별도의 추가 보험료를 납입하면서 이 사건 재해 특약을 체결한 것이므로, **이 사건 재해 특약의 약관에서 정한 재해에 해당하지 않는 자살은 이 사건 재해 특약에 의하여 보험사고로 처리되지 않는다는 것 정도는 이 사건 재해 특약 체결시 기본적으로 전제하고 있던 사항이다.** 다만, 이 사건 재해 특약에서도 이 사건 주계약과 마찬가지로 자살 면책 제한 규정(이 사건 재해 특약 제11조 제1호 단서 후단, 이하 '이 사건 면책제한조항'이라 한다)을 두고 있는데, 그 취지가 고의에 의한 자살 또는 자해행위는 원칙적으로 우발성이 결여되어 이 사건 재해 특약이 정한 보험사고에 해당하지 아니하지만, 예외적으로 계약의 책임개시일부터 2년이 경과된 후에 자살한 경우에는 특별히 보험사고에 포함시켜 보험금 지급사유로 본다는 취지(=부보 범위의 확장효)로 이해되는지 (혹은 '작성자 불이익의 원칙'에 따라 위와 같이 해석해야 하는 것인지) 여부가 문제된다. 그러나 이 사건 면책제한조항이 이 사건 재해 특약의 약관에 규정된 것은, **자살은 이 사건 재해 특약에서 정한 보험사고에 포함되지도 않아 처음부터 그 적용의 여지가 없음에도 불구하고 피고가 이 사건 재해 특약의 약관을 제정하는 과정에서 구 생명보험 표준약관(2010.1.29.자로 개정되기 전의 것, 을 제22호증의1)을 부주의하게 그대로 사용함에 따른 것으로 보이는데, 앞서 본 바와 같이 평균적인 고객의 입장에서도 스스로 이 사건 재해 특약의 본래 취지가 무엇인지를 분명하게 이해할 수 있는데도**, 보험자가 개별 보험상품에 대한 약관을 제정하는 과정에서 실수로 이 사건 면책제한조항을 이 사건 재해 특약에서도 그대로 둔 점을 이유로 이 사건 재해 특약의 보험사고의 범위를 재해가 아닌 자살에까지 확장하려고 해석하는 것은, 보험계약자 등에게 당초 이 사건 재해 특약의 체결시 기대하지 않은 이익을 주게 되는 한편, 이 사건 재해 특약과 같은 내용의 보험계약에 가입한 보험단체 전체의 이익을 해하고 보험자에게 예상하지 못한 무리한 부담을 지우게 되므로 합리적이라고 볼 수 없다. 오히려, 자살도 이 사건 주계약에서 정한 보험사고(=사망)에 포함될 수 있음을 전제로 하여 이 사건 주계약 약관에서 자살 면책 제한 규정을 두고 있는 것과는 달리, 보험사고가 재해를 원인으로 한 사망 등으로 제한되어 있어 자살이 보험사고에 포함되지 아니하는 이 사건 재해 특약에서는 이 사건 면책제한조항이 적용될 여지가 없다고 해석하는 것이 합리적이며 이 사건 재해 특약의 취지에도 부합된다. 결국 이 사건 재해 특약에 규정된 이 사건 면책제한조항은 이 사건 재해 특약의 취지, 이 사건 보험계약 체결에 있어 쌍방당사자의 진정한 의사, 약관의 제정 경위 등에 비추어 '잘못된 표시'에 불과하다. 그리고 위와 같이 이 사건 면책제한조항이 잘못된 표시에 불과하다고 합리적으로 해석할 수 있는 이상, 「약관의 규제에 관한 법률」 제5조 제2항에서 정한 '작성자 불이익의 원칙'은 적용될 여지가 없다(대법원 2009.5.28. 선고 2008다81633 판결 참조)."

4. 대상판결의 요지

원심에 대해 원고가 상고하였고, 대법원은 재해약관 특약 제11조 제1
항은 고의에 의한 자살 또는 자해는 원칙적으로 우발성이 결여되어 재
해사망특약의 약관에서 정한 보험사고인 재해에 해당하지 않지만, 예외
적으로 단서에서 정하는 요건, 즉 피보험자가 정신질환상태에서 자신을
해친 경우와 책임개시일부터 2년이 경과된 후에 자살하거나 자신을 해
침으로써 제1급의 장해상태가 되었을 경우에 해당하면 이를 보험사고에
포함시켜 보험금 지급사유로 본다는 취지로 이해하는 것이 합리적이고
(이하 'A' 로 칭하기로 함), 약관 해석에 관한 작성자 불이익의 원칙에 부합
한다(이하 'B' 로 칭하기로 함)는 이유로 원심을 파기환송하였다.[13] 그 구체
적인 이유를 살펴보면 다음과 같다.

이 사건 특약 약관 제9조는 재해를 직접적인 원인으로 사망하거나 제1급의 장
해상태가 되었을 때를 보험금 지급사유로 규정하고 있고, 고의에 의한 자살 또
는 자해는 우발성이 결여되어 재해에 해당하지 않으므로, 이 사건 특약 약관
제11조 제1항 제1호를 이 사건 특약 약관 제9조에 정한 보험금 지급사유가 발
생한 경우에 한정하여 적용되는 면책 및 면책제한 조항으로 해석한다면, 이 사
건 특약 약관 제11조 제1항 제1호는 처음부터 그 적용대상이 존재하지 아니하
는 무의미한 규정이 된다. 그러나 엄연히 존재하는 특정 약관조항에 대하여
약관의 규제에 관한 법률에 의하여 그 효력을 부인하는 것이 아니라 단순히 약

13_ 특히 대법원은 "고의에 의한 자살 또는 자해에 대하여는 이 사건 특약 약관 제11조 제1
항 제1호 본문의 규정이 아니더라도 상법 제659조 제1항, 제732조의2, 제739조의 규
정에 의하여 보험자가 면책되도록 되어 있어 이 사건 특약 약관 제11조 제1항 제1호
중 보험계약 당사자 간의 합의로서 의미가 있는 부분은 면책사유를 규정한 본문이 아
니라 부책사유를 규정한 단서라는 점을 보태어 보면, 위와 같은 해석이 합리적이고,
이것이 약관 해석에 관한 작성자 불이익의 원칙에도 부합한다"는 점을 강조하였다. 대
법원 2007.9.6. 선고 2006다55005 판결, 서울고등법원 2015.11.13. 선고 2014나
2043005 판결, 서울중앙지방법원 2016.1.13. 선고 2015나17806 판결 또한 참조.

관해석에 의하여 이를 적용대상이 없는 무의미한 규정이라고 하기 위하여는 평균적인 고객의 이해가능성을 기준으로 할 때에도 그 조항이 적용대상이 없는 무의미한 조항임이 명백하여야 할 것인데, 이 사건 특약 약관 제11조 제1항 제1호를 그와 같이 볼 수는 없다. 오히려 평균적인 고객의 이해가능성을 기준으로 살펴보면, 위 조항은 고의에 의한 자살 또는 자해는 원칙적으로 우발성이 결여되어 이 사건 특약 약관 제9조가 정한 보험사고인 재해에 해당하지 않지만, 예외적으로 단서에서 정하는 요건, 즉 피보험자가 정신질환상태에서 자신을 해친 경우와 책임개시일부터 2년이 경과된 후에 자살하거나 자신을 해침으로써 제1급의 장해상태가 되었을 경우에 해당하면 이를 보험사고에 포함시켜 보험금 지급사유로 본다는 취지로 이해할 여지가 충분하다.

Ⅲ. 대상판결의 분석

대상판결의 요지 및 이유를 보면, 대상판결을 통해 확인해 보아야 할 법적인 논점은 다음 네 가지로 요약해 볼 수 있다.[14] 첫째, 약관의 해석에 자연적 해석을 적용할 수 있는가? 둘째, 평균적 고객은 대상사안의 부책조항을 어떻게 바라볼 것인가? 셋째, 대상판결은 종래 대법원 판결과 모순되는가? 마지막으로, 대상판결은 작성자불이익의 원칙을 적절하게 적용한 판결인가?

14_ 대상판결은 계약의 해석을 통한 계약성립(계약내용)을 다투고 있다는 점에서 계약의 효력은 본고에서 검토하지 않기로 한다. 일부 문헌에서 성립과 효력을 구별하지 않고 선량한 풍속 기타 사회질서에 위반되는 결과를 가져오므로 그러한 해석은 타당하지 않다는 비판을 주장하기도 하나(박세민, "자살에 대한 재해사망보험금 지급에 관한 문제", 295면), 대상판결은 이에 대한 검토는 효력의 문제로 보았기 때문에 계약의 성립 내용을 결정하는 단계에서는 이를 고려하지 않았다고 보아야 할 것이다.

1. 약관의 해석에 자연적 해석을 적용할 수 있는가?

약관의 구속력을 당사자가 그 약관의 규정을 계약내용으로 하겠다는 합의에서 찾는다면,[15] 그 의사를 규명하는 것이 약관해석이라 할 수 있다. 이처럼 약관의 해석을 의사해석으로 보면 고객의 개별적 의사가 확인되지 않는 경우에 한하여 평균적 고객의 이해가능성을 기준으로 약관을 해석해야 한다.[16] 이는 결과적으로 약관 또한 자연적 해석방법과 규범적 해석방법이 모두 가능하다는 것을 의미한다.[17] 반면에 우리 판례는 대법원 1996.6.25. 선고 96다12009 판결 등에서 "보통거래약관의 내용은 ① 개개 계약체결자의 의사나 구체적인 사정을 고려함이 없이 평균적 고객의 이해가능성을 기준으로 하되, ② 보험단체 전체의 이해관계를 고려하여 객관적, 획일적으로 해석하여야 하고, ③ 고객 보호의 측면에서 약관내용이 명백하지 못하거나 의심스러운 때에는 약관작성자에게 불리하게 제한해석하여야 한다."고 하여 계약해석과 달리 자연적 해석방법을 배제한다.[18] 즉 약관의 해석은, 신의성실의 원칙에 따라 당해

15_ 대법원 1985.11.26. 선고 84다카2543 판결. 상세한 논의는 송덕수, "보통거래약관의 법률문제", 이화여대 법학논집 제11권 제1호(2006), 24면 이하 참조. 물론 계약당사자가 명시적으로 다른 내용을 약정하였다면 당연히 그 약정은 계약의 내용이 될 수 없을 것이다. 윤진수, "한국법상 약관규제법에 의한 소비자보호", 민법논고VI, 박영사, 2015, 330면.

16_ 최준규, "보험계약의 해석과 작성자불이익 원칙—최근 대법원 판례들을 중심으로" 서울대학교 금융법센터 BFL 제48호, 2011, 41면; Staudinger/Schlosser, BGB, Neubearb. 2006, § 305 c, Rn. 130 f. 이 견해는 내용통제시 개별적 사안의 구체성을 고려하는 것과의 균형성을 유지할 필요가 있음을 강조한다.

17_ 최준규, 앞의 논문, 40면; 권영준, "자살과 재해사망보험금 지급에 관한 보험약관의 해석—서울중앙지방법원 2015.10.7. 선고 2015나14876 판결의 평석", 재산법연구 제32권 제3호, 2015, 218면 이하; 김진우, "약관의 해석에 관한 일고찰—객관적 해석과 작성자 불이익의 원칙의 유럽법과의 비교를 통한 검토", 재산법연구 제28권 제3호, 2011, 197면.

18_ 이는 약관규제법 제5조 제1항 후단에서 "개별적 고객에 따라 달리 해석되어서는 안 된다"고 규정한 내용을 반영한 것이라 할 수 있다. 윤진수, "한국법상 약관규제법에 의한 소비자보호", 민법논고 VI, 박영사, 2015, 334면. 명문규정은 없으나 독일 또한 이러한

약관의 목적과 취지를 고려하여 공정하고 합리적으로 해석하되, 개개 계약 당사자가 기도한 목적이나 의사를 참작함이 없이 평균적 고객의 이해가능성을 기준으로 보험단체 전체의 이해관계를 고려하여 <u>객관적·획일적으로 해석하여야 하며, 위와 같은 해석을 거친 후에도 약관 조항이 객관적으로 다의적으로 해석되고 그 각각의 해석이 합리성이 있는 등 당해 약관의 뜻이 명백하지 아니한 경우에는 고객에게 유리하게 해석하여야 한다</u>(대법원 2009.5.28. 선고 2008다81633 판결 등).[19] 그렇다면 약관해석은 왜 계약의 해석과 다르게 취급되어야 하는가? 그 이유로 다음의 세 가지를 고려해 볼 수 있을 것이다.

(1) 약관은 '객관적 합의'에 대한 해석이다.

약관규제법의 적용 대상이 되는 약관이라 함은 그 명칭이나 형태 또는 범위를 불문하고 계약의 일방 당사자가 다수의 상대방과 계약을 체결하기 위하여 일정한 형식에 의하여 미리 마련한 계약의 내용이 되는 것을 말한다(약관규제법 제2조 제1항). 일반적으로 약관에 의한 계약은 법률관계의 형성을 위한 당사자 사이의 협상을 거침이 없이 사업자가 일방적으로 제안한 계약내용을 토대로 하여 상대방은 단지 그에 따른 체결여부만을 선택하게 된다(take-it-or-leave-it offer).[20] 사업자는 형식적으로

입장이 지배적이다. Ulmer/Schäfer in Ulmer/Brandner/Hensen, AGB-Recht, 11. Aufl., 2011, § 305c BGB Rn. 80; MünchKomm/Basedow, 6. Aufl., 2012, § 305 c, Rn. 26, Rn. 7. 반면에 김진우, 앞의 논문, 179면 이하에서는 약관 또한 계약해석의 일반원칙이 적용된다는 입장을 취한다. 즉, 당사자들이 객관적 의미와는 전혀 다른 의미로 약관의 의미를 부여하였고, 그 내용이 개별약정으로 볼 수 없다면 자연적 해석방법에 의해 약관을 해석할 수 있다고 본다. 일응 타당할 수 있으나, 약관에 사용되는 객관적 의미와 다른 의미를 부여하였다면 이미 묵시적으로 개별약정을 체결한 것이라 볼 수도 있을 것이다. 물론 개별약정을 엄격하게 해석할 것인지와 연결되는데 객관적 의미와 다른 의미를 부여하였다면 이는 이미 개별약정이 체결된 것으로 볼 수 있을 것이다. MünchKomm/Basedow(2012), §305c Rn. 26.

19_ 요컨대 객관적·획일적인 해석을 거친 후에도 약관의 내용이 <u>객관적으로 다의적으로 해석되고 그 각각의 해석이 합리성이 있는 등 당해 약관의 뜻이 명백하지 아니한 경우에 한하여 고객에게 유리하게 해석되어야 한다.</u>

약관을 계약내용으로 편입한다는 데 대해 고객의 동의를 얻고 있다는 점에서,[21] 약관은 픽션일지라도 '의사에 의한 계약형성'이라는 형식이 유지하고 있으므로 약관의 해석은 의사의 해석으로 볼 여지가 있으나 실제에 있어서 당사자 간의 계약내용에 대한 주관적인 합의까지 존재한다고 볼 수 없다.[22] 이러한 이유에서 요시카와 기치에(吉川吉衞) 또한 약관을 통한 계약체결 당사자의 구속력의 근거를 (주관적 합의가 아닌) 객관적 합의에서 찾았다. 그리고 그는 '객관적 의사'[23]를 '형식적으로 당해 약관을 이용하는 계약자 총체의 일반적 의사'라고 보았다.[24] 요컨대 요시카와는 약관해석은 개별적인 고객이 아닌 계약자 총체의 일반적 의사를 규명하는 작업이므로 개념내재적으로 자연적 해석방법이 동원될 여지가 없다고 보았다. 이러한 의미에서 약관해석은 당사자의 주관적인 의

20_ 이상의 특색은 고전적인 계약의 패러다임(교섭과 합의)과는 어울리지 않는 계약이라는 것을 의미한다. 손지열, "약관의 계약편입과 명시·설명의무", 「민법학논총 제2권」(후암 곽윤직 교수 고희기념)(1995), 288면 이하에서도 이 점을 강조한다. 약관의 내용통제의 정당화요소는 사업자의 '사전작성'에서 찾을 수 있을 것이다. 같은 견해로는 최병규, "약관과 소비자보호의 쟁점연구", 경제법연구 제14권 제2호, 2015, 245면, 247면 참조.

21_ 그런데 이러한 약관에 있어서 개별교섭에 의한 계약조건의 결정이 배제되는 현상은, 일방 당사자의 교섭능력의 결여 또는 약관작성 당사자 측의 경영방침에 의해 설명되어 왔다. 약관에 있어서도 어디까지나 이념으로서는, 계약조건은 양 당사자의 교섭과 합의가 기초에 있어야 한다는 사고가 유지되고 있다. 때문에 약관의 개시가 요구되고, '약관에 의한다'는 당사자의 의사의 유무가 문제되는 것이다. 약관사용 당사자조차 마음만 먹으면 개시된 내용에 불만을 가진 당사자의 요청에 따라 계약조건에 대한 교섭에 응하는 것이 가능하며, 오히려 그것이 바람직하다는 것이 큰 전제가 된다.

22_ 이러한 이유에서 사적자치는 약관에 의한 계약체결에서 제한을 받게 된다고 할 수 있다.

23_ 권영준, 앞의 논문, 221면에서도 이러한 객관적 의사를 규명하는 것을 약관규제법 제5조 제1항의 객관적·획일적 해석이라고 이해한다.

24_ 吉川吉衞, 「普通取引約款の基本理論—現代保険約款を一つの典型として (3)」, 保険学雑誌 485号, 1979, 147面. 반면에 시라하 유조(白羽祐三)는 전기·가스·수도·공공교통 등의 생활필수급부를 논하면서, 이러한 급부에 과해지고 있는 법적 규제를 부합계약성에 의해 계약내용에 직접 반영되지 않는 소비자 대중의 의사를 간접적으로 구체화하는 국가의 의사로서 평가하기도 한다. 白羽祐三, 『現代契約法の理論』, 中央大学出版部刊, 1982, 177面 이하.

사해석이 아니라 계약자 총체의 의사 내지 약관의 내용을 확정하는 작업이라고 할 수 있으며, 이 점이 개별계약해석과는 다르다 할 수 있다.[25] 만약 주관적 의사에 기하여 약관의 내용이 달라지게 된다면, 누군가는 명시된 조항 대신에 다른 규율을 적용하는 한편, 누구에게는 그 조항을 그대로 적용하는 결과를 가져온다는 점에서 이는 보험자계약자 평등 대우[26]의 원칙에 반한다.[27] 판례 또한 이러한 맥락에서 약관에서 자연적 해석방법을 배제한 것으로 이해된다. 물론 원심판결이 문제된 약관이 '잘못된 표시'에 불과하다고 하면서 약관 또한 자연적 해석방법이 적용될 수 있을 것처럼 설시하고 있으나 이미 당사자의 의사의 해석을 개개인이 아닌 평균적인 상대방의 이해가능성을 전제로 하고 있다는 점에서 계약해석에서의 자연적 해석을 인정하는 것은 형용모순(Oxymoron)이라고 할 수 있다.[28] 즉 이미 개개인이 아닌 평균적인 상대방을 대상으로 객관적 해석을 시도하였다는 점에서 약관 해석에서 자연적 해석은 의미를 가지지 않으며, 개개의 당사자의 의사를 규명하는 자연적 해석방법을 동원하였다는 것은 이미 그 약관은 약관이 아닌 개별약정의 의미를 가지는 것으로 보아야 할 것이다.[29]

25_ 이병준, 앞의 논문, 21면 이하. 독일 또한 이러한 입장이 지배적이다. MünchKomm/ Basedow(2012), § 305 c, Rn. 26. Ulmer/Schäfer in Ulmer/Brandner/Hensen, AGB-Recht, 11. Aufl., 2011, § 305c BGB Rn. 84.

26_ 보험제도는 위험단체의 형성을 전제로 하는 제도이기 때문에, 그 단체 내에서 보험계약자는 평등하게 대우되어야 한다.

27_ 당사자가 개별약정서를 작성하는 경우에는 다른 문제일 것이다. 그러나 보험의 경우에는 개별적인 교섭이 거의 불가능하다는 점에서 이러한 해석이 중요하다고 할 수 있다.

28_ 요컨대 판례의 객관적 해석의 원칙에 의하면, 주관적 해석이 인정되려면 평균적 고객의 주관적 의사라는 것을 인정해야 하는데 이는 생각할 수 없다.

29_ 당사자의 구체적인 교섭이 있었다면 이러한 계약은 약관이라고 할 수 없다. 윤진수, "한국법상 약관규제법에 의한 소비자보호", 민법논고VI, 박영사, 2015, 324면. 개별약정우선의 원칙에 의해 개별당사자의 주관적 의사가 반영되기는 하나 자연적 해석방법과 개별약정우선의 원칙은 엄연히 다르다. 개별약정은 약관인지 여부와 대응관계가 있는 반면에 약관으로 인정된 이상 자연적 해석방법은 동원될 수 없다.

(2) 약관은 거래비용(transaction costs)의 절감을 지향한다.

약관의 해석에 자연적 해석을 인정하는 것은 거래비용절감이라는 약관의 실천적 가치를 형해화시킬 수 있다. 즉 사업자는 대량거래에서 일정한 비용을 투입하여 약관을 마련하고 이를 일률적으로 적용함으로써 개별 거래마다 교섭비용을 중복 지출하는 것을 피할 수 있다.[30] 약관 내용을 알지 못하여도 고객의 편입합의만 있으면 이를 계약내용에 편입할 수 있게 한 것도 이러한 효율을 극대화하기 위한 방편이라고 할 수 있다.[31]

(3) 약관은 에이전시비용(agency costs)을 최소화한다

본인과 대리인의 이익은 불일치할 수 있으며, 이러한 이익의 불일치로부터 발생하는 손실이나 비효율은 '에이전시비용'[32]이 된다.[33] 만약 약관 해석을 개개의 계약별로 개별화한다면 이는 상품·용역이 의도하지 아니한 형태로 생산, 판매되는 것과 같이 사업자에게는 일종의 비용 내

30_ 이는 결과적으로 사업자의 거래비용을 절감하는데, 이것이 약관의 실천적 가치라고 할 수 있다. 즉 약관은 개별적 계약교섭 및 계약서작성비용에 소요되는 가변비용을 공통의 약관작성비용이라는 고정비용으로 전환하는 수단이다. 그 결과 거래가 많을 것으로 예상될 때에는 상당한 비용을 들여 약관을 마련하거나 개선할 유인이 있고, 이로써 장래의 분쟁해결비용도 줄일 수 있다. Rakoff, contracts of Adhesion: An Essay in Reconstruction, 96 Harv.L.Rev. 1173 (1983), 1174. Macneil, "Bureaucracy and Contracts of Adhesion", 22 Osgoode Hall Law Journal 5(1984).

31_ 윤진수/이동진, "계약법의 법경제학", 민법논고VI, 박영사, 2015, 124-125면; Adams, "Ökonomische Analyse des AGB-Gesetzes - Verträge bei asymmetrischer Information -", BB 1989, 781 = Ökonomische Theorie des Rechts, 2. Aufl.(2004), S. 119 ff.

32_ 본인은 대리인에게 사무를 위임함으로써 전문가에 의한 서비스를 받을 수 있어 여타 활동을 할 수 있다는 편익을 가지지만, 대리인이 폭넓은 재량을 가져 본인이 그 재량의 효시를 용이하게 관찰 혹은 검증할 수 없는 경우에는 남용되기 쉽다는 비용을 수반한다.

33_ Robert H. Sitkoff, An Economic Theory of Fiduciary Law, Philosophical Foundations of Fiduciary Law 197, Andrew Gold & Paul Miller eds., Oxford University Press, 2014, p.198 ff.

지 위험이 된다.[34] 특히 사업자가 피용자를 이용할 수밖에 없는 경우에는 전적으로 개별화 여부는 사업자의 피용자와 고객 쌍방이 결정하므로, 사업자로서는 자신의 피용자의 감독과 관련하여 대리인비용을 부담하고 나아가 고객의 개별적 특성에 따른 위험도 부담하게 된다. 이에 사업자 본인은 약관을 통해 대리인의 재량을 철폐 혹은 제한하는 것이 대리인을 이용함으로 인하여 발생하는 에이전시 비용을 가장 효율적으로 줄일 수 있는 하나의 방법이 될 것이다.[35]

(4) 검 토

위의 세 가지 이유를 고려해 보면 약관해석에는 자연적 해석을 적용하는 것은 타당하지 않을 것이며, 당사자의 구체적인 의사는 개별약정인지 여부에서 판단될 문제라고 생각된다. 따라서 개별약정이 아닌 약관을 해석함에 있어 당사자의 구체적이고 주관적인 의사를 고려하는 자연적 해석방법은 배제되어야 할 것이다. 이런 의미에서 대상판결이 개개 계약체결자의 의사나 구체적인 사정을 고려함이 없이 평균적 고객의 이해가능성을 기준으로 보험단체 전체의 이해관계를 고려하여 객관적·획일적 해석을 시도한 것은 타당하다.

34_ 사업자에게는 고객과의 계약이 그 자체 상품·용역에 해당한다. Burke, "Contract as Commodity : A Nonfiction Approach", 24 Seton Hall Legis J. 285 (2000).

35_ 요컨대 약관을 일률적으로 해석·적용하면 학습효과(learning effect)가 생겨 정보비용감소라는 네트워크 외부성(network externalities)을 기대할 수 있고, 약관을 공공재(public goods)로 할 수 있다. Katz, "Standard Form Contracts", Newman (ed.) New Palgrave Dictionary of Economics and the Law (1998), p. 502 f. 개별교섭의 배제는 약관이 기업의 내부통제의 수단이기도 한 필연적 귀결이라는 견해도 있다. 약관은 고객과 접촉하는 부문에 대해 사원이 독단으로 재량권을 행사하지 않도록 기업으로서의 통일적인 지침을 마련한 것이라 할 수 있다. Rakoff, Contracts of Adhesion: An Essay in Reconstruction, 96 Harv.L.Rev. 1173 (1983), 1174; Macneil, "Bureaucracy and Contracts of Adhesion", 22 Osgoode Hall Law Journal 5(1984).

2. 평균적 고객은 대상사안의 부책조항을 어떻게 이해할 것인가?

대상판결에 대한 평석은 아직 보이지 않으며 원심판결에 대해서 학설은 견해가 나뉘었다. 먼저 다수의 학설은 원심의 입장에 찬성한다.[36] 이 견해는 합리적인 평균적 고객이라면 당연히 재해보험특약상의 자살부책조항을 무의미한 규정으로 이해하였을 것이므로 보험자는 자살과 관련하여 보험계약자 측에 보험금을 지급할 필요가 없다고 본다. 특히 이 견해는 재해특약상의 '그렇지 않다'는 면책제한조항 문구에 초점을 맞추지 않고, 재해특약에서 정한 보험사고가 발생했는가 여부에 초점을 맞추며 자살은 재해가 될 수 없다는 점을 강조한다. 즉 보험사의 면책이나 면책제한사유를 논하는 것은 논리적으로 약관이 정한 보험사고가 발생한 이후의 문제인데 자살은 재해가 될 수 없으므로 재해보험에서 자살부책조항은 애당초 무의한 조항에 불과하며 평균적 고객 또한 이 정도는 알고 있었을 것이라는 점을 강조한다.[37] 반면에 일부 견해는 자살이 재해가 아님에도 불구하고 보험사가 명시적으로 부책조항으로 자살의 경우에도 재해보험금을 지급할 것을 약관에 규정하였으므로 자살의 경우에도 재해사망보험금을 지급할 의무가 있다고 본다.[38] 또한 일부 견해

36_ 양창수, "자살면책제한조항에 의한 '보험사고의 확장?" 법률신문 2015.10.19.자 판례평석; 권영준, 앞의 논문, 243면 이하; 박세민, "자살에 대한 재해사망보험금 지급에 관한 문제", 고려법학 제80호, 2016.3, 264면 이하(박세민, "생명보험약관의 자살부책(負責)조항에서 심신상실 상태에서의 자살과 관련된 해석상의 문제점에 관한 연구", 388면). 특히 최병규, "자살의 경우 면책기간 경과 후의 부책과 예문해석에 대한 고찰", 경영법률 제25권 제4호, 2015, 307면 이하에서는 예문해석을 통해 자살부책조항의 효력을 부인하고 있다. 이 견해는 보험제도를 합리적으로 운용하기 위한 수지상등의 원칙에 초점을 맞춘다.

37_ 박세민, "자살에 대한 재해사망보험금 지급에 관한 문제", 269면 이하에서는 주계약과 재해사망특약을 종합적으로 함께 해석해야 함을 강조하면서 자살은 처음부터 재해사망보험금을 청구할 수 있는 보험사고가 될 수 없다고 보고, 평균적인 고객이라면 당연히 이러한 재해사망특약의 취지를 알 수 있다고 평가한다(박세민, "자살에 대한 재해사망보험금 지급에 관한 문제", 276면).

38_ 김은경, "보험약관 내용구성의 책임—자살면책제한조항과 재해사망의 이해", 아주법

는 자살을 재해로 보지 않아 대상사안의 부책조항을 무의미한 조항으로 보는 해석 또한 합리적 해석 중 하나에 해당하지만, 자살부책조항을 의미 있는 조항으로 해석하는 것도 합리적 해석이므로, 작성자불이익 원칙에 따라 보험계약자에게 유리한 해석을 해야 한다고 주장한다.[39] 양 학설 모두 자살은 재해가 아니라는 점에 의견이 일치하지만, 재해가 아님에도 불구하고 부책조항으로 재해보험금을 지급하겠다는 보험사가 제시한 약관조항을 평균적 고객은 어떻게 이해할 것인지에 대해서 견해가 나뉜다고 할 수 있다. 그렇다면 평균적 고객이란 누구를 말하는 것이며, 평균적 고객은 대상사안의 부책조항을 어떻게 볼 것인지를 살펴보기로 한다.

(1) 평균적 고객의 이해가능성

일반적으로 평균인은 충동적이고 비합리적이다.[40] 즉 평균적 인간은 짐작으로 상황을 판단하는 경향(대표성 휴리스틱, representativeness heuristic)이 있다.[41] 따라서 잠재적이고 평균적인 소비자의 행동패턴을 이해하려면 인간이 가지는 휴리스틱을 고려해야 한다. 그러나 판례와 학설은 해석과 관련하여 평균인을 평균적 이해능력과 언어관행을 기준으로 판단하며,[42] 이성적이고도 합리적인 고객만을 의미한다고 본다.[43] 그렇다면

학 제10권 제1호, 2016, 99면 이하; 이병준, 앞의 논문, 1면 이하; 양진태, "잘못 표시된 보험약관조항의 해석과 적용", 보험학회지, 제106집, 2016, 121면 이하.

39_ 이병준, 앞의 논문, 19면 이하, 31면.

40_ Thomas Ulen, "Rational Choice and Economic Analysis of Law", *Law and Social Inquiry* (spring 1994); Landes and Posner, *The Economic Structure of Tort Law* (Cambridge: Harvard university press, 1987); W. Kip Viscusi, *Reforming product liability* (Cambridge: Harvard university press, 1991); Anthony M. Marino, "Monopoly, Liability and Regulation", *Southern Economic Journal* (April 1988), pp.913, 921.

41_ A. Tversky & D. Kahneman, "Judgment Under Uncertainty; Heuristics and Biases", Science, New Series, Vol.185, No.4157(1974), p. 1124 ff.

42_ 김진우, 앞의 논문, 184면. 독일의 경우 평균적 일반인의 합리적 기대가능성은 법률용어에 대한 일반적인 언어의 이해정도만으로도 족하다고 한다. Halm/Engelbrecht/

이성적이고도 합리적인 고객은 어떠한 자를 의미하는가? 본인에게 주어진 유리한 조건을 그대로 받아들이는 이기적 인간일 것이다. 따라서 정보의 우위를 점하고 있는 보험자가 (실수든 아니든) 오히려 보험계약자에게 유리한 조건을 제시하였다면, 합리적인 소비자는 당연히 이를 본인에게 유리한 계약조건으로 보고 계약체결을 하였다고 할 수 있다. 이런 의미에서 보면, 합리적이고 이성적인 평균인이라면 당연히 보험사가 제시한 약관이 당연히 잘못된 것임을 알았어야 할 것처럼 판단한 원심판결은 합리적이고 이기적인 소비자에게 상대방의 오표시를 인지(또는 이해)하도록 강요(?)하고 있다는 점에서 타당하지 않다. 더 나아가 평균인을 보험상품에 대한 전문지식을 갖춘 자로 본다고 할지라도, 그러한 평균인은 보험사가 제시한 조건을 잘못된 표시라고 인식하고 약관조항을 무의미하다고 보기보다는 제시된 약관을 자신에게 더 유리한 계약조건으로 보아 더 큰 의미를 가지는 것으로 인식할 수 있다는 점을 간과해서도 안 될 것이다.[44]

(2) 평균적 고객의 이해가능성을 고려함에 있어 규범적 요소를 고려할 필요가 있는가? 있다면 어떠한 요소를 반영하여야 하는가?

객관적 · 획일적 해석에도 규범적 개입이 필요하다는 점을 부정할 수는 없다. 예컨대 보험약관을 해석함에 있어 "위험단체의 관리를 맡고 있는 보험자로서는 그 단체의 유지에 반드시 필요한 수지상등을 구현하기 위해 그 단체 내에서 책임질 수 있는 위험과 그렇지 못한 위험을 구분하

Krache, Handbuch des Fachanwalts VVG, 2015, S. 59(김은경, "보험약관 내용구성의 책임—자살면책제한조항과 재해사망의 이해", 아주법학 제10권 제1호, 2016/5, 117면 재인용).

43_ 이병준, 앞의 논문, 22면에서는 평균고객을 제3자의 표준과 같다고 본다. 약관의 효력을 다투는 것은 별론으로 한다.

44_ 만약 평균적 고객이 문제되는 약관을 이기적으로 해석하여 의미 있는 조항으로 보았을 것이라는 견해와 평균적 고객이라면 당연히 그 조항에 무의미한 조항으로 보아야 할 것이라는 견해로 나뉠 수 있다면, 이 경우의 해석은 작성자 불이익의 원칙의 문제로 보아 보험소비자에게 유리하게 해석되어야 할 것이다.

고, 책임질 수 있는 각각의 위험에 상응하는 보험료를 대수의 법칙에 의해 산출하여 보험계약자에게 부과해야 하므로 보험약관을 통한 보험자의 위험의 선정과 평가는 그것이 당해 보험상품의 효용과 취지로부터 명백히 벗어나지 않은 이상 존중되어야 한다"는 규범적 요소를 고려할 수 있다. 우리 판례 또한 객관적·획일적 해석을 함에 있어 보험단체 전체의 이해관계를 고려하도록 하고 있으며, 원심은 부책조항을 이유로 재해사망보험금을 지급하는 해석을 하면 보험단체의 이익을 해한다는 이유로 보험금지급을 부정하였다. 그러나 이러한 해석을 시도하는 실제 동기를 부여하는 여러 요소(정책, 정쟁, 가치관 등)들은 객관적인 법논리(해석)를 은폐할 수 있다.[45] 이는 어떻게 보면 객관적 해석이라는 미명하에 실질적으로는 법관의 주관적 객관성으로 변질될 우려가 있으며, 결국 이는 객관적 해석이 은폐된 계약해석이라는 비판을 받게 만들 것이다.[46] 따라서 객관적 해석에 있어 규범적 개입이 정당화될 수 있는 근거와 한계를 발견하는 것이 중요한 과제라고 할 수 있다.

1) 약관이 가지는 부합계약성을 고려하면 잘못 기재된 약관의 위험은 모두 사업자가 부담해야 한다.

약관에 의한 거래는 개별적인 교섭을 배제하는 성질을 가진다[47]는 점에서 부합계약성을 띤다.[48] 즉 교섭의 배제와 계약조건의 일방적 결정이 부

45_ Langbein, The Later History of Restitution, in RESTITUTION: PAST, PRESENT AND FUTURE 57(W. R. Cornish et al. eds., 1998), p.61.

46_ Ch. Fischer, Topoi verdeckter Rechtsfortbildung im Zivilrecht, 2007, S. 531 ff.; K. Röhl/H. Ch. Röhl, Allgemeine Rechtslehre (3. Aufl., Köln [u.a.], 2008), S. 631.

47_ 최병규, "약관과 소비자보호의 쟁점연구", 243면.

48_ 이는 최후통첩적인 방법에 의해 이루어진 합의라는 점에서 부합계약이라고 한다. Friedrich Kessler, Contracts of Adhesion – Some Thoughts about Freedom of Contract, 43 Colum. L. Rev. 629, 631-632 (1943); Hugh Collins, The Law of Contract, LexisNexis UK, 2003, pp. 119 ff.; 大橋洋一, 『現代行政の行為形式論』, 弘文堂, 1993, 200面. 개정 프랑스 민법전 제1110조는 제1항에서 개별합의계약(contrat de gré a gré)을 원칙적인 형태로서 규정한 다음, 제2항에서 "부합계약이란 일반적인 조건(conditions générales)을 교섭을 거치지 않고 당사자 일방이 미리 정한 계약이다"

합계약의 특징인데 약관에 의한 계약성립은 이러한 특징을 그대로 가진다
고 할 수 있다. 이는 사업자와 고객사이의 정보의 **비대칭성**(information
asymmetry)**을 보여 준다.** 즉 약관에 의한 계약체결은 그 실제적 내용보다
도 체결의 과정에 있어 사업자의 일방적 작성으로 인해 고객은 그 내용
에 대해 인지하고 검토할 충분한 기회를 갖지 못하는 정보의 비대칭성
이 존재한다.[49] 이러한 정보의 비대칭성은 정보가 일방 당사자에게 편중
됨으로써 발생하므로, 정보가 상대방보다 풍부하면 상대방보다도 자기
의 니드(need)에 합치된 의사결정(효율적 의사결정)을 할 수 있으며, 이러
한 의미에서 상대방보다 우월한 지위를 점할 수 있다. 따라서 보험자는
보험사업을 영위하면서 계속해서 보험을 취급하기 때문에 보험계약자
보다도 정보면에서 우월한 지위에 서게 된다.[50]

이처럼 고객에게는 단지 계약체결 여부의 선택만이 허용되는 점에서
약관은 사업자에게 유리하다고 할 수밖에 없다. 즉 사업자의 시점에서
바라본다면, 이러한 규격화된 약관조항은 사업자의 위험과 책임을 최소
화하는 것(예를 들어 사업자의 보장사항의 범위를 줄이거나 고객이 제때에 할부금

고 규정한다. **이러한 계약에서 계약당사자의 권리와 의무 사이에 현저한 불균형을 초**
래하는 계약조항은 기재되지 않은 것으로 본다(제1171조 제1항). 참고로 2005년 프랑
스채권법 및 시효법 개정시안은 부합계약을 "논의를 거치지 않고 당사자 일방이 상대
방이 일방적으로 미리 정한 그대로 승낙한 조건을 내용으로 하는 계약"이라고 정의하
였으며(제1102조의5), 2005년 개정시안은 "당사자 일방을 희생할 정도의 중대한 불균
형을 초래하는 계약조항은 그것이 교섭을 거친 것이 아닌 때에는 당해 당사자의 청구
가 있으면 이를 조정하거나 삭제할 수 있다"고 규정하였다.

49_ 판매자는 계약조건을 충분한 시간을 갖고 전문가의 도움을 받아 구성하는 데 비해 상
대방은 일반적으로 계약체결 시 비로소 그에게 제시되는 조건들을 논의의 대상으로
삼는 것을 포기해야만 한다는 점을 생각해 볼 필요가 있다. M.Stoffels, AGB-Recht
(2003), S. 34; Ulmer/Schäfer in Ulmer/Brandner/ Hensen, AGB-Recht, 11. Aufl.,
2011, § 305c BGB Rn. 1 ff. 물론 그 내용을 사전에 충분히 알았더라도 그것의 수정을
요구할 교섭력이 없거나 그러한 조항들로 인해 계약체결을 거부하기보다는 체결하는
것이 더 이익이 된다는 고려를 하게 되는 경우도 많을 것이다.

50_ 그 결과 보험자는 보험계약자나 피보험자보다도 정보의 질과 양적인 면에서 유리한
입장에 있는 것이 자명하다. Dudi Schwartz, Interpretation and Disclosure in
Insurance Contracts, 21 LOYOLA CONSUMER L. REV. 105 (2008).

등을 지불하지 않는 상황에 대하여 법적인 구제를 규정하는 등)에 의도를 두며, 동시에 고객에게 부담 또는 다른 한계를 부여한다.[51] 따라서 약관이 가지는 부합계약의 특징을 고려한다면 사업자가 일방적으로 제시한 약관조항에 기한 계약의 성립은 설사 그것이 잘못된 표시라 할지라도 그에 따른 위험은 모두 사업자가 부담해야 한다. 반면에 원심은 결국 그 위험을 사업자가 아닌 보험단체 전체가 인수하게 된다고 보고 있는데, 이 점 또한 의문이다. 먼저 이러한 사고는 보험사가 다수의 보험계약자들로부터 대수의 법칙과 수지상등원칙에 따라 계산한 보험료를 징수하여 형성된 공동재산이 보험사고와 관련된 책임재산이 되고, 예상하지 못한 위험 등으로 책임재산이 부족하게 되면 보험계약자들이 이러한 위험(또는 부담)을 인수한다는 전제에서 출발한다.[52] 보험사의 실수나 우연한 사정[53]으로 보험단체가 형성한 책임재산이 부족하게 되는 경우, 그 위험을 보험계약자들이 부담한다는 것은 보험사가 특별히 보험계약자에게 추가보험료를 납부하게 하거나 지급해야 할 보험금을 감액하는 방법을 통해 발생한 위험을 보험소비자에게 전가시킨다는 것을 의미한다. 그러나 실질적으로 약관에 따라 계약을 이행해야 하는 보험사 입장에서는 위의 방식에 위한 위험 전가는 불가능하다. 따라서 위험은 보험사가 인수해야 하며 그 법적인 책임을 져야 한다. 둘째, 부책조항의 해석과 관련하여 문제되는 보험단체는 대상사안에서 문제되는 재해사망특약에 가입한 보험계약자들이다. 만약 보험단체의 이익을 해한다는 의미가 '자살의

51_ Rakoff, Contracts of Adhesion: An Essay in Reconstruction, 96 Harv.L.Rev. 1173 (1983); Slawson, Standard Form Contracts and Democratic Control of Lawmaking Power, 84 Harv.L.Rev. 539 (1971). Williams v. Walker-Thomas Furniture Co.사건 (350 F.2d 445 (D.C.Cir.1965)) 참조.

52_ 이러한 사고에 대한 비판으로는 이현열, "보험단체론(下)―보험의 본질을 중심으로", 월간 손해보험 2015년 12월호(손해보험협회), 40면 이하; 이현열, "보험단체론―보험의 본질을 중심으로", 보험학회지 103권, 2015, 1면 이하; 양진태, 앞의 논문, 163면 이하 등 참조.

53_ 예상하지 못한 대형사고(원전사고 등)가 발생하여 지급해야 할 위험의 총량이 집적된 공동재산을 초과한 경우이다.

경우에도 부책조항에 따라 재해사망보험금을 지급하다 보면 일반 재해로 인한 재해사망보험금을 지급할 수 없게 되는 위험이 발생할 수 있다'는 것을 의미한다면, 이 또한 문제이다. 왜냐하면 잠재적으로 부책조항에 따라 재해사망보험금을 지급받을 수도 있는 보험계약자들을 모두 손해를 받게 될 자로 의제하는 것 자체가 모순이며, 설사 그 손해를 다른 보험계약자들이 인수한다 하더라도 그 위험은 보험사가 부담해야 할 위험을 보험단체 전체에게 전가한 결과이지 일부 보험계약자들 때문에 발생한 것이 아니기 때문이다. 즉 보험단체의 이익을 해한다는 이유로 보험금 지급을 거절하는 원심의 판단 법리는 지나치게 의제적이며, 보험사가 보험단체의 이익을 우려하여 보험계약의 내용을 무의미하게 만드는 것은 자신이 부담해야 할 위험을 보험단체 전부에게 전가하는 방법에 불과하다. 요컨대 실체 없는 가상에 가까운 보험단체를 만들어 일부 보험계약자를 제외한 모든 보험계약자들을 잠재적 피해자로 만들어 결과적으로 보험사의 위험을 보험계약자들에게 전가하는 해석은 바람직하지 않다. 보험단체의 이익이라는 잡을 수 없는 신기루를 위해 보험계약자 및 보험수익자들에게 비용을 부담시키는 해석은 지양되어야 할 것이다.

2) 약관을 통해 발생하는 시장실패를 고려하여 고객의 합리적 기대가능성은 보장되어야 한다.

주된 급여뿐 아니라 여러 조건을 명시한 약관 자체가 상품 내지 용역의 내용을 구성하므로 완전정보하의 고객은 사업자가 마련한 개개의 약관조항의 자신에 대한 경제적 이익과 비용을 평가하여 그 합과 사업자가 요구하는 대가를 비교, 거래가 유리한지 여부를 가릴 것이고, 복수의 사업자가 서로 다른 가격 또는 서로 다른 거래조건하에 일정 유형의 급여를 제공하고 있을 때에는 각각의 이익을 위와 같은 방법으로 셈한 뒤 가장 이익이 큰 것을 구매할 것이다. 그러나 현실의 고객은—한 번 약관을 만들어두면 여러 고객에게 반복하여 사용할 수 있는 사업자와 달리

—개별 약관조항을 꼼꼼하게 따지는 비용이 그로 인한 기대이익보다 커 대부분의 약관조항을 제대로 검토하지 아니한 채 그 편입에 동의하게 된다. 이처럼 고객의 입장에서는 약관 자체를 검토하지 않고 그를 신뢰하여 계약을 체결하는 것 자체가 합리적인 선택일 수 있으나, 그 결과 사업자는 이를 이용하여 고객이 제대로 검토하지 아니할 만한 사항에 대하여—어차피 고객이 비교하지 아니할 것이므로—다른 사업자보다 고객에게 더 불리한 약관을 작성하게 된다.[54] 이러한 시장의 실패에 따른 결과는 대부분 사업자에게 유리할 것이고 그러한 이익은 전적으로 사업자가 누리게 될 것이다.[55] 그러나 그 약관에 따른 시장실패가 고객에게 유리한 결과를 가져온다면 그 이익은 당연히 고객이 누리는 것이 원칙

54_ 악화(惡貨)가 양화(良貨)를 구축(驅逐)하는 레몬시장(lemon market)의 문제가 발생하게 된다. Hugh Collins, *REGULATING CONTRACTS* (Oxford: Oxford University Press, 1999), p.230; Adams, a.a.O., S. 127 ff.; Akerlof, "The Market for Lemons : Quality Uncertainty and the Market Mechanism", 84 Q. J. Econ. 488 (1980) 참조. 약관 내용통제는 약관조항이 고객의 기대에 반하여 그에게 불리하게 작성되는 것을 막기 위한 장치라 할 수 있다. 김진우, "약관내용통제의 정당화사유", 부산대 법학연구 제53권 제1호 (2013), 257면 이하; Lieb, "Sonderprivatrecht für Ungleichgewichtslagen? Überlegungen zum Anwendungsbereich der sogenannten Inhaltskontrolle privatrechtlciher Verträge", AcP 178 (1978), 196, 202.

55_ 물론 약관규제법상의 내용통제로 이러한 이익이 박탈될 수는 있다. 사적자치란 자기 결정의 원칙에 기초하고 있는데, 계약당사자의 일방이 강한 우월성을 갖고 있어 계약의 규정들을 사실상 일방적으로 정할 수 있다면 이것은 다른 계약당사자에게는 타율결정을 의미한다. 이러한 경우를 고려하여 약관규제법은 내용통제를 통해 이해관계의 조정을 시도한 것이라고 할 수 있다. M.Stoffels, AGB-Recht(2003), S. 32 f. 최병규, "약관과 소비자보호의 쟁점연구", 258면 또한 약관규제법을 힘의 균형을 맞추는 중요한 입법적 장치라고 설시하고 있다. 이러한 상황 속에서 관심을 끄는 것은 보험약관을 논한 요시카와 기치에(吉川吉衛)의 사고이다. 그는 기본적으로 약관을 계약설의 입장에 서면서도 보험계약에 있어서의 공적 요소와 사적 요소의 존재를 지적하고 있으며, 국가적 규정에 착목하는 태도의 중요성을 강조하였다. 吉川吉衛,「普通取引約款の基本理論 - 現代保険約款を一つの典型として (1)~(3) 完」, 保険学雑誌 481号, 484号, 485号 (1979). 계약관계로의 공적 개입이 정당화되는 것은 무엇인가라는 고르디우스의 매듭은 약관을 통한 새로운 계약유형을 긍정함으로써 풀리게 된다고 할 수 있다. David Mullan, "Administrative Law at the Margins", in Tag gart ed., THE PROVINCE OF ADMINISTRATIVE LAW., Hart Publishing, 1997, pp. 139 f.

일 것이다. 즉 보험계약자는 보험자가 제시한 보험약관의 내용이 보험계약자 등에게 유리한지에 관계없이 보험자가 제시한 약관의 내용을 객관적이고 합리적으로 기대할 수밖에 없으며, 설사 보험자의 입장에서는 잘못된 표시를 하였다 하더라도 그러한 기대를 존중해야 할 것이다.[56] 특히 보험상품의 원가에 대한 자료는 보통 기업의 영업비밀로 취급됨에 따라 합리적인 계약자라 하더라도 다른 방법에 의한 협력이 없으면 상대방 보험회사에 관해 신뢰할 수 있는 정보를 파악할 수 없게 되어 있다. 이와 같은 보험제도 특질의 남용에 따라 생길 수 있는 소비자이익 침해의 중대성을 고려하여 보험약관에 대한 인가제도가 도입되었다. 보험약관에 대한 인가의 목적은 소비자인 보험계약자의 보호를 위해 약관내용의 적법성·합리성 확보에 있다. 인가에 의해 약관내용에 대한 적법성과 합리성이 확보되기 때문에 인가를 받은 이상 그 약관에 의한 계약은 보험계약자의 합리적 기대를 증가시킨다고 할 수 있다. 이와 같이 인가약관에 의해 다수의 보험계약자가 반복적으로 계약을 체결하는 때에는 그 약관내용은 적법하고 합리적이라는 신뢰가 보험계약자들에게 자연적으로 형성되는 것이 당연한 이치일 것이다. 요컨대 보험계약자는

56_ William A. Mayhew, Reasonable Expectations: Seeking A Principled Application, 13 Pepp. L. Rev. 267(1986), 287 ff.; Dudi Schwartz, Interpretation and Disclosure in Insurance Contracts, 21 LOYOLA CONSUMER L. REV. 105 (2008). 특히 Mayhew는 보험계약 체결전 보험자의 귀책사유에 의해 객관적으로 보아 합리적인 보험계약자라면 보장을 받는 것으로 인식을 하게 된 경우, 보험계약 체결전 보험자에게 귀책사유가 있는 행동이 합리적으로 보험계약자에게 보장을 약속한 것으로 믿게 한 경우에는 보험약관의 문언이 이를 부정한다고 하더라도 보험계약자의 합리적 기대는 보호를 받게 된다고 하고 있다. 즉, 미국의 경우에는 합리적 기대보호이론(The principle of honoring reasonable expectations)을 통해서 보험약관 조항이 외관상 명백하더라도 소비자의 객관적 합리적 기대에 반하는 경우에는 약관조항보다 소비자의 기대를 존중한다. Robetrt E. Keeton, Insurance Law at Variance with Policy Provisions, 83 Harv. L. Rev. 961(1970); Robert E. Keeton, "Insurance Law Rights at Variance with Policy Provisions: Part Two", 83 Harv. L. Rev. 1281(1970); William A. Mayhew, Reasonable Expectations: Seeking A Principled Application, 13 Pepp. L. Rev. 267 (1986), 287 ff.

인가약관의 내용에 대해 적법하고 합리적이라고 신뢰할 뿐만 아니라 이에 대한 기대 또한 크다고 할 수 있을 것이므로 보험자는 이에 대한 객관적 책임을 져야만 할 것이다.

(3) 검 토

대상사건의 특약약관은 주계약(일반사망)과 특약(재해사망)을 분리하는 과도기적 시기에 보험자의 치밀한 검토가 이루어지지 않아 그대로 중복 삽입된 것으로 보이는 면이 있다. 그러나 특약에 가입한 평균적 보험계약자들은 이에 대해 인식하였다고 볼 수도 없으며, 이 규정을 오히려 유리한 조항으로 보아 보험에 가입하였다고 할 수 있으므로 이를 무의미한 조항으로 보는 해석은 타당하지 않다고 본다.[57] 부책조항이 재해사망특약에 명시되어 있다면 오히려 평균적인 이해가능성의 보험소비자 입장에서 보면 그러한 문구는 재해사고가 아니지만 (그럼에도 불구하고) 특별히 재해사고로 인정하여 보상해 주겠다는 것으로 해석될 여지가 충분하다. 또한 보험계약자는 재해가 우발적인 외래의 사고로서 재해분류표의 유형에 해당되어야 한다는 구체적인 내용을 알고 있다고 할 수도 없으며,[58] 보험모집인으로부터 위 약관의 문구대로 자살의 경우에도 자살부책조항에 의해 재해사망보험금을 받을 수 있는 것으로 설명을 들었을 가능성을 배제할 수도 없다. 또한 보험자가 단순 실수라고 주장하는 재해특약 약관은 오랜 기간 동안 지속적으로 사용되어 왔다는 점을 감안하면, 이미 형성된 합리적 기대가능성을 고려하여 해당 약관을 단순히 오표시라고 보아 보험사의 책임을 면책시킬 수도 없을 것이다. 따라서 재해사망특약약관의 자살부책조항은 그러한 자살이 재해분류표에 해당하는 재해는 아니지만 특별히 보험사고에 포함시켜 재해사망보험금을

57_ 재해보험계약상의 자살부책조항은 그러한 조항을 두고 있지 않은 업체와의 관계설정에서 고객유치에 더 유리한 고지를 점령하기 위한 유인으로서 실질적으로 기능하였다는 점 또한 간과할 수 없을 것이다.

58_ 재해의 개념을 일반인들이 이해하기 어렵다는 점, 특히 외래성의 의미를 이해하기 어렵다는 점을 지적하는 견해로는 양진태, 앞의 논문, 128면 이하 참조.

지급하겠다는 당사자 간의 약정으로 보아야 할 것이다.

3. 대상판결은 종래 대법원 판결과 모순되는가?

자살의 경우에도 재해사망보험금을 지급할 것인지와 관련하여 문제된 유형은 다음과 같이 네 가지로 정리할 수 있는데(〈표 1〉 참조), 대상판결은 제4유형과 관련된 최초의 대법원 판결이라고 할 수 있다. 대상사건 전의 일부 하급심 판결 등은 제1유형에 대한 대법원 2007.9.6. 선고 2006다55005 판결[59]을 근거로 제4유형의 재해보험의 경우에도 자살부

59_ 주계약이 교통사고로 인한 사망을 보험사고로 하는 특수재해사망보험인데, 그 주계약에 부가하여 일반의 재해로 인한 사망을 보험사고로 하는 일반재해사망특약이 행하여졌다. 그리고 자살면책제한조항은 주계약에 포함되어 있는 것을 일반재해사망특약에서 준용하고 있었다. 상술하면 다음과 같다. 사건 주계약인 '무배당 차차차 교통안전보험계약'은 제14조 제1항에서 '보험금을 지급하지 아니하는 보험사고'와 관련하여 "회사는 다음 중 어느 한 가지의 경우에 의하여 보험금 지급사유가 발생한 때에는 보험금을 드리지 아니함과 동시에 이 계약을 해지할 수 있습니다."라고 한 다음 그 제1호에서 '피보험자가 고의로 자신을 해친 경우'를 들면서 그 단서에서 다시 "① 피보험자가 정신질환상태에서 자신을 해친 경우와 ② 계약의 책임개시일로부터 2년이 경과된 후에 자살하거나 자신을 해침으로써 장해분류표 중 제1급의 장해상태가 되었을 경우에는 그러하지 아니합니다."라고 규정하고 있다. 그리고 이 사건 주계약에 부가된 재해보장특약 제11조는 "이 특약에 정하지 아니한 사항에 대하여는 주계약 약관의 규정을 따릅니다."라고 규정하고 있어 위 제14조 제1항 제1호의 규정이 재해보장특약에도 그대로 적용되도록 하고 있다. 이 자살부책조항과 관련하여 대법원은 "<u>평균적인 고객의 이해가능성을 염두에 두고 위 조항을 살펴보면, 위 조항은 고의에 의한 자살 또는 자해행위는 원칙적으로 우발성이 결여되어 이 사건 주계약 또는 재해보장특약이 정한 보험사고(교통재해 등 또는 재해)에 해당하지 아니하지만, 예외적으로 위 제14조 제1항 제1호 단서에서 정하는 요건, 즉 피보험자가 정신질환상태에서 자신을 해치거나 계약의 책임일로부터 2년이 경과한 후에 자살하거나 자신을 해침으로써 사망 또는 고도의 장해상태가 되었을 경우에 해당하면 특별히 보험사고에 포함시켜 보험금 지급사유로 본다는 취지라고 이해할 여지도 충분하고,</u> 여기에 원래 '고의에 의한 자살 또는 자해행위'에 대하여는 위 제14조 제1항 제1호 본문의 규정이 아니더라도 상법 조항(제659조 제1항, 제732조의2, 제739조 참조)에 의하여 보험자가 면책되게 되어 있어서 위 제14조 제1항 제1호 중 보험계약 당사자 간의 별도의 합의로서 의미가 있는 부분은 면책사유를 규정한 본문 부분이 아니라 부책사유를 정한 단서 부분이라는 점을 보태어 보면, 이러한 해석론이 보다 합리적이라 할 것이고, 또한 앞서 본 약관 해석에 있어서

책조항이 유효하므로 보험자의 보험금 지급의무를 인정하였다. 반면에 일부 하급심법원은 그 이후의 판례인 대법원 2009.5.28. 선고 2008다 81633 판결[60](대법원 2010.11.25. 선고 2010다45777 판결[61]도 포함)을 근거로 합리적인 평균고객의 입장에서 재해보험의 자살부책조항을 무의한 조항으로 보아 보험금 지급을 부정하였다. 결과적으로 2유형과 3유형의 대법원 판결의 결론이 제4유형에 대한 대상판결(제1유형의 판결 포함)과

의 작성자 불이익의 원칙에도 부합하는 것이라 할 수 있다."고 보았다.

60_ 즉 대법원은 "재해사망특약과 재해보장특약의 약관에서 주된 보험계약의 약관을 준용한다는 취지의 규정을 두고 있으나, 피보험자의 사망 등을 보험사고로 하는 주된 보험계약의 약관에 정한 '자살 면책 제한 규정'은 자살이 보험사고에 포함될 수 있음을 전제로 보험금 지급책임의 면책과 그 면책의 제한을 다룬 것이므로 보험사고가 '재해를 원인으로 한 사망' 등으로 제한되어 있어 자살이 보험사고에 포함되지 않는 재해사망특약 등에는 준용되지 않는다고 볼이 합리적이고, 그와 같이 합리적으로 해석할 수 있는 이상 위 준용규정의 해석에 관하여 약관의 규제에 관한 법률 제5조 제2항에 정한 작성자 불이익의 원칙은 적용될 여지가 없다"고 보았다. 제562조가 "증여자의 사망으로 인하여 효력이 생길 증여에는 유증에 관한 규정을 준용한다."고 하나, 사인증여는 계약이고 유증은 단독행위라는 점에서 유증에 관한 모든 규정을 사인증여에 준용할 수는 없다는 점을 감안하면 위 대법원의 판단은 타당하다고 할 수 있다. 요컨대 준용규정은 준용되기로 하는 포괄적으로 지정된 모든 규정이 그대로 적용되는 것이 아니라 성질상 적용가능한 규정만이 준용될 수 있으므로 주된 보험약관(사망보험약관) 중에서는 재해보험약관에는 성질상 준용될 수 없는 규정이 존재할 것이며, 대표적으로 자살부책조항이 이에 해당할 것이다.

61_ 이 사건에서는 주계약·특약이 아니라 하나의 공제계약에서 각기 '재해로 인한 사망 및 1급 장해'와 '재해 외의 원인으로 인한 사망 및 1급 장해'가 공제사고로 정하여져 전자의 경우 장해연금(1000만원씩 10회)과 유족위로금을, 후자의 경우 유족위로금(500만원)만을 지급하기로 되어 있다. 다른 한편 공제약관은 자살이나 자해로 인한 1급 장해를 원칙적으로 공제사고에서 제외하면서도 자살 등이 계약일로부터 1년이 경과한 후에 발생한 때는 그 면책을 제한하였다. 이 사건의 피공제자는 공제계약일로부터 약 5년 후에 자살을 시도함으로써 1급 장해가 되었는데, 원고는 이 사건에서 자살면책제한조항을 들어 장해연금을 청구하였다. 원심은 그 청구를 인용하였으나, 대법원은 원심판결을 파기하였다. 대법원은 보험약관의 일반적 해석원칙으로 "개개의 계약당사자가 기도한 목적이나 의사를 참작함이 없이 평균적 고객의 이해가능성을 기준으로 보험단체 전체의 이해관계를 고려하여 객관적·획일적으로 해석하여야 한다"는 법리를 앞세운 다음, 장해연금 및 유족위로금의 액수 등 여러 사정을 내세워 위의 자살면책제한조항은 '재해 외의 원인으로 인한 공제사고'의 범위를 확장하려는 것일 뿐이고, '재해로 인한 공제사고'의 범위까지 확장하려는 규정이라고 할 수 없다고 결론지었다.

결론이 다르다는 점에서 대상판결과 종래 대법원 판결이 모순되는지를
판단해 볼 필요가 있다.[62]

<표 1>[63]

유형	약관내용	관련 대법원 판결
제1유형	주계약에서 특수재해사망을 보장하고 특약에서 일반재해사망을 보장하면서 자살부책조항을 주계약에 두고 특약에서 주계약을 준용하도록 한 경우	2007.9.6. 선고 2006다55005 판결(자살에 대해 특약에 따른 재해사망보험금 지급)
제2유형	주계약에서 일반사망과 재해사망 모두를 보장하면서, 주계약에 자살부책조항을 둔 경우	2010.11.25. 선고 2010다45777 판결(자살시도로 따른 장해에 대해 재해 장해 연금지급 부정)
제3유형	주계약으로 일반사망을 보장하고 특약으로 재해사망을 보장하면서, 자살부책조항을 주계약에 두면서 특약에서 주계약을 준용하도록 한 경우	2009.5.28. 선고 2008다81633 판결(자살에 대해 재해사망보험금 지급 부정)
제4유형	주계약으로 일반사망을 보장하고 특약으로 재해사망을 보장하면서, 자살부책조항을 주계약과 특약에 각각 마련한 경우	대상판결(자살에 대해 특약에 따른 재해사망보험금 지급)

(1) 제4유형이 다른 유형(제2유형과 제3유형)과 다른 점

제4유형의 자살에 대해 재해사망보험금 지급여부가 문제된 사안에서
대상판결이 나오기 전부터 일부 하급심 판결들은 대상판결과 마찬가지
로 "특약약관에 자살부책조항이 별도로 명시되어 있다면, 자살은 재해
에 해당하지는 않지만 특별히 보험사고에 포함시켜 재해사망보험금을

62_ 권영준, 앞의 논문, 208면 이하에서는 제1유형의 판결이 제2유형과 제3유형에 의해 사
실상 폐기되었다고 평가하고 있다는 점에서 제4유형에 대한 대상판결은 제2유형과 제
3유형의 대법원 판결과 모순된다고 평가할 여지가 있다.

63_ 권영준, 앞의 논문, 208-209면을 참조하여 보완하였음.

지급하는 것으로 당사자 간에 합의가 있었던 것"으로 보아 재해사망보험금 지급을 인정하였다.[64] 대법원 2009.5.28. 선고 2008다81633 판결 또한 제4유형은 다른 유형과 다른 사실관계를 전제로 한다는 점을 강조하고 있다.[65]

이 사건 각 특약은 이 사건 주된 보험계약과는 별도로 각각 추가 보험료를 납입하고 체결하는 특약으로서, 이 사건 각 특약의 약관에서 규정한 우발적인 외래의 사고인 '재해'가 발생하고 그 재해를 직접적인 원인으로 사망하였을 경우 등을 보험사고로 정하고, 다시 그 재해의 종류를 재해분류표에서 일일이 열거함으로써, 일반 생명보험과는 달리 이 사건 각 특약의 약관에서 정한 재해를 원인으로 사망 등이 발생한 경우를 보험사고로 한정하여 그 약관에 의한 보험금을 별도 지급하겠다는 취지를 명확히 알 수 있도록 표시하고 있다. <u>위와 같이 이 사건 주된 보험계약과 이 사건 각 특약은 서로 보험사고와 지급보험금을 달리하고 보험료도 달리하고 있으므로 이는 보험단체를 달리하는 상이한 보험이라 할 것이고,</u> 이 사건 주된 보험계약과 이 사건 각 특약의 명칭, 목적 및 취지, 각 관련 약관 규정의 내용과 표현 등을 평균적인 고객의 이해가능성을 기준으로 하여 살펴보더라도, 이 사건 주된 보험계약과 이 사건 각 특약이 각

64_ 서울중앙지방법원 2015.9.22. 선고 2014가단 5307742 판결; 서울중앙지방법원 2014. 12.18. 선고 2014가단37628 판결; 서울행정지방법원 2015.11.13. 선고 2014구합71933 판결; 서울중앙지방법원 2015.2.16. 선고 2014가단5229682 판결 등.

65_ 2009년 판결은 원심이 인용하였던 2007년 판결에 대하여 다음과 같이 사실관계상 의미 있는 차이가 있다고 설시하여 이른바 '구별(distinguish)'을 행한다. 즉 <u>원심이 인용한 2007년 판결은 "이 사건과는 달리 주된 보험계약이 '재해'에 속할 수 있는 '교통재해' 등을 보험사고로 정하고 있고, 특약은 그 교통재해가 포함될 수 있는 '재해'를 보험사고로 정하고 있는 관계로, 전자 '교통재해'에 관하여 보험사고의 범위를 확장한 규정이 후자 '재해'에 관하여도 준용될 수 있다고 봄이 합리적인 보험약관에 관한 것으로서 이 사건과는 사안이 다르므로,</u> 이 사건에 원용하기에 적절하지 않다"는 것이다. 양창수, 앞의 논문에서는 "주계약이 재해의 한 종류에 불과한 교통사고로 인한 사망을 보험사고로 하고 특약이 교통사고를 포함한 재해 일반을 보험사고로 하는 것이므로, 부분에 대하여 보험사고의 범위를 확장한 것을 그대로 전부에 대하여도 통하도록 한 것이 과연 합리적인지 쉽사리 납득이 가지 않는다."고 하면서 2007년 판결의 문제점을 지적하기도 한다.

각 규정하고 있는 보험사고 및 보험금 등에 관한 위와 같은 차이점은 쉽고 명확하게 이해될 수 있다고 할 것이다. 즉, **평균적인 고객으로서는, 자살 등을 포함하여 피보험자의 사망을 폭넓게 보험사고로 보는 이 사건 주된 보험계약만으로는 소정의 사망보험금밖에 지급받을 수 없으나, 이와 달리 "재해를 직접적인 원인으로 한 사망"을 보험사고로 보는 이 사건 각 특약에 가입할 경우에는 별도의 재해사망보험금 등이 추가로 지급된다는 점을 알고 별도의 추가 보험료를 납입하면서 이 사건 각 특약을 체결한 것이므로, 이 사건 각 특약의 약관에서 정한 재해에 해당하지 않는 자살은 이 사건 각 특약에 의하여 보험사고로 처리되지 않는다는 것 정도는, 위 각 특약 체결시 기본적으로 전제하고 있던 사항이라고 할 것이다.** 다만, 이 사건 주된 보험계약에서 자살 면책 제한 규정을 두고 있고, 이 사건 각 특약의 약관에서 이 사건 주된 보험계약의 약관을 준용한다는 취지의 규정(이하 '이 사건 주계약 준용규정'이라고 한다)을 두고 있으므로, 이 사건 주계약 준용규정에 의하여 이 사건 주된 보험계약의 자살 면책 제한 규정이 이 사건 각 특약에 준용되는지 여부가 약관의 해석상 문제될 수 있다. 그러나 이 사건 **주계약 준용규정은, 어디까지나 그 문언상으로도 "특약에서 정하지 아니한 사항"에 대하여 주계약 약관을 준용한다는 것이므로 "특약에서 정한 사항"은 주계약 약관을 준용할 수 없음은 명백하고, 이 사건 각 특약이 정하지 아니한 사항에 한하여 이 사건 각 특약의 본래의 취지 및 목적 등에 반하지 아니하는 한도 내에서 이 사건 주된 보험계약의 약관 조항들을 준용하는 취지라고 해석된다.** 따라서 이러한 해석에 비추어 보면, ***이 사건 주계약 약관에서 정한 자살 면책 제한 규정은 자살이 이 사건 주된 보험계약에서 정한 보험사고에 포함될 수 있음을 전제로 하여 그 면책 및 그 제한을 다룬 것이므로,*** 보험사고가 재해를 원인으로 한 사망 등으로 제한되어 있어 자살이 보험사고에 포함되지 아니하는 이 사건 각 특약에는 해당될 여지가 없어 준용되지 않는다고 보는 것이 합리적이며 이 사건 각 특약의 취지에도 부합된다. 오히려 앞서 본 바와 같이 평균적인 고객의 입장에서도 스스로 이 사건 각 특약의 본래 취지가 무엇인지를 분명하게 이해할 수 있는데도, 보험자가 이 사건 각 특약의 약관을 제정하는 과정에서 이 사건 각 특약의 주계약 준용조항이 어떠한 조항들을 준용하는지 일일이 적시하지 않은 점을 이유로 이 사건 각 특약의 보험사고의 범위를 재해가 아닌 자살에까지 확장하려고 해석하는 것은, 보험계약자 등에게 당초 이 사건 각 특약의 체결시 기대하지 않은 이익을 주게 되는 한편, 이 사건 각 특약과 같은 내용의 보험계약에 가입한 보험단체 전체의 이익을 해하고 보험자에게 예상하지 못한 무리한 부담을 지우게 되므로 결코 합리적이라고 볼 수 없다.

대상 판결 또한 "① 대법원 2009. 5. 28. 선고 2008다81633 판결(필자주: 제3유형에 대한 판결)은, 주계약이 원인의 구별 없이 '사망 또는 제1급 장해'를 보험사고로 하고 특약이 재해로 인한 '사망 또는 제1급 장해'를 보험사고로 하면서, 주계약에 이 사건 주계약 약관 제23조 제1항 제1호 및 이 사건 특약 약관 제11조 제1항 제1호와 같은 내용의 약관조항(이하 '자살면책·부책조항'이라고 한다)을 두고 특약에서는 '특약에 정하지 아니한 사항에 대하여는 주계약 약관의 규정에 따른다'는 조항을 둔 경우, 주계약 약관의 자살면책·부책조항은 주계약과 성질을 달리하는 특약에는 준용될 수 없다고 한 것이고, ② 대법원 2010. 11. 25. 선고 2010다45777 판결(필자 주: 제2유형에 대한 판결)은, 특약 없이 주된 공제계약이 재해 외 원인에 의한 '사망 또는 제1급 장해'와 재해로 인한 '사망 또는 제1급 장해'를 동시에 공제사고로 하면서 적용 범위에 대한 언급 없이 자살면책·부책조항을 둔 경우, 자살면책·부책조항은 재해 외 원인에 의한 공제사고가 발생한 경우에만 적용되고 재해로 인한 공제사고가 발생한 경우에는 적용되지 않는다고 한 것으로서, 모두 이 사건과는 사안이 다르므로 이 사건에 원용하기에 적절하지 않다."고 보았다. 대상판결보다 앞선 서울고등법원 2015. 11. 13. 선고 2014나2043005 판결[66]에서도 "피고가 자신의 주장을 뒷받침하는 근거로 들고 있는 대법원 2008다81633 판결에서 다루어진 보험계약은, 주된 보험계약이 보험금 지급사유를 사

66_ 사안은 '대상사안'과 동일하다.

망의 원인이나 성격을 묻지 않고 피보험자의 사망으로 폭넓게 규정하면서 사망보험금을 지급하도록 규정하고, 이와 별도로 체결된 특약은 약관에서 정한 재해를 원인으로 사망 등이 발생한 경우를 보험사고로 한정하여 약관에서 정한 보험금을 지급하도록 규정하고 있는 점에서는 이 사건 제2보험과 동일하나, 그 특약의 약관에서 주된 계약의 약관을 준용한다는 취지의 규정을 두고 있을 뿐 특약의 약관 자체에서 명시적으로 자살 면책조항 및 자살 면책제한조항을 규정하고 있지 않다는 점에서 사안이 같지 않다. 따라서 위 대법원판결의 취지를 약관의 규정형식을 달리하는 이 사건에 그대로 원용할 수 없다."고 하면서 "평균적인 고객의 이해가능성을 염두에 두고 약관을 살펴보면 재해특약 조항들은 고의에 의한 자살 또는 자해행위는 원칙적으로 우발성이 결여돼 특약이 정한 보험사고인 재해에 해당하지 않지만 예외적으로 두 가지 요건에 해당하면 특별히 보험사고에 포함시켜 보험금 지급사유로 본다는 취지로 이해할 수 있다"고 밝혔다.[67]

(2) 검 토

실질적으로 제3유형에 대한 판결(대법원 2008다81633 판결)은 특약 약관에 주계약의 약관을 준용한다는 취지의 규정을 두고 있을 뿐 특약의 약관에 자살 면책제한조항 등을 명시적으로 규정하고 있지 않다는 점에서 대상사안과는 다르다. 대상사안의 재해특약에는 '2년이 지나 자살한 사람에 대해서는 보험금을 지급한다'는 내용이 명시적으로 규정되었다는 점은 엄연히 판단을 다르게 유도할 수 있다. 따라서 대상판결은 다른 유형의 대법원 판결과 모순된다고 할 수 없다.

67_ 또한 위 판결은 "약관의 작성자인 보험사가 약관 조항에 내심의 의사와는 다른 부분이 있다거나 그 의미를 면밀히 검토하지 않아 약관에 편입됐다고 주장하는 사정만으로 해당 조항이 보험계약 내용에 포함되지 않는다거나 의미가 없는 것으로 쉽게 해석해서는 안 된다"는 점을 강조하였다.

4. 대상판결과 작성자불이익 원칙의 한계

대상판결은 대상사건의 부책조항에 따라 보험금을 지급하도록 하는 것이 약관 해석에 관한 작성자 불이익의 원칙에 부합한다고 보고 있다. 그런데 대상판결의 의미는 명확하지 않다. 즉 '재해특약약관 제11조 제1항은 A를 포함하여 다의적으로 해석할 수 있는데, A로 해석하는 것이 작성자 불이익 원칙에 부합하다'는 것을 의미하는지, 아니면 '객관적·획일적으로 해석하면 A로만 해석되며, 설사 다의적으로 해석된다하더라도 A로 해석하는 것이 타당하다'는 의미인지 불분명하다는 점에서 아쉬움이 남는다. 만약 후자라면 사족이 될 수 있으므로 이에 대한 판단은 신중할 필요가 있다.

(1) 작성자불이익 원칙의 보충성

작성자불이익의 원칙(contra proferentem regel)은 합리적인 복수의 해석 가능성이 존재할 경우 작성자에게 불이익한 해석방법을 선택하는 원칙이다.[68] 로마법에서 유래하는 이 준칙은 유스 코무네에 있어서 확장되어 오늘날에는 특히 약관을 해석할 때에 채용되고 있다.[69] 한편 이 원칙은 상대적으로 열위적 지위에 있는 소비자를 보호하면서 동시에 불명확한 약관을 작성한 자에 대한 일종의 제재라고 할 수 있다.[70] 또한 이는 규범

68_ 이 원칙은 계약우호의 원칙을 근거로 약관의 유효한 해석을 유지하려는 시도라고 할 수 있다. 윤진수, 앞의 논문, 333면; 박설아, "약관에서 불명확조항의 해석", 법조 제710호, 2015/11, 177면.

69_ 이 원칙에 대한 상세한 설명은 Phillip Hellwege, Allgemeine Geschäftsbedingungen, einseitig gestellte Vertragsbedingungen und die allgemeine Rechtsgeschäftslehre (Tübingen: Mohr Siebeck 2010), S. 498 ff.; 김진우, 앞의 논문, 187면 이하 참조. 참고로 유럽계약법원칙(PECL) 제5:103조는 작성자불이익 원칙을 약관에 대하여 규정하고 있는 반면에 UNIDROIT 국제상사계약원칙(PICC) 제4.6조는 위 원칙의 적용을 약관에 국한시키지 않는다. 국내에서는 약관 이외에도 이 원칙을 적용한다고 보는 견해가 지배적이다. 윤진수, "계약해석의 방법에 관한 국제적 동향과 한국법", 민법논고 I, 박영사, 273면; 최준규, 앞의 논문, 43면; 박설아, 앞의 논문, 179면 이하 참조.

70_ 윤진수, 앞의 논문, 241면; 최준규, 앞의 논문, 45면; 김진우, 앞의 논문, 194면; 이병준,

적 해석의 일종이라고 할 수 있다.[71] 그러나 이 원칙은 최후의 보충적 해석으로 이해된다.[72] 즉 객관적·획일적 해석을 통해서도 약관에 내용의 불명확성이 존재한다면 이 원칙에 의거하여 고객에게 유리한 해석으로 내용을 확정하게 된다.[73] 따라서 자살부책조항이 객관적·획일적 해석을 통해서 명확하다면 작성자 불리의 원칙은 적용될 여지가 없다.[74] 그렇다면 위 자살부책조항은 명확하다고 할 수 있는가? 대상사건에서의 원심은 명백한 오표시이므로 무의미한 조항으로 해석하는 것이 객관적·획일적 해석에 부합한다고 보았다. 이에 작성자 불이익의 원칙이 적용될 여지가 없다고 보았다. 대상판결은 어떠한가? 대상판결에서는 대상사안의 부책조항을 의미 있는 조항으로 보는 해석이 평균적 고객의 입장에서 합리적 해석이라고 하고 있을 뿐, 다른 해석에 대해서는 언급하고 있지 않다. 그럼에도 불구하고 그렇게 해석하는 것이 작성자불이

앞의 논문, 15면; 박설아, 앞의 논문, 187면. 이는 결과적으로 불명확성으로 인한 위험을 작성자가 부담하는 결과를 가져온다. 결과에 초점을 맞추는 견해는 권영준, 앞의 논문, 231면. 법경제학적 측면에서 보면, 충분한 정보를 가지는 당사자의 선호(theory of revealed preference)와는 반대되는 결과를 가져온다는 점에서 작성자불이익의 원칙은 정보개시를 유도하는 penalty default rule이라고 할 수 있다. Sitkoff, An Economic Theory of Fiduciary Law, Philosophical Foundations of Fiduciary Law 197, Andrew Gold & Paul Miller eds., Oxford University Press, 2014, pp. 207 ff. 참조.

71_ 박설아, 앞의 논문, 180면.

72_ 남효순, "법률행위의 해석의 쟁점: 법률행위해석의 본질 및 방법에 관하여", 서울대학교 법학 제41권 제1호(2000.6), 166면; 김진우, 앞의 논문, 195면 이하; 최준규, 앞의 논문, 46면 이하; 박설아, 앞의 논문, 192면. 일반원칙으로서 작동하는 견해로는 Michael B. Rappaport, "The Ambiguity Rule and Insurance Law: Why Insurance Contracts Should not Be Construed against the Drafter", 30 Ga. L. Rev. 171(1995), 181 ff.

73_ 약관조항의 내용이 지나치게 모호하여 그 의미를 확정할 수 없는 경우에는 계약내용 불특정을 이유로 무효가 되거나 계약이 불성립한다고 본다. 손지열, 민법주해 XII, 박영사, 1999, 334면, 최준규, 앞의 논문, 43면.

74_ 객관적 해석에 의해 고객에게 불리한 해석이 도출된다면, 이 경우 작성자 불이익의 원칙은 적용될 여지가 없다. 그러나 이는 객관적 해석에 의해 고객에게 언제나 불리한 해석을 유도하라는 말이 아니라는 점은 자명하다.

익의 원칙에 부합하다고 하고 있어 입장이 불분명하다고 할 수 있다. 만약 작성자불이익 원칙에 부합하다는 표현이 사족에 불과하다면(다른 해석이 존재할 수 없음에도 언급한 것이라면), 이 원칙이 보험계약자 보호라는 필요성에 경도된 법관이 빠질 수 있는 또 다른 편향을 보여 주고 있다고 할 수 있다.[75] 물론 대법원이 원심의 판결과 같은 해석 또한 객관적·획일적 해석 중에 하나라는 점을 존중하여 2개 이상의 객관적이고 획일적인 해석가능성을 인정한 것이라면,[76] 작성자 불이익의 원칙에 기하여 보험자에게 유리한 내용으로 확정한 대법원 판결은 작성자불이익 원칙에 부합하다고 할 수 있다.

(2) 검 토

평균적인 고객의 이해 가능성을 염두에 두고 보아도 자살부책주항들은 고의에 의한 자살 또는 자해행위는 원칙적으로 우발성이 결여되어 위 특약이 정한 보험사고인 재해에 해당하지 아니하지만, 예외적으로 위 자살 면책제한조항에서 정하는 요건, 즉 피보험자가 ① 정신질환 등으로 자유로운 의사결정을 할 수 없는 상태에서 자신을 해친 사실이 증명된 경우와 ② 특약의 보장개시일로부터 2년이 경과된 후에 자살하거나 자신을 해침으로써 사망 또는 고도의 장해상태가 되었을 경우에 해당하면 특별히 보험사고에 포함시켜 보험금 지급사유로 본다는 취지로 이해되어 불명확성은 보여지지 않는다. 따라서 대상판결이 불명확성을 전제로 하는 작성자불이익 원칙에 부합하다고 설시한 것은 바람직하지 않다.

75_ 최준규, 앞의 논문, 46면에서는 법관의 거짓 합치성 편향에 빠질 위험(false consensus bias)에 대한 우려를 하고 있다. 더 나아가 최근에는 이 원칙이 가지는 실질적인 기능에 대해 회의적인 입장이 나타나고 있다. 남용에 대한 우려 및 실질적인 기능에 대해 회의적 입장에 대해서는 최준규, 앞의 논문, 45면 이하; 박설아, 앞의 논문, 189면 이하 참조.

76_ 이미 하급심법원의 판결에서 대상사안을 바라보는 관점이 다르다는 것은 불명확성의 존재와의 상관성을 보여 준다고 할 수 있을 것이다. 물론 법원의 판단이 다르다는 것이 객관적 해석의 다양성을 의미하는 것은 아니지만 대상사안의 경우에는 일응 이러한 추단을 하여도 무리가 없을 것이다.

IV. 맺음말

자살은 재해가 아님에도 불구하고 재해보험약관에서 자살의 경우에도 예외적으로 재해보험금을 지급하고 있다면, 이는 어떠한 의미를 가지는 가? 약관은 현상적으로 보면 계약내용의 결정방법에 관한 하나의 수법이 며, 일반적으로는 계약에 집단성이나 반복성이 존재하는 경우에 이용된 다. 그러나 약관은 배후에 있는 특이한 사회관계의 증후라고 할 수 있으 며, 왜 그 국면에서 그러한 약관이 이용되는지를 알기 위해서는 그 배후 의 사회관계에 파고들어 탐색하지 않으면 안 된다. 먼저 보험자 측에서 는 일반사망보험과 재해보험의 성격이 달라 보험료 산정에 있어서 다르 므로 자살부책조항을 동일하게 바라보는 입장은 불합리하다고 본다.[77] 그런데 보험자는 보험료산정방법에 대해서 고객에 대한 고지·설명의무 를 부담하지 않는다. 이는 결과적으로 보험계약자가 이를 알 확률이 희 박하다는 것을 의미한다. 즉 보험계약자는 이러한 보험료산정의 차이점 보다는 재해보험의 경우에도 자살부책조항이 있다는 것을 제시한 보험 자의 약관을 신뢰하여 재해보험에 가입하였다고 볼 수밖에 없다.

또한 약관은 계약의 한쪽 당사자가 여러 명의 상대방과 계약을 체결 하기 위하여 일정한 형식으로 미리 마련한 계약의 내용을 말하는 것으 로, 이러한 특성 때문에 약관의 해석은 개개 계약당사자가 기도한 목적 이나 의사를 기준으로 하지 않고 평균적 고객의 이해 가능성을 기준으 로 하되 보험단체 전체의 이해관계를 고려하여 객관적·획일적으로 해 석하여야 한다. 따라서 이러한 점을 고려할 때 약관은 특별한 사정이 없 는 한 그 서면에 기재된 표현을 기준으로 객관적 의미를 파악해야 할 필

77_ 일부 견해는 이러한 해석의 결과 보험자가 망외의 이득을 얻는다는 비판을 제기하지만, 이미 그 보험계약이 그 내용(보험금수령)을 담고 있기 때문에 법률상 원인에 기한 이득 이라는 점에서 부당이득으로 보기 힘들다. 이는 법률상 원인여부를 판단하면서 망외의 이득을 염려하여 법률상 원인을 부인하는 본말이 전도된 비판이라고 할 수 있다.

요성이 크고, 약관에 기재된 내용이 무의미하거나 잘못된 표시라고 해석하는 것은 극히 제한적으로 이루어져야 할 것이다. 객관적 해석의 기준이 되는 평균적인 고객의 이해 가능성을 염두에 두고 보아도 자살부책조항들은 고의에 의한 자살 또는 자해행위는 원칙적으로 우발성이 결여되어 위 특약이 정한 보험사고인 재해에 해당하지 아니하지만, 예외적으로 위 자살 면책제한조항에서 정하는 요건, 즉 피보험자가 ① 정신질환 등으로 자유로운 의사결정을 할 수 없는 상태에서 자신을 해친 사실이 증명된 경우와 ② 특약의 보장개시일로부터 2년이 경과된 후에 자살하거나 자신을 해침으로써 사망 또는 고도의 장해상태가 되었을 경우에 해당하면 특별히 보험사고에 포함시켜 보험금 지급사유로 본다는 취지라고 이해된다.

그럼에도 불구하고 일부 판결은 보험소비자 전체를 위한 공공정책적인 측면을 이유로 법 논리를 추상적 층위에 머무르게 하여 실질적으로 포기하는 듯한 인상을 주는데 이는 결과적으로 계약자인 보험자에게 책임을 전가시키는 결과를 가져온다는 점에서 부당하다.[78] 더욱이 체결당시의 약관의 내용이 잘못표시된 것을 평균적 고객이라면 당연히 알아야 한다는 식의 원심판결의 논리는 부당하게 보험자에게 탐지의무를 부과한다는 점에서 타당하지 않다. 만약 약관의 작성자인 보험자가 약관 조항에 보험자의 내심의 의사와는 다른 부분이 있다거나 그 의미를 면밀히 검토하지 않아서 약관에 편입되었다는 사정만으로, 그 약관 조항이 계약 내용을 구성하지 않는다거나 아무런 의미가 없는 것이라고 쉽게 해석한다면, 약관의 문언에서 쉽게 확인할 수 없는 사정을 들어 보험자가 약관의 문언에 반하여 전체 또는 그 일부를 무효라고 주장하거나 다양한 해석을 주장할 수 있게 되어 결국 고객에게 불리한 해석으로 귀결될 확률이 높아질 수밖에 없다.[79]

78_ 이로 인하여 발생하는 비용의 증가는 약관을 작성한 사업자가 전적으로 부담하여야 한다. 이는 외부효과를 창출한 자가 그 내부화를 해야 한다는 것과 일맥상통하다.

79_ 이른바 오표시(誤表示)무해의 원칙과 관련하여서도 이 사건 제2보험에 가입한 평균적

따라서 제4유형의 자살부책조항은 객관적 해석의 원칙에 따라 유의미한 조항이므로 보험사는 재해사망보험금을 지급해야 할 것이다.

고객들이 자살의 경우에는 위 자살 면책제한조항에도 불구하고 재해사망보험금은 지급되지 않는다는 점을 명확하게 인식하거나 동의하였다고 단정하기도 어려우므로, 위 조항을 잘못된 표시라고 단정하기도 어렵다.

참고문헌

곽윤직 집필대표, 민법주해 XII, 박영사, 1999.

권영준, "자살과 재해사망보험금 지급에 관한 보험약관의 해석—서울중앙지방법원 2015.10.7. 선고 2015나14876 판결의 평석", 재산법연구 제32권 제3호, 2015.

김은경, "보험약관 내용구성의 책임—자살면책제한조항과 재해사망의 이해", 아주법학 제10권 제1호, 2016.

김진우, "약관내용통제의 정당화사유", 부산대 법학연구 제53권 제1호, 2013.

김진우, "약관의 해석에 관한 일고찰—객관적 해석과 작성자 불이익의 원칙의 유럽법과의 비교를 통한 검토", 재산법연구 제28권 제3호, 2011.

남효순, "법률행위의 해석의 쟁점: 법률행위해석의 본질 및 방법에 관하여", 서울대학교 법학 제41권 제1호(2000.6).

박설아, "약관에서 불명확조항의 해석", 법조 제710호, 2015.11.

박세민, "생명보험약관상 자살면책기간 이후의 고의 자살에 대한 보험금 지급에 관한 문제 및 자살면책기간 연장에 관한 연구", 안암법학 제45호, 2014.

박세민, "생명보험약관의 자살부책(負責)조항에서 심신상실 상태에서의 자살과 관련된 해석상의 문제점에 관한 연구", 고려법학 제76호, 2015.3.

박세민, "자살에 대한 재해사망보험금 지급에 관한 문제", 고려법학 제80호, 2016.3.

손지열, "약관의 계약편입과 명시·설명의무", 「민법학논총 제2권」(후암 곽윤직 교수 고희기념), 1995.

송덕수, "보통거래약관의 법률문제", 이화여대 법학논집 제11권 제1호(2006).

양진태, "잘못 표시된 보험약관조항의 해석과 적용", 보험학회지, 제106집, 2016.

양창수, "자살면책제한조항에 의한 '보험사고의 확장?'" 법률신문 2015.10.19.자 판례평석.

윤진수, "계약해석의 방법에 관한 국제적 동향과 한국법", 민법논고 I, 박영사, 2007.

윤진수, "한국법상 약관규제법에 의한 소비자보호", 민법논고 VI, 박영사, 2015.

윤진수/이동진, "계약법의 법경제학", 민법논고VI, 박영사, 2015.

이병준, "모순 있는 보험약관조항의 해석과 불명확조항 해석원칙의 적용", 선진 상사법률연구, 2016.

이현열, "보험단체론(下)-보험의 본질을 중심으로", 월간 손해보험 2015년 12월 호(손해보험협회).

이현열, "보험단체론-보험의 본질을 중심으로", 보험학회지 103권, 2015.

최병규, "약관과 소비자보호의 쟁점연구", 경제법연구 제14권 제2호, 2015.

최병규, "자살의 경우 면책기간 경과 후의 부책과 예문해석에 대한 고찰", 경영법 률 제25권 제4호, 2015.

최준규, "보험계약의 해석과 작성자불이익 원칙-최근 대법원 판례들을 중심으 로", 서울대학교 금융법센터 BFL 제48호, 2011

吉川吉衞, 「普通取引約款の基本理論 - 現代保險約款を一つの典型として (1)~ (3) 完」, 保險学雑誌 481号, 484号, 485号(1979).

大橋洋一, 『現代行政の行為形式論』, 弘文堂, 1993.

白羽祐三, 『現代契約法の理論』, 中央大学出版部刊, 1982.

Adams, Michael, "Ökonomische Analyse des AGB- Gesetzes – Verträge bei asymmetrischer Information –", BB 1989, 781 = Ökonomische Theorie des Rechts, 2. Aufl., 2004.

Akerlof, George A., "The Market for Lemons: Quality Uncertainty and the Market Mechanism", 84 Q. J. Econ. 488(1980).

Burke, John J. A., "Contract as Commodity: A Nonfiction Approach", 24 Seton Hall Legis J. 285(2000).

Collins, Hugh, The Law of Contract, LexisNexis UK, 2003.

Collins, Hugh, REGULATING CONTRACTS (Oxford: Oxford University Press, 1999).

Fischer, Christian, Topoi verdeckter Rechtsfortbildung im Zivilrecht, 2007.

Hellwege, Phillip, Allgemeine Geschäftsbedingungen, einseitig gestellte Vertragsbedingungen und die allgemeine Rechtsgeschäftslehre (Tübingen:

Mohr Siebeck 2010).

Katz, Avery W., "Standard Form Contracts", Newman (ed.) New Palgrave Dictionary of Economics and the Law(1998).

Keeton, Robetrt E., "Insurance Law at Variance with Policy Provisions: Part One", 83 Harv. L. Rev. 961(1970).

Keeton, Robetrt E., "Insurance Law Rights at Variance with Policy Provisions: Part Two", 83 Harv. L. Rev. 1281(1970).

Kessler, Friedrich, Contracts of Adhesion – Some Thoughts about Freedom of Contract, 43 Colum. L. Rev. 629(1943).

Landes, William M. & Posner, Richard A., The Economic Structure of Tort Law (Cambridge: Harvard university press, 1987).

Langbein, John H., The Later History of Restitution, in RESTITUTION: PAST, PRESENT AND FUTURE 57(W. R. Cornish et al. eds., 1998).

Lieb, Manfred, "Sonderprivatrecht für Ungleichgewichtslagen? Überlegungen zum Anwendungsbereich der sogenannten Inhaltskontrolle privatrechtlciher Verträge", AcP 178(1978), 196 ff.

Macneil, Ian R., "Bureaucracy and Contracts of Adhesion", 22 Osgoode Hall Law Journal 5(1984).

Marino, Anthony M., "Monopoly, Liability and Regulation", Southern Economic Journal (April 1988).

Mayhew, William A., Reasonable Expectations: Seeking A Principled Application, 13 Pepp. L. Rev. 267(1986).

Mullan, David, "Administrative Law at the Margins", in Tag gart ed., THE PROVINCE OF ADMINISTRATIVE LAW., Hart Publishing, 1997.

MünchKomm/Basedow, BGB, 6. Aufl., 2012, §305c.

Rakoff, Todd D., Contracts of Adhesion: An Essay in Reconstruction, 96 Harv.L.Rev. 1173 (1983).

Rappaport, Michael B., "The Ambiguity Rule and Insurance Law: Why Insurance Contracts Should not Be Construed against the Drafter", 30 Ga. L. Rev. 171(1995).

Röhl, Klaus F./Röhl, Hans Christian, Allgemeine Rechtslehre, 3. Aufl., 2008.

Schwartz, Dudi, Interpretation and Disclosure in Insurance Contracts, 21 LOYOLA CONSUMER L. REV. 105(2008).

Sitkoff, Robert H., An Economic Theory of Fiduciary Law, Philosophical Foundations of Fiduciary Law 197, Andrew Gold & Paul Miller eds., Oxford University Press, 2014.

Slawson, W. David, Standard Form Contracts and Democratic Control of Lawmaking Power, 84 Harv.L.Rev. 539(1971).

Staudinger/Schlosser, BGB, Neubearb. 2006, § 305.

Stoffels, Markus, AGB-Recht, München, 2003.

Tversky, Amos & Kahneman, Daniel, "Judgment Under Uncertainty; Heuristics and Biases", Science, New Series, Vol.185, No.4157(1974), p. 1124 ff.

Ulen, Thomas, "Rational Choice and Economic Analysis of Law", Law and Social Inquiry(spring 1994).

Ulmer/Brandner/Hensen, AGB-Recht, 11. Aufl., 2011, § 305c.

Viscusi, W. Kip, Reforming product liability (Cambridge: Harvard University Press, 1991).

보험약관 설명의 대상에 대한 실증적 접근 및 법적 제안*

김은경**

Ⅰ. 들어가는 말

특수한 보험을 제외하고 보험계약의 체결은 강제되는 것이 아니어서 계약당사자인 보험자와 보험계약자 간의 합의에 의하여 체결되는 불요식의 낙성계약이다. 그런데 보험계약의 고유한 특성 중 하나가 다른 일반계약과는 달리 사행계약성을 가지고 있다는 것이다. 사행계약성이라는 특징으로 인하여 또 다른 측면에서 계약상 선의성이 고도로 요구된다. 고도의 선의성은 보험계약 당사자 간의 신뢰관계를 기초로 하여 계약체결 전에 이행하여야 하는 일정한 의무를 도출해 낸다. 보험자는 보험계약의 내용을 이룰 약관에 대한 설명을 하여야 할 의무를 부담하게 되고 이에 대하여 보험계약자 측에서는 보험자에 대하여 고지의무를 이행하여야 한다.

* 이 논문은 2017년 6월 19일 한국외국어대학교 법학연구소 학술대회("약관규제법 시행 30주년의 회고와 입법적 과제")에서 발제한 글을 수정·보완하여 보험법연구 제10권 제1호에 수록된 것입니다.

** 한국외국어대학교 법학전문대학원 교수, 법학박사.

상법은 제638조의3에서 "보험자는 보험계약을 체결할 때에 보험계약자에게 보험약관을 교부하고 그 약관의 중요한 내용을 알려주어야 한다"라고 하여 보험약관의 교부 및 명시 의무를 규정하고 있고, 이를 일반적으로 보험자의 설명의무라고 하며 법정의무인 동시에 계약의 교섭 과정 중에서 하게 되는 일반의무이다. 설명의무의 이행시기는 불특정 다수에 대한 청약의 유인을 지나 청약단계부터 승낙 전까지이며, 상법은 이 시기를 '보험계약을 체결할 때'라고 한다. 한편 동일한 시점에 보험계약자에게는 고지의무를 부과한다. 그러나 보험계약은 약관에 기초하여 체결되는 것이 보통이므로 실제로 계약의 내용을 이룰 약관을 설명할 의무가 보험자에 의하여 선제적으로 이행되고, 보험계약자의 고지의무가 이를 이어 후행적으로 이어진다. 그러므로 보험계약자는 보험약관에 대한 보험자의 설명에 기반하여 보험의 내용을 파악하게 된다.

그런데 보험자가 이행하게 되는 설명의무의 이행범위에 대하여 상법은 보험약관의 중요한 내용을 설명하라고 규정하고 있으므로 이 중요한 내용의 범위가 어디까지를 의미하는지가 궁극적으로 설명의무의 이행범위를 정하는 기준이 될 것이다. 문제는 설명의무의 이행의 범위와 직간접적으로 관련이 된 학문적 논거나 판례가 보험계약자에게 그다지 우호적이지 아니하다는 것이다. 판례는 일관되게 "법령에 규정된 내용"은 설명할 필요가 없다고 보며 또한 약관의 내용이 "거래상 일반적이고 공통된 것이어서 보험계약자가 별도의 설명 없이 충분히 예상할 수 있었던 사항"이라면 설명의무가 없다고 보고 있다.[1] 최근 문제가 되었던 재해사망특약에 있어서 자살면책과 면책제한조항에 대한 건에서 보험계약자에게 재해사망특약 약관상의 자살면책조항 및 자살면책제한조항에도 불구하고 자살에 대해서는 보험금을 지급하지 않는다는 설명을 하였거나 이

1_ 대법원 1998.11.27. 선고 98다32564 판결; 대법원 2004.4.27. 선고 2003다7302 판결; 대법원 2005.10.28. 선고 2005다38713, 38720 판결; 대법원 2007.4.27. 선고 2006다87453 판결; 대법원 2010.3.25. 선고 2009다91316, 91323 판결; 대법원 2013.6.28. 선고 2013다22058 판결 등.

를 전제로 계약을 체결하였다고 볼 만한 사정이 없다고 해석한 바 있다.[2] 이 부분과 관련하여 특약의 명칭에 '재해'라는 표현이 명기되어 있음을 고려할 때 평균적인 고객의 이해가능성을 기준으로 해석한다고 해도 자살로 인한 사망의 경우에는 그러한 자살이 보장개시일로부터 2년이 경과 했는지 여부에 관계없이 재해사망특약에서는 보장되지 않는다는 것을 충분히 알 수 있었다고 보는 것이 합리적인 해석이기 때문에 이는 보험자가 설명의무를 다하여야 할 약관설명의무의 대상에서 제외된다고 해석함이 타당하다는 주장이 있다.[3] 이는 그간 대법원의 판례의 취지에 부합하는 일반적인 견해이다. 과연 실제 거래계에서도 보험계약자 등이 설명의무 대상에서 제외된다고 판단되는 이 내용을 평균적인 소비자로서 충분히 인식할 수 있을지에 대한 매우 원초적인 의문이 생겼다. 더불어 '거래상 일반적이고 공통된 것'이나 '법령에 규정된 사항을 구체적으로 부연하는 정도에 불과한 경우'는 '보험자의 별도의 설명 없이 충분히 예상할 수 있었던 사항'으로서 과연 보험계약자 등은 인식하고 있는지 또는 인식할 수 있을지에 대한 물음도 던져 보게 되었다. 이에 따라 본고에서는 그간 대법원 판례를 통하여 의심 없이 수인했던 보험자의 설명의무 면제대상의 적정성을 확인해 보기 위하여 보험약관 설명의무에 대한 이론적인 접근 외에도 실증적으로 분석하고 확인해 보고자 한다.

II. 보험자의 약관설명의무에 대한 일반적 접근

1. 보험자의 약관설명의무에 관한 의의 및 법적 근거

보험자는 다양한 다수 보험계약자와 보험계약을 체결하게 되는데, 계

2_ 서울중앙지방법원 2016.1.13. 선고 2015나17806 판결.

3_ 권영준, "자살과 재해사망보험금 지급에 관한 보험약관의 해석", 「재산법연구」, 2015, 207면; 박세민, "자살에 대한 재해사망보험금 지급에 관한 문제―재해사망특약의 면책제한사유 해석", 「고려법학」, 2016, 263면 이하.

약을 체결할 때마다 개별 보험계약자와 계약의 내용을 합의하기란 어려운 일이다. 심지어 개별적으로 계약의 내용을 합의한다 하더라도 그것이 반드시 효율적인 결과를 만들어 내는 것이라고 확신할 수 없다.[4] 따라서 대량성·반복성을 가지는 보험계약은 계약의 진행을 간소화하여 거래 계약을 원활하게 수행하고자 하는 필요성에 의하여 작성된 약관을 통해 이루어진다.[5] 그런데 보통보험약관은 보험자가 일방적으로 작성한 것으로 보험계약자들은 계약의 내용이 될 보험약관을 제대로 알지 못하여 예상하지 못할 불이익을 받을 가능성이 많다. 또한 부합계약의 특성상 계약자유의 원칙의 내용 가운데 내용결정의 자유가 사실상 박탈되고 있다. 따라서 계약자유의 원칙이 훼손될 여지를 가능하면 저지하고, 보험계약자의 불이익을 방지하기 위하여 보험계약이 체결되기 전에 보험자는 보험계약자에게 그 약관의 내용을 알려 주어야 할 필요가 있다.[6]

보험자의 약관설명의무는 계약의 성립 전 의무이지만, 계약 체결을 전제로 하여 계약 교섭의 당사자에게만 인정되는 의무이므로 계약체결상의 의무로 보는 것이 바람직하다고 본다. 따라서 보험자의 약관설명의무의 위반은 불특정 다수와의 행위를 전제로 하는 불법행위 이론보다는 계약체결을 전제로 하는 채무불이행 이론을 적용하는 것이 적합하다.[7] 설명의무는 보통 표준약관의 내용을 별도로 설명할 필요가 있는가에 대한 문제와 결합되어 다루어지며,[8] 판례는 일관되게 법령에 규정된

4_ 대수의 법칙에 따라 보험자는 동일한 내용으로 개별 보험계약자와 보험계약을 체결하여야 한다. 다만 계약 당사자 간에 보통보험약관의 내용과 다른 내용의 개별적인 약정을 하였다면 이러한 개별 약정은 약관규제법 제4조에 따라 보통보험약관에 우선하여 적용된다. 위 내용은 개별 약정을 부정하는 것이 아닌 보험계약자마다 개별의 약정을 하게 된다면 대량성·반복성을 이유로 만들어진 약관의 필요성이 희석된다는 의미이다.

5_ 김은경, 「보험계약법」, 보험연수원, 2016, 55면.

6_ 대법원 2011.3.24. 선고 2010다96454 판결; 대법원 2007.4.27. 선고 2006다87453 판결; 대법원 2003.5.30. 선고 2003다15556 판결.

7_ 김은경·임채웅, "보험약관의 명시 설명의무 이행의 주체와 위반의 증명책임", 「법제연구」 제46호, 한국법제연구원, 2014, 300면; 어수용, "계약체결과정에서의 설명의무와 선택권의 보호", 「재산법연구」 제27권 3호, 2011.2, 111면.

8_ 김은경·임채웅, 앞의 논문, 296면; 박은경, "표준약관조항은 보험자의 약관설명의무

내용은 설명할 필요가 없다고 보면서도, 약관의 내용이 "거래상 일반적이고 공통된 것이어서 보험계약자가 별도의 설명 없이 충분히 예상할 수 있었던 사항"이 아니라면 설명의무가 있다고 보아 개별 사안에 따라 달리 판단하고 있다.[9] 설명의무의 법적 성질과 이행책임 주체라는 본질적인 부분은 소외된 채 개별판단에만 의존하고 있는 실정이어서, 법적 안정성의 측면에서 바람직하지 않다고 본다.[10]

상법은 제638조의3 제1항의 "보험자는 보험계약을 체결할 때에 보험계약자에게 보험약관을 교부하고 그 약관의 중요한 내용을 설명하여야 한다"는 설명의무에 대한 규정은 1991년 개정 상법에서 신설되었는데 보험계약이 성립되는 경우에 각 당사자를 구속하게 될 내용을 미리 알고 보험계약의 청약을 하도록 함으로써 보험계약자의 이익을 보호하자는 데 그 취지가 있다.[11] 상법 제638조의3을 신설할 당시 보험약관의 교부·명시의무라고 규정하였으나, 2014년 개정 상법에서 보험약관의 교부·설명의무로 개정하였다. 그 내용도 "약관의 중요한 내용을 알려주어야 한다"에서 "약관의 중요한 내용을 설명하여야 한다"로 개정된 바 있다. 명시의무는 약관의 내용에 대해서 고객이 이해할 수 있는 가능성을 제공하는 의무를 말한다. 명시의무는 추상적이고 포괄적이어서 약관의 내용을 상대방이 인식할 수 있는 기회를 제공하는 다양한 방법들이 포함되는 것으로써 교부와 설명은 명시의 한 방법이라 한다. 설명의무는 고객에게 중대한 영향을 미칠 수 있는 사항에 대하여 실질적으로 인식할 수 있도록 구체적인 설명을 해야 되는 의무를 말한다. 교부된 약관

면제대상인가?", 「법학연구」 제52권, 한국법학회, 2013.12, 참조; 장덕조, "약관설명의무와 법령에 규정된 사항", 「상사판례연구」 제26권 1호, 2013.3, 참조.

9_ 대법원 1998.11.27. 선고 98다32564 판결; 대법원 2004.4.27. 선고 2003다7302 판결; 대법원 2005.10.28. 선고 2005다38713, 38720 판결; 대법원 2007.4.27. 선고 2006다87453 판결; 대법원 2010.3.25. 선고 2009다91316, 91323 판결; 대법원 2013.6.28. 선고 2013다22058 판결 등.

10_ 같은 취지의 견해로는 위계찬, "계약체결과정에서 설명의무의 근거", 「원광법학」 제23권 제2호, 2007, 187면.

11_ 대법원 1998.4.14. 선고 97다39308 판결.

의 중요한 내용을 알려 주어야 하는 의무는 명시의무라기보다 설명의무로 표시하는 것이 타당하고 보험계약자 보호라는 입법취지에도 맞는다고 한다.[12][13]

소비자를 보호하기 위하여 1986년 12월 「약관의 규제에 관한 법률」(이하 '약관규제법')을 제정하였다. 약관규제법 제3조에서 약관의 작성 및 설명의무에 관하여 규정하고 있다. 설명의무에 대하여 약관규제법 제3조 제3항은 "사업자는 약관에 정하여져 있는 중요한 내용을 고객이 이해할 수 있도록 설명하여야 한다. 다만, 계약의 성질상 설명하는 것이 현저하게 곤란한 경우에는 그러하지 아니하다."고 정하고 있다. 그러나 보험계약에는 후단의 설명의무 면제 규정이 적용되지 않는다.[14]

보험업법은 2010.7.23. 개정으로 제95조의2를 신설하여 설명의무에 관한 규정을 두었다. 보험업법 제95조의2 제1항에서 "보험회사 또는 보험의 모집에 종사하는 자는 일반보험계약자에게 보험계약 체결을 권유하는 경우에는 보험료, 보장범위, 보험금 지급제한 사유 등 대통령령으로 정하는 보험계약의 중요 사항을 일반보험계약자가 이해할 수 있도록 설명하여야 한다."고 정하고 있다. 이와 관련하여 보험업법 제95조의2 규정은 설명의무에 대해 자기책임의 원칙의 전제로서 발전된 금융기관의 고객보호의무로 보아 보험약관의 설명의무와는 다르다는 견해가 있다.[15] 그러나 상법과 보험업법에서 규정된 양 의무는 모두 보험계약 당사자 사이의 정보비대칭성으로 인한 문제점을 극복하기 위한 제도이다. 또한 중요한 내용 내지 중요 사항에 대하여 설명하도록 하는 점에서는

12_ 송호신, "보험약관의 교부·설명의무", 「법학연구」 제37집, 한국법학회, 2010, 322-323면.

13_ 최근의 국제적인 동향은 보험자의 설명의무가 더 확대되어 보험자의 정보제공의무로 전개되고 있다. 우리의 경우도 보험자의 설명의무를 확대하는 방향을 고민해 볼 여지는 있다; 김은경, "독일 보험계약법상 보험자의 정보제공의무 등에 대한 고찰", 「기업법연구」 제23권 제2호, 2009.6, 169면 이하.

14_ 송호신, 앞의 논문, 329면; 김헌무, "보험자의 보험약관 설명의무의 범위", 「경영법률」 제19집 제2호, 한국경영법률학회, 2009, 441면.

15_ 장덕조, 「제2판 보험법」, 법문사, 2015, 165-167면.

동일하므로 양 규정이 명백히 다르다고 구분하는 것은 적절치 않다는 견해가 있다.[16] 보험업법 제95조의2는 상법 제638조의3에서 규정하는 보험자의 설명의무의 내용과 방법을 이행자인 보험자의 입장에서 더 구체적으로 명시한 것으로 보는 것이 바람직하다.[17]

2. 보험자의 약관설명의무의 상대방 및 이행방법

설명의무의 상대방은 반드시 보험계약자이어야 하는 것은 아니다. 보험자가 보험계약자의 대리인과 보험계약을 체결할 경우에는 그 대리인에게 보험약관을 설명하면 설명의무를 이행한 것으로 본다.[18] 설명의무의 이행 방법에 대하여는 구체적인 규정이 존재하지 않는다. 대법원은 보험상품의 내용이나 보험료율의 체계 등 보험약관에 기재되어 있는 중요한 내용에 대하여 구체적이고 상세하게 명시·설명하여야 한다고 판시하고 있다.[19] 설명의무의 취지를 고려했을 때 구체적이고 개별적으로 설명하여야 보험계약자는 그 약관에 대하여 명확한 이해에 기초하여 보험계약의 체결을 선택할 수 있다는 것이다.[20] 설명의무의 이행은 구두로 하는 것이 원칙이다. 보험약관이 기재된 광고지나 안내문을 송부하거나 영업소의 게시판 등에 게시하는 것 또는 보험계약을 체결할 때 약관을 설명하지 않고 계약체결 이후에 약관을 발송하는 것만으로는 설명의무를 이행하였다고 볼 수 없다.[21] 교부·설명의무는 반드시 교부가 먼저 이행되고 그 후에 설명의무가 이행되어야 하는 것은 아니다.[22] 구체적인

16_ 김현록, "보험자의 보험약관 설명의무와 그 새로운 입법안", 「상사판례연구」 제26집 제1권, 한국상사판례학회, 2013, 80면.

17_ 김은경·임채욱, 앞의 논문, 291면.

18_ 대법원 2001.7.27. 선고 2001다23973 판결; 대법원 1992.3.10. 선고 91다31883 판결.

19_ 대법원 1999.5.11. 선고 98다59842 판결; 대법원 1996.4.12. 선고 96다4893 판결; 대법원 1997.9.26. 선고 94다52492 판결.

20_ 박은경, "표준약관조항은 보험자의 약관설명의무 면제대상인가?", 「법학연구」 제52집, 2013, 335면.

21_ 송호신, 앞의 논문, 329면.

이행방법을 정하여 보험자가 그러한 양태의 행위를 하였는지에 대한 행위여부를 판단하는 것보다 계약의 내용을 이룰 약관의 중요한 내용을 보험계약자가 인식하고 이를 기반으로 선택을 할 수 있도록 그 목적에 충실하여 방법에는 제한을 두지 않는 것이 바람직할 것이다. 그러므로 보험계약자 측의 계약선택권의 보장을 위해 설명의무의 이행은 목적 지향적이어야 하며 이행 수단의 양태나 그 수단 자체를 기준으로 판단하여서는 안 될 것이다.

3. 보험자의 약관설명의무의 범위

보험자의 교부의무의 경우 보험약관에 보험계약의 내용을 모두 포함시켜야 하겠으나, 설명의무의 경우는 현실적으로 보험약관의 모든 내용을 설명하는 일은 쉽지가 않다. 오히려 모든 내용을 설명하려다 보면 착오와 같은 의사표시의 불일치로 정작 중요한 내용을 누락시킬 수 있다.[23] 또한 보험자가 보험계약자에게 제공하는 정보량이 지나치게 많아지면 보험계약의 내용을 이해하기 어려워지는 경우도 생길 수 있다. 이 때 less is more 원칙에 따라 계약내용을 이해하는 데 도움이 되는 정보만 제공해야 한다는 견해가 있다.[24] 이러한 견해에 따르면 보험자는 보험약관의 모든 내용을 설명하기보다는 보험약관의 중요한 부분이 되는 일부를 설명하면 된다고 본다. 보험약관에서 중요한 내용이란 객관적으로 보험계약자가 그 사실을 알았더라면 보험자와 보험계약을 체결하지 않았을 것으로 인정될 만한 사정을 말한다.[25] 따라서 중요한 내용은 보험계약자의 입장에서 판단하여야 한다.[26] 보험계약자에게 불리한 규정도 설

22_ 박세민, 「제3판 보험법」, 박영사, 2015, 146면; 김성태, 「보험법강론」, 법문사, 2001, 193-194면.

23_ 송호신, 앞의 논문, 329면.

24_ 이현령, "개정 표준약관 개관", 「보험법 연구」 제4권 제1호, 한국보험법학회, 2010, 161면.

25_ 대법원 2007.8.23. 선고 2005다59475 판결.

명의무의 중요한 내용에 해당한다고 본다. 만약 보험계약자가 안다면 계약체결 여부나 계약내용 결정에 영향을 미칠 내용이어야 한다.[27] 더욱이 보험자가 설명하여야 하는 중요한 내용에는 보험계약자 측에 의무부과가 될 만한 내용과 보험자를 면책하게 하는 것이 이에 해당하여야 한다.

보험약관에 기재되어 있는 조항 가운데 중요한 내용의 구체적인 것으로는 보험사고의 내용, 보험료와 그 지급방법, 보험자가 지급하는 보험금액, 보험기간, 보험자의 책임개시시기를 정한 경우에는 그 시기, 보험목적을 양도할 때에 특수한 효과, 타인의 생명보험계약을 체결할 때에 그 타인의 서면동의를 얻어야 하는 사항, 보험계약의 해지사유 등이 있다. 이와 같은 내용은 당해 보험약관 조항의 법적 의미와 효과 등을 설명하여야 한다는 견해[28]와 설명 정도는 구체적이고 상세한 것이어야 하나, 그 조항의 법적 의미와 효과까지 상세하게 설명하여야 하는 것은 아니라는 견해[29]가 있다.

설명의무의 대상이 되는 중요한 내용에 대한 대법원의 판단 기준이 명확하지는 않다. 보험약관의 중요한 내용에 해당하는 판례와 설명의무가 면제되는 판례의 유형은 다음과 같다.

(1) 보험자의 설명의무의 대상이 되는 중요한 내용

대법원이 설명의무의 대상이 되는 중요한 내용이라고 판시한 사항은 다음과 같다. 보험상품의 내용과 보험요율의 체계 및 보험계약의 청약서상 기재사항의 변동사항,[30] 26세 이상 가족운전자 한정운전특별약관,[31]

26_ 박은경, 앞의 논문, 335면.

27_ 전우현, "자동차종합보험약관 설명의무의 범위에 관한 검토", 「상사판례연구」 제18집 4권, 2005.12, 187면.

28_ 박수영, "상법 제638조의3과 약관규제법 제3조와의 관계", 「보험학회지」 제59집, 한국 보험학회, 2001, 140면.

29_ 이진수, "보통보험약관 설명의무의 대상과 그 예외에 관한 고찰", 「법과 기업연구」 제 4권 제2호, 서강대학교 법학연구소, 2014, 135면.

30_ 대법원 2007.1.12. 선고 2006다43330 판결; 대법원 2005.12.9. 선고 2004다26164 판결; 대법원 2001.9.18. 선고 2001다14917, 14924 판결; 대법원 1997.9.26. 선고 97다

21세 이상 가족운전자 한정운전특별약관,[32] 다른 자동차 운전담보 특별약관 중 보상하지 아니하는 손해, 자동차종합보험계약의 승계절차 요건,[33] 재해보험상 오토바이 운전자의 보험가입이 배제된다는 내용,[34] 상해보험의 면책사유,[35] 업무용자동차보험에서 유상운송면책조항,[36] 자기신체사고보험의 보상범위,[37] 피보험자의 폭행 또는 구타에 의한 배상책임은 보상하지 않는다는 면책조항이 상법 제659조의 내용을 초과하는 범위[38] 등이다. 일반적으로 중요한 내용이 되는 것은 보험약관의 내용이 되는 것이다. 그러나 최근 대법원은 변액보험계약에 대하여 "보험계약 체결 시 보험계약자에게 약관에 규정된 것인지 여부를 불문하고 당해 보험계약의 중요한 내용을 설명하여 줄 의무가 있다."고 판시하였다.[39] 그러나 대법원의 판결은 이 사안이 고객보호의 필요성이 더 큰 변액보험계약이라서가 아니라, 그 보험계약이 간접투자의 성격이거나 장기투자목적의 자유적립성 보험상품의 여부를 불문하고 설명하여야 한다는 취지라고 한다.[40]

(2) 보험자의 설명의무가 면제되는 경우

보험자에게 보험약관의 설명의무가 인정되는 것은 어디까지나 보험계약자가 알지 못하는 가운데 약관의 중요한 사항이 계약내용으로 되어 보험계약자가 예측하지 못하는 불이익을 받게 되는 것을 피하고자 하는

　　4494 판결.
31_ 대법원 1998.6.23. 선고 98다14191판결.
32_ 대법원 2003.11.14. 선고 2003다35611 판결.
33_ 대법원 1994.10.14. 선고 94다17970 판결.
34_ 대법원 1995.8.11. 선고 94다52492 판결.
35_ 대법원 1999.3.9. 선고 98다43342, 43359 판결.
36_ 대법원 1999.5.11. 선고 91다 36642 판결.
37_ 대법원 2004.4.27. 선고 2003다7302 판결.
38_ 대법원 2006.1.26. 선고 2005다60017, 60024 판결.
39_ 대법원 2014.10.27. 선고 2012다22242 판결; 김선정, "약관에 없는 사항도 중요사항으로 설명하여야 하는지 여부", 「월간생명보험」 9월호, 생명보험협회, 2014.12, 62-63면.
40_ 김선정, 앞의 논문, 66면.

데 그 근거가 있다. 약관에서 정한 중요한 내용에 해당하는 사항이라도 ① 보험계약자나 그 대리인이 그 내용을 충분히 잘 알고 있거나, ② 거래 상 일반적이고 공통된 것이어서 보험계약자가 별도의 설명 없이도 충분히 예상할 수 있었던 사항이거나, ③ 이미 법령에 의하여 정하여진 것을 되풀이하거나 부연하는 정도에 불과한 사항이라면 그러한 사항에 대해서까지 보험자에게 설명의무가 있다고는 할 수 없다는 것이 대법원의 입장이다.[41]

1) 보험계약자나 대리인이 약관의 내용을 잘 알고 있는 경우

보험계약자가 대리인이 주운전자의 개념과 주운전자의 나이나 보험 경력 등에 따라 보험료율이 달라진다는 사실에 대해 잘 알고 있었으나, 보험료를 적게 내기 위해 주운전자를 허위로 고지한 경우에 대하여 보험자가 보험계약자에게 약관설명의무를 다하지 않았다는 항변을 배척하고 보험계약자의 고지의무 위반으로 한 보험자의 보험계약의 해지를 인정한 바 있다.[42] 보험계약자나 그 대리인이 그 약관의 내용을 충분히 잘 알고 있다는 점에 대한 증명책임은 보험자가 부담하게 된다.[43]

보험계약의 부활은 해지 또는 실효 전의 보험계약을 다시 회복시키는 것을 내용으로 하는 특수한 계약을 말한다.[44] 보험계약 해지 또는 실효 전의 계약체결에서 보험자가 중요한 내용에 대하여 설명의무를 이행하였다면 보험계약자는 이에 대하여 충분히 잘 알고 있다고 볼 수 있을 것이다. 따라서 부활계약에서 중요한 내용에 대하여 다시 설명할 필요가 없다고 한다.[45] 그러나 대법원은 보험자의 책임의 시기 및 종기에 관한

41_ 대법원 2007.4.27. 선고 2006다87453 판결; 대법원 2004.4.27. 선고 2003다7302 판결; 대법원 2003.1.10. 선고 2002다32776 판결.

42_ 대법원 2001.7.27. 선고 99다55533 판결; 대법원 1998.4.14. 선고 97다39308 판결.

43_ 대법원 2003.8.22. 선고 2003다27054 판결; 대법원 2003.4.25. 선고 2003다123737 판결; 대법원 2001.7.27. 선고 99다55533 판결.

44_ 김은경, 앞의 책, 287면; 박세민, 앞의 책, 338면; 이기수·최병규·김인현, 「제9판 보험·해상법」, 박영사, 2015, 165면; 정찬형, 「제17판 상법강의 하」, 박영사, 2015, 614면.

45_ 김헌무, 앞의 논문, 430면.

약관의 조항이 상법 제656조와 다르게 규정되어 있어, 보험자가 구체적이고 상세한 명시·설명의무를 지는 보험계약의 중요한 내용이라고 판시하였다.[46] 최초 보험약관의 내용과 동일한 갱신계약에서는 최초 보험계약 체결 당시 보험약관에 대한 설명이 있었다면 설명의무가 면제된다는 대법원의 입장과는 차이가 있다.[47] 이와 유사한 사안으로 보험계약자와 보험자가 수년간 계속 반복적으로 사용된 약관이라는 사정만으로는 보험자의 설명의무가 면제되는 것은 아니라는 대법원의 판례가 있다.[48] 설명의무의 면제 여부에 대한 대법원의 결정에는 차이가 있지만 이 사안의 경우 설명의무의 대상이 되는 보험금청구권의 상실에 관한 사항을 보험자가 최초 계약 시 보험계약자에게 설명하였다는 것을 증명하면 보험계약자가 그 약관의 내용을 알았다고 볼 수 있을 것이다.

  2) 거래상 일반적이고 공통된 것이어서 보험계약자가 충분히 예상할 수 있는 사항

  대법원은 보험약관의 중요한 내용이라도 거래상 일반적이고 공통된 것이어서 보험계약자가 별도의 설명 없이도 충분히 예상할 수 있었던 사항에 대해서는 보험자의 설명의무가 면제된다고 한다.[49] 이러한 기준은 보험계약자가 거래상 일반적이고 공통된 사항은 예상할 수 있는 사항이라고 추정을 하는 것이다. 보험자에게 설명의무를 부과하는 것은 보험계약자가 보험약관의 내용뿐만 아니라 보험거래의 실상을 잘 알지 못하는 것도 전제로 한다.[50] 자동차종합보험의 대인배상에서 피해자가 피보험자의 피용자로서 근로기준법에 의한 재해보상을 받을 수 있는 경우를 면책사유로 한 조항,[51] 비사업용 자동차의 경우 요금이나 대가를

46_ 대법원 2005.12.9. 선고 2004다26164, 26171 판결.
47_ 대법원 2005.8.25. 선고 2004다18903 판결.
48_ 대법원 2012.6.28. 선고 2012다16926, 16933 판결.
49_ 대법원 2004.4.27. 선고 2003다7302 판결; 대법원 2003.5.30. 선고 2003다15556 판결; 대법원 1992.5.22. 선고 91다36642 판결; 대법원 1990.4.27. 선고 89다카24070 판결.
50_ 김헌무, 앞의 논문, 432면
51_ 대법원 1990.4.27. 선고 89다카24070 판결.

받고 자동차를 사용한 때에 생긴 사고로 인한 손해에 대하여는 보험자에게 책임이 없는 것으로 규정한 조항,[52] 작업기계로 사용되는 중기를 교통승용구로 보지 않는다는 조항,[53] 주피보험자의 호적상 또는 주민등록상 배우자만이 종피보험자로 가입할 수 있는 보험계약에서 종피보험자가 보험기간 중 주피보험자의 배우자에 해당되지 아니한 때에는 종피보험자의 자격을 상실한다는 조항[54] 등이 이에 해당한다.

그런데 판례에서 거래상 일반적이고 공통된 약관의 내용이라는 것이라고 판단하는 것이 사실상 거래상 일반적인 것인지에 대하여는 회의적이다. 보험거래의 실상을 잘 알지 못하는 보험계약자가 거래상 일반적이고 공통된 사항이라고 모든 사항을 파악하고 있을 것이라거나 또는 파악할 수 있을 것이라는 보험자의 주장은 보험계약자에게 상당히 불리한 것이 된다. 보험계약자가 예상하기 어려운 내용이라 할지라도 이것이 거래상 일반적이고 공통된다는 이유로 보험계약자가 당연히 알았거나 알 수 있었을 것이라는 보험자의 주장으로 보험자는 기존에 존재하는 계약상의 의무가 면제되는 반면에, 보험계약자는 보험자의 설명이 없이도 알아야 한다는 일률적이거나 획일적인 거래상의 기대로 인해 구체적인 경우에 손해가 될 수가 있다. 이러한 사항은 보험자에게는 의무불이행에 대한 면책의 조건이 되지만, 반대로 보험계약자에게 약관의 내용에 대한 부지(不知)의 책임을 물을 수 있는 근거가 된다는 이중적인 불균형성이 있다. 거래상 일반적이고 공통된 약관의 내용을 알지 못하였다는 사실만으로 보험자는 면책이나 보험계약자는 그 부지에 대한 책

52_ 대법원 1992.5.22. 선고 91다36642 판결.
53_ 대법원 2002.8.25. 선고 2001다72746 판결.
54_ 대법원 2011.3.24. 선고 2010다96454 판결; 이 판결에 따르면 보험계약 체결 후 이혼한 부부에 대하여 종피보험자로서의 지위를 인정하게 되면 도덕적 위험을 야기할 수 있다는 것이다. 설명의무의 대상에 대한 판단은 그 약관조항의 중요성, 보험계약에 미칠 영향, 보험계약자의 예견가능성 등을 고려하여 종합적으로 판단하여야 한다. 그러나 도덕적 위험의 가능성만으로 보험자의 설명의무를 면제하는 것은 설득력이 매우 약하다는 비판이 있다(박은경, 앞의 논문, 337면).

임을 지게 되는 것이다. 더욱이 보험자는 거래상 일반적이고 공통된 사항이라는 근거하에 설명의무를 면제받으려고 할 터인데, 약관을 기반으로 한 보험계약에서 계약내용을 형성하는 주도권을 보험자가 가진다는 측면에서 경제적 불균형성 내지 비형평성의 문제를 보험계약자가 오로지 수인해야 한다는 문제가 있을 수 있다. 또한 경우에 따라서는 문제된 약관이 거래상 공통된 사항이라고 할지라도 그것이 보험약관에 반복적으로만 등장했을 뿐이지 그 자체에 법률적 이해가 전제되어야 하거나 보험계약자에게 의무나 부담만 되는 사안인 경우에는 보험계약자가 이를 보험자의 설명없이도 파악하여야 한다는 것은 보험계약자의 계약의 선택권을 방해하는 이유가 될 수도 있다.

그러므로 거래상 일반적이고 공통된 약관의 내용이라는 것이 보험약관에 반복적으로 사용된다는 단순한 것이라는 근거에 따라 보험자의 설명의무가 면제되는 것을 명확한 기준 없이 모든 사안에 적용을 해서는 안된다고 본다. 보험의 특수성으로 인하여 오히려 일반의 보험계약자에게는 구체적인 사건에서 문제된 약관이 더 이상 보편적인 조항이 아닐 수도 있다.[55] 또한 문제된 약관이 다수의 약관에 공통적으로 등장한다고 하더라도 그것이 법률적 사전적인 이해가 전제되어야 이에 대한 명확한 분별이 가능한 경우가 있을 수 있는 경우들이 있기 때문이다. 보험계약의 경제적 비대칭의 구조적인 특수성에도 불구하고 보험자에게의 설명의무의 면제가 보험계약자에게는 부담이 된다는 모순을 해소함 없이 보험계약체결의 신속성이나 효율성만을 전면에 내세울 수는 없다고 본다.

3) 법령에 규정된 사항과 관계 법령

법령에 규정된 사항을 구체적으로 부연하는 정도에 불과한 경우에는 설명의무가 면제된다. 설명의무의 입법취지를 고려했을 때 이러한 사항이 타당한지 역시 의문이 있다. 주로 판례가 법령에 규정된 사항으로서 보험자의 설명의무가 면제되는 경우로 제시하는 것은 다음과 같다. 즉

55_ 이에 대한 실증적인 조사의 결과에 대하여는 이하 'Ⅲ. 보험자의 설명의무 대상과 면제대상 판단에 대한 실증적 접근'에서 다루도록 한다.

자동차보험약관에서 피보험자동차의 구조변경 등의 중요한 사항에 변동이 있을 때 또는 위험이 뚜렷이 증가하거나 적용할 보험료에 차액이 생기는 사실이 발생한 때에는 보험계약자 또는 피보험자는 지체 없이 이를 보험자에게 알릴 의무를 규정하고 있는 통지의무 규정,[56] 화재보험 보통약관에서 뚜렷한 위험의 변경 또는 증가와 관련된 피보험 건물의 구조의 변경·개축 등의 경우 보험계약자 또는 피보험자는 지체 없이 이를 보험자에게 알릴 의무를 규정하고 있는 통지의무 규정,[57] 피보험자의 폭행 또는 구타에 기인하는 배상책임은 그 원인의 직접, 간접을 불문하고 보상을 하지 않는다는 조항[58] 등이 있다.

설명의무의 근거는 보통보험약관을 보험자가 일방적으로 작성한 것으로 보험계약자들은 계약의 내용이 될 보험약관을 제대로 알지 못하여 예상하지 못할 불이익을 받을 가능성이 많다는 것을 전제로 한다. 보험계약자는 보험약관을 제대로 알지 못하는데 법령에 규정된 사항을 알 수 있을 것이라고는 생각되지 않는다. 이러한 점을 고려할 때 보험자의 약관설명의무를 지나치게 경감시켜 주는 해석이 될 수 있다.[59] 보험계약자가 법령의 규정을 잘 알고 있다는 것을 전제한다면 보험자의 설명이 없어도 약관의 교부만으로 충분할 것이다.[60] 일반 보험계약자의 입장에서는 법령에 규정되어 있다는 이유만으로 설명의무의 대상이 되지 않는다는 사실은 불합리한 것이라고 본다. 약관의 모든 내용을 설명하는 것은 현실적으로 불가능하지만, 법령에 규정된 사항이 보험자의 설명을 통하여 구체적으로 보험계약자의 이해가 동반해야 하는 것이 있을 수 있기 때문이다.

56_ 대법원 1998.11.27. 선고 98다32564 판결. 이 판례는 법령상의 규정을 설명의무의 예외로 인정한 최초의 판례이다.

57_ 대법원 2000.7.4. 선고 98다62909, 62916 판결.

58_ 대법원 2006.1.26. 선고 2005다60017, 60024 판결.

59_ 이정원, "보험자의 약관설명의무 위반의 법적 의의에 대한 비판적 검토", 「법학연구」 제15집 3권, 인하대학교 법학연구소, 2012, 632면.

60_ 김헌무, 앞의 논문, 435면.

Ⅲ. 보험자의 설명의무 대상과 면제대상 판단에 대한 실증적 접근

1. 보험자의 약관설명의무 면제대상에 대한 보험소비자의 이해도 조사

(1) 보험자의 약관설명의무 면제대상의 분석대상사건

소외인(이 사건 망인)은 2004.8.16. 피고와 피보험자를 소외인으로, 사망 시 수익자를 상속인으로 하는 무배당 교보베스트플랜CI보험계약(이하 '이 사건 주계약'이라고 한다)을 체결하면서, 별도로 추가보험료를 납입하고 무배당 재해사망특약(이하 '이 사건 특약'이라고 한다)에도 함께 가입하였다. 이 사건 주계약 약관 제21조는 피보험자가 보험기간 중 사망하거나 장해등급분류표 중 제1급의 장해상태가 되었을 때에는 보험가입금액에 가산보험금을 더한 금액의 사망보험금을 지급하는 것으로 규정하고 있고, 이 사건 특약 약관 제9조는 피보험자가 보험기간 중 재해분류표에서 정하는 재해를 직접적인 원인으로 사망하거나 장해분류표 중 제1급의 장해상태가 되었을 때에는 추가로 5,000만 원의 재해사망보험금을 지급하는 것으로 규정하고 있으며, 재해분류표는 "재해라 함은 우발적인 외래의 사고(…)로서 다음 분류표에 따른 사고를 말한다"라고 하면서 제1호부터 제32호까지 재해의 유형을 열거하고 있다. 그리고 이 사건 주계약 약관 제23조 제1항과 이 사건 특약 약관 제11조 제1항은 각각 독립적으로 "회사는 다음 중 어느 한 가지의 경우에 의하여 보험금 지급사유가 발생한 때에는 보험금을 드리지 아니하거나 보험료의 납입을 면제하지 아니함과 동시에 이 계약을 해지할 수 있습니다"라고 규정하면서, 제1호에서 "피보험자가 고의로 자신을 해친 경우. 그러나 피보험자가 정신질환상태에서 자신을 해친 경우와 계약의 책임개시일(부활계약의 경우에는 부활청약일)부터 2년이 경과된 후에 자살하거나 자신을 해침으로써 장해등급분류표 중 제1급의 장해상태가 되었을 때에는 그러하지 아니합니

다"라고 규정하고 있다.[61]

(2) 설문조사와 분석대상의 제한

위 '무배당 재해사망특약'에 관한 사건을 분석대상에 한정해서 볼 때, 보험자의 약관 설명의무의 면제대상이 되는 내용은 기존의 판례[62]에 따르면 분석대상에서 밑줄 친 바와 같다. 즉 보험소비자가 자살에 의한 사망의 경우 보험자 면책인지 여부, 자살면책제한의 기간, 재해사망의 의미, 구체적으로 문제가 된 무배당 재해사망특약 제11조의 의미 등이다.

61_ 이 건에 대한 대법원의 판단(2016.5.12. 선고 대법원 2015다243347 판결)은 다음과 같다; 자살재해특약은 해당 사건 주계약에 부가되어 있기는 하나 보험업법상 제3보험업의 보험종목에 속하는 상해보험의 일종으로서 생명보험의 일종인 이 사건 주계약과는 보험의 성격을 달리하고, 그에 따라 보험사고와 보험금 및 보험료를 달리하는 별개의 보험계약이다. 따라서 이 사건 특약 약관 제11조 제1항 제1호는 이 사건 주계약 약관의 내용과는 관계없이 이 사건 특약 약관 제9조와의 관련 속에서 이해되어야 한다. 이 사건 특약 약관 제9조는 재해를 직접적인 원인으로 사망하거나 제1급의 장해상태가 되었을 때를 보험금 지급사유로 규정하고 있고, 고의에 의한 자살 또는 자해는 우발성이 결여되어 재해에 해당하지 않으므로, 이 사건 특약 약관 제11조 제1항 제1호를 이 사건 특약 약관 제9조에 정한 보험금 지급사유가 발생한 경우에 한정하여 적용되는 면책 및 면책제한 조항으로 해석한다면, 이 사건 특약 약관 제11조 제1항 제1호는 처음부터 그 적용대상이 존재하지 아니하는 무의미한 규정이 된다. 그러나 엄연히 존재하는 특정 약관조항에 대하여 약관의 규제에 관한 법률에 의하여 그 효력을 부인하는 것이 아니라 단순히 약관해석에 의하여 이를 적용대상이 없는 무의미한 규정이라고 하기 위하여는 평균적인 고객의 이해가능성을 기준으로 할 때에도 그 조항이 적용대상이 없는 무의미한 조항임이 명백하여야 할 것인데, 이 사건 특약약관 제11조 제1항 제1호를 그와 같이 볼 수는 없다. 오히려 평균적인 고객의 이해가능성을 기준으로 살펴보면, 위 조항은 고의에 의한 자살 또는 자해는 원칙적으로 우발성이 결여되어 이 사건 특약 약관 제9조가 정한 보험사고인 재해에 해당하지 않지만, 예외적으로 단서에서 정하는 요건, 즉 피보험자가 정신질환상태에서 자신을 해친 경우와 책임개시일부터 2년이 경과된 후에 자살하거나 자신을 해침으로써 제1급의 장해상태가 되었을 경우에 해당하면 이를 보험사고에 포함시켜 보험금 지급사유로 본다는 취지로 이해할 여지가 충분하다.

62_ 대법원 1998.11.27. 선고 98다32564 판결; 대법원 2004.4.27. 선고 2003다7302 판결; 대법원 2005.10.28. 선고 2005다38713, 38720 판결; 대법원 2007.4.27. 선고 2006다87453 판결; 대법원 2010.3.25. 선고 2009다91316, 91323 판결; 대법원 2013.6.28. 선고 2013다22058 판결 등.

이 설문조사의 객관성을 확보하기 위하여 그 대상자(1020명)를 보험업무종사자(222명)와 일반인(798명)으로 구분하였고, 일반인도 현재 법학전문대학원 재학생과 법학석사과정 이상에 재학 중인 자(68명)[63]와 그러하지 아니한 자(730명)로 구분하였다. 다만 여기에서의 분석결과는 단순히 보험업무종사자와 일반인에 한정하여 그 내용을 정리하고자 한다.

특별히 이 사건을 대상으로 보험약관의 인식도를 조사한 계기는 고의에 의한 자살 또는 자해행위가 원칙적으로 우발성이 결여되어 재해특약이 징한 보험사고에 해당하지 아니하는데, 보험사가 재해특약의 약관을 제정하는 과정에서 구생명보험 표준약관(2010.1.29.자로 개정되기 전의 것)을 부주의하게 그대로 사용함으로써 분쟁의 대상이 되었는바, 이는 단순히 약관을 제정한 자의 부주의에 의한 것인데 보험자가 개별 보험상품에 대한 약관을 제정하는 과정에서의 실수로 면책제한조항을 해당사건 재해특약에도 그대로 둔 점을 이유로 하여 해당사건 재해특약의 보험사고의 범위를 재해가 아닌 자살에까지 확장하려고 해석하는 것은 보험계약자 등에게 당초 해당 사건 재해특약의 체결 시 기대하지 않은 이익을 주게 되는 한편, 재해특약과 같은 내용의 보험계약에 가입한 보험단체 전체의 이익을 해하고 보험자에게 예상하지 못한 무리한 부담을 지우게 되므로 합리적이라고 볼 수 없다는 것이다. 또한 평균적인 고객의 입장에서도 스스로 해당사건 재해특약의 본래 취지가 무엇인지를 분명하게 이해할 수 있어야 한다고 보는[64] 판례의 입장에 대한 의문에서부터이다. 즉 분쟁의 원인이 되었던 재해특약의 내용은 보험자의 설명이 없어도 과연 보험계약자가 알 수 있었거나 알 수 있어야 하는 것인지를

63_ 일반인 중 현재 법학전문대학원 재학생과 법학석사과정 이상에 재학 중인 자에 대한 분석은 문제가 된 사건인 재해사망특약과 자살면책제한조항에 관한 대법원의 판결(2016.5.12. 선고 대법원 2015다243347 판결)이 난 2016년 5월 12일 이후에 한정하여 설문조사를 실시하였다. 즉 보도나 학습을 통하여 해당 사건에 대한 대법원의 판결을 어느 정도 인지한 이후에 한 조사이다. 그 이외의 조사는 해당 판결 이전을 기준으로 한 것이다.

64_ 서울중앙지방법원 2015.10.7. 선고 2015나14876 판결.

계량적으로 확인하고자 하는 데에서 출발한 것이다.

(3) 설문내용

본 조사는 보험계약자에 지위에 있는 일반인들과 보험자의 지위에 있
는 보험전문인들의 '자살면책제한 조항 및 재해사망에 대한 인식도'를 파
악하고자 하는 것입니다. 이 목적 이외에 다른 특별한 목적이 없음을 알
려 드립니다. 각 질문 사항들에 성실히 답변해 주시면 감사하겠습니다.

보험약관 관련 통계조사

항 목	답 변		비 고
1. 나 이	( ) 세		
2. 학 력	① 중졸이하 ② 고졸이하 ③ 대졸이상		
3. 귀하께서는 현재 보험업무 관련 종사자이십니까?	그렇다 □	아니다 □	
4. 자살을 하면 보험금이 지급되지 않는다는 사실에 대해서 알고 계십니까?	그렇다 □	아니다 □	(해당되시는 란에 체크(√) 해주시길 바랍니다.)
5. 자살의 경우 보험가입 후 일정시간이 지나면 보험금이 지급된다는 것에 대해서 알고 계십니까?	그렇다 □	아니다 □	
6. (5번 질문에서 '그렇다'의 경우) 보험가입 이후에 몇 년이 지나야 지급되는 것으로 알고 계십니까?	① 1년 ② 2년 ③ 3년 ④ 4년 ⑤ 5년		
7. 아래는 보험약관의 일부 내용입니다. 해당 약관의 내용에 대해서 어느 정도 이해가 되십니까?	① 잘 이해된다. ③ 모르겠다.	② 조금 이해된다. ④ 전혀 모르겠다.	

> ┌─ 제11조 (보험금을 지급하지 아니하는 보험사고) ─┐
> ① 회사는 다음 중 어느 한 가지의 경우에 의하여 보험금 지급사유가 발생한 때에는 보험금을 드리지 아니함과 동시에 이 계약을 해지할 수 있습니다.
> 1. 피보험자가 고의로 자신을 해친 경우
>   그러나 피보험자가 정신질환 상태에서 자신을 해친 경우와 계약의 책임개시일(부활계약의 경우에는 부활청약일)부터 2년이 경과된 후에 자살하거나 자신을 해침으로써 장해등급분류표 중 제1급의 장해상태가 되었을 경우에는 "그러하지 아니합니다."
> 2. 수익자가 고의로 피보험자를 해친 경우
>   그러나 그 수익자가 보험금의 일부 수익자인 경우에는 그 수익자에 해당하는 보험금을 제외한 나머지 보험금을 다른 수익자에게 지급합니다.
> 3. 계약자가 고의로 피보험자를 해친 경우

8. 위의 해당 약관의 제1항 제1호에 규정되어 있는 "그러하지 아니합니다."의 의미를 어떻게 이해하십니까?	① 보험금을 지급 받을 수 있다. ② 보험금을 지급 받을 수 없다. ③ 무슨 의미인지 이해가 되지 않는다.	
9. 재해사망에 대해서 알고 계십니까?	그렇다 ☐　　아니다 ☐	(해당되시는 란에 체크(√) 해주시길 바랍니다.)
10. 귀하께서 생각하시는 재해란 무엇입니까? (중복체크 가능)	① 재앙으로 인하여 받는 피해 ② 태풍·홍수·호우·폭풍·폭설·가뭄·지진 등 자연현상으로 인하여 생기는 피해 ③ 질병이나 체질적인 요인 등이 아닌 외부적 요인으로 인하여 초래된 사고	
11. 자살이 재해사망에 포함될 수 있다고 생각하십니까?	그렇다 ☐　　아니다 ☐	
12. 귀하께서는 아래 밑줄 친 부분의 경우 재해사망보험금을 지급받지 못한다는 것에 대해서 알고 계십니까?	그렇다 ☐　　아니다 ☐	

┌───┐
│　　　　제11조 (보험금을 지급하지 아니하는 보험사고)
│ ① 회사는 다음 중 어느 한 가지의 경우에 의하여 보험금 지급사유가 발생한 때에는 보험금을 드리지 아니함과 동시에 이 계약을 해지할 수 있습니다.
│ 1. 피보험자가 고의로 자신을 해친 경우
│ 　그러나 피보험자가 정신질환 상태에서 자신을 해친 경우와 계약의 책임개시일(부활계약의 경우에는 부활청약일)부터 2년이 경과된 후에 자살하거나 자신을 해침으로써 장해등급분류표 중 제1급의 장해상태가 되었을 경우에는 그러하지 아니합니다.
└───┘

2. 보험소비자의 약관내용에 대한 인식

　　보험계약을 체결할 가능성이 있는 일반인과 보험업무 종사자인 동시에 보험계약자의 가능성이 있는 두 부류로 나누어 분석한 결과를 도식화한 것은 다음의 표와 같다.

설문 목적
- 평균적인 보험소비자의 '자살면책제한 조항 및 재해사망에 대한 인식도' 조사
  설문 기간: 2016년 5월 2일~2016년 5월 22일
  설문 대상(전체 1,020명)
- 일반인 730명, 보험업무 관련 종사자 222명, 법학전공자 68명
  참고: 퍼센티지(%): 해당 그룹별 전체 인원 중 응답한 인원의 비율

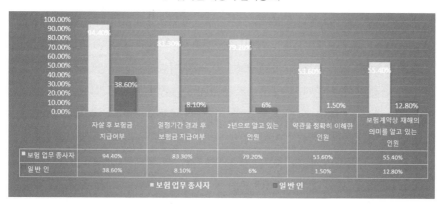

〈보험약관 내용의 인식정도〉

	자살 후 보험금 지급여부	월청기간 경과 후 보험금 지급여부	2년으로 알고 있는 인원	약관을 정확히 이해한 인원	보험계약상 재해의 의미를 알고 있는 인원
■ 보험 업무 종사자	94.40%	83.30%	79.20%	53.60%	55.40%
일 반 인	38.60%	8.10%	6%	1.50%	12.80%

■ 보험업무종사자 　　　　　■ 일반인

이 설문조사결과에 따르면 자살이 보험금지급의 대상이 아니라는 것에 대하여 보험업무종사자들의 대부분(94.40%)은 이를 알고 있었지만, 일반인은 오로지 38.60%만이 이를 인식하고 있었다. 자살이 보험금 지급대상이 아님을 근본적으로 안다고 답한 자들 중에서 일정기간 경과 후, 즉 계약의 책임개시일(부활계약의 경우에는 부활청약일)부터 어느 정도 시간이 경과된 후의 자살에 대하여 보험금이 지급될 수 있다는 사실을 알고 있는지의 여부를 묻는 것에 대해서는 보험업무종사의 83.30%, 일반인은 8.10%로 10배의 차이를 나타나고 있다. 이와 같이 일정기간 경과 후 자살에 한하여 보험금 지급이 허용되는 사실을 알고 있는 자 중, 보험업무종사자 중의 79.20%가 그 일정기간이 2년이라고 대답하였으나 일반인은 6%라고 응답하여 실제로 계약의 책임개시일부터 2년이 경과된 후에 자살의 경우에 한하여 보험금이 지급된다는 사실을 안 경우를 아는 일반인은 많지 않았다.

최근 판례[65]에서 가장 쟁점이 되었던 자살에 대한 면책제한조항의 취지를 담고 있는 해당 재해사망특약의 조항의 이해여부와 관련하여, 어느 정도는 그 의미를 파악할 수 있다(잘 이해된다 + 조금 이해된다)고 본 보

65_ 대법원 2016.5.12. 선고 2015다243347 판결; 서울중앙지방법원 2015.10.7. 선고 2015나14876 판결.

험업무종사자는 53.60%에 해당한 반면, 일반인 중 1.50%만이 이를 이해한다(역시 잘 이해된다 + 조금 이해된다)고 하여, 약관에서 나타내는 의미를 보통의 경우는 알아내기 어렵다는 것으로 확인되었다. 일반의 보험가입자의 98.50%가 이해하지 못하는 것으로 나타났다. 그만큼 약관의 기술이 이해하기 곤란한 문장구조로 되었다는 것이 확인되었다. 보험업무종사자들도 그 내용을 절반 정도만 이해하는 것이므로, 결국 보험상품의 판매를 중개하는 자에게도 그 내용이 어렵게 인식된다는 것을 알 수 있었다. 특히 일반인의 경우는 단지 1~2% 정도만 해당 약관의 의미를 이해할 수 있다고 보아 약관의 이해도는 지극히 낮은 것으로 평가된다.

자살이 재해사고가 될 수 없다는 것은 재해사망특약의 성질상 지극히 당연한 것이고, 자살에 대해 재해사망보험금이 지급된다고 기술한 보험약관은 그러므로 무효가 될 수밖에 없다고 판단하는 재해의 의미에 대한 인식 및 재해사망의 취지에 대한 인식에 대해서도 보험업무종사자의 절반인 55.40%만이 긍정적으로 답하였고, 일반인은 12.80%만이 아는 것으로 확인되었다.

3. 소 결

고의로 보험사고를 일으키면 보험자는 면책이 된다는 것은 당연한 것이다. 이는 상법 제659조에 적시한 바다. 그리고 보험사고는 우연하여야 한다는 대명제를 기준으로 하는 것이므로 자명한 사실이다. 그러므로 이를 굳이 보험계약의 체결 시에 보험자가 약관을 중심으로 설명할 필요가 없는 대상으로 인식하고 있다. 자살은 고의성이 있는 사망사고이므로 보험금 지급대상이 되지 아니한다는 것이다. 그런데 이러한 기본적인 전제를 바탕으로 하는 일련의 보험약관의 내용이 보험계약자 등에게는 이해하기 어려운 대상일 수 있다. 이러한 것은 보험약관의 이해도조사에서 나타난 바와 같다. 그러한 결과가 나온 이유가 본디 약관이 이해하기 어렵게 기술된 측면도 있지만, 보험계약의 기술성 측면이나 사행계약적인 특성에서 기인하는 측면도 있다. 더욱이 쌍무적인 의무를 계약당사자에게 부과하는 과정에서 약관에 규범적인 요소가 포함되기도 한다.

과연 보험계약자 등이 약관에 정하여진 사항이라고 하더라도 거래상 일반적이고 공통된 것이어서 보험계약자가 이미 잘 알고 있는 내용이거나 별도의 설명 없이도 충분히 예상할 수 있었던 사항이거나 이미 법령에 의하여 정하여진 것을 되풀이하거나 부연하는 정도에 불과한 사항이라면, 그러한 사항에 대해서까지 보험자에게 명시·설명의무가 인정되는 것이 아니라는 기존의 대법원 판례를 아무 의심없이 당연하다고 보아야 할지에 대한 의문에서 시작된 약관이해도 조사에서는 그야말로 극단적이고 회의적인 결과가 나왔다. 자살의 고의성으로 인하여 이것이 보험에서의 재해에는 절대 포함될 수 없다는 것도 일반인이 당연히 알고 있는 사실은 아니었다. 결국 이는 재해의 의미를 정확히 이해하고 있는지에 대한 질문과 같은 맥락인데 보험업무종사자에게조차 이를 인식하고 있는 자는 절반을 상회하는 정도의 분석결과가 나왔는데, 보험약관 중 기존의 판례에서 거래상 일반적이고 공통된 것이어서 보험계약자가 이미 잘 알고 있는 내용이거나 별도의 설명 없이도 충분히 예상할 수 있었던 사항이거나 이미 법령에 의하여 정하여진 것을 되풀이하거나 부연하는 정도에 불과한 사항이므로 보험자의 설명이 면제되는 것에 해당한다고 단정하기[66]에 곤란한 결과라고 판단하게 되었다. 보험에서 재해의 의미를 이해하기 위해서는 보험사고에 우연성, 급격성, 외래성이 전제되어야 하고 이 전제가 모두 충족하는 때에야 그 사고는 재해에 해당한다. 외래성은 보험사고가 신체의 외부로부터 생긴 것이어야 함을 의미한다. 보험약관상 '외래의 사고'란 상해 또는 사망의 원인이 피보험

66_ 대법원 1998.11.27. 선고 98다32564 판결; 대법원 2004.4.27. 선고 2003다7302 판결; 대법원 2005.10.28. 선고 2005다38713, 38720 판결; 대법원 2007.4.27. 선고 2006다87453 판결; 대법원 2010.3.25. 선고 2009다91316, 91323 판결; 대법원 2013.6.28. 선고 2013다22058 판결 등.

자의 신체적 결함, 즉 질병이나 체질적 요인 등에 기인한 것이 아닌 외부적 요인에 의해 초래된 모든 것을 의미한다고 보았다.[67] 일반인뿐만 아니라 보험업무종사자가 이미 보험계약을 체결하기 전부터 당연히 알고 있는 사실이라고 단정하기 불합리한 것임을 알 수 있었다.

보험자에게 설명의무를 부과하는 것은 보험계약자가 보험약관의 내용뿐만 아니라 보험거래의 실상 역시 잘 알지 못하는 것을 전제로 하는 것인데,[68] 보험자에 비하여 전문적이지 아니한 일반인에게는 보험약관의 이해가 대법원의 판례가 제시하는 것과 같이 거래상 일반적인 내용이고 공통된 것이거나 법령에 의하여 정하여진 것이라고 하더라도 이해하기 어려운 것이었다. 보험계약은 약관을 기반으로 하는 계약으로 부합계약이므로 약관의 이해가 기본적인 전제이다. 보험약관을 보험자의 주도로 구성하여 이를 적용받는 보험계약자는 보험자의 설명에 의존할 수밖에 없는 불리한 계약적 구도하에 있다. 물론 보험약관의 모든 행간을 일일이 다 설명하고 보험계약자의 이해 정도를 확인할 수는 없다. 그러나 적어도 지금까지 대법원 판례가 견지하고 있는 것과 같이 보험자의 설명의무를 획일적으로 면제하는 경향을 취한다면 약관의 해석 및 적용과 관련된 분쟁으로 인한 분쟁비용은 계속 발생할 수밖에 없다.

IV. 맺는 말

보험계약은 약관을 기반으로 한 소비자계약이다. 보험약관은 보험자에게는 상품의 구성내용으로서 시장에서 보험자의 수준을 판단받는 법적 상품이다. 보험자는 보험계약을 체결할 때에 보험계약자에게 보험약관을 교부하고 그 약관의 중요한 내용을 알려 주어야 할 의무를 가진다.

67_ 이상은 김은경, "스포츠 상해와 보험자 면책", 「스포츠엔터테인먼트와 법」, 2015, 179면 이하 참조.
68_ 김헌무, 앞의 논문, 432면.

이를 보험자의 보험약관의 교부 및 설명의무라 하고 상법 제638조의3 제1항에 명문으로 규정하고 있는 법정의무에 해당한다. 이 의무를 보험자에게 부과하는 것은 개개의 보험 상품마다 그 특징이 다르고 계약의 내용에 대하여 구체적으로 인지할 필요가 있으므로 보험계약자가 보험계약을 체결함에 있어 보험 약관을 제공하는 보험자로부터 최소한의 필요정보를 얻게 하여 계약적 균형관계를 유지하는 것에 그 근본적인 취지가 있다고 한다.[69]

보험자가 불완전하게 이행한 약관의 설명으로 보험계약자가 계약체결에 대한 그릇된 결정을 하게 되고 이것의 부정적인 결과가 보험사고 발생 이후에야 현실화되는 경우가 종종 있다. 동일한 문제가 역시 다른 분야에서도 있다. 의사의 설명의무 부족에서 비롯된 환자의 치료 선택권 보호 문제가 의료법 분야에서 화두가 된 경우가 그것이다.[70]

보험자의 설명의무의 범위에 대한 대법원의 판단은 보험약관의 생성과정에서 기원하는 정보비대칭상태에 대한 관계를 이해하지 아니하고 계약적 약자에 대한 배려 없이 이루어진 것은 아닌지에 대한 의구심을 거둘 수가 없다. 이러한 의구심은 비록 모든 보험계약자를 전수조사한 결과에 의한 것은 아니지만, 1천여 명이 넘는 보험소비자를 대상으로 한 특정약관의 일부분에 대한 약관이해도 조사에서 다시 확인이 되었다. 보험약관은 매우 어렵게 기술되어 있었고 실제로 그것을 이해하는 데에는 많은 사전적인 지식을 보험소비자 측에 요구하고 있다. 시중에 보험계약을 위하여 제시되는 약관이 통상적이고 평균적인 소비자[71]가 이해

69_ 김은경, "보험자의 설명의무에 대한 재고", 「상사판례연구」 제20권 3호, 2007.9, 116면.

70_ 김계현·김한나, "의사의 설명의무 위반과 손해배상책임의 범위", 「가천법학」 제6권 4호, 2013.12. 참조; 김나경, "의사의 설명의무의 법적 이해", 「한국의료법학회지」 제15권 1호, 2007.6. 참조; 박영복, 전게논문 190-192면.

71_ 유럽사법재판소(EuGH)의 판결에 따르면 보통거래약관에서 기준이 되는 소비자란 소비와 관련해서 정보가 충분히 제공되어서 이에 따라 신중하고 동시에 합리적인 자로 판단되는 자이다[Heinrichs, NJW 1996, 2190 (2197); Hermann, VersR 2003, 1333 (1337)]. 이러한 기본적인 기준하에 보험소비자란 보험에 대한 결정적인 전문지식이 없

하기에 보편적인 문장표현 수준이나 명확한 형태를 갖추고 있지 않아서 보험계약자 입장에서는 약관에 기초한 계약에서 상당히 불리한 위치에 있다. 그러므로 근본적으로 해결해야 할 것이 보험약관을 이해하기 쉽고 평이하게 작성하는 것이다. 그러나 이는 큰 노력이 필요한 부분이다. 더욱이 우리나라와 같이 보험상품이 주계약에 다채로운 특약을 다수 붙여 만든 구성을 취하는 한, 그 약관을 간명하게 만드는 일이 그렇게 말처럼 쉬운 것은 아니다. 그럼에도 불구하고 이 부분은 시간을 두고 해결해야 하는 부분이다. 더욱이 상품을 복잡하게 만들어서 생기는 불이익을 보험계약자가 수인하는 쪽보다는 보험상품의 공급자인 보험자가 부담하여야 하는 것으로 문제를 해결하는 것이 약관에 기반한 계약에서의 정보비대칭의 불균형을 해소하는 원리로서 적정한 것이다.

또한 다른 측면에서 대법원이 지금까지 견지해 오던 약관에 정하여진 사항이라고 하더라도 거래상 일반적이고 공통된 것이어서 보험계약자가 이미 잘 알고 있는 내용이거나 별도의 설명 없이도 충분히 예상할 수 있었던 사항이거나 이미 법령에 의하여 정하여진 것을 되풀이하거나 부연하는 정도에 불과한 사항이라면, 그러한 사항에 대하여까지 보험자에게 명시·설명의무가 인정되는 것은 아니라고 하는 것에 대한 재고를 해 볼 필요가 있다. 약관의 내용 중 보험자를 면책하게 하거나 또는 특약으로 새롭게 책임을 부과하는 사유에 해당하는 것 그리고 보험계약자에게 의무를 부과하는 사유이거나 보험계약자를 불리하게 하는 내용의 약관에 대하여는 이는 현재까지의 대법원의 판단기준과는 달리 보험자가 설명을 해야 할 것으로 함이 타당할 것이라고 본다. 보험자에게 이러한 약관의 설명의무가 인정되는 것은 어디까지나 보험계약자가 알지 못

는 자로서 법적 문외한인 평균적인 소비자로 정의하고 있다. 더욱이 이러한 판단은 보험소비자가 계약을 체결할 시점을 기준으로 한다(Beckmann/Matusche- Beckmann, Versicherungsrechts-Handbuch, C.H. Beck, 2009, § 10, Rn. 167). 그러므로 개별 보험계약자의 개인적인 이해력은 본질적으로 결정적인 것은 아니다[BGH 9.12.1987, VersR 1988, 282(283); BGH 14.6.2006, VersR 2006, 1246; Palandt/Grüneberg, BGB, 73 Aufl. C.H.Beck, 2013, § 305c Rn. 15].

하는 가운데 약관에 정하여진 중요한 사항이 계약 내용으로 되어 보험계약자가 예측하지 못한 불이익을 받게 되는 것을 피하고자 하거나[72] 다른 기대이익을 선택할 기회를 박탈하지 말아야 한다는 근거가 있기 때문이고, 여전히 보험약관은 보험자에게 주도권이 있는 상태에서 어렵게 기술되어 있는 현실을 감안하여 판단하여야 하기 때문이다.

---

[72] 대법원 1998.11.23. 선고 98다32564 판결; 대법원 1999.5.11. 선고 98다59842 판결; 대법원 2000.7.4. 선고 98다62909, 62916 판결; 대법원 2001.7.27. 선고 99다55533 판결; 대법원 2003.5.30. 선고 2003다15556 판결; 대법원 2004.4.27. 선고 2003다7302 판결; 대법원 2004.11.25. 선고 2004다28245 판결; 대법원 2011.3.24. 선고 2010다96454 판결 등.

참고문헌

김성태, 「보험법강론」, 법문사, 2001.

김은경, 「보험계약법」, 보험연수원, 2016.

박세민, 「제3판 보험법」, 박영사, 2015.

이기수 · 최병규 · 김인현, 「제9판 보험 · 해상법」, 박영사, 2015.

장덕조, 「제2판 보험법」, 법문사, 2015.

정찬형, 「제17판 상법강의 하」, 박영사, 2015.

채이식, 「상법강의(하)」, 박영사, 2003.

권영준, "자살과 재해사망보험금 지급에 관한 보험약관의 해석", 「재산법연구」, 2015.

김선정, "약관에 없는 사항도 중요사항으로 설명하여야 하는지 여부", 「월간생명보험」 9월호, 생명보험협회, 2014.

김은경, "독일 보험계약법상 보험자의 정보제공의무 등에 대한 고찰", 「기업법연구」 제23권 제2호, 2009.6.

김은경 · 임채웅, "보험약관의 명시 설명의무 이행의 주체와 위반의 증명책임", 「법제연구」 제46호, 한국법제연구원, 2014.

김헌무, "보험자의 보험약관 설명의무의 범위", 「경영법률」 제19집 제2호, 한국경영법률학회, 2009.

김현록, "보험자의 보험약관 설명의무와 그 새로운 입법안", 「상사판례연구」 제26집 제1권, 한국상사판례학회, 2013.

박세민, "자살에 대한 재해사망보험금 지급에 관한 문제 ─ 재해사망특약의 면책제한사유 해석", 「고려법학」, 2016.

박수영, "상법 제638조의 3과 약관규제법 제3조와의 관계", 「보험학회지」 제59집, 한국보험학회, 2001.

송호신, "보험약관의 교부 · 설명의무", 「법학연구」 제37집, 한국법학회, 2010.

양승규, "보험약관의 명시 · 설명의무위반으로 인한 보험계약해지 여부", 「손해보험」 제288호, 1992.

양승규, "보험자의 약관설명의무위반과 보험계약자의 고지의무위반의 효과", 「저스티스」 29권 2호, 1996.

어수용, "계약체결과정에서의 설명의무와 선택권의 보호", 「재산법연구」, 제27
　권 3호, 2011.2.

위계찬, "계약체결과정에서 설명의무의 근거", 「원광법학」 제23권 제2호, 2007.

이정원, "보험자의 약관설명의무 위반의 법적 의의에 대한 비판적 검토", 「법학
　연구」 제15집 3권, 인하대학교 법학연구소, 2012.

이진수, "보통보험약관 설명의무의 대상과 그 예외에 관한 고찰", 「법과 기업연구」
　제4권 제2호, 서강대학교 법학연구소, 2014.

이현령, "개정 표준약관 개관", 「보험법 연구」 제4권 제1호, 한국보험법학회,
　2010.

전우현, "자동차종합보험약관 설명의무의 범위에 관한 검토", 「상사판례연구」
　제18집 4권, 2005.12.

정호열, "약관명시설명의무와 고지의무의 관계", 「정동윤 교수 화갑기념논문집」,
　법문사, 1999.

Beckmann/Matusche-Beckmann, Versicherungsrechts-Handbuch, C.H. Beck,
　2009.

Heinrichs, NJW 1996, 2190.

Hermann, VersR 2003, 1333.

Palandt/Grüneberg, BGB, 73 Aufl., C.H.Beck, 2013.

3장

최근 약관규제법의 동향

약관규제법에 관한 최근 대법원 판례 동향*

이원석**

Ⅰ. 서 언

이 글은 2014년부터 2016년까지 「약관의 규제에 관한 법률」(이하 '약관규제법') 관련 대법원 판례를 정리하고, 여기에 간략한 검토의견을 덧붙인 것이다.

이 글에서 대상으로 삼은 대법원 판례는 총 10건으로 편입통제 관련 판례가 4건, 해석통제 관련 판례가 2건, 내용통제 관련 판례가 3건, 기타 판례가 1건이다.[1] 판례의 분류는 가장 주된 쟁점(파기판결의 경우에는 파기 사유가 있는 쟁점)을 기준으로 하였다.

각 판례는 사실관계, 법원의 판단, 검토의 순서로 정리하였는데, 사실관계는 약관규제법적 쟁점과 관련이 있는 부분만으로 한정하여 수정하였

---

 * 이 글은 2017년 1월 18일 한국외국어대학교 법학연구소 소비자법센터 제7회 학술대회 ("2016년 약관규제법의 동향과 과제: 판례의 동향")에서 발표한 글을 수정·보완하여 외법논집 제41권 제1호에 수록된 것입니다.

** 창원지방법원 부장판사.

1_ 통설·판례(대법원 2008.12.16.자 2007마1328 결정)에 따라 편입통제, 해석통제, 내용통제로 나누었으나, 엄밀하게 본다면 해석통제는 약관 통제의 방법이라기보다는 약관의 해석원칙으로 보는 것이 타당하다고 생각된다.

고, 검토는 필자가 파악할 수 있는 범위 내에서 판례의 정확한 의미 파악에 도움이 되는 데에 중점을 두었다. 아울러 약관규제법을 비롯한 법률의 조항은 내용에 변동이 없는 한 현행 규정으로 통일하여 표시하였다.

II. 편입통제 관련 판례

1. 대법원 2014.6.12. 선고 2013다214864 판결―대출비용부담에 관한 선택형 약관조항

1) 사실관계

| 〈대출거래약정서〉
이 약정서 작성에 따른 인지세는
(☐ 본인, ☐ 은행, ☐ 각 50%씩 본
인과 은행)이 부담합니다.
〈근저당권설정계약서〉
채권자는 근저당권설정절차에 드
는 비용의 종류와 산출근거를 채무
자와 설정자에게 설명하였고, 그
부담 주체를 정하기 위하여 "☐" 내
에 '✓' 표시를 하고 그 정한 바에
따르기로 합니다. | | | |

구 분	부담주체		
	채무자	설정자	채권자
등록세	☐	☐	☐
교육세	☐	☐	☐
국민주택채권매입	☐	☐	☐
법무사수수료	☐	☐	☐
말소(저당권 해지)	☐	☐	☐
감정평가수수료	☐	☐	☐
	☐	☐	☐

원고들은 피고들(금융기관)로부터 부동산담보대출을 받으면서 피고들이 마련한 대출거래약정서, 근저당권설정계약서를 사용하여 계약을 체결하였는데, 이들 계약서는 대출비용(근저당권설정비용 포함) 부담에 관하여 위와 같은 비용부담조항(이하 '이 사건 조항')을 두고 있었다. 원고들은 이 사건 조항 중 자신이 비용을 부담하는 난에 '✓' 표시를 하여 해당 비용을 부담하였다. 원고들이 이 사건 조항에서 피고의 비용부담을 선택

하는 경우에는 가산금리를 적용받거나 중도상환수수료를 부담하는 조건이 결부되어 있었다.

한편 은행여신거래 표준약관의 대출비용부담에 관한 조항은 '① 고객부담형 ⇨ ② 선택형(2003.3.부터, 이 사건 조항이 이에 해당) ⇨ ③ 비용부담자 특정형(2008.1.부터)'[2]으로 변경되었는데, 공정거래위원회가 약관규제법 제19조의3[3]에 근거하여 '선택형' 조항이 불공정약관조항에 해당함을 전제로 '비용부담자 특정형'으로 개정한 표준약관의 사용권장처분을 하

2_ '비용부담자 특정형' 조항의 내용은 아래와 같다.

〈대출거래약정서〉

이 약정서에 따른 인지세는 각 50%씩 본인과 은행이 부담합니다.

〈근저당권설정계약서〉

채권자는 … 이 설명을 한 비용은 다음 각 호에 따라 부담합니다.

1. 국민주택채권매입비: 채무자 또는 설정지

2. 등록세, 교육세, 등기신청수수료 및 법무사수수료

　가. 근저당권 설정등기를 하는 경우: 채권자

　나. 근저당권 말소등기를 하는 경우: 채무자 또는 설정자

3. 근저당물건의 조사 또는 감정평가 수수료

　가. 근저당권을 설정하기 위한 경우: 채권자

　나. 채무자의 채무불이행으로 인하여 근저당권을 행사하는 경우: 채무자 또는 설정자

4. 기타 비용으로서 부담주체가 분명하지 아니한 비용: 채권자와 채무자 또는 설정자의 균분

3_ 실제로는 구 약관규제법(2010.3.22. 개정되기 전의 것) 제19조의2가 적용되었는데 그 내용은 아래와 같다.

제19조의2(표준약관)

③ 공정거래위원회는 제2항의 규정에 따른 소비자단체 등의 요청이 있는 경우 또는 일정한 거래분야에서 다수의 고객에게 피해가 발생하는 경우에 이를 조사하여 약관이 없거나 불공정 약관조항이 있는 경우 사업자 및 사업자단체에 대하여 표준이 될 약관을 마련하여 심사청구할 것을 권고할 수 있다.

④ 공정거래위원회는 사업자 및 사업자단체가 제3항의 권고를 받은 날부터 4월 이내에 필요한 조치를 하지 아니하는 경우 관련분야의 거래당사자 및 소비자단체 등의 의견을 듣고 관계부처의 협의를 거쳐 표준이 될 약관을 마련할 수 있다.

⑤ 공정거래위원회는 제1항·제3항 및 제4항의 규정에 따라 심사하거나 마련한 약관(이하 "표준약관"이라 한다)을 공시하고 사업자 및 사업자단체에 대하여 그 사용을 권장할 수 있다.

고 그 취소를 구하는 행정소송에서 은행들이 패소하기에 이르자,[4] 원고들이 이 사건 조항은 약관규제법 제6조의 '고객에게 부당하게 불리한 조항'으로서 무효라고 주장하면서 기지급한 대출비용 상당액의 부당이득반환을 청구하였다.

2) 법원의 판단

원심은 원고들이 이 사건 조항에 기초한 약정에 따라 대출비용을 부담한 것은 개별약정에 따른 것이라는 이유로 원고들의 청구를 기각하였다. 원심이 대출비용부담에 관한 약정을 개별약정으로 본 근거는, 이 사건 조항은 계약교섭의 결과로 예견 가능한 경우를 미리 정해 놓고 선택의 방법으로 그 결과를 계약 내용으로 포섭하기 위한 것으로서 계약교섭 후에 그 결과를 직접 적는 것보다 간편하게 한 것일 뿐인 점, 원고들과 같은 고객들도 대출받을 금융기관에 대해 금리 기타 대출 부대비용에 관한 정보를 수집하고 비교하여 자신에게 가장 유리한 조건을 제시하는 상대방을 정하여 대출을 받았다고 봄이 타당하다는 점, 대출거절의 위험 때문에 피고들이 지시하는 대로 선택할 수밖에 없었다면 이는 금융기관이 일방적으로 우월한 지위에 있었기 때문이 아니라 당해 대출수요자가 상대적으로 열악한 경제적 지위에 있었기 때문으로 봄이 타당한 점 등이었다.

대법원은 ① 이 사건 조항은 약관에 해당하고 원심이 내세우는 사정만으로는 원고들과 피고들 사이에 개별약정이 있었다고 보기 어려우나, ② 이 사건 조항이 고객에게 부당하게 불리한 약관조항으로서 무효라고 볼 수는 없다는 이유로 원고들의 청구를 배척한 원심의 결론은 정당하다고 하였다. 대법원은 ① **이 사건 조항이 약관인지**와 관련하여는, ㉠ 이 사건 조항은 "피고들이 다수의 상대방과 계약을 체결하기 위하여 그

4_ 대법원 2010.10.14. 선고 2008두23184 판결. 이에 대한 평석으로는 김정중, "표준약관 사용권장행위의 처분성과 약관조항의 불공정성 판단기준 등", 특별법연구 제10권(전수안 대법관 퇴임기념)(2012), 534면 이하.

조항에서 정한 선택 항목의 범위에서 계약이 이루어질 수 있도록 일정한 형식을 갖추어 미리 마련한 계약의 내용으로서" 약관규제법 제2조에 정한 약관에 해당한다고 한 다음, ㉡ 이 사건 조항에 의하여 이루어진 계약 내용이 원고들과 피고들 사이의 합의에 의한 개별약정으로 인정되기 위하여는, 이 사건 조항에서 정한 "선택 항목에 따라 선택이 이루어졌다는 사정만으로는 부족하고, 원고들이 피고들과 거의 대등한 지위에서 그 비용 부담자 및 부담 정도에 관하여 충분한 검토와 고려를 한 후 개별적인 교섭 또는 흥정을 거쳐 이 사건 조항에서 제시된 제한적인 선택 항목에 구속되지 아니하고 그 내용을 변경함으로써 원고들의 이익을 조정할 수 있는 기회를 가졌음에 관한 개별·구체적 사정이 있어야 하며, 그 사정은 피고들이 주장·증명하여야" 하는데, 원심이 내세우는 사정만으로는 이를 인정하기 어렵다고 판단하였다. 그리고 ② **이 사건 조항이 고객에게 부당하게 불리한 약관조항인지**에 관하여는, ㉠ 약관규제법 제19조의3에 의한 표준약관 사용권장처분은 사전적·행정적 조치로서 약관규제법 제6조 내지 제14조 및 제17조의 규정과는 별도의 절차적 요건과 법적 효과를 정하고 있는 점, ㉡ 표준약관 사용권장처분은 장래를 향한 제도개선 차원에서 행정적인 판단을 한 것인 점, ㉢ 선택형 조항은 고객 부담형 조항에 비하여 고객의 이익을 고려한 것으로서 공정거래위원회의 사전심사 및 승인을 거친 것이고 선택형 조항에 의하여 고객이 대출비용을 부담하는 경우에는 상대적으로 대출금리나 중도상환수수료 등에서 이익을 볼 수도 있는 점 등을 고려해 보면, 선택형 조항을 비용부담자 특정형 조항으로 변경한 표준약관에 대한 사용권장처분이 있었음에도 불구하고 선택형 조항인 이 사건 조항이 고객에게 부당하게 불리한 조항으로서 무효라고 할 수는 없다고 하였다.

3) 검 토

① 이 사건 조항의 약관성 여부 및 개별약정의 성립 여부

이 사건 조항은 고객에게 선택의 가능성을 제시하고 있어 그것이 약

관에 해당하는지 여부가 문제된다. 어음거래약정서에 거래의 존속기간과 거래금액을 보충할 수 있는 난을 마련해 두고 있는 경우와 같이 당사자의 구체적인 합의에 의하여 그 내용이 결정될 것이 예정되어 있는 경우라면 이러한 계약서 부분은 약관으로 볼 수 없다.[5] 그러나 주어진 선택지 내에서의 선택만이 가능하고 그 외의 교섭이나 흥정 및 이에 따른 이익조정의 가능성이 배제되어 있다면 이를 약관으로 보아야 한다. 이 사건에서도 인지세 항목에서는 일방의 전부 부담 또는 반반씩의 부담 중에서만 선택할 수 있고 나머지 항목에서도 비용부담자만 선택할 수 있을 뿐 부담의 정도는 선택할 수 없으며 고객의 비용부담자 선택에 따라 가산금리나 중도상환수수료가 연동되도록 되어 있어 주어진 선택의 가능성은 제한되어 있다. 이러한 점에서 대법원은 이 사건 조항을 약관으로 본 것이다. 다만 선택형 조항이라고 하더라도 선택가능한 모든 경우가 제시되어 있는 경우라면 그러한 조항은 약관으로 볼 수 없을 것이다.

이 사건 조항을 약관으로 보더라도 개별약정 체결의 가능성은 열려 있다. 판례는 약관의 특정 조항에 관하여 "개별적인 교섭(또는 흥정)을 거침으로써 상대방이 자신의 이익을 조정할 기회를 가졌다면 그 특정 조항은 약관규제법의 규율대상이 아닌 개별약정이 된다"고 하고 있다.[6] 나아가 판례는 여기서 상대방이 자신의 이익을 조정할 기회를 가졌다는 것의 의미는 해당 약관조항의 내용에 구속되지 않고 이를 변경할 가능성을 가졌다는 취지로서, 이러한 요건이 충족된다면 교섭의 결과가 반드시 특정 조항의 내용을 변경하는 형태로 나타나야 되는 것은 아니라고 하고 있고, 개별약정으로 볼 수 있는 사정에 대한 주장·증명책임은 사업자에게 있다고 하고 있다.[7] 대상판결도 이러한 취지에서 선택 항목에 따라 선택이 이루어졌다는 사정만으로는 개별약정이 있었다고 보기

5_ 대법원 2001.11.27. 선고 99다8353 판결. 사법연수원, 약관규제 및 소비자보호에 관한 법률(2009), 15면은 위 판결을 이와 같이 이해한다.

6_ 대법원 2010.9.9. 선고 2009다105383 판결 등.

7_ 대법원 2010.9.9. 선고 2009다105383 판결 등.

에 부족하고, 개별적인 교섭을 거쳐 주어진 선택 항목 외에 다른 내용의 합의를 하여 원고들의 이익을 조정할 수 있는 기회를 가졌다고 볼 만한 사정이 있어야 하는데 이에 관한 주장·증명이 부족하다고 한 것이다.

② 이 사건 조항이 고객에게 부당하게 불리한 조항으로서 무효인지 여부

원고들의 주된 주장은, 약관규제법 제19조의3에 의하여 이 사건 조항과 같은 대출비용부담에 관한 선택형 조항이 불공정약관조항임을 전제로 비용부담자 특정형 조항으로 변경된 새로운 표준약관이 만들어져서 그에 대한 사용권장처분이 내려졌고, 그 취소를 구하는 행정소송이 기각확정됨으로써 결국 이 사건 조항은 불공정약관조항이라는 것이 재판상 확인되었다는 것이다.[8] 물론 약관규제법 제17조는 "… 제6조부터 제14조까지의 규정에 해당하는 불공정한 약관조항(이하 '불공정약관조항'이라 한다) …"이라고 하고 있고, 제19조의3이 '불공정약관조항'이라는 표현을 그대로 사용하고 있으므로 원고들 주장과 같이 제19조의3에서 말하는 '불공정약관조항'과 제6조 내지 제14조 및 제17조에서 말하는 '불공정약관조항'을 같은 의미로 볼 수도 있다. 그러나 대상판결은 제19조의3에 규정된 표준약관 사용권장처분은 사전적·행적적인 조치로서 제6조 내지 제14조 및 제17조에 따른 조치와는 그 요건과 효과가 다르고, 공정거래위원회의 표준약관 사용권장처분은 장래를 향한 제도개선 차원에서의 행정적인 판단이라는 이유로, 제19조의3에서 말하는 '불공정약관조

8_ 현행 약관규제법 제19조의3 제3항은 소비자단체 등의 요청에 의한 경우에는 반드시 불공정약관조항임이 전제되지 않아도 되는 것처럼 되어 있으나 구 약관규제법(2010. 3.22. 개정 전의 것) 제19조의2 제3항은 소비자단체 등의 요청에 의한 경우에도 불공정약관조항임이 전제되어 있어야 하는 것처럼 규정되어 있었고, 공정거래위원회의 사용권장처분 및 관련 행정사건도 그러한 전제에서 이루어졌다.

현행 약관규제법 제19조의3(표준약관)

③ 공정거래위원회는 다음 각호의 어느 하나에 해당하는 경우에 사업자 및 사업자단체에 대하여 표준이 될 약관을 마련하여 심사 청구할 것을 권고할 수 있다.

1. 소비자단체 등의 요청이 있는 경우

2. 일정한 거래분야에서 여러 고객에게 피해가 발생하는 경우에 피해 발생 상황을 조사하여 약관이 없거나 불공정약관조항이 있는 경우

항'과 제6조 내지 제14조 및 제17조에서 말하는 '불공정약관조항'의 의미가 일치하는 것이 아니라고 하였다. 판례는 추상적 내용통제의 요건인 전자가 구체적 내용통제에 관한 요건인 후자보다 넓은 개념이라고 보는 것으로 생각된다.

약관규제법 제19조의3에서 말하는 불공정약관조항과 제6조에서 말하는 불공정약관조항의 의미 내지 범위가 일치하지 않는다고 하더라도 이 사건 조항이 그 자체로서 제6조에 의하여 무효일 가능성은 남는다. 특정 약관조항이 약관규제법 제6조에 해당하여 무효라고 하기 위하여는, "그 약관조항이 고객에게 다소 불이익하다는 점만으로는 부족하고, 약관 작성자가 거래상의 지위를 남용하여 계약 상대방의 정당한 이익과 합리적인 기대에 반하여 형평에 어긋나는 약관 조항을 작성·사용함으로써 건전한 거래질서를 훼손하는 등 고객에게 부당하게 불이익을 주었다는 점이 인정되어야"하고 "이와 같이 약관조항의 무효 사유에 해당하는 '고객에게 부당하게 불리한 조항'인지 여부는 그 약관조항에 의하여 고객에게 생길 수 있는 불이익의 내용과 불이익 발생의 개연성, 당사자들 사이의 거래과정에 미치는 영향, 관련 법령의 규정 등 모든 사정을 종합하여 판단하여야 한다"는 것이 판례이다.[9] 판례가 제반 사정을 고려하여 '고객에게 부당하게 불리한 조항'인지 여부를 판단하도록 한 것은 약관에 대한 내용통제는 기본적으로 당사자 사이의 이익형량에 기초한다[10]는 점을 보여 준 것이다. 대상판결은 이러한 취지에서, 대출비용부담에 관한 선택형 조항이 비용부담자 특정형 조항으로 변경된 경위, 이 사건 조항은 과거의 고객 부담형 조항에 비하여 고객의 이익을 고려한 것으로서 공정거래위원회의 사전심사 및 승인을 거친 것인 점, 고객이 대출비용을 부담하는 경우에는 상대적으로 대출금리나 중도상환수수료 등에서

9_ 대법원 1991.12.24. 선고 90다카23899 전원합의체 판결, 대법원 2008.12.16.자 2007마1328 결정 등.

10_ 이은영, "약관법과 민법과의 관계, 계약내용통제 및 일부무효와 관련하여", 외법논집 제34권 제4호(2010.11), 197면.

이익을 볼 수도 있는 점 등에 비추어 보면, 이 사건 조항이 '고객에게 부당하게 불리한 조항'으로서 약관규제법 제6조에 따라 무효로 볼 정도는 아니라고 판단한 것이다.

2. 대법원 2014.7.24. 선고 2013다217108 판결—보험법상 통지의무 관련 약관조항

1) 사실관계

원고는 피고(보험회사)와 피보험자를 A(당시 대학생, 직업급수 1급), A의 사망 시 보험수익자를 법정상속인으로 하는 상해보험계약(이하 '이 사건 보험계약')을 체결하였다. 이 사건 보험계약 약관에는 피보험자의 직업이 변경된 경우 보험계약자나 피보험자는 지체 없이 이를 피고에게 알려야 하고 이를 이행하지 아니한 경우 피고는 이 사건 보험계약을 해지하고 보험금을 감액하여 지급한다는 조항(이하 '이 사건 약관조항')이 포함되어 있었다. A는 대학을 졸업하고 방송장비대여업(직업급수 2급)에 종사하였는데(피고에게 직업변경을 알리지 않았다) 방송장비를 실은 봉고트럭을 운전하여 고속도로를 주행하던 중 교통사고로 사망하였다. A의 상속인인 원고는 피고가 직업변경을 알리지 않았음을 이유로 상법 제652조 및 이 사건 약관조항에 근거하여 보험금을 감액하여 지급하자 감액되지 않은 보험금의 지급을 청구하였다.

2) 법원의 판단

원심은 원고의 청구를 배척하였다. 원심은 원고나 A는 위험변경증가에 대한 통지의무를 규정한 상법 제652조[11] 및 이 사건 약관조항에 따라

11_ 상법 제652조는 "보험기간 중에 보험계약자 또는 피보험자가 사고발생의 위험이 현저하게 변경 또는 증가된 사실을 안 때에는 지체 없이 보험자에게 통지하여야 한다"고 규정하고 있다. 변경증가된 위험이 보험계약 체결 당시에 있었다면 보험자가 계약을 체결하지 않았거나 같은 보험료로는 보험을 인수하지 않았을 경우에 '사고발생 위험의 현저한 변경증가'가 인정된다. 직업급수가 1급인 직업에서 2급인 직업으로 직업을

A의 직업이 변경된 사실을 피고에게 알릴 의무가 있는데 이를 위반하였다고 인정하였다. 원심은 원고의 약관 설명의무 위반 주장에 대하여, 이 사건 약관조항은 상법 제652조에서 이미 정하여 놓은 통지의무를 구체적으로 부연한 정도의 규정에 해당하거나 거래상 일반적이고 공통된 것이어서 보험계약자가 별도의 설명 없이도 충분히 예상할 수 있었던 사항이어서 그에 대하여는 보험자인 피고에게 별도의 설명의무가 인정된다고 볼 수 없다고 하였다.

대법원은 ① 이 사건 약관조항은 피고의 설명의무 위반으로 이 사건 보험계약의 내용으로 되지 않아 이를 근거로 보험금을 감액할 수 없고 ② 상법 제652조 통지의무의 요건도 갖추어지지 않았으므로 이를 근거로 한 보험금 감액도 부당하다고 하여 원심판결을 파기하였다. 대법원은 먼저 ① **약관의 설명의무**와 관련하여, "이 사건 약관조항은 상법 제652조 제1항 및 제653조가 규정한 '사고발생의 위험이 현저하게 변경 또는 증가된' 경우에 해당하는 사유들을 개별적으로 규정하고 있는 것이므로 상법 제652조 제1항이나 제653조의 규정을 단순히 되풀이하거나 부연한 정도의 조항이라고 할 수 없"고,[12] "원고나 A가 이 사건 보험계약은 피보험자인 A의 직업이 대학생임을 전제로 체결되었기 때문에 A의 직업이 방송장비대여업 등 업종으로 변경된 경우에는 사고발생의 위험이 현저히 증가된 경우에 해당되어 이를 지체 없이 피고에게 알려야 한다는 점을 예상할 수 있었다고 볼 만한 자료를 찾을 수 없다"고 하여 이 사건 약관조항에 대한 설명의무는 면제되지 않는다고 하였다. 대법원은

변경한 경우에는 보험료의 변동이 있으므로 이러한 직업변경은 위험의 현저한 변경증가에 해당한다.

12_ 대법원이 보험기간 중의 직업변경을 보험자에게 알려야 한다고 규정한 약관조항에 관하여 이것이 상법 제652조 및 제653조 모두와 관련된다고 판시한 것은, 전자는 위험변경증가를 사후에 알게 된 경우에 통지할 의무를, 후자는 위험변경증가 행위를 하기 전에 보험자에게 통지할 의무(보험자의 승낙 없이 위험변경증가 행위를 하지 아니할 의무)를 규정한 것으로 본 데에 따른 것이다[이원석, "주관적 위험변경증가와 상법 제652조 및 약관설명의무", 고요한 정의의 울림(신영철 대법관 퇴임기념)(2015), 285면 이하].

다음으로 ② **상법 제652조의 적용요건**과 관련하여, 상법 제652조의 통지의무가 인정되기 위하여는 사고발생 위험의 현저한 변경증가를 보험계약자나 피보험자가 알고 있어야 하고, 여기서 '위험의 현저한 변경증가를 안다'고 함은 사고발생 위험과 관련된 특정한 상태의 변경(event)이 있음을 아는 것만으로는 부족하고 그 상태의 변경이 사고발생 위험의 현저한 변경증가에 해당된다는 것(character)까지 아는 것을 말하는데, 방송장비대여업이 사회통념상 일반적인 대학생이 졸업 후 취업하는 것을 예상하기 어려운 직업이라거나 그것이 고도의 위험성을 수반하는 직업이라고 보기 어렵고, 따라서 원고나 A는 방송장비대여업으로 직업을 변경함으로써 사고발생 위험이 현저히 변경증가된다는 것을 알았다고 보기도 어려우므로, 상법 제652조의 통지의무가 인정되지 않는다고 하여, 상법 제652조 통지의무 위반도 인정할 수 없다고 하였다.

3) 검 토

① 약관 설명의무의 면제사유

판례는 약관조항이 계약의 중요한 내용으로서 설명의무의 대상이라고 하더라도 ① 고객이나 그 대리인이 약관조항의 내용을 잘 알고 있는 경우, ② 약관조항에서 정하고 있는 사항이 거래상 일반적이고 공통적이어서 고객이 별도의 설명을 듣지 않더라도 충분히 예상할 수 있는 사항인 경우, ③ 약관조항에서 정하고 있는 사항이 법령에 정하여진 것을 되풀이하거나 부연하는 데 불과한 경우에는 설명의무가 면제된다고 하고 있다.[13] 그런데 ①의 사유에 관하여는 특별한 문제가 없으나 ②와 ③의 사유에 관하여는 살펴볼 문제가 있다.[14]

먼저 **②의 사유**에 관하여 본다. 판례의 문구로는 '거래상 일반 · 공통

13_ 대법원 1998.4.14. 선고 97다39308 판결; 대법원 1998.11.27. 선고 98다32564 판결 등.

14_ 이하는 이원석, 앞의 논문(신영철 대법관 퇴임기념), 305면 이하를 이 글의 취지에 맞추어 요약 · 수정한 것이다.

성'과 '고객의 예상가능성' 2가지 요소가 면제사유를 구성하고 있는데, 실제 판례의 경향은 거래상 일반·공통성은 고객의 예상가능성을 인정하는 하나의 요소에 불과한 것으로 보고 고객의 예상가능성 여부에 따라 설명의무의 면제 여부를 판단하고 있다. 표준약관을 그대로 따른 약관조항이어서 거래상 일반·공통성이 인정되는 약관조항에 대하여도 고객의 예상가능성이 없음을 이유로 설명의무의 면제를 인정하지 않는 경우가 많다.

대상판결도 그러한데, '직업의 변경'을 계약 후 알릴 사항으로 규정한 것은 보험업감독업무시행세칙에 정한 표준약관에 따른 것이지만 원고의 예상가능성이 없음을 이유로 이 사건 약관조항에 대한 설명의무 면제를 인정하지 않았다.

다음으로 ③의 사유에 관하여 본다. 이 면제사유를 인정하게 된 것은 법령에 규정된 내용은 약관조항의 존부와 무관하게 효력을 가지므로 설명의 의미가 없다는 데에서 출발한 것이지만,[15] 다른 한편 형법상 자연범에 해당하는 살인이나 절도를 처벌하는 것과는 달리 기술적 특성을 가진 계약관계(보험계약관계가 대표적이다)에 있어 관련법령을 모든 국민이 당연히 숙지하기를 기대하는 것은 무리라는 비판이 제기되었다.[16] 이에 판례는 법령의 내용을 규정한 약관조항이라고 하더라도 그 내용을 고객이 예상할 수 있었는지 여부에 따라 개별적으로 설명의무 면제 여부를 판단하여야 한다는 입장을 보였다.[17] 그러나 이러한 판례들은 "예상가능

15_ 양승규, "보험약관의 명시설명의무 위반과 고지의무 위반으로 인한 보험계약해지 여부", 손해보험(1992), 37면; 장경환, "보험약관의 교부·설명의무—입법취지와 성격을 중심으로", 보험학회지 제46집(1995), 113면; 장덕조, "보험자의 설명의무", 민사판례연구 제29권(2007), 1062면 등.

16_ 김성태, "보험자의 약관설명의무", 민사판례연구 제12권(2000), 463면; 김시철, "피보험자동차의 양도에 관한 통지의무를 규정한 보험약관이 보험자의 개별적 명시·설명의무의 대상인지 여부", 대법원 판례해설 제67호(2008), 600면; 주기동, "보험자의 약관설명의무의 예외사유", 21세기 사법의 전개(최종영 대법원장 재임기념)(2005), 96면; 이상훈, "판례를 통하여 본 보험약관의 명시설명의무", 청연논총 제7집(2010), 109면 등.

성이 없으므로 법령에 정한 것을 되풀이하거나 부연한 정도에 불과하다고 볼 수 없다"는 다소 어색한 논리를 갖고 있었다.

대상판결은 이러한 문제들에 대한 해결책을 제시한 것으로 볼 수 있다. 대상판결은 이 사건 약관조항은 상법 제652조 및 제653조에 규정된 사고발생 위험이 현저히 변경증가된 경우에 해당하는 구체적인 사유들을 개별적으로 규정하고 있는 것이므로 상법 제652조나 제653조의 규정을 단순히 되풀이하거나 부연한 정도의 조항이라고 할 수 없다고 하였다. 즉, 법령에 규정된 내용을 규정한 약관조항은 다시 ㉠ 구체적으로 규정된 법령규정을 되풀이하여 또는 쉽게 풀어서 규정한 약관조항,[18] ㉡ 추상적으로 규정된 법령규정의 추상적인 내용을 그대로 일반조항으로서 규정한 약관조항,[19] ㉢ 추상적으로 규정된 법령내용에 해당하는 구체적인 사유를 규정한 약관조항[20]으로 나눌 수 있는데, 대상판결은 ㉢의

17_ 대법원 2007.4.27. 선고 2006다87453 판결; 대법원 2010.3.25. 선고 2009다91316, 91323 판결; 대법원 2011.7.28. 선고 2011다23743, 23750 판결.

18_ 예컨대, 대법원 2007.4.27. 선고 2006다87453 판결의 사안(상법 제726조의4 제1항은 "피보험자가 보험기간 중에 자동차를 양도한 때에는 양수인은 보험자의 승낙을 얻은 경우에 한하여 보험계약으로 인하여 생긴 권리와 의무를 승계한다"라고 규정하고 있고, 문제된 약관조항은 "보험계약자 또는 기명피보험자가 보험기간 중에 피보험자동차를 양도한 경우에는 이 보험계약으로 인하여 생긴 보험계약자 및 피보험자의 권리와 의무는 피보험자동차의 양수인에게 승계되지 아니한다. 그러나 보험계약자가 이 권리와 의무를 양수인에게 이전하고자 한다는 뜻을 서면으로 보험회사에 통지하여 이에 대한 승인을 청구하고 보험회사가 승인한 경우에는 그 승인한 때로부터 양수인에 대하여 이 보험계약을 적용한다"라고 규정하고 있다).

19_ 예컨대, 대법원 2011.7.28. 선고 2011다23743, 23750 판결의 사안(상법 제652조 제1항은 "보험기간 중에 보험계약자 또는 피보험자가 사고발생의 위험이 현저하게 변경 또는 증가된 사실을 안 때에는 지체 없이 보험자에게 통지하여야 한다"고 규정하고 있고, 문제된 약관조항은 보험(화재보험)의 목적에 특정 사실이 생긴 경우에는 지체 없이 회사에 알려야 된다고 하면서 "그 이외에 사고발생이 위험이 현저히 증가한 경우"를 규정하고 있다).

20_ 예컨대, 대상판결 사안 및 대법원 2010.3.25. 선고 2009다91316, 91323 판결, 대법원 2014.7.24. 선고 2012다62318 판결의 사안[상법 제652조의 규정내용은 앞서 본 바와 같고, 문제된 약관조항은 보험(상해보험)계약 체결 후 "이륜자동차를 직접 사용하게 된 경우" 이를 회사에 알리도록 규정하고 있다].

경우는 ③의 면제사유에 해당하지 않는다고 하면서 별도로 ① 또는 ②의 면제사유가 있는지 따져 보아야 한다고 한 것이다.

② 약관조항과 법령규정의 관계

약관조항이 임의규정의 적용을 배제하는 것이라면 약관조항에 따라야 하고 임의규정은 적용의 여지가 없다. 반면에 약관조항이 강행규정에 위배되는 것이라면 강행규정에 따라야 하고 약관조항은 그 자체로 무효라고 보아야 한다. 약관의 성질이 계약임을 고려하면 당연한 것이다. 한편 약관조항이 법령과 병행하여 적용되는 경우도 있는데 약관 설명의무 면제사유 ③에 해당하는 경우가 이에 해당한다. 그중에서도 약관조항이 법령의 추상적 내용을 구체화한 것인 경우 약관조항과 법령규정의 관계는 아래와 같이 정리할 수 있다.

이 경우 약관조항은 법령규정에 대하여 독자적인 의미를 갖는다. 대상판결의 사안을 예로 들면, 이 사건 약관조항이 없는 경우 ① 원고나 A는 직업변경을 하고 그 사실을 피고에게 통지하지 않더라도 직업변경이 위험의 현저한 변경증가에 해당함을 알지 못하는 한 상법 제652조의 적용에 의한 불이익은 받지 않고 ② 피고로서도 원고나 A가 직업변경이 위험의 현저한 변경증가에 해당함을 알았다는 점까지 증명하여야 보험계약 해지 등에 의하여 위험과 보험료의 균형을 도모할 수 있다. 그러나 이 사건 약관조항이 있는 경우 ① 원고나 A는 위험의 현저한 변경증가가 무슨 의미이든 직업변경을 통지하지 않음으로써 곧바로 보험계약 해지 등의 불이익을 받게 되고 ② 피고로서도 직업변경을 통지받지 않은 그 자체로 보험계약 해지 등에 의하여 위험과 보험료의 균형을 맞출 수 있게 된다.[21]

다만 법령의 적용범위가 약관조항의 적용범위보다 넓으므로 약관 위

21_ 물론 보험약관은 직업변경이 위험의 현저한 변경증가에 해당하는 때에만 해지 및 보험금 감액 등을 할 수 있는 것으로 규정하고 있다. 직업급수가 동일한 직업으로 변경한 때에는 이를 보험자에게 알리지 않았다고 하더라도 해지 및 보험금 감액 등을 할 수 없는 것이다.

반이 없는 경우에는 법률 위반을 따져 보아야 하지만 법률 위반이 있는 경우에는 약관 위반 여부는 따질 필요가 없다. 판례는 상해보험(대상판결에서의 '직업변경'과 마찬가지로 '오토바이 운전'이 보험자에게 알릴 사유로 규정되어 있었다)을 체결한 후 피보험자가 오토바이를 운전하게 된 사실을 보험자에게 알리지 않은 사안에서, 보험계약자가 피보험자의 '오토바이 운전'이 상법 제652조에서 말하는 위험의 현저한 변경증가에 해당함으로 알고 있었음에도 피보험자가 오토바이 운전을 하는 것을 알게 된 보험계약자가 그러한 사실을 보험자에게 알리지 않은 것은 상법 제652조의 통지의무를 위반한 것이라고 판단한 다음 이와 같이 상법 제652조의 통지의무 위반이 인정되는 이상 오토바이 운전을 보험자에게 알리도록 규정한 약관조항이 설명의무 위반으로 보험계약의 내용이 되는지 여부는 판결 결과에 아무런 영향을 미치지 아니하므로 따로 살펴볼 필요가 없다고 한 바 있다.[22]

3. 대법원 2015.11.17. 선고 2014다81542 판결 — 연금보험액 관련 약관조항

1) 사실관계

원고는 피고(보험회사)와 원고가 10년 동안 3개월마다 30만 원의 보험료를 납입하면 피고는 원고가 만 55세 되는 해부터 10년 동안 3개월마다 연금을 지급하는 내용의 개인연금저축보험계약(이하 '이 사건 보험계약')을 체결하였다. 이 사건 보험계약의 약관(이하 '이 사건 보험약관')은 피고가 지급할 연금액에 관하여 피고의 '보험료 및 책임준비금 산출방법서'(이하 '산출방법서')에 정한 바에 따라 계산한 연금을 지급한다고 규정하고 있었는데, 산출방법서에 의하면 연금액은 보험료 납입 당시의 기준이율(1년 만기 정기예금이율 × 125%, 이하 같다) 및 연금지급 당시의 기준이율에 따라

22_ 대법원 2014.7.24. 선고 2012다62318 판결.

달라지도록 되어 있었다.[23]

원고가 교부받은 보험증권(이하 '이 사건 보험증권')의 '보상구분'란에는, 연금은 10년 동안 3개월마다 1,821,380원을 지급한다는 기재가 있었는데, 위와 같은 기재는 3단으로 접히게 되어 있는 이 사건 보험증권의 2단 부분에 있었고 대상판결의 하급심 소송 당시 이 사건 보험증권의 3단 부분은 잘려 나가고 없는 상태였다. 한편 이 사건 보험계약이 체결될 무렵 판매된 이 사건 보험계약과 같은 보험상품에 관한 보험증권의 2단 부분에는 위 '보상구분'란 기재와 유사한 내용의 기재가 있었고, 그 3단 부분에는 "기준이율(1년 만기 정기예금이율 × 125%)의 변동에 따라 상기 예정연금액과 실제연금액은 차이가 있을 수 있습니다"라는 기재가 있었다.

원고는 10년 동안 이 사건 보험계약에 정한 보험료를 모두 납입하였고 이 사건 보험계약에서 정한 연금지급개시일이 도래하자 피고에게 연

23_ 이 사건 보험약관 제19조(연금의 지급)

① 계약자가 보험료를 완납한 후 제1 보험기간이 끝난 때에는 회사는 보험료 및 책임준비금 산출방법서에 정한 바에 따라 계산한 연금을 연금지급기간 동안 매월 계약해당일에 지급하여 드립니다. 다만 계약자의 요청이 있는 경우 3개월, 6개월 또는 연 단위로 지급하여 드립니다.

② 위 ①의 연금에 대하여 회사는 아래의 지급형태 중 계약자가 요청하는 방법에 따라 지급하여 드립니다(다만 1년 만기 정기예금이율이 변동될 경우 아래의 연금액이 달라질 수 있습니다).

1. 정액형: 연금지급기간 동안 동일한 금액으로 지급
2. 체증형: 연금지급기간 동안 매년 일정한 비율 또는 일정한 금액으로 증액한 금액을 지급
3. 혼합형: 일정기간은 매년 일정한 비율 또는 일정한 금액으로 증액한 금액을 지급하며, 나머지 기간은 동일한 금액을 지급

산출방법서에는 그 내용이 매우 복잡한 수학식으로 표현되어 있는데 이 사건에서 문제되는 부분만을 보면, 연금액(Sh)은 책임준비금(A)과 기준이율(i)(= 1년 만기 정기예금이율 × 125%) 등에 의하여 계산하고, 책임준비금(A)은 기준이율(i) 등에 의하여 계산하도록 되어 있다. 그리고 기준이율(i)과의 관련성에 관하여서만 좀 더 구체적으로 보면, 보험계약자가 납입하는 보험료 중 연금의 지급을 위하여 적립하여야 하는 금액, 즉 책임준비금(A)은 보험료 납입 당시의 기준이율(i) 등에 의하여 계산하고, 연금액(Sh)은 그 책임준비금(A)과 연금 지급 당시의 기준이율(i) 등에 의하여 계산하도록 되어 있다.

금의 지급을 청구하였는데, 피고가 산출방법서에 따라 계산한 연금(3개월마다 60만여 원)만을 지급하자,[24] 이 사건 보험증권에 기재된 대로 3개월마다 1,821,380원을 지급하라면서 이 사건 소를 제기하였다.

2) 법원의 판단

원심은 이 사건 보험계약에 따라 피고가 지급하여야 할 연금액은 3개월마다 1,821,380원이라고 판단하여 원고의 청구를 인용하였다. 원심이 든 근거는 ① 이 사건 보험계약 체결 당시 일반인으로서는 보험금 산출방법은 물론 정기예금이율의 변동에 따라 연금액에 차이가 발생함을 알기 어려웠던 점, ② 보험금 지급액수는 약관의 중요한 부분이라고 할 것인데 이 사건 보험계약 체결 당시 피고는 원고에게 정기예금이율의 변동에 따라 지급되는 연금액이 변동될 수 있음을 설명하지 않은 점, ③ 피고는 법원의 문서제출명령에도 이 사건 보험계약의 청약서와 그 양식 및 보험증권을 제출하지 않은 점, ④ 이 사건 보험계약은 '정액형' 계약이고, 통상 '정액형'이라고 함은 확정된 금액의 보험금을 지급받는다는 의미인 점, ⑤ 이 사건 연금액과 변동된 정기예금이율에 따른 연금액은 3배에 이를 정도로 그 차이가 과도한 점의 5가지였다.

대법원은 원심을 파기하였다. 먼저 대법원은 "설명의무 위반으로 보험약관의 전부 또는 일부의 조항이 보험계약의 내용으로 되지 못하는 경우 보험계약은 나머지 부분만으로 유효하게 존속하고, 다만 유효한 부분만으로는 보험계약의 목적 달성이 불가능하거나 그 유효한 부분이 한쪽 당사자에게 부당하게 불리한 경우에는 그 보험계약은 전부 무효가 된다. 그리고 나머지 부분만으로 보험계약이 유효하게 존속하는 경우에 보험계약의 내용은 나머지 부분의 보험약관에 대한 해석을 통하여 확정되어야 하고, 만일 보험계약자가 확정된 보험계약의 내용과 다른 내용

24_ 이 사건 보험계약은 1995년에 체결되었고 2013년에 연금지급개시일이 도래하였는데, 1년 만기 정기예금이율은 1995.1.1. 현재 9.00%에서 지속적으로 하락하여 2012.9.1. 현재 2.90%까지 하락하였다.

을 보험계약의 내용으로 주장하려면 보험자와 사이에 다른 내용을 보험계약의 내용으로 하기로 하는 합의가 있었다는 사실을 증명하여야 한다"라고 판시하였다. 대법원은 이러한 법리에 따라, 이 사건 보험계약을 체결할 당시 피고가 원고에게 이 사건 보험계약에 따른 연금액이 기준이율에 따라 변동될 수 있음을 설명하지 않았다면 피고는 이 부분에 대한 설명의무를 위반한 것이지만, 이로 인하여 이 사건 보험약관의 어느 조항이 이 사건 보험계약의 내용으로 되지 않더라도 이 사건 보험계약에서 정한 연금액의 산정방법은 달라지지 않으며, 이 사건 보험증권에 기재된 금액을 이 사건 보험계약에 따른 연금액으로 인정하기 위하여는 이 사건 보험약관에 대한 설명의무 위반으로는 부족하고 원고가 이 사건 보험계약 체결 당시 피고와 그러한 내용의 합의를 하였다는 사실을 증명하여야 할 것인데, 3단 부분이 잘려나간 이 사건 보험증권만으로는 이러한 증명이 부족하다고 하였다.

3) 검 토

이 사건의 쟁점은 이 사건 보험계약의 내용이 3개월마다 1,821,380원의 확정된 금액을 지급하기로 한 것인가 아니면 산출방법서에 기재된 산식에 따라 정기예금이율의 변동이 반영된 금액을 지급하기로 한 것인가 하는 것이다. 원심은 설명의무 위반(원심의 논거 ①, ②)과 기타 사유(원심의 논거 ③, ④, ⑤)를 들어 이 사건 보험계약의 내용을 전자로 해석하였는데,[25] 대법원은 설명의무 위반을 이유로 하여서는 이와 같은 결론에 도달할 수 없다고 한 것이다.[26]

25_ 원심의 논거 ③, ④, ⑤는 체계상 어디에 위치하는 것인지 모호하다.

26_ 이하는 이원석, "보험약관에 대한 설명의무를 위반한 경우 보험계약 내용의 확정방법", 대법원 판례해설 제105호(2016), 237면 이하를 이 글의 취지에 맞추어 요약 · 수정한 것이다.

① 보험약관에 대한 설명의무의 법령상 근거

보험약관의 설명의무에 관하여는 상법 제638조의3과 약관규제법 제3조가 중첩되어 적용되는데,[27] 전자에 의하여는 보험계약 취소의 법률효과만 발생하고 약관조항의 계약편입배제는 후자에 의하여 규율된다. 보험업법 제95조의2도 보험계약의 내용에 대한 설명의무를 규정하고 있는데 바로 뒤의 제95조의3에서 적합성원칙을 규정하고 있는 점, 설명의무위반에 대한 제재는 제102조의 손해배상책임으로 연결되는 점 등에 비추어 보면 보험업법상의 설명의무는 자본시장과 금융투자업에 관한 법률에서 정한 투자자보호의무와 유사한 취지로 이해된다.

② 계약편입배제의 경우 계약내용의 확정

약관규제법 제16조에 의하면, 약관의 일부조항이 설명의무 위반으로 계약의 내용으로 되지 않는 경우 계약은 나머지 부분만으로 유효하게 존속하는 것이 원칙이다. 이 경우 계약의 내용은 나머지 약관 부분의 해석에 의하여 확정되어야 하는데, 일부 약관조항이 계약의 내용으로 되지 않음으로 인하여 계약의 내용에 흠결이 발생할 수 있고 이때에는 해석에 의한 흠결의 보충이 필요하다. 계약의 흠결은 사실인 관습, 임의규정, 조리의 순서로 보충되게 되는데(민법 제106조),[28] 대부분의 경우 약관의 내용은 동일업종의 거래관행과 일치하고 있으므로 사실인 관습의 적용 여부는 엄격하게 심사되어야 한다고 한다.[29]

27_ 대법원 1998.11.27. 선고 98다32564 판결.

28_ 판례는 쌍방 공통된 착오에 의한 계약의 흠결에 관하여 보충적 해석이 가능하다고 하면서, 이때 당사자의 의사는 계약의 목적, 거래관행, 적용법규, 신의칙 등 모든 요소들을 고려하여 객관적으로 보충되어야 한다고 하고 있다(대법원 2006.11.23. 선고 2005다13288 판결; 대법원 2014.4.24. 선고 2013다218620 판결).

29_ 이은영, 약관규제법, 박영사(1994), 367면. 독일 민법은 '약관조항이 계약의 구성부분이 되지 아니하는 때에는 계약의 내용은 법률규정에 따라 정하여진다'[BGB §306(2)]고 하여 임의규정에 의한 보충을 우선하고 있고, 우리법의 경우에도 임의규정이 사실인 관습에 우선하여 흠결을 채워야 한다는 견해가 있다[이재현, "일부무효의 특칙에 관한 법리―비교법적 고찰", 비교사법 제4권 제2호(통권 제7호)(1997), 263면]. 한편 보험의 경우에는 흠결 부분에 대하여 적용할 만한 법률규정이 없으면 보험제도의 원리나 특수성을 고려한 보충적 계약해석에 의하여 흠결을 보충하여야 하고, 이때 표준약관이

다만 이러한 작업이 항상 필요하거나 항상 고객이 원하는 바를 실현하는 유용한 방법이 되는 것은 아니다. 첫째, 설명의무를 위반한 약관조항이 면책사유를 정한 조항인 경우에는 그 약관조항이 계약에 편입되지 않더라도 나머지 부분만으로 계약이 완결성을 가지므로 보충이 불필요하다.[30] 둘째, 설명의무를 위반한 약관조항이 고객의 권리를 근거짓는 조항인 경우에는 그 약관조항이 계약에 편입되지 않으면 고객의 권리가 발생하지 않으므로 설명의무 위반 및 그로 인한 계약편입배제를 주장하여서는 고객이 원하는 목적을 달성할 수 없다(보충적 해석의 결과가 고객이 원하는 바와 일치하는 경우는 별론이다).[31] 이러한 약관조항을 두고 설명의무 위반을 주장하는 경우가 종종 있으나, 이 경우 당사자 주장의 진정한 취지는 해당 약관조항에 대한 설명을 듣지 못하여 또는 해당 약관조항의 내용과 다른 설명을 들어 그 약관조항에 규정된 내용과 다른 내용의 권리가 있는 것으로 알고 계약을 체결하였으므로 자기가 이해한 바에 따른 권리를 실현해 달라는 것이다. 이러한 주장은 설명의무 위반 및 그에 따른 계약편입배제의 주장이 아니라 자기가 이해한 바와 같은 개별약정이 있었다는 주장이므로 당사자는 개별약정이 있었음을 주장·증명하여야 한다.

나 정형화된 보험종목의 내용이 보충의 근거가 되므로 결국 해당 보험약관조항이 그대로 적용되는 결과가 될 수밖에 없다는 견해가 있다[장경환, "보험약관과 약관규제법", 보험법연구 제2호(1998), 142-143면].

30_ 예컨대, 상해보험계약에서 '외과적 수술 중 발생한 상해'는 보상하지 않는다는 약관조항이 설명의무 위반으로 보험계약의 내용으로 되지 않는다면 외과적 수술 중 발생한 사고라고 하더라도 나머지 보험계약에서 정한 바에 따라 보험금을 지급하여야 할 뿐 달리 보험계약 흠결의 보충이 문제되지는 않는다(대법원 2013.6.28. 선고 2012다107051 판결; 대법원 2014.5.16. 선고 2012다58746 판결).

31_ 예컨대 경계성종양의 경우 일반암 보험금의 30%를 지급한다는 약관조항은 일반암 외에 경계성종양에 대하여도 보험금을 지급하는 근거가 되는 조항이므로 위 약관조항이 설명의무 위반으로 계약의 내용이 되지 않는다면 경계성종양에 대하여는 보험금 지급 근거가 없어 보험자에게 보험금 지급의무가 발생하지 않게 된다(대법원 2014.6.12. 선고 2012다30090 판결).

③ 설명의무 위반과 개별약정

이렇듯 약관조항의 내용을 설명하지 않은 경우에는 설명의무 위반 및 약관조항의 계약편입배제가 문제되고, 약관조항에 관하여 명시적·묵시적으로 그 조항과 다른 내용의 설명을 한 때에는 개별약정에 따른 약관조항의 내용과 다른 내용의 계약 체결이 문제된다.

다만 개별약정의 인정요건은 문제이다. 주류적인 판례는 개별약정이 있다고 하기 위하여는 특정 약관조항에 관하여 개별적인 교섭(흥정)을 거침으로써 고객이 자신의 이익을 조정할 기회를 가졌어야 한다고 하지만,[32] 사업자가 약관의 내용과 달리 설명을 하고 그에 따라 계약이 체결되었다면 설명 내용에 따른 개별약정이 있는 것으로 본 판례도 있다.[33] 양자의 사안이 다르기는 한데, 전자는 특정 약관조항의 내용이 변경되지 않고 그대로 유지되고 있지만 그 약관조항은 개별적인 교섭의 결과이므로 약관에 해당하지 않는다(즉, 내용통제의 대상이 되지 않는다)는 사업자의 주장에 대하여 개별약정이 있는지 여부를 판단한 사례이고, 후자는 약관조항과 다른 내용의 개별약정이 존재한다는 고객의 주장에 대하여 개별약정이 있는지 여부를 판단한 사례이다.

학설로도 개별약정이 있다고 하기 위하여는 당사자 사이에 특정 약관조항에 관하여 개별적인 교섭(흥정)이 있었어야 한다는 것이 일반적인 설명인데,[34] 약관을 실제 내용과 달리 설명한 경우에는 개별약정이 있다

---

[32] 대법원 2008.7.10. 선고 2008다16950 판결; 대법원 2009.11.12. 선고 2009다42635 판결; 대법원 2010.9.9. 선고 2009다105383 판결; 대법원 2013.7.25. 선고 2013다27015 판결; 대법원 2013.9.26. 선고 2012다13637 전원합의체 판결; 대법원 2013.11.28. 선고 2013다23891 판결; 대법원 2014.6.12. 선고 2013다214864 판결 등. 판례는 고객이 사업자와 거의 대등한 지위에서 영향력을 행사할 수 있어 약관조항의 실질적인 변경 가능성이 있어야 교섭을 인정할 수 있다는 취지로 판시하지만(대법원 2008.7.10. 선고 2008다16950 판결 등), 이러한 판례의 입장은 지나친 것이며 해당 약관조항이 교섭의 대상이 됨으로써 고객이 구체적인 내용을 인지하고 개별적으로 수용하였다는 것으로 충분하다는 견해도 있다[김동훈, "개별교섭후 수정되지 않은 약관조항의 효력—대상판결: 대법원 2008.7.10. 선고 2008다16950 판결", 채권법연구(II), 동방문화사(2014), 439-446면].

[33] 대법원 1989.3.28. 선고 88다4645 판결.

고 볼 수 없다는 견해도 있다.[35] 그러나 개별약정으로 보든 약관해석으로 보든[36] 사업자가 특정 약관조항을 그 본래의 내용과 다른 내용으로 설명하고 고객이 그 약관조항의 내용을 설명한 내용대로 이해하고 계약을 체결하였다면 계약은 그 설명한 내용을 전제로 체결된 것으로 보는 것이 타당할 것으로 생각된다.

④ 이 사건의 경우

이 사건 보험약관은 연금액에 관하여는 산출방법서에 정한 바에 따라 계산한 연금을 지급한다는 약관조항을 두고 있있고 산출방법서에 의하면 연금액은 기준이율에 따라 결정되도록 되어 있었다. 그런데 연금액이 기준이율에 따라 변동된다는 것을 설명하지 않았다고 하여 위와 같은 약관조항이 이 사건 보험계약의 내용이 되지 않고 대신 원고가 주장하는 바와 같이 3개월마다 1,821,380원을 지급하는 것으로 이 사건 보험계약의 내용이 변경된다고 할 수는 없다. 원고 주장과 같은 권리가 인정되기 위하여는 원고와 피고 사이에 그러한 내용의 합의, 즉 개별약정이 있어야 하는 것이다. 원심은 약관에 대한 설명의무 위반의 효과로서 3개월마다 1,821,380원의 보험금을 지급하는 내용의 보험계약이 체결되었다고 볼 수 있다는 것으로 오해할 수 있는 설시를 하였는데, 만일 설명의무 위반으로 연금액 산정에 관한 약관조항이 이 사건 보험계약의 내용으로 되지 않는다면 이 사건 보험계약은 연금액 산정방법을 규정하지 않아 그 목적을 달성할 수 없는 무효의 계약이 될 수 있을 뿐이다.

34_ 김진우, "약관의 편입통제", 동북아법연구 제8권 제3호(2015.1), 336-338면 등.

35_ 이재현, "개별약정 우선의 원칙(§305b BGB)", 법학연구 제15권 제1호(2004.8), 81면.

36_ 김진우, "약관의 해석에 관한 일고찰—객관적 해석과 작성자 불이익의 원칙의 유럽연합과의 비교를 통한 검토", 재산법연구 제28권 제3호(2011.11), 185-187면 등.

4. 대법원 2016.9.23. 선고 2016다221023 판결 — 차량운송 약관조항(화물 적재 차량의 선박 운송)

1) 사실관계

피고(화물운송주선업자)는 A와 에너지 관련 시스템 장비 1대(이하 '이 사건 화물')를 서울에서 제주도까지 운송하기로 하는 운송계약을 체결하고, 이 사건 화물의 운송과정에서 발생한 사고로 인하여 배상책임을 부담하게 되는 경우에 대비하여 원고(보험회사)와 적재물배상책임보험계약(이하 '이 사건 보험계약')을 체결하였다. 피고는 서울 소재 A의 사업장에서 이 사건 화물을 인도받아 화물차량에 적재시켜 인천항으로 이동한 후 그곳에서 청해진해운 소속 세월호에 화물차량을 이 사건 화물이 적재되어 있는 상태로 선적시켰다. 그런데 세월호는 인천항을 출발하여 제주도로 향하던 중 전남 진도군 앞 해상에서 침몰하였고 화물차량에 적재되어 있던 이 사건 화물 또한 멸실(이하 '이 사건 사고')되었다.

한편 이 사건 보험계약 약관은 "피보험자가 보험증권상의 보장지역 내에서 보험기간 중에 자기의 명의로 운송계약을 체결하거나 중개 또는 대리를 의뢰받은 수탁화물에 대하여 화주로부터 수탁받은 시점으로부터 수하인에게 인도하기까지의 운송과정(차량운송 및 화물운송 부수업무) 동안에 발생된 보험사고로 인하여 수탁화물에 대한 법률상의 배상책임을 부담함으로써 입은 손해를 이 약관에 따라 보상"한다고 규정하고 있었다.

피고가 이 사건 보험계약에 따른 보험금의 지급을 청구하자 원고는 이 사건 사고는 이 사건 보험계약의 담보범위에 포함되지 않는다고 주장하면서 채무부존재확인의 소를 제기하였다.

2) 법원의 판단

원심은 원고의 채무부존재확인 청구를 기각하였다. ① 이 사건 보험계약은 육상운송 과정에서 발생한 사고에 대한 배상책임으로 인한 손해를 보상하는 것이므로 이 사건 사고에 대한 배상책임으로 인한 손해는 이 사건 보험계약의 담보범위에 포함되지 않지만, ② 이 사건 보험계약이 육상운송의 경우에만 적용되고 차량에 화물을 적재한 상태에서 선박으로 운송하는 과정에서 발생한 사고에 대한 배상책임으로 인한 손해는 담보범위에서 제외된다는 설명을 하지 않았으므로 육상운송 과정에서 사고가 발생한 경우에만 보험금이 지급된다는 주장을 할 수 없다는 것이 원심판결의 이유였다.

대법원은 원심의 ① 부분 판단이 정당하다는 전제에서 ② 부분 판단에 대하여 설명의무 위반을 인정할 수 없다는 이유로 원심을 파기하였다. 즉 대법원은 "이 사건 보험계약은 화물자동차운수사업법에 따라 일정 규모 이상의 화물자동차를 소유하고 있는 운송사업자나 특정 화물을 취급하는 운송주선사업자 등이 반드시 가입하여야 하는 의무보험으로서, 보험계약자인 피고로서는 보험금 지급대상이 되는 보험사고가 '차량운송 및 화물운송 부수업무'가 이루어지는 육상운송 과정 동안에 발생한 보험사고에 한정되고 수탁화물을 적재한 차량이 선박에 선적되어 선박을 동력수단으로 해상구간을 이동하는 경우에는 제외된다는 설명을 들었다 하더라도 이 사건 보험계약을 체결하지 아니하였을 것으로 보이지 아니하므로, 이 사건 약관 중 보상하는 손해에 관한 규정은 명시·설명의무의 대상이 되는 보험계약의 중요한 내용이라고 할 수 없다"고 하였다.

3) 검 토
① 설명의무의 대상—약관의 '중요한 내용'

설명의무의 대상이 되는 약관조항은 약관의 중요한 내용에 한한다(약관규제법 제3조 제3항). 판례는 "설명의무의 대상이 되는 약관의 '중요한 내용'은 사회통념에 비추어 고객이 계약 체결 여부나 대가를 결정하는 데 직접적인 영향을 미칠 수 있는 사항을 말하고, 약관조항 중에서 무엇이 중요한 내용에 해당되는지에 관하여는 일률적으로 말할 수 없으며, 구체적인 사건에서 개별적 사정을 고려하여 판단하여야 한다"고 한다.[37] 나아가 판례는 특정 약관조항의 내용을 고객이 계약 체결 당시에 알았더라도 그 계약을 체결하였을 것으로 보이는 경우라면 그 약관조항은 사업자가 설명할 의무가 있는 중요한 내용이 아니라고 하고 있다.[38] 대상판결은 이러한 기존의 판례 법리를 적용하여, 이 사건 보험계약은 화물운송주선업을 영위하는 피고가 의무적으로 체결하여야 하는 것이어서 피고는 설령 화물을 적재한 차량이 선박에 선적되어 해상에서 운송되는 과정에서 발생한 손해로 인한 배상책임은 담보되지 않는다는 것을 알았더라도 이 사건 보험계약을 체결하였을 것이므로 위와 같은 내용은 설명의무의 대상인 약관의 중요한 내용에 해당하지 않는다고 한 것이다.

그런데 대상판결 및 관련 판례와 관련하여는 다소간의 의문이 있다. 첫째, 약관의 중요한 내용인지 여부를 개개의 계약에서 개별적으로 따져야 한다는 것이 타당한지는 의문이다. 사업자가 설명의무를 부담하는 약관의 중요한 내용인지 여부는 객관적으로 결정하고, 사업자가 중요한 내용에 대하여 설명의무를 이행하지 않았더라도 해당 고객이 그 계약을 체결하였을 것이었다면 나중에 설명의무 위반을 이유로 그 약관조항의 효력을 부인하지 못한다고 하는 것이 더 체계적이라고 생각된다. 둘째, 의무계약이어서 해당 약관조항의 내용을 알았더라도 계약을 체결하였을 것이므로 그 약관조항은 설명의무의 대상이 아니라는 논리가 타당한지는 의문이다. 그러한 논리라면 자동차보험 대인배상(I) 약관에 관하여는 설명의무의 대상이 되는 약관조항이 있을 수 없다. 임의보험을 전제로 하여 해당 약관조항의 내용을 알았더라도 계약 체결 여부에 영향을 미치지 못하였을 것이라면 나중에 그 약관조항에 대한 설명의무 위반을 주장할 수 없다고 보는 것이 타당할 것으로 생각된다. 셋째, 이 사건 보험계약을 체결함에 있어 화물을 적재한 차량이 선박에 선적되어 해상에서 운송되는 도중의 사고는 담보범위에서 제외된다는 것을 설명하였어

37_ 대법원 2008.12.16.자 2007마1328 결정; 대법원 2015.12.23. 선고 2013다85417 판결 등.

38_ 대법원 1994.10.25. 선고 93다39942 판결; 대법원 2003.5.30. 선고 2003다15556 판결; 대법원 2004.4.27. 선고 2003다7302 판결; 대법원 2005.10.7. 선고 2005다28808 판결; 대법원 2014.6.12. 선고 2012다30090 판결 등.

야 하는 것인지는 의문이다. 간단히 말하면 육상운송 관련 책임보험계약을 체결하면서 해상운송 과정에서의 배상책임으로 인한 손해는 담보되지 않는다고 설명해야 한다는 것인데 과다한 설명의무의 부과가 아닌가 하는 생각이 든다.

② 설명의무 위반의 효과

대상판결 사건에서 화물을 적재한 차량이 선박에 선적되어 해상에서 운송되는 도중의 사고로 인한 배상책임은 담보범위에서 제외된다는 것을 설명하였어야 한다고 하더라도 그러한 설명을 하지 않았다고 하여 원심의 판단과 같이 이 사건 사고에 대한 원고의 보험금지급의무가 발생하는지는 의문이다. 앞서 본 바와 같이 약관에 대한 설명의무를 위반한 경우의 효과는 해당 약관조항을 계약의 내용으로 삼지 못하는 것에 한정되고 그로 인하여 원래의 계약내용이 확장되는 것은 아니기 때문이다. 이 사건 보험계약은 육상운송 과정에서의 사고에 대한 배상책임으로 인한 손해를 보상하는 것인데, 위와 같은 설명을 하지 않았다고 하여 설명의무 위반의 효과로서 위와 같은 일정한 해상운송 과정에서의 사고에 대한 배상책임으로 인한 손해에까지 담보범위가 확장된다고 볼 수는 없다. 다만 피고가 이 사건 화물의 운송을 앞두고 특별히 원고에게 문의하여 그 운송과정을 부보하기 위한 보험계약을 체결한 것이라면, 원고는 이 사건 보험계약의 내용에 대하여 설명을 하면서 해상운송 구간에서의 사고로 인한 손해는 담보범위에서 제외됨을 설명하였어야 하는데, 그 근거는 보험업법 제95의2이고, 만일 원고가 그러한 설명을 하지 않아 피고가 이 사건 보험계약을 체결하고 그 결과 이 사건 사고로 인한 손해에 대하여 보험급부를 받지 못하였다면 피고는 보험업법 제102조를 근거로 원고에 대하여 손해배상을 청구할 수 있을 것이다.[39]

39_ 보험계약자가 보험회사 사용인의 보험모집과정에서의 주의의무 위반으로 보험금을 지급받지 못하는 손해를 입은 경우 보험회사는 보험계약자에게 보험금 상당액의 손해를 배상하여야 한다는 것이 판례이다(대법원 1998.11.27. 선고 98다23690 판결 등).

Ⅲ. 해석통제 관련 판례

1. 대법원 2016.4.28. 선고 2014다226192 판결─선적서류 사본 징구 수출신용보증 약관조항

1) 사실관계

피고(무역보험공사)는 A(한국 법인)와 사이에, A의 B(홍콩 법인)에 대한 물품수출계약과 관련하여, A가 원고(은행)로부터 선적서류를 매도하는 형식으로 대출을 받은 후 원고가 B로부터 수출대금을 받지 못하게 됨으로써 A가 원고에게 부담하게 되는 상환채무의 지급보증을 위하여 수출신용보증계약(이하 '이 사건 보증계약')을 체결하였다. 이 사건 보증계약 약관에 의하면 피고는 원고가 수출업자로부터 '선적서류의 원본 또는 사본'을 받은 다음 실행한 대출에 한정하여 보증하는 것으로 기재되어 있었다.

원고는 A로부터 선하증권 사본(이하 '이 사건 사본')을 받고 대출을 실행하였는데 이 사건 사본에는 운송인인 C의 회사 마크와 명칭 및 발행번호만이 인쇄되어 있을 뿐 C의 서명이 기재되어 있지 않았다. 이후 원고는 B로부터 해당 수출대금 채권을 변제받지 못하자 피고에 대하여 보증사고 발생을 통지하고 보증채무의 이행을 청구하였는데, 피고는 이 사건 보증계약 약관이 정한 '선적서류'는 유효하게 성립한 운송계약에 관한 처분문서의 원본 또는 사본으로서 그 기재 내용에 따라 화물이 선적되었음이 인정되고 확인되는 서류를 말하고 '사본'이라 함은 유효한 원본이 있음을 전제로 하여 그에 대한 사본을 말하는 것으로서 운송인의 서명이 있어야 하는 것인데 이 사건 사본에는 C의 서명이 없으므로 이는 이 사건 보증계약에 정한 선적서류의 사본에 해당하지 않는다는 이유로 원고의 청구를 거절하였다.

2) 법원의 판단

원심은, ① 이 사건 보증계약 약관이 원고가 수출업자로부터 '선적서류의 원본 또는 사본'을 받은 다음 실행한 대출에 한정하여 보증하는 것으로 정한 취지는, 금융기관으로 하여금 해당 수출대금채권이 실재하는 수출계약에 관한 것으로서 실제로 수출거래물품이 선적되었는지 여부를 확인한 이후에 대출을 실행하도록 함으로써 수출신용보증제도가 본래의 취지에 부합하게 운영되도록 하기 위한 것이라고 한 다음, 이러한 수출신용보증제도의 목적 및 취지에 비추어 보면 이 사건 보증계약 약관의 '선적서류'는 발행인인 운송인이 해당 수출거래의 물품을 선적한 후 이를 증명하기 위하여 발행한 후 직접 서명한 문서를 의미하고, 그 '사본'은 작성자의 서명이 있는 원본을 전자적 방식으로 복사한 문서이거나 적어도 사본이라고 표시된 용지에 작성자의 서명이 있는 문서를 의미하므로, 원고가 대출 실행 당시 A로부터 받은 운송인 C의 서명이 기재되지 아니한 이 사건 사본은 이 사건 보증계약 약관이 정한 '선적서류 사본'에 해당한다고 볼 수 없고, ② 이 사건 보증계약 약관에 불명료한 점이 있다고 볼 수 없어 약관규제법 제5조 제2항이 정한 작성자 불이익의 원칙은 적용될 여지가 없다고 하였다.

대법원은 이러한 원심판단이 정당하다고 수긍하였다.

3) 검 토

대상판결의 주된 쟁점은 이 사건 보증계약 약관에 정한 '선적서류 사본'을 어떻게 해석할 것인가 하는 것이지만 약관규제법상으로 의미 있는 부분은 작성자 불이익 원칙의 적용요건을 다시 한 번 확인하였다는 점이다. 판례는 "약관의 해석은, 신의성실의 원칙에 따라 당해 약관의 목적과 취지를 고려하여 공정하고 합리적으로 해석하되, 개개 계약 당사자가 기도한 목적이나 의사를 참작함이 없이 평균적 고객의 이해가능성을 기준으로 … 객관적·획일적으로 해석하여야 하며, 위와 같은 해석을 거친 후에도 약관조항이 객관적으로 다의적으로 해석되고 그 각각의 해석이 합리성이 있는 등 당해 약관의 뜻이 명백하지 아니한 경우에는 고객에게 유리하게 해석하여야 한다"고 하거나[40] "당해 약관의 목적과 취지를 고려하여 공정하고 합리적으로, 그리고 평균적 고객의 이해가능성을 기준으로 객관적이고 획일적으로 해석한 결과 그 약관조항이 일의적으로 해석된다면 그 약관조항을 고객에게 유리하게 제한 해석할 여지가 없다"고 하고 있다.[41] 즉 판례는 작성자 불이익의 원칙은 해석의 결과 둘 이상의 합리적인 해석이 가능한 경우에 적용되는 보충적 해석원칙임을 분명히 하고 있으며,[42] 위 판결에서 보듯이 하나의 합리적인 해석만이 가능하다면 그것이 고객에게 불리하다고 하더라도 작성자 불이익 원칙의 적용은 없다고 보고 있다. 넓은 의미의 '해석에 있어서의 의문'은 어느 약관조항에나 있을 수 있고 해석의 역할은 바로 이러한 의문점을 제기하는 것이기 때문이다.[43]

2. 대법원 2016.5.12. 선고 2015다243347 판결 ― 자살재해사망보험금

1) 사실관계

A는 2004.8.16. 피고(보험회사)와 피보험자를 A로, 사망 시 수익자를 상속인으로 하는 ○○베스트플랜CI보험계약(이하 '이 사건 주계약')을 체결

40_ 대법원 2009.5.28. 선고 2008다81633 판결 등.

41_ 대법원 2010.9.9. 선고 2007다5120 판결 등.

42_ 과거 판례는 "보통거래약관의 내용은 개개 계약체결자의 의사나 구체적인 사정을 고려함이 없이 평균적 고객의 이해가능성을 기준으로 하여 객관적, 획일적으로 해석하여야 하고, 고객보호의 측면에서 약관 내용이 명백하지 못하거나 의심스러운 때에는 고객에게 유리하게, 약관작성자에게 불리하게 제한 해석하여야 한다"고 하여(대법원 1998.10.23. 선고 98다20752 판결; 대법원 2005.10.28. 선고 2005다35226 판결; 대법원 2007.2.22. 선고 2006다72093 판결) 작성자 불이익의 원칙이 마치 해석의 방향을 제시한 원칙인 듯이 읽힐 수 있는 판시를 한 바 있으나, 표현의 차이일 뿐 작성자 불이익 원칙의 취지를 대상판결과 달리 본 것은 아니다.

43_ 이은영, 앞의 책, 155면.

하면서, 별도로 추가보험료를 납입하고 재해사망특약(이하 '이 사건 특약')에도 함께 가입하였다.

이 사건 주계약 약관 제21조는 피보험자가 보험기간 중 사망하거나 장해등급분류표 중 제1급의 장해상태가 되었을 때에는 일반사망보험금을 지급하는 것으로 규정하고 있고, 이 사건 특약 약관 제9조는 피보험자가 보험기간 중 재해분류표에서 정하는 재해를 직접적인 원인으로 사망하거나 장해분류표 중 제1급의 장해상태가 되었을 때에는 추가로 5,000만 원의 재해사망보험금을 지급하는 것으로 규정하고 있으며, 재해분류표는 "재해라 함은 우발적인 외래의 사고(…)로서 다음 분류표에 따른 사고를 말한다"라고 하면서 제1호부터 제32호까지 재해의 유형을 열거하고 있다. 그리고 이 사건 주계약 약관 제23조 제1항과 이 사건 특약 약관 제11조 제1항은 각각 독립적으로 "회사는 다음 중 어느 한 가지의 경우에 의하여 보험금 지급사유가 발생한 때에는 보험금을 드리지 아니하거나 보험료의 납입을 면제하지 아니함과 동시에 이 계약을 해지할 수 있습니다"라고 규정하면서, 제1호에서 "피보험자가 고의로 자신을 해친 경우. 그러나 피보험자가 정신질환상태에서 자신을 해친 경우와 계약의 책임개시일(…)부터 2년이 경과된 후에 자살하거나 자신을 해침으로써 장해등급분류표 중 제1급의 장해상태가 되었을 때에는 그러하지 아니합니다"라고 규정하고 있다.

A는 2012.2.21. 자살하였고, A의 상속인인 원고는 2012.8.10. 피고에게 A의 사망에 따른 보험금을 청구하였는데, 피고는 이 사건 주계약에 정한 일반사망보험금만을 지급하고 이 사건 특약에 의한 재해사망보험금의 지급을 거절하였다. 이에 원고는 재해사망보험금의 지급을 구하는 소를 제기하였다.

2) 법원의 판단

원심은, 자살은 재해의 개념에 포함되지 않는 것인바, 이 사건 특약 제11조 제1항 제1호 단서는 피고가 이 사건 특약 약관을 작성하는 과정에서 구 생명보험 표준약관(2010.1.29.자로 개정되기 전의 것)을 부주의하게 그대로 사용함에 따라 이 사건 특약 약관에 잘못 포함된 것으로서 재해를 원인으로 한 사망 등을 보험사고로 하는 이 사건 특약에는 적용될 여지가 없다는 이유로 원고의 청구를 기각하였다.

그러나 **대법원**은, 이 사건 특약 약관 제11조 제1항 제1호는, 자살은 원칙적으로 우발성이 결여되어 이 사건 특약 약관 제9조가 정한 보험사고인 재해에 해당하지 않지만, 예외적으로 피보험자가 책임개시일부터 2년이 경과된 후에 자살한 경우에는 이를 보험사고에 포함시켜 보험금 지급사유로 본다는 취지로 해석하여야 한다고 하여 원심을 파기하였다. 대법원은 먼저 "보험약관은 신의성실의 원칙에 따라 해당 약관의 목적과 취지를 고려하여 공정하고 합리적으로 해석하되, 개개 계약 당사자가 기도한 목적이나 의사를 참작하지 않고 평균적 고객의 이해가능성을 기준으로 보험단체 전체의 이해관계를 고려하여 객관적·획일적으로 해석하여야 하며, 위와 같은 해석을 거친 후에도 약관조항이 객관적으로 다의적으로 해석되고 그 각각의 해석이 합리성이 있는 등 해당 약관의 뜻이 명백하지 아니한 경우에는 고객에게 유리하게 해석하여야 한다"고 하여 약관해석의 원칙을 확인하였다.[44] 이러한 법리에 따라 대법원은 "이 사건 특약 약관 제11조 제1항 제1호를 이 사건 특약 약관 제9조에 정한 보험금 지급사유가 발생한 경우에 한정하여 적용되는 면책 및 면책제한 조항으로 해석한다면, 이 사건 특약 약관 제11조 제1항 제1호는 처음부터 그 적용대상이 존재하지 아니하는 무의미한 규정"이 되는데, "엄연히 존재하는 특정 약관조항에 대하여 … 단순히 약관해석에 의하여 이를 적용대상이 없는 무의미한 규정이라고 하기 위하여는 평균적인 고객의 이해가능성을 기준으로 할 때에도 그 조항이 적용대상이 없는 무의미한 조항임이 명백하여야" 한다고 하면서 이 사건 특약 약관 제11조 제1항 제1호를 그와 같이 볼 수는 없다고 하였다. 그리고 대법원은

44_ 이러한 약관해석의 원칙은 대법원 2007.9.6. 선고 2006다55005 판결, 대법원 2009.5. 28. 선고 2008다81633 판결 등 기존 판례가 반복하여 확인해 오고 있는 것이다.

"오히려 평균적인 고객의 이해가능성을 기준으로 살펴보면, 위 조항은 고의에 의한 자살 또는 자해는 원칙적으로 우발성이 결여되어 이 사건 특약 약관 제9조가 정한 보험사고인 재해에 해당하지 않지만, 예외적으로 단서에서 정하는 요건, 즉 피보험자가 정신질환상태에서 자신을 해친 경우와 책임개시일부터 2년이 경과된 후에 자살(한) … 경우에 해당하면 이를 보험사고에 포함시켜 보험금 지급사유로 본다는 취지로 이해할 여지가 충분하"고, "여기에 '정신질환상태에서 자신을 해친 경우'가 재해사망보험금 지급사유에 해당할 수 있다는 것은 대법원의 확고한 입장이므로(…) 이와 나란히 규정되어 있는 '책임개시일부터 2년이 경과된 후에 자살(한) … 때'에 관하여도 마찬가지로 해석하는 것이 일반적인 관념에 부합하는 점, 고의에 의한 자살…에 대하여는 이 사건 특약 약관 제11조 제1항 제1호 본문의 규정이 아니더라도 상법 제659조 제1항, 제732조의 2, 제739조의 규정에 의하여 보험자가 면책되도록 되어 있어 이 사건 특약 약관 제11조 제1항 제1호 중 보험계약 당사자 간의 합의로서 의미가 있는 부분은 면책사유를 규정한 본문이 아니라 부책사유를 규정한 단서라는 점을 보태어 보면, 위와 같은 해석이 합리적이고, 이것이 약관해석에 관한 작성자 불이익의 원칙에도 부합한다"고 하였다.

3) 검 토

대상판결은 2016년 한 해 동안 계속하여 이슈가 되었던 이른바 자살 재해사망보험금 사건에 관한 판결이다. 생명보험회사들이 재해보험 약관에 재해란 '우발적인 외래의 사고'라고 규정하고 '고의로 자신을 해친 경우'를 보험금 지급사유에서 배제하면서도 다른 한편으로는 '책임개시일부터 2년이 지난 뒤에 자살한 경우'에는 재해사망보험금을 지급한다는 것으로 읽힐 수 있는 약관조항(이 사건 특약 약관 제11조 제1항 제1호 단서와 같은 내용의 약관조항, 이하 '자살부책조항')을 두어 이를 어떻게 해석할 것인지가 문제가 된 것이다. 따라서 이 사건은 보험법적인 쟁점을 갖고 있기도 하지만 기본적으로는 약관의 '재해사망, 자살면책, 자살부책' 관련

조항들을 어떻게 해석할 것인가 하는 약관해석이 쟁점인 사건이다.[45] 학계의 입장은 재해사망보험금 인정설과 부정설로 팽팽히 나뉘어 있었는데, 대체로 인정설에서는 대상판결과 같이 해석하고 부정설에서는 대상판결의 원심과 같이 해석하였다. 이하에서는 약관규제법과 관련된 몇 가지 문제만 보기로 한다.[46]

① 약관해석의 원칙

먼저 대상판결은 약관해석의 일반원칙에 관한 종래의 판례 법리, 즉 신의성실의 원칙에 따른 공정하고 합리적인 해석, 평균적 고객의 이해가능성을 기준으로 한 객관적·통일적 해석, 불분명한 경우의 고객에게 유리한 해석(작성자 불이익의 원칙)을 재확인하였다. 이는 약관규제법 제5조의 문언을 그대로 풀어낸 것으로, 자살재해사망보험금 부정설을 취하는 입장에서도 우발적인 외래의 사고를 보험사고로 하는 재해보험이 성격을 강조하거나 약관해석도 법률행위해석의 일종으로서 당사자 의사의 탐구에 초점이 맞추어져야 된다는 점을 강조하는 외에는 위와 같은

45_ 한편 자살재해사망보험금 사건은 대상판결이 선고된 후 더 이슈가 되었는데, 약관의 해석상으로는 자살재해사망보험금 지급의무가 인정되더라도 대부분의 사건에서 소멸시효기간이 도과되었고, 이에 보험금청구권의 소멸시효 기산점, 소멸시효항변의 권리남용 여부 등 소멸시효 관련 쟁점이 대두가 되었으며, 여기에 금융감독원에서는 법원이 소멸시효항변을 받아들이더라도 보험회사는 자살재해사망보험금을 지급하여야 하고 그렇지 않은 경우에는 중징계를 하겠다고 발표하였다. 이에 14개 생명보험사 중 ING생명 등 7개사는 소멸시효완성 여부와 무관하게 자살재해사망보험금을 지급하는 것으로 방침을 정하였으나, 삼성생명, 교보생명, 한화생명 등 이른바 빅3를 포함한 7개사는 소멸시효가 완성된 건에 대하여는 자살재해사망보험금을 지급할 수 없다고 하여 금융감독원과 대립하였다. 대법원은 2016.9.30. 선고 2016다218713, 218720 판결로 보험회사의 소멸시효항변이 권리남용에 해당하지 않는다고 한 원심을 수긍하였고 이후 같은 취지의 판결이 이어졌으나, 금융감독원의 입장에는 변화가 없었다. 한편 최근의 보도(조선일보 2017.1.14.자 A12, 한국경제 2017.1.13.자 A10 등)에 의하면 그동안 자살재해사망보험금의 지급을 거절하던 생명보험사들도 지급을 결정하였고 삼성생명, 교보생명, 한화생명도 일정 시점 이후의 자살재해사망보험금에 대하여는 소멸시효가 완성되어도 이를 지급하기로 결정한 것으로 전해진다.

46_ 자살재해사망보험금 사건에 관한 자세한 내용(소멸시효 관련 쟁점은 제외)은 이원석, "재해사망특약 약관에 독립적으로 규정된 자살면책·부책조항의 해석", 사법 제37호 (2016.9), 477면 이하 참조.

해석원칙 자체에는 이론을 제기하지 않았다. 물론 약관해석에 있어서도 객관적 해석의 원칙을 경직되게 고수하여서는 안 되고 개별적 사안의 구체적 사정을 고려해야 한다는 견해가 있지만,[47] 개별 사안에서의 약관해석이 아니라 해당 약관을 사용하여 계약을 체결한 고객 전체와의 관계에서의 약관해석이 문제가 된 대상판결과 관련하여는 위 견해가 작동할 여지는 없다.

대상판결은 이러한 해석원칙을 토대로 하여, ① 계약의 해석에 있어 특정 계약조항이 무의미한 것으로 해석되는 것은 이례적이고 객관적 해석원칙을 갖고 있는 약관해석에 있어서는 더욱 그러한 점, ② 평균적 고객의 이해가능성을 기준으로 할 때 '재해로 사망한 경우 재해사망보험금을 지급한다 → 고의로 자신을 해친 경우에는 보험금을 지급하지 않는다 → 책임개시일부터 2년이 지난 후에 자살한 경우에는 그러하지 아니하다'라는 문장구조 속에서 '그러하지 아니하다'의 의미는 '재해사망보험금을 지급한다'는 의미로 읽히기에 충분한 점, ③ 자살부책조항은 정신질환상태에서 자신을 해친 경우와 나란히 규정되어 있는데,[48] '정신질환상태에서 자신을 해친 경우'가 재해사망보험금 지급사유에 해당할 수 있다는 것이 확고한 대법원의 입장인 이상[49] 이와 나란히 규정되어 있는 자살부책조항에 관하여도 마찬가지로 해석하는 것이 일반적인 관념에 부합하는 점 등을 근거로, 자살재해사망보험금 지급의무를 인정한 것이다.

한편 대상판결과 관련하여 약관해석 원칙에서 말하는 '평균적 고객'은 어떠한 고객인가에 관한 논의가 있었다. 기존에는 평균적 고객을 '이성적인 평균고객의 이상형' 내지 '이성적이고도 성실한 평균고객의 이상적 유형'이라고 보았는데,[50] 대상판결 사건이 문제되면서 이를 좀 더 구체

47_ 김진우, 앞의 논문(재산법연구), 185-187면 등.
48_ '정신질환상태에서 자신을 해친 경우'는 개념상 '고의로 자신을 해친 경우'에 해당하지 않아 '책임개시일부터 2년이 지난 후에 자살한 경우'와는 법률적인 의미가 다르지만, 그러한 구별은 전문가의 몫이지 평균적 고객의 몫이 아니다.
49_ 대법원 2006.3.10. 선고 2005다49713 판결 등.
50_ 이은영, 앞의 책, 148면; 이주흥, "일반거래약관에 대한 해석통제", 민법학논총(곽윤직

화하여 '현실 속에 존재하는 고객들의 산술적 평균값이 아닌, 합리성이라는 당위적 요청을 성실하게 실천하는 고객들의 규범적 평균값'이라는 견해,[51] '전문지식을 갖추지는 않았으나 합리적·이성적 판단을 하는 일반인'이라는 견해,[52] '합리적이기는 하지만 전문지식이 부족하고 사업자와 대등한 지위에 있지 않은 자'라고 하는 견해[53] 등이 제시되었다. '합리적·이성적'이라는 요소를 공통적으로 요구하면서, 여기에 '당위적 요청의 성실한 실천'이라는 요소를 결합시킨 견해에서는 상대적으로 높은 이해가능성을 기준으로 삼고, '전문지식의 결여·부족' 내지 '사업자와의 비대등성'이라는 요소를 결합시킨 견해에서는 상대적으로 낮은 이해가능성을 기준으로 삼는 것으로 보인다. 판례는 '평균적 고객의 이해가능성'이라는 표현을 쓸 뿐 더 이상의 구체적인 의미에 대하여는 판시를 하고 있지 않다.

② 존재하는 약관조항을 무의미한 규정이라고 해석하려면

대상판결은 "특정 약관조항을 … 해석에 의하여 적용대상이 없는 무의미한 규정이라고 하기 위하여는 평균적인 고객의 이해가능성을 기준으로 할 때에도 그 조항이 적용대상이 없는 무의미한 조항임이 명백하여야" 한다고 하였다. 이 역시 '평균적 고객의 이해가능성을 기준으로 한 객관적·통일적 해석'이라는 해석원칙이 적용된 결과로 볼 수 있다.

이와 관련하여 실제 소송에서 보험회사 측에서는 자살부책조항을 무의미한 조항으로 하기 위한 법리로서 이른바 오표시무해의 원칙(誤表示無害, falsa demonstratio non nocet)을 주장하기도 하였다. 이 원칙은 '사실

교수 고희기념)(1995), 306면; 진상범, "한국은행 총액한도대출관련 무역금융에 대한 수출신용보증약관의 면책사유인 '신용보증부 대출금 종류 위반'의 의미와 작성자 불이익의 원칙", 대법원 판례해설 제85호(2011) 632-633면.

51_ 권영준, "자살과 재해사망보험금 지급에 관한 보험약관의 해석", 재산법연구 제32권 제3호(2015.11), 221면.

52_ 이병준, "모순 있는 보험약관조항의 해석과 불명확조항 해석원칙의 적용", 선진상사법률연구 통권 제74호(2016.4), 22-23면.

53_ 장덕조, "재해사망보험금지급 약관조항과 평균적 고객의 이해가능성", 상사법무연구회(2016.7.9) 발표문, 8-14면.

상 일치하여 의욕된 것은 문언의 일반적인 의미에 우선한다'는 것, 바꾸어 말하면 '잘못된 표시는 해가 되지 않는다'는 것으로,[54] 법률행위의 해석방법 중 어떤 일정한 표시에 관하여 당사자가 사실상 일치하여 이해한 경우에는 그 의미대로 효력을 인정하여야 한다는 자연적 해석이 반영된 것이다.[55] 그러나 약관은 평균적 고객의 이해가능성을 기준으로 객관적·획일적으로 해석하여야 하고, 이는 평균적 보험계약자를 기준으로 한 규범적 해석을 하여야 한다는 의미이므로, 자연적 해석의 방법인 오표시무해의 원칙이 약관의 해석에 적용되기는 어렵다.[56] 물론 약관조항에 명시적으로 'a'라고 기재하였으나 평균적 고객의 이해가능성을 기준으로 할 때에도 그 의미가 'b'임이 명백한 경우라면 그 조항을 'b'로 해석할 것이지만 이 역시 평균적 고객을 전제로 한 규범적 해석의 결과일 뿐이다.

한편 약관해석에서 객관적 해석의 원칙을 경직되게 고수하여서는 안되고 개별적 사안의 구체적 사정을 고려해야 한다는 견해에서는 약관해석에 있어서도 오표시무해의 원칙이 적용될 수 있다고 주장한다.[57] 그러나 이 견해에 따르더라도 자살부책조항을 오표시무해의 원칙에 의하여

54_ 원래는 falsa demonstratio non nocet cum de corpore (persona) constat(물건 또는 사람이 확정되어 있는 경우에는 잘못된 표시는 해가 되지 않는다)는 원칙이라고 한다 [곽윤직·김재형, 민법총칙(민법강의 I), 박영사(2013), 297면].

55_ 송덕수, "법률행위의 해석", 경찰대 논문집 제6집(1987), 251-253면; 곽윤직·김재형, 앞의 책, 297-298면; 양창수·김재형, 계약법(민법 I), 박영사(2013), 111-112면. 우리 판례도 이를 받아들이고 있고(대법원 1993.10.26. 선고 93다2629 판결; 대법원 1996.8.20. 선고 96다19581, 19598 판결) 전원합의체 판결 중에는 '오표시무해'라는 용어를 직접 사용한 것도 있다(대법원 2009.3.19. 선고 2008다45828 전원합의체 판결의 다수의견에 보충의견).

56_ 곽윤직·김재형, 앞의 책, 295-298면에서는 오표시무해의 원칙을 객관적 해석(규범적 해석의 의미로 사용하였다)에 대비되는 주관적 해석의 방법이라고 하였고, 대법원 2009.3.19. 선고 2008다45828 전원합의체 판결의 다수의견에 대한 보충의견도 오표시무해의 원칙은 주관적 해석으로서 이해될 수 있고 약관해석의 원칙인 객관적 해석은 주관적 해석에 대한 예외라고 하였다.

57_ 김진우, 앞의 논문(재산법연구), 185면.

일률적으로 무의미한 조항이라고 해석할 수는 없다. 개별 보험계약에서 보험계약자와 보험자가 자살부책조항을 의미 없는 조항으로 인식하고 그 보험계약을 체결하였을 때라야 오표시무해의 원칙에 의한 자살부책조항의 무용화가 가능한 것이다.

③ 작성자 불이익의 원칙

대상판결은 "(재해사망보험금 지급의무를 긍정하는) 해석이 합리적이고, 이것이 작성자 불이익의 원칙에도 부합한다"고 하였다. 이는 자살부책조항의 해석을 고객에게 유리한 방향으로 하여야 한다는 의미는 아니고, 합리적인 해석은 재해사망보험금 지급의무를 긍정하는 것이지만, 설령 부정하는 해석 역시 가능한 해석 중 하나라고 하더라도 이렇듯 둘 이상의 해석이 가능한 경우에는 고객에게 유리하게 해석하여야 하므로 같은 결과에 이른다는 의미로 보아야 한다

IV. 내용통제 관련 판례

1. 대법원 2014.3.13. 선고 2010다97051 판결 — 해제 시 상가개발비 반환 배제 약관조항

1) 사실관계

원고들은 피고(시행사)로부터 A타워 상가의 8층 점포를 호수를 특정하지 않고 추후 추첨으로 정하기로 하여 분양받았다. 그런데 피고는 8층 34개 점포 중 12개 점포는 호수를 특정하여 따로 분양을 하였고 원고들에 대한 호수 추첨을 할 때에는 위 12개 점포를 추첨대상에서 제외하였다. 이에 원고들은 분양계약 체결 당시에는 8층 점포 전체가 추첨대상이라고 하고서도 추첨기일에 그중 12개 점포를 제외한 것은 분양계약 위반이라고 주장하면서 분양계약의 해제를 통보하고 원상회복으로서 이미 지급한 분양대금과 상가개발비의 반환을 구하는 소를 제기하였다.

피고는 원고들의 해제가 부적법함을 다투었으나 해제의 적법성은 인정되었고, 이에 피고는 원상회복의 범위와 관련하여 상가개발비는 상권활성화 등을 위하여 이미 사용된 것으로서 반환할 수 없다고 다투었다. 한편 원고들과 피고 사이의 분양계약서에는 "상가개발비는 소멸되므로 계약해제 시 반환하지 않는다"라는 조항(이하 '이 사건 약관조항')이 있었다.

2) 법원의 판단

원심은 분양계약이 해제된 경우 상가개발비도 반환대상에 포함되는 것으로 판단하였다. 원심은 분양계약서에 이 사건 약관조항이 있기는 하나 이를 분양자의 귀책사유로 계약이 해제·해지되는 경우에도 상가개발비 반환의무를 인정하지 않는 취지의 규정으로 본다면 이 조항은 약관규제법 제9조에 의하여 무효라고 보아야 할 뿐만 아니라, 분양계약서에 수분양자의 귀책사유로 계약이 해제·해지되는 경우 계약금과 상가개발비를 위약금으로 피고에게 귀속시키는 것으로 규정하고 있으므로, 그 반대해석상 분양자의 귀책사유로 계약이 해제·해지되는 경우에는 상가개발비가 반환대상에 포함되는 것으로 봄이 상당하다고 하였다.

대법원은 상고를 기각하였다. 대법원은 먼저 이 사건에서의 상가개발비 약정은 "수분양자가 분양자에게 상가 홍보, 인테리어 시공 등 상가의 활성화를 위한 사무 처리를 위임하고 그 위임사무의 처리를 위한 비용 및 보수를 상가개발비라는 명목으로 지급하며, 분양자는 지급받은 상가개발비 금액 한도에서 상가 활성화 사무를 처리하기로 한 약정으로 해석함이 상당하다"고 하였다.[58] 그리고 대법원은 "상가개발비 약정이 분양계약에 편입된 경우, 분양계약이 해제 또는 해지되면 상가개발비 약정 역시 종료된다고 할 것이고, 이때 상가개발비를 반환하여야 하는지 여부는 원칙적으로 분양계약 당사자 사이의 약정에 따라야" 할 것이지만, 약관의 형식으로 분양계약이 체결된 경우에는 약관규제법의 규율대

58_ 대상판결 사안에서의 상가개발비 약정의 성격이 이러하다는 것이지 일반적으로 타당한 해석은 아니다.

상이 되는 것이므로 "분양계약이 종료된 경우에 상가개발비를 어떠한 경우에도 반환하지 않는다고 정하였다면 이러한 규정은 수분양자에게 일방적으로 불리한 조항으로서" 약관규제법 제9조에 해당하여 무효라고 하였다.

3) 검 토

약관규제법 제9조 제5호는 계약의 해제·해지에 관한 약관의 내용 중 '계약의 해제 또는 해지로 인한 사업자의 원상회복의무를 부당하게 경감하는 조항'을 무효로 한다고 규정하고 있고, 대법원은 어떠한 경우에도 상가개발비를 반환하지 않는다는 약관조항은 약관규제법 제9조 제5호에 의하여 무효라고 본 것이다. 한편 원심과 대법원의 판시를 종합해 보면 이 사건 약관조항은 분양자의 귀책사유로 계약이 해제·해지되는 경우에도 상가개발비 반환의무가 인정되지 않는다는 취지로 보는 한 약관규제법 제9조 제5호에 의하여 무효라는 의미로 읽히므로 이른바 효력유지적 축소해석(수정해석)을 한 것으로 보인다. 다만, 상가개발비 약정을 위임으로 볼 때 위임인(수분양자)의 귀책사유로 위임계약이 해지된 경우에도 미리 지급되었으나 사용되지 않은 비용과 처리하지 않은 사무 부분에 해당하는 보수는 반환을 구할 수 있다고 보아야 할 것이라는 점을 고려해 보면 분양자의 귀책사유로 인한 해지의 경우에만 이 사건 약관조항이 무효라고 보는 해석이 타당한지에 관하여는 생각해 볼 여지도 있어 보인다.

2. 대법원 2014.12.11. 선고 2014다51015, 51022 판결―해제 시 위약금에 대한 가산이자 반환 배제 약관조항

1) 사실관계

원고는 피고(건설회사)로부터 인천 청라지구 내 아파트를 분양받고 계약금 및 중도금은 지급하였으나 잔금을 지급하지 못하였다. 이에 피고가 잔금채무 불이행을 이유로 분양계약을 해제하자, 원고는 피고에 대하여 원상회복으로서 계약금·중도금 및 각 그 이자의 반환을 청구하였다.

한편 분양계약서에는 "원고의 귀책사유로 분양계약이 해제되는 경우 분양대금의 10%(계약금 상당액)는 위약금으로 피고에게 귀속한다, 피고는 위약금을 원고가 이미 납부한 대금 중에서 상계처리하고 환급한다, 원고가 이미 납부한 대금에 대한 이자 및 이미 납부한 연체금은 환불하지 아니한다"라고 규정되어 있었다(이하 이자를 반환하지 않는다는 부분을 '이 사건 약관조항'). 그리하여 소송에서는 계약금 및 중도금에 대한 각 이자의 반환의무를 배제한 이 사건 약관조항이 약관규제법 제9조에 따라 무효인지 여부가 쟁점이 되었다.

2) 법원의 판단

원심은 ① 임의규정인 민법 제548조 제2항의 규정에 의하면 계약이 해제된 경우 반환할 금전에는 이자를 가산하여야 하므로 피고의 이자반환의무를 배제한 이 사건 약관조항은 약관규제법 제9조에 의하여 무효이지만, ② 이 사건 약관조항 중 위약금의 이자에 해당하는 부분은 피고의 반환의무가 배제된다고 하더라도 사업자의 원상회복의무를 부당하게 경감하는 결과가 된다고 볼 수 없다고 하여 그 유효성을 인정하였다. 원심이 위 ②의 근거로 든 것은, ㉠ 위약금으로 몰취되는 계약금의 경우 상대방에게 반환한 후 다시 이를 돌려받아 몰취하기보다는 반환하지 아니한 상태에서 그대로 몰취하는 것이 일반적인 거래실정이고 당사자의 인식 역시 마찬가지라는 점, ㉡ 공정거래위원회가 고시한 아파트표준공급계약서 및 청라지구의 다른 아파트분양계약서 역시 위약금을 공제한 나머지 대금에 한하여 이자를 가산하여 반환하도록 규정하고 있는 점의 2가지였다.

대법원은 위와 같은 원심의 판단은 정당하다고 하여 상고를 기각하였다.

3) 검 토

판례는 약관규제법 제9조 제5호와 관련하여, "매매계약이 해제된 경우에 원상회복의무의 이행으로서 수령한 매매대금을 반환할 때에는 민법 제548조 제2항에 따라 그 받은 날부터 법정이자를 가산하여 지급하여야 하므로, 계약해제로 인하여 사업자가 이미 받은 금전을 반환하는 경우에 이자의 반환의무를 배제하는 약관조항은 고객에게 부당하게 불리하여 공정을 잃은 것으로 추정되어 무효라고 할 것이지만, 이를 정당화할 합리적인 사유가 있는 때에는 그러하지 아니하다"는 입장을 갖고 있다.[59] 이러한 대법원의 판시는 계약의 해제·해지 등과 관련하여는 약관에 의한 임의규정의 배제가 원칙적으로 금지되고 이를 회피하는 것을 정당화할 수 있는 사정이 있는 경우에만 예외가 인정될 수 있음[60]을 보여 준다. 대상판결은 거래관행과 당사자의 인식, 그리고 공정거래위원회의 아파트표준공급계약서(표준약관)[61] 등에 비추어 보면 몰취하는 위약금 부분에 대한 이자는 반환하지 않는 것으로 규정한 약관조항도 유효하다고 하여 이자반환의무의 배제를 정당화할 합리적인 사유가 있는 것으로 판단하였다.

그러나 대상판결 이후 대법원은 "민법 제548조 제2항은 계약해제로 인한 원상회복으로 반환할 금전에는 그 받은 날부터 이자를 가산하여야 한다고 규정하고 있는바, 매매계약이 매수인의 귀책사유로 해제되어 매매대금 중 일부가 위약금으로 몰취되는 경우에는 매도인은 그 위약금에 대하여는 매수인에게 원상회복으로 반환할 의무가 없으므로, 위약금에

59_ 대법원 2008.12.24. 선고 2008다75393 판결; 대법원 2012.4.12. 선고 2010다21849 판결 등.

60_ 이은영, 앞의 논문, 197면.

61_ 아파트표준공급계약서(2015.6. 개정 전) 제3조(위약금)
③ 제1항과 제2항의 경우 "갑"은 "을"이 이미 납부한 대금(단, 제1항의 경우에는 위약금을 공제한다)에 대하여는 각각 그 받은 날로부터 반환일까지 민법 소정의 법정이율(단, 상법 적용 시는 상법 소정의 법정이율)에 해당하는 이자를 가산하여 "을"에게 환급한다.

대한 이자 상당액을 지급할 의무도 없다고 보아야 한다"라고 판시하였고,[62] 이에 의하면 이 사건 약관조항 중 위약금에 대한 이자 부분은 애초부터 부당성이 문제될 여지가 없는 조항이라고 보아야 한다.

다만 공정거래위원회는 2015.6. 아파트표준공급계약서를 개정하여 분양계약 해제 시 사업자가 이미 받은 분양대금 전체에 그 수령일로부터의 이자를 붙여 반환하도록 개정하였다.[63] 개정 당시에는 위약금에 대한 이자도 반환하는 것이 민법 제548조 제2항에 부합한다는 것을 전제로 하였으니, 민법 제548조 제2항의 해석에 관한 위 판례에 의하면 아파트표준공급계약서의 개정은 민법의 임의규정보다 고객을 더 보호한 것이라고 볼 수 있다.

3. 대법원 2014.12.11. 선고 2014다39909 판결 ― 해제 시 가산이자 이율 연 2% 약관조항

1) 사실관계

원고는 피고(건설회사)로부터 용인시 소재 아파트를 분양받고 계약금 및 중도금을 납부하였으나 잔금을 납부하지 못하였다. 이에 피고가 잔금채무 불이행을 이유로 분양계약을 해제하자, 원고는 피고에 대하여 원상회복으로서 계약금·중도금 및 각 그 이자의 반환을 청구하였다.

한편 분양계약서에는 "① 원고의 귀책사유로 분양계약이 해제되는 경우 분양대금의 10%(계약금 상당액)는 위약금으로 피고에게 귀속된다, ② 피고의 귀책사유로 분양계약이 해제되는 경우 피고는 원고에게 분양대금의 10%를 위약금으로 지급한다, ③ 위 각 경우 피고는 원고가 기납부한 대금에 대하여 각각 그 받은 날로부터 반환일까지 연리 2%에 해당하

62_ 대법원 2015.12.10. 선고 2015다207679 판결.

63_ 아파트표준공급계약서(2015.6. 개정) 제3조(위약금)
  ③ 제1항과 제2항의 경우 "갑"은 "을"이 이미 납부한 대금에 대하여는 각각 그 받은 날로부터 반환일까지 민법 소정의 법정이율(단, 상법 적용 시는 상법 소정의 법정이율)에 해당하는 이자를 가산하여 "을"에게 환급한다.

는 이자(이하 '가산이자')를 부가하여 원고에게 반환한다(단, 위 ①의 경우 위약금 및 기타 공제금에 대하여는 이자를 부가하지 아니하며, 위약금은 계약금부터 순차로 공제한다)"라고 규정되어 있었다(이하 위 ③ 부분을 '이 사건 약관조항'). 그리하여 소송에서는 가산이자의 이율을 연 2%로 하고 위약금 및 기타 공제금에 대한 각 가산이자의 반환의무를 배제한 이 사건 약관조항이 약관규제법 제9조에 따라 무효인지 여부가 쟁점이 되었다.

2) 법원의 판단

원심은 이 사건 약관조항 중 ① 가산이자의 이율을 연 2%로 한 부분은 무효, ② 위약금에 대하여 가산이자의 반환의무를 배제한 부분은 유효, ③ 기타 공제금에 대한 가산이자의 반환의무를 배제한 부분은 무효라고 판단하였다. 먼저 ① **가산이자의 이율** 부분에 대하여는, ㉠ 계약 해제로 인한 원상회복 시 가산되는 이자는 부당이득반환의 성질이 있으므로 반환의무자가 계약 해제 이전까지 급부를 보유함으로써 얻은 이익이나 그로 인하여 상대방이 입은 손해에 상응하는 정도여야 할 것인데, 피고가 원고에게 반환하여야 할 금액 상당을 금융기관으로부터 대출받거나 원고가 위 금액 상당을 금융기관에 예치하였다고 가정할 경우와 비교하여, 연 2%의 이율은 금융기관의 예금·대출 금리, 원고의 중도금 대출 이율에 비해 현저히 낮아 원고가 받은 손해를 전보할 수준에 이르지 못하는 점, ㉡ 원고는 외환은행으로부터 'CD기준금리－0.73%'의 이율로 중도금대출을 받았는데, 그 이율이 2009년도에 9개월가량 연 2.68~2.89% 정도였던 것을 제외하고는 대출기간 내내 연 5%를 초과하고 최대 연 9.15%에까지 이르러 원고로서는 분양계약이 해제되지 않고 대출기간이 연장될수록 손해가 더욱 커지게 되고 이러한 결과는 원고의 귀책사유로 계약이 해제되는 경우뿐만 아니라 피고의 귀책사유로 계약이 해제되는 경우에도 동일한 점, ㉢ 공정거래위원회는 아파트표준공급계약서(2002.5.30.자로 개정 승인된 표준약관)를 공시하면서 당초 계약 해제로 인한 원상회복 시 가산이자의 이율을 시공사 등이 자율적으로 정할 수 있도록 공란으로 기재해 두었으나, 2013.11.8. 이 부분을 "민법 소정의 법정이율(단, 상법 적용 시는 상법 소정의 법정이율)에 해당하는 이자를 가산하여 환급"하도록 개정하여 공시한 점에 비추어 보면,[64] 이 사건 약관조항 중 가산이자 이율 부분은 사업자인 피고의 원상회복의무를 부당하게 경감하는 조항으로서 약관규제법 제9조 제5호에 해당하여 무효라고 판단하였다. 다음으로 ② **위약금의 가산이자** 부분에 대하여는, 계약해제의 효과로서의 원상회복은 부당이득에 관한 특별규정에 해당하는데, 원고의 귀책사유로 분양계약이 해제된 이상 원고가 지급한 대금 중 분양대금의 10%에 상당하는 금전은 위약금으로 피고에게 귀속되고 그 결과 위약금 상당액은 원상회복의무의 대상에서 제외된다고 보아야 하므로, 위약금에 대하여는 가산이자의 반환을 배제하였다고 하더라도 사업자인 피고의 원상회복의무를 부당하게 경감하는 것이라고 보기 어렵다고 판단하였다. 마지막으로 ③ **기타 공제금의 가산이자** 부분에 대하여는, 여기서의 '기타 공제금'이란 중도금 대출금의 대위변제금, 중도금 대출이자 후불제에 따른 대납이자 및 연체금 등 분양계약에 따라 원고가 피고에게 지급하여야 할 채무액을 예정한 것으로서, 그 금액 상당의 분양대금이 피고에게 당연히 귀속되는 것이 아니라 피고가 원고에 대하여 가지는 별도의 채권에 불과하므로 원칙적으로 원상회복의 대상에 포함되고 다만 피고가 상계권의 행사를 통해 정산받을 수 있을 뿐이므로, 이 사건 약관조항 중 기타 공제금의 가산이자 반환의무를 배제한 부분은 사업자인 피고의 원상회복의무를 부당하게 경감하는 조항으로서 약관규제법 제9조 제5호에 해당하여 무효라고 판단하였다.

상고심에서는 **위약금의 가산이자** 부분(위 ② 부분)에 대하여는 다투어지지 않았고 나머지 부분에 대하여만 다투어졌는데, **대법원**은 원심판결 중 **기타 공제금의 가산이자** 부분(위 ③ 부분)은 원심판단을 그대로 수긍하였으나 **가산이자의 이율** 부분(위 ① 부분)은 파기하였다. 즉 대법원은 "계

64_ 이 부분은 2015.6. 개정 시 다시 공란으로 변경되었다.

약 해제로 사업자가 이미 받은 금전을 반환함에 있어 이자의 반환의무를 배제하는 약관조항은 고객에게 부당하게 불리하여 공정을 잃은 것으로 추정되어 무효라고 할 것이지만, 이자를 가산하여 반환하기로 한 경우에는 그 이율이 공정을 잃은 것으로서 무효인지를 판단함에 있어 일률적으로 그 이율이 법정이율보다 높거나 낮다는 것만을 기준으로 하여서는 아니 되고, 당해 약관을 설정한 의도 및 목적, 당해 업종에서의 통상적인 거래 관행, 관계 법령의 규정, 거래대상 상품 또는 용역의 특성, 사업자의 영업상 필요 및 고객이 입을 불이익의 내용과 정도 등을 종합적으로 고려하여 판단하여야 한다"는 판시를 한 다음 ㉠ 원심은 원고가 중도금대출 이자를 지급한 사정을 근거로 들고 있으나 수분양자가 중도금대출을 받았거나 얼마의 대출 이자를 지급하였는지 등의 사정은 모든 수분양자에게 공통된 사정이 아니므로, 이러한 개별적·구체적인 사정을 약관해석의 근거로 삼아서는 안 된다는 점, ㉡ 원심은 시중 금융기관의 대출·예금 이율과 비교하더라도 가산이자의 이율 연 2%는 현저히 낮다고 보았으나, 기준금리나 금융기관 예금·대출 이율이 오래전부터 지속적으로 내림세에 있고, 예금의 경우 이자소득세를 공제해야 하므로 실질 수령액은 약정 이자율로 계산한 금액보다 낮아질 수밖에 없는 사정 등을 고려하면 이율 비교에 관한 원심의 판단이 적정하다고 보기도 어려운 점, ㉢ 공정거래위원회가 공시한 아파트표준공급계약서가 2013. 11.8. 개정되기 전에는 계약 해제로 인한 원상회복 시의 가산이자 이율에 관하여 시공사 등이 자율적으로 정할 수 있도록 공란으로 해 두었는바, 피고는 그 표준약관에 따라 이 사건 분양계약서를 작성한 것인 점, ㉣ 위약금과 더불어 가산이자 이율을 낮게 정하는 것은 분양계약의 중도파기를 방지하여 분양사업의 원활한 추진을 도모하는 데 도움이 된다는 것을 고려하면 이 사건과 같이 수분양자의 귀책사유로 분양계약이 해제되는 경우에는 그 약관조항의 적용을 정당화할 만한 합리적인 사유가 존재한다고 볼 여지가 있는 점 등에 비추어 보면, 이 사건 약관조항의 가산이자 이율 부분이 피고의 원상회복의무를 부당하게 경감하는 조항이라고 보기 어렵다고 하였다.

3) 검 토
① 가산이자의 이율 부분

약관규제법 제9조와 관련한 대법원의 입장은 가산이자를 완전히 배제하는 약관조항은 무효이지만 가산이자를 법정이율보다 낮게 약정하였다고 하여 약관규제법에 반하는 것은 아니라는 것이다. 다만 어느 정도의 이율까지 허용된다고 볼 것인가는 문제인데 이는 판례가 설시하는 바와 같이 약관의 설정 의도·목적, 거래관행, 관계법령의 규정, 거래대상의 특성, 사업자의 영업상 필요, 고객이 입을 불이익의 내용·정도 등을 종합적으로 고려하여 판단할 수밖에 없다.

이와 관련하여 대상판결이 이 사건 약관조항 중 가산이자 이율 부분이 유효하다고 판단한 근거에 관하여 본다. 첫째, 대상판결은 해당 고객의 개별적·구체적 사정은 내용통제의 근거로 삼아서는 안 된다고 하였다. 대상판결 사안에서 원고는 연 9.15%까지의 중도금이자를 지급하였는데 이것이 원고의 개인적인 신용하락에 기인한 것이라면 이러한 사정이 내용통제의 기준이 될 수 없음은 자명하다. 둘째, 대상판결은 당시의 금리수준뿐만 아니라 소득세공제 후의 실질 수령액까지 고려하였다. 고객이 입을 불이익의 내용과 정도를 고려한 것이다. 셋째, 대상판결은 이 사건 분양계약서가 표준약관에 따른 것임을 들고 있다. 표준약관에 따른 것이라는 것은 공정거래위원회의 심사를 거친 것으로 특별한 사정이 없는 한 사업자가 그 지위를 남용하여 작성한 것이라고 하기는 어렵다는 의미가 있을 뿐만 아니라 거래관행에 부합한다는 의미도 있다. 넷째, 대상판결은 가산이자 이율을 낮게 설정한 것은 위약금과 함께 분양계약의 부당파기를 막기 위한 필요에서 허용될 수 있다고 하였다. 사업자의 영업상 필요라는 측면을 고려한 것으로서 어느 정도는 낮은 가산이율이 위약금과 함께 손해배상액 예정으로서 기능하는 것을 허용할 수 있다는 취지로 보인다.

② 기타 공제금에 대한 가산이자 부분

이 부분은 위약금에 대한 가산이자 부분과 달리 볼 것인가 하는 점이 쟁점인데, 위약금의 경우 계약 해제 시의 반환범위에 포함되지 않지만 기타 공제금은 대출금의 대위변제금, 중도금 대출이자 후불제에 따른 대납이자 및 연체금 등으로서 원금에서 당연 공제되는 것이 아니라 분양자의 대금반환채무와 상계할 수 있는 별개의 채권에 불과한 점에 비추어 보면 양자를 달리 취급하는 것은 정당하다.

V. 기타 판례

1. 대법원 2016.6.23. 선고 2015다5194 판결―준거법이 외국법인 경우 약관규제법의 적용 여부

1) 사실관계

원고(대한민국 법인)는 A(터키 법인)와 보일러 4대(이하 '이 사건 화물')를 매도하는 계약을 체결하고 피고(보험회사, 미국 법인, 국내에 영업소 운영)와 이 사건 화물에 관한 적하보험계약(이하 '이 사건 보험계약')을 체결하였다. 이 사건 보험계약에는 "피보험자가 화물이 갑판에 적재되어 운송된다는 사실을 보험자에게 알리지 않은 경우 부보위험이 일정 범위[① 전손, ② 분손 중 투하(jettison)와 갑판유실(washing overboard)]로 축소된다"는 내용의 갑판적 약관(On-Deck Clause)과 "본 보험증권에 따라 발생하는 책임에 관한 모든 문제는 영국의 법과 관습이 적용된다"는 준거법 약관이 포함되어 있었다. 원고는 B에게 이 사건 화물의 운송을 의뢰하였고 B는 이 사건 화물을 선박의 갑판에 적재하여 운송하였는데, 이 사건 화물 중 보일러 1대가 오만 앞 바다에서 해상으로 떨어지는 사고가 발생하였다. A는 원고에게 이 사건 보험계약에 기한 보험금청구권을 양도하고 이를 피고에게 통지하였다.

원고가 피고에 대하여 이 사건 보험계약에 기하여 보험금청구를 하면서 갑판적 약관에 대한 설명의무 위반을 주장한 데 대하여, 피고는 준거법 약관에 의하여 이 사건 보험계약에는 영국법이 적용되므로 약관규제법이 적용되지 않고, 약관규제법이 적용된다고 하더라도 원고가 갑판적 약관의 내용을 알고 있었으므로 갑판적 약관은 설명의무의 이행 여부와 무관하게 이 사건 보험계약의 내용이 된다고 주장하였다.

2) 법원의 판단

원심은 영국법을 준거법으로 한 이 사건 보험계약에는 약관규제법이 적용되지 않고 설령 약관규제법이 적용된다고 하더라도 이 사건 보험계약 체결 당시 원고는 갑판적 약관의 내용을 잘 알고 있었으므로 피고에게 갑판적 약관에 대한 설명의무가 인정되지 않는다는 이유로 원고의 청구를 배척하였다.

대법원은 ① 이 사건 보험계약에 포함된 준거법 약관은 '책임에 관한 문제'에 대하여 영국법을 적용한다고 규정되어 있는데, 약관의 설명의무에 관한 사항은 약관의 내용이 계약내용이 되는지에 관한 문제로서 보험자의 책임에 관한 것이라고 할 수 없으므로 이에 관하여는 영국법이 아니라 우리나라의 약관규제법이 적용되지만, ② 이 사건 보험계약 체결 당시 원고는 갑판적 약관의 내용을 잘 알고 있었으므로 피고가 그 내용을 설명하지 않았더라도 갑판적 약관은 이 사건 보험계약의 내용이 된다고 하여 상고를 기각하였다.

3) 검 토

약관에 의한 계약의 준거법이 외국법인 경우 약관규제법이 적용되는가에 관하여 판례는 "국제사법 제27조에서 소비자 보호를 위하여 준거법 지정과 관련하여 소비자계약에 관한 강행규정을 별도로 마련해 두고 있는 점이나 약관의 규제에 관한 법률의 입법 목적을 고려하면, 외국법을 준거법으로 하여 체결된 모든 계약에 관하여 당연히 약관의 규제에

관한 법률을 적용할 수 있는 것은 아니"라고 하여 소극적인 입장을 취하고 있다.[65]

다만 대상판결이 영국법을 적용한다는 준거법 약관에도 불구하고 약관규제법의 적용을 긍정한 것은 준거법 약관이 계약의 일부, 즉 책임에 관한 문제에 대하여만 영국법을 적용한다고 하고 있으므로, 책임에 관한 문제가 아니라 약관이 계약내용이 되는가에 관한 문제인 설명의무에 관하여는 영국법이 아닌 계약과 가장 밀접한 관련이 있는 국가의 법인 우리나라 법이 준거법이 되고, 따라서 약관규제법도 적용된다고 한 것이다.[66]

VI. 결 어

이상 2014년부터 2016년까지 대법원에서 선고된 약관규제법 관련 대법원 판례의 동향에 대하여 살펴보았다. 약관규제법이 주된 쟁점이 된 판례가 많지 않았음에도 의미 있는 판결들이 선고되었다. 먼저 편입통제와 관련하여는 ① 선택형 약관조항의 약관성을 긍정하고 추상적 내용통제와 구체적 내용통제의 판단기준이 다름을 선언하였고 ② 약관에 대한 설명의무의 면제사유 중 '법령의 규정을 되풀이하거나 부연하는 경우'의 의미를 명확히 하고 그 한계를 설정하였으며 ③ 약관 설명의무 위반 및 그 효과로서의 계약편입배제가 갖는 의미 및 설명의무 위반과 개

65_ 대법원 2010.8.26. 선고 2010다28185 판결로써 이 문제는 정리가 되었고 대법원 2015.3.20. 선고 2012다118846, 118853 판결이 이를 확인하였다. 이에 찬성하는 입장으로, 석광현, "약관규제법은 국제적 강행규정인가", 법률신문 제3920호(2011.3.21), 13면; 정구태, "국제항공여객운송계약에서의 오버부킹과 약관규제법의 적용 여부", 외법논집 제39권 제4호(2015), 28면.

66_ 대법원 2010.8.26. 선고 2010다28185 판결의 사안은 모든 법률관계에 관한 준거법을 캐나다의 온타리오 주의 법률로 하는 약관을 두고 있는 경우(전부지정)이어서 일부 법률관계(책임)에 관한 준거법을 영국법으로 하는 약관을 두고 있는 경우(일부지정)인 이 사건과는 사안이 다르다.

별약정의 관계를 명확히 하였다. 다음으로 해석통제와 관련하여는 ① 작성자 불이익 원칙의 보충성을 재확인하였고 ② 평균적 고객의 이해가 능성을 기준으로 한 객관적·통일적 해석의 원칙 역시 재확인하였다. 그리고 내용통제와 관련하여는 계약 해제 시의 원상회복의무와 관련된 몇 가지 쟁점들이 정리되었다. 기타 판례로서는 약관규제법이 외국법을 준거법으로 하는 계약관계에 적용되는지에 관하여 기존의 판례를 재확인한 것이 있었다. 동시에 이들 판례는 추상적 내용통제와 구체적 내용통제의 관세, 소송실무에 있어서의 설명의무 위반에 대한 과도한 의존, 객관적·통일적 해석원칙의 완화 가부(개별적 사안의 구체성을 약관해석으로 흡수할 것인가 개별약정으로 흡수할 것인가의 문제 포함), 내용통제의 활성화와 계약자유의 원칙과의 조화 등 새로운 고민을 던져 주기에도 충분하였다. 약관을 이용한 계약이 우리 생활 속에 넓게 자리 잡고 있는 만큼 향후 약관규제법에 관한 다양한 논의와 풍성한 판례가 생산되기를 기대해 본다.

참고문헌

곽윤직·김재형, 민법총칙(민법강의 I), 박영사(2013).

권영준, "자살과 재해사망보험금 지급에 관한 보험약관의 해석", 재산법연구 제 32권 제3호(2015.11).

김동훈, "개별교섭후 수정되지 않은 약관조항의 효력―대상판결: 대법원 2008. 7.10. 선고 2008다16950 판결", 채권법연구(II), 동방문화사(2014).

김성태, "보험자의 약관설명의무", 민사판례연구 제12권(2000).

김시철, "피보험자동차의 양도에 관한 통지의무를 규정한 보험약관이 보험자의 개별적 명시·설명의무의 대상인지 여부", 대법원 판례해설 제67호(2008).

김정중, "표준약관 사용권장행위의 처분성과 약관조항의 불공정성 판단기준 등", 특별법연구 제10권(진수인 대법관 되임기념)(2012).

김진우, "약관의 편입통제", 동북아법연구 제8권 제3호(2015.1).

_____, "약관의 해석에 관한 일고찰―객관적 해석과 작성자 불이익의 원칙의 유 럽연합과의 비교를 통한 검토", 재산법연구 제28권 제3호(2011.11).

사법연수원, 약관규제 및 소비자보호에 관한 법률(2009).

석광현, "약관규제법은 국제적 강행규정인가", 법률신문 제3920호(2011.3.21).

송덕수, "법률행위의 해석", 경찰대 논문집 제6집(1987).

양승규, "보험약관의 명시설명의무 위반과 고지의무 위반으로 인한 보험계약해 지 여부", 손해보험(1992).

양창수·김재형, 계약법(민법 I), 박영사(2013).

이병준, "모순 있는 보험약관조항의 해석과 불명확조항 해석원칙의 적용", 선진 상사법률연구 통권 제74호(2016.4).

이상훈, "판례를 통하여 본 보험약관의 명시설명의무", 청연논총 제7집(2010).

이원석, "보험약관에 대한 설명의무를 위반한 경우 보험계약 내용의 확정방법", 대법원 판례해설 제105호(2016).

_____, "재해사망특약 약관에 독립적으로 규정된 자살면책·부책조항의 해석", 사법 제37호(2016.9).

_____, "주관적 위험변경증가와 상법 제652조 및 약관설명의무", 고요한 정의의

울림(신영철 대법관 퇴임기념)(2015).

이은영, 약관규제법, 박영사(1994).

_____, "약관법과 민법과의 관계, 계약내용통제 및 일부무효와 관련하여", 외법논집 제34권 제4호(2010.11).

이재현, "개별약정 우선의 원칙(§305b BGB)", 법학연구 제15권 제1호(2004.8).

_____, "일부무효의 특칙에 관한 법리—비교법적 고찰", 비교사법 제4권 제2호(통권 제7호)(1997).

이주흥, "일반거래약관에 대한 해석통제", 민법학논총(곽윤직 교수 고희기념)(1995).

장경환, "보험약관과 약관규제법", 보험법연구 제2호(1998).

_____, "보험약관의 교부·설명의무—입법취지와 성격을 중심으로", 보험학회지 제46집(1995).

상덕조, "보험자의 설명의무", 민사판례연구 제29권(2007).

_____, "재해사망보험금지급 약관조항과 평균적 고객의 이해가능성", 상사법무연구회(2016.7.9) 발표문.

정구태, "국제항공여객운송계약에서의 오버부킹과 약관규제법의 적용 여부", 외법논집 제39권 제4호(2015).

주기동, "보험자의 약관설명의무의 예외사유", 21세기 사법의 전개(최종영 대법원장 재임기념)(2005).

진상범, "한국은행 총액한도대출관련 무역금융에 대한 수출신용보증약관의 면책사유인 '신용보증부 대출금 종류 위반'의 의미와 작성자 불이익의 원칙", 대법원 판례해설 제85호(2011).

공정거래위원회 심결례의 동향*

민혜영**

1987년 약관규제법 시행 이후 약관심사는 양적인 측면과 질적인 측면 모두에서 눈에 띄는 성장을 해 왔다. 이 글에서는 이러한 약관심사의 양적·질적인 성장을 대략적으로 살펴보고 몇 가지 주요한 분야에서 중요하다고 평가되는 심결례들을 소개하고자 한다.

Ⅰ. 약관심사 청구 및 처리 건수의 증가

공정거래위원회(이하 '공정위')에 접수되는 약관심사청구는 약관심사가 시작된 1987년 이후 지속적으로 증가하고 있다. 예를 들어 1993년 141건에 불과하던 약관심사청구건수가 2000년에는 661건이 되었고 2015년도에는 1,875건으로 증가하였다.[1]

이와 같은 약관심사청구의 급속한 증가는 ① 사회가 복잡해지고 경제

---

* 이 논문은 2017년 1월 25일 한국외국어대학교 법학연구소 소비자법센터 제8회 학술대회("2016년 약관규제법의 동향과 과제: 심결례와 분쟁조정의 동향")에서 발제한 글을 수정·보완한 것입니다.
** 공정거래위원회 전 약관심사과장.
1_ 약관규제의 실제(2008, 공정거래위원회), 2016년판 공정거래백서(공정거래위원회).

가 발전하면서 사업자가 사용하는 약관의 수가 기하급수적으로 증가함에 따라 불공정약관조항으로 인한 피해도 늘어나고 있는 점, ② 일반인들의 권리의식과 함께 약관심사청구제도의 존재에 대한 인식도 늘어나고 있는 점, ③ 약관심사청구를 손쉽게 할 수 있는 국민신문고 등의 제도가 활성화된 점 등 다양한 요인이 복합적으로 작용한 결과로 볼 수 있을 것이다.

약관심사 건수도 크게 증가하였는데, 예를 들어 1993년 27건이던 심사 건수가 2015년에는 430건이 되었다.[2] 약관심사 건수의 증가는 약관심사청구의 증가와 함께 직권조사 처리 건수의 증가를 주요 원인으로 꼽을 수 있다. 특히 최근에는 연간 10~13건의 직권조사를 실시하고 있어 공정위의 약관심사가 청구사건 중심에서 직권조사 중심으로 바뀌고 있다고 평가된다.

이와 함께 은행(상호저축은행), 여신전문금융분야, 금융투자분야의 약관은 공정위가 직권조사나 청구를 받아 처리하기도 하나 주로 금융당국으로부터 통보받은 약관을 심사하여 불공정한 약관조항 시정을 요청하는 방식으로 진행되고 있다. 이러한 절차는 개별법에 구체적으로 규정되어 있는데, 자본시장법과 여신전문금융업법은 2009년, 은행법 및 상호저축은행법은 2010년에 관련 규정이 신설되었다. 현재 한 해 평균 1500~2500건의 금융약관이 접수되고 있으며, 접수 후 1년 이내에 심사하여 금융당국에 시정요청을 하고 있다.

II. 약관심사 분야의 다양화, 개인정보·저작권 관련 심결례 증가

2000년 이전까지 약관심사는 부동산(주택분양·임대차, 백화점임대차 등),

2_ 약관규제의 실제(2008, 공정거래위원회), 2016년판 공정거래백서(공정거래위원회).

금융·보험(여신거래, 외환거래, 리스거래 등), 관혼상제(예식장, 장례식장, 결혼정보회사 등), 여행·항공(항공사 마일리지, 콘도미니엄 등), 각종 시설(골프장, 대중이용시설, 회원제체육시설, 실버타운 등), 보건(의료기기, 산후조리원 등) 등 전통적인 분야에 한정되어 있었다.[3]

이후 인터넷·모바일 등 IT기술의 발전, 새로운 업태의 출현[4] 등으로 약관심사 대상분야는 크게 확대되었다. 2000년 이후에는 기존의 전통적인 분야에 더해 인터넷포털, 모바일쿠폰, 온라인게임, 해외구매·배송대행 등 다양한 분야에 대한 약관심사가 이루어졌다. 예를 들어 2016년의 경우 총 13건의 직권조사가 실시되었는데 이 중 6개 분야[5]가 2000년도 전에는 없었거나 활성화되어 있지 않았던 분야이다.

이렇게 다양한 분야에 대한 심사가 이루어지면서 기존의 약관심사기준을 적용하는 것이 적합하지 않은 분야에 대해서는 새로운 심사기준이 만들어지기도 했는데 대표적인 분야로 온라인게임, 신유형 상품권, 해외구매·배송대행 분야를 들 수 있다.

온라인게임의 경우 약관과 관련해서 주로 분쟁이 발생하는 사항이 게임계정압류, 이용자 PC에 별도의 동의 없는 광고성프로그램 설치 등 기존에 약관심사에서 다루어지지 않았던 내용이었으며, 이에 따라 공정위는 2000년부터 2009년까지 3차례의 약관심사를 통해 불공정약관조항을 시정한 후 2013년 온라인게임 표준약관을 제정하였다.

모바일쿠폰, 온라인상품권 등 '신유형 상품권' 역시 유통방식, 유효기간, 상품제공방식 등에서 기존의 종이형 상품권보다 훨씬 복잡한 양상을 띠므로 민원이 자주 발생함에도 이를 규율하는 제도가 없어[6] 소비자 피해가 지속적으로 발생하였다. 공정위는 기존의 '상품권 표준약관'을 신유형상품권에 그대로 적용하는 것이 적합하지 않다고 판단, 기존의

3_ 약관규제의 실제(2008, 공정거래위원회).

4_ 결혼준비대행업, 해외구매·배송대행업, 소셜커머스·오픈마켓 등 각종 플랫폼 등.

5_ 아파트옵션상품, SNS, 서바이벌 오디션 프로그램, 제대혈보관, 온라인강의, 산후도우미 파견업체.

6_ 1999년 『상품권법』의 폐지로 상품권 분야를 규율하는 법령은 현재 존재하지 않는다.

상품권 표준약관을 종이형 상품권에만 적용되는 '지류형 상품권 표준약관'으로 명칭 및 적용대상을 변경하고, 신유형 상품권의 유통방식, 유효기간, 상품제공방식 등 특징을 반영한 '신유형상품권 표준약관'을 제정하였다.[7] 표준약관 제정 이후에는 대다수의 사업자들이 이에 따르고 있어 소비자민원이 눈에 띄게 줄어든 것을 확인할 수 있었다.

해외구매·배송대행의 경우에도 최근 시장규모가 급격하게 커지면서 이와 관련한 소비자피해가 증가하고 있으나, 이를 규율하는 법·제도의 부재로 소비지피헤기 누적된 바 있다. 공정위는 2015년 주요 구매대행업체 및 배송대행업체에 대한 직권조사를 통해 불공정약관을 시정한 후 표준약관을 제정하여 업계에 배포하였다.

한편, 사업자가 개인정보를 대량으로 수집·보유하게 되면서 개인정보의 수집·이용과 관련한 이용자의 권리가 강화되었으며, SNS 등을 통해 글이나 사진 등 각종 저작물을 업로드하는 것이 일반화되면서 기존에 출판 등 한정된 분야에서 문제가 되었던 저작권 관련 이슈가 사회전반적인 이슈로 대두되었다.

이 중 개인정보와 관련한 내용부터 살펴보면, 우리나라는 2011년 공공기관의 개인정보에 관한 법률을 폐지하고 개인정보보호법을 제정하여 법 적용대상을 공공부문뿐만 아니라 민간부문의 모든 개인정보 취급자로 확대하고 개인정보 수집·제공·파기 등 단계별로 개인정보 처리원칙을 정립하였다. 정보통신서비스 이용자의 개인정보보호를 규율하는 정보통신망법도 개인정보 침해 및 누출에 대응하기 위해 최근 잇따라 개정되었다. 2012년에는 온라인사업자가 제3자에게 개인정보를 제공하거나 개인정보 취급을 위탁할 경우 이용자에게 별도로 동의를 받도록 했으며, 주민등록번호 수집을 원칙적으로 금지하고 개인정보 누출시 당사자에게 이를 즉시 알리도록 의무를 부여하였다. 또한 2014년 1

7_ 신유형 상품권 구매일로부터 7일 이내에는 구매액 전부를 환불받을 수 있으며, 금액형 상품권은 적어도 1년이상, 물품 및 용역제공형 상품권은 3개월 이상의 유효기간을 설정하여야 하는 등 종이형 상품권 표준약관에는 없는 규정들이 신설되었다.

월 신용카드사 개인정보 유출사건이 발생하자 같은 해 3월 범정부적인 재발방지대책을 마련하였다.

이와 같은 정부의 개인정보보호 강화 정책에 발맞추어 공정위는 2011년 14개 온라인사업자(인터넷포털, 온라인쇼핑몰, SNS 등)의 이용약관과 개인정보취급방침을 심사하여 과도한 개인정보 수집 조항, 고객의 명시적인 동의 없이 개인정보를 마케팅에 활용할 수 있게 한 조항, 개인정보 유출 시 사업자의 책임을 면책하는 조항 등 다양한 개인정보 관련 불공정 조항을 시정한 바 있으며, 2015년에는 2014년 3월 수립된 범정부적인 개인정보유출방지대책의 일환으로 21개 온라인사업자(인터넷포털, 온라인쇼핑몰)의 이용약관과 개인정보취급방침을 심사하여 개인정보보유기간을 특별한 사유 없이 연장하는 조항, 본인확인정보를 필수항목으로 수집하는 조항 등을 시정하였다.

한편, SNS 등을 통해 일반인들이 글, 사진 등 다양한 저작물을 업로드하고 공유하는 것이 일반화되면서 이러한 저작물에 대한 개인의 법적 권리 보호가 새로운 이슈로 대두되고 있다. 저작권 관련 약관심사는 출판, 공모전, 인터넷포털, SNS 등 온라인공간, 서바이벌 오디션 프로그램 등 다양한 분야에 걸쳐 이루어지고 있다.

우선 출판과 관련하여 '구름빵' 작가와 출판사 한솔수북이 체결한 매절계약이 사회적으로 이슈가 되어 공정위는 2014년 한솔수북을 비롯한 20개 출판사가 사용하는 「저작권 양도계약서」, 「출판권 설정 계약서」 등을 검토하였으며, ① 2차적 저작물 작성권을 포함한 저작권 일체를 출판사에게 양도하는 조항, ② 저작물의 2차적 사용과 관련한 처리를 출판사에게 전부 위임하는 조항, ③ 저작권을 양도할 때 출판사의 사전동의를 받도록 한 조항 등을 시정하였다.

2016년 4월에는 프로듀스 101, K팝스타 등 오디션 프로그램과 관련하여 방송사와 기획사, 연습생 간에 체결되는 프로그램 출연 계약서에서 출연자의 저작권, 저작인접권 등의 권리를 방송사에게 귀속시키고 방송사가 임의로 사용할 수 있도록 하는 조항을 시정하였다. 또한 2016년 6

월에는 페이스북, 인스타그램, 카카오스토리 등 SNS상 저작물을 사업자가 임의로 이용할 수 있도록 하거나 일방적으로 삭제할 수 있도록 하는 조항을 시정하였다.

저작권 관련 약관심사는 대부분 최근에 이루어진 것으로 이는 저작권과 관련한 사람들의 권리의식이 강화되면서 이와 관련한 분쟁이 늘어난 데 따른 것으로 생각된다.

개인정보나 저작권뿐만 아니라 포인트(마일리지)와 관련한 심결례가 증가한 것도 주요한 변화 중의 하나로 꼽을 수 있다. 2000년 이전에는 사업자가 마케팅정책의 일환으로 이용하는 포인트정책은 항공사 마일리지가 거의 유일했으나 최근에는 대다수의 사업자가 포인트정책을 사용하고 있다. 사업자마다 사용하는 포인트정책이 다양할 뿐만 아니라 제휴사의 변동, 마케팅 정책 변경 등으로 사업자들이 포인트정책을 자주 변경함에 따라 이에 대한 분쟁도 자주 발생하고 있다. 특히 카드사 포인트의 경우 민원이 다수 발생함에 따라 금융감독원은 포인트의 적립 · 사용 등과 관련하여 소비자의 권익을 보호하기 위한 정책을 지속적으로 발표하여 왔다. 공정위도 2015년 7개 신용카드사의 포인트 이용약관을 점검하여 회원탈회나 개인정보삭제 시 포인트도 자동으로 소멸되도록 하는 조항 등 불공정한 조항을 시정한 바 있다.

Ⅲ. 전통적인 분야의 심결례 변화

부동산, 여행 · 숙박 등 전통적인 약관심사분야의 심결례가 어떻게 변화하여 왔는지 파악하는 것도 의미 있는 작업일 것이다. 법 · 제도의 변화가 전반적으로 소비자보호를 강화하는 방향으로 이루어지고 있으므로 약관심사기준 또한 점차 소비자를 더 강하게 보호하는 방향으로 강화되어 왔다는 것은 누구도 부인할 수 없는 사실이다. 또한 같은 분야라 하더라도 시간이 지남에 따라 새로운 거래형태가 나타나기 때문에 새로운 심결례가 축적된다.

예를 들어 아파트 분양계약에서 주요 불공정약관 조항은 시공사항 변경 유보조항, 분양면적 증감에 따른 정산불가조항, 입주 지연에 따른 사업자책임 면제 조항 등이다. 그러나 최근에는 발코니 확장, 시스템 에어컨 설치, 붙박이 장 등 옵션상품이 일반화되면서 아파트 옵션 상품과 관련한 분쟁이 크게 증가하였다. 이에 따라 공정위는 아파트 옵션상품 공급계약서를 심사하여 수분양자의 해제권을 제한하는 조항, 옵션대금 미납 시 아파트 입주 자체를 제한하는 조항 등 불공정한 조항을 시정하였다.

부동산임대차의 경우에도 보증금에 정액의 임료를 지급하는 전통적인 임대차 형태에서는 계약해지 시 과중한 위약금 조항, 필요비·유익비상환청구권, 계약갱신요구권, 동시이행항변권 등 임차인의 권리를 제한하는 조항, 임대보증금 또는 임대료 자동증액 조항 등이 주로 문제가 된다. 그러나 최근에는 이러한 전통적인 임대차의 범주를 벗어나는 새로운 형태의 임대차[8]가 늘어나면서 기존의 심사기준을 그대로 적용하기 어려워 이에 대한 심사기준의 정립이 시급한 상황이다. 특히 해당 약관을 불공정하다고 판단할 경우 이러한 사업방식 자체를 제한하는 효과가 있어 보다 세심한 주의가 필요하다고 할 것이다.

여행·숙박의 경우 계약이 해제·해지되는 경우 위약금 문제가 분쟁의 대부분을 차지하고 있는데, 소비자분쟁해결기준이 잘 정착되어 약관심사도 이를 일응의 기준으로 삼아 이루어지고 있다. 다만, 최근에는 여행상품 판매 경로가 다양화되면서 약관심사도 다소 복잡해지고 있는 실정이다. 숙박상품을 예를 들면, 같은 호텔을 예약하더라도 호텔에 직접 예약하는 방법, 여행사를 통해 예약하는 방법, 호텔예약사이트나 앱을 이용하는 방법, 소셜커머스에서 예약하는 방법 등 다양한 방법이 있는데 각 방법마다 적용되는 약관 자체가 다르고 해당 약관에서 주로 문제

8_ 대형쇼핑몰이나 백화점의 경우 매출액에 연동하는 임료를 설정하고 매출액 상승을 위해 임대인이 거액의 마케팅 비용을 지출하는 등 기존의 임대차방식과는 다르게 임대차계약을 체결하는 경향이 있다.

가 되는 불공정약관조항도 다른 경우가 많다.

또한 최근에는 플랫폼이 활성화되면서 호텔, 펜션 등의 전통적인 숙박상품뿐만 아니라 모텔(야놀자 등), 사인이 소유하는 방(에어비앤비 등)도 약관을 통해 거래되고 있어 약관심사도 좀 더 복잡해지고 있는 실정이다.

최근 공정위가 시정조치한 에어비앤비의 환불약관 관련 사건에서 에어비앤비는 환불약관의 큰 틀(유연, 보통, 엄격)을 만들고 방을 제공하는 호스트가 이 세 가지의 환불정책 중 하나를 선택하게 하고 있다. 또한 에어비앤비는 플랫폼사업자로서 호스트와 게스트로부터 숙박대금의 일정비율을 서비스 수수료로 수취하는데, 숙박이 취소되는 경우에도 서비스 수수료는 일체 반환하지 않는다. 이 사건은 첫째, 약관 작성에 플랫폼사업자인 에어비앤비와 호스트가 모두 관여하고, 호스트는 사업자로 등록되어 있지 않은 상황에서 에어비앤비를 약관작성자로 볼 수 있는지, 둘째, 에어비앤비는 플랫폼 사업자로서 플랫폼을 제공하는 외에도 숙박비의 지불, 게스트와 호스트의 분쟁발생 시 중재 등 다양한 업무를 수행하는데 이러한 플랫폼사업자의 법적책임의 한계가 어디까지인지 등 다양한 쟁점에 대해 논의가 전개되었다.

1인 여행객 등 여행수요가 다양해지면서 여행상품 자체도 이전과는 비교할 수 없을 정도로 세분화되고 있어 현재 국내여행·국외여행 2가지 분류에 따라 규정되어 있는 표준약관과 소비자분쟁해결기준을 세분화할 필요성이 제기되고 있다. 공정위는 올해 여행업협회, 한국소비자원과 함께 이에 대한 연구를 통해 표준약관 개정안을 마련하고 소비자분쟁해결기준에도 반영할 계획이다.

IV. 약관심사와 관련한 향후 과제

위에서 살펴본 바와 같이 공정위의 약관심사는 양적으로 증가하였을 뿐만 아니라 기술의 발달, 새로운 거래형태의 등장으로 인해 좀 더 복잡해진 측면이 있다. 특히 최근에는 다양한 형태의 플랫폼사업자가 등장하면서 사업자-소비자(또는 사업자-사업자) 사이의 계약관계가 아닌 3자(또는 그 이상의) 계약관계가 등장하여 약관심사에 어려운 과제를 제기하고 있다.

우선 약관이 2개 이상 존재하거나 하나의 약관에서 플랫폼사업자와 공급자, 이용자 등 3자의 권리와 의무를 함께 규율하고 있기 때문에 여타의 약관심사에서와 달리 3자 또는 그 이상의 거래당사자의 권리와 책임을 복합적으로 판단하여야 하는 어려움이 있다.

에어비앤비의 예에서 살펴보았듯이 약관작성에 있어서도 1) 플랫폼사업자가 공급자의 약관을 그대로 사용하는 경우, 2) 플랫폼사업자와 공급자가 함께 약관을 작성하는 경우, 3) 플랫폼사업자가 약관을 작성하는 경우 등 다양한 경우가 존재하며, 심지어는 공급자의 약관과는 상치되는 약관을 플랫폼사업자가 스스로의 판단에 따라 사용하는 경우도 있어 복잡한 문제가 야기되고 있다.

더 근본적이고 중요한 문제는 플랫폼사업자의 책임과 관련한 문제이다. 플랫폼마다 제공하는 서비스의 형태, 양 당사자 사이의 거래에 개입하는 정도가 다르고, 플랫폼사업자를 규율하는 일반법이 없는 상태[9]에서 플랫폼사업자의 법적 책임을 어디까지 인정할 것인가는 약관심사에 있어서 가장 핵심적인 쟁점이다. 이에 더하여 플랫폼의 특성상 특정 이용자그룹을 유인하기 위해 다른 이용자그룹에는 가혹한 거래조건을 제시하는 경우가 있는데 이러한 경우 2개의 약관(예: 플랫폼사업자-판매자, 플랫폼사업자-소비자)에서 심사기준을 어떻게 달리 적용하여야 하는지도 중요한 쟁점으로 부상하고 있다.

9_ 우리나라의 경우 온라인플랫폼에 대한 일반적 법률적 정의는 없으며, 개별법에서 필요에 따라 해당서비스를 정의하고 있다. 예를 들어 전자상거래법에서는 '통신판매중개업자'로, 저작권법에서는 온라인서비스제공자(Online Service Provider)로, 정보통신망법에서는 '정보통신서비스 제공자'로 정의된다(이금노·서종희·정영훈, "온라인 플랫폼 기반 소비자거래에서의 소비자문제 연구", 한국소비자원 정책연구 16-03, 22면).

공정위는 위에 소개한 에어비앤비의 환불약관 외에도 인터넷포털사업자(2008), 음원제공사이트(2008년, 2009년), 앱마켓(2014년) 등 다양한 형태의 전자상거래 플랫폼사업자의 약관을 시정한 바 있으며, 현재에도 호텔숙박 중개사이트, 지식·경험 중개사이트, 부동산중개앱 등의 플랫폼사업자 약관을 심사 중에 있다. 이 중 앱마켓 관련 약관 사건에서 플랫폼사업자의 귀책여부와 상관없이 책임을 면제하는 조항, 제3자와 플랫폼사업자 간 분쟁 발생 시 분쟁해결과 관련한 모든 책임을 앱 판매자에게 부담시키는 조항 등을 시정하였는데, 이러한 조항이 플랫폼사업자의 약관에서 가장 전형적인 불공정 조항으로 파악된다. 문제는 플랫폼마다 사업구조 및 당사자 간 거래에 개입하는 정도가 다르기 때문에 플랫폼사업자의 거래상 책임도 일률적으로 규정할 수 없다는 점이다. 따라서 해당 플랫폼사업자의 사업구조, 거래형태 등 특성을 구체적으로 파악하여 책임의 범위를 판단해야 하므로 플랫폼사업자의 약관 심사 시 각별한 주의와 노력이 필요하다고 하겠다.

2016년 약관분쟁조정협의회의 동향*

김건호**

Ⅰ. 약관분쟁조성협의회 개관

1. 약관분쟁조정협의회의 설치

당초 불공정 약관으로 인해 피해를 입은 소비자들은 한국소비자원의 분쟁조정 절차를 통한 피해구제가 가능하였으나, 사업자들은 사업 활동 중 상대방의 불공정 약관으로 인해 피해를 입은 경우 공정거래위원회(이하 '공정위'라 한다)에 불공정 약관 여부에 대한 심사청구를 통해 약관의 시정을 요구하거나 소송절차에서 불공정한 약관의 무효를 확인받아 새로운 법률관계를 형성하거나 손해를 배상받을 수밖에 없어 불공정 약관으로 인한 사업자의 피해가 신속하게 구제되기에는 한계가 있었다. 따라서 이러한 사업자들의 불공정 약관 관련 피해구제를 위해 2012.2.17.「약관의 규제에 관한 법률」(이하 '약관규제법'이라 한다)이 개정되어 사업자들 사

---

 * 이 논문은 2017년 1월 25일 한국외국어대학교 법학연구소 소비자법센터 제8회 학술대회("2016년 약관규제법의 동향과 과제: 심결례와 분쟁조정의 동향")에서 발제한 글을 수정·보완한 것입니다.
** 한국공정거래조정원 공정거래팀장, 변호사.

이에서의 약관분쟁조정제도가 도입되었고, 한국공정거래조정원(이하 '조정원'이라 한다)에 약관분쟁조정협의회(이하 '협의회'라 한다)를 설치하여 운영하게 되었다.[1]

약관분쟁조정협의회는 공익을 대표하는 위원장 1명을 포함한 9명의 위원으로 구성되고 위원 전원으로 구성하는 전체회의와 위원장이 지명한 3명의 위원으로 구성되는 분과회의로 구분된다. 위원은 공정거래 및 소비자보호 업무에 관한 경험이 있는 4급 이상 공무원의 직에 있거나 있었던 사람, 판사·검사 직에 있거나 있었던 사람 또는 변호사의 자격이 있는 사람, 대학에서 법률학 등의 학문을 전공한 사람으로서 부교수 이상의 직 또는 이에 상당하는 직에 있거나 있었던 사람, 그 밖에 기업경영 및 소비자권익과 관련된 업무에 관한 학식과 경험이 풍부한 사람 중에서 위촉된다.[2]

2. 분쟁조정의 대상

분쟁조정의 대상에 대하여 약관규제법 제24조는[3] 협의회의 조정대상

1_ 독점규제 및 공정거래에 관한 법률(이하 '공정거래법'이라 한다) 제48조의2에 의하여 설립된 한국공정거래조정원에는 공정위 소관 법률에 따라 공정거래분쟁조정협의회, 가맹사업거래분쟁조정협의회, 하도급거래분쟁조정협의회, 약관분쟁조정협의회, 대규모유통업거래분쟁조정협의회, 대리점거래분쟁조정협의회 등 총 6개의 협의회가 설치되어 운영되고 있다.

2_ 이러한 위원의 구성은 한국공정거래조정원에 설치된 다른 협의회 즉, 하도급분쟁조정협의회가 공익위원 3명, 원사업자 측 위원 3명, 수급사업자 측 위원 3명으로 구성되거나, 가맹사업거래분쟁조정협의회가 공익위원 3명, 가맹본부측 위원 3명, 가맹점사업자측 위원 3명으로 구성되는 것과 차이를 보이고 있다.

3_ 약관규제법 제24조(약관 분쟁조정협의회의 설치 및 구성) ① 제17조를 위반한 약관 또는 이와 비슷한 유형의 약관으로서 대통령령으로 정하는 약관과 관련된 분쟁을 조정하기 위하여 「독점규제 및 공정거래에 관한 법률」 제48조의2 제1항에 따른 한국공정거래조정원(이하 "조정원"이라 한다)에 약관 분쟁조정협의회(이하 "협의회"라 한다)를 둔다.
동법 시행령 제8조의2(분쟁조정의 대상) 법 제24조 제1항에서 "대통령령으로 정하는 약관"이란 약관의 작성 주체나 약관의 명칭 또는 문구에 상관없이 해당 약관 조항의

을 약관의 작성 주체나 약관의 명칭 또는 문구에 상관없이 해당 약관 조항의 내용이 약관규제법 제17조를[4] 위반한 약관과 법률상 쟁점이 공통되는 약관과 관련된 분쟁으로 규정하고 있는데, 이러한 규정형식은 다른 분쟁조정협의회와 차이를 보이고 있다. 즉, 공정거래분쟁조정협의회는 '공정거래법 제23조(불공정거래행위의 금지) 제1항을 위반한 혐의가 있는 행위와 관련된 분쟁'을,[5] 가맹사업거래분쟁조정협의회가 '가맹사업거래의 분쟁'을,[6] 하도급분쟁조정협의회가 '원사업자와 수급사업자 간의 하도급거래의 분쟁'을,[7] 대규모유통업거래분쟁조정협의회가 '대규모유통업에서의 거래 공정화에 관한 법률 제5조부터 제18조까지의 규정과 관련한 분쟁'을,[8] 대리점분쟁조정협의회가 '대리점거래의 공정화에 관한 법률 제5조부터 제12조까지의 규정과 관련한 분쟁'을[9] 조정대상으로 삼아 근거법에 해당하는 거래에 대한 분쟁이거나 근거법을 위반한 혐의가 있는 행위와 관련된 분쟁을 조정대상으로 삼고 있을 뿐, 조정대상 분쟁이 이미 유사한 사안에서 법원이나 공정위에서 근거법에 위반되었다는 판단을 받은 선례를 요구하지 않는다. 그러나 약관규제법은 이미 불공정약관으로 판단된 약관과 법률상 쟁점이 공통되는 약관에 대하여만 분쟁조정으로 삼고 있어, 만약 이에 대한 판단선례가 없다면 마치 조정대상이 되지 않는 듯이 규정하고 있다.[10]

내용이 법 제17조를 위반한 약관과 법률상 쟁점이 공통되는 약관을 말한다.

4_ 약관규제법 제17조(불공정약관조항의 사용금지) 사업자는 제6조부터 제14조까지의 규정에 해당하는 불공정한 약관 조항(이하 "불공정약관조항"이라 한다)을 계약의 내용으로 하여서는 아니 된다.

5_ 공정거래법 제48조의3 제1항.

6_ 가맹사업거래의 공정화에 관한 법률 제21조.

7_ 하도급거래 공정화에 관한 법률 제24조의4.

8_ 대규모유통업에서의 거래 공정화에 관한 법률 제24조.

9_ 대리점거래의 공정화에 관한 법률 제18조.

10_ 실제로 담당 조사관은 분쟁의 대상이 된 약관을 협의회에 심의안건으로 상정하기 전 공정위나 법원에서 유사 약관에 대하여 판단된 선례가 있는지 조사하여 보고하고 있다. 다만, 이미 공정위와 법원에서 충분한 선례가 축적되어 이와 법률상 쟁점이 공통되지 않은 약관은 찾기 어렵고, 법률상 쟁점이 공통되는지 여부도 폭넓게 해석하고 있다.

또한 ① 분쟁조정 신청이 있기 이전에 공정위가 조사 중인 사건, ② 분쟁조정 신청의 내용이 약관의 해석이나 그 이행을 요구하는 사건, ③ 약관의 무효판정을 요구하는 사건, ④ 해당 분쟁조정사항에 대하여 법원에 소를 제기한 사건, ⑤ 고객과 사업자 간에 분쟁해결이나 피해보상에 관한 합의가 이루어진 사건, ⑥ 중재법에 따라 중재가 진행 중이거나 신청된 사건은 협의회의 조정대상에서 제외되고, 조정신청을 각하하도록 규정되어 있다.

3. 조정절차의 진행

조정절차는 고객의 조정신청[11] 혹은 공정위의 조정의뢰로 개시된다. 조정이 개시되면 협의회는 해당 분쟁조정사항에 관한 사실을 확인하기 위하여 필요한 경우 조사를 하거나 분쟁당사자에게 관련 자료의 제출이나 출석을 요구할 수 있다. 이러한 협의회의 회의 등 업무지원을 위하여 별도 사무지원 조직을 조정원에 두게 되어 있는데,[12] 조정원에서는 조사관을 배정하여 협의회의 업무지원 및 조사업무를 수행하게 하고 있다. 양 당사자의 주장과 이를 뒷받침하는 자료 등에 대한 조사가 진행되면 협의회는 분쟁당사자에게 분쟁조정사항을 스스로 조정하도록 권고하거나 조정안을 작성하여 이를 제시할 수 있다. 협의회가 제시한 조정안을 분쟁당사자가 수락하거나 그 전에 스스로 조정하는 경우에도 요청이 있는 경우 협의회는 조정조서를 작성하는데 그 효력은 민사상 화해계약이다.[13] 협의회는 ① 분쟁당사자가 협의회의 권고 또는 조정안을 수락하거

11_ 한편, 약관분쟁조정협의회와 하도급분쟁조정협의회를 제외한 다른 협의회의 조정신청에는 소멸시효 중단의 효력이 인정되고, 현재 두 협의회에 대해서도 개정안이 국회에 계류 중이다.

12_ 약관규제법 제24조 제8항.

13_ 한편, 약관분쟁조정협의회와 하도급분쟁조정협의회를 제외한 다른 협의회의 조정조서에는 재판상 화해의 효력이 인정되고, 현재 두 협의회에 대해서도 개정안이 국회에 계류 중이다.

나 스스로 조정하는 등 조정이 성립된 경우, ② 조정을 신청 또는 의뢰받은 날부터 60일(분쟁당사자 쌍방이 기간연장에 동의한 경우에는 90일)이 경과하여도 조정이 성립되지 아니한 경우, ③ 분쟁당사자의 일방이 조정을 거부하거나 해당 분쟁조정사항에 대하여 법원에 소를 제기하는 등 조정절차를 진행할 실익이 없는 경우에는 조정절차를 종료하여야 한다. 또한 조정신청을 각하하거나 조정절차를 종료한 경우에는 그 사유와 관계 서류를 서면으로 공정위에 지체 없이 보고하여야 한다. 다만 약관규제법 제19조에서 약관 심사청구를 할 수 있는 자로 약관의 조항과 관련하여 법률상의 이익이 있는 자, 소비자단체, 한국소비자원, 사업자단체만을 규정하고 있어 만약 협의회가 약관의 불공정성을 인정하여 조정안을 제시하였으나 당사자가 이를 수락하지 아니하여 공정위에 보고가 되었다고 하여도 공정위가 이를 사유로 약관심사를 진행하지는 아니한다.[14]

4. 집단분쟁조정제도

한편, 약관분쟁조정협의회는 타 분쟁조정협의회와 달리 약관규제법 제28조의2에 따른 집단분쟁조정제도를 운영하고 있는데, 조정원에서 조정이 성립된 사항과 같거나 비슷한 유형의 피해가 다수 고객에게 발생할 가능성이 크다고 판단되는 경우로서 약관규제법 제17조를 위반한 약관 또는 이와 법률상 쟁점이 공통되는 약관으로 피해가 발생하였고 이미 사업자와 피해보상 등에 관하여 합의하거나 중재, 소를 제기한 고객을 제외하고도 피해가 발생한 고객이 20명 이상인 경우 공정위, 고객 또는 사업자는 협의회에 집단분쟁조정을 의뢰 또는 신청할 수 있다.

---

[14] 이는 다른 협의회에서 조정사건의 결과를 공정위에 보고한 경우 이를 정식사건으로 접수하고 진행하는 것과 차이를 보인다.

5. 약관분쟁조정제도의 의의

공정위가 우리나라 거래질서에서 가지고 있는 위상과 역할이 나날이 커짐에 따라 공정위의 그 본래적 기능과 역할이 무엇인지는 별론으로 하고 많은 개별적 거래관계에서 피해를 입었다고 여기는 당사자는 이를 해결하기 위하여 민사소송절차, 형사절차와 함께 공정거래위원회의 행정절차를 염두에 두게 되었다. 이는 약관에 대한 분쟁에서도 마찬가지로 고객은 약관이 불공정하나고 여기게 되면 공정위에 약관심사청구를 하게 된다. 그러나 이러한 공정위 약관심사는 추상적 내용통제로서 공정위가 부당한 약관조항을 무효로 선언하더라도 피해를 입은 고객은 이를 통하여 아무런 직접적인 구제를 받을 수 없고, 다시 법원에 소송을 제기해야만 실질적인 구제를 받을 수 있다.[15] 그러나 약관분쟁조정제도를 통하여 고객은 이미 공정위 등에서 불공정성을 인정받은 약관 혹은 이와 유사한 약관을 근거로 피해를 구제받을 수 있다. 이러한 약관분쟁조정제도는 공정위의 추상적 내용통제와 법원의 구체적 내용통제의 가교적인 역할을 수행한다는 측면에서 그 의의가 있다고 할 것이다.[16]

II. 2016년 약관분쟁조정협의회 처리실적

2016년 한 해 동안 협의회에서 처리된 사건수는 총 110건이다. 처리 결과를 보면 조정성립 34건, 조정절차 중지가 76건을 차지하여 처리건수 대비 성립률은 31%를 기록하고 있다. 여기서 조정절차 중지란 신청인이 소비자여서 협의회의 조정대상이 되지 아니하거나 피신청인이 답

15_ 이병준, "약관의 추상적 내용통제와 구체적 내용통제의 관계", 「재산법연구」 제29권 제2호(2012.8), 163면.

16_ 이병준, 전게논문, 161면에서는 협의회에서 일부 약관관련 사건을 담당하게 되었으므로 부분적으로 구체적 내용통제가 조정절차를 통하여 이루어질 것으로 본다고 기술하고 있다.

변서를 제출하지 아니하거나 조정신청을 전후하여 법원에 소가 제기되는 등의 사유로 인하여 분쟁사안이 협의회에서 심의되지 못한 경우를 말한다. 신청유형에 따른 분류는 다음 표와 같다.[17]

(단위: 건, 2016.1.1.~2016.12.31.)

유형	처리건수	(비율)	성립	불성립	조정절차 중지
신의칙 위반	-	-	-	-	-
사업자 면책조항	2	(1.8%)	1	-	1
과도한 손해배상액의 예정	41	(37.3%)	25	-	16
계약 해제 · 해지권의 부당한 제한	13	(11.8%)	6	-	7
채무의 이행	-	-	-	-	-
고객의 권익 보호	1	(0.9%)	1	-	-
의사표시 의제	-	-	-	-	-
소송상의 권리 제한	-	-	-	-	-
기타	53	(48.2%)	1	-	52
계	110		34	-	76

이는 협의회가 업무를 시작한 2012.8.18.부터 현재까지 처리된 사건의 신청유형과 비교해 볼 때 유사한 수준으로 파악된다.

(단위: 건, 2012.8.18.~2016.12.31.)

유형	처리건수	(비율)	성립	불성립	조정절차 중지
신의칙 위반	33	(8.2%)	12	3	18
사업자 면책조항	9	(2.2%)	6	1	2

17_ 단, 이는 사건접수단계에서 담당 조사관이 신청인이 제출한 서류 등만을 가지고 추상적으로 판단한 것으로 반드시 실제 신청유형과 일치한다고 단정 지을 수 없다. 가령, 신청서 자체만으로 신청인이 소비자임이 명백한 경우에는 구체적인 유형을 검토하지 않고 기타 유형으로 분류하고 신청을 각하처리 하나, 일단 소비자임이 명백하지 아니하여 신청유형을 분류하여 진행하다 추후에 소비자임이 밝혀진 경우에는 조정절차를 중지하고 있다.

과도한 손해배상액의 예정	160	(39.8%)	86	6	68
계약 해제 · 해지권의 부당한 제한	49	(12.2%)	19	4	26
채무의 이행	1	(0.2%)	1	-	-
고객의 권익 보호	11	(2.7%)	3	2	6
의사표시 의제	1	(0.2%)	1	-	-
소송상의 권리 제한	1	(0.2%)	-	-	1
기타	137	(34.1%)	2	-	135
계	402		130	16	256

참고로 협의회의 연도별 사건접수 및 처리건은 아래와 같다.

(단위: 건, 2012.8.18.~2016.12.31.)

구 분	접수건수 (증가율)		처리건수 (증가율)		성립	불성립	소계	성립률	조정절차 중지
소 계	418		402		130	16	146	89%	256
2012	46		23		4	-	4	100%	19
2013	88	(91%)	104	(352%)	47	10	57	82%	47
2014	76	(△14%)	67	(△36%)	16	5	21	76%	46
2015	93	(22%)	98	(46%)	29	1	30	97%	68
2016	115	(24%)	110	(12%)	34	-	34	100%	76

III. 주요 분쟁조정 사례

1. 손해배상액의 예정

가. 협의회의 경향

손해배상액의 예정과 관련되어 접수되는 대부분의 유형은 약관상 고객의 중도해지 등의 사유가 발생하는 경우 사업자가 과도한 위약금을 부과하고 있으므로 이를 감액하여 달라는 취지가 주를 이루고 있다. 이에 대하여 협의회에서는 손해배상액의 예정액이 부당하게 과다한지 여부에 대해 판례 경향과 공정위 판단을 근거로 위약금이 10%를 초과하는 경우 원칙적으로 이를 10%로 감액하도록 하는 조정안을 제시하고 있다. 이와 관련하여 참고한 판결로는[18] 부동산 매매거래 관련 총 매매대금의 10% 상당을 계약금으로 정한 계약조항이 일반적인 거래관행으로 인정된다는 대법원의 판시사항이 있다. 또한 공정위의 판단으로는 "고객의 개인사정으로 인한 부득이한 계약의 해지 시에는 사업자와 합의하에 총 비용의 30% 위약금액, 초기 셋업비용, 기타 온라인컨설팅 비용을 정산하여 익월 15일에 환불 처리합니다."라는 약관에 대하여 일반적인 상관례상 계약해지 시 상대방에게 손해배상 예정액으로 지급하도록 정한 위약금의 기준이 10% 정도인 데 비해 합당한 사유 없이 이를 현저히 초과하는 30%의 위약금 및 초기 셋업비용, 기타 온라인컨설팅 비용까지 정산 및 환불한다고 규정하고 있어 계약 해제 또는 해지 시 고객에게 과중한 손해배상 의무를 부담시키는 조항이므로 약관규제법 제8조에 해당하여 무효라는 사례가 있다.

나. 구체적인 처리사건 검토

1) 위약금산정 비율 감액 사안

2016년도에 협의회에서 처리된 손해배상액의 예정과 관련된 사건 중 가장 많은 거래유형은 고객이 사업자와 체결한 광고대행계약을 중도 해지하는 경우 이에 부과되는 위약금을 감액하여 달라는 사안이었다. 구체적으로 작게는 20%에서 많게는 50%로 위약금을 정하고 있었던 것으로 나타났고, 이에 해당하는 11건 중 9건이 담당 조사관의 조사절차에서 당사자들이 자진합의하여 조정절차가 종료되었다.

18_ 대법원 2010.7.15. 선고 2010다10382 판결.

2) 신용카드조회기 임대업자의 임대계약해지에 따른 위약금 약정

가) 사 안

반면 위약금이 계약금액에 일정한 비율로 정해지지 않고 사업자가 고객에게 제공한 물품의 가격을 기준으로 위약금을 정하는 약관도 보이는데 대표적으로 신용카드조회기 임대업자의 임대계약해지에 따른 위약금 약정이 있다. 사안에서[19] 고객은 사업자로부터 VAN,[20] POS[21]서비스 공급계약을 체결하였는데 카드단말기, POS기기 등을 임대하고 계약기간 동안 월임대료를 지급하는 계약을 체결하였는데 해당 계약에는 고객이 계약을 중도 해약하는 경우 위약금 산정과 관련하여 아래와 같은 약관이 사용되었다.[22]

'[제품공급가 − {(제품공급가 ÷ 약정 개월수) × 사용 개월수}] × 2로 산정된 금액'과 이와 별도로 프로그램 비용, 설치비를 위약금으로 지급하여야 한다

이에 신청인이 폐업 등을 사유로 임대차 계약의 중도해지를 요구하자 피신청인은 위 약관 조항들에 근거하여 신청인에게 위약금을 청구하였다.

나) 관련 공정위 및 법원의 판단

협의회에서는 공정위에서 유사약관에 대하여 판단을 참고하였는데,

19_ 2016년도에 협의회에 접수된 사건들은 피신청인인 사업자들이 답변서를 제출하지 아니하거나 신청인을 상대로 소를 제기하는 등 조정절차가 중지되어 그 부당성 등에 대하여 판단하지 못하였는바, 아래에서는 2015년도 협의회의 판단을 살펴본다.

20_ Value Added Network의 줄임말로서, 신용카드, 직불카드 및 포인트카드를 포함한 다수의 카드로 고객이 가맹점에서 결제 시 카드발급사와 연계하여 고객의 카드승인 거래의 중계처리 및 거래내역 전송, 판매대금 자동이체 등의 서비스를 제공하고 그에 따른 중개수수료를 취득하는 서비스를 뜻한다.

21_ Point Of Sales System의 줄임말로서, 팔린 상품에 대한 정보를 판매시점에서 즉시 기록함으로써 판매정보를 집중적으로 관리하는 체계를 뜻하며 점포판매 시스템이라고도 한다.

22_ 이 외에도 "계약의 해지에 해당되는 경우 제품가격을 배상한다" 혹은 "제품공급 및 지원의 2배의 비용을 배상하여야 한다"는 약관도 존재하였다.

당시 문제가 되었던 약관조항은 "중도해지 시 제품공급 및 지원의 2배의 비용을 배상하여야 한다."는 내용이었다. 이에 대하여 공정위는 통상 제품의 임대차 계약에서 계약해지 시 위약금은 제품의 사용기간이나 감가상각의 정도 등을 감안하여 정해지는 것이 일반적이나, 피청구인의 '카드단말기 POS판매 할부 무상임대 유지보수 및 서비스 계약서'상 손해배상조항에서는 이러한 점에 대하여 고려가 전혀 없을 뿐만 아니라, 오히려 가맹점에게 제공한 제품 및 지원금액의 2배를 배상하도록 정하고 있어 가맹점이 제품을 구매하여 사용하는 경우보다 실질적으로 더 많은 부담을 지우고 있는 것으로 보인다고 판단하였다. 이에 따라 사업자는 관련 약관을 자진시정 하였는데 그 내용은 아래와 같다.

[수정 전]	[수정 후]
제12조(손해배상) 당사자의 일방이 고의 또는 중과실로 본 계약을 위반하는 경우 계약위반 당사자가 그로 인하여 발생하는 모든 손해에 대한 책임을 진다. 1. 제3조, 제4조, 제10조 제3항의 위반 시에는 제품공급 및 지원(표2)의 2배의 비용을 배상하여야 한다.	제12조(손해배상) 을의 귀책사유로 인하여 본 계약을 위반하는 경우 갑이 공급한 일체의 지원제품 반환 및 다음 항목별 손해배상책임을 진다. ① 제품공급가: 표2 공급가에서 아래 방식으로 산정한 금액을 갑에게 배상하여야 한다. 제품공급가 − [(제품공급가 ÷ 약정 개월수) × 사용 개월수]

공정위는 이러한 판단에 대하여 하급심의 판결을 참고하였는데 해당 사안에서는 고객이 임대차계약을 일방적으로 해지하자 사업자가 약관에 따라 임대한 기기가격 전체를 위약금으로 청구하였는데, 법원은 위 약관이 정당하다는 전제 아래 사업자의 귀책사유 없이 고객이 계약을 중도해지하면 기기가격 전체를 위약금으로 지급하여야 한다고 판시하였다.

다) 협의회의 판단

협의회는 문제된 약관이 사용개월수를 고려하여 위약금을 산정하고 있기는 하나 문제는 관련 공정위 사건에서 자진시정으로 변경된 위약금 산정 공식에 다시 배액을 위약금으로 청구하는 것은 관련 공정위 판단 및 하급심 판결에 비추어 봤을 때 불공정한 약관에 해당될 소지가 있다고 판단하였다. 다만 프로그램비용 및 설치비는 피신청인이 신청인의 계약이행을 기대하여 투입한 일종의 매몰비용으로서 해당 비용의 투입에 따른 피신청인의 기대이익이 신청인의 계약해지로 인해 상실되었으므로 신청인은 이 사건 위약금과 별도로 해당 비용은 지급하여야 한다고 판단하였다. 협의회는 이러한 판단과 양 당사자의 조정의사 등을 고려하여 조정안을 제시하였고 양 당사자가 이를 수락하여 조정이 성립하였다.

3) 복합기 임대업자의 계약중도해지 위약금 청구 관련 분쟁에 대한 건
가) 사 안

신청인은 2016.1.1. 피신청인과 계약기간 36개월, 월 임대료 7만원으로 하는 '복합기 렌탈 서비스 계약'을 체결하였는데 이 사건 계약에는 다음과 같은 약관 조항이 포함되어 있었다.

제11조 (계약의 해지)
4. 본 계약의 만기일 이전 해약 및 해지 시 남은 기간의 청구금액의 오십 프로를 해지와 동시에 일괄 청구한다.

그러나 신청인이 계약기간 중인 2016.8.29. 피신청인에게 폐업을 이유로 이 사건 계약의 중도해지를 요청하자 피신청인은 위 위약금 조항에 근거하여 잔여계약기간에 대한 임대료 합계액의 절반인 98만 원을 신청인에게 청구하여 분쟁이 발생하였다.

나) 협의회의 판단 및 검토

이에 대하여 협의회는 이 사건 약관이 규정하고 있는 위약금은 공정위의 판단 및 일반 상관례에 따른 위약금을 상회하는 것으로 보이고 상관례상 예외로 인정할 만한 양 당사자의 특별한 거래사정도 확인되지 아니함을 이유로 이 사건 약관조항은 계약의 해지 시 고객에게 과중한 손해배상 의무를 부담시키는 조항으로서 약관규제법 제8조에 해당하는 불공정한 약관조항으로 볼 여지가 상당하다고 판단하였다. 이러한 전제 아래 협의회는 적절한 조정금액을 검토하였는데, 양 당사자 모두 이 사건 위약금 산정 기준의 타당성 여부검토에 필요한 구체적이고 객관적인 자료를 제출하지 못하고 있으며, 특히 피신청인이 임대한 복합기 가격 및 내용연수 등의 정보가 확인되지 않는 상황인바, 이 사건 계약 중도해지로 인한 피신청인의 예상 손해액 등을 객관적으로 검토하기 곤란하여 공정위 판단 등을 참고하여 이 사건 거래대금이라 볼 수 있는 총 임대료의 10%인 25만 2천 원을 적정 위약금으로 제시하였다. 이에 대하여 양 당사자 모두 협의회의 조정안을 수락하여 조정이 성립되었다.

협의회는 손해배상액의 예정이 과다한지 여부에 관하여 유사한 법원의 판례와 공정위의 심결에 근거하여 일반적으로 계약금액의 10%를 넘어가는 약관을 불공정약관으로 판단하고, 이러한 전제 아래 이를 초과하는 부분은 무효에 해당할 소지가 있으므로 신청인은 피신청인에게 계약금액의 10%에 해당하는 손해배상액을 지급하라는 조정안을 제시하고 있다. 이 사건의 경우에도 해지시점에 산정된 손해배상금이 계약금액의 10%를 초과함을 이유로 협의회는 이러한 약관이 불공정하다고 보았고 이에 따라 계약금액의 10%를 조정안으로 제시하였다. 이러한 협의회의 판단은 당해 사안에 한정하여서는 해지시점 위약금이 계약금액의 10%를 넘어가므로 구체적 타당성을 갖는다고 보인다. 그러나 이러한 약관조항이 언제나 고객에게 불리한 약관이라고 보기에는 의문이 남는다. 왜냐하면 당해 약관은 잔여계약기간 동안 사업자가 청구할 수 있는 금액의 50%를 위약금으로 삼고 있기 때문에 만약 잔여계약기간이 최초 계약기간으로부터 80%가 경과한 시점부터는 위약금이 10%로 산정되고 그 이후로 위약금은 계약금액의 10%보다 적어지기 때문이다. 이러한 경우 오히려 이 약관은 고객에게 유리한 측면을 가질 수 있는데 일정시점부터 고객에게 유리한 약관을 그 시점 이전이라고 하여 불공정한 약관이라고 판단할 수 있는지는 의문이다. 가령, 고객으로서는 최초 계약 시점에 특별한 사정이 없는 한 복합기를 계약기간 전체동안 사용할 의사를 가지면서도, 혹시 중도에 해지하게 되는 경우에도 계약기간의 80% 이상을 채운 시점에 해지를 하는 경우 일반 상관행상 위약금인 10%보다 더 낮은 위약금을 지급하면 된다는 의사를 갖고 계약을 체결할 수도 있기 때문이다. 협의회에서는 이에 대한 구체적 검토 없이 기존의 과도한 손해배상액의 예정에 대한 판단에 따라 조정안을 제시한 것으로 보이는 바 이에 대하여는 아쉬움이 남는다.

2. 계약의 해제 · 해지

이 유형과 관련하여 대부분의 사건들이 협의회에서 심의되기 전 당사자들이 자진합의를 하거나 조정절차가 중지되어 협의회에 심의안건으로 상정된 사건은 없다. 그러나 협의회에 안건으로 상정되지는 못하였던 안건 중에서도 약관에 대한 공정위의 추상적 내용통제와 관련하여 의의가 있는 2개의 사건이 있어 아래에서 이를 소개한다. 2개의 사안은 모두 자동차 렌터카 업체인 사업자가 고객과 자동차 임대차 계약을 체결하며 중도해지 시 이에 대한 중도해지수수료를 부과하는 약관과 관련하여 고객이 위약금이 과다하다고 조정을 신청한 사건이다. 이 사안에서 사용된 중도해지수수료 산정 약관은 아래와 같다.

제14조 중도해지수수료

① 제20조, 제21조에 따라 본 계약이 해제 또는 해지되는 경우 임차인은 지체 없이 임대인에 대하여 다음의 산식에 의하여 중도해지수수료를 지급하여야 한다.

단, 22조의 차량의 반환절차를 이행/완료한 경우에 한한다.

중도해지수수료 = (미경과 렌트료 합계 + **앞면 표기 '추정잔존가치'**) × 수수료율 +
렌트료(최종납입일로부터 해지일까지의 경과렌트료)

※ 미경과렌트료 = (앞면 표기 '월렌트료' × 12) / 365 × 미경과일수

※ 경과렌트료 = (앞면 표기 '월렌트료' × 경과일수 / 30)

제14조(해지수수료)

① 본 상품약관 제20조, 제21조에 의하여 본 계약이 해제 또는 해지되는 경우 고객은 지체 없이 회사에 다음에 의하여 계산된 중도해지수수료를 지급하기로 합니다.

중도해지수수료 = (잔여렌트료 + **앞면 표기 '추정잔존가치'**) × 수수료율

※ 잔여렌트료 = (앞면 표기의 '월렌트료' × 12) / 365 × 미경과일수

※ 수수료율 = 경과기간별로 상이(생략)

그런데 이러한 계약체결 이후 공정위는 자동차대여사업자의 자동차임대차약관에 중도해지수수료 위약금을 과다하게 산출되도록 규정하여 고객에게 과중한 손해배상을 부담하게 하는 것으로 보아 캐피탈사 등 여신금융업자 중 여객자동차운수사업법에 따른 자동차대여사업을 영위하는 사업자(12개사)와 일반 렌터카 사업자 중 시장점유율 1%이상인 사업자(7개사)에 대해 직권조사를 실사하였다. 그 결과 차량 잔존가치(중고차 가격)는 임대 종료 후 해당 차량의 매각을 통하여 회수하고 있으므로 중도해지수수료 산출 시 이를 포함하는 경우 과다한 손해배상금을 산정하게 되는 결과를 초래하는 것으로 판단하였고 이는 약관규제법 제9조 제4호의 계약의 해제 또는 해지로 인한 원상회복 의무를 상당한 이유 없이 고객에게 과중하게 부담시키는 조항에 해당할 소지가 있다고 보았다. 이에 따라 사업자들은 차량 잔존가치를 중도해지수수료 산정에서 제외시키는 것으로 자진시정 하였는데 그 내용은 아래와 같다.

수정 전 약관조항(예시)	수정 후 약관조항(예시)
o 중도해지수수료	중도해지수수료
- (잔여기간임대료 + 차량 잔존가치) × 해지수수료율(위약금률)	- 잔여기간임대료 × 해지수수료율(위약금률)
예) ○○캐피탈: 12개월 사용 후 중도해지시 수수료: 6,079천원	⇒ 4,019천원(△2,060천원)

　신청인들은 이러한 공정위의 보도자료를 근거로 협의회에 사업자를 피신청인으로 하여 위약금을 변경 약관에 따라 감액하여 달라는 취지로 조정을 신청하였으나, 사업자들은 자진시정한 약관조항을 소급하여 적용할 의무가 없고 수정 전 약관조항이 고객들에게 반드시 불리한 것도 아니라며 이 사건 약관조항이 여전히 유효하다고 주장하였다. 이에 신청인들은 민사소송으로 약관조항의 효력을 다투겠다며 조정신청을 취하하여 조정절차가 종료되었다.

　결론적으로 비록 약관규제법에 위반될 소지가 있어 약관을 자진시정하였지만 이를 당해 사안에 소급적용할 의무가 없다는 피신청인의 주장은 타당하다. 공정위가 약관조항이 불공정한지에 대하여 심사하여 삭제·수정 등 시정에 필요한 조치를 권고하거나 더 나아가 시정명령을 내렸다고 하더라도 이는 추상적 내용통제로서 구체적 사안에 대하여 소급효가 없고, 고객은 다시 법원에 소송을 제기해야만 실질적인 구제를 받을 수 있다. 하물며 이 사건 약관조항의 경우 공정위가 이를 불공정한 약관으로 판단하여 행정처분을 내린 사안도 아니고 사업자들이 자진하여 약관을 시정한 것으로 엄밀히 추상적 내용통제가 있었다고 보기도 어렵다. 하지만 공정위가 약관의 불공정성을 심사하는 단계에서 사업자들이 당해 약관이 장래에 공정위와 법원에 의하여 불공정성이 인정될 여지가 있음을 스스로 인정하고 이를 수정한 측면도 가볍게 볼 수만은 없다. 특히 약관규제법상 약관분쟁조정협의회는 공정위를 통하여 추상

적 규범통제를 받은 약관의 고객이 구체적인 권리구제를 위하여 법원에
소송을 제기해야 하는 번거로움을 덜고 사업자와 고객의 상호양보를 통
하여 신속한 분쟁해결을 위하여 도입된 추상적 내용통제와 구체적 내용
통제의 가교적 역할의 제도이다. 따라서 협의회에서 이에 대하여 구체
적인 심의를 통하여 조정안을 제시하지 못한 것은 아쉬움이 남는다.

3. 면책조항의 금지

약관규제법 제7조 제2호에서는 상당한 이유 없이 사업자의 손해배상
범위를 제한하거나 사업자가 부담하여야 할 위험을 고객에게 떠넘기는
면책조항을 무효로 규정하고 있다. 협의회에 접수된 사건 중 이 조항이
문제되었던 사안으로 신청인은 자신이 운영하는 매장의 전화연결 대행
서비스 계약을 피신청인과 체결하였다. 그런데 피신청인이 사흘 동안
신청인에게 전화연결 대행서비스를 제공하지 않음에 따라 신청인은 영
업상 손해를 입었음을 근거로 피신청인에게 150만 원의 손해배상을 청
구하였는데 피신청인은 아래와 같은 약관조항을 근거로 일평균 이용금
액에 3일을 곱한 금액인 약 1만 원만 지급하면 된다고 주장하여 분쟁이
발생하였다.

제46조(손해배상)

2. 제23조(서비스 중지) 규정 이외에 회사의 귀책사유로 인하여 사전공지 없이 고
객이 계속하여 6시간 이상 서비스를 이용하지 못함으로써 발생한 손해에 대해서
이용자가 손해배상을 청구할 경우 회사는 이를 배상할 책임이 있습니다. **손해배**
상금액은 고객이 최근 3개월간 이용한 금액의 일 평균 금액에 이용하지 못한 일
수를 곱한 금액을 기준으로 고객과 협의하여 배상합니다.

이 사안에 대하여 양 당사자가 협의회 심의 전 "피신청인이 신청인에
게 이 사건 계약에 따른 월 통화이용료 6개월분(약 60만 원 상당)을 면제한
다"는 내용으로 자진합의하여 협의회에서 약관의 불공정성 여부에 대하

여는 심의되지는 아니하였다. 그러나 서비스 제공을 조건으로 유상계약을 체결한 사업자는 계약 내용을 이행할 채무가 발생하며 만약 해당 채무를 이행하지 않거나 불완전한 이행을 하였을 경우 손해배상 등의 채무불이행에 대한 책임을 지게 된다. 사안의 경우 신청인은 애완동물 서비스 플랫폼을 운영하며 강아지 택시, 운송과 강아지 출장훈련 등의 사업을 영위하였는데 만약 피신청인의 채무불이행으로 영업상 손해를 입었다면 관련 매출액 등이 손해액으로 인정될 여지가 있다. 그럼에도 이 사건 약관조항에서 피신청인의 손해배상책임을 서비스이용금액으로 한정시키고 있는 것은 상당한 이유 없이 피신청인의 손해배상 범위를 제한하는 불공정한 면책조항에 해당될 소지가 있다고 사료된다.

4. 일반원칙

가. 사 안

여행사업을 영위하는 신청인은 2010년 3월경 전자결제 대행서비스업을 영위하는 사업자인 피신청인과 전자지불서비스 계약을 체결하였는데, 피신청인은 계약 당시 이 사건 계약서에 기재되어 있던 신청인의 보증보험계약 가입의무를[23] 면제하였다. 피신청인은 2016년 6월경 신청인의 월평균 매출액이 전년 대비 감소하는 등 폐업 위험이 커졌다는 이유로 신청인에게 보증보험계약(보증금액 1천만 원) 가입을 요구하였으나, 신청인은 이를 거절하였다. 한편, 피신청인이 신청인에게 보증보험계약 가입을 요구한 근거인 이 사건 약관은 아래와 같다.

23_ 이 사건 계약서 제17조(계약담보)

　　2. "갑"은 최초 계약의 담보로 "을"이 피보험자로 되어 있는 보증보험 증권증서(면제)를 보증보험사에서 발부받아 "을"에게 제출한다.

　　"갑": 신청인, "을": 피신청인

　　※ 한편, 해당 보증보험은 신청인이 폐업 등으로 소비자들과 계약을 이행하지 못할 경우, 피신청인이 신청인을 대신하여 소비자들의 손해를 배상하게 될 경우에 활용되는 보험이다.

> 제17조(계약담보)
>
> 3. "을"은 "갑"의 판매신용도 및 신용판매실적, 민원접수 실적 등을 고려하여(중략) 새로운 담보를 추가 요구할 수 있으며, "갑"이 이를 이행하지 아니하는 경우 본 계약을 해지할 수 있다.

이에 대하여 신청인은 이 사건 약관 조항이 임의로 신청인에게 보증보험계약 가입의무를 부담시킬 뿐만 아니라 신청인이 이를 거부하면 피신청인이 계약을 임의로 해지할 수 있도록 규정하고 있어 부당하다고 주장하였고, 피신청인은 신청인이 이 사건 약관조항에 모두 동의하고 계약을 체결한 것으로서 불공정하지 않다고 주장하였다.

나. 관련 공정위 및 법원의 판단

협의회에서는 공정위에서 유사약관에 대하여 판단을 참고하였는데, 당시 문제가 되었던 약관조항은 아래와 같다.

> 제11조(계약해지 사유)
>
> 다음 각 항의 사유가 발생할 경우 '갑'은 사전에 서면 통보 후 계약만료 전이라도 본 계약을 해지할 수 있다.
>
> 4. 판매실적이 현저하게 부진하여 더 이상의 정상적 운영이 어려울 때.
>
> (중략)
>
> 10. 본 계약의 각 조 규정을 위반하였을 때.

공정위는 위 약관조항에 대하여 고객의 판매실적 부진을 사업자가 구체적이고 객관적인 기준 없이 추상적이고 불분명하게 판단하여 일방적으로 계약해지권을 행사할 우려(제4호)가 있는 조항이며, 계약의 위반 정도가 불명확하여 경미한 위반이나 부수적인 채무불이행에도 사업자의 자의적 판단으로 일방적인 계약해지권을 행사할 우려(제10호)도 있다는 이유로 해당 약관을 약관규제법 제9조 제2호[24]에 따라 무효로 판단하였다.

다. 협의회의 판단

협의회는 먼저, 이 사건 약관조항 후단의 내용은 다음과 같은 사유로 공정거래위원회가 심사한 약관과 유사하게 사업자가 임의로 계약을 해지할 수 있도록 정한 불공정한 약관으로 볼 소지가 상당하다고 판단하였다. 이 사건 계약조항 후단은 신청인이 전단의 담보추가 요구에 불응할 경우 피신청인에게 계약해지권을 부여하고 있는데, 담보추가액수에 관한 구체적이고 객관적인 기준이 마련되어 있지 않아 계약해지의 요건이 임의적이고 불분명한 측면이 있다. 또한, 계약당사자 일방의 사정변경에 따른 추가담보 요구의 경우 계약상 부수적 의무만을 발생시킨다고 봄이 적절하나 피신청인은 이러한 의무에 대한 불이행만을 이유로 계약을 해지할 수 있다는 점, 사업자인 피신청인으로 하여금 고객에게 상당기간을 정하여 그 이행을 최고하지 않더라도 계약을 해지할 수 있어 공정거래위원회의 약관심사지침[25]에 따른 불공정 약관으로 볼 소지도 있는 점 등을 고려할 때, 이 사건 계약 조항 후단은 공정성을 잃은 조항으로서 신청인에게 부당하게 불리하다고 판단하였다.

한편, 이 사건 계약조항 전단은 피신청인으로 하여금 신청인의 판매실적 등에 따라 새로운 담보를 추가 요구할 수 있도록 정하고 있는데, 담보추가와 관련하여 고객의 판매실적 하락폭 등 그 추가요건에 대한 구체적인 기준이 마련되지 않아 피신청인이 담보추가 여부를 임의로 판단하여 신청인에게 요구할 수 있고, 또한 피신청인은 추가담보의 요구기준으로 삼고 있는 자신의 내부규정을 제출하지 않아 추가담보 결정의

24_ 약관규제법 제9조(계약의 해제·해지) 계약의 해제·해지에 관하여 정하고 있는 약관의 내용 중 다음 각 호의 어느 하나에 해당되는 내용을 정하고 있는 조항은 무효로 한다.

2. 사업자에게 법률에서 규정하고 있지 아니하는 해제권 또는 해지권을 부여하여 고객에게 부당하게 불이익을 줄 우려가 있는 조항

25_ 약관심사지침 IV. 불공정약관조항의 위법성 심사기준에서는 계약서에 정한 사항을 위반한 경우 이외에 기타 관리상 필요에 의한 사업자의 요구에 불응한 경우에도 최고 등의 절차 없이 사업자가 일방적으로 해제·해지할 수 있도록 하는 조항을 법 위반의 소지가 있는 약관으로 제시하고 있다.

객관성 여부에 대한 판단이 곤란하며, 이 사건 계약내용 및 거래사정만으로 신청인이 피신청인의 추가담보 요구를 충분히 예상하고 계약을 체결하였다고 단정하기도 어렵다. 이러한 사항을 종합적으로 고려할 때, 이 사건 계약조항 전단은 약관규제법 제6조 제2항[26]에 따른 공정성을 잃은 조항으로 추정될 여지가 있다고 판단하였다. 따라서 이 사건 계약조항은 약관규제법 제6조 및 제9조에 따른 불공정한 약관으로서 신청인에게 부당하게 불리한 조항으로 봄이 상당하므로 피신청인의 보증보험계약 가입요구를 철회하라는 조정안을 제시하였고, 양 당사자가 이를 수락하여 조정이 성립하였다.

5. 기타 사안—골프장 운영업자의 회원권 계약기간 관련 분쟁에 대한 건

가. 분쟁의 경위

고객인 신청인은 2013.3.4. 신청 외 양도인이 골프장 운영업자인 피신청인으로부터 매입한 골프장 회원권(입회금 1억 5천만 원, 계약기간 2011. 3.17.~2016.3.16.)을 양수하였다. 이후 신청인은 피신청인에게 이 사건 회원권의 양수도계약을 승인해 줄 것을 요청하였는데 피신청인은 신청인에게 '회원권 양수도 승인신청서'를 통하여 회원권의 만료일(입회금 반환일)을 당초 2016.3.16.에서 약 10년이 연장된 2025.6.1.로 변경할 것을 요구하였다. 이에 신청인은 2015.7.6. 공정위에 피신청인의 양수도 승인신청서의 회원권 만료일 관련 약관심사 청구를 하였고, 피신청인은 2015.11.4. 아래와 같이 승인신청서를 수정하여, 공정위는 불공정 약관이 자진시정되었음을 이유로 사건을 종료하였다.

26_ 약관규제법 제6조(일반원칙) ② 약관의 내용 중 다음 각 호의 어느 하나에 해당하는 내용을 정하고 있는 조항은 공정성을 잃은 것으로 추정된다.
  2. 고객이 계약의 거래형태 등 관련된 모든 사정에 비추어 예상하기 어려운 조항

수정 전	수정 후
본 신청서 제출로 양수인의 회원자격 (입회기간)은 양수인이 클럽에 명의개서료를 완납하는 시점으로부터 **10년**이다.	본 신청서 제출로 양수인의 회원자격 (입회기간)은 양수인이 클럽에 명의개서료를 완납하는 시점으로부터 ( )년이며, 위 공란으로 둔 부분은 양수인이 직접 자필로 작성하였음을 확인합니다.

이후 양 당사자는 변경된 승인신청서상의 회원권 계약기간에 대해 협의하지 못하자 신청인은 이 사건 회원권의 기존 소유자로부터 권리를 그대로 승계받았으므로, 양도받은 회원권의 만료일 또한 이 사건 회원권 만료일인 2016.3.16.로 지정하여야 한다고 주장하며 협의회에 조정신청을 하였다.

나. 협의회의 판단 및 검토

이에 대하여 협의회에서는 수정된 회원권 양수도 승인신청서가 분쟁의 대상이라는 전제 아래 수정된 양수도 승인신청서에는 계약기간이 미리 마련되어 있지 않고 계약당사자가 직접 협의하여 기재하도록 되어 있음을 이유로 이는 약관규제법에 의한 약관이 아니라고 판단하여 조정절차를 종료하였다. 그러나 이에 대해서는 몇 가지 검토가 필요한 부분과 시사점이 존재한다.

우선, 수정 전 '회원권 양수도 승인신청서'가 약관에 해당하는지에 대한 검토가 필요하다. 우선 골프장 회원권 양수도의 법적 성질에 대해서 살펴보면, 대법원은 골프장 회원권은 재산적 가치를 지닌 것으로 회원권자는 자유로이 이를 제3자에게 양도할 수 있다 할 것이나, 만약 골프장의 회칙에 회원권의 양수도는 회사가 정한 절차를 거치고 회사의 승인을 얻도록 규정하였는데 양수인이 골프장으로부터 회원권 양수도에 대한 승인을 얻지 못하였다면 그 양수도계약은 계약당사자 사이에서만 효력이 있을 뿐 회사에 대하여는 아직 회원으로서 지위를 취득하지 못한다고 판시하여 이를 민법상 채권양도로 보고 있는 듯하다.[27] 그렇다면 회원권 양수도 승인신청서는 양도인과 양수인 사이에 회원권 양수도 계약이 체결된 이후 양수인이 사업자에게 채권양도의 승인을 요청하는 문서에 해당하고 이로 인해 양수인과 사업자 사이에 새로운 계약관계가 성립하는 것은 아니라고 할 것이다. 그런데 약관이란 그 명칭이나 형태 또는 범위를 불문하나 계약의 내용이 되어야 할 것인데, 앞에서 살펴본 바와 같이 회원권 양수도 승인신청서는 그 자체로 계약내용을 형성하고 있지는 않으므로 원칙적으로 약관성이 부정된다고 봄이 타당하다.[28] 다만, 회원권 양수도 승인신청서에서 기존 계약 내용과 다른 새로운 권리의무 조항이 포함되어 양수인과 골프장 사이에 새로운 계약관계를 형성할 것을 예정하고 있다면 이는 골프장이 일정한 형식에 의하여 미리 마련한 계약의 내용이 되는 것이므로 약관으로 인정할 수 있을 것이다. 따라서 사안에서 수정 전 약관조항의 경우 양수인의 입회기간을 양도인의 잔여 입회기간을 승계하는 것이 아니라 새로이 10년으로 정하고 있으므로 이는 새로운 권리의무관계의 형성이라고 볼 것이므로 약관성이 인정된다고 할 것이다.

그런데 수정 후 '회원권 양수도 승인신청서'에 대하여 협의회에서는 계약기간이 미리 마련되어 있지 않고 계약당사자가 직접 협의하여 기재하게 되어 있음을 이유로 약관에 해당하지 않는다고 판단하였다. 이는

27_ 대법원 2000.3.10. 선고 99다70884 판결 참조. 하급심 판례 중에도 골프장을 운영하는 甲 주식회사로부터 골프클럽 회원권을 분양받아 입회금을 예탁한 기존 회원들로부터 회원권을 양도받은 乙 등이 탈회 의사를 표시하며 입회금 반환을 구한 사안에서, 제반 사정에 비추어 乙 등은 골프클럽에 새로이 가입했다기보다는 골프클럽에 대한 기존 회원들의 지위를 승계취득한 것으로서 기존 회원들이 甲 회사에 대하여 가지는 계약상의 권리·의무를 그대로 승계하였으므로, 회원자격 존속기간 또는 입회금의 거치기간은 기존 회원들이 회원자격을 취득한 날부터 기산되고, 甲 회사는 기존 회원들이 회원자격을 취득한 날부터 회칙에서 정한 입회금 거치기간이 지난 이후에 회원권을 양수한 乙 등의 입회금 반환청구에 응하여야 한다고 판시(의정부지방법원 2013.3.15. 선고 2012가합8908 판결)하고 있다.
28_ 만약 이에 따라 골프장이 양수도 승낙을 한다 하더라도 그로 인해 골프장과 양수인 사이에 어떤 계약관계가 형성되지도 않으므로 양수도 승인 요청서 자체만으로는 청약에 해당하지도 않는다.

보충규정의 약관성이 문제되는 것으로 이러한 협의회의 판단과는 다른 해석론이 존재한다. 즉, 고객이 해당 조항의 중요내용, 예컨대 계약기간 등을 확정하는 내용을 담은 독자적인 보충의 경우에는 고객이 해당 내용을 보충하기 때문에 개별약정으로 인정할 수 있으나, 이때에도 사업자에 의하여 주어진 선택가능성 중에서만 고객이 선택하여 보충을 할 수 있는 경우에는 약관성이 인정될 수 있다는 견해가 그렇다.[29] 한편 최근 대법원은 선택약관의 약관성을 긍정하였다.[30] 다시 이 사건에 돌아와 실펴보면 수정 후 약관에 따른 계약기간에 대하여 양 당사자의 협의가 결렬된 이유에 대하여 신청인은 피신청인이 명의개서를 완료한 시점부터 5년을 요구하고 있고 그보다 짧은 기간에 대해서는 양수도 승인요청을 거부하고 있기 때문이라고 주장하고 있고, 피신청인은 조사과정에서 제출한 답변서에서 이에 대하여 다투고 있지 아니한다. 즉, 신청인은 원칙적으로 채권양도의 법리에 따라 양수 전 회원권의 계약기간을 자신의 권리로 주장할 수 있다고 할 것인데, 피신청인은 자신이 미리 작성한 회원권 양수도 승인신청서를 통하여 계약기간에 대하여 새로 정할 것을 요구하고 있고, 그마저 신청인이 이에 대하여 독자적인 보충을 할 수 없고 피신청인이 정한 5년 이상의 계약기간을 선택할 수밖에 없는 것으로 보인다. 그렇다면 수정된 회원권 양수도 승인신청서의 형식에만 국한하여 이를 개별약정으로 보아 약관성을 부인한 협의회의 판단에는 아쉬움이 남는다.

세 번째로, 비록 이 사건 약관에 대하여 공정위의 약관심사과정에서 그 내용이 수정되었으나 이 역시도 고객에게 불리하게 작용하는 측면을 내포하여 고객이 약관심사과정을 통하여 구체적인 권리구제를 받지 못하였고 오히려 피신청인은 수정된 약관에 대하여 공정위가 문제제기를 하지 않았음을 이유로 이는 적법한 약관이라는 오해를 가지고 조정절차

29_ 이병준, "약관의 개념에 관한 약관규제법 제2조의 규정취지와 의미내용", 「가천법학」 제7권 제3호(2014), 237면.

30_ 대법원 2014.6.12. 선고 2013다214864 판결.

한국외국어대학교 법학연구소
소비자법센터 총서 1

약관규제법 시행 30주년과 법적 과제

-

초판 인쇄 2018년 12월 21일
초판 발행 2018년 12월 31일

-

편   자 이병준
발행인 이방원

-

발행처 세창출판사
　　　신고번호 제300-1990-63호
　　　주소 03735 서울시 서대문구 경기대로 88 냉천빌딩 4층
　　　전화 02-723-8660 팩스 02-720-4579
　　　이메일 edit@sechangpub.co.kr
　　　홈페이지 www.sechangpub.co.kr

-

값 38,000원

ISBN 978-89-8411-798-3 93360

이 도서의 국립중앙도서관 출판예정도서목록(CIP)은 서지정보유통지원시스템 홈페이지(http://seoji.nl.go.kr)와
국가자료공동목록시스템(http://www.nl.go.kr/kolisnet)에서 이용하실 수 있습니다.(CIP제어번호: CIP2018042238)